Mein Buch
Färber B.
Ex Libris

Karl Bosl · Oberpfalz und Oberpfälzer

KARL BOSL

OBERPFALZ UND OBERPFÄLZER

GESCHICHTE EINER REGION

GESAMMELTE AUFSÄTZE

Herausgegeben von

Konrad Ackermann und Erich Laßleben

VERLAG MICHAEL LASSLEBEN
KALLMÜNZ 1978

ISBN 3 7847 1129 4

2. Auflage 1989
3. Auflage 2008

Bildnisversuch Karl Bosl —
in schwarzer Kreide von Professor Heinrich Pospiech, Ansbach

Der Verlag widmet dieses Buch
der Oberpfalz aus Anlaß der 350 jährigen Zugehörigkeit zu Bayern
und zugleich
dem Oberpfälzer Karl Bosl zum 70. Geburtstag

INHALT

VORWORT

Die Sammlung verstreuter kleinerer und größerer Aufsätze und Studien eines Gelehrten ist wohl dann besonders reizvoll, wenn dadurch ein umfassendes Bild einer Region entsteht, die trotz ihrer hervorragenden Bedeutung für die deutsche Geschichte in der historischen Forschung nicht den entsprechenden Platz einnimmt. Professor Karl Bosl, der Historiker, der weit über Deutschland hinaus anregend und befruchtend wirkte und wirkt, hat die Geschichte seiner engeren Heimat stets als Modell dargestellt. Bayern, und insbesondere die Oberpfalz, stehen im Mittelpunkt seines Forschens, sein Blick geht jedoch über die Grenzen hinaus zu den gesamteuropäischen Zusammenhängen und zu grundsätzlichen Fragen historischer Erkenntnis.

Die in dieser Sammlung getroffene Auswahl, in historisch-chronologischer Reihenfolge, ist mehr als eine lose Aneinanderreihung von Aufsätzen, die zu verschiedenen Gelegenheiten entstanden sind: sie reicht von der frühen Besiedlung bis hin in unsere Zeit und stellt damit in der Tat eine erste Gesamtgeschichte der Oberpfalz dar. Es kann deshalb nicht meine Aufgabe sein, die Beiträge einzeln zu erörtern. Sie sind von einer so ausgezeichneten Prägnanz, daß sie ohne Zweifel jedem Interessierten sehr viel Neues zu sagen vermögen. Die Kunst, ein Gebiet aus dem Blickfeld der Geschichte heraus durch intensive Forschungen überzeugend und wirklichkeitsnah darzustellen, hat unser Landsmann, auf den wir besonders stolz sein dürfen, Herr Universitätprofessor Dr. Karl Bosl stets meisterhaft verstanden.

Der Verlag Michael Laßleben hat die Herausgabe dieses Buches aus einem zweifachen Anlaß heraus übernommen: dem Gedenken an die in diesem Jahr allerorts begangene 350jährige Zugehörigkeit der Oberpfalz zu Bayern und im Besonderen als persönliche Ehrung für Karl Bosl zu seinem siebzigsten Geburtstag.

Bringt man die Veröffentlichung eines solchen Werkes mit den musealen Bemühungen unseres Bezirks in Einklang, dann können manche Vorgänge der Vergangenheit wesentlich klarer in unserer Vorstellung lebendig werden.

Das Jahr 1978 erzielte im Bereich der Erhaltung historischer Werte in der Oberpfalz bedeutende Fortschritte. In Theuern, unweit von Amberg, ist die Teileröffnung des Bergbau- und Industriemuseums erfolgt und das Oberpfälzer Bauernmuseum in Perschen bei Nabburg wird durch ein Freilichtmuseum eine völlig neue Note bekommen. Vieles, was man dort und in Theuern sehen kann, wird im vorliegenden Sammelband in einem breiteren Rahmen angesprochen und behandelt.

Ich freue mich deshalb ganz besonders, daß ich diese Aufsätze und Studien der Öffentlichkeit vorstellen darf, und bin mir sicher, daß Professor Bosl damit eine wertvolle Fundgrube zur oberpfälzischen Geschichte erschlossen hat.

Möge dieser Band in die Hände vieler Oberpfälzer gelangen, die den Wert geschichtlicher Tradition schätzen und die Liebe zur Heimat bewahrt haben; möge er ihnen die Größe und Weite ihres historischen Lebensraumes offenbaren und möge er dem Oberpfälzer Karl Bosl zu der großen Zahl von Bewunderern in aller Welt auch in seiner Heimat neue Freunde gewinnen.

Johann Pösl
Bezirkstagspräsident

DIE GESCHICHTE DER OBERPFALZ

Wen von den Anfängen seines wissenschaftlichen Werkes, von seiner Doktorarbeit, an „die Geschichte der Oberpfalz" als Thema, Modell und auch als Hintergrund zeitlich und räumlich weitgreifender Forschungen und Analysen bis heute begleitet hat und immer wieder mit Einzelproblemen dieser historischen Region befaßte, wie keinen anderen heute wirkenden Historiker, der freut sich aufrichtig, daß *der* oberpfälzische Heimatverlag Laßleben / Kallmünz ihm das Angebot machte, alle einschlägigen Studien in einem stattlichen Sammelband den Oberpfälzern als wissenschaftliche Grundlage oberpfälzischer Geschichte bekanntzumachen und für eine breite nationale und internationale Öffentlichkeit als landschaftlich-regionales Modell für ausgebreitete Strukturanalysen und Vergleiche verfügbar zu halten. Ich hoffe nicht unbescheiden zu sein, wenn ich meine, daß in diesem umfangreichen Band alle wesentlichen Themen und Probleme der oberpfälzischen Geschichte von den Anfängen bis heute ohne belastende Wiederholung angeschlagen, behandelt, erörtert sind, so daß man bis zum Erscheinen der wissenschaftlichen Geschichte der Oberpfalz zum mindesten sagen muß, daß hier ein gültiger Versuch der bislang fehlenden Geschichte dieser Region vorgelegt wurde. Der bayerische Landeshistoriker und Herausgeber des Historischen Atlaswerkes von Bayern ist natürlich bei der Geschichte seiner oberpfälzischen Heimat nicht stehen geblieben, sondern hat auch zur altbayerischen, fränkischen und schwäbischen Geschichte soviele Studien und Untersuchungen vorgelegt, daß sie mehrere stattliche Bände ausmachen werden. In dem Buch „Böhmen und seine Nachbarn" hat das Collegium Carolinum zu München die böhmischen Studien des Autors zusammengefaßt, die auch einen stattlichen Band von 346 Seiten ergeben haben. Natürlich hat die enge Verbundenheit mit der Heimat und auch mit dem bayerisch-böhmischen Grenzland bis heute die Feder immer wieder beflügelt. Dazu kam die stets lebendige Erinnerung daran, daß Michael Doeberl, ein gebürtiger Oberpfälzer aus Waldsassen, das Thema meiner Dissertation gestellt hat und ein anderer großer bayerischer Historiker Karl Alexander von Müller, dessen Familie aus Neunburg vorm Wald stammte, die Dissertation bis zum Ende betreut und die Habilitation eingeleitet und mit größtem Wohlwollen begleitet hat

Es ist ein besonderes Charakteristikum und ein großer Vorzug der bedeutenden französischen Historie, daß alle ihre namhaften Vertreter, gleich ob Mediäwisten oder Neuhistoriker, sich mit einer umfassenden regionalgeschichtlichen Studie den Weg in die hohe Historie und ihre Ränge gebahnt haben. Am kleinräumigen Modell erwarben sie sich nötige Quellenkenntnis und methodische Erfahrung, spürten sie die Probleme und Grundfragen auf, lernten sie einen vielschichtigen Stoff zusammenzufassen und sich zu höherer Reflexion und einschlägiger, am Detail erprobter

Theorie durchzuschlagen. So erging es dem Verfasser dieser Studien auch, der an der Geschichte der Oberpfalz alles lernte, was ihn zu seinen deutschen, europäischen und methodischen Forschungen führte und ihn zum besonderen Vertreter einer auf Verfassung, Wirtschaft, Intellektualität aufruhenden deutschen und europäischen Gesellschaftsgeschichte werden ließ, die weniger als Spezialfach, denn als umfassender Generalaspekt verstanden sein will, die Universalgeschichte ist. Doch worin besteht der exemplarische und idealtypische Charakter der Geschichte der Oberpfalz, durch welche Themen und Probleme, Kräfte, Bewegungen, Strukturen ist sie in einen großen bayerischen, deutschen und europäischen Zusammenhang eingebettet?

Mit Ausnahme eines kleinen südwestlichen Zipfels und im Gegensatz zum altbayerischen Land zwischen Donau und Alpen war die Oberpfalz niemals Teil des großen Herrschafts-, Wirtschafts- und Kulturbereichs des Römischen Weltreiches oder auch einer Germania Romana, sie war im Gegenteil ein südliches Stück des romfreien Germanien, der Germania Magna. Über das Bevölkerungssubstrat dieses Raumes gibt es noch keine klaren Vorstellungen; nach Kelten saßen hier Germanen oder zogen durch und seit 600 n. Chr. sickerten südwärts und westwärts auch Slaven ein. Von der Regen-Vils-Lauterachlinie südwärts war die Oberpfalz im 8. Jahrhundert bereits in das Merowingerreich eingegliedert und wohl auch in den Händen Tassilos III., des Bayernherzogs, der halb Karolinger, halb Agilolfinger war. Der übrige Teil der heutigen Oberpfalz, ja ihr größter Teil war zweifellos Kolonialland, das vom 7. Jahrhundert auch mit bayerisch-fränkischen Siedlern, Wehr- und Staatskolonisten allmählich aufgefüllt, gerodet, urbar, bewohnbar gemacht wurde. Für eine Markgrafschaft auf dem bayerischen Nordgau, seit Doeberl geglaubt, gibt es keine geschichtlichen Belege und außerdem reichte der damalige Nordgau über das Dreieck Fürth—Ingolstadt—Lauterhofen—Schmidmühlen mit der Hauptachse des Flusses Altmühl nicht hinaus; die Lauterach war die Ostflanke. Das Gebiet südlich des Regenflusses und unmittelbar nördlich Regensburg gehörte zum Donaugau. Königshöfe, Königsforsten, Klöster und die große Pfalzstadt Regensburg waren die Hauptorte einer sich allmählich ausbreitenden königsstaatlichen Ordnung in diesem Raum. Der fränkische und dann der deutsche König waren die Herren in diesem Lande bis zum Untergang der Staufer 1268. Im 10. Jahrhundert haben die Ottonen die ostfränkischen Babenberger als königliche Kommissare in unserer Region und als Markgrafen in der sogenannten bayerischen Ostmark eingesetzt, die damals ebenfalls Reichsland war. Nach deren Aussterben nach der Mitte des 11. Jahrhunderts errichtete der bedeutende Staatsorganisator Kaiser Heinrich III. hier um Regen und Naab die beiden Marken Cham und Nabburg um zwei bedeutende Reichsburgen, die schon im 10. Jahrhundert eine wichtige reichsgeschichtliche Rolle gegen Böhmen gespielt hatten, das bis zur Errichtung des Prager Bistums 973—976 Missionsland des Bistums Regensburg und seines großen Missionsklosters St. Emmeram war. Mit der sich ausbreitenden Kolonisation und Herrschaftsorganisation wanderte der Name „Nordgau" auch ost- und nordwärts und fand dann im 11./12. Jahrhundert seine Grenze in der sich seit dem endenden 11. Jahrhundert mit Menschen und Herrschaftszentren auffüllenden regio

Egire, dem alten Egerland, das vorwiegend die nördliche Oberpfalz und das östliche Oberfranken von heute umfaßte.

Seit dem 11. Jahrhundert setzte nördlich des Regen und um wie östlich der mittleren und nördlichen Naab das Siedelwerk des Königs und des Adels ein, der aus westlichen Gebieten kam; die Reichskirche war hier kaum beteiligt. Die beiden Marken Cham und Nabburg übertrug Kaiser Heinrich IV. den Rapotonen und den mit ihnen verwandten schwäbischen Diepoldingern, die bis zur Mitte des 12. Jahrhunderts eine wichtige Aufbauarbeit durch Siedlung und Herrschaftsbildung leisteten, die vor allem in den Händen ihrer Ministerialen lag, die schon vor den Staufern das ganze Gebiet des Nordgaus mit einer Unzahl von Burgen zu überziehen begannen. Neben den Diepoldingern waren vor allem die Grafen von Kastl—Habsberg—Sulzbach im Land östlich der Naab und um Weiden an diesem Werk mit ihren Dienstmannen beteiligt. Im südlichen und südwestlichen Nordgau hatten sich die Burggrafen von Regensburg aus dem Hause der Pabonen sowohl als Landgrafen mit der Hauptburg Stefling am westlichen Regen wie auch als hochadelige Herren um Riedenburg festgesetzt und blieben hier bis zu ihrem Aussterben vor dem Ende des 12. Jahrhunderts. Sie gründeten das Kloster Walderbach und die Diepoldinger unweit davon am gleichen Regenfluß das Kloster Reichenbach, zu dessen Grundholden meine seit dem 14. Jahrhundert nachweisbaren Urahnen zählten. Seit der bedeutsamen Gründung des Reichsbistums Bamberg (1007) durch den letzten Sachsenkaiser Heinrich II. und der seit den Salierkaisern Konrad II., Heinrich III. und Heinrich IV. einsetzenden Organisation einer Reichsgutorganisation und Reichsgutsverwaltung im fränkischen Jura östlich der Rednitz und in der nordwestlichen Oberpfalz wie um das Regenknie trat diese Reichskirche als Grund-, Vogtei- und Forstherr mit ausgedehntem Verfügungsgebieten zu König und Adel hinzu und blieb hier auch kraftvoll vertreten bis zum Aussterben der Grafen von Sulzbach (1188), die für diese Vogteigebiete die Vögte des Bistums Bamberg waren und dieses Land und seine Rechte an den Stauferkaiser Friedrich Barbarossa verkauften und vererbten.

Im letzten Drittel des 12. Jahrhunderts war der bayerische Nordgau fest in die staufische Reichslandkonzeption durch Konrad III. und Friedrich Barbarossa eingebaut; er war eine staufische terra imperii = ein Reichsland geworden, dessen zentrale Flankenpunkte Nürnberg, das auf dem bayerischen Nordgau lag und auf bambergischen Grund als Reichsburg von Heinrich III. errichtet worden war, sodann Bamberg, die neue Reichsburg Eger, die Reichsburg Cham und die königliche Residenz- und urbane Fernhandelsstadt Regensburg waren, dem die Frühstaufer ihre besondere Aufmerksamkeit zuwandten. Der Nordgau lag in einem Spannungsfeld staufischer Staatspolitik, die hier sowohl nordwärts gegen Mitteldeutschland (Pleissen- und Vogtland) wie ostwärts gegen Prag orientiert war, wo Barbarossa und sein Sohn Heinrich VI. durch den bedeutenden Bischof Daniel und den machtvollen Přemysliden-Bischof und -Herzog Heinrich den böhmischen Raum zu einer autonomen Reichskirche auszubauen versuchten. In dieser Konstellation aber war nicht Regensburg, sondern Nürnberg der entscheidende politische Zentralort für die spätere Oberpfalz. Man muß überhaupt feststellen, daß die West-Ostverbindungen, die die Oberpfalz durchziehen, bis in das 17. Jahrhundert hinein viel stärker wirkten und funktionierten, als die Süd-Nordlinie; denn auch die Verbindung zu Egerland, Vogtland, Pleißenland, Nordböhmen ging wesentlich von dem großen Herrschafts- und Wirtschaftszentrum Nürnberg aus. Es ist eine harte Tatsache, die der Historiker feststellen muß, daß die Oberpfalz seit ihrer Eingliederung in den südlich gelegenen bayerischen Kurfürstenstaat im Windschatten von Herrschaft, Wirtschaft, Kultur bis in das 20. Jahrhundert stand. Seit dem 12./13. Jahrhundert wird der Eisenbergbau der Oberpfalz in den Quellen allmählich greifbar; zunächst hören wir noch von dessen Verschiffung vilsabwärts nach Regensburg und donauabwärts bis Passau und Wien; aber mit dem Aufstieg Nürnbergs werden Interessen und Bindungen zwischen dieser größten Produktions- und Handelsstadt Süddeutschlands immer enger, Eisenbergbau und Eisenproduktion der Oberpfalz werden in zunehmendem Maße eine Funktion der „Großwirtschaft" der großen Reichsstadt an der Pegnitz. Da der Dreißigjährige Krieg erst das oberpfälzische Eisen außer Kurs gesetzt hat, blieben auch die wirtschaftlichen Bindungen dieser Region nach dem Westen dominant.

Die erste, trotz Tassilo III., durchweg *reichische Epoche* oberpfälzischer Geschichte geht durch das wittelsbachisch-bayerische Intermezzo von 1268—1329 allmählich in die zweite *territorialstaatliche und pfälzische* Periode über. Die Wittelsbacher konnten sich in der Oberpfalz durch die Konradinische Erbschaft 1268 zum großen Teil festsetzen, weil Elisabeth, die Mutter des letzten Hohenstaufen Konradin, die Gemahlin König Konrad IV. (1250—1254), das staufische Erbe an ihre wittelsbachische Familie brachte. Obwohl man die spätmittelalterlichen Teilungen der Territorien nicht nur negativ beurteilen soll, muß man doch sagen, daß der Vorteil der Teilung von 1329 wesentlich den pfälzischen Wittelsbachern am Rhein (seit 1214 bayerische Pfalzgrafschaft bei Rhein) zugute kam, während das benachbarte wittelsbachische Bayern, dem die Oberpfalz aus vielen Gründen natürlich zugeordnet war, sich dieses „Nebenterritorium" erst durch Kriege, Verpfändung, kaiserliche Belehnung holen mußte, obwohl es vor seiner Türe lag. Darin offenbart sich ein klarer Widersinn der Teilungen, die aber für die Oberpfalz selber auch große Vorteile brachten, vor allem wirtschaftlich und administrativ. Durch den wittelsbachischen Hausvertrag von Pavia 1329, in dem die bayerischen Wittelsbacher ihre Territorien teilten, wurden die Pfalzgrafschaft bei Rhein und der bayerische Nordgau der Rudolfinischen Linie des Hauses Wittelsbach zugeteilt und verblieben dabei bis 1621 bzw. 1628, wo sie dem pfälzischen „Winterkönig" Kurfürst Friedrich V. abgesprochen, zum Reich eingezogen und dem bayerischen Kurfürsten Maximilian I. 1628 durch Verkaufsrezeß übertragen und weiterverlehnt wurden als Entschädigung für die 13 000 000 Gulden, die der Bayer militärisch für Kampf und Sieg über den Winterkönig zu Gunsten des Kaisers Ferdinand II. aufgewendet hatte. Als Pfand- und Kaufobjekt der großen Reichs- und Europapolitik wurde die Obere Pfalz = Kuroberpfalz endgültig zu Bayern geschlagen. Der alte bayerische Nordgau wurde als Nebenland der Pfalzgrafschaft bei Rhein seit dem 15. Jahrhundert in zunehmenden Maße die „Obere Pfalz" im Vergleich mit der „Unteren Pfalz" benannt und behielt dann diesen Namen bis heute bei. Es ist hier noch durch das Studium der immer umfangreicher werdenden Quellen zu zeigen, daß das Land unter pfälzischer Kurherrschaft vielleicht einen Höhepunkt seiner Entwicklung erlebt hat. Seit dem 15. Jahrhundert entfaltete sich hier eine sehr starke Landschaft nach bayerischem Vorbild in den drei Kurien von Adel, Prälaten, Städten und Märkten, wobei letztere auch den Anspruch auf Vertretung der bäuerlichen Bevölkerung erhoben, so daß man von einer politischen Vertretung des „Volkes" in diesem Herrschafts-Raum sprechen kann. Diese Stände betonten den selbständigen Charakter ihres Landes und setzten durch, daß der Kurprinz als Statthalter des Kurfürsten in der oberen Pfalz residiere und zwar in der Hauptstadt Amberg, die neben und vor Sulzbach, nun seit 1506 Residenz der „Jungen Pfalz", Metropole der territorialen Eisenindustrie war und sehr moderne Formen von Kartell und Syndikat, also der Erzeugung und Kapitalisierung entwickelte. Ein mühsames, aber notwendiges Aktenstudium wird zeigen, daß die Obere Pfalz gemessen an der Pfalz am Rhein und auch am bayerischen Territorium administrativ und organisatorisch „fortschrittlich" aufgebaut, also keineswegs ein unterentwickeltes „Nebenland" war. Man muß dazu auch das Steueraufkommen dieses „Ruhrgebietes" des damaligen Deutschland untersuchen, um es als Wertmesser auch im Rahmen des gesamten pfälzischen Territoriums für das damalige Niveau der oberen Pfalz in Anschlag bringen zu können. Das oberpfälzische „Volk" zeigte im Reformationsjahrhundert von 1538 bis 1628 einen eigenen konfessionellen Willen und das war damals auch eine politische Entscheidung. Die Stände entschieden sich freiwillig für das Luthertum und forderten vom Landesherren evangelische Prediger. Sie leisteten allen Versuchen der pfälzischen Landesherrn hartnäckigen Widerstand, ihnen das kalvinische Bekenntnis aufzuzwingen, wenn auch nicht immer mit gleichem Erfolg. Aus diesem Grunde waren die konfessionellen und mentalen Voraussetzungen für die Rekatholisierung des Landes durch Kurfürst Maximilian I. nach seinem Siege am Weißen Berg bei Prag (1620) nicht günstig und der Widerstand der Oberpfälzer sehr hart; es gab viele Zwänge und Gewalttaten und ein namhafter Teil der ständischen, wirtschaftlichen und intellektuellen Elite des Landes mußte in die Emigration gehen oder, wie die Verordnungen sagen, die „Wohltat der Auswanderung" in Anspruch nehmen. In der oberpfälzischen Geschichte nimmt die pfälzische Epoche eine besondere Stelle ein, vielleicht ist sie sogar ein Höhepunkt im gesamten Ablauf, vielleicht auch kulturell. Daß man das Letztere noch nicht genauer abschätzen kann, hat seinen Grund in der Tatsache, daß nach der Säkularisation der Klöster durch Kurfürst Ottheinrich am Ende des 16. Jahrhunderts alle Handschriften der Klosterbibliotheken nach Amberg eingesammelt und von dort nach Heidelberg gebracht wurden, wo sie offenbar nicht der kurfürstlichen Bibliothek einverleibt wurden; wäre das der Fall gewesen, befänden sie sich heute im Palatinabestand der Vatikanischen Bibliothek zu Rom, wohin sie der bayerische Kurfürst Maximilian I. nach der Einnahme von Heidelberg schenkte. Da sich aber dort keine oberpfälzischen Klosterhandschriften finden, müssen die oberpfälzischen Codices in die Sapienz-Bibliothek zu Heidelberg verbracht und mit ihr beim großen Brand vernichtet worden sein. Einer der größten Verluste oberpfälzischen Kulturgutes! Die pfälzische Epoche der oberpfälzischen

Geschichte ist ein unabdingbares Desiderat und zwar nicht nur im Rahmen der Gesamtgeschichte des Landes, sondern auch als Monographie und historisches Sonderprojekt. Für diese Zeit spielt auch die Bildung der oberpfälzischen Grenzen, vor allem deren gegen Böhmen, eine Rolle und kommt auch der Politik Kaiser Karls IV. und den böhmischen Lehen besondere Beachtung zu.

Die *dritte bayerische Epoche* der oberpfälzischen Geschichte 1628—1870/1 ist gekennzeichnet durch die sehr straffe Einordnung von Ständen und Land in den administrativ und herrschaftlich intensiven und dichten bayerisch-wittelsbachischen Kurstaat. Die herrschaftlich-administrative, gesellschaftliche und wirtschaftliche Struktur dieser Periode vor dem Ende des Alten Reiches und die administrative Gliederung des 19./20. Jahrhunderts wird erst dann zu analysieren sein, wenn die „Statistik" jedes einzelnen Kreises für die Zeit zwischen 1750 und 1800 vorliegt, die für jeden einzelnen Landkreisband des Historischen Atlaswerkes von Bayern erarbeitet wird, dessen Generalredaktion in meinen eigenen Händen liegt. Es wird sich dann auch zeigen, welche Rolle die Stände im bayerischen Kurstaat noch zu spielen vermochten, welche Bedeutung dem Adel zukam und wie das „Volk" in den Hofmarken (Landsassereien) verfaßt war und lebte. Genau so wie man für die pfälzische Epoche das hohe Beamtentum untersuchen muß, wird das auch für die bayerische Periode wichtig sein, da man dadurch die handelnde und politisch entscheidende Oberschicht und die intellektuelle Elite des Landes sichtbar und greifbar macht. Neben ihr wird man schöpferische, geistige Kräfte auch in den wiedererrichteten Klöstern der Oberpfalz, auch bei den Jesuiten finden, ich nenne als eine große Figur den Ensdorfer Abt Anselm Desing, einen großen Barockgelehrten, neben und vor anderen hohen Geistlichen. Ich nenne aber auch das große Verlagshaus Seydel in Sulzbach, das vor der Mitte des 19. Jahrhunderts ein Sammelpunkt der toleranten, irenischen, romantischen Theologie und Geisteswissenschaften der Nachaufklärungszeit ohne Unterschied der Konfessionen war. Säkularisation und Mediatisierung haben in der Oberpfalz natürlich auch ihre ähnliche Wirkung gehabt wie in Altbayern; aber es wird noch einläßlicher Studien bedürfen, um den qualitativen Unterschied dieser Maßnahmen und ihrer Wirkung im altbayerischen und im oberpfälzischen Gebiet genauer zu unterscheiden, um überhaupt das Wesen der oberpfälzischen Katholizität, Kultur, Volkstum und Mentalität gemessen am andersgearteten altbayerischen richtiger erfassen zu können. Der Kulturbegriff „Bayerisch" für das ganze kurpfalzbayerische Territorium ist zu primitiv und undifferenziert. Einzugehen ist auch noch auf den Übergang Bayerns an die pfälzischen Wittelsbacher 1777, da der Westfälische Friede von 1648 beim Fall des Aussterbens der wilhelminischen-altbayerischen Linie den Übergang oder die Rückkehr der Oberpfalz in die Herrschaft der rudolfinischen-pfälzischen Linie der Wittelsbacher vorgesehen und mit internationaler Garantie gesichert hatte. Da die Oberpfalz unter bayerischer Herrschaft noch mehr zu einem „Nebenland" absank wie es im pfälzischen Kurstaat der Fall gewesen war, da sie im 19. Jahrhundert durch die zentralistische Münchener Regierungspolitik in einen Dornröschenschlaf versetzt wurde, da die Wirtschaft und das allgemeine Niveau keine Fortschritte machten, waren immer mehr Oberpfälzer gezwungen, ihre Heimat zu verlassen und in fremde Dienste zu gehen. Das äußerte sich einmal darin, daß alle bäuerlichen Nachkommen, die auf dem väterlichen Hof kein Auskommen fanden, in die Fremde gehen, dort ihr Brot verdienen, auch Proletarier werden mußten und so vor allem bis in die Mitte des 20. Jahrhundert hinein die Großstädte München und Nürnberg vor allem, aber auch Regensburg, immer wieder biologisch auffüllten und so am Leben erhielten. Eine zweite Folge war die, daß die Eliteschichten, die intellektuellen und wirtschaftlichen Kapazitäten fern der Heimat und für andere ihren Aufstieg sicherten und ihre großen Leistungen vollbrachten. Ich nenne stellvertretend den Namen des königlichen Kabinettsekretärs Pfistermeister unter König Max II. Die Tatsache der „Ausleerung" der Oberpfalz wurde dadurch noch verschärft, daß wichtigste Kulturdokumente in die Münchener Konservatorien und Museen gesammelt wurden. Neben den großen Architekturzeugen der Oberpfälzischen Geschichte Chammünster, Walderbach, Reichenbach, Kastl, Perschen, den gotischen Hallenkirchen Ambergs, den Rathäusern (Amberg, Cham), Stadtplätzen, den großen und kleinen Burgen, den barocken Klöstern Waldsassen und Speinshart und der großen Wallfahrt zur Cappel bei Waldsassen gibt es heute als zentrale Stätte oberpfälzischer Geschichte nur noch das Staatsarchiv in Amberg, das einen geschlossenen Bestand darstellt, dessen Geschichte in Kürze Heribert Sturm, sein früherer Direktor, im Druck vorlegen wird.

Daß ich mit 1870 bzw. 1890 die letzte *moderne Epoche* oberpfälzischer Geschichte beginnen möchte, kann ich damit begründen, daß ich feststelle, daß im Regierungsbezirk von Oberpfalz und Regensburg, der in der Montgelas-Zeit begründet wurde, sich nach dem Deutsch-Französischen Krieg 1870/1 und der Begründung des deutschen Nationalstaates sich relativ rasch ein sehr lebendiges politisches, auch parteipolitisches Bewußtsein zu entwickeln beginnt, das in den Berichten der nationalliberalen Regierungspräsidenten immer ideologieverzerrt und schief erscheint. Aber nach 1890 waren gerade in Regensburg und der Oberpfalz führende Männer und Gestalten des zur Volkspartei drängenden linken und damals bestimmenden Flügels des Bayerischen Zentrums auf den Plan getreten; ich nenne die Trias Heim, Habbel, Held, die auch bayerische Politik gemacht hat. Das ist noch gar nicht genau untersucht. Man braucht sich deshalb für meine These nicht nur auf den Fuchsmühler Aufstand in der Nordoberpfalz berufen. Man wird sodann die wirtschaftliche Entwicklung der Oberpfalz im 20. Jahrhundert analysieren, die Mentalität und Relevanz des politischen Bewußtseins der Oberpfälzer im ersten Weltkrieg, in der Umbruchzeit der Revolution von 1918 und die Politik der Parteien in der Weimarer Republik untersuchen müssen, um ein lebendiges Bild der modernen Oberpfalz zeichnen zu können. Die Oberpfalz als Teil des Gaues Bayerische Ostmark im Dritten Reich wird neue Aspekte und Probleme aufwerfen. Ein neuer Abschnitt der modernen Geschichte unserer Region beginnt mit dem unconditional surrender am Ende des Zweiten Weltkrieges. Nicht nur daß die Oberpfalz in ganz ausgesprochenem Sinne politisch und ideologisch Grenzland gegen den Comeconstaat ČSSR wurde und unter der toxischen Wirkung des Eisernen Vorhanges stand, nicht nur daß die wirtschaftliche Unentwickeltheit immer stärker zum Problem der Staatsführung und der öffentlichen Meinung wurde, nein auch das politische

Bewußtsein wurde in diesem Lande geweckt und begann auch aus einer Rückbesinnung auf die eigene Geschichte und Kultur zu wirken und sich zu entfalten, sich als eigene Region mit autonomer bayerischer Identität zu fühlen. Heute hat oberpfälzische Geschichte einen neuen Sinn und ein neues Gewicht. Das möchten meine Gesammelten Beiträge, Studien, Skizzen, Vorträge klarmachen, die, wie ich hoffe, in Umrissen die Grundfragen oberpfälzischer Geschichte auf Grund selbständiger Forschung und in Anlehnung an ausgewählte Untersuchungen analysieren und darstellen. Noch ist viel zu tun, um eine moderne Geschichte der „Oberpfalz und Oberpfälzer. Geschichte einer Region“ auf wissenschaftlicher Grundlage und in zusammenhängendem Kontext schreiben zu können. Möge dieses Buch ein guter Anfang dazu sein. Ich widme es meiner oberpfälzischen Heimat und meinen unvergessenen Eltern Franz X. und Maria Bosl. Zu danken habe ich vor allem Herrn Dr. Ackermann, dem wissenschaftlichen Mitarbeiter der Kommission für Bayerische Landesgeschichte bei der Bayerischen Akademie der Wissenschaften, der nicht nur die Idee zu diesem Buch entwickelte, sondern sich auch den Druck sehr angelegen sein ließ. Ich danke meiner Tochter Erika, die das Register erstellt und den Inhalt aufgeschlüsselt hat. Ich danke der Kommission für Landesgeschichte, ihren Damen und Herren, für vielfache Hilfe. Ich bin dem Herrn Verleger Laßleben, Kallmünz, für seine Initiative und sein großes Interesse zu aufrichtigem Dank verpflichtet.

1. März 1978 Karl Bosl

DIE ENTWICKLUNG IN OSTBAYERN BIS ZUR EINGLIEDERUNG IN DEN WITTELSBACHISCHEN LANDESSTAAT

I.

Die Regierungsbezirke Oberpfalz und Niederbayern sind in sich weder geographisch noch historisch-politisch homogene Raumkörper. Dem Altsiedelland südlich der Donau und westlich Vils und Naab steht der im Mittelalter so genannte „Nordwald“ gegenüber, der vom niederösterreichischen Waldviertel bis zum Fichtelgebirge zieht, ein typisches Rodungs- und Ausbauland, das nur manchmal von alten Völker- und Handelswegen oder kleinen Altsiedellandschaften (Chamer Becken) durchzogen ist. Der Charakter dieser Landschaft wurde vor allem auch dadurch geprägt, daß von beiden Seiten des Gebirges die Grenze langsam den Berghöhen zuwuchs, bis schließlich Grenzraum und Grenzsaum zur Grenzlinie wurden.

Die Donau war in Fortsetzung des Limes wohlbewehrte nördliche Grenzlinie des Römerreiches und darum auch Kulturscheide, die in manchem heute noch spürbar ist. Dies bedingte in den Süddonaulanden einen anderen Ausgangspunkt staatlichen Aufbaus als in den „romfreien“ Räumen des Nordwaldes. Dessen Rodungscharakter schuf Voraussetzungen besonderer Art für die staatlich-politische Erfassung dieses Wald- und Berglandes. Südlich und westlich von Strom und Fluß haben wir deshalb reiches Herzogs- bzw. Königsgut, frühe staatliche Gliederung in Anlehnung an alte römische Stadt- und Kastellbezirke (Celeusum — Kelsgau, Castra Regina — ältester Donaugau, Quintanis — Quinzen-, Künziggau, Castra Batava — Rottachgau), frühen Aufstieg germanisch-deutschen Uradels (Dachs) durch Ämterbelehnung und Lehensgut zur politischen Herrschaft, alte Klöster, um deren Vogteien Bischof und Hochadel kämpfen, Bischofssitze, die mühsam, im Altsiedelland eigentlich erfolglos, um den Aufbau eines hochstiftischen Territoriums ringen. Im Nordwald dagegen herrschte je länger, desto ausgeprägter das königliche Bodenregal im herrenlosen Waldland (Trinks), war das klassische Gebiet autonomer adelig-kirchlicher Raumerfassung durch das herrschaftsbildende Werk der Rodung und des Landesausbaus, erfolgte verhältnismäßig spät staatlich-politische Gliederung aus wilder Wurzel oder durch bewußten königlichen Akt. Aus diesem Raum kennen wir keine alten Gaubezeichnungen, und das Suchen nach alten Grafschaften und Grafschaftsgrenzen erscheint hier ebenfalls müßig.

Eine karolingische Markgrafschaft auf dem bayerischen Nordgau hat es nicht gegeben. Der alte „Nordgau“ liegt in der westlichen Oberpfalz, er ist wie die meisten ältesten Gaue im Laufe der Zeit gewachsen, hat sich ausgedehnt. Vor der Verwendung des Begriffes „Gaugrafschaft“ ist überhaupt zu warnen, denn Gau und Grafschaft fallen nicht notwendig zusammen. Seitdem die ältere Auffassung von einer lückenlosen Gliederung des Karolingerreiches in Grafschaften, ja vom Wesen der Grafschaft überhaupt erschüttert ist (Waas, Schlesinger, Th. Mayer, O. Brunner, H. Dannenbauer), dürfen wir nicht mehr unbesehen unser an Ämtergliederung orientiertes Bild des modernen Staates auf die Verhältnisse der Frühzeit übertragen, die am Begriff der Herrschaft zu messen sind; wir müssen nach den Ausgangs- und Fixpunkten staatlicher Entwicklung suchen.

II.

Als Grundlage staatlicher Machtbildung und -konzentration in unserem Raum stehen Herzogs- und Königsgut vornean. Das reiche römische Fiskalland und die großen kaiserlichen Domänen, ebenso auch das herrenlose Gut der geflüchteten römischen possessores (Großgrundbesitzer) war bei oder nach der Stammbildung der Bajuwaren in den Besitz des Agilolfingerherzogs übergegangen. Dieser hatte zu Regensburg eine zentrale Herzogspfalz mit Pfalzkapelle (= Alte Kapelle), daneben waren Aiterhofen, vermutlich Straubing, Osterhofen, Passau Fixpunkte herzoglicher Macht an der Donau. Dahinter lagen Herzogshöfe zu Dingolfing (nördlich der Isar lief eine alte Römerstraße vorbei), Velden an der Vils, Reisbach (Synode), Aufhausen sowie im Inntal zu Altötting (749), Ranshofen (788), Ering, Inzing und Sulzbach an der Rottmündung (754). Rings herum breitete sich reiches Herzogsgut im einzelnen. Das zeigt anschaulich der Güterbeschrieb des Abtes Urolf von Niederalteich aus der Zeit um 800 (Breviarius Urolfi); da nach der Absetzung Herzog Tassilos III. (788) alles Herzogsgut in die Hände des fränkischen Königs übergegangen war, suchte der Prälat des agilolfingischen Hausklosters vermutlich dem neuen Herrn alle vom Herzog geschenkten Güter nachzuweisen. Nach dem Breviarius lag Herzogsgut in besonderer Dichte zwischen Straubing und Plattling und griff auch auf das nördliche Donauufer (Bogenberg) über. Noch im Bayerischen Herzogsurbar des 13. Jahrhunderts erscheint dort das eigenartige Gebilde eines Heubisch, in dem wir vielleicht einen alten Herzogsfiskus mit keltoromanischer Bevölkerung (Waltendorf — Walhendorf, Welchenberg) sehen dürfen.

Die letzten Agilolfingerherzöge Oatilo und Tassilo drangen herrschaftsbildend und kolonisierend bereits in die Täler der Vils und Naab vor. Vermutlich organisierten sie das Gebiet zwischen Schwarzer Laber und unterer Naab als Westermannmark, um karolingischem Vordringen einen Damm entgegenzusetzen, das ihre Pfalzstadt bedrohlich nahe rückte. Zwischen den beiden fränkischen Königshöfen Lauterhofen a. d. Lauterach und Ingolstadt hatte der Hausmeier Karl Martell eine fränkische Angriffsstellung aufgebaut, deren Raum dann 742 seine Nachfolger durch Bonifatius kirchlich-politisch im Bistum Eichstätt organisieren ließen.

Die einzige größere Altsiedellandschaft nördlich der Donau war das Chamer Becken, durch die alte Straße über Stallwang nach Straubing mit dem Stromtal verbunden. Dort ließ vermutlich Oatilo die von K. Dinklage erforschte Ringwallanlage auf dem Galgenberg errichten, zu deren Füßen ein Herzogshof lag (Altenstadt). Durch die Mönche des Herzogsklosters St. Emmeram in Regensburg ließ er südlich des Regen die cella apud Chambam, das Kloster Chammünster, gründen, das er mit reichem Grundbesitz in diesem an alten -ing-Orten so reichen Gebiet ausstattete. Die Karolinger und dann die Ottonen konnten in diesem Gebiet wahrscheinlich bereits an eine ältere agilolfingische Grenzschutzorganisation anknüpfen, die dann Kaiser Heinrich III. zur Mark Cham ausbaute (11. Jahrhundert). Dem Siedelwerk sollten vor allem auch Klostergründungen dienen, die religiösem Eifer entsprangen, aber auch politische Zwecke verfolgten. Chammünster, Pfaffmünster bei Straubing, Metten, Niederalteich waren oder wurden herzogliche Eigenklöster. Sie oblagen dem Rodungswerk in den Vorbergen des Nordwaldes, wie uns die Mettener Biographie der sel. Gamelbert und Uto so anschaulich beschreibt. Karl d. Gr. schenkte dem Utokloster einen Waldstreifen hinauf bis zum Schwarzen Regen (östl. Viechtach), wo das mönchische Rodungswerk noch heute an den -dorf-Orten abzulesen ist (Fink). Die Errichtung der Bistümer Regensburg und teilweise auch Passau mit ihren offenen Grenzen gegen Osten und Norden hatte neben dem kirchlich-organisatorischen auch einen politischen Zweck, da ja die Erstausstattung ganz zweifellos der Herzog gab, der in einer romgebundenen Landeskirche Rückhalt zu gewinnen hoffte (Schieffer).

Seit 788 war das ganze bayerische Herzogtum und mit ihm der Nordwald fränkische Reichsprovinz, das reiche Herzogsgut aber wurde in der Hand des fränkischen Herrschers Hauptmittel staatlicher Raumerfassung des Königs. Nach dem Sieg über die Awaren unternahm Karl d. Gr. 805 zur Grenzsicherung einen konzentrischen Vorstoß nach Böhmen. 845 erschienen 14 böhmische Häuptlinge am Bischofsitz zu Regensburg, um sich taufen zu lassen. Der kirchlich-missionarische Einfluß des Donaubistums reichte weit nach Böhmen hinein, es gab noch keinen Grenzraum, der den Böhmerwald deutlich in zwei Hälften geschieden hätte. 973 wurde aber Prag zum selbständigen Bistum erhoben, mit den kirchlichen beginnen sich auch staatliche Grenzen abzuheben.

Es gab allerdings Straßen, die dieses weite Waldgebiet durchstießen und es wirtschaftlich und politisch aufschlossen. Neben dem alten Völkerweg durch die Further Senke, den auf böhmischer Seite die Militärsiedlungen der Choden-Grenzwächter umsäumten, hat K. Dinklage auf eine frühmittelalterliche Straße von Deggendorf über die Rusel bis nach Schüttenhofen in Böhmen aufmerksam gemacht (Ritzmais, Weißenstein, Rinchnach, Zwiesel, Hohenstegen, Gutwasser, Hartmanitz, Unterstankau, Schüttenhofen). Das Gebiet um den mittleren Lauf dieser Straße hat Kaiser Konrad II. 1029 an die Rinchnacher Zelle des großen Niederalteicher Mönchs Gunther geschenkt, der sich von Niederalteich und dem Lallinger Winkel aus einem Weg durch den Wald bis an die vorbezeichnete Straße gebahnt hatte (Gunthersteig seit 1010). Seit uralten Tagen war von großer wirtschaftlicher Bedeutung der alte Salzhandelsweg von Passau über Freyung einerseits nach Wallern—Prachatitz bzw. Strakonitz, und andererseits über Schüttenhofen nach Klattau und Pilsen. In Pilsen mündeten die Straßen von Straubing, Cham, Furth i. W., Taus und Regensburg, Rötz, Taus mit einem Seitenzweig von Sulzbach, Amberg, Schwarzenfeld ein. Hierher führte auch eine Straße von Nürnberg über Hersbruck, Sulzbach, Wernberg, Vohenstrauß mit einer nördlichen Abzweigung nordwärts

Weiden über Bärnau und Tachau. Von Regensburg lief eine Straße über Kallmünz und Premberg nach Schwarzenfeld, Nabburg, Weiden und Eger. In Premberg bei Burglengenfeld stieß die karolingische Etappenstraße von Hallstadt über Forchheim und Hersbruck darauf.

Nabburg erscheint 929 als wichtiger Punkt der Grenzsicherung gegen Böhmen, da vermutlich von hier aus Herzog Arnulf der Luitpoldinger gegen Böhmen zu Felde zog. Nach dem Sturz des Herzogsgeschlechts wurden Nordgau und ostfränkische Grafschaften auf königliche Initiative in der Hand Bertholds von Schweinfurt aus dem Hause der jüngeren Babenberger zusammengefaßt. Ihm war auch die Grenzhut entlang des nördlichen Böhmerwaldes anvertraut, ohne daß aber von einer Mark auf dem Nordgau die Rede wäre.

III.

Die politische Entwicklung der zweiten Hälfte des 10. Jahrhunderts brachte eine Umgestaltung unseres Raumes, die durch den Aufstieg mächtiger Adeliger und Adelsgeschlechter gekennzeichnet ist. In der Nordwesthälfte des Donaugaus walten jetzt die Pabonen, die auch das Burggrafenamt in der Herzogs- und Bischofsstadt Regensburg innehaben. Den südöstlichen Donaugau bis zur Isar finden wir in der Hand des Ostmarkgrafen Luitpold aus dem Hause der jüngeren Babenberger von Schweinfurt, des Ahnherrn der österreichischen Babenberger. Dieselben Babenberger treffen wir aber auch vermutlich schon seit 976 westlich Ilz und Inn in Teilen des Rottach- und Schweinachgaues (nördlich der Donau bei Vilshofen). Im Künziggau aber erscheint seit 1005 ein Graf Tiemo, der Ahnherr der mächtigen Grafen von Formbach. Die alten Amtsgrafschaften, ursprünglich mit Königsgut, militärischem Kommando über Königsbauern (Freie) und Vertretung königlicher Interessen in bestimmten Gebieten zusammenhängend, wurden jetzt in den Hochadelsfamilien erblich; diese aber setzen langsam zu eigener Territorienbildung an.

Seitdem Heinrich von Schweinfurt wegen seiner Erhebung gegen König Heinrich II. 1002 den westlichen Nordgau verloren hatte, erschienen in dem Raum zwischen Bergen—Pföring und Pegnitz bei Fürth die Ahnherrn der Grafen von Kastl-Sulzbach-Habsberg. Die Scheyern-Wittelsbach griffen vom Kelsgau bereits über die Donau herüber. Zusammen mit seinen Eigengütern um Kronach, Kulmbach und Ammerthal bei Amberg erhielt der Schweinfurter 1004 das ganze Gebiet der späteren Marken Cham und Nabburg, d. h. die östliche Oberpfalz, zurück. Als Vögte des von König Heinrich II. begründeten Bistums Bamberg besaßen die vorbezeichneten Grafen von Sulzbach dessen ausgedehnte Vogteibezirke in der nordwestlichen Oberpfalz mit den dazugehörigen Königsforsten. Im Gegensatz zum reichbedachten Obermainbistum hatten die beiden Bistümer unseres Raumes offensichtlich keine besondere Bedeutung für die staatspolitischen Pläne des Königtums in dieser Zeit. Regensburg erhielt lediglich 914 von König Konrad I. den Forst Sulzipach im Osten der Stadt nördlich des Stroms, der Grundlage seiner hochstiftischen Territorialität neben der kleinen Herrschaft Hohenburg auf dem Nordgau wurde. Der Bischof von Passau kämpfte mühsam um die Hoheitsrechte in der Stadt (Markt,

Münze, Zoll, Gericht) und um das Kloster Niedernburg und gewann erst im 12. Jahrhundert mit dem Kloster auch das später so genannte Abteiland, ein Waldgebiet zwischen Ilz und Rotel, Donau und böhmischer Grenze, das Grundlage eines Hochstiftsterritoriums wurde. Hier wurde eine besondere Königssteuer erhoben (Ilzgauweistum von 1256), die man mit dem Marchfutter der Mark Cham auf eine Stufe stellen mag. Mit Klebel haben wir in den Marchfutterorten den Rest einer alten Wehrorganisation in dem alten Grenzgebiet zu sehen, die auf einer Art stellvertretender Wehrpflicht der Bauern beruhte, nachdem diese in der Zeit des Reiteraufgebots nicht mehr kampffähig waren und an dessen Stelle eine Haferabgabe für Pferdefutter zu geben hatten (Fodrum in Italien und in Niederösterreich, paravereda in der Karolingerzeit).

IV.

Eine neue Initiative staatlichen Aufbaus ergriff in Ostfranken, auf dem bayerischen Nordgau und entlang der ganzen Grenze von der Eger bis zu March und Leitha König Heinrich III., der Begründer der Reichsburg Nürnberg und eines Reichslandes, auf Kosten des Bistums Bamberg. Sein politischer Gestaltungswille wurde entlang einer Linie Nürnberg, Amberg, Nabburg, Cham sichtbar und wirksam. Er wurde der Organisator der Marken Cham und Nabburg und verwendete als Werkzeuge königlicher Territorialpolitik Königsministerialen. Kurz nach seinem Tode erhielt sein bedeutendster dienstmännischer Helfer in diesen Gebieten, Otnand von Eschenau, ein Waldgebiet an der Krummen Naab in der Mark Nabburg mit dem Rodungsrecht verliehen. Dieses Rodungsland lag an der Straße nach Eger.

Die 1055 erstmals genannte „marchia Champie“ ist nicht gleichzusetzen mit dem „pagus Champriche“, in dem wir den geschlossenen Königsgutsbezirk um Reichsburg und Reichshof Cham zu sehen haben, dessen Umfang aus den Marchfutterorten des Bayer. Herzogsurbars aus dem Anfang des 14. Jahrhunderts zu erschließen ist. Das Champriche reichte bis Miltach und Kötzting, ich halte es sogar durchaus für möglich, daß das Viechtacher Gebiet dazugehört hat, da heute noch der Bauer, der von Kötzting nach Viechtach wandert, sagt, er gehe ins „Viechtreich“. Riche = Königsgutsbezirk ist im ganzen Reichsgebiet des Mittelalters anzutreffen. Im Westen schloß an das Champriche der Bezirk des 844 zuerst bezeugten Königshofes Roding mit einer Pfalzkapelle und einem großen Forst (Eisenhart) an; dessen Funktion nahm im 12. Jahrhundert die Reichsministerialenburg Wetterfeld wahr, die auch Sitz eines wittelsbachischen Amtes wurde. Der Chamer Königsgutsbezirk ist übrigens auch noch aus dem Umfang des alten Urpfarrsprengels Chammünster zu erschließen. Der Bereich der Mark Cham aus der Zeit Heinrichs III. greift aber weit darüber hinaus; wir können ihn aus einer Dekanatsbeschreibung von 1326, sicher aus der Ausbreitung der Markministerialenburgen und aus der Ämtereinteilung des wittelsbachischen Urbars des 13. Jahrhunderts erschließen. Bedeutendste Grenzorte des Dekanates waren 1326 Waldmünchen, Eschlkam, Neukirchen-Heilig Blut, Rimbach, Moosbach, Sattelpeilnstein,

Martinsneukirchen, Wald, Nittenau, Bruck, Penting, Döfering. König Heinrich III. hat die Mark Cham aus Nord- und Donaugau herausgeschnitten (typisches Zeichen einer Neukonstruktion) und sie zu beiden Seiten des Regens bis zur Kammhöhe aufgebaut.

Dem Markcharakter dieses Gebietes tut es keinen Abbruch, daß sich verschiedene Besitzrechte hier kreuzen, daß Heinrich IV. dem Regensburger Domvogt aus dem Hause der Grafen von Bogen eine Reihe von Orten übergab, daß das Kloster Ebersberg bereits 1056/57/58 vier Königshufen bei Arnschwang mit einem großen Rodungsgebiet erhielt, daß die Burggrafen von Regensburg in Walderbach ein Zisterzienserkloster gründen konnten oder daß Nittenau mit dem umliegenden Forst bambergisches Vogteilehen der Sulzbacher und dann der Staufer bzw. der Wittelsbacher wurde. Die Wittelsbacher haben nach dem Ausweis des Herzogsurbars von 1280 das Markgebiet auseinandergerissen. Nittenau, Wetterfeld, Roding erscheinen im Urbarium Baiuwariae Transdanubianae (Oberbayern), Cham, Miltach, Eschlkam, Waldmünchen als Ämtersitze und die Vogtei Kötzting, die dem Kloster Rott am Inn mit der Hofmark Lam eignete, im Urbarium Baiuwariae Inferioris (Niederbayern). Den Westen und Nordwesten der alten Mark bilden noch heute große Waldgebiete, deren „Forstname“ an ihre frühere Eigenschaft als königliche Bannforste noch heute gemahnt.

Auch die Mark Nabburg baute sich um einen zentralen Reichsburgmittelpunkt auf, am Übergang einer Straße von Amberg nach Böhmen über die Naab; sie war zweifellos auch als Kraftzentrum gegen den Norden, das Egerland, gedacht, das immer stärker siedlungs- und herrschaftsmäßig erschlossen wurde. Östlich davon setzten sich die Grafen von Sulzbach fest, um im Rodungsland ein Territorium aufzubauen; ihre Burgen Parkstein, Hahnbach, Thurndorf, Murach, Flossenbürg kreisten von allen Seiten die Reichsburg ein. Berengar von Sulzbach besaß Tirschenreuth im Egerland und hat dort laut Ortsnamenzeugnissen (Berngersreuth) sich auch am Rodungswerk beteiligt. Neben den Sulzbachern treten als Rivalen der Markgrafen auch die hochfreien Herren von Hopfenohe-Lengenfeld-Pettendorf und Waldeck auf, deren Erbe um Waldeck und Culm die späteren Landgrafen von Leuchtenberg antreten, in deren Händen dann Schmidgaden, Schwarzenfeld, Stein und das Pflegamt Wernberg sind. Den Landgrafentitel übernahmen sie von den Landgrafen von Stefling (am Regen), einem Zweig der Burggrafenfamilie von Regensburg. Durch Th. Mayer wissen wir, daß wahrscheinlich König Lothar die Verwaltungsform der Landgrafschaft für Neusiedler auf kgl. Rodungsland eingerichtet hat, was für dieses Gebiet wohl zutreffen würde.

Zwischen Sulzbacher und Leuchtenberger schieben sich die Edelherren von Pfreimd und (Alten-)Parkstein, Nachkommen der Abensberger. Aus der Rezatgegend kamen die Grafen von Stirn und Ettenstatt und setzten sich in Altendorf südöstlich Nabburg fest, während die Grafen von Hohenburg im Naabtal, zu Schwandorf und östlich davon festen Fuß faßten. Nahe Rötz (Straße nach Taus) aber liegt vermutlich die Stammburg der in der niederösterreichischen marchia Boemiae um das dortige Retz (!) reichbegüterten Haderiche, die Schwarzenburg. Das Rivalisieren der edelfreien Geschlechter und die dadurch gegebene Überschneidung von

Kräftelinien, Besitzansprüchen und Herrschaftsrechten macht es bei der Dürftigkeit der Quellen sehr schwer, die Mark Nabburg in Umrissen sichtbar zu machen. Der markgräfliche Wirkraum gegen Osten wurde hier sehr stark eingeschränkt. Um so mehr war der Weg nach Norden in das Egerland gewiesen. Freilich hat das Eingreifen des Stauferkönigs Konrad III. jede weitere markgräfliche Wirkung jäh abgeschnitten. Seine Nachfolger haben dort um die Reichsburg Eger ein „modernes“ Reichsland aufgebaut, das sie mit einem Netz von Burgen überzogen, auf denen aus der Mark Cham geholte Dienstmannen (Wetterfelder, Rundinger, Haidsteiner, Azelin) saßen.

Vielleicht darf man den Umfang der alten Mark aus den Grenzorten des Dekanates Altendorf von 1326 ablesen, dessen Urpfarrkirche Perschen am linken Naabufer gegenüber Nabburg war; zu nennen sind Seebarn, Rötz, Tiefenbach, Schwarzach, Eslarn, Waidhaus, Lenesrieth, Floß, Ilsenbach, Wurz, Altenstadt, Neunkirchen, Kohlberg, Neunaigen, Saltendorf, Schwarzenfeld. Als Hauptorte der Mark treten an der Schwarzach Neunburg, Schwarzhofen, Altendorf, Schwarzach und Altfalter besonders hervor. Die exzentrische Lage der Reichsburg und des Urpfarrmittelpunktes im Südwestzipfel des Gebietes ist nicht ungewöhnlich.

Noch im 17. Jahrhundert war Cham Sitz eines Erzdekanates, dessen Sprengel die Dekanate Cham, Nabburg mit Leuchtenberg, Tirschenreuth-Eger, Stadtkemnath (Kastl), Amberg und Hirschau umfaßte, Zeichen der einstigen politischen Bedeutung des alten Reichsburgmittelpunktes an der Chamb. Die Diözese Regensburg war in vier Archidiakonate eingeteilt, die an vier Archipresbyterate des 8. Jahrhunderts anknüpfen. Ihre Sitze waren Regensburg, Thunstauf (Peterskirche in Wörth), Pondorf (Pfaffmünster) und Chammünster. Die Ungleichheit dieser Einteilung kann nur einer Zeit entstammen, in der die Südhälfte des Bistums drei Viertel, der ganze Norden aber nur ein Viertel der Bevölkerung umfaßte. Das paßt aber noch auf die Zeit um 1000. Die territoriale und staatliche Entwicklung eines Raumes kann nur der richtig würdigen, der seine Siedlungs-, Kirchen- und Herrschaftsgeschichte zusammen schaut. Nur durch die Menschen, die darin hausen, auch wenn sie unfrei sind, wird ein Raum Gegenstand politischer Organisation.

Vermutlich wegen ihrer Verwandtschaft mit den reichen Chiemgaugrafen, den sogenannten Sighardingern, die auch mit den mächtigen Grafen von Ebersberg und den schwäbischen Augstgaugrafen verschwägert waren, kamen die schwäbischen Rapotonen-Diepoldinger in den Besitz der Markgrafschaften Cham und Nabburg sowie auch des Egerlandes. Das Geschlecht setzte alles daran, das Gebiet der alten Königsmarken zu allodialisieren, es griff gewaltig in die seinem Amtsbereich nur lose angehängte regio Egire aus und suchte sie herrschaftlich und staatlich durch Kolonisation, Burgenbau und Ministerialenverwaltung aufzufüllen und zu organisieren. Als aber König Konrad III. das Egerland wieder zum Reich einzog und Barbarossa dort wie in der Mark Cham oder im Raum der Bamberger Vogteien auf dem nordwestlichen Nordgau nach dem Aussterben der Sulzbacher oder sogar in und um Regensburg eine aktive Königsgut- und Reichslandpolitik entfaltete, da war es mit dem Territorialstreben der Diepoldinger vorbei, die nun immer mehr an Einfluß und Macht auf dem Nordgau verloren; schließlich gelang es den erfolgreichsten Territorialpolitikern Süddeutschlands, den Wittelsbachern, mit Hilfe von Erbe, Kauf, Tausch und Belehnung an ihre Stelle zu treten und fast die ganze spätere Oberpfalz für ihren Landesstaat zu gewinnen.

V.

Dieselben Wittelsbacher waren auch die Erben des besitzmächtigsten Geschlechtes im Bayerischen und Böhmerwald, der Grafen von Bogen. Ihre Genealogie und Besitzgeschichte hat erst jüngst durch J. Piendl eine ausgezeichnete Darstellung gefunden; dem nämlichen Forscher, einem Sohn des Bayerischen Waldes, danken wir auch die Bearbeitung der Landkreise Kötzting und Cham im Historischen Atlas von Bayern. Ausgangspunkt für das herrschaftsbildende Werk der Grafen von Bogen war das Altsiedelland an der Donau. Als Domvögte von Regensburg waren sie im 11. Jahrhundert zu Einfluß gelangt. Als Verwandte der Babenberger bekamen sie vermutlich die Grafschaft im östlichen Donaugau; dabei blieb das Gebiet um Deggendorf ausgespart, das die Pernegger, andere Verwandte der Babenberger, innehatten. Im 12. Jahrhundert nannte sich das Geschlecht nach Windberg, das sie in ein Hauskloster umwandelten, und dann nach Bogen. Sie waren Vögte des Klosters Niederalteich, ein Zweig gründete das Kloster Oberalteich (1104). Vogteien über Klöster waren wegen der damit verbundenen Gerichtsrechte wesentliches Mittel territorialer Erfassung politischer Räume. Zeugen des Vordringens der Grafen in den „Wald“ sind der Hohe Bogen, der eine Burg der Bogener trug (Burgstall) und von ihnen seinen Namen hat; eine Bogener Burg stand auf dem Osser. Mit ihren Ministerialenvesten überzogen sie das Viechtacher Gebiet und das Zellertal; ihre Bauern rodeten den Wald, wovon noch heute die Ried-Orte der Gegend Zeugnis ablegen. Ihr Herrschaftsgebiet reichte über den heutigen Grenzkamm nach Böhmen hinein. Im Quellgebiet der Woltrawa jenseits des Arbers wahrte die Siedlung Albrechtsried den Namen eines der Bogener Grafen; vom Böhmenkönig erhielten sie das obengenannte Schüttenhofen mit den umliegenden Grenzwäldern. Nicht so sehr die Donaugrafschaft als vielmehr das herrschaftsbildende Rodungswerk in einem gau- und grafschaftsfreien Raum haben Macht und Territorialpolitik der Bogener begründet. Der bedeutsame Umfang ihres Gebietes wird aus dem Bayerischen Herzogsurbar des 13. Jahrhunderts ersichtlich, der das Bogener Erbe der Wittelsbacher verzeichnet.

Das Schwergewicht der Burgen- und Territorialpolitik des anderen großen niederbayerischen Geschlechts, der Windberg-Formbacher, lag am Unterlauf des Inn. Nach ihrem Aussterben (1158) brachte eine Erbtochter den ganzen Komplex von Besitz- und Hoheitsrechten westlich der Ilz und zu beiden Seiten des Inn mit Burgen, Besitz und Rodungen im Ilzgebirge, Lehensleuten und Dienstmannen an das nach den Welfen damals mächtigste und reichste bayerische Geschlecht, die Grafen und seit 1180 Herzöge von Andechs-Meranien. Deren Haupterben aber waren wiederum die Wittelsbacher, die auch das Ortenburger Gebiet bis auf eine ganz kleine Reichsgrafschaft einschränkten. Als Reichslehen der Formbacher besaßen 1112 die älteren Halser die Burg über der engen Ilzschleife, die nach 1190 an die

Utendorf-Kam, die Erbvögte des bambergischen Stifts Osterhofen, überging, die wir als die jüngeren Grafen von Hals bezeichnen. Diese dehnten ihren Besitz im Rodungsland bis zu den Höhen des Rachel und Lusen aus. Im Waldland östlich der Ilz betrieben die Grafen von Griesbach aus dem Rottachgau eine intensive Neusiedeltätigkeit im 12. Jahrhundert. Die bayerische Grenze verlief damals noch an der Mühel, wo die Edelfreien von Falkenstein (Ndb.) und die im Dienst des Böhmenkönigs emporkommenden Witigonen die bayerische Grenze im 13. Jahrhundert rodend bis zur Moldau vortrieben. Nicht zu übersehen sind im unteren Wald die territorialen Bestrebungen des Bischofs von Passau, der 1193 von König Heinrich VI. Vogtei und Königssteuer im Abteiland östlich der Ilz erhielt und 1207 von den Andechs-Meraniern mit der Burg Windberg (bei Vilshofen) die Grafschaft „zwischen Regenbrücke (Regen), Ilz, Donau und der böhmischen Grenze" kaufen konnte. Nach längerem Ringen mit den Grafen von Bogen blieb der Utelpach (mündet bei Windorf in die Donau) die Westgrenze des Hochstifts gegen das wittelsbachische Niederbayern. Die alte „cometia in Winneberge" zwischen Rornach und Regenbrücke im oberen und Nesselbach/Utelbach im unteren Teil kam 1262 durch Vertrag an die Wittelsbacher. Dagegen gelang es den Bischöfen, wittelsbachische Grafenrechte aus dem Ilzgau, wie das Abteiland seit 1217 hieß, auszuschalten. So konnten sie ein geschlossenes Territorium zwischen Ilz, Donau und Ranna aufbauen.

VI.

Die unheilbare Schwächung des deutschen Königtums 1198 und nochmals 1250/54 sowie das Aussterben der bedeutendsten Hochadelsgeschlechter, die aus Besitz- und Hoheitsrechten im Altsiedelland jenseits Donau, Naab und Regen sowie ihren Rodungen im Waldland größere organisierte Herrschaftsräume zu integrieren begannen, hat es den Wittelsbachern, die seit 1180 Herzöge von Bayern waren, bei aller bewundernswerten Kraftanstrengung doch verhältnismäßig leicht gemacht, in weniger als einem Jahrhundert ihren Landesstaat aufzubauen, ihn in Landgerichten und Pflegämtern zu organisieren. Dabei fiel der größte Teil des Waldlandes ihrem umgreifenden Territorialherzogtum fast als reife Frucht in den Schoß; mit dynastischen Gebieten, Reichsländern, Reichsrechten und Kirchenvogteien wurde es zu einem wirklichen Flächenstaat ausgefüllt (Spindler). So wurden das niederbayerische Waldland und der alte Nordgau Bestandteil des bayerischen Landesfürstentums, das damit auch die Grenzhut übernahm. Die Teilungen seit 1255 haben freilich das mühevolle Aufbauwerk eines halben Jahrhunderts zerrissen. Dabei kamen die Besitzungen auf dem Nordgau an Oberbayern, während das übrige Gebiet, das wir behandelt haben, zu Niederbayern geschlagen wurde. Durch den Hausvertrag von Pavia 1329 wurde der oberbayerische Anteil auf Burg und Markt Lengenfeld, Kallmünz, Schwandorf, die Rechte in Regensburg und die Besitzungen innerhalb des Landgerichts Hirschberg verkleinert. Die Söhne Herzog Rudolfs aber gewannen zur Pfalzgrafschaft bei Rhein die ehedem staufischen und sulzbachischen Güter und Gerichte auf dem Nordgau. Dieses Gebiet wurde darum im

Laufe der Zeit zum Unterschied von der „unteren" Pfalz bei Rhein „Obere Pfalz" genannt, ihre Hauptstadt wurde Amberg. Herzog, König, Adel, Kirche, d. h. Bischöfe und Klöster, haben an der staatlichen Erfassung des Raumes zwischen Donau, Vils, Naab und böhmischer Grenze jahrhundertelang gearbeitet. Der Landesstaat der Wittelsbacher hat alle ihre kleinen und großen Herrschaftsgebiete wie in einem einzigen Sammelbecken schließlich aufgefangen. Neben Herzog, König, Graf, Dienstmann, Bischof, Abt, Mönch haben aber auch die Bauern maßgeblich am herrschaftsbildenden Siedelwerk in unserem Raum mitgewirkt; sie haben auf ihren Höfen das wahre Volkstum und Volkserbe entlang der böhmischen Grenze bewahrt. Ihrem Wirken im Früh- und Hochmittelalter muß sich daher verstärkt das Interesse der Forschung zuwenden, damit neben der Verfassungsgeschichte auch eine Volksgeschichte des niederbayerisch-oberpfälzischen Raumes bald geschrieben werden könne.

NORDGAU UND OBERPFALZ ALS REICHSLÄNDER UND TERRITORIALSTAATEN*

Das Thema meines Vortrages „Nordgau und Oberpfalz als Reichsländer und Territorialstaaten“, der den 21. Bayerischen Nordgautag einleiten soll, bringt mich etwas in Verlegenheit, wenigstens als Wissenschaftler. Ich vermute nämlich, daß im Urnordgau, das heißt im Raum zwischen Ingolstadt, Nürnberg und Regensburg noch niemals ein Nordgautag stattgefunden hat; ich meine, daß dies ganz zu recht geschehen ist, weil in dem bezeichneten Gebietsdreieck heute ein Nordgaubewußtsein nicht mehr lebendig ist. Jedoch soll man um der historischen Wahrheit = Wirklichkeit willen nüchtern feststellen, daß der Raum, den man heute als „Nordgau“ bezeichnet und in dem die Nordgautage stattfinden, erst später mit diesem Namen belegt wurde, deshalb auch nur sekundär alter bayerischer Nordgau genannt wird. Selbstverständlich ist nicht zu bestreiten, daß der Nordgau, so wie man ihn heute gemeinhin versteht, der auch zumeist mit der heutigen Oberpfalz identifiziert wird, altbayerisches und stammbayerisches Land ist. Dafür zeugen eindeutig Sprache und Siedlung. Aber das gilt nicht für die politisch-herrschaftsgeschichtliche Entwicklung des Landes, das wir heute amtlich Oberpfalz und auch Nordgau nennen. Ich stelle mit Freuden auf der politisch-parlamentarischen Bühne Münchens fest, daß seit einem Jahrzehnt sich das Oberpfälzische und die Oberpfälzer im Rahmen des Bayerischen kraftvoller zu rühren und stärker zu artikulieren begonnen haben. Diesem geweckten und autonomen politischen Selbstbewußtsein der Oberpfälzer sollte und dürfte es nicht unangenehm sein, wenn ihm der historische Forscher sagt und beweist, daß dieses Land vor 1268 mit Ausnahme seines Südteiles nicht zum bayerischen Stammesherzogtum und auch nicht zur frühen Landesherrschaft der Wittelsbacher gehört hat, sondern daß es seine selbständige Geschichte im Rahmen des Frankenreiches und des Deutschen Reiches bis zum Untergang der Staufer hatte und daß es auch anschließend nur zwischen 1268 und 1329 territorial zum altbayerischen Landesstaat und dann von 1329 bis 1628/9 auf Grund des wittelsbachischen Hausvertrages von Pavia (1329) zur Pfalzgrafschaft bei Rhein und dem Landesstaat der Rudolfingischen Linie der Wittelsbacher gehörte.

Der alte Nordgau hatte und hat also seine eigene Geschichte, er war weitgehend Reichsland und Königsterritorium vor allem in Salier- und Stauferzeit bis 1268. Wenn heute der österreichische Staat eine große Babenberger-Ausstellung im niederösterreichischen Stift Lilienfeld eröffnet und damit das tausendjährige Gedächtnis des Herrschaftsantrittes der fränkischen Babenberger von Schweinfurt als Markgrafen der Ostmark 976 feierlich begeht, dann könnten Oberpfalz und Nord-

---

* Eröffnungsvortrag zum 21. Bayerischen Nordgautag in Nabburg 1976.

gau fast gleichwertig dabei mithalten und mitfeiern, weil ungefähr zur gleichen Zeit oder etwas früher die gleichen fränkischen Babenberger von Schweinfurt von dem Ottonenkaiser zu königlichen Kommissaren auf dem bayerischen Nordgau bestellt wurden. Die löbliche Bayerntreue der Oberpfälzer hat verhindert, daß sich ein stärkeres oberpfälzisches Geschichtsbewußtsein entwickelt hat; denn würde es dies geben, dann würden die Oberpfälzer vielleicht gar nicht verwundert feststellen, daß sie ebenfalls mit den großen württembergischen Stauferfeiern unserer Tage mittun könnten, weil die Oberpfalz seit Barbarossa und besonders seit dem Aussterben der Grafen von Sulzbach ein Glied der großen staufischen Reichslandpolitik zwischen Nürnberg, Eger und Altenburg in Sachsen gewesen ist. Das aber war nicht zuletzt die historische Folge davon, daß der große Salierkaiser Heinrich III. im Zuge der Konsolidierung der Ostgrenzen des Reiches gegen Böhmen und Ungarn auf dem bayerischen Nordgau die kleinteiligen und wohlorganisierten Königsmarken Cham und Nabburg errichtete und damit für unser Land die erste sichere und belegbare größere Herrschafts- und Verwaltungsorganisation schuf. An ihrer *reichischen* Geschichte kann die Oberpfalz nicht mehr länger vorbeigehen, sie macht den individuellen Sondercharakter dieses historischen Raumes mindestens bis 1268, wenn nicht bis in das 17. Jahrhundert aus. Diese Feststellung kann die Bajuwarizität der Oberpfalz gar nicht stören und auch nicht die oberpfälzische Anhänglichkeit an den bayerischen Stamm und den bayerischen Staat; denn diese ist fest in Sprache, Volkstum, Siedlung und Kultur begründet. In einer Zeit, in der es um die Erhaltung von Identität und Individualität geht, darf man dieses oberpfälzische Sonderwesen und seine Eigenart nicht unbeachtet und ungenutzt lassen. Aus diesem Grunde habe ich mein Thema gewählt und lade Sie ein, mit mir einen kurzen Blick in die historischen Grundlagen der oberpfälzischen Art und Entwicklung zu tun, die einen besonderen Wert und historische Individualität besitzen.

Eine umfassende historische Analyse der oberpfälzischen Geschichte kann sich nicht einseitig an der großen Herzogs-, Königs-, Kaiser- und Reichsstadt Regensburg, diesem ehrwürdigen alten Zentrum von Herrschaft, Wirtschaft, Geist, Kunst, Kultur orientieren, auch nicht am Stammland der Bayern, sondern muß sich auch nach Westen und Südwesten orientieren und den Anschluß an das Frankenreich herstellen, dessen Teilgebiet ja auch das fürstliche Herzogtum der Agilolfinger des 6.—8. Jahrhunderts war. Der bayerische *Urnordgau* und seine beiden wichtigsten Königshöfe *Ingolstadt* und *Lauterhofen,* die dies Gebiet flankierten, begegnen zuerst in den Händen des fränkischen Hausmeiers Karl Martell, gehen dann in agilolfingische Hände über und werden bei der Absetzung Tassilos III. 788 von Kaiser Karl dem Großen wieder zurückgenommen. Die beiden Königshöfe Ingolstadt und Lauterhofen im Lauterachtal müssen vor 740 Stützpfeiler einer fränkisch-karolingischen Auffangstellung und Ausgangsposition zwischen Donau, Jura, Pegnitz, fränkischem Keuperwald und Ries gewesen sein und auch so verstanden werden. Die beiden Höfe liegen auf dem *Nordgau,* der ein Teil von Bayern war, das als fränkische provincia bezeichnet wird. Dieser Name hat sich erst später mit zunehmender Besiedlung und herrschaftlicher Organisation ostwärts verlagert und wurde eigentlich erst im 11. Jahrhundert die Bezeichnung für das Gebiet, das wir heute die zentrale Oberpfalz nennen. Für die Grenzen des alten Urnordgaus sprechen die Tatsachen, daß 1. noch später in den Quellen die salische Reichsburg und spätere Königsstadt Nürnberg „auf dem Nordgau" liegt, daß 2. das weiter westlich situierte Fürth zwar im fränkischen Radenzgau sich befindet, aber in Grenzlage zum nordgauischen Raum um Nürnberg. „Am bayerischen Nordgau" liegt 3. der alte Königshof und die spätere Reichsstadt Weißenburg am Sand. Die Hauptflußachse dieses Nordgaus war die Altmühl, seine Grenzflüsse aber waren die Donau im Süden und die Lauterach im Nordosten. Gerade dieser Raum war 805 auch die Operationsbasis für die Böhmenfeldzüge Karls, des Sohnes des großen Karl. Doch büßten die beiden villae dominicales = Königshöfe Ingolstadt und Lauterhofen schnell ihre Bedeutung und Funktion ein, als nach 817 unter dem später ostfränkischen König Ludwig dem Deutschen, dem Sohne Kaiser Ludwig des Frommen, sich die ostfränkische Herrschaft sehr intensiv auf Regensburg konzentrierte, das unterdessen auch „sedes ac metropolis ducatus Bavariae" (Sitz und Hauptstadt des Herzogtums Bayern) genannt wurde. Seit Anfängen aber war Bayern ein ducatus = Grenzprovinz und eine provincia = Verwaltungsgebiet des Frankenreiches gewesen; die Worte ducatus und provincia entstammen dem Vokabular der römischen Reichsverwaltung, die die Franken für die von ihnen besetzten früher römischen Provinzialgebiete übernahmen. Bayern war eine Grenzprovinz und Provinz des Frankenreiches und war es noch im 9. Jahrhundert ohne und mit Agilolfingern, die fränkischer Abstammung waren, eine autonome, fürstengleiche Stellung im 8. Jahrhundert einnahmen und damals Herzoge in Bayern und Alemannien zugleich waren. Von Regensburg aus wurde seit der Besiegung der Awaren die große ostfränkische Politik und Expansion gegen Böhmen, das Großmährische Reich, gegen Pannonien = Ungarn und gegen Karantanien betrieben.

Der Königs- und Reichsgutscharakter von Ingolstadt ist belegt durch die Vergabe von Teilen des Gutes an Reichsklöster, so an Niederalteich, Niedermünster in Regensburg und auch das Reichskloster Metten an der Donau. Nördlich anschließend bis zum Ries wurden das bonifatianische Großkloster Fulda sowie das Adels- und Reichskloster Lorsch an der Bergstraße mit reichem Besitz aus Königsgut ausgestattet. In diesem Raum nördlich der Donau aber hatte das fränkische Bistum Eichstätt die zentrale Position; seine Südgrenzen bildeten auch Donau und Sandrach bei Ingolstadt. Hier ist die Feststellung wichtig, daß ein breiter Streifen Landes nördlich der Donau vom Ries bis Passau und hinein in das niederösterreichische Waldviertel mit seinen Forsten und Wäldern *Königsland* war, das den Pfalzen, Königshöfen und Reichsklöstern im Stromtal zugeordnet gewesen sein muß. Diese um Königspfalzen — auch Ingolstadt hatte Pfalzcharakter — Königshöfe und Reichsklöster aufgebaute Herrschafts- und Siedlungsorganisation um die Donau und nördlich des Stroms ist durch den letzten Sachsenkaiser Heinrich II. aufgelöst und in großen Teilen an sein neugegründetes Reichsbistum Bamberg geschenkt worden. In der karolingischen Reichsordnung von 817 aber lesen wir, daß die Königshöfe Ingolstadt und Lauterhofen Königsdienste zu leisten, also den reisenden Hof, seine Kommissare und seine Heere zu verpflegen hatten.

Anfang des 11. Jahrhunderts erscheint im gleichen westlichen Raum in den Quellen die Nordgaugrafschaft des Berengar, die sich im 12. Jahrhundert zur Grafschaft Hirschberg entwickelte, ihr Rechtsnachfolger wurde im 14. Jahrhundert das kaiserliche Landgericht Hirschberg, das südwärts wieder zur Donau reichte, das auch Ingolstadt einschloß, das im Westen die alte Stammesgrenze zwischen Bayern und Schwaben erreichte, nördlich das Burggrafenamt Nürnberg streifte und im Osten durch die Schwarze Laber bis zu deren Mündung in die Donau begrenzt wurde. Offenbar hat sich also der alte Urnordgau der fränkischen Zeit bis zum kaiserlichen Landgericht Hirschberg in den gleichen Räumen kontinuierlich weiter entwickelt; die Donau war ja die Südflanke des Urnordgaus und dessen Südflanke wurde durch Ingolstadt gedeckt. Der Urnordgau war vermutlich reichisch-königliches Land. Die Ostgrenze des Urnordgaus und zugleich die Ostgrenze des Bistums Eichstätt bezeichnete der zweite Reichsort Lauterhofen, der an einem uralten Weg aus dem Maingebiet zum Regen und zur Donau nach Regensburg lag. An dieser Straße lagen die fränkischen Königshöfe Forchheim, Fürth, Hersbruck und Lauterhofen; sie führte Lauterach- und Vilsabwärts zur Naab und nach Regensburg. Die östliche Diözesangrenze von Eichstätt war eine politische und strategische Linie. Ein Unterbezirk des Urnordgaus muß der pagus Uuestermannomarcha oder Uuestermann = Westermanngau gewesen sein, in dem die Orte Prünthal und Raitenbuch zwischen Lupburg und Hohenfels im Bezirksamt Parsberg und Bergmatting zwischen Regensburg und Kelheim lagen. Zur Zeit Karls des Großen hieß das von mir oben umschriebene Gebiet zwischen Ingolstadt und Lauterhofen allein Nordgau, während das zur Regensburger Diözese gehörige Gebiet im Norden der Donau dagegen zum Donaugau gerechnet wurde. Dieses vorgenannte Land aber hieß im Kapitulare Karls des Großen von 806 „pars Baivariae quae dicitur Northgow“ und war mit dem Eichstätter Sprengel identisch. Aus einer Stelle der Vita Wynnebaldi aus der 2. Hälfte des 8. Jahrhunderts dürfen wir den Schluß ziehen, daß sowohl die südwestliche Oberpfalz bis zur Linie Premberg, Schmidmühlen, Lauterhofen wie auch das Vilstal bis in das Amberger Becken und das Naabtal bis Nabburg damals siedlungsmäßig erschlossen waren.

All das aber zwingt endlich zur Aufgabe der These Michael Doeberls, die er erstmals in seiner Habilitationsschrift vorgetragen hat, daß es nämlich eine Markgrafschaft auf dem bayerischen Nordgau oder eine Böhmische Mark gegeben habe. Für ein solches Gebilde gibt es keinen quellenmäßigen Beleg. Dazu gehört auch die Feststellung, daß auf dem nördlichen Donauufer selbst in nächster Umgebung Regensburgs im 8. und 9. Jahrhundert nur ganz wenige Orte bezeugt sind. Es sind dies Premberg und Lauterhofen, Etterzhausen an der Naab, Beratzhausen an der Laber, Pfraundorf, Prünthal, Raitenbuch und Degerndorf zwischen Parsberg und Hohenfels, Kuntsdorf (= Königsdorf) bei Premberg, Allersburg an der Lauterach und Berching an der Sulz. Wenn wir dazu mit Hans Dachs die Ortsnamen als Leitfossile der Besiedlung dieses Landes befragen, so stellen wir fest, daß Ortsnamen mit dem Grundwort -ing, die dem 8. Jahrhundert zugehören, gehäuft nur im Chamer Becken auftreten, zahlreicher auch im Altmühltal bis Eichstätt hinauf und in einigen Seitentälern der Altmühl vereinzelt; dazu kommt noch eine geschlossene Gruppe zwischen Amberg und Nabburg und Schwarzenfeld. Ausbau- und Kolonistensiedlungen und ihre Namen mit den Grundworten heim, hofen, hausen, die auch dem 8./9. Jahrhundert angehören, schieben sich von Regensburg die Donaunebenflüsse nordwärts hinauf bis zu einer Linie, die von Hersbruck über Lauterhofen an das Regenknie bei Marienthal verläuft; der ganze Osten der heutigen Oberpfalz ist fast völlig frei davon. Das paßt auch zu der von Dachs festgelegten Linie Forchheim, Nabburg, Furth i. W., bis zu der die Siedlungsbewegung des 8./9. Jahrhunderts aus dem Süden verläuft. Schließlich fügt sich damit auch die philologische Feststellung zusammen, daß auch die Namensform der slavischen Namensbezeichnungen Perschen nahe Nabburg und Pfreimd in die Zeit zwischen 700 und 750 weisen. Daß die Oberpfalz genau so wie Ober- und Mittelfranken eine slawische Besiedlung hatte, deren erste Phase nach der slavischen Westbewegung seit 600 einsetzte, deren zweite Epoche durch die fränkische Staatskolonisation bewirkt wurde, ist zuletzt durch die Forschungen von E. Schwarz geklärt worden.

Die früheste Nachricht aus der südlichen Oberpfalz von heute stammt aus einer St. Emmeramer Urkunde von 819, die berichtet, daß die dem Domkloster St. Emmeram zu Regensburg unterstehende Zelle *Chammünster* gegenüber der Mündung des Chambflusses in den Regen vom vorletzten Agilolfingerherzog Otilo, also vor 748, mit reichem Grundbesitz ausgestattet worden sei. Die Grenzen dieses Besitzes wurden unter seinem Nachfolger Tassilo III. und wiederum 819 gegen wiederholte Übergriffe festgelegt. Das Klosterland, seinem Wesen nach eine forestis = Forst, lag zwischen dem Janabach und der Miltach. Wie die anderen beiden Klostergründungen Tassilos zu Innichen im Pustertal und zu Kremsmünster in Oberösterreich hatte dieses Kloster am Chamb-Regen-Zusammenfluß die Funktion einer Herbergs- und Verpflegsstation der wichtigen Straße von Regensburg über den Further Paß nach Domašlice = Taus und Prag und ihrem Zusammentreffen mit einer anderen wichtigen Straße von Straubing über Stadevanga = Stallwang nach Cham. Im Chamer Becken haben wir auch ein dichtes Netz von alten -ing-Orten, die sich entlang des Regenflusses bis Regensburg fortsetzen, Zeichen eines guten Bodens und einer größeren Besiedlungs- und Bevölkerungsdichte. An derselben Linie reiht sich aber auch Krongut der fränkischen und deutschen Könige auf, das an das agilolfingische Gut anknüpft. Wir haben hier später die Königshöfe Nittenau, Roding, Cham. Das Reichsgut *Nittenau* wurde von Kaiser Heinrich II. 1007 an das neugegründete Bistum Bamberg geschenkt. Aus diesem Besitz schenkte Bischof Otto von Bamberg Güter an seine Klöster Prüfening (1109) und Ensdorf. Hier breiteten sich die großen *Reichsforsten* Nittenau, Rechart und Durn aus, in denen die Bauern des Hochstifts rodeten. *Roding* trat erstmals 844 als Königspfalz in Erscheinung. Kaiser Arnulf von Kärnten gründete hier eine Pfalzkapelle mit Kollegiatstift. Pertinenzen dieses alten Reichsortes und vermutlich ebenso des Reichshofes Cham waren die 1003 genannten Orte Dicherling und Zenzing, Hötzing, Scharlau, Pösing, Au und Frieding mit dem Forst Eisenhart. *Cham* ist 976 als civitas und 1040 als castrum überliefert. Dieser Siedlung ist gleichzusetzen die Reichsburg Camma über den Chambfluß, zu der die heute Altenstadt genannte

Siedlung und eine Georgskapelle auf dem Galgenberg gehörten. An der Südseite des Chamer Beckens lag der Alte Markt (= Altenmarkt), der 1135 und 1137 so genannt wurde, die Siedlung an der Stelle der heutigen Stadt Cham wurde 1210 erstmals als novum forum (= Neumarkt) im Gegensatz zum Alten Markt bei dem heute noch so bezeichneten Ort genannt. Zwischen Cham und Furth schenkte Kaiser Heinrich III. 1156 aus Reichsgut Besitz in Döfering, Schlammering, Grasfilzing, Grabitz, Furth, Kothmaissling, Degelberg, Großmannsdorf, Buchberg und Sichowa (abg. bei Furth); auch in Balbersdorf, Habersdorf, Michelsdorf verfügte der König über Besitz.

In der Reichsteilung Karls des Großen von 806 wurde der Urnordgau aus Bayern, wie es Tassilo besaß, ausgegliedert und mit ihm die Reichshöfe Ingolstadt und Lauterhofen. Sein Sohn Pippin bekam das tassilonische Bayern, sein Sohn Karl aber neben anderem den Nordgau, der als „pars Baivariae" (Teil Bayerns) bezeichnet wurde. Zu Bayern gehörte auch die südöstliche Oberpfalz um Cham und am Regen. Bayern aber war selbst fränkische Provinz und seit 788 waren Urnordgau und Land am Regen fränkisch-karolingisch bzw. später reichisch-deutsch. So war es in der ersten Etappe südoberpfälzischer Geschichte bestellt und geworden.

Unter den Ottonenkaisern hebt in der zweiten Hälfte des 10. Jahrhunderts die zweite Phase an. Kaiser Otto I. mußte den widerspenstigen Luitpoldingern und wohl auch dem Hause seines Bruders Heinrich ein Gegengewicht in den fränkischen *Grafen von Schweinfurt* aus dem Hause der jüngeren *Babenberger* entgegenstellen. Er vereinigte darum das nördliche „Ostfranken" und den Nordgau als *kommissarische* Verwaltungsgebiete in babenbergischen Händen. Vermutlich um 950 übertrug der König an den Grafen Berthold die Grafschaften im Nordgau, wo er 945 im Dienste des Herrschers bezeugt ist; 960 und 973 waren in seinen Händen auch die ostfränkischen Grafschaften Volkfeld und Radenzgau; dazu kam noch die praefectura über das Königsgut Bamberg. Berthold begegnet mit dem Titel marchicomes, was ausdrückt, daß er mehrere Grafschaften vor der Grenze in seiner Hand hatte. Daneben ist die Feststellung wichtig, daß Bertholds Bruder Luitpold 976 die bayerische Ostmark im heutigen Österreich entlang der Donau zwischen Enns und Wienerwald übertragen erhielt und dazu auch noch die südöstliche Hälfte des Donaugaus (wohl bis Deggendorf) bekam. Der nordwestliche Teil des Donaugaus von der Kleinen Laaber bis zum Regen aber kam an Graf Pabo, den Ahnherrn der königlichen Burggrafen von Regensburg, die am Ende des 12. Jahrhunderts ausstarben und im 12. Jahrhundert in die beiden Zweige der edelfreien Herren von Riedenburg und der Landgrafen von Stefling im Regental sich aufgegliedert hatten. Wenn wir nun sehen, in wieviele Grafschaften der Gewaltbezirk Heinrichs von Schweinfurt, des Sohnes unseres Berthold, nach seiner Erhebung gegen Kaiser Heinrich II. aufgeteilt wurde, müssen wir sagen, daß der Titel Markgraf, den diese hier amtierenden Babenberger hatten, eine bedeutsame Stellung vermuten läßt, die freilich mit einer Markgrafschaft auf dem Nordgau nichts zu tun hatte, die nicht belegbar ist. Im Gegenteil! Wir müssen annehmen, daß im 10. Jahrhundert die ostfränkischen Grafschaften und der Urnordgau, das Land um die mittlere

Naab und vielleicht auch den Regen als großer königlicher Gewaltbezirk in den Händen der Babenberger von Schweinfurt vereinigt war.

Daraus erklärt sich dann auch am leichtesten, daß der zweite Salierkaiser den östlichen und mittleren Teil dieses Gebietes entlang der böhmischen Grenze als die *Marken Cham und Nabburg* organisiert hat, die wir als Form der Grenzsicherung und Grenzorganisation, als militärische Aufmarsch- und Etappenstellung zu verstehen haben. Solche Gebilde haben wir auch an der Westgrenze des Reiches sowie in Hessen und Sachsen. Zentrum solcher Marken (marcae) war eine *Reichsburg.* Funktion und Folge dieser Markenbildung auf dem nun ostwärts gerückten Nordgau war die herrschaftliche Organisation des ganzen Gebietes nördlich des Regen und östlich der Naab. Daß Kaiser Heinrich III. in diesem Land besondere Interessen hatte und es organisatorisch stärker gliedern wollte, geht vor allem daraus hervor, daß nun gerade im Nordgau Königsdienstmannen (servientes regis) im Dienst- und Eigengut erscheinen. Daß ich zurecht im 10. Jahrhundert *Oberpfalz und östliches Franken* als königliche Herrschaftseinheit ansehe, geht auch daraus hervor, daß Heinrich III. neben Cham und Nabburg in der Nordostecke des Gebietes die Reichsburg Nürnberg errichtete (zwischen 1040 und 1050) und daß er gerade hier das Reichsgut in einer Ministerialenverwaltung zusammenfassen wollte. Ich vermute also einen weitläufigen Plan des Salierkaisers hinter all diesen Maßnahmen. Aus diesem Grunde wollte dieser große Organisator das dem Bistum Bamberg 1007 und später in verschwenderischer Fülle ausgetane Reichsgut wieder zurücknehmen — besonders das Reichsgut auf dem Nordgau — und den Aufbau eines Königslandes hier vorbereiten. So gesehen ist die Gründung der Markgrafschaften Cham und Nabburg Teil einer umfassenden Organisation des Nordgaus und des in ihm liegenden Königsgutes. Am Westtor Böhmens sollte ein starkes Bollwerk entstehen. Das Land an Regen und Naab hatte gerade darum eine zentrale Bedeutung, weil Egerland, Vogtland und das Waldgebiet am Nordhang des Erzgebirges noch zu dünn besiedelt und zu wenig herrschaftlich aufbereitet waren, um eine starke Basis für eine Ostpolitik abzugeben. Der deutsche König war dazu gezwungen, weil die Böhmen und Ungarn entlang ihrer Grenzen gegen Westen auch künstliche Wehranlagen und ein Grenzschutzsystem mit ständiger Verteidigungsbereitschaft errichtet und dort eine Grenzmiliz, wie in unserem Falle die Choden, angesetzt hatten. Die Choden waren slavische Wehrbauern an der Grenze, die auf erblichen Bauernhöfen angesetzt waren, um eine ständige Überwachung an der Grenze sicherzustellen. Die erste Spur dieser böhmischen Grenzmiliz begegnet 1004; 1040 und 1041 fand Kaiser Heinrich III. das böhmische Landestor von Taus durch starke Festungsanlagen im Grenzwald versperrt und durch Bogenschützen besetzt.

Von der *Mark Cham* hören wir erstmals 1055 bei einer Schenkung Kaiser Heinrich III. in der „marchia Champie". Diese Mark kann identisch sein mit dem *pagus Champriche,* der 1050 erwähnt wird; dort erhält ein Königsdienstmann Dienstlehen zu Eigen übertragen. „Chambriche" bezeichnet einen geschlossenen Königsgutsbezirk um die Reichsburg Cham. Wir können seinen Umfang noch aus den *Marchfutterorten* des bayerischen Herzogsburbars vom Anfang des 14. Jahrhunderts erschließen. Der Königs- oder Reichsgutsbezirk Champriche war der Kern der Mark Kaiser Heinrich III. In einer Urkunde von 1058 vergibt der unmündige Heinrich IV. vier Königshufen bei Arnschwang an das Kloster Ebersberg mit dem Rodungsrecht; ihre Lage wird so umschrieben: in marcha Kamba versus Boemiam, que pertinet ad ducatum Bavvaricum, quam matri nostrae concessimus = in der Mark Cham gegen Böhmen, die zum bayerischen Herzogtum gehört, das wir unserer Mutter überlassen haben. Die verfassungsrechtliche, nicht machtpolitische Zugehörigkeit zum bayerischen Herzogtum ist unangetastet, aber das Herzogtum hat das Königshaus inne. Das Gebiet um Cham hat sicher auch zum Gewaltbezirk des Markgrafen von Schweinfurt aus babenbergischem Hause gehört. Doch gilt die zur Grafschaft weiterentwickelte Mark Cham als *Sondergebiet,* das eigentlich nicht zum Nordgau und zur späteren Oberpfalz gehörte, wie ihr Pfandcharakter seit dem Hausvertrag von Pavia 1329 deutlich macht. Grenzpunkte des Reichsgutsbezirkes Chamberich waren gegen Osten und Südosten Weißenregen bei Kötzting, Furth im Wald und Döfering (slavischer Ortsname) bei Waldmünchen. Kaiser Heinrich III. hat dieses Kerngebiet der Mark mit einer Wehrorganisation neuen Stils ausgestattet, deren Träger die Ministerialen und ihre Burgen waren; letztere treffen wir in großer Zahl gerade um Cham. Die Ministerialität wurde zum Träger der Verwaltung und Verteidigung diese „Staatslandes" und das entscheidende Werkzeug königlicher Staatsführung. Das Dorf mit der Dienstmannenburg wurde hier wie im niederösterreichischen Waldviertel die Wehreinheit des neuen Systems. Zentrum des ganzen Befestigungs- und Verwaltungssystems war die Reichsburg Cham.

An die Spitze dieser Mark trat ein Markgraf, der auch der Kommandeur der Markministerialen wurde. Dieses Amt kam recht bald in die Hände der edelfreien schwäbischen *Diepoldinger,* deren Seitenzweig, den wir die *Rapotonen* nennen, auf dem Erbwege diese Stellung übernahmen. Als erster comes de Cambe (Graf von Cham) erscheint 1073 ein Rapoto, der treu zum Kaiser stand; sein Bruder Diepold war offensichtlich mit der Mark Nabburg belehnt. Als ihr Nachfolger und Erbe erscheint 1118 ein Diepold III., der 1118 als marchio de Napurch und 1140 marchio de Cambe bezeugt ist. Unterdessen waren die beiden Marken zu erblichem Reichslehen dieser Diepoldinger geworden. Es ist bekannt, daß der erste Stauferkönig Konrad III. beim Tode des genannten Diepold 1146 das Egerland einzog, das schon imm 11. Jahrhundert an die Mark Nabburg angeschlossen gewesen zu sein scheint; dieses alte *„Egerland"* ist also identisch mit der nördlichen Oberpfalz und dem südlichen Oberfranken. Auch dieser Landname ist erst später ostwärts nach Böhmen gewandert und wurde dort die Bezeichnung für das größere Umland der staufischen Reichsburg Eger. Trotz der Bestellung edelfreier Markgrafen waren die engen Beziehungen des Königs zu Markgut und Markministerialität in Cham, Nabburg und Egerland nicht unterbrochen. Um den genauen *Umfang* der salischen Marken Cham und Nabburg zu ermitteln, müßten wir die belegten Königsgutsbezirke, die Ministerialenburgen und die Pfarreiorganisation feststellen. Bei Cham wird wohl der Umkreis der alten Mark Cham zusammenfallen mit der Ausdehnung des alten Dekanates Cham. Als diese Gebiete zwischen

1180 beim Ankauf der Bamberger Vogteilehen der Grafen von Sulzbach auf dem Nordgau bei ihrem Aussterben und 1268 beim Übergang des staufischen Nordgaus an die Wittelsbacher in die Hände der letzteren gekommen waren, wurden sie im Bayerischen Herzogsurbar von 1280 auf den in Ober- und Niederbayern geteilten wittelsbachischen Landestaat aufgeteilt und politisch-administrativ auseinandergerissen. Nittenau, Wetterfeld, Roding, Miltach, Eschlkam, Waldmünchen wurden als Amtssitze im Urbar von Niederbayern aufgezählt; 1326 gehörten Wetterfeld mit dem Markt Nittenau, Roding, Neunburg, Nabburg, Obermurach und Oberviechtach zum Vitztumamt (Burg-)Lengenfeld, dagegen die Landgerichte Cham, Waldmünchen, Eschlkam, Schneeberg und Pfreimd zum Vitztumamt Straubing. Im Laufe des 13. Jahrhunderts ist als Folge der Territorialstaatsentwicklung, die die Wittelsbacher auf den Nordgau brachte, das alte königliche Markensystem aufgesplittert und umorganisiert worden.

Dies aber ist besonders an der *Mark Nabburg* zu zeigen. Diese wurde erstmals zu 1040 in einer Fälschung des Klosters Michelfeld oder des Bistums Bamberg erwähnt. Sollte sich der hier genannte Ortsname Pillungesriut auf Pullenried bei Nabburg beziehen, dann ist seine geographische Bezeichnung zu beachten; denn dieser Ort liegt „in pago Norgouue in comitatu Ottonis comitis et in marca, quae vocatur Nabburg". Demzufolge war damals die Mark Nabburg noch keine selbstständige Einheit, sondern Teil der Grafschaft Ottos. Nabburg selber war die zentrale *Reichsburg* dieses Gebietes. Selbständig wurde diese Mark erst nach dem Tode des babenbergischen Markgrafen Otto von Schweinfurt, der damals auch Herzog in Schwaben war, sowie seines Erben und Nachfolgers, des Heinrich von Hildrizhausen. Das alles geschah unter König Heinrich IV., der auch diese Mark den Diepoldingern übertrug. Wenn wir auch über die Mark Nabburg nicht soviel wissen, wie über die Mark Cham, so ist doch sicher, daß auch sie militärisch organisiert war. Nabburg beherrschte den Übergang einer auch später noch wichtigen Straße von Amberg nach Böhmen; es erscheint aber auch als starkes militärisches Kraftzentrum gegen das nördliche, damals noch kaum erschlossene Egerland. Aber Nabburg lag gegen Osten und Norden sehr weit im Hinterland; es muß also vor allem Auffang- und Ausgangsstellung gewesen sein. Das Land zwischen dieser Reichsburg und dem böhmischen Grenzland war sehr dünn besiedelt. In diese Burg hatte sich 929 König Heinrich I. mit dem bayerischen Herzog Arnulf zurückgezogen; daraus läßt sich der Reichsburgcharakter der Naabveste erschließen. Hier war wie in Cham eine Münzstätte. Der größere Raum von Nabburg trat erst durch die reichen Landschenkungen König Heinrichs II. an das neugegründete Reichsbistum Bamberg in das Licht der Geschichte.

Aus einer Urkunde von 1061, durch die der König an den bedeutenden Königsministerialen Otnand aus der Forchheimer Gegend einen Wald zwischen Schur- oder Höllbach, Krummenaab, Trebnitzbach und der Straße von Eger „im Nordgau und in der Mark Nabburg" schenkte, können wir erschließen, daß der Südrand des Gebietes, den wir dann als provincia Egrensis und als staufisches Reichsterritorium Egerland kennen, hinauf bis Marktredwitz und noch weiter zur Mark Nabburg gehörte. Deren Hauptstoßrichtung und Ausbreitungsgebiet war der

Norden. In diese Richtung zielte im 12. Jahrhundert der Landesausbau der Diepoldinger Markgrafen und ihr territorialstaatlicher Aufbau. Ihre nordwärts gerichtete Politik wurde durch den Staufer Konrad III. jäh unterbrochen; man holte aus der Mark Cham Ministerialen und setzte sie an der Naab und im alten Egerland als Mark- und dann Reichsministerialen zu Rodungsaufgaben und Herrschaftsorganisation ein. Die Machtbasis der Diepoldinger um Nabburg selbst war sehr schmal, da ein fester Ring von Burgen der Grafen von Sulzbach und anderer Edelfreien die Reichsburg umklammerte: Parkstein, Hohenburg an der Lauterach, Thurndorf, Murach, Flossenbürg. Die regio Egire erscheint 1135 erstmals als Verwaltungsgebiet. Die Grafen von Sulzbach, die Tirschenreuth besaßen, rodeten im Egerland. Weitere Rivalen waren die edelfreien Herren von Hopfenohe und Waldeck, deren Erben die späteren Landgrafen von Leuchtenberg wurden. Als Schwäger der Hopfenohe-Lengenfeld-Pettendorf schoben sich südlich Nabburg die Wittelsbacher vor. Südöstlich der Reichsburg und östlich davon saßen in Altendorf die Grafen von Stirn und Ettenstatt aus der Rezatgegend; zu Schwandorf und östlich davon saßen die Grafen von Hohenburg. Nahe Rötz aber lag die Stammveste der Haderiche (= die Schwarzenburg), die in der ebenfalls von der von Heinrich III. gegründeten marchia Boëmiae, um das dortige Retz (= ein zweites Rötz) reichbegütert waren; sicher waren sie Verwandte der Diepoldinger. Man müßte die genealogisch-besitzgeschichtlichen Verbindungen der genannten Geschlechter näher untersuchen, um so sicherere Aufschlüsse über Besitz- und Herrschaftsverhältnisse gerade im Raum um Nabburg und östlich davon zu erhalten. Das historische Dunkel über unserer Oberpfalz würde sich weiter lichten.

Die Mark Nabburg lehnt sich an die Mark Cham an; es fällt nur der Raum um Schwandorf aus. Vermutlich fällt die marchia Nappurg zusammen mit dem Umfang des alten Dekanates Altendorf, dessen Urpfarrkirche zweifellos Perschen am linken Naabufer gegenüber Nabburg war. Grenzorte waren Seebarn, Rötz, Tiefenbach, Schwarzach, Eslarn, Waidhaus, Lennesrieth, Floß, Ilsenbach, Wurz, Altenstadt, Neunkirchen, Kohlberg, Neunaigen, Saltendorf und Schwarzenfeld. Die Nordgrenze ist deshalb nicht mehr auszumachen, weil sich das staufische Reichsland Eger gegen Süden abgeschlossen hatte und sich im Gefolge davon zwei neue Dekanate Thumbach und Beidl gebildet hatten. Vermutlich war die Nordgrenze der Mark Nabburg sehr lange offen. Der schmalen Machtbasis der Diepoldinger in diesem Südraum entspricht die geringe Westerstreckung des Dekanates Altendorf, dessen Sitz später Nabburg wurde. Östlich der Naab erstreckt sich ein großer Gürtel von ried-Orten, in denen wir Zeugen eines hochmittelalterlichen Landesausbaus zu sehen haben. Es bedarf hier noch intensiver Einzelforschung, um die Kirchen-, Herrschafts- und Siedlungsgeschichte dieses Raumes zu erhellen. Wir können hoffen, daß die Atlasforschung der Kommission für Bayerische Landesgeschichte bei der Bayerischen Akademie der Wissenschaften sehr bald einen wesentlichen Teil dieser Arbeit leisten wird. Jedenfalls hat Archivdirektor Dr. Heribert Sturm einen Löwenanteil daran, der bislang die beiden Atlasbände Tirschenreuth und Kemnath schon erarbeitet und nun einen dritten Band übernommen hat, der den Raum um Weiden analysiert. Nach Westen wurde ein weiteres Ausgreifen der Mark Nabburg und der Diepoldinger versperrt durch die umfangreichen Vogteilehen der Bamberger Reichskirche auf dem Nordgau, die einen großen Teil der nordwestlichen Oberpfalz umfaßten. Außerdem war hier die Einflußzone der mächtigen Grafen von Sulzbach und Kastl-Habsberg. Im Umkreis von Nabburg und in der mittleren und westlichen Oberpfalz stellen wir eine starke eigenherrschaftliche Politik des Dynastenadels und seiner Geschlechter fest, die sich an der „Nordgauverschwörung“ gegen den alten Kaiser Heinrich IV. beteiligt haben und so ihre Interessen kundtaten.

Der Raum um Nabburg büßte seine zentrale Stellung im Nordgau ein, als nach der Entlassung der Diepoldinger durch Konrad III. die Staufer, besonders Barbarossa, begannen, in direkter Verknüpfung mit der terra imperii = dem Reichsland um Nürnberg auch eine terra imperii vor der Reichsburg Eger zunächst in der frühesten provincia Egire aufzubauen. So wurde dieses Gebiet fest eingegliedert in die große Reichslandkonzeption der Staufer, deren Ziel der Aufbau eines königlichen Territorialstaates in Süd- und Mitteldeutschland war. Diese Politik war großflächig gedacht, sie erfaßte den größten Teil des heutigen Mittel- und Oberfranken und der Oberpfalz, sie griff über das Vogtland hinaus in den sächsischen Pleissengau, wo die Reichsburg Altenburg wieder ein starkes Zentrum königlicher Herrschaft wurde. Ich möchte hervorheben, daß diese großzügige Reichslandpolitik vor allem dort möglich war, wo es große Wald- und Forstgebiete gab und wo die königlichen Dienstmannen und Reichsministerialen Rodungen anlegten und so den Aufbau der Königsherrschaft vorantreiben konnten, weil dort kein adelig-kirchliches Streben nach gleicher Territorialität ihnen entgegenstand. An dem großen Rodungswerk beteiligte sich im frühen und späten Egerland auch das unter staufischer Reichsvogtei stehende Zisterzienserkloster *Waldsassen*, das die Diepoldinger ebenso gestiftet haben wie sie auch Gründer des Benediktinerklosters *Reichenbach* am Regen waren; das vierte bedeutende Adelskloster in der Oberpfalz gründeten gegenüber Reichenbach am rechten Regenufer in *Walderbach* die Burggrafen von Regensburg aus dem Hause der Pabonen. Aus dem Anfang des 12. Jahrhunderts stammt das auch noch heute in seiner Burgstruktur imposante Kloster *Kastl* über der Lauterach der Grafen von Kastl, Sulzbach und Habsberg. Die Stauferkaiser konnten ein von den Saliern begonnenes staatspolitisches und kulturschöpferisches Werk im ganzen Raum der heutigen Oberpfalz fortsetzen, in dem schon der letzte Sachsenkaiser Heinrich II. dem von ihm gegründeten Reichsbistum Bamberg (1007) die Vogteiherrschaft über große Waldgebiete um die obere Pegnitz, die Vils und den Regen (um Nittenau) schenkte. Diese Vogteiherrschaft kam im 12. Jahrhundert an das mächtige Grafengeschlecht von Sulzbach, das mit den Kastl-Habsbergern verwandt war und sich mit ihnen zur Gründung des Klosters Kastl zusammentat; dieses Kloster aber lag am Ostrande des Urnordgaus nahe Lauterhofen. Dem Geschlecht der Sulzbacher aber entstammte die Gemahlin des byzantinischen Kaisers Manuel Komnenos und König Konrad III.

Nach der *staufischen Reichslandkonzeption* sollte der Nordgau = das Land der mittleren und nördlichen Oberpfalz eingespannt sein in ein System, dessen stärkste Flanken Nürnberg und Regensburg darstellten. Von Regensburg aus, wo sie seit dem Aussterben der Pabonen am Ende des 12. Jahrhunderts kaiserliche Burggrafen waren, schoben sich seit dieser Zeit nach Norden die Wittelsbacher vor, die 1180 Territorialherzöge in Bayern geworden waren. Sie faßten Fuß im Mündungsgebiet der beiden größten Flüsse der Oberpfalz Naab und Regen und wurden beim Aussterben des staufischen Kaisergeschlechts 1268 dessen Haupterben auf dem bayerischen Nordgau in der heutigen Oberpfalz, wie sie erst seit dem 15. Jahrhundert im Gegensatz zur Niederen Pfalz am Rhein genannt wurde. Barbarossa hatte eine Reihe von Gründen, dieses Gebiet so stark zu einer terra imperii auszubauen. Vor allem wollte er hier ein tragfähiges Glied seiner ganz Süddeutschland bis Hessen überlagernden Reichslandpolitik verankern. Der Nordgau war zudem ein Brückenkopf für eine intensive Einflußnahme auf Böhmen, das durch seine Edelmetallvorkommen wirtschaftlich ein reiches Land war. Sicher organisierte er dieses Grenzland herrschaftlich auch wegen seines wirtschaftlichen Eigenwertes, konkret wegen seiner *Eisenvorkommen* und Eisenverarbeitung, die im 12. Jahrhundert auch urkundlich greifbar wird. Bald wurden *Amberg* und *Sulzbach* zentrale Orte der spätmittelalterlichen Eisenproduktion, und Nürnberg, das zu einem Hauptzentrum der Waffenproduktion wurde, beschaffte sich Eisen und Stahl aus der Oberpfalz. Hammermühlen und Hammerschlößchen sind ein Charakteristikum des Wirtschafts- und Kulturraumes der mittleren und nördlichen Oberpfalz geworden. Außerdem gab es auf dem Nordgau, den ich den jüngeren oder zweiten Nordgau nennen möchte, noch so viel jungfräulichen Boden, daß sich hier leicht durch eigene Kolonisation und Rodefähigkeit ein herrschaftlich straff gelenktes königliches Territorium aufbauen ließ, das nicht direkt unter der zerstörenden Rivalität mit dem zu gleicher Territorialität aufsteigenden Adel stand. Man kann wohl sagen, daß der Nordgau seine politisch größte Zeit in der Epoche der Salier und Staufer und im späteren Mittelalter unter Karl IV. hatte. Nach dem Untergang des großen deutschen Kaisergeschlechts erst wurde der Nordgau im ganzen Objekt und Teil der Territorialpolitik und des ausgreifenden Territorialstaates der Wittelsbacher, die 1180 Bayern als Reichsfahnlehen übertragen erhielten. Die relative Geschlossenheit ihrer Herrschaft auf dem Nordgau, das Freisein von rivalisierenden Hochadelsgeschlechtern und zu gleicher Territorialität strebenden geistlichen Hochstiften war auf diesem Rodungsboden ein Erbe der Staufer. Daß der Nordgau für den wittelsbachischen Kernstaat primär aber keine Bedeutung hatte, ergibt sich daraus, daß Kaiser Ludwig der Bayer 1329 beim Abschluß des Hausvertrages von Pavia dieses Gebiet an die pfälzische Linie seines Hauses abtrat und somit wieder für weitere drei Jahrhunderte aus dem altbayerischen Herrschaftsverband und Landesstaat ausklammerte.

Abschließend kann man sagen, daß unsere Oberpfalz eine karolingisch-ottonische und eine salisch-staufische Vergangenheit im Mittelalter hatte und daß in ihrer Geschichte babenbergische, diepoldingische, sulzbachische und wittelsbachische Adels- und bambergische Hochstiftstraditionen wirksam waren. Die Oberpfalz hat ein romanisches und gotisches Gesicht, sie ist vor allem eine *romanische und gotische, keine barocke Kultur- und Kunstlandschaft*. Der Dientzenhoferbau von Waldsassen vermag dies nicht zu vertuschen. Die Oberpfalz hat ein eigenes Wesen und eine eigene Identität, die nicht in der bayerischen Geschichte des Mittelalters und der frühen Neuzeit einfach aufgehen. Auf ihre *reichische* Geschichte sollte die Oberpfalz stolz sein und es nicht den Österreichern und Württembergern überlassen, ein babenbergisches und ein staufisches Jahrtausendjubiläum zu feiern. Die Oberpfälzer sollten ihre Reichsgeschichte und ihren Eigenwert umsoweniger vergessen, als sie noch große Architekturzeugen dieser Vergangenheit vor sich haben in der romanischen Klosterkirche und Klosterburg von Kastl, in der romanisch-gotischen Klosterkirche von Chammünster, in der spätromanischen Zisterzienserkirche von Walderbach, in der romanischen Architektur von Reichenbach und last not least in der Kirche von Perschen. Am Rande verweise ich nur auf die beiden großen gotischen Hallenkirchen in Amberg oder auch an den gotischen Chor der Stadtpfarrkirche von Cham. Die Oberpfalz ist seit salisch-staufischer Zeit ein großes Burgenland, deren Ruinen überall den Wanderer grüßen; ich nenne nur die Ruinen von Flossenbürg, Leuchtenberg, Runding, Haidstein vor vielen vielen anderen. Die Oberpfalz konnte keine Barocklandschaft werden, wie die klosterreichen Altbayern und Österreich es geworden sind. Der alte Nordgau und die Oberpfalz sind heute staatlich und geistig tief verwurzelt im alten bayerischen und stammesbayerischen Raum; aber sie haben ihre eigene Vergangenheit und ein eigenes historisches Profil, sie haben ein Recht darauf, auch ein eigenes historisches und politisches Selbstbewußtsein zu artikulieren und durchzusetzen. Das ist wohl der konkrete Sinn der Nordgautage, die es nicht versäumen dürfen, in das altbayerische Wesen oberpfälzischer Art auch das Egerland kräftig mit einzubeziehen.

OBERPFALZ UND OBERMAINLANDE — OSTDEUTSCHES KOLONIALLAND

Probleme der Zusammenarbeit zwischen Philologie, Archäologie, Siedlungsgeschichte

Zu einem Buch von Ernst Schwarz

Das vorliegende Werk des Erlanger, früher Prager Germanisten, der durch sein jetzt in 2. Auflage erscheinendes Werk „Die Ortsnamen der Sudetenländer als Geschichtsquelle" ([1] 1933) und zuletzt durch seine „Germanische Stammeskunde" (1956) auch in der Historikerwelt bekannt geworden ist, wirft eine solche Fülle von Detailfragen wie auch von Grundproblemen der Siedlungs-, Sozial-, Verfassungsgeschichte, der Kultur- wie der politischen Geschichte auf, daß es schwer wird, den Ertrag dieses aus vielen Einzeluntersuchungen zusammengewachsenen stattlichen Bandes für die genannten Disziplinen knapp zu umreißen. Es sei nicht verschwiegen, daß die Grundergebnisse des Werkes für den Landeshistoriker wie für die gesamte deutsche Geschichte, wenn nicht schockierend, so doch erregend sind. Und der vielfach erhobene Zeigefinger und die Mahnung an „rückständige" Historiker zwingt denn auch zu einer intensiven Auseinandersetzung mit dieser leicht lesbaren, aber schwer verdaulichen Kost. Und doch muß das Hauptergebnis verdaut werden. Das Hauptergebnis, kartographisch noch äußerst wirksam verdeutlicht in Deckblatt 13, aber lautet — trotz vieler Vereinfachungen und Beschwichtigungen des Vf.s besonders in Abschnitt 42 — mit nüchternen Worten, daß Oberfranken zum größten Teil, die regio Egire, die östliche Hälfte der Oberpfalz und auch das Chamer Becken mit seinen zahlreichen, nach Sch. slavischen, unechten ing-ON vom 8.—12. Jahrhundert nach Ausweis der von ihm slawisch gedeuteten Ortsnamen zusammen mit den Mischformen und den winden-ON an den Rändern überwiegend slavisches Siedlungsgebiet gewesen und erst seit dem 11./12. Jahrhundert eingedeutscht worden sei und daß diese Slaven zwar nicht vor dem 8. Jahrhundert aus dem nördlichen Sorbenland wie aus Böhmen (z. B. von Taus her) eingesickert, eingewandert, geholt worden seien. Die darstellende Entwicklung, die das nicht ganz offen ausspricht, ist nicht anders zu verstehen, als daß zwei Vorgänge dabei zu unterscheiden seien, einmal ein Einsickern in Oberfranken und in der Oberpfalz und dann eine Ansiedlung als „Reichswenden", als „freie" Slaven, besonders an den westlichen Rändern des slavischen Siedlungsgebietes des heutigen Nordbayern. Die eigentliche verfassungs- und sozialgeschichtliche Situation wird dabei kaum berührt und erörtert. Dieses Ergebnis wird dadurch unterbaut, daß die Oberpfalz als Siedelgebiet der germanischen oder germanisierten Naristen neben oder unter den Hermunduren erwiesen werden soll, daß weiter auf Grund mundartlicher Relikte das ostfränkische Gebiet um Würzburg als elbgermanisches Siedelgebiet erscheint, in dem starke Völkerwanderungsrelikte zurückgeblieben sein sollen, und daß schließlich unter Rückwendung zu Doeberl und trotz H. Dachs der Nordgau und seine Nordgrenze offenbar als sehr frühes, statisches Verwaltungsgebilde aufgefaßt wird. Die gesamte slavische und germanische Siedelbewegung aber wird als Bewegung des schwer arbeitenden Volkes (S. 444) verstanden — ein Gedanke, der sich durch das ganze Buch zieht, der aber ebenso einseitig ist, wie wenn man, was den Historikern zur Last gelegt wird, nur die treibenden Kräfte des Landesausbaus, die adelig-kirchlichen Herrschaften, würdigt. Daß beide aber, auch in Böhmen, in Ostmitteldeutschland zusammenwirken, daß Kolonistenfreiheit + Herrschaft das Ganze bilden, haben die Gemeinde-Tagungen des Konstanzer Kreises, besonders aber die Vorträge von Schlesinger und Helbig eindeutig gezeigt. Das Buch ist in Frontstellung gegen die Geschichtswissenschaft und ihre vermeintliche Rückständigkeit geschrieben. Und doch bestand dazu kein Anlaß, da der Vf. so wesentlich neue und grundlegende Einsichten aus seinem Fachgebiet Germanistik und Slavistik mit deren Methoden und Lautgesetzen geboten hat, daß der Historiker, besonders der bayerische Landeshistoriker, in höchster Anerkennung dafür äußerst dankbar ist. Der Rez. gesteht, daß er gerade für die Methode und die Ergebnisse des Buches offen ist und für viele Anregungen dankt; er hat immer bedauert, daß M. Bachmann und E. v. Guttenberg nicht zu einem Ausgleich ihrer Auffassungen gekommen sind. Während man früher in der slavischen Deutung der ON weit über das Ziel hinausschoß, kam dann eine Reaktion, die mehr als billig die ON germanisch deuten wollte. Und heute hat ein Fachmann in Germanistik und Slavistik auf Grund der ON, also mit philologischen Methoden, das slavische Siedlungsbild einer großen Landschaft auch kartographisch in Gegenüberstellung zum germanischen ON-Bestand der westlich anrainenden Gebiete entworfen, damit also die slavischen Siedelgrenzen sehr weit nach Westen gesteckt (auch Böhmen war vorher germanisches Siedelland gewesen), jedoch die für Böhmen abgelehnte Theorie von Bretholz ungenannt für Oberpfalz und Oberfranken festgehalten, daß der Historiker auf Grund seiner Quellen, Methoden und Erkenntnisse sich nicht ohne weiteres damit abfinden kann und Stellung nehmen muß, schon weil er immer wieder apostrophiert wird. Damit aber ist grundsätzlich die Frage gestellt, inwieweit das geschriebene und gesprochene Wort Geschichtsquelle ist, besonders wenn die erzählenden und urkundlichen Quellen versagen; diese Frage erweitert sich dahin, inwieweit eine durch Lautgesetze und ihre Geltungsdauer wie ihren Geltungsbereich ermittelte Chronologie zuverlässig und historisch fixierbar ist, wieweit späte, d. h. erste urkundliche Nennung, meist im Spätmittelalter, wie auch mundartliche Aussprache mit Hilfe der Lautgesetze einen Schluß auf eine um Jahrhunderte frühere *fixe* Chronologie zulassen. Der Rez. geht in diesen Fragen weitgehend mit dem Vf. einig, er muß aber gestehen, daß er anerkennen muß, wenn der methodisch strenge Historiker mit Grund hier nicht mehr folgen kann und vor allem eine mit sehr schwankenden Lautgesetzen, deren Wirkung nach Zeit und Ort sehr verschieden ist, gefundene Chronologie nicht ohne weiteres annimmt. Und doch besteht gerade darin ein verheißungsvoller Versuch, mangelnde historische Chronologie durch Sprachchronologie ebenso zu unterstützen, zu unterbauen wie durch Horizonte der Archäologie, vor allem dort, wo geschichtliche Quellen fehlen. Die Frage ist ernsthaft aufgeworfen und muß so oder so gelöst werden. Skepsis ist nötig, aber sie darf den Fortschritt der Erkenntnisse nicht hindern. Das Unbehagen, das die Anwendung der Sprachchronologie, die an dem unsicheren und schwankenden Element der ON gewonnen ist, auf große Räume schafft, muß durch kleinräumige Untersuchungen behoben werden. Von der Lösung dieser grundsätzlichen Frage hängt die zukünftige Zusammenarbeit zwischen ON- und Mundart-Philologie und Historie ab. Heute ist aber zu beachten, daß die Methoden und Betrachtungsweisen beider Disziplinen noch so weit differieren, daß auf weiten Gebieten Skepsis herrscht. Es ist aber ein sehr großes Verdienst von Sch., hier ein Tor von der Philologie zur Historie auf einem größeren landschaftlichen Sektor aufgestoßen zu haben. Die Geschichtswissenschaft ist trotz ihrer divergierenden Sehweisen freilich dabei nicht gut weggekommen. Es ist ein weiteres großes Verdienst dieses stattlichen Bandes, der in gewissem Sinne eine Summe aus der reichen Forschungsarbeit des Vf.s zieht, wie viele Anmerkungen zeigen, daß hier das germanische und slavische ON-Material einer Landschaft bis zum 12./13. Jahrhundert gesammelt, belegt, kritisch gesichtet, gedeutet, eingeordnet und vergleichend zu einem kartographisch verdeutlichten Siedlungsbild einer großen Landschaft zusammengesehen vorgeführt wird, daß nicht nur Germanisten und Slavisten sich einen bequemen Überblick verschaffen und kritisch Stellung nehmen können, sondern auch Siedlungs- und Landesgeschichte ein sehr förderliches Kompendium des kritisch bearbeiteten ON-Befundes eines großen Siedlungsgebietes in Händen haben. Daß die Hauptleistung des Buches in der Behandlung der slavischen ON und Siedlung liegt, braucht nach dem Gesagten nicht mehr besonders hervorgehoben zu werden. Im Bereich der germanischen Ortsnamen werden weniger Sprachprobleme als Fragen der Stammesbildung und -siedlung, der Siedlung und Staatsbildung, der historischen Landschaftskunde und der Grenzen abgehandelt. Zu den sprachlichen Problemen Stellung zu nehmen, überläßt der Rez. den Germanisten und Slavisten. Ihm geht es um den historischen Ertrag und die geschichtlichen Details, die Beziehung zwischen historischer und philologischer Methode, um den Aussagewert von Wort und Sprache für historische Phänomene und ihre Chronologie, um ein sicheres Zusammenwirken beider Disziplinen zu einer gemeinsamen Erkenntnis. Der Vf. stellt seine primär philologischen Untersuchungen unter das Motto „Begegnung zweier Völker“, andere sagen Auseinandersetzung oder Kampf zweier Völker. Diese Begriffe sind durch Ideologien, vor allem durch die „Slavische Legende“ vorbelastet. Für die Entwicklung des 8.—12. Jahrhunderts scheinen sie mir deshalb sehr zweitrangig, weil nach unseren Quellen trotz Cosmas im ganzen das Volksbewußtsein noch nicht so entwickelt war, wie es dem modernen Volkstumsbegriff eigen ist. Für diesen Bereich scheinen mir nicht Sprache und Wort (ON) die wichtigste Quelle, wenn auch eine, zu sein, sondern zuerst sind hier die Quellen im historischen Sinn zu befragen. Ich meine, daß ein solches Motto darum zweitrangig bei unseren Untersuchungen zunächst sein soll, weil Volkstumskampf und moderne Ideologie es mit emotionalen Willensgehalten erfüllt haben.

Wenn der Würdigung des Gesamtertrages dieses stattlichen, für die bayerische

Landesgeschichte und die deutsche Siedlungsgeschichte bedeutsamen und erregenden Werkes nun eine Behandlung der in so reicher Fülle aufgeworfenen Einzelprobleme angeschlossen wird, so möge der Vf. daran keine Minderbewertung seiner Leistung sehen, sondern das ehrliche und leidenschaftliche Bemühen um eine gemeinsame Erkenntnis auf verschiedenen Wegen und ein Zeichen des grundlegenden Interesses an den im Buche aufgeworfenen Fragen, die auch und gerade historische Probleme sind. Da die Ergebnisse vor allem für die Siedlungs- und Volksgeschichte entscheidend sind, wäre zu überlegen, ob nicht gerade Deckblatt 13 mit der Waldbedekkungskarte von Schlüter, so problematisch sie im einzelnen ist, und die vor- und frühgeschichtlichen Aussagen mit den Ergebnissen der Waldbedeckungsuntersuchung von Firbas konfrontiert werden sollten. Es geht, wie ich ausdrücklich bekenne, nicht darum, den Anteil der Slaven an der Besiedlung zu verkleinern, aber man muß die den ON zugrundeliegenden Siedlungen, gerade weil über ihre Größe nichts ausgesagt werden kann, in den geographisch-landschaftlichen Rahmen stellen und ihre Funktion ermitteln, sonst ist das Ergebnis von Deckblatt 13 apodiktisch und kann suggestiv wirken. Die gleiche Forderung gilt für die germanischen ON, wenn man daraus siedlungsgeschichtliche Schlüsse zieht. Die Feststellung auf S. 3, daß das östliche Franken und die westliche Oberpfalz in der Hallstattzeit dicht besiedelt waren, kann im besten Fall relativ sein; Beweise dafür sind mir nicht bekannt. Die Erklärung Staffelsteins (S. 5) hätte wesentlich unterbaut werden können durch den Hinweis auf „stipes et staplum" von Groß-Umstadt (741/2) in Hessen, einem Zentrum von Königsherrschaft und Königsfreien, wie urkundlich überliefert ist.

Eine wesentliche Voraussetzung der Siedlungsentwicklung, wie sie der Philologe Sch. entwirft, ist die *naristische* Besiedlung der Oberpfalz in germanischer Zeit, die an sich problematisch war. Eine in Zana/Algier bekannt geworden römische Inschrift von Diana Veteranorum aber scheint mir der Sch.schen These das Fundament zu entziehen. Über sie hat H. Bengtson [Neues zur Geschichte der Naristen, Historia VIII (1959) 213—21] berichtet. Aus der Inschrift [ed. H. G. Pflaum, Libyca III (1955) 135—54], zu der sich Dobiaš [Libyca V (1957) 107 ff.] geäußert hat, geht hervor, daß ein Valerius Maximianus als Kommandeur der Ala I Aravacorum, die in einem Kastell bei dem heutigen Oeczöny in Pannonia Superior in Garnison lag, wegen seiner Verdienste im Kampf mit den Germanen durch den Kaiser persönlich ausgezeichnet worden war, weil er mit eigener Hand den Häuptling der Naristen Valao getötet habe. Cassius Dio (LXXI, 21) berichtet, daß sich die Naristen am großen Markomannenkrieg unter Marc Aurel beteiligt haben. M. Schönfeld [Wb. der altgerm. Personen- u. Völkernamen (1911) 250 ff,], der auch eine Zusammenstellung der verschiedenen Namensformen der Naristen bietet, deutet den Namen Valao germanisch (erwählt, geliebt). Demnach haben die Naristen sehr wahrscheinlich im oberösterreichischen Raum nördlich der Donau (Mühlviertel und westlich des Kamp in NÖ) gewohnt; denn nur so ist ihre enge Verbindung mit Markomannen und Quaden im großen Krieg gegen Rom erklärbar. Hätten sie an Naab und Regen in der Oberpfalz gesiedelt, dann mußten sie in Verbindung mit den Hermunduren stehen, wovon aber weder Tacitus noch die Inschrift von Diana etwas weiß. Der 75jährige Narist M. Navius Primigenius in der Carnuntum-Inschrift (CIL III, 4500) war offenbar in Pannonien ansässig und besaß das römische Bürgerrecht. Unbeweisbar ist die civitas Naristorum auf römischem Boden, die O. Seeck (Gesch. des Untergangs der antiken Welt S. 577) annimmt. Die Geschichte der Naristen hat mit dem Übertritt von 3000 Leuten und ihrer Ansiedlung auf römischem Boden, vermutlich Pannonien, ein Ende. Bengtson bezweifelt m. E. auch aus philologischen Gründen, mit Recht eine Identität der Warasci/Waresci am burgundischen Doubs im 7. Jahrhundert mit den Naristen, um so mehr als wieder mehrere Jahrhunderte zwischen beiden liegen. „Selbst wenn die Namen identisch wären, wären die Völker längst nicht mehr die gleichen." Der Althistoriker weist mit Recht auf die Tatsache hin, die dem Historiker von heute geläufiger als ehedem ist und auch von Sch. anerkannt wird, daß Völker und Stämme sich aus den verschiedensten ethnischen Bestandteilen zu bilden pflegen, daß diese Völker auch wieder vergehen, daß selbst Namensgleichheit noch nicht in jedem Fall auch völkische Identität beweist, besonders dann nicht, wenn zwischen dem Einst und Jetzt elementare Ereignisse wie die „Völkerwanderung" liegen. Man braucht nur an die Wandlungen des Namens Preußen zu erinnern. Bengtson muß somit die Frage einer Teilhabe der Naristen an der Bildung des Bayernstammes verneinen; für ihn verschwinden die Naristen im Markomannenkrieg aus der Geschichte, während die Warascer am Doubs in die Geschichte der entstehenden mittelalterlichen Gentilwelt, aber nicht in die antike Ethnographie gehören. Es sei auf das im Druck befindliche Werk des Göttinger Historikers Wenskus über germanische Stammesbildung verwiesen, von dem wir wesentliche Erkenntnisse erwarten dürfen. Das sei auch im Blick auf die von Sch. im ganzen Werk angeführten wechselnden „Stammesbünde" getan und eine Diskussion auch über seine „Stammeskunde" auf eine spätere Zeit verschoben. Es gibt viel mehr Überschichtungen und Überlagerungen als Bündnisse Gleichwertiger. Die „Herrschaft" als Grundelement früher Kulturstufen und politischer Ordnungen spielte die entscheidende Rolle, wie O. Brumer und W. Schlesinger überzeugend gezeigt haben. Dieser Gesichtspunkt scheint mir für die Sachinterpretation sprachlicher Erscheinungen noch nicht genügend ausgewertet zu sein. Zu Sch. (S. 10 ff.) ist auch die divergierende Feststellung des Althistorikers H. Bengtson (a. a. O.) über τὰ Σούδητα zu vergleichen. Das Ergebnis dieser Gegenüberstellung der Auffassungen von Sch. und Bengtson aber scheint mir trotz wahrscheinlicher Hermunduren-Oberherrschaft eine große Siedlungsleere von Oberpfalz und Oberfranken zu sein, die nicht total gewesen sein muß. In diese leeren Räume sind die Tschechen und Sorben eingesickert und eingewandert. Damit ist aber die ausgezeichnete Darstellung von H. Dachs über den Umfang der kolonisatorischen Erschließung der Oberpfalz in der Karolingerzeit nicht überholt. Man beachte auch meinen Hinweis auf den Umfang der frühesten Archipresbyteratsprengel des Bistums Regensburg, die primär damals noch um die Donau liegen.

Den Auffassungen von Sch. über bayerische Stammesbildung und Landnahme kann ich aus mehreren Gründen nicht zustimmen, vor allem nicht, weil der fränkische Einfluß seit 530 in diesen Räumen einfach bestimmend ist. Das Langobardenbuch, das J. Werner angekündigt hat, wird überzeugende archäologische Dokumente in Vergleich mit historischen Quellen dafür bringen. Vor 550 liegen nur ganz wenige bajuwarische Reihengräber, und zwar besonders um Regensburg; es fragt sich, wie deren Beigabengut in Verbindung zu bringen ist mit den um 550 verschwindenden Reihengräberfeldern nordwestlich Prag. Auch hier wird die Archäologie vielleicht ein entscheidendes Wort sprechen. Sch. hebt hervor, daß das Auftreten des vorgermanischen Flußnamens Chamb in der Chamer Bucht beachtlich sei, besonders weil seine Überlieferung bis in die Gegenwart reicht. Dem weiteren Schluß, daß dies mit der Vorstellung des undurchdringlichen und unwirtlichen Urwaldes in der Oberpfalz nicht vereinbar sei, ist soweit zuzustimmen, daß Gebirge und Waldgebirge zwar siedlungs-, aber nicht verkehrsfeindlich sind, eine unbestreitbare Tatsache. Aus dem Einzelnamen Chamb kann man aber nicht so weitreichende Schlüsse ziehen, um so mehr als gerade nach Sch. ein großer Teil der ing-ON der Chamer Bucht slavische Mischnamen sind, also nach seiner These nach dem 8. Jahrhundert slavisches Einsickern andeuten. Der Spessart ist erst im Spätmittelalter (13. Jahrhundert) siedlungsmäßig aufgeschlossen worden, aber quellenmäßig dürfen wir schon für das 8. Jahrhundert eine Heerstraße, einen Eselsweg annehmen, und so alt ist sicher auch der Birkenhainerweg im Nordspessart vom Untermain und Kahlgrund an Mittelmain und fränkische Saale.

Die Archäologie ist lange von einer ethnischen Deutung der Reihengräber abgegangen, wenn sie auch in Einzelfällen möglich ist. Die gleiche Frage, wenn auch nicht in diesem Umfang, erhebt sich m. E. auch für Sprachreste, deren Umfang für genaue Festlegungen nicht ausreicht. Aus diesem Grunde hat man sich doch wohl für die Frühzeit für Kult- und Sprachräume wie Elbgermanen entschieden. Ich freue mich, daß es Sch. gelingt, so weitgehende Differenzierungen bereits für die Frühzeit durchzuführen, daß er z. B. eine Landschaft Markomannis nördlich Augsburg (Ries) sowie am Obermain und in der Oberpfalz ausmachen und eine Grenze zwischen Markomannen und Sueben aus den Flußnamen Schwabach ermitteln zu können glaubt. Skeptisch stimmt der Hinweis auf die Grenzziehung im 11. Jahrhundert. In der Frage der Grenzbildung und der Grenzen gehe ich in mehreren Fällen nicht einig. Ich kann mir nicht denken, daß das Bistum Würzburg bei seiner Gründung im Süden die Nordgaugrenze erhalten habe. Gerade zu den siedlungsgeschichtlichen Schlüssen des Vf.s aus dem Namenbestand paßt allein eine offene Grenze Würzburgs nach Osten, so wie vorher die Diözesangrenze von Worms nach Osten völlig offen war, bis Bonifatius einen politisch und siedlungsmäßig umgreifbaren Raum im Bistum Würzburg organisierte, wie es kirchenrechtlich üblich ist, ihm aber für den nicht erschlossenen Raum im Osten eine offene Grenze ließ. Ähnlich waren auch die Markengründungen der Karolinger konstruiert, wie E. Klebel in „Herzogtümer und Marken“ sehr schön gezeigt hat. Hier darf ich bekennen, daß ich der frühen Großausdehnung des Nordgaus, wie ihn Sch. anzunehmen scheint, nicht zustimmen kann. Der Nordgau ist ein gewachsener Gau wie der Sualafeldgau, dessen Urzelle im Ries an der Schwalm liegt. Der Urnordgau liegt nach dem Ausweis der urkundlichen Nennungen im Raum nordwestlich Regensburg. Er mag mit einem Herzogs- oder Königsgutsbezirk zusammenfallen wie der kleine Schwalmgau. Aber mit der Siedlung ist er gewachsen. Es ist Zeit, daß gerade dem

Nordgau eine eingehende Untersuchung im Zusammenhang der Siedlungs-, Herrschafts- und Bistumsgeschichte gewidmet wird. Worauf Sch. (S. 47) seine These stützt, daß um Regensburg agilolfingisches Herzogsgut gefehlt habe, kann ich nicht sehen. Tatsache ist jedenfalls, daß dort die Hauptpfalz der Agilolfinger war. Die kann aber nur in einem reichen Herzogsgutgebiet bestehen, wie eine Musterung aller Pfalzen dieser und späterer Zeiten zeigt. Die Juthungenthese für die Bewohner Bayerisch Schwabens ist von hohem Interesse. Nach Sch. waren sie schon ein Teil der Alemannen bei der Einwanderung der Bajuwaren. Tatsache ist, daß dieser Raum im 8. Jahrhundert bereits unter starkem fränkischem Einfluß stand. J. Werner konnte in Epfach keine Siedlungskontinuität feststellen, und im Fürstengrab von Wittislingen war der Schmuck fränkische Importware. Ich stimme dem Vf. darin zu, daß die Maingermanen nicht auf Einströmen von Franken seit dem 6./7. Jahrhundert zurückgehen; ich konnte mich einer fränkischen „Landnahme", wie sie E. v. Guttenberg mangels Beweises behauptete, nicht anschließen, aber ich sehe auch keinen Grund zur Annahme von Sch., daß hier ein größerer Restbestand elbgermanischer Bevölkerung zurückgeblieben sein muß, der sich den Franken nach 716/7 fügen mußte. Gerade die Siedlungspolitik Karls d. Gr., die im Lichte historischer Quellen und auch von ON, späterer Urkunden des 10. Jahrhunderts sowie der Genealogie des 8./9. Jahrhunderts steht, zeigt doch, daß hier wirklich viel leerer Siedlungsraum vorhanden war, der auch an die Slaven (Winden) gegeben wurde und zu der von Sch. inkriminierten Staatskolonisation führte, für die auch der Philologe Quellen hat, wenn er die ON mit dem Bestimmungswort „König" nicht im Lichte moderner Staatstheorie, sondern analog dem Kulturniveau der damaligen Zeit als Zeugen einer „Staatskolonisation" in dem Lande sieht, das „voll" ist von orientierten heim-Namen, die Bezirke bezeichnen, die man als Königsgutsbezirke mit gutem Recht beweisen kann. Wenn der Vf. die mit vielen historischen Argumenten belegbare „Staatskolonisation" deshalb ablehnt, weil der Phlilologe keine sprachlichen Belege zu haben glaubt, so geht das entschieden zu weit und läßt wieder die Frage nach den *Grenzen* einer historischen Aussage von Wort und Sprache aufkommen. Hier ist ein Punkt, wo man beim besten Willen sich des Eindrucks nicht erwehren kann, daß in diesem Buch die Aussagekraft der ON für geschichtliche Phänomene gar manchmal überschätzt wird. Der Rez. gesteht unumwunden, daß der Vf. Recht hat, wenn er im allgemeinen die ethnische Zuweisung bestimmter Grundworte in ON ablehnt, aber man muß dann dieses Prinzip überall durchhalten. Wenn man auch heute mit Recht die heim-Orte nicht für ein primär fränkisches Zeugnis hält, so bleibt doch die Tatsache bestehen und muß historisch erklärt werden, daß in den politischen Räumen, die unter stärkster fränkischer Herrschaft standen, eben die heim-Namen mit Apellativen in ganz besonderem Maße überwiegen, wie in den urkundlich belegten heim-Namen Mainfrankens und auch anderswo. Es ist nicht einzusehen, warum die Franken keinen Einfluß auf die Ortsnamengebung gehabt haben sollen, wie A. Bach mit Grund annimmt. Die Historiker bleiben aus solchen und noch vielen anderen Gründen bei ihrer oft behaupteten Staatskolonisation, die ein geschichtliches Faktum ist und nicht mit der unbeweisbaren Annahme weggedeutet werden kann, daß nach Mainfranken keine

Franken kamen, weil das Land noch mit genügend Elbgermanenresten besiedelt war. Hier scheinen wirklich die philologischen Belege nicht auszureichen oder überhaupt zu fehlen. Nicht zu leugnen ist die Tatsache, daß fränkischer Grundherrenadel des 8./9. Jahrhunderts, die nobiliores und maiores natu der Quellen, aus dem linksrheinischen Gebiet kam, woher auch vielfach die sog. „Reichsaristokratie" stammte. Die ersten Missionierungsklöster Echternach und Weißenburg/Elsaß lagen ebenfalls dort. Historisch waren die Mainlande unweigerlich ein Durchzugsgebiet; das Siedelland, die Gäuplatte, war von zwei großen siedlungsfeindlichen Waldbarrieren, Spessart und Steigerwald, flankiert; und im Raum, in dem die Grenzen der Bistümer Würzburg, Augsburg, Eichstätt und Regensburg sich aufeinander zubewegten, war der breite Querriegel der Keuperwälder. Politische Organisation und Volk/Stamm fallen nicht immer zusammen. Mainfranken aber war volksmäßig, wie die Kaiserurkunden des 10. Jahrhunderts belegen, ein Mischgebiet. Man wundert sich, daß der Vf., der für das 11./12. Jahrhundert Oberfranken und Oberpfalz als Mischgebiet par excellence erschließt, dies nicht für das 8. Jahrhundert entgegen den Quellenaussagen für die Mittelmainlande gelten lassen will. Vor allem aber reichen seine Belege nicht im entferntesten dafür aus, die Organisation der Siedlung anzusprechen; für das 11./12. Jahrhundert spricht er darum von Volksbewegung, wenn ich recht verstehe, und übersieht die Organisatoren und Organisation dieser Siedlungen. Die Regensburger Wahlengasse, lateinisch „inter Latinos", geht nicht auf Restromanen zurück, die in Regensburg wirklich vorhanden waren, sondern wohl auf italienische Kaufleute des Mittelalters, die in dieser bedeutendsten Handelsmetropole Süddeutschlands eine „Kolonie" hatten; später meint nach den Forschungen von Hektor Ammann „inter latinos" in Städten vor allem französische Kaufleute. Sch. weist auf das Fehlen von Untersuchungen über die Differenzierung der süddeutschen ing(en)-Orte, einer zusammenfassenden Arbeit über die süd- und mitteldeutschen ungen-Namen, die er gerne ethnisch deutet, einer Monographie über die statt/stadt-Namen mit Berücksichtigung Skandinaviens und der Chronologie, einer Zusammenstellung der alten Ruf- und Personennamen und ihrer zeitlichen Schichtung im Untersuchungsraum, aber auch einer zusammenfassenden Arbeit über die Kanzleisprache in Ostfranken hin. Von großem Interesse ist des Vf.s neuartiger Hinweis auf die Bedeutung der Zellengründung von Chammünster, die gerade wegen der Slavenbevölkerung des Chamberich und des slavischen Taus mit seinen Chodensiedlungen, die nach Sch. bis in das Chambtal hereinreichten, eine ähnliche Funktion hatte wie die Errichtung von Kremsmünster und Innichen. Die bayerische Forschung geht der Hinweis an, daß die Hahilinga, eine der fünf genealogiae der Lex, ein thüringisches Geschlecht sein könnten, das sich den Bayern anschloß. Für die Siedlungsgeschichte auszuwerten ist die Feststellung, daß bei den hofen-Orten unseres Raumes, die besonders gehäuft im Südwesten der Oberpfalz auftreten und bis zum Veldensteiner Forst reichen, PN + Grundwort, dagegen bei den hausen-Orten, deren Chronologie in Mainfranken auch urkundlich zwischen 760—840/50 auszumachen ist, hier Appellativ + Grundwort überwiegen, wobei in Mainfranken um 800 gerade die Personennamen in den urkundlichen hausen-Orten mit bestimmten personalen Tradenten an Fulda zu identifizieren sind. Auf die Ausführungen über die -dorf-Orte (S. 88 ff.) verweise ich besonders. Wenn dieses Grundwort seit dem 8. Jahrhundert hier Mode wird und die ältere Siedlungsschicht der ingen, heim, hof(en), haus(en) ablöst, womit wohl auch ein besonderer Sachverhalt ausgedrückt wird (Verdorfung!? gegenüber Drubbel, Weiler usw.), dann muß man fragen, warum gerade die nordöstliche Oberpfalz und Ostoberfranken davon unberührt bleiben und die Namen slavischen Ursprungs die vielen Rodungsnamen überwiegen; nach dem Befund dieses Buches kann als Antwort nur die Feststellung einer stärkeren slavischen Bevölkerung bleiben, die erst seit dem Einsetzen einer neuen Rodungswelle seit 1000/1050 langsam eingedeutscht wird. Die ahe-Gewässernamen sind bis 1000 im Gebrauch, dann siegt das Grundwort -bach. Das Grenzjahr für Primär- und Sekundärumlaut setzt Sch. auf 750; letzterer ist in einer Spanne von 750—900 wirksam. Wenn auch die urkundliche Nennung, deren Belege um 1050 anzuschwellen beginnen, erstes Mittel bleibt, um den Umfang der Besiedlung in ahd. Zeit festzustellen, so wird gerade durch Sch. sowohl für die germanischen wie slavischen ON der Umlaut als zweites wichtiges Mittel nach Grundwort und Urkunde erschlossen und für die Chronologie besonders nutzbar gemacht. Er stellt dabei fest, daß beim Umlaut nicht der älteste, sondern der klarste Beleg sowie die mundartliche Aussprache von Bedeutung sind. Für den Historiker bringt das freilich Momente der Unsicherheit in die Beweisführung; doch ist mit Freude dieser neugewonnene Weg einer Siedlungschronologie anzuerkennen. Sch. ist von seinen früheren Forschungen her besonders befugt, wesentliche Grundsätze für die Rodungsnamen aufzustellen (S. 129/30); besonders einleuchtend ist seine Deutung der obpf. richt-Orte zwischen Nürnberg und Weiden, als Folge einer amtlichen Schreibung. Der Wechsel zwischen urkundlicher Schreibung, amtlicher Form und mundartlicher Aussprache ist zu beachten. Von den reut- und ried-Orten sind die ahd. rieder- und oberbayerischen reod-Orte des 8./9. Jahrhunderts zu unterscheiden (auch das mfr. Herrieden $<$ Hasareod). Für die Bergnamen sei auf die kaum beachtete, ergebnisreiche Studie von O. v. Mitis „Berge, Wege und Geschichte" verwiesen. Für die Zell-Orte des Vorwaldes nördlich der Donau zwischen Regensburg und Straubing hat Piendl eine überzeugende und beweisbare Deutung geboten. Die bayerischen „Heubische" sind fast durchweg größere Königsgutsbezirke. Die Ableitung des Namens von hiwisk = familia hat ein räumliches Sachelement aufgenommen und ist rechtlich verengt worden.

Im Hauptteil des Buches, den Slavenkapiteln, sucht Sch. die Erkenntnisse P. Lessiaks und seiner eigenen Arbeiten über die ON der Sudetenländer auf die Namenwelt Nordostbayerns anzuwenden. Die aus der historischen Lautlehre und der davon abgeleiteten Chronologie gewonnenen Namendeutungen können aber trotzdem nicht Urkunden ersetzen. Man muß auch den Mut haben zu sagen, daß man auf dem und jenem Gebiet nichts weiß. Auch die Lautchronologie hängt davon ab, wie alt oder jung die Belege sind; sind sie zu jung, hängt alles in der Luft; denn man vergesse nicht, daß die slavischen ON im Munde der Deutschen waren und durch sie überliefert sind. Slavische Personennamen besagen noch lange nicht, daß ihr Träger ein Slave war. Man kann mit allem Recht auf ein Beispiel im

20. Jahrhundert hinweisen: auf einem Prager Sozialistenkongreß vor dem 1. Weltkrieg hieß der Obmann der Deutschen Czech und der Führer der Tschechen Deutsch. Die hier angebotenen ON-Deutungen lassen, wie der Vf. selber weiß, viele Fragen in der Schwebe. Der Boden ist im einzelnen noch zu unsicher, als daß sich historische Interpretation ohne jedes Bedenken auf ON-Philologie stützen könnte; die Sicherheit erhöht sich in dem Maße, in dem mit der Philologie sich die Sachinterpretation und die Probe an landschaftlich-urkundlichen Gegebenheiten verbindet. Sachlich wäre bei Scharlau, dessen slavische Deutung für Sch. der Beweis einer Anwesenheit von Slaven in der Chamer Bucht schon im 9. Jahrhundert ist, doch sehr wohl an scara (germ.) zu denken, das auch sachlich hier paßt. Ich erinnere den Vf. an das öfter diskutierte Problem der Scharmannen von Prüm. Bei Lam wird die Überlieferung Lumbnaw und die mundartliche Form „in der Lam" zugunsten einer slavischen Deutung ganz übergangen; und doch weiß man, daß das Kloster Rott am Inn hier gesiedelt hat, und anthropologische Untersuchungen haben alpenländischen Typ hier festgestellt. Ein interessanter Ausgangspunkt für historische Einzelforschung ist ein Ort wie Mostrach; man muß hier nach dem Bollwerk suchen. Ich weiß nicht, ob es dem Vf. bewußt geworden ist, daß er durch die Feststellung einer überwiegenden Slavensiedlung in Oberfranken/Oberpfalz vom 8.—12. Jahrhundert seine ältere Deutung der Wogastisburg auf den Burgberg bei Kaaden wesentlich entwertet hat. Er selbst erörtert ja die Deutung anderer auch westlicher gelegener Punkte. Der Historiker denkt bei Heerzügen und Schlachten auch an die Anmarschwege durch mehr oder minder siedlungsleere Gebiete und Verpflegungsschwierigkeiten. K. Schünemann (DA 1938) hat darauf mit guten Gründen bei der Beurteilung der Ostpolitik der deutschen Kaiser aufmerksam gemacht. In der Erklärung von Eger herrscht eine merkwürdige Unsicherheit. Der Sachgehalt des slavischen Bestimmungswortes für den Iserhof am Zusammenfluß von Chamb und Regen scheint mir gar nicht zur Geographie des Geländes zu passen; hier können nur Auwald und Wiesen und kein großer Wald gewesen sein; das Gebiet war Überschwemmungsland. Als entscheidende Zeit für deutsch-slavische Namenberührungen schält Sch. die Zeit von 800—850 heraus und betont, daß im 9. Jahrhundert das bisherige Nebeneinander der beiden Völker in ein Miteinander übergegangen sei, was man doch als Mischung verstehen muß. Slaven waren auch noch an der neuen Rodungswelle seit ca. 1050 beteiligt. Nach dem sprachlichen Befund aber waren alle slavischen ON bis etwa 1180 der deutschen Sprache einverleibt; damit muß aber das slavische Volkstum westlich von Eger und um Hof noch nicht erloschen sein. Überblickt man wertend das vom Vf. ausgearbeitete Material, dann kann man die Siedlungsleistung der Slaven in nichts verharmlosen oder gering ansetzen; die deutschen Kolonisten des 11.—13. Jahrhunderts können ihnen nur durch neuartige Wirtschaftsmethoden und ihr entwickelteres Recht überlegen gewesen sein. Für bestimmte Zeiten und Gebiete muß mit Doppelsprachigkeit der Siedler gerechnet werden. Das „Ostfränkische" aber ist nach Sch. die Mischsprache eines spätbesiedelten Landes von den Quellen des Mains bis zum Fichtelgebirge, die bayerische Elemente der aus der Oberpfalz kommenden Siedler einschmolz und sich nach Westböhmen erstreckte, dessen Mundart ostfränkische Züge auf bayerischer Grundlage aufweist.

Unklar bleibt der soziale Stand der Slaven. Der Vf. spricht nie von leibeigenen Slaven, was der Kultursituation nach das Gegebene war. „Untertänig“ ist ein schillernder Begriff. Der vom Vf. eingeführte Begriff „Reichswenden“ aber weist der Sache nach eindeutig in das von ihm so scharf abgelehnte Gebiet der Staatskolonisation. Der Hinweis auf die 300 Jahre späteren Reichswallonen ist sachlich nicht zu halten. Die sehr interessanten Winden-Orte sind auf jeden Fall Zeugnis grundherrlicher Siedlung. Es ist nicht einzusehen, daß die Slaven einen höheren Rechtsstand als ihre germanischen Nachbarn gehabt haben sollten, es sei denn, sie seien wie Sachsen und andere Stammesangehörige als „Königsfreie“ angesiedelt gewesen, was sicher der Fall war. Man muß sich hier an das klare Zeugnis der Würzburger Fälschungen des 10./11. Jahrhunderts halten, die der Sache nach echt sind. Über sie hat zuletzt Th. Mayer in der Festschrift für F. Steinbach in einschlägigem Zusammenhang gehandelt. In den Orten der Karolingerzeit, die als „in Sclavis“ gelegen bezeichnet sind, müssen nicht nur Slaven gesessen sein; aus dem Text der S. 346/7 angezogenen Schenkungsurkunde geht nicht eindeutig hervor, ob in den geschenkten Orten überhaupt Slaven saßen; „in Sclavis“ aber muß ein slavisches Siedlungsgebiet meinen. Sch. sieht die regio Slavorum als deutsch-slavisches Mischgebiet an, das mit dem Land der Winden-Orte identisch ist. Die vom Vf. vermißte Arbeit über den Sklavenhandel hat der Belgier Verlinden geschrieben. Nach den Ergebnissen dieses Buches können Hallstatt und Forchheim politisch sehr wohl als „Tore“ zum Slavenland bezeichnet werden, wenn man damit nicht das Land „in Sclavis“, das Gebiet der Winden-Orte, sondern die gerade von ihm so eindeutig herausgearbeiteten östlichen slavischen Siedlungsgebiete vom Obermain bis Westböhmen meint. Wo, so fragte ich, lag weiter östlich ein politischer Stützpunkt des Karolingerreiches, das hier nur eine Interessensphäre hatte, wobei Christianisierung und Unterwerfung, wie auch sonst, das gleiche bedeuten. Wenn es auch kein „Slavenreich“ (S. 359) am oberen Main gegeben hat, muß doch vermutlich eine genaue slavische Herrschaftsform dem Niveau der Zeit entsprechend vorhanden gewesen sein, da es damals „Demokratie“ noch nicht gab. Diese Frage ist gerade nach Sch. gestellt, außer er kann fränkische Herrschaft in diesen Räumen erweisen. Zu beachten ist aber, daß wir von slavischen Herrschaften in Böhmen mit Adelsburgen als Zentren wissen, daß aber Quellen über die Lande westlich Pilsen nicht vorhanden sind. Die Argumentation gegen Preidel (S. 364) verstehe ich nicht, der annahm, daß Slaven servi von Markomannen und Quaden schon gewesen sein könnten. Die Geschichte des Markomannennamens läßt sich mit Sicherheit bis in die Zeit um 400 n. Chr. verfolgen. Sie erscheinen noch bei Hieronymus und in der Notitia dignitatum. Ihre Nennung als Teilnehmer am Zuge des Attila nach Gallien bei Paulus Diaconus ist umstritten. (Die Stellen bei Loewe, ZBLG 15, 1949, 24 ff.). Es wäre sehr auffällig, wenn zwischen den Germanen und ihren östlichen Nachbarn gar keine Beziehungen gewesen wären. Ich frage, ob das nur gewesen sein kann, wenn sprachliche Beziehungen zwischen Germanen und Slaven in dieser Landschaft vorhanden waren. Daß der Kampf gegen Samo um 630 der Unterwerfung Böhmens unter die Frankenherrschaft gegolten habe, kann nur angenommen werden, wenn Wogastisburg der Burgberg bei Kaaden ist, wie der Vf. will.

Das Gebiet am Obermain aber war seit dem 6. Jahrhundert ziemlich siedlungsleer; war das nicht der Fall, dann muß man doch fragen, warum Slaven in so großer Zahl, wie Deckblatt 13 zeigt, sich hier ausbreiten konnten. Der Vf. stellt sich selber (S. 373) die Frage, warum die Slaven ihre fruchtbare Heimat verließen und in Rodungsgebiete zogen. Ein Zeugnis dafür, daß sie gerufen wurden, haben wir weder urkundlich noch philologisch; für das Winden — Ort-Land — in Sclavis aber muß der Historiker trotz philologischen Widerspruchs Staatskolonisation annehmen, damit, um im Denkschluß des Vf.s zu bleiben, ihre Existenz begründbar wird, und zwar erst seit dem 8. Jahrhundert. Wenn der philologische Befund ausreicht anzunehmen, daß die Mainwenden im Zusammenhang mit Vogtland und Sachsen-Thüringen standen, ja daß sie von Norden kamen, dann ist es wichtig zu fragen, in welcher Verfassung sie kamen. Die Art der Ansiedlung der Slaven ist ein historisches Grundproblem, das Sch. umgeht. Es fehlt an Zeugnissen, daß slavische Stämme in Nordostbayern saßen; das zwingt zu Schlüssen über die Art ihrer Ansiedlung. Es fehlt in Nordostbayern auch an Zeugnissen für die Art des Zusammenlebens in einem Ort. Burgenbau in slavischer Zeit muß hier vermutet werden; das aber ist ein Fingerzeig für eine politische Organisation. Der Vf. wirft Fragen oft auf und trifft historische Feststellungen, überläßt aber die Beweislast den Historikern und zieht sich auf das Fehlen von Belegen zurück, wenn keinen urkundlich-historischen, dann philologischen Belegen.

Wenn Sch. immer wieder von „freien" Slaven spricht, wofür er weder urkundlichen noch sprachlichen Beleg hat, dann ist vor allem auch eine klarere Erkenntnis der gleichzeitigen germanischen Sozialstruktur zu verlangen und eine „historische" Differenzierung des Begriffes „Gleichberechtigung", den er verwendet. Es gibt eine Gleichberechtigung in Freiheit und Unfreiheit. Der Rez. würde beim Siedelvorgang, wie ihn der Vf. sieht, das Wort „feindlich" (S. 373) nicht in die Debatte werfen. Davon weiß man nichts. Der Historiker kann der Vorstellung des Buches (S. 373/4) nicht zustimmen, daß die staatlichen Grenzen im Osten vom 6.—9. Jahrhundert fester gewesen seien. Wenn das Bild der slawischen Besiedlung richtig ist, das Sch. erarbeitet, dann ist auch seine politische Behauptung (S. 374), für die er keinen Beweis hat, irrelevant, daß die regio Egire, die 1061 zum ersten Male urkundlich erscheint, nicht schon zur Zeit der slavischen Landnahme in Böhmen (6. Jahrhundert), sondern erst im 8. Jahrhundert im Einvernehmen mit den Franken (nicht Deutschen!) und, wie ich hinzufüge, ihrem Herrschaftswillen slavische Bevölkerung erhalten habe. Wer die Zugehörigkeit der regio Egire zum fränkischen Großreich — und nur das kommt in Frage — retten will, kann nur auf fränkische Staatskolonisation schließen, die ein ziemlich siedlungsleeres Gebiet mit Menschen auffüllen will. Wer letzteres nicht annimmt und dies durch ein Herübergreifen der Choden in das Chamer Becken beweist, wer an der sehr eindrücklichen Richtigkeit von Deckblatt 13 festhält, der kann beim Mangel aller Belege außer einigen ON und ihrer philologischen Deutung nur ein Vordringen oder Einsickern der Slaven vom 6.—8. Jahrhundert annehmen. Die Chronologie der Lautgesetze, so wichtig sie auch mir als Quelle der Erkenntnis dünkt, ist keine absolute und eine historisch sekundäre und relative. Lautgesetze stellen die Menschen und die menschlichen Gruppen und Bezüge nicht in Rechnung. Der Rez. weiß sich mit solcher Feststellung frei von jeder Kritiksucht, es geht ihm um eine widerspruchsfreie historische Einordnung der bedeutenden Erkenntnisse des Germanisten und Slavisten Sch., die er sehr ernst nimmt. Der Historiker muß jedenfalls feststellen, daß die Argumente dafür, daß Nordostbayern schon „deutsch"(?) war, bevor die Slaven kamen, sehr schwach sind; wenn man zwischen germanischer und slavischer Siedlung in diesen frühen Zeiten keinen Wesensunterschied postuliert, dann ist nicht einzusehen, warum die slavische Siedlung in Nordostbayern nicht genuin gewesen sein soll und warum man aus gleichen Grundtatbeständen nicht gleiche Konsequenzen ziehen soll, um so mehr wenn man feststellt, daß die Slaven ebenso gute Roder wie die Deutschen waren (S. 381). Der Rez., das sei klar ausgesprochen, ist der Meinung, daß Nordostbayern damals schon zur fränkischen Machtsphäre gehörte; dann aber hat die slavische Besiedlung dieses Raumes einen anderen Charakter, als Sch. annimmt; dann ist sie keine Volksbewegung freier Leute, die als Gäste kamen, sondern ein herrschaftlich-organisatorischer Vorgang. Der Rez. befindet sich damit nicht im Schlepptau der „Slavenlegende", die den „Teutonen" und „Pangermanen" brutale Vergewaltigung friedlicher slavischer Menschen vorwirft, sondern er zieht aus der damals gegebenen und historisch begründbaren Situation die einwandfreien Konsequenzen, dies um so mehr als Slaven und Avaren auch verknechtet haben. Wie ist doch die tschechische Herrschaft der Přemysliden in Böhmen entstanden? Sie haben die Kleinherrscher, zuletzt das führende Geschlecht, dem der 2. Prager Bischof und große Missionar Adalbert entstammte, blutig unterdrückt.

Sch. fordert mit allem Recht Zurückhaltung der Forscher ohne sprachliche Schulung bei der Deutung von Ortsnamen; umgekehrt muß aber dem Historiker und seiner Methode die historische Auswertung des gesicherten philologischen Befundes als seine Aufgabe gewahrt sein. Das Buch wirft die wichtige Frage auf, wie die Zusammenarbeit von Philologie und Geschichte in Zukunft zu gestalten sei, wo die Grenzen ihrer Methoden und ihrer Quellen, ihrer Aussagefähigkeit liegen. Darüber wird ein grundsätzliches Gespräch in Zukunft nötig sein. In gleicher Weise wird auch die Zusammenarbeit mit der Archäologie zu überprüfen sein, damit eine nach allen Seiten abgesicherte Siedlungsgeschichte möglich wird, die in früher Zeit auch Herrschaftsgeschichte ist. So ist die Meinung des Vf.s zu überprüfen, ob nur freie Slaven Grabfunde und Bodendenkmäler hinterlassen haben. Es scheint dem Bamberger Jakob der Versuch zu gelingen, gerade in den Gräberfeldern um Hallstatt den slavischen Charakter der Keramik zu bestimmen. Die Einwendungen Böhners gegen Werners Bild der Reihengräberzivilisation, auf die Sch. sich stützt, sind erneut zu prüfen. Das aufgearbeitete Material für eine Überprüfung des Zusammenhangs zwischen Reihengräbern und alten ON ist noch zu gering, um weitergehende Schlüsse zu ziehen. Ein besonderes, zunächst noch archäologisches Problem sind die karolingischen Reihengräber des 9. Jahrhunderts in der Oberpfalz und in Oberfranken. Wir dürfen eine Lösung von Klaus Schwarz erwarten.

Zum Schluß seien noch einige territorial- und verfassungsgeschichtliche Fragen aufgegriffen, die Sch. anrührt. Frings hatte die Bedeutung des „Territoriums" für die Sprachverschiedenheit vom 6.—12. Jahrhundert betont; Sch. sieht sie nur im Siedlungsvorgang gegeben. Für diese Zeit aber muß man geschichtlich in Herrschaftsräumen und Herrschaftszentren denken. Die Archäologie nimmt das sehr stark zur Kenntnis. Davon nimmt der Vf. keine Notiz, obwohl dieser historische Tatbestand sicher ist. Der Nordgau war niemals ein Territorium. Das Regensburger Bistum fällt nicht nur mit dem Nordgau zusammen. Die heutige Verfassungsgeschichte hat andere Ansichten vom Gau als der Vf. Die Nordgaugrenze war besonders im Norden keine feste Grenze; sie muß großen Schwankungen unterworfen worden sein. Die äußersten Positionen waren selten die festesten. Eine brennende Frage für den Ausgleich der Ergebnisse der beiden Disziplinen ist die, mit welchen historischen Einheiten Wortfelder, die ihre Eigenheiten haben, in Verbindung gebracht werden können oder ob beide voneinander unabhängig seien. Der These des Vf.s, daß im Westen kein großer, die Geschicke des Landes bestimmender Landesausbau eingetreten sei, muß ich widersprechen, ebenso der Behauptung, daß es in der Oberpfalz keine großen territorialen Kräfte gegeben habe. Das Königtum (Salier z. B.) und die Kirche läßt Sch. offenbar nicht gelten. Nach den Ergebnissen des Buches verstehe ich nicht die Unsicherheit in der Auffassung über die Motive der Gründung und der Tätigkeit des Bistums Bamberg. Der König ist hier wieder übersehen. Es hat den Anschein, als lehne der Vf. die mächtige Siedlungsinitiative des Königtums ab. Regensburg muß als Ausgangspunkt der Sprach- und Kulturströmungen für Nordostbayern eine ebenso große frühe Rolle wie für Böhmen und Mähren gespielt haben. Philologie und Historie bleibt die Aufgabe, die Feststellung noch weiter zu diskutieren, die Schw. z. T. mit guten Gründen getroffen hat, wenn sein Siedlungsbild Bestand hat, daß nämlich Oberpfalz und Obermainlande wie ein ostdeutsches Kollonialland behandelt werden müssen, nur daß die deutsche Besiedlung einige Jahrhunderte früher erfolgte und einige kleine Altsiedelgaue den Übergang zum alten Siedelland herstellen, daß die treibenden Kräfte in der Siedlungsgeschichte gesucht werden müßten, die hier der Mundartgeschichte näher sei als im übrigen Deutschland (S. 435/6). Ich weiß nicht, ob man eindeutiger den slavischen Charakter der Besiedlung Nordostbayerns ausdrücken könnte. Damit entsteht eine ganz neue Forschungssituation für die Historie, die die Lösung dieser Fragen nicht allein der Mundartgeschichte überlassen kann, die selber noch unter der Divergenz von Wort- und Lautgeographie leidet und deren Gesetze und Ergebnisse statisch im Gegensatz zum dynamischen Geschichtsablauf sind. Die soziologisch-soziale Note des Schlußsatzes (S. 444) unterschreibt der Rez. als einen Gesichtspunkt auf Grund seiner Forschungsrichtung auch; aber man kann das Volk und die Menschen gerade in jener Zeit nicht aus ihrem Rahmen nehmen, den die herrschafts- und siedlungsbildenden Mächte König, Adel und Kirche darstellen. Wie zu diesem Faktum die philologische Vermutung zu stellen ist (S. 436), die im 12. und 13. Jahrhundert großräumigen mundartlichen Neuerungen könnten als Ergebnis von Landesausbau, Sprachmischung und Ausgleich betrachtet werden, bedarf noch langer Erörterung im Prozeß des Ausgleichs und der Übereinstimmung zwischen philologischen und historischen Methoden, Fakten und Forschungsergebnissen.

Das problemgesättigte, ergebnisreiche, erregende Buch des angesehenen slavistischen Germanisten wird sich als eine entscheidende Anregung für bayerische und deutsche Landesgeschichte, deutsche Ost- und slavische Westgeschichte erweisen. Es hat unsere Erkenntnisse und Methoden um ein beträchtliches Stück gefördert und eine intensive Aussprache über die Zunftzäune hinweg angebahnt. Daß dabei auch die Grenzen sichtbar werden, versteht sich von selbst, und daß gar manche Dinge unter anderem Aspekt zunächst anders aussehen, ist auch klar. Die Rezension, die dankbar die weitreichenden neuen Ergebnisse annimmt, möchte als Beitrag eines sehr berührten, offenen Historikers zu den auf jeder Seite aufgeworfenen historischen Fragen eines in die Geschichte vorstoßenden primär philologischen Buches verstanden werden.

DIE MARKENGRÜNDUNGEN KAISER HEINRICHS III. AUF BAYERISCH-ÖSTERREICHISCHEM BODEN

I.

Paul Kehr hat 1931 die Ansicht Ausgesprochen, daß in der Politik des zweiten Saliers die östlichen Marken eine große Rolle gespielt haben; er konnte diese Meinung begründen mit dem Hinweis auf die verhältnismäßig zahlreichen Gunstbezeugungen des Königs für die österreichischen und kärntner Markgrafen. „Es ist vielleicht das größte und dauerndste Verdienst dieses Herrschers um Deutschland, daß er Österreich, Kärnten und Steiermark gegen die Ungarn gesichert und die Leithagrenze für Jahrhunderte mit kraftvoller Hand gezogen hat; daß er die vorübergehend geglückte Unterwerfung Ungarns selbst nicht hat behaupten können, mindert sein historisches Verdienst nicht im mindesten. Nicht zu vergessen auch die schnelle und dauernde Unterwerfung Böhmens und die Erfolge seiner polnischen Politik. Die Urkunden reden gerade in Bezug auf diese Ostpolitik Heinrichs eine beredte Sprache [1].“ Heinrichs Italien- und Reichskirchenpolitik, vielleicht noch seine Westpolitik (Burgund, Lothringen) standen bislang fast ausschließlich im Blickfeld der Forschung, die gerade das Wirken dieses Saliers nicht einheitlich und vor allem nicht in positivem Sinne beurteilte. Wenn man heute mit gutem Recht die Bedeutung eines mittelalterlichen Herrschers vor allem daran ermißt, mit welchen Kräften und welchem Erfolg er in erster Linie für die Ausweitung des deutschen Volksbodens nach dem Osten tätig war, dann darf füglich auch Heinrich III. ebensowenig wie Heinrich II. oder Barbarossa in der Reihe der Kaiser fehlen, die die Bedeutung des Ostens für das Wachsen des Reiches erkannten, wenn sie auch naturgemäß im Schatten der großen Markengründer, Karls des Großen und Otto des Großen, stehen. Es soll allerdings keine Ehrenrettung des zweiten Saliers sein — mit P. Kehr bin ich der Meinung, daß er für ein alle Umstände abwägendes Urteil eine solche nicht nötig hat —, wenn hier versucht wird, vier in den Quellen nur kurz aufscheinende Marken gegen Böhmen und Ungarn auf seine Initiative zurückzuführen und ihre Organisation als Teil seiner starken Ostpolitik aufzuzeigen. Es tritt dadurch nicht nur ein bisher fast übersehener Zug der hochmittel-

[1] Kehr, P.: Vier Kapitel aus der Geschichte Kaiser Heinrichs III., in den Abh. d. Preuß. Akad. der Wi. Jg. 1930. Phil. Hist. Kl. Nr. 3. 1931. S. 18/19.

alterlichen Reichsgeschichte schärfer in Erscheinung [2], sondern auch die Landesgeschichte, der bayerische Nordgau und die Ostmark, ziehen daraus Gewinn.

In seiner Studie über die Entstehung und den staatsrechtlichen Charakter der Ostgrenze des alten deutschen Reiches hat H. Aubin [3] die Forderung nach einer erneuten Gesamtbehandlung der Markenverfassung unter Einschluß der sächsischen Marken erhoben. Es scheint, daß dazu erst dann die Zeit gekommen sein wird, wenn das einzellandschaftliche Material zur Gänze aufbereitet ist. Bei der Diskussion, die augenblicklich gerade von der Seite der Landesforschung her über den verfassungsrechtlichen Charakter der Mark in Gang gekommen ist, treten zwei Gesichtspunkte besonders in den Vordergrund. Wir müssen uns vorab über den Inhalt der markgräflichen Rechte klar werden, wobei eine vergleichende Betrachtung von Grafschaft und Markgrafschaft landschaftsweise weiterzuführen verspricht. Das hat aber zur Voraussetzung, daß das Wesen der Grafschaft an sich neu gedeutet wird. Der alte Kanon (H. Brunner), der das fränkische Reich als lückenloses System von Grafschaften ansah, ist immer stärkerer Kritik ausgesetzt. Es bedeutet eine starke Einschränkung der bislang herrschenden Meinung, wenn Cl. von Schwerin [4] erklärte, daß wir uns darauf zurückziehen könnten, daß es streng abgegrenzte Bezirke im ganzen Reich nicht gegeben habe, wenn auch überall die Repräsentanten des Königs in Gestalt der Beamten in Erscheinung träten, die meist fränkischer Abstammung gewesen seien. Man fragt sich natürlich, von welcher materiellen Basis aus dann der Graf gewirkt hat, wenn kein fester Amtssprengel vorhanden war, und kommt von selber zu dem naheliegenden Schluß auf das Königsgut [5], das über das ganze Reich hin verstreut war und seine Existenz ursprünglich dem Eroberungscharakter germanischer Großstaatsbildung verdankte. Als Gebiete unmittelbarer königlicher Herrschaft, auch in Streulage, ergäben sich somit die Grafschaften, deren Handhabung den mächtigsten adeligen Eigenherren [6] der Nachbarschaft anvertraut war. Damit stoßen wir aber auch auf den zweiten Fragenkomplex, von dessen Neubehandlung ich mir mit Aubin gerade für die Klärung des verfassungsrechtlichen Wesens der Markgrafschaft und ihres rascheren Aufstiegs zur Landeshoheit sehr viel verspreche, ich meine die Annahme eines königlichen Anspruchs auf allen Grund und Boden im eroberten Land (Bodenregal) [6a]. Im Markgebiet war dieser königliche Anspruch zweifellos total im Gegensatz zum Binnenland, wo das fränkische Königtum bei der Unterwerfung

---

[2] Mayer, Th.: Das Kaisertum und der Osten im Mittelalter, in Deutsche Ostforschung Bd. 1, 1942, S. 291—309. — Hirsch, H.: Deutsches Königtum und römisches Kaisertum, in Nadler- v. Srbik: Österreich, Erbe und Sendung im deutschen Raum, 1936, S. 43—60.

[3] Aubin, H. in der Histor. Vierteljahrsschr. 28, 1934, S. 225—272.

[4] Auf dem Historikertag in Weimar 1942.

[5] Waas, Schlesinger!

[6] v. Dungern.

[6a] Molitor, E.: Die Pfleghaften des Sachsenspiegels und das Siedlungsrecht im sächsischen Stammesgebiet, in den Forschungen z. dtsch. Recht IV. 2. 1941, bes. S. 104, 113 ff., S. 206 ff. (Bespr. v. Wohlhaupter, E. in der Zs. d. Ges. f. Schleswig-Holstein. Gesch. 70/71. Bd. 1943, S. 399—405 und Heymann, E. in der DLZ. 1942, Heft 5/6,

der germanischen Bruderstämme ältere Besitzverhältnisse ebenso gelten ließ, wie das Eigenleben der Stämme selbst und ihr Recht.

Einen entscheidenden Einbruch in die herrschende Lehre von der verfassungsrechtlichen Vorrangstellung der Markgrafschaft stellte der Nachweis O. Stowassers [7] dar, daß H. Brunners [8] Behauptung eines gerichtlichen Exemtionsrechts der Babenberger dem tatsächlichen Bestehen anderer Grafengerichtsbarkeit neben der markgräflichen widerspreche. K. Lechner [9] hat diese Feststellung dahin erweitert, daß er ein Zusammenfallen von marchia und ducatus auf dem Boden Österreichs territorial und rechtlich mit guten Gründen in Abrede stellte, andererseits aber für die Zeit vor 1156 ein Hoheitsgebiet nachweisen konnte, das über die Mark hinausreichte und über das der Markgraf gebot, der dadurch eine Stellung einnahm, die weit über jene eines gewöhnlichen marchio hinausging und fürstlichem Range gleichkam. Dieser Prinzipat, wie Lechner es nennt, würde etwa in der Zeit seinen Anfang nehmen, da die Grafschaft des Grafen Siegfried, die uns hier näher beschäftigen soll, verschwindet und zur Grafschaft und Mark der Babenberger gezogen erscheint. E. Klebel [10] hat die Beziehung zwischen Herzogtum und Mark in der Zeit vor 900 näher untersucht und dabei ein Schwanken in der Verwendung der Titel dux, marchio, marchensis, praefectus limitis in den Quellen der Karolingerzeit beobachtet. Es ergab sich besonders aus den Verhältnissen im Südosten, daß der Präfekt, Markgraf oder Herzog eine Grafschaft verwaltet und zugleich einer Reihe anderer Grafen und Tributärstaaten militärisch vorgesetzt ist, ohne aber das Ein- und Absetzungsrecht über sie, Kirchenherrschaft und Verfügung über das Reichsgebiet zu besitzen. Der Kern der Mark liegt im alten Reichsgebiet, eine Unterscheidung von Mark auf neuem Boden und Grenzgrafschaft im Altland be-

---

Sp. 131 ff.) Molitor stellt fest, daß ein Bodenregal in dem Sinne, daß ein allgemeines Recht bestand, von Siedlern auf nichtprivatem Neubruchland öffentliche Abgaben und Leistungen zu fordern, als allgemeine *Institution* des Reichsrechts nicht greifbar ist. Doch stützt sich die neuerdings wieder vielbeachtete Güterpolitik Heinrichs IV., ein schönes Beispiel königlichen Landesausbaus, tatsächlich unter besonderen Verhältnissen auf das königliche Bodenregal für Neubruchland. Dieses durch den Widerstand besonders des sächsischen Adels politisch mit einem Mißerfolg endende Bemühen des Königs hat aber rechtlich den Erfolg, daß nun die Siedlung im herrenlosen Wildland und in den nach Beseitigung der Slavengefahr überflüssig gewordenen Markwaldungen nicht mehr frei war, sondern ein Hoheitsrecht bestand, sie entweder zu verbieten oder von den Siedlern eine Abgabe, einen Rodungszins, zu verlangen. So erklärt Molitor die Pfleghaften auch z. T. als Siedler auf dem königlichen Bodenregal unterliegenden Rodland. Aus der Verbindung von Siedlungs- und Rechtsgeschichte gewinnt so die Lehre vom Bodenregal des Königs eine neue Stütze.

[7] Stowasser, O. in der ZRG. GA. 44, 1924, S. 114 ff. — Derselbe: Das Land und der Herzog, 1925 und in der VSWG. 19, 1926, S. 413 ff. — Vgl. Dopsch, A. in der VSWG. 20, 1928, S. 460 ff.

[8] Brunner, H.: Das gerichtliche Exemtionsrecht der Babenberger, in den Wiener SB 47, 1864, S. 315 ff.

[9] Lechner, K.: Grafschaft, Mark und Herzogtum. Ein Beitrag zur Territorial- und Verfassungsgeschichte Österreichs, im Jb. f. Ldkde. von Niederösterreich 20, 1926, S. 32—69.

[10] Klebel, E.: Herzogtümer und Marken bis 900, im DA II, 1938, S. 1—53.

stand nicht zu Recht. Das Herzogtum wird zum Aufmarschraum, der sich wieder zur selbständigen Mark entwickelt und damit seinerseits als Aufmarschraum aus dem Altland in das eroberte Gebiet dient. Im Gegensatz dazu sind die ottonischen Marken klein und umfassen nur je eine Grafschaft; der Begriff der Mark hat sich gewandelt. Unterdessen haben nun auch die Forschungen Schlesingers [11] für den mitteldeutschen Osten eine willkommene Ergänzung geboten. Auf Grund der entgegen Dopsch bewiesenen Tatsache, daß das Slavenland nach seiner Eroberung durch die Deutschen in seiner Gesamtheit Königsgut war, ist die Mark ganz offensichtlich ein Gebiet unmittelbar königlicher Herrschaft, die der Markgraf in Stellvertretung des Königs ausübt. Die Diplome kennen keinen Unterschied zwischen Grafschaft und Mark, erst seit Heinrich II. begegnet vereinzelt die Bezeichnung marchia in den Urkunden [12], während sonst imer vom comitatus des Markgrafen die Rede ist; selbst der Titel marchio ist hier ursprünglich nicht allzu häufig, meist steht dafür comes wie im Altland. Markgrafschaft ist demnach nur Grafschaft in der Mark und die später vom Sachsenspiegel betonten rechtlichen Unterschiede, vorab das Dingen des Markgrafen „zu eigenen Hulden" (d. h. ohne Königsbann), sind Ergebnis späterer Entwicklung, da im 10. und 11. Jahrhundert der Königsbann in den älteren ottonischen Marken einwandfrei belegt ist. Erst die in der Mark früher und intensiver einsetzende Entwicklung zur Landesherrschaft hin hat das Schwinden der königlichen Bannleihe verursacht. Mit Recht hebt Schlesinger gerade im Markgebiet das tatkräftige Wirken der starken Einzelpersönlichkeit hervor, das rechtlichen Entwicklungen, die erst viel später faßbar werden, den Weg gebahnt hat. Der Kötzschkeschüler zeichnet uns im wesentlichen das Bild der ottonischen Mark, das dem Klebelschen der Karolingerzeit deutlich gegenübersteht.

Verfassungsrechtlich ergeben sich somit zwei besondere Marktypen, die näher zu untersuchen, nicht Zweck des Aufsatzes ist. Es bleibt aber als Aufgabe die Feststellung des Charakters der Markgründungen Heinrichs III., wodurch im Rahmen der allgemeinen Diskussion ein Beitrag zur Typenfrage, ja zur allgemeinen Verfassungsgeschichte der Marken schlechthin geleistet werden kann. Somit hat unser Thema ein doppeltes Gesicht; es begreift die Markgründungen Heinrichs III. rein politisch als Ergebnisse der Ostpolitik dieses Kaisers, will sie darüber hinaus aber auch als eine Phase in der verfassungsgeschichtlichen Entwicklung der deutschen Ostgrenze und des Reiches sehen.

II.

Kaiser Otto der Große hatte die verschüttete Markorganisation Karls des Großen wieder aufgebaut und war an der Elbe-Saale-Linie dazu übergegangen, neue Marken erstehen zu lassen. Die alte karolingische Grenzlinie [13] ist zwar im Süd-

[11] Schlesinger, W.: Die Entstehung der Landesherrschaft. 1. Teil, Sächsische Forschungen zur Geschichte. Bd. 1. Dresden 1941.

[12] Die Mark Meißen wird erst 1046 marchia genannt. MG. DD. H. III. nr. 156.

[13] Klebel, E.: Die Ostgrenze des Karolingersreiches, im Jb. f. Ldkde. v. NÖ. NF. 21. 1928. S. 438 ff.

osten nicht mehr erreicht worden, doch vor Sachsen schob sich über einen Markengürtel hinaus eine tiefe Einflußzone in den slavischen Osten hinein. Eine Kette von Bistümern legte sich von Böhmen bis Jütland vor die Grenze des alten Reichsgebiets. 973 war das Bistum Prag gegründet worden, das Mähren, das Waagtal, Krakovien und Teile Rotrußlands als noch unbegrenztes Missionsgebiet umfassen sollte [14]. Da Mähren und das Waagtal aber staatlich zu Ungarn gehörten, scheint Otto auch das übrige Ungarn in seine kirchlichen Organisationspläne einbezogen zu haben. Die Grenze der deutschen Kirche fiel zusammen mit der Grenze des weiteren Reichsgebietes; beide waren offen. Seitdem sich aber unter Otto d. Gr. eine Kluft zwischen deutscher und römisch-kurialer Ostpolitik auftat, indem letztere dem Erzbistum Magdeburg in den schon christianisierten Slavengebieten feste Grenzen setzte [15], seitdem unter Otto III. in Polen und Ungarn Landeskirchen entstanden, in denen sich der Wille der Ostvölker nach eigenen höheren Lebensformen und staatlicher Selbständigkeit kundtat, konnten sich drei Kraftzentren, *Ungarn, Böhmen und Polen* bilden unter deutschabendländischem, nordischem oder oströmischem Einfluß.

Diese drei Staatsgebilde aber begannen sich gar bald mit den Deutschen um die Ausgestaltung ihres Lebensraumes auseinanderzusetzen. Der Kampf mit den Magyaren, die am frühesten zu fester staatlicher Organisation kamen, hatte von Deutschland aus gesehen in erster Linie die Einbeziehung oder Festhaltung ganz Ungarns innerhalb des äußeren Reichsgebietes zum Ziel, wofür das Lehensrecht zunächst die passende Form zu sein schien. Die Salier, deren Bemühungen diesem Grenzabschnitt galten, waren nur allzu kurz darin erfolgreich. Der Grenzverlauf des Markengürtels war das zweite Streitobjekt. Hier hatte sich die Grenze schon im 10. Jahrhundert aus einem Saum in eine Linie „abzuklären" begonnen, die im wesentlichen mit dem Alpenrand gegenüber der ungarischen Tiefebene zusammenfiel. Der Kampf tobte im 11. Jahrhundert nur noch an der großen Völkerstraße der Donau entlang gegen Ungarn hin um ein siedlungsarmes Gelände, in das deutsche Kolonisten über den Wiener Wald und Manhartsberg hinabstiegen [16]. Das Reich war hier der Träger des Vorstoßes und der deutsche König hat hier nochmals auf erobertem Boden nach alterprobter Art neue Marken errichtet, kirchliche Betreuung und deutsche Siedlung in die Wege geleitet. Bei einem erfolglosen Vorstoß König Konrads II. gegen den Ungarnkönig Stephan I., der die Grenzen des Herzogtums Bayern bedrohte, war Wien 1030 verloren gegangen und der junge König Heinrich III. trat beim Friedensschluß 1031 einen Grenzstreifen südlich der Donau zwischen Fischa und Leitha ab. In mehreren Feldzügen (1042—1044) nahm er jedoch dem Usurpator Aba (Ovo), der den rechtmäßigen Nachfolger und Neffen

---

[14] Die Urkunde Heinrichs IV. für das Bistum Prag von 1086 geht gerade in ihrer Grenzbeschreibung auf die Gründungsurkunde von 973 zurück. Holtzmann, R. im AUF VI. 1918. S. 177.

[15] Holtzmann, R.: Böhmen und Polen im 10. Jhdt., in der Zs. d. Ver. f. Gesch. Schlesiens 52, 1918, S. 1 ff. bes. S. 33. — Baethgen, F.: Die Kurie und der Osten im Mittelalter, in Deutsche Ostforschung. 1. Bd. 1942. S. 310—330.

[16] Vanksa: Geschichte Nieder- und Oberösterreichs 1, 1905, S. 199 ff.

Stephans d. H. Peter, den Sohn des Dogen Otto Orseolo von Venedig, außer Landes vertrieben hatte, das vom Vater abgetretene Gebiet zwischen Fischa und Leitha wieder ab, verjagte ihn und setzte Peter gegen Lehenshuldigung wieder ein. Nach dem Sturz Peters 1046, dessen Anschlußpolitik an das Reich nicht gebilligt wurde, lösten sich bald wieder die Bande. 1043 aber hatte der Kaiser das zurückgewonnene Land als Mark unter eigenen Markgrafen organisiert; zwischen 1051 und 1067 fiel diese *Neumark*, die einen Zehentbezirk des Marienstifts in Hainburg für sich bildete, an die Babenberger Markgrafen der Ostmark [17]. Das wohl bald wieder verlorene praedium östlich der Leitha, das König Salomon 1074 an Heinrich IV. abtrat [18], war wahrscheinlich ebenfalls als Mark organisiert, wenn auch die Burgwerkspflicht hier als Gegenleistung für königliche Landschenkung erscheint. Das Recht des Königs an Grund und Boden dieser Neumarken leitet sich ausschließlich aus der gewaltsamen Eroberung mit dem Schwerte her [19]; nur so lassen sich die umfangreichen Schenkungen der Könige bis zu 150 Hufen hier erklären [20]. Von 1030 bis zum Ende des Jahrhunderts bildet sich die nasse Leitha-Marchlinie unter verschiedenen Schwankungen als feste Grenze heraus und zwar zur gleichen Zeit, da auch Ungarn das Vasallitätsverhältnis zum Reich abschüttelt und damit die vorgelagerte Einflußzone vollends wegfällt. Es wird sich als besonderes Kennzeichen der Markgründungen Heinrichs III. erweisen, daß ihre Grenze mit der Reichsgrenze zusammenfällt und der vorgelagerte Raum zur Zeit ihrer Organisation wohl noch unter dem politischen Einfluß des Reiches steht, jedoch als geschlossener staatlicher Block entweder bereits vom Reich sich abzusetzen oder zum mindesten zu einer eigenrechtlichen Sonderform im Rahmen der Reichsverfassung sich zu entwickeln begonnen hat. Das zeigt sich am eindeutigsten in den Grenzschutzmaßnahmen auf der feindlichen Seite (Ungarn und Böhmen), die den deutschen König zu ähnlichen Gegenmaßnahmen zwangen. Ich möchte deshalb in diesen Marken lieber eine Art *Militärgrenze* sehen, indem ich dabei den Ausbaucharakter dieser verhältnismäßig kleinen Landstreifen nicht bestreiten will; doch scheint mir vor allem der koloniale Offensivcharakter diesen Spätgebilden an der deutschen Südostgrenze zu fehlen, ihr Zweck ist eher defensiv zu erklären. Mit den Marken früherer Zeit haben sie die militärisch-politische Aufgabe gemeinsam, erste Etappe für das königliche Heer zu sein, wenn es nötig wurde die kirchlich und auch staatlich irgendwie schon geeinten Blöcke Ungarns und Böhmens zur Anerkennung der Oberhoheit des Reiches mit Waffengewalt zu bringen. Als Ausfallspforten für das Vordringen deutscher Kolonisation und im Verein damit deutscher Mission kamen sie nicht mehr in Frage, umsoweniger als Ungarn und Böhmen bereits christliche Staaten waren, wodurch ja ideell ein eigentlicher Rechtsgrund für eine Markengründung im Stile Karls d. Gr. oder Ottos d. Gr. wegfiel.

---

17 Thausing, S.: Die Neumark Österreich, in Forschungen z. Dtsch. Gesch. IV. 1864. S. 355 ff.

18 DD Hei IV. nr. 276. S. 353 ff.

19 MG. DD Hei III. 277 (1051) „. . . regionis in finibus Ungarorum gladio ab hostibus adquisitae."

20 DD Hei III. 141 (1051).

Hier grenzte schon damals irgendwie das engere Reichsgebiet unmittelbar an das Ausland.

Böhmen war zwar geographisch durch seine räumliche Geschlossenheit und seine natürlichen Grenzen ebenso wie das Königreich der Magyaren zur Eigenentwicklung vorbestimmt, seine starke Westlage aber bewirkte, daß sich diese Sonderentwicklung innerhalb der äußeren Hoheitszone des Reiches vollzog. Dieser Tributärstaat stieg über eine lehensrechtlich aufgefaßte Abhängigkeit zum Reichsfürstenstand und zur Kurwürde so empor. Böhmen hat zwar anfänglich die deutsche Oberlehensherrlichkeit nicht willig hingenommen, ja in der ersten Hälfte des 11. Jahrhunderts sich sogar zur Führerstellung unter den Westlaven an Stelle Polens berufen gefühlt [21]. Gerade Heinrich III. muß gegen die großslavische Gefahr zu Felde ziehen, die der Böhmenherzog Břetislav, die polnischen Wirren nach Mieszkos II. Tode (1034) ausnützend, durch seine Eroberungszüge bis nach Posen und Gnesen heraufbeschworen hatte. Rom versagte sich zwar seinem Bemühen sein Landesbistum zur Metropole zu erheben, Prag blieb Suffraganbistum von Mainz und damit als Glied der deutschen Reichskirche weiter unter deutschem Einfluß, der schließlich zur Germanisierung seiner Randgebiete und zum deutschen Kulturcharakter des Landes führte. In dem Bestreben Břetislavs, die kirchliche Selbständigkeit seines Herzogtums durchzusetzen, offenbart sich auch sein Wille zur Unabhängigkeit vom Deutschen Reich. Der erste Feldzug Heinrichs III. gegen Böhmen 1040 scheiterte und erst im folgenden Jahre drangen seine aus Sachsen, Franken, Hessen und Bayern aufgebotenen Heere bis Prag vor und zwangen Břetislav zur Unterwerfung, die er in Regensburg vollzog. Seit dieser Zeit waren die Přemysliden treue Anhänger der Salier. In diese Zeit dürfen wir wohl die Errichtung der drei böhmischen Marken durch Kaiser Heinrich III. setzen.

Hat das Reichsgebiet an der böhmischen Grenze schon unter Heinrich I. seinen eigentlichen Markencharakter verloren [22], so haben die Neuschöpfungen des zweiten Saliers diesen Wesenszug vermutlich nie gehabt. Am ehesten könnte man das noch sagen von der marchia Boemia, einer Mark gegen Böhmen, wie K. Lechner annimmt, die vom Buchbergzug und dem Mailberger Wald bis über die Thaya hinaus und nach Mähren hinein reichte und dem Grafen Adalbero, auf den Adalprehtisdorf (1108) hinweist, einem Sproß des bedeutenden Ebersberger Grafengeschlechts anvertraut war [23]. Offenbar war 1041 zu Regensburg beim Friedensschluß zwischen Kaiser und Böhmenherzog die Thaya als Grenze zwischen Mähren und der Ostmark irgendwie vereinbart worden, nachdem noch zu Beginn des Jahrhunderts die Grenze zwischen Bayern und Mähren von Mochinlê (= Zögersdorf) und dem Grab Colomanns an den Wagram hinauf, wo der „Pleckende Weg" als

---

[21] Zatschek, H.: Baiern und Böhmen im Mittelalter, in der Zs. f. bay. Ldg. 12, 1939, S. 1—36.

[22] Kötzschke, R.: Die deutschen Marken im Sorbenland, in der Festgabe für G. Seeliger. 1920. S. 93.

[23] Hirsch, H.: Die Entstehung der Grenze zwischen Niederösterreich und Mähren, im DALVF. I. 1937. S. 856—866.

Grenz- und Sichtweg ging, gegen das Kamptal zu verlaufen war [24]. Mit dieser Grenze des Deutschen Reiches am Ende des 10. Jahrhunderts fiel auch die Nordgrenze des Bistums Passau und seines Besitzes zusammen. Die Grenze an der Thaya war aber bereits eine reine Binnengrenze, denn das Ende des weiteren Reichsgebietes rückte an den Ostrand des böhmisch-mährischen Raumes. Mähren, das seit dem Ende des 12. Jahrhunderts den Titel Markgrafschaft [25] führte, war nie eine Mark im üblichen Sinne, wie ihn die deutsche Verfassungsgeschichte kennt. Die Reichsgrenze nördlich der Thaya bildete ein Vasallenstaat, der in das Gefüge des Reiches hineinwuchs und Reichsterritorium wurde. Eigengeschichtliche Entwicklung, Verfassung- und Erbrecht ließen aber trotzdem den böhmisch-mährischen Länderkomplex eine Sonderstellung innerhalb des regnum Teutonicum bewahren [26]. Aus dieser Perspektive aber ergibt sich auch die Eigenart der drei böhmischen Marken Heinrichs III., die wir lediglich noch als militärische Etappen- und Aufmarschstellungen ansehen können, dazu bestimmt, um in der besonderen politischen Lage jener Zeit diesen rührigen Vasallenstaat in Schach und bei der Stange zu halten. Das wird am klarsten in der marcha Champie, deren Kern eine Reichsburg inmitten agilolfingischen Herzogs- und karolingischen Königsguts bildet, das siedlungsgeschichtlich durch eine größere Zahl von ing-Orten gekennzeichnet ist, in denen wir die älteste Schicht bayerischer Siedlungen erkennen. Ähnlich steht es mit der marca Nabburg. Dieser besondere Typ scheint keine Neuerscheinung der deutschen Verfassungsgeschichte gewesen zu sein. Er findet sich auch an der Westgrenze des Reiches, wo er vornehmlich im Rahmen der kaiserlichen Grenzsicherungspolitik auftritt, wie H. Franz-Reinhold an den Marken Valenciennes, Eename und Antwerpen gezeigt hat [27]. Vielleicht war schon in der Zeit Karls d. Gr. dem Hessengau eine ähnliche Aufgabe zugedacht, der das untere Diemelland umfaßte, wo vermutlich eine fränkische Mark gegen die Sachsen gebildet wurde [28]. Übrigens hatte schon das Merowingerreich gegen das Vordringen der Sachsen östliche Grenzkastelle errichtet, so die Büraburg an der Eder südlich Fritzlar [29] oder die Alteburg bei Werden an der Ruhr [30].

---

[24] Lechner, K.: Studien zur Besitz- und Kirchengeschichte der Karolingischen und Ottonischen Mark an der Donau, in den MÖIG. 52, 1938, S. 195—215.

[25] Seit der Erhebung Namurs zur Markgrafschaft 1188 wird dieser Titel gewählt, um eine Erhebung in den Reichsfürstenstand anzuzeigen. Ficker, J.: Reichsfürstenstand I. 1863. §§ 148, 72 und 80.

[26] Pirchan, Gg.: Böhmen und das Reich, Sammlung gemeinnütziger Vorträge. Nr. 621. 1931. S. 7. — Kliment, J.: Das Verhältnis Böhmens und Mährens zum Reich in der Geschichte, in der Europ. Revue 17, 1941, S. 437 ff.

[27] Franz-Reinhold, Hildegard: Die Marken Valenciennes, Eename und Antwerpen im Rahmen der kaiserlichen Grenzsicherungspolitik an der Schelde im 10. und 11. Jhdt., in den Rhein. Vierteljahrsbl. 10, 1940, 229—276.

[28] Stengel, E. E.: Politische Wellenbewegungen im hessisch-westfälischen Grenzgebiet, in den Mitt. d. Ver. f. hess. Gesch., 1927, S. 5 ff.

[29] Zeiß, H.: Die geschichtliche Bedeutung der frühmittelalterlichen Archäologie, im Histor. Jahrb. 51, 1931, S. 300.

[30] Schuchardt, C.: Die Burg im Wandel der Weltgeschichte, 1931, S. 181.

III.

In den Rahmen der allgemeinen politischen und verfassungsgeschichtlichen Erörterung haben wir nun das detaillierte Bild der einzelnen vier Marken einzufügen, die wir als Neuschöpfungen Kaiser Heinrichs III. ansprechen. Vorausgeschickt sei noch ein Wort über das Auftreten des Begriffes marchia (marcha, marca) in den Quellen, da unsere vier Gebiete diese erst seit dem Beginn des 11. Jahrhunderts häufigere Bezeichnung tragen. Schlesinger [31] führt als Beweis dafür, daß im mitteldeutschen Osten kein Unterschied zwischen Mark und Grafschaft gemacht wurde, die von ihm beobachtete Tatsache an, daß der Ausdruck march(i)a im 10. Jahrhundert nur ein einziges Mal in der Stiftungsurkunde für das Bistum Brandenburg verwendet ist [32]. Erst seit Heinrich II. begegnet dieser terminus häufiger in Diplomen, für die Mark Meißen (marchia Misnensis) überhaupt erst 1046 [33]. Die übliche Bezeichnung war früher comitatus des Markgrafen, der anfänglich auch nur den Titel comes führte; erst mit dem Häufigerwerden des Titels marchio scheint sich ein Unterschied zwischen comes und marchio herausgebildet zu haben, der aber nicht für die Gewaltbezirke gilt. Für die Ostmark hat Hasenöhrl die urkundlichen Belege für comitatus, marchia und pagus zusammengestellt [34]. K. Lechner [35] zieht aus diesem Material die folgenden Schlüsse: 1. Orte, die „in comitatu marchionis“ liegen und sich auf Österreich beziehen, liegen sicher auch in der Mark und nicht in der Grafschaft eines anderen Grafen; 2. Orte „in marchia“ können in der Grafschaft des Markgrafen oder in einer anderen Grafschaft liegen; 3. demnach unterscheiden sich marchia und comitatus; comitatus ist der kleinere, innerhalb der Mark liegende Bezirk, marchia ist der größere, zu dessen Festlegung in erster Linie das Marchfutter heranzuziehen wäre und zu dem auch selbständige, später reichsunmittelbare Herrschaftsgebiete (Grafschaften) gehören; 4. trotz reicher Belege gibt es große Gebiete im späteren Herzogtum nach dem Privilegium minus, die sich wieder als außerhalb der Mark liegend erweisen, so daß Mark und Herzogtum sich nicht decken und territorial und rechtlich auseinanderfallen. In älterer Zeit hatte der Ausdruck Osterrich(i) allein oder zusammen mit regio oder pagus zur Bezeichnung des Grafschafts- oder Markbezirkes des Babenbergers gedient. Seit der zweiten Hälfte des 11. Jahrhunderts kommt daneben die Benennung „in comitatu N. Osterrich dicto“ und „in marchia Osterriche“ auf sowie eine Zusammensetzung mit dem Adjektiv „Orientalis“ [36]; offenbar meint orientalis provincia oder regnum orientale einen größeren Bezirk, in dem die Mark nur einen Teil darstellt

---

31 Landesherrschaft S. 243/4.

32 MG. DD O I nr. 105.

33 DD Hei III. nr. 156. — in marchia Misnensi, quam habet Otto marchio. Cod. dipl. Sax. I. 1, nr. 125.

34 Hasenöhrl: Deutschlands südöstliche Marken im 10., 11. und 12. Jahrhundert, im Arch. f. österr. Gesch. 82, 1895, S. 419.

35 Jb. f. Ldke. von NÖ., NF. 20, 1926, S. 43 ff.

36 1014 „in orientali regno in comitatu H. marchionis“; 1021 „in provincia scilicet orientali iuxta Danubium et in marchia A. comitis; 1025 „in orientali provincia . . . in comitatu vero A. marchionis.“ MR 419, 5/3, 5/5; MG. DD Hei II nr. 317, 459; DD Ko. II. 47.

und den wir als Vorläufer (marchia cum omni iure) des Dukats ansprechen dürfen. Wir fragen uns naturgemäß, ob mit dem Auftreten des Begriffes marchia auch irgendwelche verfassungsrechtliche Neuerung verbunden war, ähnlich wie mit der allmählichen Differenzierung der Titel comes und marchio. In der Literatur habe ich noch keine Antwort auf diese Frage gefunden, es will mir scheinen, daß mit unseren bruchstückhaften Erkenntnissen vorerst auch keine befriedigende Lösung zu finden ist. Soviel aber glaube ich feststellen zu können, daß darin im Gegensatz zur älteren Mark mit ihrer nach Osten offenen Grenze eine bestimmte räumliche Festlegung zum Ausdruck kommt, die mit der Umwandlung des Grenzlandcharakters der Mark in eine binnenstaatliche Form zusammenhängen mag. Vermutlich kündet sich darin auch der beginnende Territorialisierungsprozeß leise an, wenn auch diese organisatorische Abschließung zunächst unter Führung der Kaiser erfolgte und die Reichskanzlei vermutlich diesen Titel in der Urkundensprache und damit im Verfassungsrecht des Reiches heimisch machte.

IV.

Im Rahmen bayerischer Landesgeschichtsforschung nimmt seit der Habilitationsarbeit Michael Doeberls die Markgrafschaft auf dem Nordgau eine besondere Stellung ein [37]. Audulf (803—818), der fränkische comes und missus in Bayern, wurde seitdem als der erste Markgraf einer „böhmischen Mark auf dem baierischen Nordgau“ angesehen, nach ihm der dux Ernestus und der marchensis Engildio. Nun hatte schon G. Waitz [38] sich gegen das Bestehen einer solchen Mark gewandt, für die jeder quellenmäßige Beleg fehlt. E. Klebel [39] hat durch Untersuchung der Titel dux und marchensis in der Karolingerzeit der einzigen Beweisstelle in den Fulder Annalen ihre Beweiskraft genommen, soweit sie eine solche hatte [40]. E. v. Guttenberg [41] und zuletzt Hans Dachs [42] haben überzeugend dargetan, daß die im Kapitulare von 805 genannten nordbayerischen Königsgüter nicht Endpunkte deutschen Lebens, Grenzorte des fränkischen Reiches gegen die Slaven, sondern nur Etappenhauptorte hinter dem damaligen Aufmarsch- und Operationsgebiet gegen Böhmen waren, daß weiter vor allem für eine bayerische oder böhmische Mark ein entsprechender Siedlungsraum fehlte, da in der Agilolfingerzeit noch vor dem Einsetzen einer kirchlichen Organisation die baierische Siedlung die Vils (= Nordfilusa) aufwärts mindestens in das Amberger Becken und ebenso Naab aufwärts, wenigstens bis zur Nabburg vorgedrungen war. Bei einer Durchsicht

[37] Doeberl, M.: Die Markgrafschaft und die Markgrafen auf dem bayerischen Nordgau. Programm Ludwigsgymnasium München 1894.

[38] Waitz, G.: Über die angebliche Mark in Ostfranken, in den Forsch. z. Dtsch. Gesch. 3, 1863, 154 ff.

[39] Klebel, E.: Herzogtümer und Marken, im DA. II., 1938, S. 1—53.

[40] Annales Fuldenses, ed. Kurze, S. 125, 38.

[41] Guttenberg, E. v.: Territorienbildung am Obermain, im 79. Bericht des Hist. Ver. Bambergs 1927, S. 28 ff.

[42] Dachs, H.: Der Umfang der Kolonisatorischen Erschließung der Oberpfalz bis zum Ausgang der Agilolfingerzeit, in den VHO. 86, 1936, S. 159—178.

der älteren Ortsnamentypen ergab sich für Dachs eine Ausbreitung der Siedlung auf einer allgemeinen Linie Forchheim—Nabburg—Furth i. W., südlich der die für Landnahme und Ausbau kennzeichnenden Ortsnamen auf -ing, -heim, -hausen und -hofen in Streulage anzutreffen sind. Aber auch östlich der Naab und nördlich des Regens stehen einzelne Gruppen von Altnamen in Beziehung zu den Böhmerwaldübergängen, indem wir in ihnen frühe Grenzsicherungen an alten Straßen erblicken dürfen. Durch sprachgeschichtliche Bemerkungen zu den Ortsnamen Perschen (Sitz der alten Mutterkirche von Nabburg) und Pfreimd, die auf slavische Wortformen zurückgehen, hat J. Schnetz [43] diese Feststellungen noch erweitert; spätestens 750 müssen demnach in Perschen baierische Siedler gesessen sein und noch früher, im 7. Jahrhundert, in Pfreimd. Auch Eger bildete eine Siedlungsinsel [44]. Kaaden, Pilsen, Tabor bezeichnen die Grenze des alten Siedlungsraums auf böhmischer Seite [45]. Der etwa 100 km breite, dazwischenliegende Waldgürtel bietet keinen Raum für eine Mark. Wenn also eine solche hier war, dann muß sie ganz Bayern gewesen sein; die Mark lag demnach im Altland und ist mit dem Herzogtum über das Stammesgebiet gleichzusetzen. Eine böhmische Mark auf dem bayerischen Nordgau in der Karolingerzeit gab es jedenfalls nicht [46].

Gegen den Ansatz der beiden oberpfälzischen Marken in der Zeit Kaiser Heinrichs III. erhebt sich aber noch eine weitere Schwierigkeit, die beseitigt werden muß, bevor wir mit gutem Recht den Sohn Konrads II. als Organisator der marchiae Cham und Nabburg ansprechen dürfen. In der zweiten Hälfte des 10. Jahrhunderts führt Berthold von Schweinfurt, der Vater des von Kaiser Heinrich II. 1003 geächteten Heinrich, vor allem in erzählenden Quellen den Titel marchio oder marchiocomes, während in den Urkunden die Bezeichnung comes überwiegt [47]. Es gilt zu klären, ob diesem marchio-Titel eine tatsächliche Markgrafschaft zugrundeliegt, die dann auf dem Nordgau gelegen wäre, oder ob damit nur die gehobene Stellung ausgedrückt werden sollte, die vor allem auf einer Vereinigung mehrerer Grafschaften in einer Hand beruhte. Offenbar wollte Otto I. den widerspenstigen Luitpoldingern in den Schweinfurter Grafen ein Gegengewicht entgegenstellen, da er die nördlichen Grafschaften Ostfrankens und auf dem Nordgau in eine Hand zusammenlegte. Heinrich, ein Verwandter König Heinrichs I., jedenfalls Vater Bertholds, hatte schon die ostfränkischen Grafschaften im Volkfeld und Radenzgau inne; Graf Berthold erhielt vom König nach 939 nun noch

[43] Korrespondenzblatt des Gesamtvereins der deutschen Geschichts- und Altertumsvereine. 82. Jhg. 1934, Sp. 229.

[44] Dinklage, K.: Studien zur Frühgeschichte des deutschen Südostens. Sonderdruck aus den Südost-Forschungen (ohne Jahresangabe).

[45] Schwarz, E.: Die Ortsnamen der Sudetenländer als Geschichtsquelle, 1931, S. 263 ff.; vgl. Fischer, R.: Zur Namenkunde des Egerlandes, Reichenberg-Leipzig 1940.

[46] Klebel, E.: Die Grafen von Sulzbach als Hauptvögte des Bistums Bamberg, in den MÖIG. 41, S. 125. — Ders.: Diplomatische Beiträge zur bayerischen Gerichtsverfassung, in der Archival. Zeitschr. 44, 1936, S. 186 bis 232. — Ders.: Herzogtümer und Marken, im DA. II., 1938, bes. S. 46 ff.

[47] Guttenberg, E. v.: Territorienbildung, S. 58 ff. — Ders.: Die politischen Mächte des Mittelalters, in die Bayerische Ostmark, 1940. S. 227 ff.

die Nordgaugrafschaften übertragen und gewann damit eine bedeutsame Machtstellung, die er an der Seite des Königs gegen dessen Feinde ausnützte. 945 ist Berthold als Graf im Nordgau für den König tätig [48], 973 finden wir ihn im Besitze der Grafschaft im Volkfeld, 960 der Grafschaft im Radenzgau [49], dazu kam jedenfalls noch die praefectura in der Königsburg Babenberg. Der Besitz des Geschlechts erstreckte sich weit über den Bereich seiner Grafschaften hinaus, sein Umfang wird zum Teil in der Erbmasse der Erbtöchter des letzten Schweinfurters Otto, sichtbar, mit dem das Geschlecht 1057 im Mannesstamm ausstarb [50]. Den Titel marchiocomes, mit dem Berthold begegnet, führt nun E. v. Guttenberg [51] darauf zurück, daß ihm auch „das allmählich deutlicher hervortretende Markengebiet entlang des nördlichen Böhmerwaldes unterstanden habe, ohne daß auch jetzt etwa die Markenorganisation den gesamten Nordgau umfaßte". Diese vorsichtig-unbestimmte Formulierung lege ich dahin aus, daß E. v. Guttenberg die Entstehung der Marken Cham und Nabburg offenbar in diese Zeit rücken möchte, was mir eine Anmerkungsnotiz [52] zu bestätigen scheint. Als geeignete Zeitansätze ergäben sich etwa die Unternehmung Ottos I. gegen Böhmen 950, wo er die deutsche Oberhoheit neu begründete, oder die Auseinandersetzung Ottos II. mit Heinrich dem Zänker, der 973 das Königsgut Bamberg erhalten hatte. Graf Berthold soll die Verschwörung des Herzogs mit den Herrschern von Böhmen und Polen rechtzeitig aufgedeckt und vermutlich auch an der Eroberung Regensburgs mitgewirkt haben, wo er seitdem einen Hof besaß. Doch sind das nur Vermutungen, für die wir in den Quellen keinen Anhaltspunkt haben. Eine Erklärungsmöglichkeit scheint sich eher aus der Übertragung der baierischen Ostmark an Bertholds Bruder Luitpold herleiten zu lassen, der dazu auch noch die südöstliche Hälfte des Donaugaues erhielt, während der nordwestliche Teil von der Kleinen Laber bis zum Regen an Graf Pabo, den Ahnherrn der Burggrafen von Regensburg, kam. Wenn wir ins Auge fassen, daß nach 1057 die Schwiegersöhne des letzten Schweinfurters, Heinrich von Hildrizhausen und Hermann von Kastl-Banz, den Markgrafentitel mit den Gütern erbten, so ließe sich der Ausweg erwägen, die literarischen Quellen hätten die Bezeichnung marchiocomes vom Bruder Luitpold, der tatsächlich marchio war, auf den Bruder Berthold übertragen. Doch halte ich diese Lösung auch für ungenügend und schlage vielmehr die Erklärung vor, daß die Anhäufung mehrerer Grafschaften in einer Hand die Wahl eines Titels nahelegte, der diese gehobene Stellung auch zum Ausdruck brachte. Hundert Jahre früher hatte marchio oder marchensis den fränkischen Statthalter im baierischen Stammesgebiet bezeichnet, dem eine Vielheit von Grafschaften vor allem militärisch unterstand. Außerdem hat uns Schlesinger gezeigt, daß der Differenzierung zwischen marchio und comes wohl eine Erhöhung der Machtstellung des marchio zugrundeliegt. Wenn wir weiter sehen, in wieviele Teilgrafschaften der Gewaltbezirk Heinrichs von

[48] Heidingsfelder: Regesten der Bischöfe von Eichstätt, nr. 120.
[49] MG. DD O. II. nr. 53 und O. I. nr. 217.
[50] Vgl. Bosl: Das Nordgaukloster Kastl, in den VHO. 89, 1939, S. 32 bis 56.
[51] Guttenberg, E. v. in die Bayerische Ostmark S. 227.
[52] Ebenda S. 485, Anm. 246.

Schweinfurt nach der Empörung von 1003 auseinanderfiel, wäre es gar nicht ausgeschlossen, verfassungsrechtlich den Schweinfurtern unter dem Einfluß der politischen Verhältnisse eine ähnliche Stellung zuzuschreiben, wie sie der marchio der baierischen Ostmark seit 976 innehatte, ohne zur Annahme einer Markgrafschaft auf dem bayerischen Nordgau gezwungen zu sein, für die quellenmäßig nicht einmal der Schatten eines Beweises vorhanden ist. Daß sich der marchio-Titel von dem tatsächlichen Inhaber einer gehobenen Stellung auf seine Nachkommen vererbte, auch wenn die Voraussetzungen dazu nicht mehr vorhanden waren, ist meines Erachtens Ausfluß der beginnenden Vererblichkeit von Ämtern und Rechten. Der marchio-Titel der Schweinfurter ist also offenbar nur Ausdruck ihrer starken Machtstellung gewesen, verfassungsrechtlich vor allem der Betreuung mehrerer Grafschaften.

Die Marken Cham und Nabburg fallen demnach ihrer Entstehung nach zeitlich mit der ersten urkundlichen Nennung zusammen; sie sind ein Werk Kaiser Heinrichs III., der auch auf österreichischem Boden ähnliche Gebilde schuf, und sind ein Ergebnis seiner starken Ostpolitik, die das Ziel verfolgte, Böhmen und Ungarn beim Reich zu erhalten und sie in den gegebenen Grenzen gegen die deutschen Anrainer im Westen zu halten. In den beiden Marken hat der Kaiser zugleich das ganze Gebiet nördlich des Regens und östlich der Naab verfassungsmäßig organisiert, wie er überhaupt dem Nordgau ganz offensichtlich sein besonderes Augenmerk zuwandte. Ich konnte bereits früher darauf hinweisen [53], daß Heinrich III. gerade im Nordgau eine auffallend hohe Zahl von Königsdienstmannen (servientes regis) mit Dienst- und Eigengut begabte, neben Cham und Nabburg in der Nordwestecke des Gebietes die Reichsburg Nürnberg errichtete, sich weiter gerade hier als Wahrer und Organisator des Reichsguts in einer Ministerialenverwaltung [54] erwies, daß ich mich trotz der Dürftigkeit der Nachrichten und vielleicht sogar gerade deshalb für berechtigt halte zu vermuten, daß der Salier dem Beispiel des Vaters folgend, nach einem einheitlichen Plan vorging, dem auch die Absicht zugrundelag, das gerade im Nordgau reichbegüterte Bistum Bamberg zu Gunsten des Reichsguts zurückzudrängen und seine territoriale Ausbreitung einzudämmen. So gesehen steht die Begründung der Marken Cham und Nabburg nicht mehr allein, sondern ist Teil einer umfassenden Organisation des Nordgaues und des in ihm liegenden Königsguts, die dem höheren Zwecke dienen sollte, am Westtor Böhmens ein starkes Bollwerk aufzubauen, in dem die Machtmittel des Herrschers so ausgebaut waren, daß er sie jeder Zeit zur Unterdrückung großslavischer Reichspläne und böhmischer Selbständigkeitsgelüste einsetzen konnte. Egerland, Vogtland und das Waldgebiet am Nordhang des Erzgebirges waren

[53] Bosl, K.: Die Reichsministerialität als Träger staufischer Staatspolitik in Ostfranken und auf dem Nordgau, im Jahresbericht des Histor. Ver. f. Mittelfranken 1940. — Ders.: Die Reichsministerialität der Salier und Staufer. Ein Beitrag zur Geschichte des deutschen Volkes, Staates und Reiches. — Ders.: Nürnberg als Stützpunkt der staufischen Staatspolitik, in den Mitteil. des Ver. f. Gesch. d. Stadt Nürnberg 1944.

[54] Schreibmüller, H.: Otnand, der erste große Reichsministeriale in Franken, in der Fränkischen Heimat, 2. Heft, 1940.

noch zu dünn besiedelt, als daß sie eine geeignete Basis für derartige Unternehmen abgeben konnten.

K. Schünemann hat eindrucksvoll gezeigt, daß die sehr zahlreichen Kriegszüge der deutschen Könige nach dem slavischen Osten vielfach an der Länge der Nachschubwege und der Unmöglichkeit ihrer Sicherung scheiterten [55]. Ein Weg nach Böhmen, den neun deutsche Böhmenfeldzüge benützten, führte allerdings entlang der Freiberger Mulde durch den Kulmer Paß nach Brüx hinunter. Der andere Weg von Regensburg Regen aufwärts bis Cham und durch den Paß von Furth und Taus nach Pilsen, der auch mindestens neunmal von deutschen Heeren befahren wurde, hatte den Vorteil, daß unmittelbar vor dem Landestor altbesiedeltes Land lag. Die Notwendigkeit der Zusammenfassung aller deutschen Kräfte vor dem böhmischen Landestor von Taus ergab sich schon deshalb als zwingende Notwendigkeit, weil die Böhmen, an sich schon durch den meilenweiten, verkehrsfeindlichen Grenzwald geschützt, die wenigen Landestore durch künstliche Wehranlagen und ein auch in Polen und Ungarn angewandtes Grenzschutzsystem in ständigem Verteidigungszustand hielten [56], dessen Stützen eine Grenzmiliz, die Choden [57], waren. Die Choden (hoditi = patroullieren) waren slavische Wehrbauern an der Grenze, deren Organisation an die Miliz der zu erblichem Soldatendienst verpflichteten Erbhofbauern an den Reichsgrenzen in mittelbyzantinischer Zeit erinnert [58]. Auch die Araber hatten eine Militärgrenze mit Milizen und die Türken besetzten ebenfalls die Grenze mit Milizbauern. Im Gebiet der osmanischen Militärgrenze in Kleinasien entstanden selbständige Herrschaften, unseren mittelalterlichen Markgrafschaften in etwa vergleichbar. Ich kann natürlich keine Beeinflussung Böhmens durch oströmische Militäreinrichtungen behaupten oder beweisen, möchte aber trotzdem auf diese interessante Parallele verweisen. Ich tue das umsomehr, als wir im nämlichen Raum am Paß von Eisenstein die eigenartige deutsche Einrichtung der „Künischen Freibauern" antreffen, die später in 9 Gerichten unter frei gewählten Richtern und dem Richter in Seewiesen lebten. Vor 1848 waren sie robotfrei und genossen eine Reihe von Vorrechten, wohl als Entgelt für Grenzbewachungsdienste. Diese Freibauern leben vielfach in Einzelgehöften, ihr Brauchtum ist baierisch. Sicheres über die Entstehungszeit dieser Grenzbauern läßt sich nicht aussagen, W. Steinhauser weist sie sogar in die Karolingerzeit zurück [59].

---

[55] Schünemann, K.: Deutsche Kriegführung im Osten während des Mittelalters, im DA. II., 1938. S. 54—84.

[56] Beer, K.: Zur Wehr- und Gerichtsorganisation böhmischer Grenzgebiete im Mittelalter, in den MÖIG. 52, 1938, S. 243 ff.

[57] Pangerl: Die Choden von Taus, in den Mitt. d. Ver. f. Gesch. der Deutschen in Böhmen 13, 144 ff. und 215 ff.

[58] Stadtmüller, Gg.: Landesverteidigung und Siedlungspolitik im oströmischen Reich, im Bulletin de l'Institut archeologique bulgare 9, 1935, S. 392—399. — Ders.: Oströmische Bauern- und Wehrpolitik, in den Neuen Jahrb. f. dtsch. Wissenschaft 13, 1937, S. 421—438.

[59] Hirsch, H.: Zur Entwicklung der böhmisch-österreichisch-deutschen Grenze, im Jahrbuch d. Ver. f. Gesch. d. Deutschen in Böhmen. 1926, S. 20. — Blau, J.: Geschichte der künischen Freibauern. Ein Beitrag zur heimischen Rechts-, Wirtschafts-,

Mit diesem Hinweis muß ich diese interessante Frage allerdings bewenden lassen [59a].

Die erste Spur der böhmischen Grenzmiliz begegnet 1004, als Boleslav Chrobry Herr von Böhmen war. Beim Einmarsch in den Kulmer Paß wehrten Bogenschützen dem Deutschen Kaiser den Durchgang [60]. Die Stellung dieser Grenzmilizen war im rückwärtigen Gebiet durch die Burgen Staatz und Brüx gedeckt. 1040 und 1041 fand Kaiser Heinrich III. das Landestor von Taus durch eine starke Festungsanlage im Bergwald gesperrt und durch Bogenschützen besetzt. Als der Durchmarsch 1040 nicht gelang, war der ganze Feldzug gescheitert, obwohl die Sachsen den Kulmer Paß forciert hatten [61]. Erst 1041 hatte der König Erfolg, indem er vermutlich durch einen Frontalangriff seiner Hauptmacht die Verteidiger auf sich zog, während Stroßtrupps die Sperre umgingen und durch Umfassung von hinten den Gegner überraschten [62]. Die Choden unterstanden hier der Militär- und Kommandogewalt des Burggrafen von Taus. Die Reichsburg Cham, wo der Markgraf gebot, war offensichtlich als Gegenbollwerk auf deutscher Seite im 11. Jahrhundert gedacht, ebenso wie die Reichsburg Nabburg gegen die Choden von Pfraumberg, die später in die Gerichte Neustadtl und Weißensulz eingeteilt sind [63], und die von Tachau (1126 munitio, castrum 1131) an der „Goldenen Straße" von Prag nach Nürnberg [64], die später durch eine ritterliche Wehr verstärkt waren [65].

V.

Die Mark Cham, deren Einrichtung durch Heinrich III. durch Ausschließung anderer Entstehungszeiten, vor allem einer allgemeinen Markgrafschaft auf dem Nordgau, und durch den Nachweis der entsprechenden politischen und militärischen Umstände gesichert sein dürfte, ist zum ersten Mal urkundlich erwähnt 1055 in der Schenkungsurkunde Heinrichs III. für Hemmo [66], der die Dörfer Touerihc [67] und Schlammering (Ldkr. Cham) zu Eigen erhält, die gelegen sind „in marcha Champie". Diese Mark Cham darf wohl in Zusammenhang gebracht werden mit

---

Familien- und Besiedlungsgeschichte. Pilsen 1932 ff. — Schardt, O. Fr.: Die künischen Freibauern im Böhmerwald, in das Bayerland 39, 1941, S. 70—77. — Franz, G.: Deutsche Freibauern im Böhmerwald, in Odal 70, 1938, S. 755—759.

[59a] Über die Entwicklung der Gemeinfreiheit aus dem Wehrbauerntum hat jüngst ganz neue Gedanken geäußert Mayer, Th.: Königtum und Gemeinfreiheit im frühen Mittelalter, im DA. VI. 1943, S. 329—362.

[60] Thietmar VI., 10, S. 286 ff. und VI., 11. (Ausgabe von R. Holtzmann 1935).

[61] Annal. Altah. (Oktavausgabe von 1891). S. 23, Hermann v. Reichenau. MG. SS. 5, 123. Cosmas Pragensis (Oktavausgabe von 1923), S. 95.

[62] Annal. Altah., S. 26.

[63] Pangerl-Loserth: Die Choden von Pfraumberg, in den MVGDB. 20, 105 ff.

[64] Dollacker: Die Altstraßen der Oberpfalz, in den VHO. 85, 1935, S. 248.

[65] Beer: Aus der Geschichte des ehemaligen Tachauer Kreises, in den MVGDB. 63, 10 ff.

[66] MG. DD. Hei III. nr. 363, S. 495.

[67] Unbestimmbar. Vielleicht gleichzusetzen mit dem Ort Doeverc im ältesten bayer. Urbar MB. 36 a, S. 109 ff.), der zum zweifellosen Urbaramt Radling gehörte und zu Anfang des 14. Jhdts. (MB. 36 b, S. 336/7) in die beiden Marchfutterorte Michel- und Lützeldoefrikh aufgeteilt erscheint. In Döfering sitzen auch diepoldingische Markministerialen.

dem pagus Campriche, in dem 1050 die drei Königshufen in Weißenregen und die Mühle am gegenüberliegenden Regenufer (Weißen Regen) lagen, die zum comitatus Sizonis comitis gehörten [68]. Der Königsdienstmann Azelin erhält dieses Lehengut (Dienstlehen!) für seine treuen Dienste zu Eigen übertragen. Das Chudratispach des Diploms, in dem man den Kaitersbach vermutete, ist erst im Kloster Niederalteich, das später Weißenregen besaß, nachgetragen worden. Beachtenswert ist die Bezeichnung Campriche, die uns auf einen geschlossenen Königsgutkomplex hinweist, wie wir ihn tatsächlich um die Reichsburg Cham haben [69]. Dieses Königsgut, dessen Umfang wir m. E. noch aus den Marchfutterorten des bayerischen Urbars vom Anfang des 14. Jahrhunderts erschließen können, war der eigentliche Kern der Mark Cham. Aufmerksamkeit verdient weiter der Ansatz eines Königsministerialen in diesem Gebiet, der uns im Rahmen der in den Quellen auffällig häufigen Verwendung dieser neu aufstrebenden Schicht auf dem bayerischen Nordgau ein Hinweis darauf ist, daß der Kaiser mit neuen Kräften die Organisation des Nordgaus und seines Königsguts im Interesse seiner Böhmenpolitik versuchte. Hemmo muß ein Edelfreier gewesen sein, da Azelin nur eine bzw. drei Königshufen, das übliche Ausmaß eines ministerialischen Dienstlehens, zu Eigen erhält. Doch gehen wir zunächst den quellenmäßigen Belegen noch weiter nach. Ein Diplom Kaiser Heinrichs IV. [70], dessen Handlung wohl zu 1056/7 fällt, während die Beurkundung erst 1058 stattfand, umschreibt näher die politische Zugehörigkeit von 4 Königshufen in Grasfilzing am Kambfluß und einer Mühle ebendort (vermutlich die heutige Eichmühle), die der König an Kloster Ebersberg mit allem Zubehör, darunter Jagd, Zeidelwesen (apium examina) und Rodungsrecht (runcationes) zu Eigen vergab; sie liegen in „marcha Kamba versus Boemiam, que pertinet ad ducatum Bavvaricum, quem matri nostrae concessimus". Die Lage vor dem böhmischen Landestor und die militärische Stoßrichtung dieser Mark gegen Böhmen einerseits, die Zugehörigkeit zum bayerischen Herzogtum andererseits, die seit den Agilolfingern und nicht einmal in den Tagen Bertholds und Heinrichs von Schweinfurt verfassungsrechtlich in Frage stand, werden hier klar ausgedrückt. Das Ebersberger Traditionsbuch [71] steuert noch die Bemerkung bei, daß diese vier Hufen mit Zubehör und einem „magnus ambitus silvae eruncande" = Rodungsgebiet mit Einwilligung des Markgrafen Otto (von Schweinfurt), dem damaligen Herzog von Schwaben, geschenkt worden seien. Demnach scheint das Gebiet ehedem zum Gewaltbezirk der Schweinfurter marchiones gehört zu haben, zum mindesten hatten sie hier Königsgut zu Lehen, was wieder ein Licht auf ihre große Machtstellung wirft, die ihnen die sächsischen Könige im Kampf gegen Heinrich den Zänker zugedacht hatten. Heinrich IV. übergab 1086 die Orte Grabitz (Grawat), Furth

---

[68] MG. DD. Hei III. nr. 2 8, S. 331/2.

[69] Vergleiche das Poigreich am mittleren Kamp in Österreich, vor allem aber Bezeichnungen wie das Aachener, Kröver, Bopparder, Ingelheimer Reich. — Siehe Waas, A.: Herrschaft und Staat im deutschen Frühmittelalter 1938, bes. S. 227—283.

[70] MG. DD. Hei IV. nr. 38, S. .7/48.

[71] Hundt in den Abhandl. der kgl. bayer. Ak. 3 Cl. 14 Bd. 3. Abt. 34. nr. 82 — vgl. Knonau, Meyer von: Jahrbücher 1, 47, Anm. 46.

(Vurte), Kothmaißling (Mazelin), Tichesberg (Degelberg? Teichelberg?), Grasmannsdorf (Trasanesdorf), Buchberg (bei Cham oder Hinterbuchberg) und Sichowa (abg. östl. Furth, Seuchauer Mühle oder Geigerhof), von denen bemerkt ist „sitas in marchia, quae vocatur Camba“ [72] an den Regensburger Domvogt Friedrich aus dem Hause der Grafen von Bogen [73]. Damit sind bereits die Quellenstellen erschöpft, die uns von dem Bestehen einer Mark Cham namentlich berichten. Weißenregen bei Kötzting, Furth und Döfering bei Waldmünchen ergaben sich als Grenzpunkte gegen Südosten, Osten und Norden. Offen bleibt die Begrenzung gegen Westen, wo Roding liegt, das 844 zuerst als Königshof in Erscheinung tritt [74]; dort gründete Arnulf von Kärnten eine Pfalzkapelle mit Kollegiatstift, die er 896 mit Besitzungen in Pösing dotierte [75]. Kaiser Heinrich II. schenkt 1003 an das Hochstift Freising den Forst (!) Eisenhart, die Orte Dicherling, Zenzing, Hötzing, Scharlau, Pösing, Au (= Rapperenowa) und Frieding, in denen wir Zugehörungen des Reichshofes Roding, dessen Funktion im 12. Jahrhundert die Reichsministerialenburg Wetterfeld ausfüllte, aber auch des Reichsgutes Cham erkennen können [76].

Auf Grund des vorgeführten Materials würde der Umfang der Mark etwa dem Bild entsprechen, das E. v. Guttenberg auf einer Karte der „Neubildung der Grafschaften im Nordgau um 1065“ geboten hat [77]. Mir fällt dabei vor allem das Mißverhältnis in der Ausdehnung der Marken Cham und Nabburg auf, das in dieser Form kaum bestanden haben kann. v. Guttenberg scheint von der Auffassung ausgegangen zu sein, die auch teilweise H. Dachs vertritt, daß die Mark Cham allein im Nordgau gelegen sei, der das ganze Gebiet nördlich des Regens umfaßte. Es wäre demnach mitten durch den Reichsgutsbezirk Cham die Grenzscheide der Mark gegangen. Das ist schon deshalb unwahrscheinlich, weil die Marchfutterorte der bayerischen Urbare klar dagegen beweisen, wie auch die Ermittlung der Markministerialensitze der Diepoldinger des 12. Jahrhunderts ein anderes Bild zeigt. Weder Chammünster, noch Janahof oder Altenmarkt noch Michelsdorf hätten nach solcher Annahme zur marchia gehört. Ich unterscheide — damit trete ich zugleich in die Rekonstruktion des Markumfanges ein — eine engere Kernmark um die alte Reichsburg Cham auf dem Galgenberg bei Altenstadt, deren Bereich mit Hilfe der Marchfutterorte ermittelt werden kann und mit dem Urpfarrsprengel von Chammünster zusammenfällt, und einen weiteren Markbezirk, dessen Umfang vermutlich in der Dekanatsbeschreibung von 1326 aufscheint. Die Annahme dieses größeren Umfanges hängt wesentlich davon ab, welchen Ursprungs das Marchfutter ist.

---

[72] MB. XII. 96 ff. — Für die Feststellung der Ortsnamen siehe Dachs: Kolonisatorische Erschließung S. 164. A. 26 und Muggenthaler: Die Besiedlung des Böhmerwaldes, S. 31.

[73] Trotter, C.: Die Domvögte von Regensburg und die Grafen von Bogen, in den Verh. d. Hist. Ver. f. Niederbayern 64, 1931, S. 103—112.

[74] DD Ludov. Germ. nr. 38.

[75] DD Arnulfi nr. 145, S. 220/2.

[76] DD Hei II. nr. 55 u. 56.

[77] Bayer. Ostmark, Abb. 66, S. 238.

Marchfutter, das außer in der Mark Cham auch in Mittelsteiermark und Niederösterreich auftritt, ist eine Heersteuer, die nach Waitz und Dopsch [78] und E. Klebel [79] eine nur Marken eigentümliche Rechtseinrichtung ist, die aber von einem Teil der Forschung mit ähnlichen Abgaben in anderen Rechtsgebieten, marchscheffel im sächsischen Rechtgebiet z. B., auf eine Stufe gestellt und von march = Mähre abgeleitet wird [80]. Marchfutter ist nach letzterer Ansicht ganz allgemein eine Futterabgabe für Pferde, die als fodrum oder als Teil der paravereda schon in der Karolingerzeit von den Grafen gefordert wurde. Da die Mark Cham aber um *eine* alte Reichsburg, die schon im 10. Jahrhundert genannt wird, aufgebaut ist, Marchfutter sich aber in der um die nämliche Zeit errichteten Mark Nabburg (ebenfalls im 10. Jahrhundert Reichsburg) nicht finden läßt, bleibt für eine Erklärung nur die Möglichkeit, in ihr eine ähnliche Abgabe zu sehen, wie sie als Burgkorn in einer Reihe von Orten um die Reichsveste Altenburg im Pleißenland dem Burggrafen als militärischem Kommandanten gezinst wurde. Der wittelsbachische Landesherr ist in Cham Nachfolger des Diepoldingischen Markgrafen und dieser des Königs, wenn wir das Marchfutter älter als die Mark Cham selber annehmen, wozu das Nichtvorkommen bei Nabburg doch wohl veranlaßt. Bezeichnend ist nun, daß Marchfutter nur im einem Teil der Orte unseres Gebietes gezinst wurde, vor allem kaum im Dreieck Kambfluß—Regen und im Tal des Kamb, wo auch die zu 1086 urkundlich genannten Orte Grabitz, Furth, Kothmaißling, Degelberg (?) nicht im Verzeichnis stehen, vielleicht deshalb, weil sie seit der Schenkung an den Regensburger Domvogt von dieser Abgabe befreit waren. Es erscheinen auch nur wenige Orte in dem Gebiet, das wir aus dem Bericht über die pireisa des Bischofs Baturich von Regensburg von 819 als Immunitätsgebiet der St. Emmeramer Zelle Chammünster kennen [81]. Marchfutterorte liegen in größerer Dichte südöstlich Miltach, zu beiden Seiten der alten Straße Cham—Stallwang—Straubing, wo sich eine Reihe von ing-Orten findet, nordwestlich Cham gegen Pemfling und zu beiden Seiten der Straße Cham—Waldmünchen. Um Eschlkam scheinen noch einige wenige Siedlungen auf, die diese Abgabe zu leisten haben. Ein Schluß auf das Alter des Marchfutters aus der Eigenart der Ortsnamen läßt sich nicht ziehen, da ing-Orte, die hier nicht der ersten Landnahmezeit zu entstammen brauchen, wenn sie auch zeitlich nicht viel später anzusetzen sind, mit dorf- und zell-, sogar ried-Orten in einer Reihe stehen. Die eigentlichen Urbarsgüter des Wittelsbacher Herzogs im Raum um Cham sind im (Urbars-)Amt Radling zusammenge-

---

[78] Dopsch, A.: Die landesfürstlichen Urbare von Nieder- und Oberösterreich, Wien 1904. I/1. S. CLXVI u. I/2. S. CXV.

[79] Klebel, E.: Zur Rechts- und Verfassungsgeschichte des alten Niederösterreich. Die Einsichtnahme in die Korrekturbogen danke ich Herrn Präsidenten Theodor Mayer.

[80] Schröder - v. Künßberg: Deutsche Rechtsgeschichte, 7. Auflage 1932. S. 488/9.

[81] Widemann: Die Traditionen des Hochstifts Regensburg und des Klosters St. Emmeram, in Quell. und Erört. z. Bayer. Gesch. NF. VIII. (1942) Nr. 16, S. 15. — Dinklage, K. in den VHO. 87. S. 172 ff. (Erläuterungen). Das Immunitätsgebiet trägt den Titel marca ad Champa, was aber in anderem Sinne als unsere marcha zu verstehen ist.

faßt [82]; die Güter des Herzogs liegen meist in Orten, die nicht im vorhergehenden Verzeichnis des ältesten Urbars begegnen, in dem wir auch ohne ausdrückliche Nennung den Block der Marchfutterorte erkennen. Ich gestehe, daß es mir bei diesem Sachverhalt unmöglich erscheint, eine Abgrenzung der Mark auf den Marchfutterorten aufzubauen.

Nachdem nun E. Klebel [83] für die böhmische Mark und die Neumark in Niederösterreich, die auch er als Neugründungen Kaiser Heinrichs III. ansieht, Marchfutter nicht nachzuweisen vermag und sich zur Annahme gedrängt sieht, daß hier die Abgabe nicht mehr eingeführt worden zu sein scheint, sie demnach älter sein muß, so bleiben nur zwei Auswege. Entweder es ist die Mark Cham keine Neugründung des zweiten Saliers, wogegen die urkundlichen Zeugnisse und der historische Ablauf der Ereignisse sprechen, oder aber das Marchfutter ist hier älter als die Mark. Letzteres scheint mir der Fall zu sein schon aus dem Grunde, weil um 1050 bereits Reichsministerialen im Champriche auftauchen, worin sich eine bedeutsame Änderung der Wehrorganisation unseres Gebietes ankündigt, der Übergang zum engmaschigen Netz größerer und kleinerer Ministerialenburgen meist in den älteren Dörfern um die große, zentrale, alte Reichsburg, den Amtssitz des Markgrafen. Wenn Klebel die Entstehung des Marchfutters in die zweite Hälfte des 10. Jahrhunderts verlegt, so mag das auch für mein Gebiet gelten, wenn ich es auch nicht direkt beweisen kann. Doch paßt dazu die Nachricht Thietmars, Kaiser Otto II. habe sich 976 nach einer Niederlage bei Pilsen „in civitatem suam, quae Camma dicitur“ zurückgezogen [84]. Sehr wahrscheinlich aber ist die Einführung des Marchfutters im strategisch außerordentlich bedeutsamen Königsgutsbezirk des Cham*priche* vor dem Landestor eine wehrverfassungsrechtliche Entsprechung zum böhmischen Chodenwesen, das man sich um die Jahrhundertwende entstanden denkt. Das Marchfutter ist in erster Linie Haferabgabe für Pferdefutter und stellt sich als eine Art stellvertretender Wehrpflicht der Bauern, die man in diesem älteren System für nicht kampffähig hielt, dar, gerade auch im Lichte der berühmten Aufgebotsordnung Ottos II. von 982, die feststellt, wieviele Pferde die einzelnen Großen des Reiches für den Italienzug aufzubringen haben [85]. Gerade im Raum der strategisch bedeutsamen Further Senke, die Aufmarschraum und Gefahrenzone zugleich war, ergab sich die Notwendigkeit, große Massen von Berittenen mit Futter zu versorgen und zwar nicht nur dann, wenn der König mit großem Aufgebot

---

[82] MB. 36 a. S. 111 (ältestes Urbar).

[83] Klebel, E.: Zur Rechts- und Verfassungsgeschichte des alten Niederösterreich, S. 20.

[84] Thietmar: Chronicon III./5.

[85] Jaffé, Ph.: Monumenta Bambergensia 1849. S. 471. — E. Klebel im Deutschen Arch. f. Landes- u. Volksforschung II. 1938, S. 906 ff. — E. Klebel hat gerade auf den Zusammenhang zwischen Hufenordnung und Wehrverfassung seit der Karolingerzeit hingewiesen und die Hufe als Wehreinheit im 9. Jhdt. dargestellt. Auf der Hufeneinteilung baut aber auch die um die Mitte des 10. Jhdts. eingeführte Ordnung des Reiterheeres auf, mit der auch das Marchfutter wohl aufgekommen ist. An die Stelle der Hufe trat im 11. Jhdt. das Dorf als Wehreinheit, an dessen Spitze der Ministeriale in der Burg stand. — Klebel, E.: Siedlungsgeschichte des deutschen Südostens. 1940, S. 41, 68, 102.

hier weilte, sondern auch für kleinere Unternehmungen, die jeder Zeit erforderlich werden konnten, um dieses Gebiet ständig angriffs- und abwehrbereit zu halten. Verpflichtet dazu waren alle Siedler auf dem Königsland des Champriche, da im 10. Jahrhundert außer dem davon befreiten Abteiland von St. Emmeram in diesem Gebiet kein anderer Grundherr als der König nachweisbar ist und dieser in Nachfolge des agilolfingischen Herzogs, dessen Initiative ja auch Chammünster seine Entstehung verdankt. Wer mir bisher gefolgt ist, muß auch den weiteren Schluß ziehen, daß das Marchfutter um die civitas Camma, die wir als alte Fliehburg an einem alten Völkerweg noch dazu ansehen dürfen, tatsächlich nicht verschieden ist von der passauischen Königssteuer des Ilzgauweistums von 1256 im Gebiet zwischen Ilz (Passau) und Großer Mühel (Oberösterreichisches Mühlviertel) [86], wenn auch grundsätzlich beide Sachverhalte wohl zu trennen sein mögen.

In Cham bedeutet Marchfutter ältere Wehrverfassung der Reiter, in die der Siedler auf Königsland am Ende des 10. Jahrhunderts mit der Marchfutterabgabe eingegliedert ist. In diesem Sinne ist es hier dann auch Königssteuer, die dem König von seinem Grund und Boden zu besonderem Zweck gezinst wird. Die Abgabe besteht nicht nur aus Hafer, sondern auch aus Pfennig- und Hühnerdiensten, wobei auf 1 Mut Marchfutter 1 Huhn trifft, das mit dem Futter gegeben wird. Von Interesse ist der Vergleich mit den passauischen Urbaren des 13. Jahrhunderts für die Herrschaft Gleiß (zwischen Ulmerfeld und Waidhofen a. d. Ybbs) [87] und den Bamberger Lehenbüchern für den großen Bamberger Besitz um Haag [88] in Niederösterreich. Die Pfennigdienste werden dabei als „pro fodro" bezeichnet. Wir wissen aber, daß das fodrum eine in Geld erhobene Königssteuer im langobardischen Königreich Italien war. Die Hühnerabgabe aber kann Vogtei- und Gerichtsherrschaft, Leibherrschaft oder Grundherrschaft andeuten [89]. Gerade die Zusammenfassung dieser drei Abgaben in der Hand des Herzogs im 13. Jahrhundert scheint mir zu beweisen, daß die alten Siedler auf dem Königsland aus der Hand des Königs, der ihr einziger Grund-, Gerichts-, Leib- und Kriegsherr war, in die Hand des Markgrafen lehenweise übergingen, wir es also von Anfang an mit ungeteilter Herrschaft zu tun haben. Wenn wir in einer Reihe von Ortschaften nun kein Marchfutter antreffen, so scheinen uns nur die Nachrichten über Befreiungen dafür zu fehlen; der Herzog hat offenbar von seinen grundherrschaftlichen Gütern, wie auch in Österreich festzustellen ist, diese Abgabe nicht erhoben. Sicher hängt ihr Verschwinden aber mit der Bildung kleiner dienstmännischer Burgen und Herrschaften im Bereich des alten Champriche zusammen, der sich ja

---

86 MB. 28. 2., S. 510. — Wohlhaupter, E.: Zum Problem der Königsteuer, in den ostbaierischen Grenzmarken 1930. Heft 3, S. 60. — Vgl. Minnigerode, v.: Königszins, Königsgericht, Königsgastung im altsächsischen Freidingrecht. 1928, bes. S. 21 und 36.

87 Urbare d. Hochstifts Passau, hsg. von A. Maidhoff I. 1933, S. 575 bis 580.

88 Siehe Klebel, E.: Zur Rechtsgeschichte. S. 100. Anm. 27—30.

89 Mayer-Edenhauser, Theodor: Untersuchungen über Anerbenrecht und Güterschluß in Kurhessen, in Quellen und Forschungen aus d. Gebiet der Geschichte. Bd. 17. Prag 1942. S. 68/9.

unter der Führung der Diepoldinger weiter über seine Grenzen hinaus mit einem engen Netz von Ministerialenburgen überzieht, die überwiegend in Orten ohne Marchfutter erscheinen [90]. Das vereinzelte Auftreten des Marchfutters um die Reichsburg Cham (im Gegensatz zu Nabburg!) ist demnach als letzter Überrest einer frühen, vormärklichen militärischen Organisation des Königsgutes und seiner Siedler im Champriche an strategisch und politisch hochwichtiger Stelle zu besonderem Zweck zu betrachten. Die Marchfutterorte geben uns, soweit das bei der Durchlöcherung dieses anfänglich sicher einheitlichen Systems noch möglich ist, den Umfang des Königsgutsbezirks und seine Grenzen am Ende des 10. Jahrhunderts, aber nicht den Bereich der salischen Mark an, die sich viel größer erweisen wird, was uns die Ausbreitung der diepoldingischen Dienstmannensitze, des diepoldingischen Lehengutes und dessen Aufteilung in Ämter des wittelsbachischen Urbars zeigen wird.

Ich will mit meinen Feststellungen beileibe keine allgemein gültige Erklärung für die Entstehung und das Wesen des Marchfutters bieten und gehe mit dem Versuche Klebels wohl einig, von den andersgearteten Verhältnissen der baierischen Ostmark ausgehend eine andere Lösung zu suchen, wobei er nur gelegentlich mein Untersuchungsgebiet streift. Wenn ich aber eine allgemeine Mark auf dem Nordgau für unbegründet ansehe, andererseits aber in den Marken Cham, Nabburg, marchia Boemia und Neumark Neugründungen Heinrichs III. und damit späte Typen deutscher Grenzverfassung im Osten erkenne, dann bleibt mir wieder im Vergleich mit den Ergebnissen Klebels kein anderer Ausweg, Marchfutter und Mark um Cham so zu erklären, wie ich es hier vortrage. Es bietet sich dann aber das interessante Bild einer *zeitlich wohl anschließenden Abfolge verschiedener Entwicklungsformen der Wehrverfassung des nämlichen Gebietes, in dessen Mittelpunkt eine alte Reichsburg inmitten alten Königsgutes steht.* Der König aber ist in beiden Fällen der eigentliche Organisator gewesen. Zweifellos ist hier mit großen landschaftlichen Verschiedenheiten zu rechnen, die Verhältnisse auf dem bayerischen Nordgau lassen sich am ehesten noch mit der Steiermark vergleichen, wo entgegen Krones und Dopsch [91] der Umfang der Mark keinesfalls aus der Verbreitung des Marchfutters erschlossen werden kann [92]. In den Grafschaften, die der Markgraf um 1000 nördlich der Mark innehatte, findet sich im 12. Jahrhundert auffallenderweise in Leoben Marchfutter, obwohl diese Grafschaft keinesfalls Markboden ist. Im alten Markland an der Drau, das um 1000 ein Markgraf leitete, wurde nach dem landesfürstlichen Urbar von 1256 nur im Bezirk Radkersburg diese Abgabe

[90] B o s l , K.: Die Reichsministerialität als Träger staufischer Staatspolitik in Ostfranken und auf dem Nordgau. S. 65 ff. — T h r o n e r , L.: Die Diepoldinger und ihre Ministerialen. Ein Beitrag zur Geschichte hochadeliger Herrschaftsbildung im 11. und 12. Jhdt. Diss. München 1944 (Maschinenschr.).

[91] K r o n e s : Verfassung und Verwaltung der Mark und des Hzgts. Steier bis 1282, in den Forsch. z. Verf. u. Verw.-Gesch. d. Stmk. I. S. 497. — D o p s c h , A.: Die landesfürstlichen Gesamturbare der Stmk. aus dem Ma. Einl. S. CXVI.

[92] P i r c h e g g e r , H.: Der steierische Landesfürst und sein Territorium, in der Zs. des Hist. Ver. d. Steiermark 23, 1927, S. 46—53.

gereicht, nicht aber um Marburg, das sich schon durch seinen Namen als Markburg ausweist. Nach dem Urbar von 1265 wird dagegen hier in 44 Dörfern der „tech- und sweinphening“ gereicht, den Pirchegger ebenso wie den Techhafer für eine besondere Gerichtsabgabe des Draulandes hält. Es steht dahin in dieser Abgabe eine alte Königssteuer zu sehen. Indem Klebel für alle Gebiete Niederösterreichs ohne Marchfutter das Nichtvorhandensein dieser Abgabe erklärt oder wenigstens wahrscheinlich macht, wird ihm das Marchfutter so doch ein Hilfsmittel zur Bestimmung des Umfangs der alten Ostmark und weiterhin aber auch ein indirektes Zeugnis für das umfassende Wirken des Babenberger Markgrafen und die Dynamik territorialer Entwicklung in diesem Gebiet, die nun allerdings in anderem Sinne, wie Heinrich Brunner zeigte, eine Sonderstellung dieser Mark brachte.

Der Bezirk der Marchfutterorte um die Reichsburg Cham [93] ist zu eng, als daß sich daraus der Umfang der salischen Mark erschließen ließe, er entspricht im wesentlichen dem Bereich der Urpfarrei von Chammünster, dem Sitz eines von Herzog Oatilo gegründeten und St. Emmeram unterstellten Klosters, das vermutlich auch den Auftrag hatte, adversus Boemiam zu christianisieren und zu kolonisieren, und als Bindeglied zwischen dem Bischofssitz Regensburg und dem kirchlich bis 973 angegliederten Böhmen zu wirken. Der Sprengel von Urpfarreien läßt sich u. a. auch aus Präsentationsrechten des Pfarrers der Mutterkirche erschließen [94]. Der Erzdekan von Cham hatte nach der Matrikel von 1666 das Präsentationsrecht für Arnschwang, der ältesten Tochterkirche mit einem Martinspatrozinium, Blaibach, Moosbach, für Pemfling (noch 1531), Rimbach, Sattelpeilstein (1530 und 1666) und Untertraubenbach (Martinspatrozinium), was ungefähr auch dem Bereich der Marchfutterorte entspricht.

Wohl unter dem Eindruck der Erfahrungen seiner Feldzüge gegen Böhmen und letztlich aus der politischen Notwendigkeit heraus Böhmen fest an das Reich zu ketten, änderte Kaiser Heinrich III. die bisherige Wehrorganisation dieses Königsguts an der Grenze, die im wesentlichen noch auf dem Reiteraufgebot aufbaute, wobei die Gesamtheit der Siedler auf diesem geschlossenen Königsboden nur vertretungsweise mit ihrer Abgabe in dieses System eingegliedert war. Die Ministerialität hatte unterdessen sich auch für den König als geeignetes Instrument der Verwaltung des Staatslandes wie auch als entscheidendes Werkzeug königlicher Kriegsführung erwiesen. Das Dorf mit seiner Dienstmannenburg wird nun Wehreinheit dieses neuen Systems. Genau so wie in der niederösterreichischen Neumark nun eine Schenkung von 5 Königshufen zu Sarasdorf an der Leitha an den serviens Riziman sichtbar wird [95], tritt nun in Weißenregen im Champriche der Königsdienstmann Azelin auf, dessen Familie wir in markgräflichen Diensten 1122 wieder im Egerland antreffen, soweit wir uns auf das Leitfossil der Familien-

---

[93] Dinklage, K.: Cham im Frühmittelalter, in den VHO. 87, 1937, S. 162—184.

[94] Methodisch ist hier heranzuziehen Schöffel, P.: Pfarreioganisation und Siedlungsgeschichte im ma. Mainfanken, in der Zs. f. bayer. Kirchengeschichte XVII. 1942. S. 1—18.

[95] MG. DD Hei III. nr. 211. S. 280—282.

namen hier berufen dürfen [96]. Nachdem ich früher schon für den ganzen Nordgau vor allem auf der Linie Nürnberg—Amberg—Cham eine Neuorganisation des Königsguts mit Hilfe der Ministerialen durch Heinrich III. erhärten konnte, ist der Schluß naheliegend, daß er diese neue Form der Wehrorganisation gerade in der neuerrichteten Mark am Landestor einführte. Mittelpunkt des ganzen Befestigungsnetzes war die schon mehrmals erwähnte Reichsburg Cham über dem Zusammenfluß von Chamb und Regen oberhalb der Altenstadt, wo auch der alte agilolfingische Herzogs- und dann karolingische Königshof lag [97]. Dinklage, der diese Burg ausgegraben hat, weist sie auf Grund der Zangentortechnik, die hier angewandt ist, der Karolinger- oder Ottonenzeit zu.

An die Spitze dieser Mark und der sich langsam bildenden Markministerialität tritt der Markgraf, der offenbar in der ständig mit einer stattlichen Zahl von Reichsburgmannen besetzten Hauptburg der marchia seinen Sitz hat. 1050 begegnet als Graf in pago Champriche ein Sizo [98], in dessen Komitat das ehemalige Dienstgut des Azelin in Weißenregen liegt. Mitscha-Märheim [99] sieht in ihm einen Sohn des um den Chiemsee reich begüterten Grafen Siegehard, der zwischen 1025 und 1040 auch Vogt von St. Peter in Salzburg war, und seiner Frau Judith-Tuta, vermutlich einer Tochter des sehr mächtigen Grafen Udalrich von Ebersberg (gest. 1029). Siegehard [100] war also Miterbe des gerade in der Ostmark sehr begüterten Geschlechts der Grafen von Ebersberg [101]. Er hatte übrigens auch auf dem Nordgau in Hochdorf bei Nabburg vor 1040 Besitz [102]. Von Siegehards Söhnen starben alle kinderlos bis auf Engelbert, dessen Tochter Richgard mit Graf Gebhard von Diessen verheiratet gewesen sein soll. Vermutlich seine Tochter und damit Schwester Sizos war Adala, die Gemahlin des Augstgaugrafen Diepold [103], die diesem reiches Vater- und Muttererbe in die Ehe brachte. Nahe Ernstbrunn (NÖ.), das Rapoto, der Sohn Diepolds, und seine Frau Mathilde, die Tochter des Markgrafen Arnold von Wels-Lambach, schon vor 1050 besaßen, liegt der Ort Klein-Sitzendorf, in dem der Name Siegehard-Sizo steckt [104]. Rapotos Großvater und Diepolds I. Vater war vermutlich der 1006 als Traungaugraf erscheinende Rapoto II. [105], dessen gleich-

---

96 B o s l : Die Reichsministerialität, im 69. Jhrb. d. Hist. Ver. für Mfr. S. 67.

97 Ich schließe mich hier an D a c h s (HO. 86, 1936, S. 163, A. 26) gegen D i n k l a g e (VHO. 87, 1937, S. 163, A. 5) an.

98 MG. DD Hei II. nr. 248.

99 M i t s c h a - M ä r h e i m : Eine genealogisch-besitzgeschichtliche Untersuchung zur Frühgeschichte Wiens, im Mtsbl. d. V. f. Gesch. d. Stadt Wien. XIX. (54.) Jg. 1937. S. 135—140.

100 Über die Sieghardinger siehe C. T r o t t e r in der Altbayer. Monatsschrift 12, 70.

101 L e c h n e r , K.: Besiedlung und Volkstum der österreichischen Länder in N a d l e r - S r b i k : Österreich, Erbe und Sendung im deutschen Raum. 1936. S. 38. — D e r s.: Besiedlungs- und Herrschaftsgeschichte des Waldviertels. VII. 1937.

102 Quellen und Erörterungen I, 168.

103 MG. SS. XIII, 731.

104 Vgl. L e c h n e r , K.: Die Grafschaft Raabs, in der Redlich Festschrift = Jahrb. f. Ldkde. von NÖ., NF. 21. 1928, S. 109 ff.

105 MG. DD Hei II. nr. 112.

namiger Vater 977 zu Ischl im Salzkammergut auftaucht [106]. Der Übergang der Mark Cham an die Rapotonen (= Diepoldinger) erfolgte zweifellos auf dem Wege der Vererbung, insoferne wenigstens als nach dem kinderlosen Tode Sizos sein Neffe mit der Grafschaft (= Markgrafschaft) Cham belehnt wurde, die dann weiter in seiner Familie sich vererbte. Das war vielleicht auch ein Ausgleich für den Verlust der Grafschaft im Augstgau und Keltenstein, um die Rapoto 1060 vergeblich gegen die kaiserliche Regentschaft gekämpft hatte [107]. Rapoto (III.), der 1072 senior genannt ist, erscheint 1073 als comes de Cambe [108]. Daß er 1080 bei Hohenmölsen an der Grune an der Seite des Kaisers fiel, beweist die Annahme, daß er offenbar durch seine kaisertreue Haltung die Belehnung mit der Mark lohnte [109]. Wenn nun sein wahrscheinlicher Bruder Diepold (II.) 1077 in Urkunden [110] als marchio erscheint, so ist die Annahme vielleicht nicht zu gewagt, daß er mit der Mark Nabburg belehnt war, da der Name marchio de Giengen an sich keinen Sinn gibt und in der Mark Cham ja sein Bruder saß. Auch er fiel wie sein Bruder Rapoto auf Seiten Kaiser Heinrichs IV. 1078 in der Schlacht bei Melrichstadt [111]. Rapotos (III.) gleichnamiger Sohn (Rapoto IV.), der mit der Witwe des Pfalzgrafen Kuno auch dessen Amt erheiratete, war ebenfalls ein unentwegter Anhänger Heinrichs IV. bis zu seinem Tode. Auf ihn ist die Stelle bei Cosmas zu beziehen: „Nam tantae potestatis hic comes erat, quod usque Romam per continua loca proprias villas seu praedia et per castella milites sibi devotos habebat“ [112]. Von ihm ererbte sein Vetter Diepold III., der Sohn Diepolds II. und eigentliche Stammvater der Markgrafen von Vohburg die (Mark) Grafschaft Cham, von einem anderen Vetter, dem vielreichen Ulrich comes de Pactavia, der auch 1099 in Regensburg einer Seuche erlag, die Herrschaft Vohburg an der Donau. Diepold III. heißt 1118 marchio de Napurch und 1140 marchio de Chambe [113].

Beide Marken haben seit dem engen Bündnis Heinrichs IV. mit dem Böhmenherzog Wratislav vermutlich ihre besondere Bedeutung verloren und sind schnell zu erblichen Reichslehen einer Familie herabgesunken. Wir gehen wohl nicht fehl anzunehmen, daß sie zunächst bis 1099 einzeln im Besitze der beiden Linien der Rapotonen-Diepoldinger waren. Trotz der Vererbung des Marklehens in einer Familie scheint aber der rechtliche Zusammenhang des Markbodens und vor allem des alten Königsguts mit dem König nie ganz in Vergessenheit geraten zu sein. Es mag nicht nur der Dynamik staufischer Politik auf dem Nordgau zuzuschreiben sein, daß Barbarossa 1182 Güter in Janahof und Lufling, Michelsdorf, das Lehen

[106] DDO. II. nr. 165.

[107] MG. SS. III. 127 und XIII. 731. 1060 begleitete Diepold sogar den flüchtigen ungarischen Königssohn. Siehe auch D u n g e r n , O. v.: Genealogisches Handbuch z. bairisch-österreichischen Geschichte. 1. Lief. 1931. S. 54 ff.

[108] Linzer Diözesanarchiv V. 12, I. 32 (Zu MB. III. 245/6).

[109] MG. SS. VI. 380/1 — Necr. I. 126.

[110] S t u m p f : Reichskanzler 2802, 2803.

[111] MG. SS. XX. 646 — IX. 499. — Necr. I. 125, 66, 673; II. 294, 321; III. 226, 337.

[112] Vgl. E g g e r im Archiv f. öst. Gesch. 83, S. 432.

[113] MG. SS. III. 130 und S t u m p f 3473.

des Reichsministerialen Rapoto, und die Lehen seines Ministerialen Pabo (von Haidstein) in Habersdorf und Balbersdorf dem Diepoldinger Hauskloster eigens bestätigt [114]. Offenbar galten hier gleiche Rechtsverhältnisse wie um Ranshofen-Braunau, wo ja auch die Dienstmannen in einem Doppeldienstverhältnis zu König und Herzog stehen [115]. Es war auch nicht nur ein Gewaltakt vom Standpunkt deutschen Königsrechts, wenn Konrad III. beim Tode Diepolds III. das Egerland 1146 einzog, das irgendwie an die Mark Nabburg schon im 11. Jahrhundert angeschlossen gewesen zu sein scheint, wie ich der Waldschenkung an Otnand in der Mark Nabburg entnehme. Freilich hat besonderer königlicher Plan und besonderes Interesse hier alte Rechte stärker geltend gemacht, während sie anderswo vergessen waren oder infolge allzu großer Gegenwirkung von Seiten hochadeliger Inhaber nicht mehr beansprucht werden konnten. Die engeren Beziehungen des Königs zu Markgut und Markministerialität, die in Cham, Nabburg und Egerland erscheinen, lassen sich auch für die Mark Meißen vermuten, wenngleich hier noch eingehende Einzelforschung nötig ist. Die Schenkung der villa Daubniz an das Kreuzkloster bei Meißen durch einen markgräflichen Ministerialen muß durch des Königs Hand erfolgen [116]. König Philipp genehmigt dem Markgrafen Dietrich eine Güterschenkung an Kloster Altzelle; die Güter gehörten zur *Markgrafschaft* und gingen vom *Reich* zu Lehen [117]. Für Güter, die der Markgraf von Meißen tradiert, muß er ein Eigengut der Markgrafschaft einverleiben und vom König zu Lehen nehmen. Freilich genügen diese Fälle nicht, um eine sichere Behauptung über die verfassungsrechtlichen Beziehungen zwischen König und Markgut aufzustellen, doch sei hier wenigstens ein Hinweis auf diese Besonderheit gestattet, die noch im 12. und 13. Jahrhundert erscheint.

Die obenerwähnte Schutz- und Bestätigungsurkunde Barbarossas für Reichenbach [118] unterscheidet bei den Schenkungsgütern Diepolds zwischen dem eigentlichen Altargrund, dann Gütern (Altenmarkt, Pitzling und Wilmering) apud Chambe d. h. in der Nähe der Reichsburg und cetera bona, que dedit marchio in *confinio Kambe*, worunter ich die Mark Cham verstehe. Daran schließt sich die Pfarrei Wald, die nach dem Wortlaut des Urkundentextes sich sehr wohl als Gut ansprechen läßt, das aus den cetera praedia in confinio Kambe besonders hervorgehoben erscheint, umsomehr als sich daran der Präpositionalausdruck in Form einer Pertinenzformel cum ministerialibus et familia, sicut ipse possederat anschließt, der zu den vorher aufgezählten Gütern insgesamt paßt, aber nicht zu parrochia. Von Pfarrministerialen weiß ich nämlich nichts. Etwas anderes ist es mit der Ecclesia Ilswankh mit Ministerialen und Gütern, die dazu gehörten — die Beifügung ad eum locum pertinentibus fehlt bei der parrochia Wald —, da wir die Vogtei Illschwang mit ihren Ministerialen als Erbgut der Luitgard von Zähringen, der Mut-

---

114 MB. 27. nr. 41, S. 32/3, nr. 25, S. 20/1, nr. 29, S. 23/4.

115 Vgl. dazu in Zukunft meine „Reichsministerialität der Salier und Staufer", die in der Schriftenreihe der Monumenta Germaniae Historica erscheint.

116 Dobeneker: Regesta Thuringie II. 2147 (1224).

117 Dob. II. 1242.

118 MB. 27. nr. 41. S. 32.

ter Diepolds III., aus dem Besitz des Urvaters der Grafen von Sulzbach, Kastl und Habsberg kennen [119]. So gelesen läge es nahe, die parrochia in Wald als in confinio Kambe gelegen anzusehen, was meine Vermutung von dem weiteren Umfang der Mark Cham und ihr Zusammenfallen mit dem Bereich des Dekanats Cham der Matrikel von 1326 bestätigen würde. Doch brauche ich auf diesen Interpretationskünsten allein meine Behauptung nicht aufzubauen. Ich wende mich damit der Bestimmung des eigentlichen Umfangs der marchia Cambe zu [120], die ich deutlich von dem pagus Chambriche geschieden wissen möchte, in dem ich den Begüterungsbereich des alten Königshofs bei der Reichsburg Cham erblicke, dessen Wehrorganisation um die Wende vom 10. zum 11. Jahrhundert und Ausdehnung sich aus den Marchfutterorten absehen läßt, die demnach also vor der Gründung der Mark liegen. Der Gründer des Klosters Reichenbach (1135), das als Reformkloster mit freier Vogtwahl, aber Stiftervogtei gegründet wurde, und seinem Beispiel folgend 1204 Herzog Ludwig von Bayern, der Rechtsnachfolger, befreiten die Stiftung auf allen Gütern, die sie augenblicklich besaß oder noch ererben würde, von den iura marchie nostre [apud Champ] 1204, worunter wir zunächst wohl das Marchfutter zu verstehen geneigt sein werden [121]. Ist meine obige Annahme richtig, dann kann es sich dabei allerdings nur um die Güter in der Kernmark handeln, ist sie falsch, dann sind alle Besitzungen im ganzen Bereich gemeint und die Marchfutterorte würden demnach nur einen dürftigen Rest der ehemaligen Ausbreitung der Mark darstellen, die sich dann aber um die Kernlinie des Regens über Reichenbach hinaus bis gegen den Königshof Nittenau erstreckte. Das Fehlen dieser Abgabe in den Orten Roding, dem Sitz eines alten Königshofes und einer Pfalzkapelle mit Kollegiatstift, Pösing, Dicherling, Zenzing, Hötzing, Scharlau, Au wäre dann wohl aus der Schenkung an Kirchen, Hochstift Freising und Bamberg (Alte Kapelle in Regensburg), zu erklären. Doch sehe ich keine Notwendigkeit, auf Grund dieser Befreiung des Klosters Reichenbach meine Behauptung für unbegründet zu halten. Im ältesten bayerischen Urbar sind die Marchfutterorte unter dem ampte ze Chambe und in dem von 1280 als zum Gericht zu Cham gehörig verzeichnet und heben sich in ihrer Geschlossenheit als Rest einer ganz alten Gebietseinteilung heraus, die durch die wittelsbachische Ämterorganisation längst überholt ist; verschiedene Orte erscheinen nochmals im Urbar- und Gültregister des Gerichts Eschelkam.

So bleibt mir die Aufgabe, den Umfang der *salischen* Mark Cham zu ermitteln. Zwei Feststellungen sind dabei vor allem behilflich: a) die Ausdehnung markgräflich-diepoldingischer Dienstmannensitze und in Verbindung damit das Auftreten königlich-markgräflicher Doppelministerialen und b) der Umfang des Dekanats Cham nach der Matrikel von 1326. Beide Dinge sind bisher nicht beachtet worden. Bedeutendste Grenzorte des Dekanats von 1326 sind Waldmünchen, Eschl-

---

[119] Bosl: Das Nordgaukloster Kastl, in den VHO 89. 1939, S. 1 ff.

[120] Spindler, M.: Die Anfänge des bayerischen Landesfürstentums. 1937, S. 19. — Vgl. Strnadt: Innviertel und Mondseeland. 666 ff. und Joh. Brunner 182 ff.

[121] MB. 27 nr. 10, S. 11 und nr. 65, S. 47.

kam, Neukirchen hlg. Blut, Rimbach, Moosbach, Sattelpeilnstein, Martinsneukirchen, Wald, Nittenau, Bruck, Penting, Döfering [122]. Ich bin mir wohl bewußt, daß die Gleichsetzung von politischen mit kirchlichen Grenzen gewissen Bedenken unterliegt, besonders wenn es sich um so späte kirchliche Organisation handelt. Doch kommt mir hier meine erste Beobachtung zu Hilfe, ich kann den Raum mit nachweisbaren Dienstmannensitzen der Diepoldinger auffüllen. Freilich ließe sich dagegen einwenden, daß ich hier zwischen Markministerialen und Eigendienstmannen zu scheiden hätte. Ein guter Zufall aber gibt mir die Möglichkeit, Doppelministerialen gerade im Westen des Gebietes festzustellen, deren Existenz jeder bündig erklären muß, der sich meiner Beweisführung nicht anschließen kann. Das dichte Netz von Dienstmannenburgen, das sich über die ganze Mark zieht, ist zugleich ein Beweis für die mit der Markgründung einsetzende und von den Rapotonen-Diepoldingern planmäßig durchgeführte Neuorganisation der Wehrverfassung dieses Grenzgebietes, dessen Träger nun nicht mehr das Reiteraufgebot mit dem Marchfutter der Gemeinschaft von Königsbauern, sondern die ständisch differenzierte und militärisch besonders geschulte Markministerialität ist, die dem militärischen Kommando des Markgrafen untersteht und langsam auch in dessen Territorialisierungstendenzen hineinwächst, ohne aber wenigstens im 12. Jahrhundert den Zusammenhang mit dem Königtum ganz zu verlieren. Die Arbeit von L. Throner berücksichtigt besonders diesen Problemkreis. Dabei hat sich ergeben, daß Dienstmannensitze noch in Wetterfeld, Pfaffengschwandt, Kalsing, Regenpeilstein, Zenzing (?), Rebershöh (?), Heimhof, Hochgrat, Hofstetten, Reichenbach, Götzendorf, Wald, Wutzldorf, Maiertshof, Steinbach, Süssenbach und Danglsdorf, also im westlichen Teil des angenommenen Gebietes liegen, das die Diepoldinger mit der Übernahme der Mark erhalten haben müssen, da ein anderer Herkunftstitel sonst nicht erweisbar ist. Freilich kreuzen sich hier bereits verschiedene Besitzansprüche, so liegt die Zisterze Walderbach, eine Gründung der Burggrafen von Regensburg, rechts des Regens, und den Westen schließt das bambergische Gebiet mit dem Forst um Nittenau ab, das vermutlich zu den bambergischen Vogteilehen der Sulzbacher gehörte und wahrscheinlich auch auf die Staufer überging, obwohl es nicht im Nord-, sondern Donaugau gelegen war. Das Vorkommen anderer Besitzgruppen widerspricht nicht ihrer Zugehörigkeit zur Markgrafschaft als der staatlichen Organisation dieses Raumes, auch wenn sie gewisse Befreiungen erhalten hatten. Vergleichsweise darf ich auf die Verhältnisse in der Ostmark verweisen.

Die Mark Cham erweist sich gerade dadurch als Neukonstruktion Heinrich III., daß sie offenbar aus dem Nord- und Donaugau herausgeschnitten war und sich zu beiden Seiten des Regens bis zur Kammhöhe erstreckte, wie das aus dem Umfang des Dekanats von 1326 hervorgeht, dessen Gestalt durch die Beziehung auf dieses politische Gebilde der Salierzeit erst seine sinnvolle Erklärung findet, besonders wenn wir bedenken, daß 1280 dieses Gebiet administrativ und politisch auseinander

---

[122] Lehner: Das älteste Pfarrverzeichnis des Bistums Regensburg von 1326, im 2. Jahresber. d. Ver. z. Erforschg. d. Regensb. Diözesangeschichte 1927.

andergerissen war, Nittenau, Wetterfeld, Roding im Urbarium Baiuwariae Transdanubianáe, Cham, Miltach, Eschlkam, Waldmünchen, immer als Sitze von Ämtern, im Urbarium Baiuwariae Inferioris, weiter 1326 Wetterfeld mit dem forum Nittenau, Roding zusammen mit Neunburg, Nabburg, Obermurach und Oberviechtach im Viztumamt (Burg-)Lengenfeld liegen, während die Gerichte Cham, Waldmünchen, Eschlkam, Schneeberg und Pfreimd zum Viztumamt Straubing gehören. Ich meine deshalb, daß sich über die wittelsbachischen Ämterbildungen und Teilungen hinweg in den Grenzen der Dekanatsbeschreibung aus dem gleichen Jahr 1326 ein altes politisches Gebilde erhalten hat, die Mark der Diepoldinger um den Regen mit dem Hauptsitz Cham. Da wir für eine Sulzbachische Vogtei in Nittenau keine Belege haben, wäre es ja wohl möglich sie sich in den Händen der Markgrafen zu denken, besonders weil in den wittelsbachischen Urbaren Nittenau mit Roding auch als Bestandteil des officium Wetterfeld begegnet. Den Westen und Nordwesten dieser Mark bilden die noch heute bestehenden großen Forsten, deren „Forst"-Name noch heute daran erinnert, daß sie ehedem große königliche Bannforsten waren. Kolonen der Bamberger Klöster Prüfening und Ensdorf [123] rodeten in dem Nittenau benachbarten Forst, wo auch die Zisterze Walderbach begabt wurde. Bischof Otto von Bamberg schenkte quosdam mansos et virgulta nemori Nittenauensium contingua limitans eadem per se ipsum . . . a ponte Reichenbachensium per directum in Blößenberg et montem Chaph et inde vergentem in Durenpach, woraus hervorgeht, daß dieses Land im Ausbau begriffen war[124]. Daraus ergibt sich, daß hier die Markgrenzen im 11. Jahrhundert sicher noch fließend waren.

Eine entscheidende Beweisstütze meiner Annahme von der Einbeziehung des alten Königshofs Roding und seines Gebietes und damit der Westerstreckung der Mark Cham sehe ich in dem Doppeldienstverhältnis der Ministerialen von Wetterfeld [125]. Nicht mehr in Roding mit seinem an die Alte Kapelle in Regensburg und dann an Bamberg geschenkten Kollegiatstift St. Jakob [126] und St. Pankraz [127] finden wir im 11. und 12. Jahrhundert den Mittelpunkt dieses alten Königsgutes, sondern in Wetterfeld mit seiner Dienstmannenburg, das später auch der Mittelpunkt des wittelsbachischen Amtes wird, das die fora Roding und Nittenau umfaßt. Wetterfeld, dessen Ulrichpatrozinium auf die besitzrechtlichen Bindungen an die Diepoldinger sehr wohl hindeutet [128], ist die Burg des Gottfried von Wetterfeld, der von 1118—1160 anzutreffen ist und zu den meistbegüterten Dienst-

[123] MB. 13. 8 und 163.

[124] Archiv f. österr. Gesch. 12, S. 262 ff. — Muggenthaler, H.: Die Besiedlung des Böhmerwaldes. Ein Beitrag z. bayerischen Kolonisationsgeschichte. 1929, S. 29 ff.

[125] Bosl: 69. Jb. f. Mfr., S. 71 ff.

[126] Jakobus ist Patron von Roding, Süssenbach (bei Roding), Cham, Eschlkam und Taus.

[127] St. Pankraz ist auch der Patron von Ranshofen, das der nämliche Arnulf von Kärnten besonders bedacht hat. Die Reliquien der Heiligen Jakob (frater domini) und Pankraz waren neben dem Kaisertitel der einzige greifbare Gewinn des Romzugs Arnulfs v. Kärnten. Die Häufigkeit der Jakobspatrozinien unserer Gegend läßt vielleicht siedlungsgeschichtliche Schlüsse zu.

[128] Auch die Burgkapelle auf dem Haidstein ist Ulrich geweiht.

mannen der Rapotonen-Diepoldinger zählt [129]. Zwischen 1145 und 1150 tritt er auch als ministerialis Chunradi regis hervor [130], ohne daß dabei seine Stellung als einer der bedeutendsten diepoldingischen Dienstmannen berührt würde. Wir finden ihn wieder im Egerland als Inhaber echter Lehen und Rodungsherrn, dessen Tätigkeit der alte Ortsname Gotefridesreut (heute Göpfersgrün) verkündet. Auf ihn gehen die egerländischen Reichsdienstmannen von Falkenberg zurück. Gottfried war auch begütert in dem Güterkomplex seiner Dienstherrn in Niederösterreich, die vorab im Gebiet der salischen Neumarkt gegen Ungarn begabt worden waren. Der Ministeriale besaß auch Judenau zu Erbrecht und kaufte im Osten Sieghardskirchen (dessen Name an den Vater des Grafen Sizo erinnert), Weinberge, die er an Kloster Admont vermachte. Diese kleine Abschweifung soll nur den ganzen Umfang der Beziehungen dieser Dienstmannen zur Amtsstellung, sowie zum Lehen- und Eigengut ihrer Dienstherren kurz umreißen. Genau so wie auf Haidstein und Runding, den beiden großen Sperrforts der Chamer Bucht neben der großen Reichs- und Markgrafenburg selber, Doppelministerialen im 12. Jahrhundert erscheinen, sitzen solche auch auf Regenpeilstein, wonach sich ein Rapoto (!) nennt, den ich mit dem Reichsministerialen Rapoto de Cambe und de Wichilstorf (Michelsdorf) gleichsetze, weiter zu Geigenbach (bei Wetterfeld), wonach ein Adelbrecht benannt ist, der unter ministeriales regis König Konrads III. auftaucht, und zu Süßenbach (nw. Falkenstein) [131], das schon sehr weit südlich des Regens gegen das Gebiet der Burggrafen von Regensburg liegt. Damit ergibt sich ohne allen Zwang die Tatsache, daß Heinrich III. die beiden Königsgutsbezirke Cham und Roding mit ihrem Ausbauland nach Süden und Norden zur Mark Cham vereinigt hat, deren Kernlinie nun Kamb und Regen (von Cham ab) waren, der sich im Westen bis gegen Nittenau erstreckte, wo die Grenzen aber durch die weithin ungerodeten Forsten im Norden von Roding noch fließend waren, während sich die Südgrenze gegen die Kammhöhe des vorderen Bayerischen Waldes hin erstreckte (Wald, Süßenbach), wo sie auf Komitat und Einflußzone der Burggrafen von Regensburg stieß.

Zu unserem Markgebiet gehören demnach folgende Amtsbezirke und Urbargüter des niederbayerischen Urbars von 1280: Cham, die Vogtei (Schergenamt). Miltach [132], die große Burg Buchberg, die offenbar die Rolle der Reichsburg Cham nach der Neugründung der Stadt Cham durch Ludwig den Kelheimer übernommen hat und mit reichem Gut ausgestattet war, das im ältesten Urbar im Urbaramt Radling z. T. zusammengefaßt erscheint, die Vogtei Kötzting, das dem Kloster Rott am Inn zusammen mit der Hofmark Lam (14. Jahrhundert) eignete [133], dann

---

[129] T h r o n e r, L.: Die Diepoldinger und ihre Ministerialen.

[130] Z a h n : Steier. UB I. nr. 229, S. 239 u. nr. 295, S. 302.

[131] Belegstellen bei T h r o n e r, S. 64.

[132] Miltach, das wie Untertraubenbach und Arnschwang Martin als Kirchenpatron aufweist, war nach dem Ausweis einer Schenkungsurkunde um 1100 im Besitz der Grafen von Bogen, bei deren Aussterben es an die bayer. Herzöge überging und Sitz eines Schergenamtes wurde.

[133] MB. I. 370 — 372 — HStArchiv Mü., Gerichtsurk. Kötzting, Fasz. 21, nr. 197, 198; ebenda Kloster Rottsche Propstei Kötzting. Fasz. 21 bis 26. Die Rechte des landesherrl.

das Gericht Eschlkam nördlich des Hohenbogen, das Gericht Waldmünchen mit Geldzinsen auf dem „Gaev“; das Haus Schneeberg und das Haus Pfreimd, die hier noch vereinzelt sind, gehören mit ihren zugehörigen Dörfern und Höfen in die Mark Nabburg. Zum Markgebiet Cham gehören aber noch die redditus bonorum in Nittenowe, das officium Weternfelt mit dem forum Rotingen, die aber im Urbarium Baiuwariae Transdanubinae 1280 verzeichnet sind. Demnach haben sich die Wittelsbacher an die alte Markorganisation nicht gehalten, sondern das Gebiet in einzelne Landgerichte und Urbarämter zerteilt. Der alte Bestand hat sich aber offenbar noch im Dekanat von 1326 erhalten, dessen Bereich auch die Burgen der Diepoldingischen Markministerialen ausfüllen. Kern dieser marchia Cambe waren die beiden Königshofbezirke von Cham und Roding mit ihrem Ausbauland, militärischer Mittelpunkt aber war die alte Reichsburg Cham mit ihrer zahlreichen Burgmannschaft und dem sie umgebenden Netz von Burgen, aus den besonders Runding, Haidstein, Lengau (= Chamerau) und vor allem Wetterfeld, die westliche Bastion, hervorragen.

Die Entwicklung der Mark Cham und des Marchfutters läßt sich in der gebotenen Form vielleicht am einfachsten erklären, besonders seitdem einer allgemeinen Mark auf dem Nordgau durch Hans Dachs und vor allem E. von Guttenberg, dem wir auch die öfterzitierte erste moderne Geschichte der alten Oberpfalz im Rahmen des modernen Gaues Bayreuth verdanken, der Boden entzogen worden ist. Der Haupteinwand, der gegen meine These gemacht werden könnte, ist der, daß mit der wahrscheinlichen Entstehung des Marchfuttersystems in der zweiten Hälfte des 10. Jahrhunderts auch die Mark errichtet worden sein könnte, zum mindesten aber eine ottonische und eine salische Markorganisation und zwar verschiedenen Umfangs anzunehmen wäre, was möglich ist. Der Hinweis auf die Verhältnisse in Steiermark und vor allem die Erklärung des Marchfutters als einer Königssteuer der Siedler auf Königsland, das hinter den Gelddiensten zu suchende fodrum, das vielleicht als Ablösung des Burgwerks anzusehen ist [134], sowie die Hühnerdienste, die Gerichts-, Grund- und Leibherrschaft andeuten, der Zusammenhang mit den Markneugründungen Heinrichs III. in Niederösterreich sind wohl so starke Stützen meiner Behauptung, daß sie jeder erst voll entkräften muß, der eine gegenteilige Auffassung vertritt. In der Zersplitterung, die uns in den bayerischen Urbaren entgegentritt, sehe ich nur das Ergebnis des Zerfalls der Mark im Laufe des 12. und 13. Jahrhunderts und die langsame Erwerbung einzelner Stücke durch die Wittelsbacher, die nun hier ihren Territorialstaat aufbauen. Diese Aufsplitterung wird sich ganz besonders klar in der Mark Nabburg zeigen, der wir nun uns zuwenden.

Richters „in dem gaev zu Khoesting“ sind im Urbar des Viztumamtes Straubing aus dem Anfang des 14. Jhdts. niedergelegt. MB. 36 b. 342. Die Rechte der Propstei Kötzting und der Klosterhof Lam, wo Kolonnen des Klosters Rott gesiedelt und gerodet hatten, sind in der Ehehaft von 1400 umschrieben. Grimm: Weistümer II. 899 bis 900 und MB. II. 108—111.

134 Beyerle, Franz: Zur Wehrerfassung des Hochmittelalters, in der Festschrift f. E. Mayer, 1932, S. 31—92.

VI.

Von der marchia Napurg (auch marca) hören wir in einer Fälschung für das Jahr 1040, die aber möglicherweise noch in das 11. Jahrhundert gehört und jedenfalls im Kloster Michelsberg oder im Bistum Bamberg gefertigt wurde [135]. Kaiser Heinrich III. schenkt dem Hezilo eine Besitzung in Pillungesriut, das in der Regel auf Pullenreuth (bei Neusorg) oder Pullenried (bei Nabburg) gedeutet wird, sich aber auch auf Bilingesriut = Pullersreuth (Lkr. Neustadt a. D., Waldnaab) [136] beziehen könnte. Die genaue Ortsangabe ist hier zu beachten: „in loco Pilungesriut in pago Norguue in comitatu Ottonis comitis et in marca, quae vocatur Nabburg. Es ist sehr auffällig, daß die Mark Nabburg hier als Teil der Grafschaft Ottos erscheint, also gar keine selbständige Einheit war. Übrigens liegt auch der Waldanteil, den Kaiser Heinrich III. dem bekannten Ministerialen Otnand (von Eschenau) schenkte, in der Grafschaft Heinrichs, auf dem Nordgau und in der Mark Nabburg [137]. Ich erkläre diesen auffälligen Sachverhalt so, daß die Mark von Heinrich III. nur in kleinerem Umfang als Teil der Nordgaugrafschaft Ottos und Heinrichs errichtet wurde, im Gegensatz zu Cham, das sofort als eigene Grafschaft begegnet. Gemeinsam ist beiden die zentrale Reichsburg. Selbständig, so vermute ich, wurde die marchia Napurg erst unter Heinrich IV.; es wäre sehr wohl möglich, daß der König dem Bruder Rapotos, Diepold, der ohne eigentliche Begründung in den Quellen marchio genannt ist, obwohl Rapoto damals (Mark) Graf von Cham war, diese Mark Nabburg übertragen hat, indem sie damit vermutlich aus dem Grafschaftsverband ausschied. Erst nach Rapotos IV. Tode 1099 gewann dann Diepold III., sein Vetter, zur Mark Nabburg die bedeutsame Mark Cham durch Erbschaft hinzu. So läßt sich vielleicht am ungezwungensten diese Schwierigkeit erklären. Als Zeitpunkt ließen sich etwa die Jahre nach 1075 vermuten, in denen Heinrich von Hiltershausen [138] langsam aus diesem Gebiet verschwindet; er war ja auf die Seite der Gegner Heinrichs IV. getreten. Die Errichtung dieser Mark um eine Reichsburg scheint ebenfalls im Zusammenhang mit den Feldzügen Heinrichs III. gegen die Böhmen erfolgt zu sein. Nabburg beherrscht den Übergang einer auch später noch bedeutsamen Straße von Amberg nach Böhmen, es scheint aber auch das stärkste militärische Kräftezentrum gegen Norden, das damals noch kaum erschlossene Egerland, gewesen zu sein; vielleicht war diese Stoßrichtung sogar die entscheidende, wie uns der spätere Ausgriff vorab Diepolds III. in das Egerland und seine umfassende Siedlungs- und Burgenpolitik dortselbst wohl zeigen könnten, wohin aber vor allem die Gebiete und Güter weisen, die als erste nach der Aussage der königlichen Schenkungsurkunden in der Mark Nabburg liegen. Östlich der Naab hatten sich schon die Grafen von Sulzbach und die späteren Leuchtenberger

---

[135] DD. Hei III. nr. 385, S. 528/30.

[136] DD. Hei III nr. 104. Vgl. E. Klebel in den MÖIG. 41, 118.

[137] DD. Hei IV. nr. 69, S. 89/90.

[138] Giesebrecht: Beiträge zur Genealogie des bayerischen Adels, in den Sitzungsberichten d. Ak. d. Wi. zu Mü. I. 1870. S. 578 ff.

festgesetzt, nebenbei ein schönes Beispiel für den Rodungscharakter territorialer Neubildungen, auf die Theodor Mayer aufmerksam gemacht hat.

Nabburg liegt eigentlich sehr weit im Hinterland, sowohl gegen Osten wie gegen Norden, es scheint deshalb mehr als Auffang- und Ausgangsstellung gedacht gewesen zu sein; das Gebiet zwischen Naab und böhmischem Grenzwald war nicht allzu stark noch besiedelt; das Grenzsystem der Choden von Pfraumberg und Tachau erforderte wohl auch auf deutscher Seite eine Entsprechung. 929 bereits hatte sich König Heinrich I. mit Herzog Arnulf von Bayern aus Böhmen nach *Nabburg* zurückgezogen, wo er urkundete [139]; wir haben daraus den Reichsburgcharakter der Nabveste zu erschließen. Hier wie auch in Cham war eine Münzstätte, wie Funde beweisen, wenn nicht nach neuerer Interpretation Neunburg an die Stelle von Nabburg zu treten hat [140].

Nicht ganz leicht ist es den *Umfang* der Mark Nabburg zu bestimmen. Ins Licht der Geschichte tritt der in Frage kommende Raum erst richtig durch die reichen Vergabungen Heinrichs II. an sein neugegründetes Bistum Bamberg. 1015 tauchen Schwarzenfeld (Ldkr. Nabburg) und Weilindorf, wohl Willhofen oder Wieling (nordöstlich und östlich davon) auf [141], sie liegen im Nordgau in der Grafschaft Heinrichs (von Schweinfurt), der 1017 starb. Kurz vor dessen Tod erhielt Bamberg noch die Orte Siukinriut (? Stocksried im Ldkr. Neunburg v. W.) [142], Retsiz inferior (= Wenigrötz), Tenindorf (Diendorf ebda.), zi Gŏtinlant (= Gütenland ebenda) und Hullisteti (= Hillstett), die im Nordgau und in Heinrichs Grafschaft liegen [143]. 1043 hören wir von 4 Königshufen Tragesindorf (= Trauschendorf, sö. Weiden), Mogenriut (unbekannt, wohl bei Weiden), Mazelinesriut (= Matzlesried, sö. Weiden), weiter „a termino Tragesindorf usque ad fontem Lubuschauge (unbekannt) et a maiore Lua (= Luhe) usque ad minorem", dann Bilungesriute (wahrsch. Püllersreuth, westl. Windischeschenbach) ab fontibus, qui ibidem oriuntur, et Swinaha (= Schweinenab bei Weiden) et Rodewilesol (wohl ein Nebenbach der Fichtelnaab in der Oberpfalz) et rivulo inde descendente et Naba et Eschenbach cum suis adiacentibus runcis"; diese 4 Hufen, deren genaue Grenzbeschreibung wohl Zweifeln an ihrer Echtheit unterliegt, schenkt Kaiser Heinrich III. dem miles seiner Mutter Gisela, Beringer [144], dessen Name dem des Stammvaters der Grafen von Sulzbach gleicht, die ja die Vögte der babenbergischen Vogteien auf dem Nordgau waren. Miles bedeutet damals aber in erster Linie Lehensmann, Vasall; für die von D. v. Gladitz [145] vorgebrachte Deutung auf Reichsdienstmann kann ich mich schwer entschließen. Die 6 Königshufen zu Wolframesdorf, Lideren

---

139 DD. Hei I. 54.

140 Eglmeier: Nabburg, eine bayerische Münzstätte im Mittelalter, in den VHO. 75, 1925. — Dachs: Kolonisator. Erschließg. S. 166 ff.

141 DD. Hei II. nr. 334, S. 423. Vgl. Guttenberg, E. v.: Territorienbildung am Obermain, S. 91 ff.

142 Zengeröd im BA. Oberviechtach liegt zu weit abseits.

143 DD. Hei II. nr. 365, S. 467.

144 DD. Hei III. nr. 104, S. 131/2.

145 Gladiß, D. v.: Beiträge.

und Ratmarsreut, die einem Hartwig 1054 geschenkt werden, haben sich bis jetzt nicht festlegen lassen [146], sie liegen aber im Nordgau in der Grafschaft Heinrichs. Der vorgenannten Grenzbestimmung schließt sich die Beschreibung des Waldumfangs an, den 1061 Heinrich IV. dem treuen Königsgutverwalter, dem Königsdienstmannen Otnand zu Eigen schenkt [147] zwischen Schur- oder Höllbach, Krummenaab, Trebnitzbach und dem Weg von Eger im Nordgau und in der marchia Nabburg in der Grafschaft Heinrichs (von Hiltershausen?). Otnand erhält dazu das Rodungsrecht und alle Abgaben, die die Markbewohner (incole illius marchie ad Napurg) von diesem Gut in der Mark bisher zahlen mußten; die allgemeine Formulierung dieses debitum der incole erlaubt uns nicht auf eine Art Marchfutter zu schließen, obwohl ein solcher Gedanke nahe liegen könnte. Jedenfalls berichtet keine spätere Quelle über eine solche Abgabe, wie wir sie aber in Cham fanden. Die Urkunde von 1061 beweist vor allem, daß der Südrand des Gebietes, das wir dann als provincia Egrensis, als staufisches Reichsterritorium Egerland kennen lernen, bis hinauf nach Marktredwitz und noch weiter zur marchia Nabburg gehörte. Damit ergibt sich als Hauptstoßrichtung und wohl auch Ausbreitungsgebiet dieses eigenartig geformten Gebildes mit dem Zentrum im Südwestrand der Norden und damit verstehen wir auch, daß sich auch in dieser Richtung diepoldingischer Landesausbau und diepoldingisches Territorialstreben entfalteten.

Östlich der Naab und im südlichen Teil des Egerlandes hatten die Markgrafen in dem mit ihnen verwandten Grafen Berengar von Sulzbach und seiner Sippe einen scharfen Konkurrenten [148], der das markgräfliche Burgzentrum Nabburg von allen Seiten umklammerte, nachdem es durch die guten Beziehungen des Böhmenherzogs zum deutschen König schon in den letzten Jahrzehnten des 11. Jahrhunderts seine militärische Bedeutung verloren hatte. Ein fester Ring von Burgen umklammerte die Diepoldingerveste, im Westen und Norden Parkstein (1112), Hahnbach a. d. Lauterach (1125), Thurndorf (1121), im Osten Murach (1110) und die heute noch in ihren Ruinen imposante Flossenbürg. Graf Berengar besaß im Egerland, das 1135 zuerst unter der Bezeichnung regio Egire als Verwaltungsbezirk erscheint, Tirschenreuth, das über die Grafen von Ortenburg an Waldsassen kam, der Ortsname Berngersreuth (bei Thierheim) erinnert wohl an seine Rodetätigkeit [149]. Neben den Sulzbachern treten als Rivalen der Markgrafen die hochfreien Herren von Hopfenohe und Waldeck auf, als deren Erben um Waldeck und Culm die späteren Landgrafen von Leuchtenberg (an der Luhe) auftreten [150], während

---

[146] DD. Hei III. nr. 321, S. 439.

[147] DD. Hei IV. nr. 69, S. 89. „pars silvae infra hos terminos constituta: ubi Sworbaha oritur et inde ubi oritur Trewina et deorsum Trevvina usque in illam viam, que procedit de Egire et per eandem viam usque in Sworbaha et deorsum Sworbaha usque in Crumbanaba."

[148] Guttenberg, E. v.: Bayerische Ostmark, S. 247. — Vgl. Bosl, K.: Das Nordgaukloster Kastl, in den VHO. 89, 1939, S. 32 ff.

[149] MG. SS. XX. 83 ff. — Das Amt Driesching, das im Gebiet des Landkreises Nabburg die Sulzbacher besaßen, kam nebst dem Amt Warberg durch eine Erbtochter an Graf Rapoto von Ortenburg. VHO. 49, 250 ff.

[150] In ihren Händen sind Schmidgaden, Schwarzenfeld, Stein und das Pflegamt Wernberg.

sich die Wittelsbacher als zweite Erbengruppe ebenfalls südlich und nördlich an Nabburg heranschieben. Zwischen Sulzbachern und Leuchtenbergern begegnen die Edelherren von Pfreimd und (Alten-)Parkstein, Nachkommen der Abensberger, über deren Absinken in die Ministerialität der Sulzbacher ich vorsichtig urteilen möchte. Aus der Rezatgegend kamen die Grafen von Stirn und Ettenstatt und setzten sich in Altendorf südöstlich Nabburg fest und nannten sich darnach [150a], während die Grafen von Hohenburg im Naabtal, zu Schwandorf und östlich davon festen Fuß fassen [151]. Nahe Rötz aber liegt vermutlich die Stammveste der in der niederösterreichischen marchia Boemia um das dortige Retz (!) reichbegüterten Haderiche, die Schwarzenburg; wie die Babenberger, die Herren von Kamp (Cambe) und Baumgartenberg führten sie einen Querbalken im Wappen und waren sicher irgendwie mit den Rapotonen-Diepoldingern verwandt [152].

Dieses Rivalisieren der verschiedensten edelfreien Geschlechter, deren genealogische Beziehungen zu untersuchen eine vordringliche Aufgabe der Nordgauforschung wäre [153], und die dadurch hervorgerufene Überschneidung einer Reihe von Kräftelinien, Besitzansprüchen und Herrschaftsrechten macht es bei der Dürftigkeit der Quellen für das 11. Jahrhundert, die erst mit der Gründung von urkundenden Klöstern im 12. Jahrhundert schwindet, sehr schwierig die Mark Nabburg wenigstens in Umrissen sichtbar und greifbar zu machen. Es versagt hier auch das bei Cham so erfolgreich angewandte Mittel der Feststellung der Markministerialenburgen des 12. Jahrhunderts, da damals die Machtbasis so verschwindend klein war, daß ich eine solche geringe Ausdehnung für höchst unwahrscheinlich halte, umsomehr als E. v. Guttenberg auch in seiner obenangezogenen Karte [154] die Mark Nabburg sehr groß mit breitem Rand zu beiden Seiten der Naab als Kernlinie eingezeichnet hat, im Westen sogar über Amberg hinaus. Wenn ich auch mit v. Guttenberg in den beiden Marken Cham und Nabburg, wie ich der Karte wohl entnehmen darf, die erste intensive staatliche Organisation des Gebietes zwischen Regen und Naab sehe, so möchte ich doch die Ausdehnung der marchia Napurg nicht so groß annehmen, wie ich unten dartun werde. Zunächst stellt sich heraus, daß abgesehen von einer starken Burgmannschaft auf der diepoldingischen Veste an der Naab, zu der auch eine Reihe von Dienstmannen aus der Mark Cham zählt, Ministerialen nur zu Schwarzenfeld, Kemnath (?), Neunburg, Högling nachweisbar sind, und das nur bis zu einem gewissen Grad von Wahrscheinlichkeit, auf dem ich keine weiteren Schlüsse aufbauen möchte [155]. Wie uns E. v. Guttenberg lehrte,

---

150a T y r o l l e r, Fr.: Die Herren und Grafen von Altendorf und Leonberg, in der Zs. f. bayer. Ldg. 14, 1943, S. 63—127. Die Beziehung dieses Geschlechts zur Schwarzenburg bei Rötz ist durch T y r o l l e r für die Frühzeit nicht erhärtet worden. Viel Wahrscheinlichkeit hat die Beziehung zu den niederösterreichischen Haderichen für sich.

151 G u t t e n b e r g, E. v.: Territorienbildung, S. 267 ff.

152 L e c h n e r, K., im Jb. f. Ldkde. von Niederösterreich 26, 1936, S. 113 ff. — F r i e d r i c h: Codex dipl. Bohemiae II. nr. 97.

153 Vgl. D u n g e r n, O. v.: Adelsherrschaft im Mittelalter!

154 Bayer. Ostmark, S. 238.

155 T h r o n e r, L.: Die Diepoldinger und ihre Ministerialen, S. 76 ff.

sitzt hier eine Reihe kleiner edelfreier Geschlechter, z. B. in Schmidgaden, die vor allem in bambergischen Urkunden erscheinen. Jedenfalls zeigt sich also auch von dieser Seite her, daß zu Beginn des 12. Jahrhunderts die Machtbasis der Markgrafen sehr schmal geworden war und sich wenig weit über Nabburg selber hinaus erstreckte. Umsomehr Anlaß war gegeben sich mit aller Kraft auf den Ausbau des Egerlandes zu werfen, der im Sinne territorialer Entwicklung jäh durch das zielbewußte Eingreifen des Staufers Konrad III. unterbrochen wurde, dessen Reichsministerialen nun die zahlreich aus der Mark Cham geholten Familien wurden (Wetterfelder, Rundinger, Haidsteiner, Azelin!), die auf einem Kranz von Burgen rings um die Markgrafenveste herumsaßen.

Vielleicht hilft uns auch hier wieder weiter die Dekanatsgrenze von 1326. Die Grenzorte des Dekanats Altendorf, dessen Urpfarrkirche zweifellos Perschen am linken Naabufer gegenüber Nabburg mit einem Peter- und Paulspatrozinium war, sind Seebarn (bei Penting), Rötz, Tiefenbach, Schwarzach, Eslarn, Waidhaus, Lennesrieth, Floß, Ilsenbach, Wurz [156], Altenstadt, Neunkirchen, Kohlberg, Neunaigen, Saltendorf, Schwarzenfeld. Nicht den ursprünglichen Verhältnissen entspricht auf Grund der angezogenen Urkunden des 11. Jahrhunderts die Nordgrenze; doch ist dies leicht erklärbar durch die Abschließung des staufischen Reichslandes Eger gegen Süden und im Gefolge davon durch die Bildung neuer Dekanate Thumbach und Beidl. Die Grenzen gegen Süden, Osten und Westen dagegen scheinen mir tatsächlichen Verhältnissen zu entsprechen, jedenfalls lehnt sich die Mark Nabburg an die Mark Cham an, es fällt nur der Raum um Schwandorf aus; der schmalen Machtbasis der Diepoldinger in diesem Südraum entspricht auch die geringe Westerstreckung des Dekanats Altendorf, dessen Sitz später Nabburg wurde. Der Diepoldzweig des Geschlechtes gelangt ja offenbar erst in dem Augenblick im Nordgau zu besonderem Ansehen, als er in das Erbe der Rapoto-Sippe, die Mark Cham, einrückt. Ein siedlungsgeschichtlicher Vergleich mag hier noch weitere Aufschlüsse bringen. Dachs [157] nimmt an, daß in der Agilolfingerzeit die baierische Siedlung mindestens in das Amberger Becken und Naab aufwärts mindestens bis Nabburg vorgedrungen war. Er lenkte die Aufmerksamkeit auf eine geschlossene Gruppe von ing-Orten zwischen Amberg-Nabburg und Schwarzenfeld und kann zeigen, daß nördlich einer Linie Forchheim, Nabburg-Furth i. Wald die für Landnahme und erste Ausbauzeit typischen Namen auf -ing, -heim, -hausen und -hofen so gut wie unbekannt sind. Namen wie Waidhaus, Mähring, Thiersheim und Schirnding lassen sich vielleicht als frühe Grenzsicherungspunkte an alten Straßen nach Böhmen verstehen, ähnlich wie auch im Gebiet östlich der Naab und nördlich vom reicher erschlossenen Regental Altnamengruppen um die Schwarzach und Pfreimd die Verbindung zu den Böhmerwaldübergängen vermitteln. Über den zeitlichen Ansatz der slavischen Ortsnamen Perschen und Pfreimd ist früher schon gespro-

[156] MG. DD. Hei IV. nr. 226, S. 286. Wrzaha (= Wurz) liegt damals in pago Nortgowe in der Grafschaft Heinrichs (von Hiltershausen). Von einer Mark Nabburg hören wir hier nichts. Es ist in der Urkunde die Rede von einem Wolfsscheffel, in dem man eine Abgabe zur Bestreitung der Jagdkosten erblickt.

[157] VHO. 86, 1936, S. 173 ff.

chen. Östlich der Naab aber breitet sich ein großer Raum von ried-Orten aus, in denen wir Zeugen späteren Landesausbaus sehen. Kirchengeschichtliche Untersuchungen, vor allem Patroziniumsforschung werden hier wohl noch unseren Gesichtskreis erweitern. Ich verweise hier nur auf die sicher alte Laurentiuspfarrkirche von Schwarzhofen (8./9. Jahrhundert), deren Filiale die Jakobskirche in der Vorstadt „Aigen" von Neunburg v. W., „Alte Pfarre" genannt, war. Wir interessieren uns für das Ulrichspatrozinium von Dieterskirchen und Schwarzach (Beziehung zu den Diepoldingern), für Peter und Paul in Fuhrn, St. Andreas in Altendorf, Martin in Diensricht und Gösselsdorf, Oberpfreimd und Niedermurach, St. Veit (Eigenkirche!) und Leonhard in Neuneigen, Pullenried (bei Oberviechtach), um nur einige Besonderheiten zu nennen; doch wird es hier noch intensiver Einzelforschung bedürfen, die Kirchen-, Herrschafts- und Siedlungsgeschichte gleichzeitig berücksichtigt. Vielleicht sehen wir dann auch klarer über die Anfänge staatlicher Organisation in unserem Gebiet und können auch das Dunkel lichten, das noch über diesem Raum und der Mark Nabburg liegen bleibt. Im Süden ergibt sich jedenfalls die Schwarzach als Grenze, wobei Waldmünchen im Osten zur Mark Cham, Schwarzenfeld im Westen zur Mark Nabburg gehören und etwa von Rötz ab auch das Gebiet südlich des Flusses bis zum Höhenkamm und zur Wasserscheide angegliedert ist. Neunburg, Schwarzhofen, Altendorf, Schwarzach und Altfalter treten am Flußlauf besonders hervor. Nach Westen scheint das Gebiet nur wenig die Naablinie überschritten zu haben. Das Gebiet der Bamberger Vogteien und die Einflußzone der mächtigen Grafen von Kastl-Sulzbach schlossen hier an. Für das annähernde Zusammenfallen kirchlicher und weltlicher Grenzen spricht vor allem auch die Parallelität der eigenartig exzentrischen Lage des Reichsburgmittelpunkts und des kirchlichen Mittelpunkts, der Urpfarrkirche Perschen, im Südwestzipfel des ganzen Gebietes. Auf „einseitig gebaute Pfarreien", die am Rand von Waldgebieten liegen, die erst durch Siedlung erschlossen werden, hat P. Schöffel am Beispiel von Brand vor dem Salzforst oder Iphofen am Fuße des Steigerwaldes hingewiesen [158]. Ebenso einseitig war auch die Mark gebaut, deren Grenzen gegen Norden wie auch gegen Osten fließend waren. Dabei scheint mir besonders bedeutsam die Einbeziehung des um die Mitte des 11. Jahrhunderts politisch noch nicht organisierten und durch die Siedlung kaum erschlossenen Landes um den Egerfluß. Dorthin hat sich auch der territoriale Drang der Diepoldinger entladen. Wir sind natürlich berechtigt mit E. v. Guttenberg [159] von einer Mark Eger zu sprechen, doch nur für das 12. Jahrhundert und für das 11. Jahrhundert nur im Sinne eines Anhängsels an die Mark Nabburg, da damals das Gebiet politisch noch nicht organisiert war und vor allem, was mir im 11. Jahrhundert schon wichtig erscheint, keinen entsprechenden Reichsburgmittelpunkt hatte, was gerade für Cham und Nabburg zutraf.

Die Mark Nabburg war aus dem Heinrich von Schweinfurt nach der Begnadigung belassenen, an seinen Sohn Otto, den Herzog von Schwaben übergegangenen

---

158 Schöffel, P.: a. a. O., S. 9 ff.

159 Guttenberg, E. v.: Bayer. Ostmark, S. 238, Abb. 66.

und an dessen Schwiegersohn Heinrich von Hiltershausen vererbten Grafschaftsgebiet herausgeschnitten als ein Kraftzentrum mit besonderen militärischen Aufgaben in einer politischen Krisenzeit unter Heinrich III., hervorgerufen durch den Konflikt mit Böhmen, ohne daß aber ein eigener Graf erscheint. Nach dem Tode oder dem Frontwechsel Heinrichs von Hiltershausen wird der kaisertreue Diepold II. damit belehnt; doch können gerade in den Wirren des Investiturstreites der hohe Nordgauadel und seine Gesippen ihre eigenherrschaftlichen Ziele hier durchsetzen, so daß uns in der Zeit der größeren Urkundlichkeit kein scharfes Bild dieser tatsächlich kurzlebigen Mark, sondern nur eine starke herrschaftliche Aufsplitterung entgegentritt. Der Diepoldinger, durch das Rapotonenerbe um Cham, das im Stadium der Allodialisierung war, in seiner Stellung auf dem Nordgau gewaltig gestärkt, schafft seinem Territorialstreben neuen Raum in der bislang nur lose seinem Amtsgebiet fast wie ein Vorland vorgelagerten regio Egire, die er nun herrschaftlich und staatlich durch Siedlung, Burgenbau und Ministerialenverwaltung auffüllt; ob er das mit oder ohne königlichen Auftrag tat, entzieht sich unserer Kenntnis. Fast möchte man ersteres annehmen, vielleicht einen aus der Übertragung der Mark Nabburg sich ergebenden Amtsauftrag vermuten, da sich so die Einziehung des Egerlandes durch den Stauferkönig Konrad III. nach dem Tode Diepolds III. 1146 am ungezwungensten erklären läßt.

Im Gegensatz zu den beiden niederösterreichischen Markneugründungen Kaiser Heinrichs III., denen wir uns zuwenden, tritt in den Nordgaumarken Cham und Nabburg ein zentraler Reichsburgmittelpunkt klar hervor und zwar in Cham deutlich inmitten alten Königsguts. Ich sehe in ihnen aber keine Bildungen rein ottonischer Art, sondern meine, daß sie augenblicklichen politischen Krisen ihre Entstehung verdanken. Während die Mark Cham dem Charakter einer Militärgrenze sehr nahe kommt, läßt sich das von der fast binnenländischen Mark Nabburg zwar auch annehmen, doch scheint sie, wenn man mir darin folgen will, auch einen Neusiedelraum im Norden, das spätere Egerland, angegliedert gehabt zu haben, wodurch sie dem Typ der alten ottonischen Mark wieder ähnelt. Tatsächlich verdankt ja die „Egermark" den Diepoldingern und ihren Ministerialen vornehmlich aus der Mark Cham Ausbau und staatliche Organisation. Bezeichnend ist, daß noch im 17. Jahrhundert (Matrikel von 1666) Cham Sitz eines Erzdekanats ist, dessen Sprengel die Dekanate Cham, Nabburg (mit Leuchtenberg), Tirschenreuth-Eger, Stadtkemmnath (Kastl), Amberg und Hirschau umfaßt [160]. Darin spiegelt sich spät die einstige politische Bedeutung des alten Reichsburgmittelpunkts, in dessen Nähe auch die älteste Urpfarrkirche der ganzen östlichen Oberpfalz, Chammünster, stand. Die Diözese Regensburg war in 4 Archidiakonate eingeteilt, die an vier Archibresbyterate des 8. Jahrhunderts wahrscheinlich anknüpfen mit den Sitzen Regensburg, Thumstauf (Peterskirche in Wörth), Pondorf und Chammünster. Die Ungleichheit dieser Einteilung verrät, daß sie zu einer Zeit erfolgte, da die Südhälfte des Bistums drei Viertel der Bevölkerung umfaßte, der ganze Nor-

[160] Fink: Die Matrikel des Bistums Regensburg v. J. 1666, im 5. Jahresb. d. Ver. z. Erf. d. Regensburger Diözesangeschichte. 1930. S. 98—101.

den aber nur ein Viertel; das paßt aber noch auf die Zeit um 1000. Somit stellt sich darin der Umfang vor der Markgründung dar, der im wesentlichen dem Grafschaftsgebiet entspricht, das Heinrich von Schweinfurt nach seiner Empörung 1003 und Begnadigung innehatte. Chams führende Rolle hat sich aber bis ins 17. Jahrhundert erhalten.

VII.

In *Niederösterreich* hat Heinrich III. im mährischen Grenzsaum ebenfalls eine Mark gegen Böhmen errichtet, die bei ihrer ersten und einzigen urkundlichen Erwähnung die Bezeichnung „marchia Boemia“ trägt und unter einem eigenen Grafen Adalbero steht [161]. Im Gegensatz zur ungarischen Neumark, die ein sehr kurzlebiges Gebilde war, hat sich ein Rest dieses Reichslandes an der Grenze als Reichsgrafschaft Hardegg bis ins 15. Jahrhundert seine Selbständigkeit bewahren können. Doch hatte schon Markgraf Leopold III., so wie sein Großvater Ernst in der Neumark, in einem großen Teil der Grenzmark festen Fuß fassen können. Es ist natürlich schwierig aus dürftigen Quellenzeugnissen den Umfang der marchia auch nur annähernd zu bestimmen; doch ist K. Lechner auf jeden Fall darin beizupflichten, daß die drei regales mansi, die der Kaiser dem Großvater der Gründer von Klein-Maria-Zell, Haderich, zu Eigen gibt, und nicht nur die dritte „ultra fluvium Bulka“ in der marchia Boemia liegen; eine andere Deutung widerspricht dem Gebrauch dieser Positionsangaben auch in anderen Urkunden. Demnach erstreckt sich der comitatus Adalberonis etwa vom Buchbergzug und dem Mauerberger Wald (um Mailberg) südlich der Pulkau bis an die Thaya, vielleicht anfänglich darüber hinaus nach Mähren hinein; allerdings scheint bei den Friedensverhandlungen zwischen Kaiser Heinrich und dem Böhmenherzog Břetislav in Regensburg 1041 die Thaya als Grenze zwischen Mähren und der Ostmark eine Rolle gespielt zu haben [162]. Von Westen nach Osten würde sich unsere Neugründung etwa vom Waldviertelabfall und Thayadurchbruch von Hardegg bis Znaim bis gegen die Falkensteiner-, möglicherweise im Anfang die Pollauerberge erstrecken. E. Klebel [163] nennt als Grenzorte dieser 1039 nach dem Böhmenfeldzug errichteten Mark Staatz, vielleicht auch Falkenstein im Osten und Pulkau, vielleicht Zaya im Westen. Dieses Gebiet entspräche dann den späteren Herrschaften und Burgbezirken Hardegg, Retz, Seefeld, Laa und Staatz, wobei die Ebene von Laa südlich des Thayabogens, geographisch gesehen, das Zentrum dargestellt haben mag. Es entspricht offenbar der vom Kaiser geübten Praxis unmittelbar an der Grenze kleinere Verwaltungseinheiten aus älteren umfangreichen, aber noch nicht entsprechend durchorganisier-

---

[161] MG. DD. Hei III. nr. 331. Lechner, K.: Die Gründung des Klosters Maria Zell im Wiener Wald und die Besitzgeschichte seiner Stifterfamilie, im Jahrb. f. Ldkde. v. NÖ. 26, 1936, bes. S. 113. — Hirsch, H.: Die Entstehung der Grenze zwischen Niederösterreich und Mähren im Deutschen Archiv f. Landes- und Volksf. I. 1937, S. 856—866. — Klebel, E.: Zur Rechts- und Verfassungsgeschichte des alten Niederösterreich, a. a. O. S. 43 ff.

[162] Vancsa, M.: Geschichte Nieder- und Oberösterreichs I. 1905. S. 238.

[163] A. a. O., S. 45.

ten Sprengeln herauszuschneiden und damit durch eine stärkere Konzentration von Kräften unter der Führung eines eigenen, mit besonderen militärischen Aufgaben betrauten Grafen nicht nur eine stärker einsatzbereite Operationsbasis für Angriff und Abwehr zu schaffen, sondern auch die durch das Fortschreiten der Siedlung von beiden Seiten immer enger werdende Grenzzone und damit den Übergang vom Grenzsaum zur Grenzlinie, d. h. den Grenzverlauf, im Sinne des Reiches nachhaltiger beeinflussen zu können. Wie weit Klebels Auffassung zurecht besteht, die böhmische Mark sei *bewußt* aus Böhmen-Mähren herausgeschnitten worden und entspräche in ihrer Ausdehnung von Wildendürrnbach und Staatz bis nach Hardegg und Weitersfeld der Südhälfte des mährischen Burgbezirks von Znaim, bedarf noch weiterer genauer Untersuchung, da sie ja nur aus dem Kartenbild gewonnen ist. Ich kann mir für diese Frühzeit auf beiden Seiten wohl Kraftzentren und einzelne Punkte, aber keine so bewußte Aufteilung und administrative Organisation verhältnismäßig leerer Räume vorstellen. Die Begriffe „gut oder schlecht besiedelt", die aus spärlichen Nachrichten und Gründen gewonnen sind, sind für diese Zeit immer relativ. Ich möchte deshalb zunächst lieber die Organisation einer ziemlich herrenlosen Grenz- oder Einflußzone in der deutschen Form der Markgrafschaft späten Typs annehmen, bin aber gerne bereit mich durch weiteres Beweismaterial belehren zu lassen. Mit dieser allgemeinen Grundauffassung verträgt sich sehr wohl die Tatsache, daß 1014 die Grenze Mährens bei Stockerau lag [164]. Möglich ist Klebels Feststellung, daß das Gebiet vom Wagram bis an die Südgrenze der marchia Boemia, die er im Höhenrücken zwischen Stronsdorf und Enzersdorf im Tal sucht, und von der Schmieda bis an die Zehntgrenze des Stifts Hainburg von 1051 auch 1039 erst erworben wurde, ich möchte lieber sagen zum deutschen Herrschaftsraum geschlagen und entweder 1046 zur Neumark oder zur babenbergischen Ostmark gezogen und herrschaftlich-verwaltungsmäßig organisiert wurde. Klebel setzt jedenfalls einen bewußten Akt und einen herrscherlichen, administrativen Willen voraus, wenn seine Annahme Sinn haben soll. Gerade das Wachsen der herzoglichen Macht auf böhmischer Seite, das naturgemäß auch in einem stärkeren Druck an den Grenzen fühlbar wurde, macht neue Organisationsformen auf deutscher Seite nötig. Deshalb glaube ich auch nicht fehlzugehen, wenn ich die Neumarken Heinrichs III. als eine Art Militärgrenze bezeichne, die wenig mit den Marken alten Typs zu tun haben. Diese Feststellung wird sich an der Mark gegen Ungarn noch besonders erhärten lassen, an den Marken Cham und Nabburg konnte ich das bereits zeigen. Um die Mitte des 11. Jahrhunderts oder in der zweiten Hälfte des Jahrhunderts war das Viertel unter dem Manhartsberg bereits besiedelt und die Thayagrenze so ziemlich erreicht. Die Siedlungsbewegung jener Zeit war stark nordwärts gerichtet, ein Beweis für meine Auffassung vom Charakter der böhmischen Mark. Die Schenkung von Herren-Baumgartenberg unweit Feldsberg an das Hochstift Passau 1056 erfolgt „cum omni utilitate, quae *contra Boemos* quoquo modo haberi vel conquiri potest" [165]. Mitscha-Märheim hat

---

[164] Thietmar: MG. SS. III./860. 227.
[165] DD. Hei III. 331 und 376.

aus Flurnamen den Nachweis zu erbringen versucht, daß sich in ihnen deutliche Spuren alter Abgrenzungen erhalten haben, die uns wahrscheinlich berechtigen, den Verlauf der Grenze zwischen Ostmark und Böhmischer Mark einigermaßen festzulegen [166]. Die Flurformen in der marchia und die Grundrisse der Gemeinden mit ihren schmalen Rechtecken und kiemenförmigen Streifen an beiden Ufern der Pulkau, mit ihren fast durchweg regelmäßigen, vom Fluß durchschnittenen Straßendörfern lassen uns eine von oben her nach einheitlichen Willen und Plan geleitete Besiedlung und Wehrorganisation vermuten, die im Zusammenhang mit der Markgründung erfolgte [167]. Wie die Karte von Klaar zeigt, häufen sich gerade im Pulkautal auffällig die Straßendörfer mit angerartiger Straßenverbreitung, während ringsum die Angerdörfer verschiedenen Typs lagern, die ganz besonders für das Viertel unter dem Manhartsberg kennzeichnend sind. Wir danken E. Klebel [168] den Hinweis, daß diese Angerdörfer auf die Verteidigung des Dorfes selbst ohne Zuhilfenahme einer großen (Flieh-)Burg eingerichtet sind. Besonders bedeutungsvoll aber, glaube ich, ist, daß in diesem jüngeren System, das an die Stelle des mobilen Reiteraufgebots mit Marchfutterabgabe tritt, das man jederzeit in den noch wenig besiedelten Grenzräumen an die gefährdetsten Stellen werfen konnte, das Dorf die Wehreinheit an Stelle der Hufe wird, indem allmählich an die Spitze der Wehrpflichtigen des Dorfes als Leiter und Befehlshaber ein Ministerialer, vermutlich aus den bäuerlichen Standeskreisen, aufrückt, der in der Burg oder dem Turm sitzt, die nun in ihrer Vielzahl und der Engmaschigkeit des so entstehenden Netzes kleiner (Dorf-)Festungen auf engem Raum dieser jüngeren Wehrverfassung ihr Gepräge geben. Die Verteidigungspflicht der Dorfbewohner an der Grenze setzt eine stärkere Besiedlung des Grenzgebietes voraus und vor allem auch einen allmählichen Übergang vom Grenzsaum zur Grenzlinie, die nun im allgemeinen wenig verrückt wird. So gewinnen wir auch von dieser siedlungsgeschichtlichen Seite her Beweise für den eigenartigen Charakter unserer Neumarken, der sich dem der Militärgrenze nähert.

Wie notwendig eine solche Verstärkung des Grenzraumes und eine Intensivierung der Abwehrkräfte in neuen Markorganisationen wird, die auf Erhaltung des Gewonnenen und nicht mehr auf das Vortragen des Angriffs abgestellt sind, zeigt ein Blick auf das politische Geschehen jenseits der Grenze. Mit dem Aufstieg der Přemysliden in Böhmen nach dem Untergang des Hauses Slavnik [169] ging Hand in Hand die Einigung des tschechischen Volkes, in erster Linie die Losreißung Mährens aus dem Gefüge des großpolnischen Reiches; das gelang Herzog Břetislav mit Hilfe Konrads II. Damit aber war der Böhmenherzog in die Lage versetzt dem deutschen Siedlungsvorstoß nach Norden, mit dem ein politisches Vordringen des Markgrafen der Ostmark gemeinsam ging, Halt zu gebieten. Bei den Regensburger

---

166 Mitscha-Märheim: Monatsbl. d. herald.-geneal. Ges. Adler 12, 1937, 238 und Mitteil. d. geogr. Gesellsch. 80, 1937, 233 ff.

167 Klaar, A.: Die Siedlungsformen Niederösterreichs, im Jahrb. f. Ldkde. von NÖ. 23, 1930, S. 37—75 mit Karte u. Grundrissen.

168 A. a. O., S. 26 ff. und Siedlungsgeschichte des deutschen Südostens.

169 Brunner, O.: Das Waldviertel, hsg. v. E. Stepan 1937/7, 2, 384 ff.

Verhandlungen von 1041 wurde vermutlich denn auch die Thaya bereits als Grenze bestimmt [170]. Es folgen große Schenkungen der Salier an den Markgrafen der Ostmark im Viertel unter dem Manhartsberg. Böhmen wuchs von da ab mit den Ländern, die später zur böhmischen Krone gehören, in das Reich förmlich hinein [171], damit verlor die böhmische Mark zwischen Pulkau und Thaya ihre Bedeutung und ging nach kurzer Existenz mit Ausnahme der längerlebigen Reichsgrafschaft Hardegg im Territorialstaat der Babenberger und Habsburger auf und verlor durch Allodialisierung und Herrschaftsbildung ihren Reichslandcharakter. Bereits im Investiturstreit hatte aber dieses Grenzsystem seinen Sinn verloren, als Herzog Wratislav auf Seiten des Kaisers, Herzog Leopold II. von Österreich unter dem Einfluß des Gregorianers Altmann von Passau auf Seiten der Gegner stand [172] und bei Mailberg eine Niederlage hinnehmen mußte. 1081 erhielt Wratislav sogar die Ostmark übertragen und sein Bruder, Bischof Gebhard von Prag bekam in einem Diplom die Grenzen seines Bistums bestätigt, das per totum Boemie et Moravie ducatum unus integer war, d. h. kirchlich zu einer Einheit zusammengeschlossen war. Die Notwendigkeit einer kleineren und damit schlagkräftigeren Mark an der durch keine Wälder und Ödländereien gesicherten Grenze Südmährens am Ober- und Mittellauf der Thaya erfährt durch den oben angezogenen Bericht des Cosmas eine indirekte Bestätigung. Trotzdem die Urkunde Heinrichs IV. für Prag von 1086 den Mailbergwald in unserem Raum als Grenze angibt [173], ist es bei der Thayagrenze geblieben, auch wenn die Siedler darüber hinausdrangen und die obengenannten Pollau Berge sicher eine Zeitlang zu Österreich gehörten. Die Mitwirkung der Reichsgewalt [174] und politische Ereignisse haben die politische Grenze von der Volkstumsgrenze sich absetzen lassen; die kirchliche Grenze aber wurde auch hier Vorläufer der Landesgrenze.

Es bleibt übrig noch über den Grafen der marchia Boemia Adalbero und seine verwandtschaftlichen Beziehungen auf Grund der Besitzgeschichte einige Aussagen zu machen, die sich im wesentlichen auf K. Lechner und E. Klebel [175] zu stützen haben. Der Name des Grafen lebt fort in „Adalberndorf", das 1108 erscheint; er weist darauf hin, daß wir in ihm einen Verwandten oder Erben der *Ebersberger* sehen dürfen. Für einen Enkel des Markgrafen hält Klebel einen Adalbero, der zwischen 1114 und 1121 ein Lehen zu Höhenbach inne hat, das Bischof Ulrich

---

[170] Cosmas, Ausg. Bretholz, S. 131. „Die Grenzen beider Länder (Österreich und Mähren) sind nicht durch Wald und Berge und auch durch keine anderen Hindernisse gezogen, sondern ein Bächlein (rivulus) namens Thaya, das durch ebengelegene Ortschaften fließt, trennt sie kaum". Dieser Bericht stammt aus der Zeit Leopolds II. und des Investiturstreits.

[171] Hirsch, H.: Jb. d. Ver. f. Gesch. d. Deutschen in Böhmen I. 1926. 30.

[172] Vita Altmanns von Passau, MG. SS. 12. 236.

[173] Holtzmann, R., im Arch f. Urkundenforschg. 6, 177 ff., 183.

[174] Barbarossa ließ eine Grenzziehung zwischen Böhmen und Niederösterreich durchführen. Hirsch, H.: Das Waldviertel, hsgb. von G. Stepan 7, 119.

[175] Lechner, K.: Jb. f. Ldkde. v. NÖ. 26, 1936, S. 113 ff. Klebel, E.: Zur Rechts- und Verfassungsgeschichte des alten Niederösterreich, S. 43 ff.

von Passau an Göttweig schenkt [176], und der nach einer Klosterneuburger Notiz von ca. 1130 als Sohn des Wolfger von Inzersdorf (a. d. Traisen) einen Weinberg zu Lang-Enzersdorf an Klosterneuburg gibt [177]. Der Edle Wolfger schenkte Unter-Nalb nahe der Stadt Retz um 1110 an Göttweig [178], er ist als Edler Wolfger von Nalb 1116 unter Grafen genannt in einer Tradition des Klosters Göttweig [179], dem er um 1100 sein Gut zu Höbenbach schenkte. Wolfger war also der Sohn des Markgrafen Adalbero, dessen Namen der Enkel wieder trug. Wolfger ist auch der Bruder des Edlen Reginher von Ried (von Staatz). Die nächsten Erben des Wolfker und Adalbero müssen nun ein Starfried und ein Cadolt gewesen sein, die in der Klosterneuburger Tradition an der Spitze der Zeugen stehen und sich dadurch als nahe Verwandten erweisen. Starfried hat aber Besitz in Treuwitz, wo später die Grafen von Hardegg begütert sind [180], und in Pötzleinsdorf, wo dann die Grafen von Burghausen erscheinen, die vielfach als Besitzvorgänger der von Plain [181] und Hardegg auftauchen; Cadolt aber ist der Ahnherr der Herren von Seefeld. In Indersdorf a. d. Traisen haben die Haderiche, die Stifter von Klein-Mariazell im Wiener Wald, Besitz, von dem sie an das Kloster schenkten [182]. Da nun aber Markgraf Leopold III. auch bei Mariazell als Erbe der Haderiche erscheint, liegt es nahe anzunehmen, daß er auf ähnliche Weise auch zu dem Besitz in und um Pulkau kam. Wenn die Annahme zu Recht besteht, daß Ita, die Gemahlin Markgraf Leopolds II., eine Tochter Rapotos III. von Cham und seiner Gemahlin Mathilde aus dem Hause der Grafen von Wels-Lambach war und ehemals siegehardisch-rapotonischer Besitz in den Händen der Babenberger aus dieser ehelichen Verbindung stammt, dann ließe sich vielleicht auch eine verwandtschaftliche Brücke von den Babenbergern zu den Haderich-Schwarzenburgern schlagen, deren Stammburg bei Rötz in den Marken der Rapotonen-Diepoldinger lag, mit denen sie höchstwahrscheinlich irgendwie verwandt waren. Klebel [183] weist weiter auf die Möglichkeit hin, daß Ita vor ihrer Ehe mit Leopold II. mit dem Großvater der Stifter von Klein-Mariazell, der Brüder Heinrich und Rapoto (Rapotonen-Diepoldinger!!), dem Vater Haderichs [184], vermählt gewesen sei. In der oftererwähnten Urkunde von 1055 erhält eine Hadericus drei Königshufen an der Pulkau in der Nähe von Mailberg, wohl das Gebiet der Orte Obritz, in dem wir „Adelsprechtesdorf" erkennen, das die Brüder von Schwarzenburg als Gut ihrer Voreltern zur Ausstattung von Klein-Mariazell verwenden und wo schon vorher Heinrich von Schwarzenburg an Berchtesgaden schenkte [185], und Hadres, in dessen Name

[176] Fontes rer. Austr. II/69, nr. 55, S. 194 und nr. 139, S. 275.
[177] Ebda. II/4, nr. 73, S. 16.
[178] Ebda. II/69, nr. 111, S. 249.
[179] Ebda. nr. 358, S. 492.
[180] Stowasser, O.: Das Land und der Herzog, S. 118.
[181] Witte, H.: MÖIG. 5. Erg.-Bd., S. 384 ff.
[182] Lechner, K.: Jb. f. Ldkde. v. NÖ. 1936, S. 97 ff., 102 ff., 109 ff.
[183] Klebel, E.: Zur Rechts- und Verfassungsgeschichte, S. 110, Anm. 177.
[184] Hadericus et filii eius Heinricus, Rapoto. Fontes rer. A. 24. nr. 123—146.
[185] Quellen und Erört. z. bayer. u. dtsch. Gesch. I, nr. 21, S. 251, nr. 49, S. 263 und nr. 53, S. 265. Dort heißt er Heinricus de Chambe. Auch sein Bruder Rapoto nennt sich de

Haderich selber fortlebt (1271 Haderichsdorf). Das mag genügen, um die Macht- und Besitzverhältnisse in diesem Grenzgebiet aufzuzeigen, dessen Umfang die Herrschaften Hardegg, Retz, Seefeld, Laa und Staatz angeben. Die Stellvertretung der Reichsgewalt, die Markgrafschaft, aber scheint bald wieder verschwunden zu sein, als auch der unmittelbare politische Anlaß wegfiel. Schon Leopold III. der Babenberger hatte hier beträchtliche Gebietsteile erworben, nur ein kleiner Teil, die Reichsgrafschaft Hardegg, konnte ihre Selbständigkeit behaupten.

VIII.

Während Heinrich III. im Westen und Süden die Ausfallspforten Böhmens durch drei Marken verriegelte, die noch mehr Kräftezentren sein sollten, von denen aus man Böhmen in des Reiches Gehorsam halten konnte, schuf er ein ähnliches Gebilde auch gegen *Ungarn,* den zweiten kirchlich und politisch selbständigen Fremdstaat an der Südostflanke des Reiches, in der sogenannten Neumark, die noch früher als die böhmische Mark ein Ende fand. Die historische Literatur hat sich mit dieser Markneugründung Kaiser Heinrichs III. schon wiederholt beschäftigt [186], ohne allerdings die Frage bisher restlos befriedigend lösen zu können. Es galt zunächst die genaue örtliche Lage der einzelnen Teile des Schenkungsgutes Heinrichs III. für den Markgrafen Siegfried zu ermitteln, weiter die späteren Besitz- und Herrschaftsverhältnisse des Siegfriedgutes und eine genealogische Zuweisung Siegfrieds zu versuchen. Von hier aus konnte man dazu fortschreiten, Ausdehnung und Grenzen der Mark herauszuarbeiten und die Errichtung in den Zusammenhang der kaiserlichen Politik hineinzustellen.

Als Heinrich III. 1043 die Rückgabe des Gebiets zwischen Fischa-Leitha und March erzwang, vereinigte er diesen Raum nicht mehr mit der Babenberger Ostmark, sondern schuf eine eigene Mark, die in der modernen Literatur unter dem urkundlich nicht belegten Titel „Neumark“ bekannt ist. Er übertrug sie einem Markgrafen (marchio, comes) Siegfried, dem er in zwei großen Schenkungen 1045

Chambe. MB. 31, S. 407 und Qu. u. Er. I, nr. 107, S. 302. — Adalprechtesdorf gehört 1103 zum großen Sprengel der Pfarre Wulfersdorf, die im Besitz des Markgrafen ist.

186 Thausing, M.: Die Neumark Österreich und das Privilegium Heinricianum 1043—1058, in den Forsch. z. dtsch. Gesch. IV. 1864, S. 355 ff. — Hasenöhrl, V.: Arch. f. österr. Gesch. 82, 1895, S. 459 ff. — Vancsa, M.: Geschichte Nieder- und Oberösterreichs I., 1905, S. 243 ff. — Bednar, K.: Zur ältesten Besitzgeschichte des Neumarkgebietes, im Jb. f. Ldkde. v. NÖ. 21, 1928 (Redlich-Festschrift), S. 49—76. — Derselbe: Das Schenkungsgut der ersten Königsschenkung für den Markgrafen Siegfried vom 7. März 1045, ebda. 22, 1939, S. 302—430. — Mitscha-Märheim, H.: Zur ältesten Besitzgeschichte des nordöstlichen Niederösterreich, ebenda 26, 1936, S. 80—91, bes. S. 84. — Ders.: Eine genealogisch-besitzgeschichtliche Untersuchung zur Frühgeschichte Wiens, im Mtsbl. d. Ver. f. Gesch. d. Stadt Wien 29. (54.) Jg., 1937, S. 135—140. — Lechner, K.: Leistungen und Aufgaben siedlungskundlicher Forschung, im Deutsch. Arch. f. Landes- u. Volkesforschg. IV., 1940, S. 494—546. — Klebel, E.: Zur Rechts- und Verfassungsgeschichte des alten Niederösterreich. 1944, bes. S. 42—46.

(7. März und 15. Juli)[187] ausgedehnte Ländereien im Umfang von 380 Hufen und 35 Hofstätten im Raum zwischen March, Fischa und Leitha, zwischen March, Sulza und Zaya um Stillfried und längs der Donau östlich des Eichstätter Gebiets zwischen Kaumberg und Liesing vergabte. Der König beabsichtigte offenbar durch die Organisation eines kleineren und damit stärkeren Grenzraumes eine einsatzbereite Operationsbasis zu beiden Seiten der Ungarstraße und des großen Völkerweges der Donau zu schaffen ähnlich wie vor dem Further Landestor, im Naabtal oder an der offenen Grenze Südmährens, um einmal jeder Zeit von hier aus in die politisch unruhige Donauebene vorstoßen und vor allem den deutschen Einfluß auf die Besetzung des ungarischen Königsthrones jederzeit geltend machen und diesen Staat unter deutscher Oberhoheit halten zu können, andererseits aber um der deutschen Siedlung hier einen festen Rückhalt zu gewähren und gerade in der Periode des Übergangs vom Grenzraum zur politisch-staatlichen Grenzlinie das Vordringen der Siedlung einheitlich zu lenken. Darin sehe ich auch einen Hauptzweck der reichen Schenkungen an den Markgrafen des Gebietes und meine, daß die persönliche Initiative des Königs und der Amtsauftrag an den Markgrafen aus den Bestimmungen beider Schenkungsurkunden abzuleiten sei, da die Hufen durch einen Königsboten zugemessen und angewiesen werden[188]. Das starke Hervortreten von Straßendörfern besonders mit angerartiger Verbreitung, untermischt mit etwas weniger zahlreichen reinen Angertypen in unserem Gebiet[189], kann meine Annahme noch unterstreichen, da gerade in diesen Siedlungstypen einheitliche Leitung klar zutage tritt. Der Markgraf Siegfried tritt 1045 noch zweimal auf; in der Urkunde für Niederalteich vom 3. Juni[190] schenkt der König dem Kloster 10 Königshufen an der Zaya neben dem Besitz des marchio Siegfried; sie liegen „in comitatu Sigefridi marchionis", für den Gaunamen ist eine Lücke gelassen; in einer zweiten Urkunde vom gleichen Datum[191] schenkt er seinem Getreuen Reginold die Hälfte von Reisenberg und 10 Königshufen zwischen Fischa und Leitha (Pischelsdorf) in comitatu Sigefridi marchionis mit der nämlichen Einschränkung „ubi sibi mensurare precipimus", was mir ja auf einheitlichen Plan hinzuweisen scheint. Zu diesen Königsdiplomen glaube ich trotz des Fehlens von Zeit- und Ortsangabe noch die Schenkung für den königlichen serviens Rizimann stellen zu müssen, die der Herausgeber der Urkunden Heinrichs III. unter Urkunden aus dem Jahre 1048 eingereiht hat und deren Schenkungsgut vermutlich in unserer Neumark liegt[192]. Die Urkunde ist zwar unecht, doch ist die Benutzung einer echten Vorlage für den Königsministerialen unzweifelhaft, die 5 Königshufen liegen zu Sarasdorf an der Leitha. Ich messe dem Diplom deshalb so große Bedeutung bei, weil sich hier

---

187 MG. DD. Hei III. nr. 133, S. 167 und nr. 141, S. 177 ff.

188 DD. Hei III. nr. 133. S. 169: „ubicumque inibi nos sibi praecipimus mensurare." Ebda. nr. 141. S. 177: „ubicumque sibi per nostrum nuncium inibi demonstrentur."

189 Siedlungsformenkarte von Niederösterreich v. A. Klaar, im Jb. f. Ldkde. v. NÖ. 23, 1930, S. 37, 75.

190 DD. Hei III., nr. 137, S. 172.

191 DD. Hei III., nr. 136, S. 171.

192 Ebda. nr. 211, S. 280/2.

wie in der Mark Cham der Einsatz von Dienstmannen durch den König im Markgebiet unter Leitung des Markgrafen so schön zeigen läßt; Dienstmannen waren ja vornehmlich die Träger des Wehrsystems dieser Grenzlandschaften, umsomehr, als sich in beiden niederösterreichischen Marken kaum Marchfutter finden läßt. Aus allen angeführten Diplomen läßt sich der bestimmte Eindruck gewinnen, daß im Augenblick der Rückgewinnung des Neumarkgebietes der König Herr allen Grunds und Bodens wurde; nur so sind die umfangreichen Schenkungen denkbar und die Anweisung, daß Königsboten (und andere Beamte) das Land auszumessen hätten, setzt voraus, daß ihm das verbleibende Land auch gehörte, über das der Herrscher offenbar nach bewußtem Plan verfügte. Bei den kargen Auskünften, die die Quellen geben, ist es an sich so schwer, gerade in diesen Verwaltungs- und Organisationsangelegenheiten die persönliche Initiative des Herrschers aufzuspüren, daß wir uns freuen müssen, aus geringen Andeutungen Vermutungen schöpfen zu können. In der Neumark aber glaube ich Plan, Wollen und Leitung des Kaisers spüren zu sollen. Die umfangreichen Schenkungen an den Markgrafen Siegfried sind aber auch ein schönes Zeugnis für die oft in großem Zusammenhang ausgesprochene Tatsache, daß Markboden der Herrschaftsbildung freien Raum und günstigste Gelegenheiten bot. Markgraf Siegfried verschwindet nach den vier besprochenen Erwähnungen wieder spurlos. Seine Mark war auch kirchlich selbständig organisiert; während das Bistum Passau in der Ostmark allein das Zehentrecht besaß, wurde der Zehnt in der Neumark 1051 der Propstei Hainburg zugewiesen, worunter E. Klebel Deutsch-Altenburg versteht [193]. Auf die Grenzangabe dieser Schenkung des zehnten Lehens, des Fruchtzehntes im ganzen neueroberten Gebiet und des dritten Teils der Einkünfte aus der Stadt Hainburg beziehen sich alle Erörterungen über den Umfang der Neumark. Das Zehntgebiet ist umschrieben: „rectam fructuum decimationem totius regionis in finibus Ungarorum gladio ab hostibus adquisitae in pago Osteriche in comitatu (Lücke) ex una parte Danubii inter Fiscaha et Litaha, ex altera parte autem inter Strachtin (= Tracht in Mähren) et ostia Fiscaha usque in Maraha." In dem nämlichen Raum liegen auch die Schenkungen an den Markgrafen Siegfried, an Niederalteich und Reginold (an der Zaya und Pischelsdorf an der Fischa). Es ist eine sehr anregende, aber unbewiesene Vermutung Klebels, daß dieses Zehntgebiet einem Raum entsprochen habe, der 1043 (nicht 1046) aus den ungarischen Burgbezirken Wieselburg und Preßburg und dem mährischen Burgbezirk Lundenburg herausgeschnitten worden sei. Für die Neumark scheint mir diese Vermutung Klebels aber wesentlich begründeter zu sein als für das Land zwischen Wagram und Thaya, da wir ja wissen, daß das Gebiet durch Konrad II. erst verloren war. Doch bleibt es weiter fraglich, ob der werdende ungarische Staat bereits mit so klar gefaßten Verwaltungseinheiten gearbeitet hat. Auch hier wird es sich wohl nur um Kraftfelder und Brennpunkte gehandelt haben, an deren Peripherie die Ausstrahlung staatlichen Willens immer schwächer wurde. In der Gründung und Organisation der beiden niederösterreichischen Marken sehe ich einen bewußten staatlich-administrativen Akt des Deutschen Kaisers.

[193] DD. Hei III, nr. 277, S. 378; vgl. MÖIG. 41. S. 121 ff. und 47, S. 57 ff.

Wie nötig die Organisation eines starken Grenzgebietes gerade hier war, zeigen die Ereignisse der Jahre nach 1045. Schon 1046 wurde der deutsche Thronkandidat Peter von Ungarn wieder gestürzt und ein Enkel Stephans als nationaler Herrscher ins Land gerufen, der sich vergeblich um die Anerkennung Kaiser Heinrichs III. bemühte [194]. Plünderungen und Verwüstungen waren die Folge. 1050 wurde wahrscheinlich auch die Feste Hainburg zerstört, die wohl als der eigentliche politische und militärische Mittelpunkt der Neumark und Sitz des Markgrafen erbaut worden war [195]. Damit haben wir hier ähnliche Verhältnisse anzunehmen wie in den Marken Cham und Nabburg, wo auch Reichsburgen das militärische und administrative Zentrum des Gebietes darstellen. Auf einem Reichstag zu Nürnberg wurden Herzog Konrad von Bayern, Markgraf Adalbert der Ostmark und Bischof Gebhard von Regensburg mit der Wiederherstellung der Burg beauftragt. Markgraf Siegfried war offenbar nicht mehr im Amte, vielleicht war die Basis seiner Markgrafschaft doch zu schmal, um gegen die Ungarn wirksam auftreten zu können. Ist dem so, dann hätte der Kaiser seine ursprüngliche Konzeption kleinerer Verwaltungseinheiten gegenüber dem unruhigen Ungarn wieder aufgeben müssen. Sein mit großem Aufgebot unternommener Heerzug, den auch der Böhme Břetislav im Norden der Donau unterstützte, schlug fehl, ein zweiter Versuch von Kärnten aus vorzudringen hatte so großen Mißerfolg, daß er froh sein mußte, sich mit den Resten seines Heeres nach Hainburg durchzuschlagen. Eine Belagerung von Preßburg 1052 brachte keinen Erfolg, einen Frieden mit Ungarn hintertrieb der entsetzte Herzog von Bayern, der zu den Feinden geflohen war. Als 1054 neue Ungarneinfälle das Land verwüsteten, mußte der Kaiser, den die Regierungsgeschäfte abhielten, die Verteidigung dem Markgrafen der Ostmark überlassen, die nach Adalberts Tode 1055 sein energischer Sohn Ernst übernahm. Die politischen Ereignisse von 1055 und 1056 hatten eine Einstellung der Feindseligkeiten zur Folge, 1058 wurde auf dem Marchfeld der Friede geschlossen, der auch die Anerkennung der Unabhängigkeit Ungarns durch das Reich brachte. 1060 mußte zwar ein deutsches Heer zu Gunsten des deutschen Parteigängers der Stefanskrone wieder eingreifen und 1063 gelang es sogar einem deutschen Heer die starken Grenzbefestigungen zu umgehen und die Feste Wieselburg im Sturm zu nehmen und den deutschen Kronprätendenten Salomon nach Stuhlweißenburg zurückzuführen. Ziel dieser Feldzüge war, den deutschen Einfluß auf den Fremdstaat an der Südostflanke des Reiches aufrecht zu erhalten. Die Neumark ist aber bald wieder verschwunden und 1063 liegen bereits mehrere Orte, die früher zur Mark Siegfrieds gehört hatten, „in comitatu Ernusti marchionis". Mag auch für die böhmische Mark Klebels Annahme berechtigt sein [196], daß die Babenberger durch den Erwerb bedeutender Güter(-Komplexe) die Organisation der Mark zwischen 1120 und 1131

---

194 Darüber berichten Hermann von der Reichenau und die Altaicher Annalen (MG. SS. 5 und 20). — Steindorf: Jahrbücher des Deutschen Reiches unter Heinrich III.

195 Donin, R.: Die Kunstkalender der Stadt Hainburg, im Jb. f. Ldkde. von NÖ. 24, 1931, S. 8—21.

196 Klebel, E.: Zur Rechts- und Verfassungsgeschichte, S. 45 u. 46.

gesprengt haben, so ließe sich gerade aus der frühen Erwähnung (1063) von Besitz des Markgrafen Ernst in der Neumark schließen, daß unter dem Druck der kriegerischen Ereignisse und politischen Verwicklungen sich die Mark als Eigengebilde nicht lebensfähig erwies und wieder dem mächtigeren Ostmarkgrafen unterstellt wurde, der natürlich seinerseits nun durch große Gütererwerbungen auf jede Art seine Stellung im Grenzgebiet auszubauen suchte. Darauf komme ich nochmals zurück. Daß sich die kirchliche Organisation des Zehntbezirks von Hainburg als selbständige Einheit erhalten hat, widerspricht dem nicht, im Gegenteil. Die gefährdete Lage des Grenzlandes wird zunächst auch weiter die Sonderstellung der Neumark bestehen haben lassen, wenn sich auch der offenbar mit der obersten Führung betraute Ostmarkgraf bemühte, sie seinem werdenden Territorium einzuverleiben und die Grenzen zu verwischen, die wir auch hier wie in Cham und Nabburg nur mühsam aus dem Umfang alter Kirchensprengel rekonstruieren.

Die Notwendigkeit eigenständiger Grenzorganisation ergab sich für Heinrich III. nicht nur unter dem Zwang innen- und außenpolitischer Entwicklungen, sondern auch durch das Beispiel des abzuwehrenden und zu bekämpfenden Gegners [197]. Der ungarische Staat war zu zwei Drittel seiner Grenze durch den Karpathenbogen geschützt, an dessen Pässen er wie die Böhmen Grenzmilizen ansiedelte. Im Süden aber boten ihm die breiten Flußläufe von Donau und Drau mit ihrem Überschwemmungsgebiet und den sumpfigen Uferauen genügende Deckung. An der Front längs der österreichisch-steirischen Grenze hatte er seit Ende des 10. Jahrhunderts das Wehrsystem der Gyepü aufgebaut. Diese Grenzwächtermilizen unfreien Standes entstammten meist unterworfenen oder angeschlossenen Völkerschaften. Die Hauptbefestigungen lagen südlich der Donau, da die Straße am Nordufer viel weniger gefährdet war. Die Grenzburg auf dem Felskegel von Theben und die alte Festung auf dem Schloßberg von Preßburg waren hier die Hauptzentren. das Überschwemmungsgebiet der March unterhalb Marchegg konnte nicht passiert werden. Gelang es dem Gegner die March zu überqueren und Preßburg zu überflügeln, so boten die Karpathenströme Waag, Neutra und Gran noch immer starke Abwehrlinien. Südlich des Stroms verlief die Hauptkampflinie dicht westlich von Raab und noch weiter südlich traten die Sümpfe von Waasen zwischen dem Neusiedler See und der Unteren Rabnitz immer stärker dem Einmarschierenden in den Weg. Das Gebiet der unteren Rabnitz konnte kurz vor der Einmündung in Raab und Donau überschwemmt und durch starke Befestigungsanlagen abgeriegelt werden. Um das Landestor an der Rabnitz durchbrechen zu können, brauchte der deutsche Heerbann ein gut organisiertes Hinterland, da er hier länger zu liegen gezwungen war. 1042 umging der Kaiser diese Sperre, indem er unterhalb Hainburg auf das linke Donauufer übersetzte, Preßburg stürmte und am Nordufer vorrückte. 1044 gelang wieder eine Umgehung der Landessperre bis zum nächsten Landestor von Kapuvár. 1051 zwang die Rabnitzsperre den Kaiser zu einem Umweg bis zur oberen Raab. In diesen Jahren verlegten die Ungarn ihre Hauptver-

[197] Schünemann, K.: Deutsche Kriegführung im Osten während des Mittelalters, im Deutschen Archiv II., 1938, S. 69.

teidigungslinie nach vorne an die Sumpffestung Wieselburg, die 1063 ebenfalls umgangen werden mußte [198]. Seit Beginn des 12. Jahrhunderts strebten die Ungarn mit der Besiedlung des Grenzlandes auch ihre Sperren westwärts vorzuschieben. Gegenüber Preßburg zwischen Donau und Leitha siedelten sie russische Grenzwächter an, das Tor vor Ödenburg schützten ungarische Grenzmilizen, petschenegische Grenzer saßen in vorgeschobener Stellung in Pötsching an der Bulka und im Süden zeigen noch heute die Ortsnamen die Siedlungen ungarischer speculatores (ung. örök) an [199]. Als sich im westlichen Grenzgebiet die Zahl kleiner herrschaftlicher Burgzentren vergrößerte, da verlor hier das Gyepüsystem seinen Sinn, dessen Entsprechung auf deutscher Seite die Gründung der kleineren Grenzeinheit der Neumark unter Heinrich III. war, der das Gebiet einheitlichem Kommando unterstellte und es offenbar mit Burgen königlich-markgräflicher Dienstmannen zu überziehen gedachte. Dasselbe haben wir auch in der Mark Cham beobachtet, wo plötzlich in der ersten Hälfte des 12. Jahrhunderts fast in allen Dörfern der Mark Dienstmannensitze urkundlich werden, die Vorläufer und Zentren kleiner Herrschaften und Hofmarken, die Fortentwicklung des auf der Dorfeinheit begründeten Wehrsystems der Siedler, das gerade für Niederösterreich Klebels anregende Vermutung aufgezeigt hat.

Den Umfang der Neumark hat alle bisherige Forschung aus der Zehentverleihung für Stift Hainburg von 1051 erschlossen. Als Westgrenze wird die Fischa im Süden des Stroms und eine Linie von der Fischamündung bis zur Ortschaft Strahotin = Tracht an der Thaya nördlich der Donau genannt, die parallel der Reichsstraße Nikolsburg—Erdberg, und zwar östlich davon, verläuft und mit den nordsüdlich verlaufenden Grenzen der Gemeinden Herrenbaumgarten und Ketzelsdorf zusammenfällt [200]. Östlich davon liegen die zwei passauischen Kirchen Krut und Feldsberg inmitten passauischen Besitzes; als Westgrenze des 1056 an Passau vergabten Gebiets von Herrenbaumgarten gibt das Kaiserdiplom [201] an: „omnem terram intra subscriptos terminos inclusam, id est vallem ipsam Poumgartuntal dictam, sursum usque *ad definitas notas Ungaricorum terminorum*", worin ich mit Mitscha-Märheim zugleich die Westgrenze der als termini Ungaricorum bezeichneten Neumark gegen Ungarn erblicke; termini hat hier offenbar eine ähnliche Bedeutung wie das confinium der Barbarossaurkunde für Reichenbach in der Mark Cham. Wir ersehen daraus auch, daß diese Ungarnmark nach Westen durch sichtbare Grenzzeichen (definitae notae) ausgesteckt war. Welches Gebiet im Westen aber anschloß, wird aus der Urkunde nicht klar. Doch damit haben wir nur einen kleinen Teil der Grenzen bestimmt. Gerade im Norden des Stromes ist es schwer den Umfang auszumachen, da es unmöglich ist die Ausdehnung der Pfarren oder Landgerichte als Hilfsmittel heranzuziehen. Bevor die Untersuchung der Besitzge-

---

198 Annales Altahenses, S. 35 ff., S. 47, S. 63.

199 Schünemann, K.: Die Deutschen in Ungarn 1923, S. 87 ff. — Mór, E.: Westungarn im Spiegel der Ortsnamen. Szeged 1935, S. 100 u. 315.

200 Mitscha-Märheim: Jb. f. Ldkde. NÖ. 26, 1936, S. 85.

201 DD. Hei III., nr. 376, S. 517.

schichte [202] des Marchfeldes nicht durchgeführt ist, müssen wir Klebels Vorschlag folgen, in den ursprünglichen Landgerichten Korneuburg, Marchegg, Hainburg, Unterwalthersdorf und in dem Landgericht, das die Ungeldbezirke Dürnkrut und Mistelbach gebildet haben [203], das Gebiet der Neumark zu sehen. Nicht zu entscheiden ist die Zugehörigkeit von Wien und der daraus abgeleiteten Landgerichte Mödling, Traiskirchen und Schwechat. Auf Grund der vorgetragenen Meinung von der frühen Unterstellung der Neumark unter den Markgrafen der Ostmark halte ich es für wahrscheinlich, daß sich gerade hier die Grenzen gegen Westen sehr rasch verflüchtigt haben und in der Zeit der Ausbildung der Landgerichte schon so gründlich verwischt waren, daß sie in den gerichtlichen Einheiten keinen Niederschlag mehr fanden.

Einige besitzgeschichtliche Tatsachen helfen da vielleicht noch weiter. Ich halte es einstweilen für müßig, den Markgrafen Siegfried mit einem Grafen Siegehard gleichzusetzen oder ihn einer bestimmten Familie zuzuweisen. Ich habe schon betont, daß ich den beträchtlichen Babenberger Besitz in der Neumark weniger auf Erwerbung als auf ihr Wirken in diesem Gebiet nach dem Verschwinden Siegfrieds zurückzuführen möchte. Beachtenswert erscheint mir daneben vor allem das Erscheinen der Diepoldinger als Herren in der Gegend von Hainburg, Petronell, wo noch Konrad III. Königsrechte wahrnimmt [204], und Bruck a. d. Leitha von 1059—1142. Schon 1063 erscheint Markgraf Diepold an der Grenze bei Hainburg [205]; 1122/7 schenkt Diepold III. an Göttweig den halben Zehnten zu Hainburg und auf seinen Gütern zwischen Fischa und Leitha [206], als die wir nach dem Ausweis der Stiftsurbare [207] Arbesthal, Bruck a. d. Leitha, Deutsch-Altenburg, Enzersdorf a. d. Vischa, Göttlesbrunn, Höflein, Loimersdorf, Petronell, Regelsdorf, Scharndorf, Wildungsmauer und Witzelsdorf ansehen können, sowie die Tochterkirchen der Pfarre Hainburg, Berg, Haslau a. d. Leitha, Hollern, Schönabrunn und Wolfstal [208]. Der Diepoldinger verfügte 1122 nur über die Hälfte des Gebietes zwischen Fischa und Leitha; die andere große Herrschaft mit Prellenkirchen, Trautmannsdorf, den beiden Haslau und einem Teil von Hainburg war wohl zunächst um 1130—1140 in den Händen von Reginold und Wolfher von Hainburg und Prellenkirchen, die vermutlich Brüder des Bischofs Eberhard von Bamberg waren, sich sonst von Ettling (bei Ingolstadt) nannten und identisch sind mit den oberfränkischen Reifenbergern, die Speinshart begründet haben. Von diesen kam das Gebiet

---

[202] Klebel: Rechts- und Verfassungsgeschichte, S. 43 und S. 48 ff.

[203] Klebel, E., in den MÖIG. 52, S. 277 ff.

[204] Hirsch, H.: Das unechte Diplom Konrads III. für die Herren von Kranichberg und seine echte Vorlage, im Jb. f. Ldkde. NÖ. 26, S. 247 bis 252. — 1058 machte Heinrich IV. seiner Mutter Agnes eine große Schenkung, auf die die Erbauung einer Kirche der hl. Petronilla zurückzuführen ist. Seit 1080 sind die Diepoldinger im Besitz der Pfarre mit dem Zehnt, sie erhielten es wohl vom Kaiser als Reichslehen übertragen. 1142 gibt Konrad III. dieses Gebiet dem Edlen Hugo von Kranichberg zu erbeigen, der es von Markgraf Diepold III. früher zu Lehen erhalten hatte.

[205] MG. SS. V. 271.

[206] Fontes rer. A. II/69, nr. 145, S. 281.

[207] Ebda. A. Fuchs, S. 386—415.

[208] Klebel, E.: MÖIG. 47, S. 58.

an die Sulzbacher und die Domvögte von Regensburg, die Lengenbacher [209], wohl als Bamberger Lehen. Die Sulzbacher sind sicher 1088 im Besitz von Hainburg und Pottendorf [210].

Der Name Pottendorf und die Pottenburg (bei Hainburg) könnten uns nun aber hinführen auf Poto, den Bruder des bayerischen Pfalzgrafen Aribo, der Hainburg gegen die Ungarn verteidigte, 1055 aber wegen Hochverrats Güter und Ämter verlor [211]. Daraus scheint sich zu ergeben, daß nach Siegfried offenbar Poto mit der Wahrnehmung der Mark, vor allem der Verteidigung der Hauptfeste beauftragt war, auf jeden Fall politische und militärische Funktionen hier ausübte und daß nach seiner Ächtung Diepold, der Bruder Rapotos von Cham, mit dieser Aufgabe betraut wurde. Das kann unter der Oberleitung des Babenberger Markgrafen geschehen sein, dessen Vordringen in die Neumark damit erklärt ist, wie ich oben ausführte; das kann aber auch selbständig als Nachfolger Siegfrieds gewesen sein und dann besteht Klebels Vermutung zurecht, daß Markgraf Ernst durch sein eigenherrschaftliches Bemühen die Mark schließlich gesprengt hat. Klare Entscheidungen lassen sich natürlich hier nicht treffen. Da bei Konfiskationen bekanntlich nie sämtliche Güter eingezogen wurden, ist es möglich, daß Poto — der Name kommt aus Sachsen (Frutolf) — Besitz an die Reifenberger Reginold und Wolfher vererbte, wobei die späteren Herren von Asparn, die auch einen Poto aufweisen, sehr wohl ihren Besitz im Wolfstal, das an Hainburg und die Pottenburg angrenzte, und in dem Pottendorf benachbarten Wampersdorf auch irgendwie durch Verwandtschaft und Erbschaft erhalten haben können [212]. Es schälen sich hier zwei große Besitzgruppen heraus, die Diepoldinger auf der einen, die Poto-Reifensteiner-Sulzbacher-Asparn-Lengenbacher Gruppe auf der anderen Seite, die damit ihren Besitz gewaltig erweitert und zweifellos auch ihre Vormachtstellung in der ganzen Mark entscheidend begründet haben, worauf ich eingangs in Anlehnung an Ausführungen K. Lechners und O. Stowassers schon hingewiesen habe. Dieser principatus, wie Lechner es nannte, ließe sich aber am einfachsten erklären, wenn man eine Unterstellung der Neumark unter die Babenberger oder eine Art Oberleitung annähme, die sich aus der politischen und militärischen Krisenlage der Jahre nach 1045 mit den wiederholten Einfällen der Ungarn ergab. Poto und Diepold als Burggrafen von Hainburg und Markgrafen beschränkter Verantwortlichkeit ließen sich wohl damit vereinbaren. Für die böhmische Mark möchte ich diese Lösung nicht annehmen, sondern mich der Auffassung Klebels von dem Sprengen der Mark mittels des Erwerbs großer Herrschaften durch die Babenberger anschließen, die ihre „amtliche" Stellung in der Neumark, die ich verfassungsrechtlich nicht scharf umgrenzen kann, vor allem dazu ausnützten, eine starke Eigenherrschaft auf-

---

209 Maidhoff, A.: Urbare I., 1933, S. 202—207.

210 MG. D. Chr. III/, S. 719, Z. 1—2.

211 Knonau, Meyer von: Jahrbücher I. 196 ff.

212 Die von Klebel, E. a. a. O., S. 110, Anm. 184 angekündigte Abhandlung über die Verwandtschaft der Poto von Asparn und Molesdorf mit dem Aribonen Poto im Zusammenhang der Gründungsurkunde der Pfarre Kirchstätten wirft vielleicht auch auf die Verhältnisse der Neumark ein helleres Licht.

zubauen, die ihnen erst ein tatsächliches machtmäßiges Übergewicht über die anderen principes verlieh. Doch damit habe ich an eine heikle Frage österreichisch-deutscher Verfassungsgeschichte gerührt [213].

IX.

Wir können zusammenfassen: 1. Kaiser Heinrich III. hat bei seinen ausgedehnten Bemühungen um Erhaltung und Stärkung des deutschen Einflusses in den beiden Fremdstaaten in der Südostflanke des Reiches, die sich immer mehr festigen und in einem starken nationalen König- bzw. Herzogtum ihre Kräfte zu höherer Einheit und Kraftentfaltung führten, als Ausfallspforten und Hauptetappenlinien für seine Feldzüge aber auch zur Verteidigung der Landestore nach dem Beispiel des Gegners vier neue Marken errichtet, drei gegen Böhmen, eine gegen Ungarn.

2. Diese neuen Gebilde mit besonderer militärischer Zwecksetzung stellen einen fortgeschrittenen Typ der deutschen Markenverfassung dar. In der Zeit, da von beiden Seiten die Siedlung im Grenzraum vordringt und der Übergang vom Grenzraum zur Grenzlinie sich anbahnt, hat die Form der ottonischen Mark keinen Sinn mehr. Die Marken Cham und Nabburg, die Böhmische Mark und die Neumark sind ihrem Wesen nach eine Art Militärgrenze an besonders gefährdetem oder bedeutsamem Grenzabschnitt.

3. Wie notwendig es ist, regionale Verhältnisse zu berücksichtigen, um historisch falsche Verallgemeinerungen zu vermeiden und die Dynamik politischen Geschehens entsprechend ihren Gesetzen richtig zu würdigen, beweist gerade die historische Entwicklung dieser vier Marken im einzelnen. a) Die Mark Cham ist aus einem alten Königsgutbezirk um eine auch als Fliehburg dienende Reichsveste herausgewachsen und zu einem burgenübersäten und von Dienstmannen geleiteten Verwaltungskörper unter markgräflicher Führung geworden, dessen Umfang offenbar in der Dekanatsgrenze von 1326 zutage tritt. b) Ein eigenartiges Gebilde ist die Mark Nabburg, deren Reichsburgmittelpunkt ebenso wie die Urpfarrkirche Perschen im äußersten Südwesten liegt. Hut von wichtigen Straßen quer durch den Nordgau nach Böhmen und im Naabtal, aber auch die Betreuung des Südteils des späteren Egerlandes scheinen Aufgabe und Sinn dieser Mark gewesen zu sein, deren Zentrum mit seiner Rand- und Binnenstellung auf äußere Verhältnisse hinweist. Der Stoßrichtung nach Norden folgend hat Diepold III. mit der gesammelten Kraft der beiden Marken Organisation und Siedlung des Egerlandes durchgeführt, das nach der Einziehung durch die Staufer den reinsten Typ des dynastenlosen Reichslandes unter Ministerialenverwaltung entwickelte. Der Umfang der Nabburger Organisation scheint sich im wesentlichen mit dem Dekanat Altendorf von 1326 zu decken. c) Ein typisches militärisches Grenzgebilde scheint die marchia Boemia im Norden Niederösterreichs gegen das mit Böhmen zu einer Einheit allmählich

---

[213] Zibermayr, J.: Norikum, Bayern und Österreich 1944. Das viele neue Fragen vor allem der baierischen Frühgeschichte aufwerfende, äußerst anregende Buch beschäftigt sich auch mit diesen Problemen. Ich kann nur mehr darauf verweisen, da es zu spät in meine Hände kam.

verschmolzene Mähren gewesen zu sein, dazu bestimmt, die gefährdete Stelle in der Ebene von Laa von der Pulkau aus gegen die Thaya zu schützen. d) Die sogenannte Neumark ist von den Ungarn zurückgewonnenes Land, das neu in einer Mark organisiert wurde, sich aber in dieser Form gegen die Anstürme des Gegners nicht hielt. Hier prägte sich besonders das Recht des Königs an allem erobertem Boden aus, wie eine Urkunde für Passau sogar bemerkt. Einzelbeobachtung und Gesamtschau ermöglichen hier also gesicherte Erkenntnisse.

4. In diesen Marken haben wir auch den Durchbruch eines neuen Wehrsystems, bzw. seine Vervollkommnung zu sehen. An die Stelle der Hufe als Wehreinheit für das Reiteraufgebot, das auf Verproviantierung mit Hilfe des Marchfutters angewiesen ist, dessen Blütezeit am Ende des 10. Jahrhunderts war, tritt nun das Dorf als Wehreinheit, an seiner Spitze der im Turm oder in der Burg wohnende Markministeriale, dessen Sippe es gelingt eine Dorfherrschaft und später Hofmark, aber auch Herrschaftsgebilde größeren Umfangs aufzubauen. So wird die Vergabung von Königshufen in den Marken Cham und zwischen Fischa und Leitha durch Heinrich III. an Königsministerialen ein erstes urkundliches Zeugnis für die Vervollkommnung dieses Wehrsystems, das im 12. Jahrhundert in den niederösterreichischen Marken ganz eindeutig klar erscheint und heute noch in einer Unzahl imposanter Burgruinen plastisch in die Landschaft eingegraben ist.

5. Besonders eindrucksvoll ist es, den König beim staatsschöpferischen Werk des Verwaltungsaus- und -aufbaus an der Grenze beobachten zu können. So schneidet er aus Nordgau und Donaugau die marchia Chambe heraus, deren Kernlinie der Regen wird, und stellt einen eigenen Markgrafen auf, der unabhängig von den Schweinfurtern seiner vornehmlich militärischen Aufgabe obliegt. Oder er wandelt den Ostsaum des Grafschaftsgebietes der Babenberger von Schweinfurt in die Mark Nabburg um, ohne sie allerdings zunächst einem eigenen Markgrafen zu übertragen. Im Nordgau zeigen ihn ja die Urkunden als Organisator des Reichsguts. Im Norden Niederösterreichs läßt er das Pulkautal vom Mailbergerwald bis zur Thaya als marchia Boemia erstehen, wobei ich an die Organisation ziemlich herrenlosen Landes denke und mir eine Abtrennung von dem Burgbezirk von Znaim nicht recht vorstellen kann. Es war hier ein Wettlauf um die günstigste Grenze. Durch eigene Königsboten läßt er dem Markgrafen Siegfried der Neumark sein Schenkungsgut ausmessen und gibt ihm mit den Hufen wohl auch den Siedlungsauftrag. Dieses unter Konrad II. verlorene Gebiet wird aus dem Verband der Komitate Ödenburg, Wieselburg und des Lundenburger Burgbezirks herausgelöst.

6. Von allen vier Marken weisen drei eine zentrale Burg auf: Cham, Nabburg und die Neumark (Hainburg bzw. Deutsch-Altenburg). Marchfutter tritt allein in der Mark Cham auf. Da wir in den Marchfutterorten der bayerischen Urbare Grundzüge eines älteren Wehrsystems aus der Zeit des Reiteraufgebots vom Ende des 10. Jahrhunderts erkennen, gibt der Bereich dieser Orte nicht den Umfang der salischen Mark Cham, sondern den alten Königsguts- und Reichsgutsbezirk an, der mit dem Urpfarreisprengel von Chammünster zusammenfällt. Den eigentli-

chen Umfang aber kennzeichnet die Verbreitung der Markministerialenburgen der Rapotonen-Diepoldinger.

7. Alle vier Marken haben mit Teilausnahmen das nämliche Schicksal des Aufgehens in großen Territorien gehabt. Die Marken Cham und Nabburg fallen der umfassenden Territorialpolitik der Wittelsbacher zum Opfer und werden Teil ihres Staates durch Erbschaft. Nur das Egerland wird Reichsland modernsten staufischen Stils mit hochentwickelter Ministerialenverwaltung. Die marchia Boemia sprengt der Babenberger Markgraf durch seine unbeirrbare Besitz- und Herrschaftspolitik; als Torso der alten Reichsherrlichkeit an der Thaya kann sich die Reichsgrafschaft Hardegg bis ins 15. Jahrhundert erhalten. In den Besitz des reichen Schenkungsgutes des Markgrafen Siegfried der Neumark aber kam der Babenberger Ernst offenbar dadurch, daß ihm in düsteren Krisenzeiten, denen die junge Neugründung noch nicht gewachsen war, augenscheinlich eine Art militärischer Oberbefehl übertragen wurde und der Aribone Potho und als Nachfolger der Schwabe Diepold II., Ahnherr der Vohburger, als Kommandanten der Hainburg und Herren des restlichen Landes, in das sich ihre Nachkommen und Besitznachfolger später teilten, ihm unterstellt waren. So ließe sich die tatsächliche Machtstellung der Babenberger seit dieser Zeit ungezwungen erklären.

Über dem eindrucksvollen Ausgriff eines Otto d. Gr. über die Elbe-Saale hinaus und der gewaltigen Ausweitung deutschen Reichs- und Volksbodens im 11./12./13. Jahrhundert unter der Führung starker deutscher Herrengeschlechter und des Deutschordens vergißt man gerne die mühsame Kleinarbeit und das organisatorische Aufbauwerk deutscher Könige zur Erhaltung des Gewonnenen und ihre ernsthaften Bemühungen um die Aufrechterhaltung deutschen Einflusses in den Fremd-Gebieten, die durch das Erwachen eigenen Nationalbewußtseins zunächst kirchlich- und dann staatlich-selbständige Körper mit starker nationaler Führung geworden waren und sich der Oberherrschaft des mächtigen Nachbarn zu entziehen suchten. Wer aber die Geschichte des deutschen Ostens und das Werden der deutschen Ostgrenze richtig würdigen will, darf auch dieses stille Ringen um die Gestaltung und den Verlauf der Grenze nicht übersehen und unterschätzen, da ihm sonst leicht auch das Verständnis für die Größe und Hartnäckigkeit des Grenzkampfes bis in unsere Tage mangeln könnte. Heinrichs III. Persönlichkeit und Staatsregierung gewinnt für uns durch solche Betrachtung neue Bedeutung. Nicht allein als Kirchenpolitiker, sondern auch als Ostpolitiker und Staatsorganisator tritt der zweite Salier vor allem durch das Ausschöpfen der Urkunden stärker in Erscheinung. Wenn es uns einmal möglich ist an Hand brauchbarer Urkundenveröffentlichungen das gesamte Wirken der Salier *und* Staufer zu überschauen, dann wird sich uns, so bin ich überzeugt, auch ein Blick in die staatsschöpferische Aufbauarbeit und die organisatorische Leistung der deutschen Könige des hohen Mittelalters auftun, wie ihn uns die unter anderen Gesichtspunkten geschriebenen literarischen Quellen bisher versagten. Vorerst freuen wir uns aber, Heinrich III. nicht nur als Schwärmer für die kluniazensischen Reformideen und Vollender eines deutschen Reichskirchenregiments, auch über den Papst in Rom, sondern auch als Staatsorganisator und tatkräftigen deutschen Ostpolitiker begreifen zu können.

DAS NORDGAUKLOSTER KASTL.
GRÜNDUNG UND GRÜNDER

Ein Beitrag zur Geschichte des alten Nordgau und der südwestlichen Oberpfalz

Die Burg Kastl und ihr Umland in der Frühzeit vor 1100

Kastl war, wie der Ortsname besagt, ehedem eine Befestigungsanlage. Im Gegensatz zu verschiedenen Orten gleichen Namens, die auf römische Kastelle zurückgehen, ist unsere Bezeichnung „Kastl" nicht vor dem 9., bzw. 10. Jahrhundert entstanden zu denken. Das beweist allerdings nichts gegen das Vorhandensein einer Befestigung vor dieser Zeit. Nachweisbar hat das Lauterachtal, d. h. die Gegend von Kastl, zuerst eine besondere Rolle unter Karl Martell gespielt, der nach einer schwer zu bezweifelnden Nachricht Aventins [1] 725/28 den benachbarten Königshof Lauterhofen zu Franken schlägt, um von hier aus eine bequeme Einfallspforte nach Bayern zu haben. Dachs [2] hat in einem richtungsweisenden Vortrag, der das Doeberlsche Bild des alten Nordgaus im 8. Jahrhundert zum Teil grundlegend ändert, diese politische Unternehmung des fränkischen Großstaates mit ihrer deutlichen Osttendenz in Verbindung gebracht mit der Absteckung der Diözesangrenzen zwischen Regensburg und Eichstätt durch einen vermutlich gewaltsamen Akt, den das bedrohte bayerische Stammesherzogtum mit der Errichtung der Westermannmark erwiderte. Gerade der Name dieses Untergaues scheint diese Vermutung auffallend zu belegen. Die Lauterach ist strategisch dabei nichts anderes als die Verlängerung der quer durch Franken sich hinziehenden Linie Frankfurt—Würzburg—Kitzingen—Neustadt a. d. Aisch—Fürth, die auch militärisch durch die nicht nur wirtschaftlichen Interessen dienenden Königshöfe Frankfurt, Würzburg, Iphofen, Willanzheim, Dornheim, Fürth gesichert war [3]. Der starke Königshof an der Lauterachquelle beherrschte nicht nur das tiefeingeschnittene Juratal, das in Richtung Regensburg, der Hauptstadt des Agilolfinger Herzogtums, verlief, sondern sicherte auch einen strategisch wichtigen Talübergang hinein in den östlichen bayerischen Nordgau, der in einen fränkischen und südlichen bayeri-

[1] Aventin III, 8, 20. Orig. Ratisp. bei Oefele II, 755; vgl. Riezler, Sitzungsber. d. bayer. Ak. d. W. h. Kl. 1881, S. 247 ff. und Gesch. Baierns I² 1, S. 332 ff.

[2] Dachs: Der Umfang der kolonisatorischen Erschließung der Oberpfalz bis z. Ausgang der Agilolfingerzeit in VHO 86, 1936, S. 159 ff.

[3] Guttenberg, E. v.: Das mittelalterliche Fürth im Spiegel der Reichs- und Territorialgeschichte in Z. f. b. Ldg. 1933, S. 372 ff. — Ders.: Die Königskirche in Fürth und ihre Bedeutung für die Südgrenze des Bistums Bamberg in Festschr. d. hist. Vereins Mittelfranken 1930. — Auf den Forschungen Guttenbergs fußend Hofmann, M.: Die mittelalterl. Entwicklung der Gerichtsverhältnisse im alten Amt Fürth. Diessen 1932.

schen Teil zerfiel. Die wichtige Übergangsstelle über den Fluß war zweifellos gesichert; finden wir doch später am rechten Ufer Pfaffenhofen mit seiner Martinskirche, von einer Burg gekrönt, und auf dem linken Ufer unser Castellum, später Sitz des mächtigsten Grafengeschlechtes im westlichen Nordgau. Das dichte Netz von -hofen-Orten in dieser Gegend beweist, wie nachhaltig der fränkische Einfluß in dieser Gegend war, der von der curtis regia Lauterhofen und dem sicher als pfarrlichen Mittelpunkt bald darnach entstandenen Pfaffenhofen ausging.

Daß die Lauterach auch in der wirtschaftlichen und militärischen Konzeption Karls des Großen eine Rolle spielte, zeigt das Diedenhofer Kapitulare von 805, wenn auch nicht mehr als Angriffslinie gegen das bayerische Herzogtum, das unterdessen völlig ein Bestandteil des fränkischen Großreiches geworden war und Audulf als Statthalter vorgesetzt erhalten hatte. Tassilo hatte Lauterhofen wieder als Lehen zurückerhalten und damit die Schlüsselstellung in das eigene Haus, ein Zeichen der zeitweilig gebesserten Beziehungen. Die Nordwest—Südoststraße Forchheim—Lauterhofen—Premberg, die im Machtkampf Franken gegen Bayern als politische und militärische Stoßrichtung gewirkt hat, war aber unter Karl d. Gr. erst recht nicht mehr Grenze deutschen Lebens, wie noch Doeberl [4] behauptet hatte, sondern die Grenze der Aufmarschräume gegen das Hinterland, also eine besonders für das böhmische Unternehmen festgelegte Hauptetappenlinie [5]. Einem alten Verkehrsweg folgend, sind hier die Etappenhauptorte hinter dem damaligen Operationsgebiet gegen Böhmen aufgezählt. Sehr beachtenswert erscheint mir der Hinweis Schünemanns, daß der Franke niemals eine feste oder befestigte Grenze wenigstens im Osten kannte, weil er ja auch die politische Herrschaft über das Vorland in Anspruch nahm, wobei es auf Bindung, nicht Abschnürung ankam [6]. Man griff deshalb zu einzelnen Burganlagen zur Beherrschung der Gegend als Fixpunkte für die hier stationierten militärischen Kräfte. Dabei mochten vor allem Gegenden mit Königsgut bevorzugt worden sein. Karl d. Gr. hatte in Franken sich einen langen Aufmarschraum gegen Tassilo geschaffen, der umgekehrt in Lauterhofen seinen stärksten Nordwestpfeiler hatte, dem der Königshof Fürth als karolingisches Vorwerk entgegenstand. Nach dem Tag von Ingelheim aber wird Lauterhofen, d. h. die Umgegend Kastls, Etappe im Kampf gegen Böhmen. 832 wird im Zusammenhang mit der Abtretung von Sualafeld und Nordgau Ostfranken errichtet. Eine böhmische Mark aber, für die ein Siedlungsraum fehlt, gab es nicht; denn das besiedelte Land begann, wie Dachs überzeugend gezeigt hat, an der Naab. Davor aber lag eine 100 km breite Waldzone. Die eigentliche Mark lag im Altland und fiel zusammen mit dem Herzogtum über das Stammesgebiet. Der Titel dux und marchio wechselt hier willkürlich für den Reichsstatt-

---

[4] Doeberl: Entwicklungsgeschichte Bayerns I, 19.

[5] Siehe Dopsch: Wirtschaftsentwicklung der Karolingerzeit II, S. 190. — Guttenberg: Territorienbildung am Obermain, S. 27 ff. — Dachs, Der Umfang der kolonisat. Erschließung. VHO 86, 1936, S. 165. — Klebel, E.: Herzogtümer und Marken bis 900 in Deutsches Archiv f. Gesch. d. Mittelalters 2. 1938, S. 1 ff.

[6] Schünemann, Konrad: Deutsche Kriegführung im Osten während des Mittelalters, in DA 2. 1938, S. 34 ff.

halter. Wenn später noch eine Markgrafschaft auf dem Nordgau begegnet, so kann damit nur das Campriche gemeint sein, das Cham, Waldmünchen, Wetterfeld, Roding und Eschlkam, altes karolingisches Königsgut, umfaßte und mit dem Nordgau nicht zu verwechseln ist. Diese Marchia Camba hat eine ähnliche Stellung wie die böhmische Mark des 11. Jahrhunderts.

Die politische und strategische Bedeutung, die das Lauterachtal und der Königshof Lauterhofen besaßen, machen es warscheinlich, daß wir mit einer Befestigungsanlage an der Stelle des späteren Klosters Kastl schon vor 900 oder 850 rechnen können, um so mehr als auch Angaben der Gründungssage darauf führen. Auf jeden Fall läßt sich nicht bestreiten, daß Kastl auf ehemaligem Königsboden steht, der noch früher bayerisches Herzogsgut war. In Bayern ging ja nach 788 alles Herzogsgut in die Hände des Königs über. Möglicherweise hätten wir also eine Königs- und seit dem 10. Jhdt. (Mitte) Reichsburg vor uns, gebaut auf Reichsboden, bestimmt, Reichsaufgaben zu erfüllen, gegeben in die Hände eines späteren Dynastengeschlechtes im Reichsamte. In seinem Aufsatz über das Marktrecht in Hohenburg hat Dachs eine ähnliche Vermutung für das ebenfalls im Lauterachtal liegende Hohenburg ausgesprochen [7]. Jedenfalls ist auffällig, daß sowohl Lauterhofen wie auch Kastl in scheinbarer Gesamthand von einem in mehrere Linien verzweigten Geschlecht besessen werden, dessen Mitglieder alle zum Kloster ihren Teil am alten Königshof, der zwar nicht namentlich bezeichnet ist, geben. Mag es nun richtig sein oder nicht, die „Burg" Kastl so früh anzusetzen, das eine steht fest, daß der Boden, auf dem sie stand, zwei Jahrhunderte lang, im 8. und 9. Jahrhundert, zunächst als Reibungszone zwischen Bayern und Franken [8] und dann als Brennpunkt karolingischen Machtwillens eine bedeutende Rolle spielte. Erwähnung sei noch des dux Ernestus von Bayern getan, der vielleicht auf die Entstehung der Kastler Geschlechtersage eingewirkt hat, wie wir die Gründungs-narratio besser nennen. Ernst war von 831—861 Statthalter in Bayern und erscheint 855 an der Spitze eines bayerischen Aufgebots gegen die Tschechen [9]. Auf einer Reichsversammlung zu Regensburg wird er 861 abgesetzt: „Quasi infidelitatis reus publicis privatur honoribus." Genau so wie sein Nachfolger Engildeo war er praefectus im Donaugau und Nordgau.

Die Tatsache einer karolingischen Burg Kastl gewinnt durch den Hinweis noch an Wahrscheinlichkeit, daß solche Befestigungsanlagen auch in Niederösterreich, und zwar höchstwahrscheinlich als Reichsburgen nachgewiesen sind. Ich gebe allerdings gerne zu, daß der Markcharakter Österreichs ungleich mehr Anlaß dazu bot als die Konfliktzone im Binnenland. Königsgut und Burg aber kamen im Laufe des 10. Jahrhunderts oder Anfang des 11. in den Besitz eines Dynastengeschlecht-

---

[7] Dachs, H.: Das Marktrecht von Hohenburg auf dem Nordgau, in VHO 84, 1934, S. 3—86.

[8] In diese Zeit setzt Herr OStD. Schreibmüller, wie er mir gütig mitteilte, die Entstehung der Bevière-Orte in Frankreich, die vielleicht auf gewaltsame Umsiedlung der Bayern aus dieser Reibungszone zurückzuführen sind.

[9] Annales Bert. und Annales Fuld. ad annum 846, MG. SS. 11, 13. Böhmer-Mühlbacher: Reg. imperii I 1370 b.

es, das diese Besitzungen als Allod in Anspruch nahm, wenigstens in der Zeit des Investiturstreites [10]. Nach der Empörung des fränkischen Nordgaugrafen Heinrich von Schweinfurt, die eine Zerstückelung der Grafschaft auf dem Nordgau zur Folge hatte, taucht der vermutliche Stammvater der Grafen von Sulzbach, Berengar, als Amtsgraf im westlichen Nordgau auf, der bis an das Königsgut Fürth im Nordwesten heranreicht [11]. Berengar erscheint in Fürth, Beilngries, Kloster Bergen, Schambach und Pförring. Die Teilgrafschaft Berengars deckt sich ungefähr mit der späteren Grafschaft Hirschberg, aus der das Landgericht gleichen Namens hervorging. Vermutlich erhielt er das Königsgut an der Lauterach als Amtsgut und damit zugleich die Burg Kastl, die allmählich erblicher Besitz wurde, um so mehr als sie ihre strategische Bedeutung verloren hatte und im Investiturstreit vermutlich, wenn nicht schon früher, entfremdet wurde. Wir dürfen jedenfalls nicht außer acht lassen, daß die Güter Ottos von Kastl in die Hände Kaiser Heinrichs V. übergehen, was die Reimchronik mit verwandtschaftlicher Erbschaft begründet [12]. Darunter befindet sich auch der Habechesperg, der dann im Besitze Heinrichs Jasomirgott erscheint. Ich vermute hier Einziehung von erledigtem Königsgut. Im Norden grenzt an Berengars Amtsbereich die Grafschaft eines Heinrich an, dem der Landstrich zwischen Pegnitz, Regnitz und Schwabach, wo die Hauptmasse der Güter Bambergs lag, unterstand, soweit sie nicht Immunitätsgebiet war. v. Guttenberg hat wahrscheinlich gemacht, daß nach dem Tode oder dem Rücktritt Berengars dieser Heinrich die südliche Grafschaft hinzubekam, da 1025 auch südlich der Pegnitz in Bergen ein Heinrich begegnet [13]. Gerade diese Tatsache aber scheint meine Vermutung zu bekräftigen, daß dieser Heinrich nicht in die Reihe der Grafen von Sulzbach, Kastl und Habsberg gehört. Es ist möglich, daß der von 1043—1071 in der Gegend um Hersbruck, Fürth, Sulzbach, Kastl auftretende Heinrich II. [14] dessen Sohn ist, doch halte ich es für ausgeschlossen, ihn und seinen Vater in der Sulzbacher Genealogie unterzubringen. Dagegen spricht die Tatsache einer Verbindung der beiden Teilgrafschaften, dagegen spricht auch der Name, der unserem Geschlecht völlig fremd ist, wiewohl ich mir der Warnungen Steinackers bewußt bin [15]. In der Regel ist doch die Grafschaft viel später als die klei-

---

[10] Zum ganzen vgl. D u n g e r n , O. v.: Adelsherrschaft im Mittelalter, München 1927, und die Forschungen des Innsbrucker Notars Kamillo Trotter, der schon bei seinen Arbeiten über die Aribonen auf die Möglichkeit hinwies, daß in der Zeit der fränkischen Herrschaft nach Bayern eine größere Zahl fränkischer Adelsgeschlechter kam.

[11] „locum Furti dictum in pago Nordgouue et in comitatu Berengeri comitis situm." Schenkung Heinrichs II. an Bamberg 1007. D. H. II. no 152 f. Neues Archiv 22, 1897, 137 ff. und 1062. „Vurte in pago Nordgouue situm in comitatu Heinrici comitis. MB. 29 no 416, S. 160 ff. — Siehe G u t t e n b e r g , v.: Das mittelalterl. Fürth. Z. b. Ldg. 6, 1933, S. 372 ff.

[12] K a s t l e r : Reimchronik, Vers 257—280, M o r i t z : S. 135.

[13] G u t t e n b e r g , v.: Die Territorienbildung am Obermain. 79. Bericht d. hist. Vereins Bamberg 1926, S. 208.

[14] Siehe D o e b e r l : Die Markgrafschaft und die Markgrafen auf dem bayerischen Nordgau, S. 20, Anm. 50.

[15] S t e i n a c k e r , H.: Zur Herkunft des Hauses Habsburg in Z. f. Gesch. d. Oberrheins N. F. Bd. XIX (58. Bd.) 1904, S. 198 ff. (gegen W i t t e , der uns noch näher beschäftigen wird).

nen Lehen erblich geworden. Im 11. Jahrhundert haben wir noch genaue Scheidung zwischen dem Amtsgrafen und seinem an die alte Gaueinteilung sich anlehnenden Amtssprengel und den neu aufkommenden grundherrlichen Grafschaften. Anhaltspunkte dafür, die Teilgrafschaft des Berengar und die vergrößerte des Heinrich als Ausnahme zu betrachten, haben wir nicht [16]. Außerdem ist in der kaiserlichen Traditionsurkunde von 1043 [17], die immer am Anfang aller Kastler Urkunden steht, in der die domna Adalhaid eiusque filius Gebehardus erwähnt sind, deren aufgegebene Güter Wurmreisch, Högen, Fürnried (vermutlich verlehntes Königsgut) Kaiser Heinrich III. seinem Ministerialen (minister?) Pardo gibt, in keiner Weise irgendeine Verwandschaft des Amtsgrafen mit den traditores erwähnt. Ich neige mehr zu der Ansicht, daß die beiden Heinriche dem Geschlechte der Burggrafen von Regensburg zuzuweisen sind; dabei schließe ich die Möglichkeit aus, daß das Königsland an der Pegnitz nach der Aussöhnung an Heinrich von Schweinfurt zurückgegeben wurde [18]. In Regensburg treffen wir um diese Zeit Bischof Gebhard III. von Regensburg an, einen Sohn jener Adelhaid, die in erster Ehe mit Graf Heinrich von Worms und Speiergau vermählt war und so Mutter Konrads II. und Großmutter Heinrichs III. wurde. Bischof Gebhard entstammte dabei ihrer zweiten Ehe mit einem Grafen des Bretach- und Orngaues, zu dessen Verwandten auch Bischof Gebhard von Eichstätt (1042—1057), der nachmalige Papst Viktor II. (1055—1057) zählte [19]. Bischof Gebhard von Regensburg und Erzbischof Bardo von Mainz haben ihn dem König besonders empfohlen. Überblickt man die dargelegten genealogischen Tatsachen, so steigen bezüglich der Kaiserurkunde von 1043 und ihrer bisherigen Zuweisung einige Zweifel auf. Die Großmutter Heinrichs III., Adelhaid, war die Begründerin des Kollegiatstiftes Öhringen [20] und wahrscheinlich auch des Kollegiatstiftes St. Emmeram in Spalt, das von Regensburg abhängig war [21]. Soweit nicht unser praedium vorher schon Königsgut war, wird es jedenfalls jetzt solches und einem Ministerialen noch dazugegeben. Wir sehen hier Kaiser Heinrich, den großen Erneuerer des Königsgutes, der auch Nürnberg zum Mittelpunkt des neuorganisierten Königsbesitzes machte, auch in unserer Urkunde am Werk. Stünde nicht comes hinter dem Namen Gebehardus in dem Diplom, würde ich die Zuweisung dieses Gebehardus zur Sulzbacher Reihe für unwahrscheinlich halten, um so mehr, als die Namen zu dem genannten Regensburger Bischof gut passen, während über den Sulzbacher Gebhard nur das eine zu vermuten ist, daß er um 1050 herum Sulzbach angelegt haben mag. Wenn die drei Dörfer sich später im Bereich der Sulzbacher befinden,

---

[16] Steinacker: Zur Herkunft des Hauses Habsburg, S. 215 u. 218. — Waitz, F.: Verfassungsgeschichte 7, 56 ff.

[17] MB. 24, 313. Stumpf 2250.

[18] cf. MB. 25 a, 504; St. 1773. Schenkungsurkunde K. Heinrichs II. für Bamberg vom 13. November 1021. Der Rest des Königsgutes zwischen Pegnitz, Regnitz und Schwabach fällt an Bamberg in Vervollkommnung der Schenkung vom 2. Juli 1011. Der Heinrich von 1011 und 1021 ist der nämliche.

[19] Heidingsfelder: Regesten der Bischöfe von Eichstätt, S. 68.

[20] Wirtembergisches Urkundenbuch I. 263 no 222.

[21] Heidingsfelder: Regesten 59 no 162.

Abb. 1: Hohenstaufenfeste Flossenbürg

Abb. 2: Reichsstadt Regensburg 1594 (Ausschnitt aus Plan 2883)

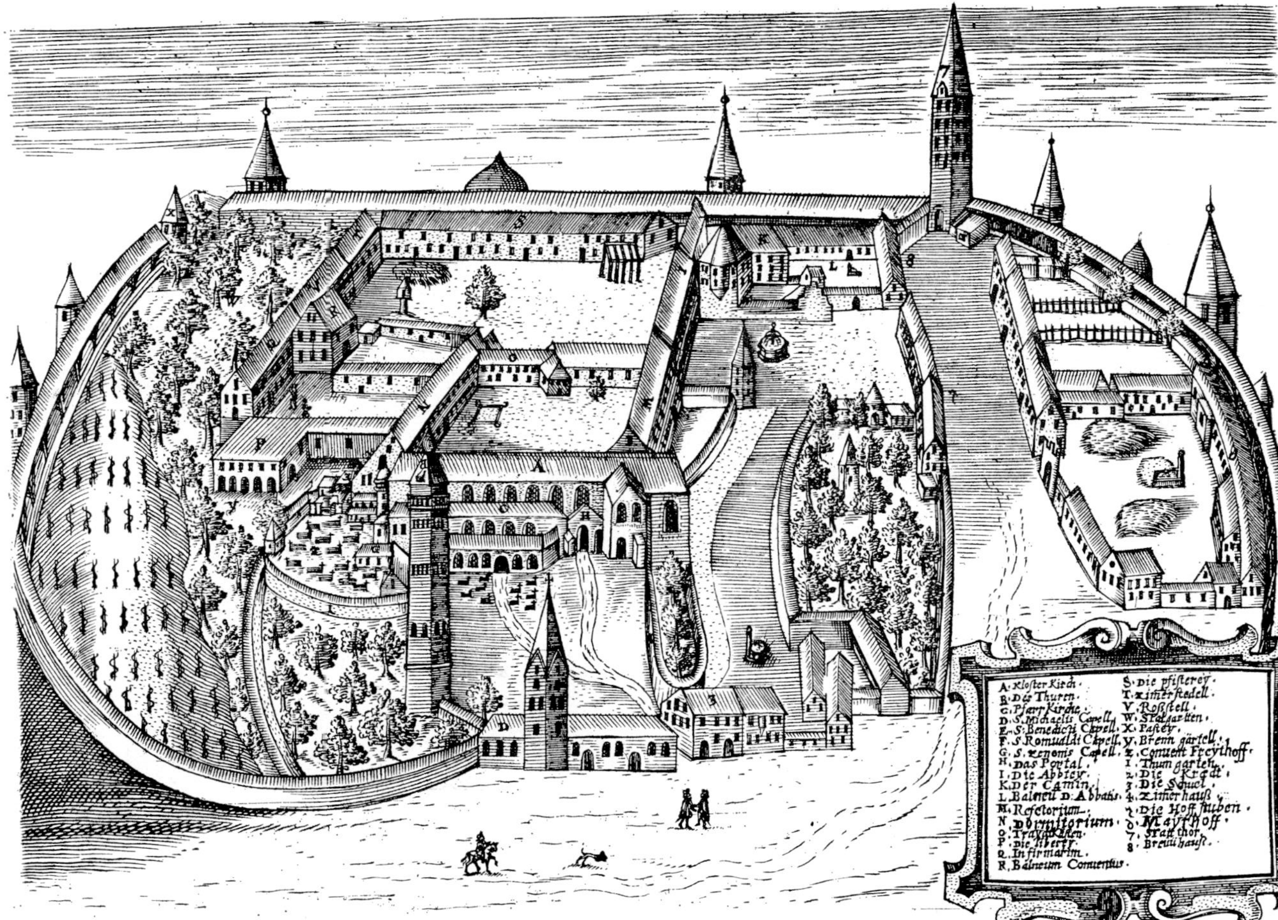

Abb. 3: Ansicht des Emmeramsklosters von Norden

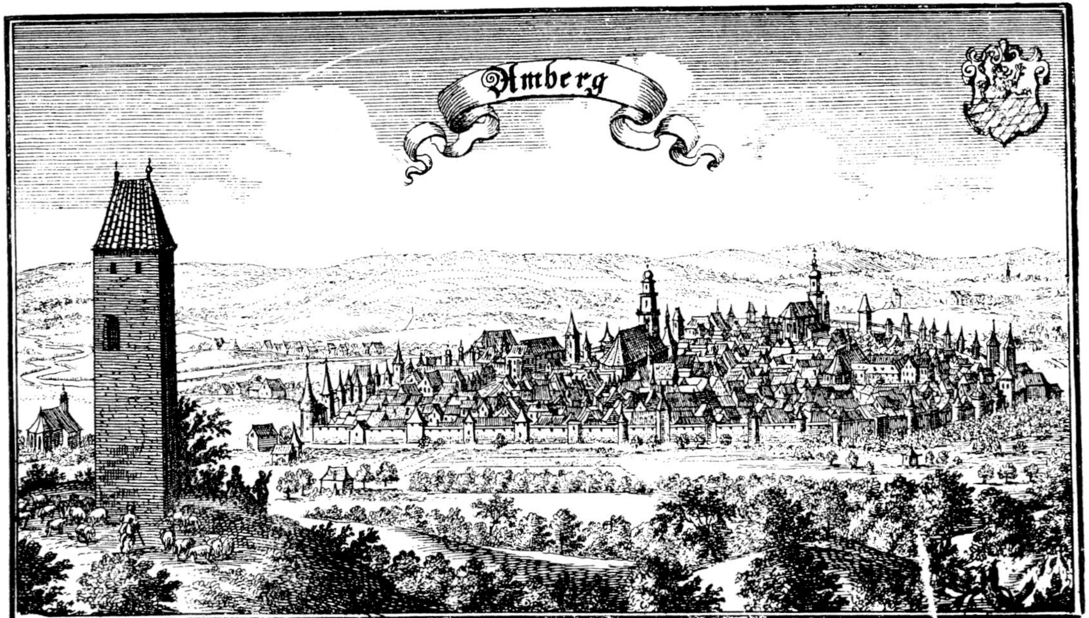

Abb. 4: Amberg, Kupferstich von Anton Wilhelm Ertl

Abb. 5: Ansicht des kurfürstlichen Schlosses in Amberg, 1588
Tafelgemälde im Bayer. Nationalmuseum

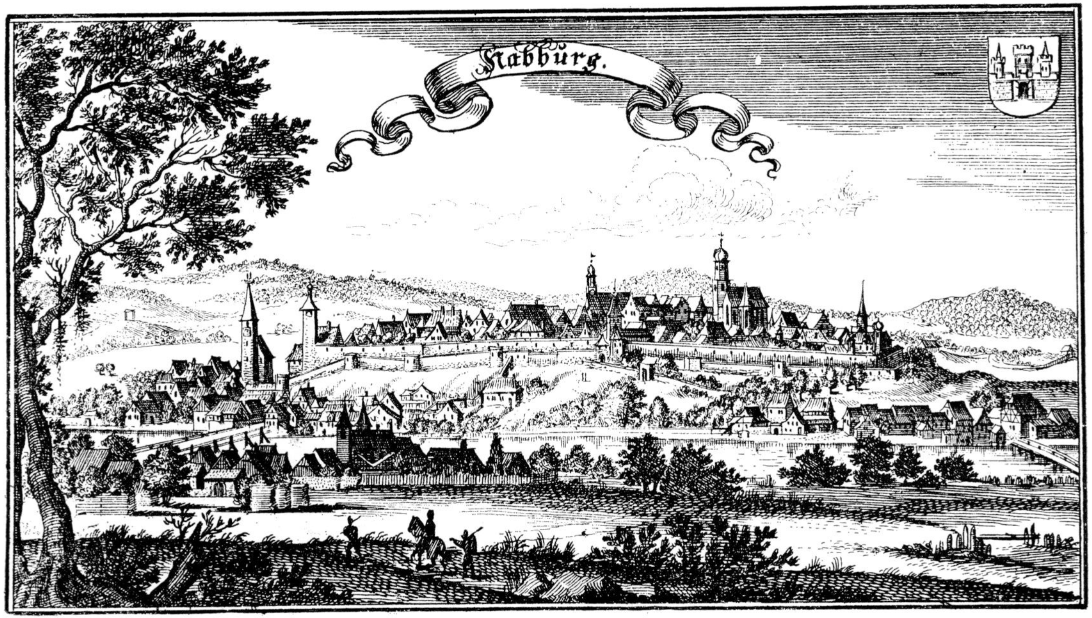

Abb. 6: Nabburg, Kupferstich von Anton Wilhelm Ertl

Abb. 7: Perschen, Romanische Pfarrkirche St. Peter und Paul

Abb. 8: Stadt Weiden vor dem 30jährigen Krieg, Federzeichnung

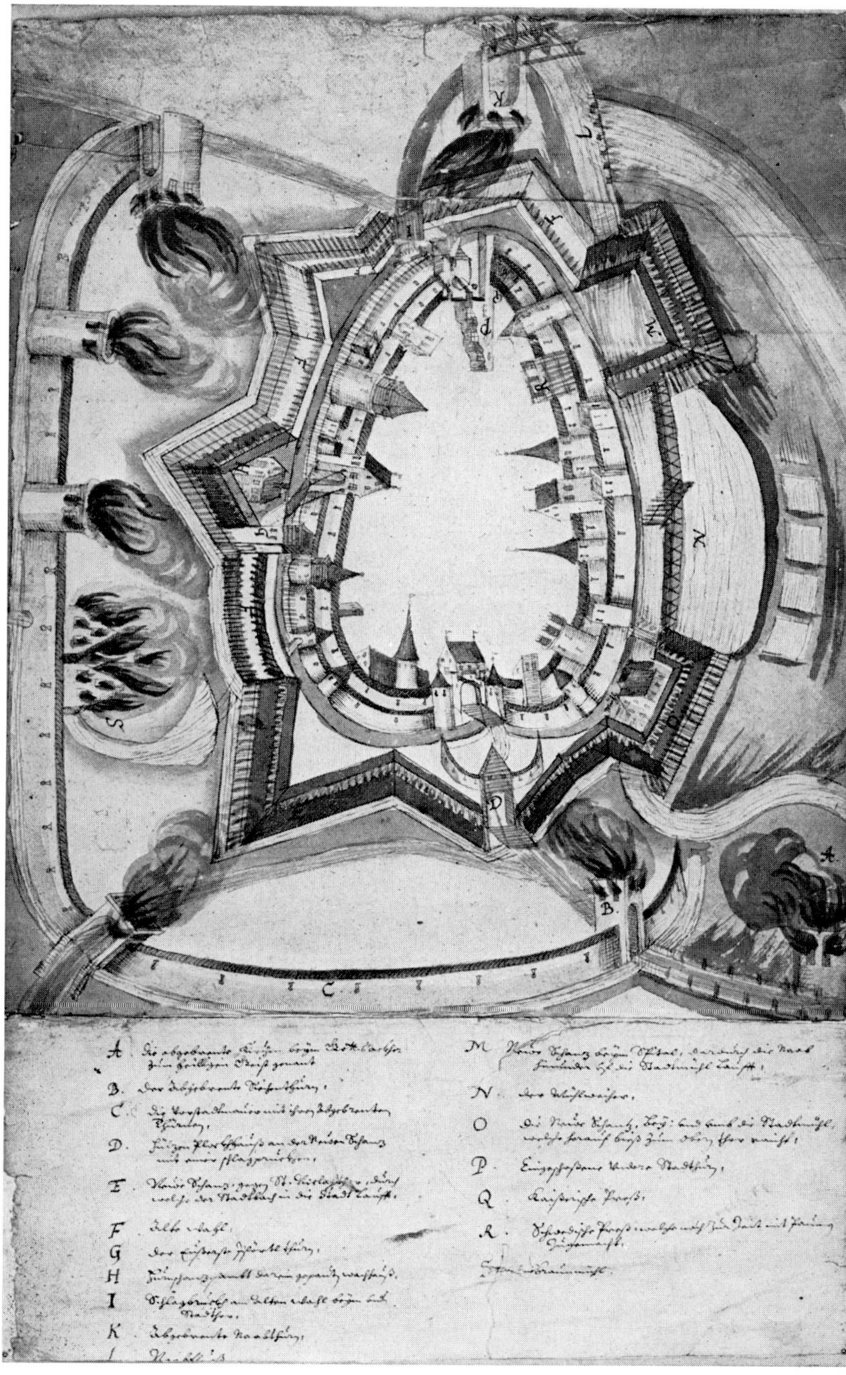

Abb. 9: Die Stadt Weiden nach der Einnahme durch die Kaiserlichen am 13. Mai 1635 (Pl 3689)

Abb. 10: Cham, Kupferstich von Anton Wilhelm Ertl

Abb. 11: Am Fleischtor in Cham, Heinrich Reder 1861

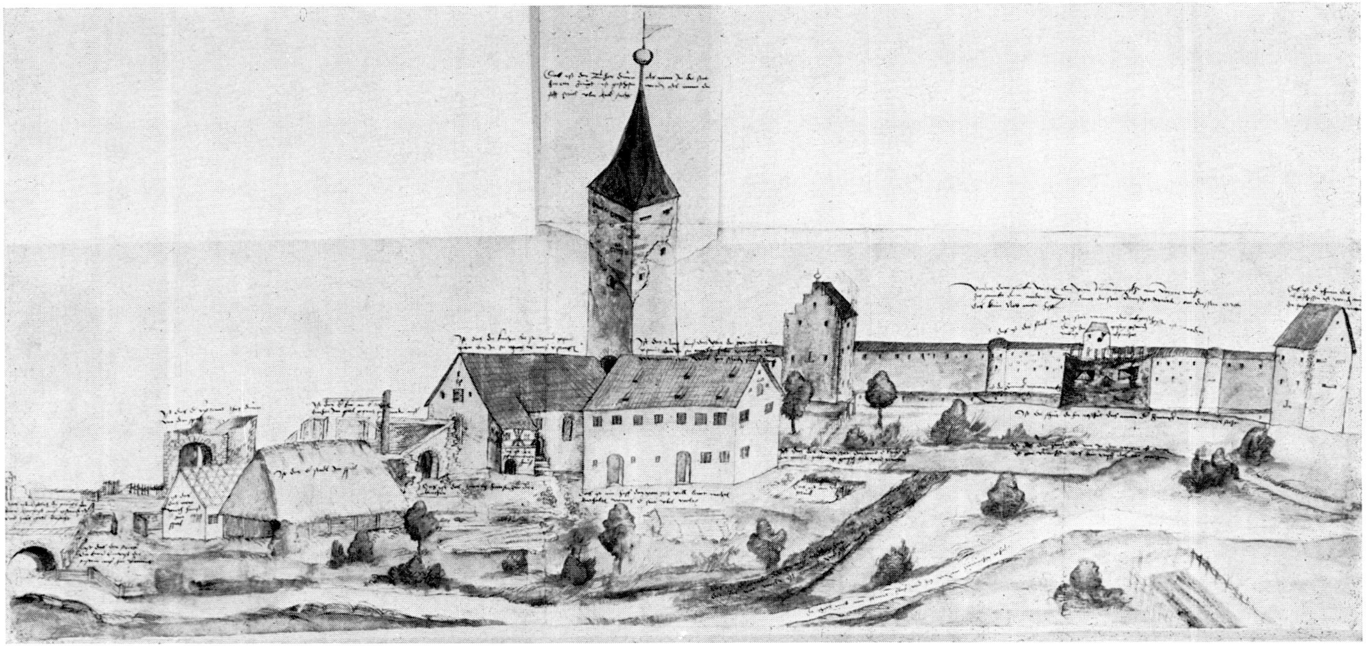

Abb. 12: Teilansicht der Stadt Neumarkt, ca. 1510 (Pl 9636)

Abb. 13: Kloster Kastl, Kupferstich von Anton Wilhelm Ertl

Abb. 14: Ensdorf. Ansicht des mittelalterlichen Klosters
(Gemälde im Bayer. Nationalmuseum)

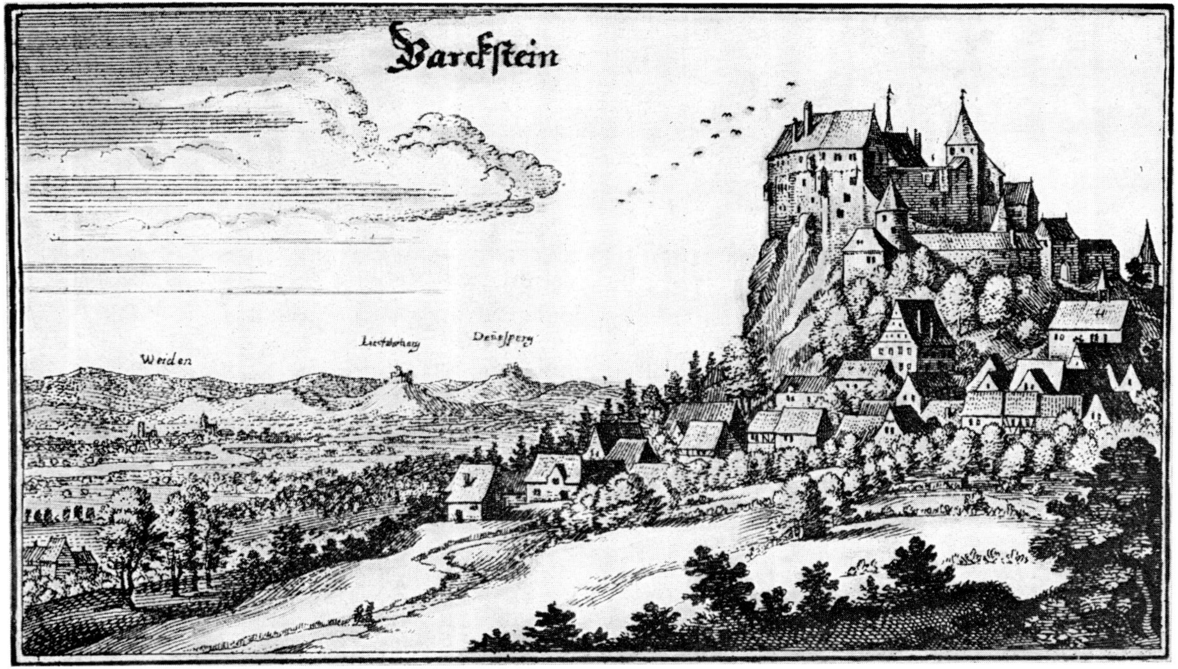

Abb. 15: Parkstein, Kupferstich von Merian, 1644

Abb. 16: Schloß und Markt Neuhaus (Pl 3689)

Abb. 17: Kurfürst Maximilian von Bayern

so ist das noch kein Beweis dafür, daß sie ehedem nicht in anderen Händen waren. Wir dürfen die Verbreitung des weltlichen Streubesitzes nicht übersehen. Infolge des Fehlens weiterer Nachrichten ist ein abschließendes Urteil nicht möglich. Ich wollte durch meine Darlegungen nur zur Vorsicht mahnen. Indem ich nochmals zum Amtsgrafen Heinrich des Kaiserdiploms zurückkehre, stelle ich fest, daß er nicht zu verwechseln ist mit Heinrich von Hildritzhausen, der als Rechtsnachfolger seines 1043 zum Herzog von Schwaben erhobenen Schwiegervaters Otto von Schweinfurt die Verwaltung des noch babenbergischen östlichen und nördlichen Teiles der alten Nordgaugrafschaft übernahm [22]. Im Anschluß an Dungerns Feststellungen bin ich der festen Überzeugung, daß wir auch unter den Dynastenfamilien des Nordgaus mit starken verwandtschaftlichen Bindungen zu rechnen haben, deren genauere Kenntnis Voraussetzung für die politische und rechtliche Erforschung unserer Gegend wäre.

In der Meinung, daß von 1000 ab die Geschichte unserer Landschaft aufs engste mit dem Werden und dem Aufschwung der in ihr begüterten und berechtigten Dynastenfamilien verbunden ist, kehren wir nochmals zu dem comes Berengarius zurück, dem Stammvater der Sulzbacher, die den Namen Berengar im weiteren Verlauf beibehalten haben. Kein anderes Nordgaugeschlecht weist einen Vertreter gleichen Namens auf. Etwas später, 1044—1047, regiert in St. Emmeram in Regensburg ein Abt Peringer, während ein Bischof Berengar zu Passau erscheint, dem 1014 Heinrich II. eine Königshufe im österreichischen Waldviertel schenkt; 1048 hat ein Berengar die Landgrafschaft im Oberelsaß inne [23]. Unseren Berengar einem bestimmten Geschlecht zuzuweisen, fehlen uns alle nötigen Handhaben. Jedenfalls aber kam er aus anderer Gegend, wie wir der Sage ganz allgemein entnehmen dürfen. Sein Amtsbereich (comitatus) liegt zwar im Gebiet der späteren Grafschaften Sulzbach und Hirschberg und ihre Rechtsnachfolger, der Landgerichte gleichen Namens; doch sind wir nicht berechtigt, daraus ohne weiteres einen genealogischen Schluß zu ziehen, besonders wenn wir wissen, daß die Grafschaft Hirschberg nicht im erblichen Besitze der Sulzbacher war, sondern die Grafschaft Sulzbach an die Hirschberger kam, deren Stammbaum in andere Richtung zunächst weist. Außerdem müssen wir doch wohl reinlich scheiden zwischen dem comitatus = Amtssprengel und der Grundherrschaft des Grafen und den ihr anhaftenden Rechten, die gar nicht im Amtsbereich liegen brauchen. Um Sulzbach, an dessen Stelle vielleicht früher eine Dingstätte war oder zumindest in der Nähe, gruppiert sich später der Gewaltbezirk des Sulzbacher Grafengeschlechtes, vermutlich beruhend auf alten amtsgräflichen Rechten in dieser Gegend, die erblich wurden, was in der zweiten Hälfte des 11. Jahrhunderts erfolgt sein muß, als auch die alte Amtsgrafschaft ihre Bedeutung verlor. So hat sich eine neue grundherrliche Grafschaft durch Absplitterung aus der alten Amtsgrafschaft des Berengar gebildet, genauso wie ihr südwestlicher Teil die dort gelegenen Dingstätten zur jüngeren grundherrschaftlichen Grafschaft Hirschberg zusammenfaßt. Um Irrtümer zu

[22] Giesebrecht: „Zur Genealogie bayerischer Adelsgeschlechter" in Sitzungb. d. bayer. Ak. d. W. 1870, I und Forschungen zur deutschen Geschichte 14, 382—389.

[23] Steinacker in Z. f. G. d. O.-Rh. N. F. 19, S. 223.

vermeiden, wird man in Zukunft nach 1003 nicht schon von einer Grafschaft Hirschberg sprechen dürfen. Ich stimme Guttenberg in der Widerlegung Doeberls voll zu, der behauptet hatte, daß das Bamberger Immunitätsgericht zwischen Regnitz, Pegnitz und Vils die Grundlage der jüngeren Grafschaft Hirschberg gewesen sei [24]. Gegen Klebel ist das Vorhandensein bezirklicher Gerichtseinheiten im Nordgau wohl nicht zu bestreiten [25], wiewohl ich dahin einschränke, daß ich eine einmalige oder allmähliche Zusammenfassung von an Dingstätten haftenden Grafenrechten für möglich halte, besonders im Falle Hirschberg. Freilich setzt das eine genauere Erforschung der Dingstätten und ihres Bezirks in unserem Gebiet voraus. Auf keinen Fall war die Grafschaft Sulzbach Lehen des Bistums Bamberg, das seine Landeshoheit über seinen Anteil am Nordgau nicht ausdehnen konnte, weil ihm hier die Grafenrechte seiner mächtigen Erbvögte, der Sulzbacher, entgegenstanden. Unser Graf Berengar taucht in der Bamberger Notitia [26] von 1015 unter den ersten gräflichen Vasallen der Bamberger Kirche auf, wohl deshalb, weil er die Vogtei über die Nordgaugüter Bambergs innehatte, ohne dabei Hauptvogt gewesen zu sein, wie Klebel für das Geschlecht der Sulzbacher irrig annahm [27], m. W. aber unterdessen widerrief. Tatsache ist, daß später die Hochstiftslehen der Sulzbacher sehr zahlreich und weitgehend waren. Die eigentlichen Hochstiftsvögte aber waren die Grafen von Abenberg, benannt nach ihrer Burg im Sualafeld; ihre Gerechtsame aber liegen nur innerhalb Frankens, während die Sulzbacher vor allem den Streubesitz (Donau, Lungau, Aibling und Nordgau) bevogteten.

Wir sehen die Geschichte der Burg Kastl und ihres Umlandes in ihrer Frühzeit nach zwei Jahrhunderten reichsgeschichtlicher Bedeutung langsam ausklingen in die Epoche dynastischer Adelsherrschaft, die auf alten Hoheitsrechten fußend sich neue Grafschaften baute. Im ganzen ein getreues Abbild der Entwicklung im Gesamtreich. Am Ende steht die Umwandlung der Burg in das Kloster, das in seiner Gründungssage die alte dynastische Tradition weiter hütet.

Die Gründung des Klosters

I. Die politischen Verhältnisse des Reiches zur Zeit der Gründung. Ihr Einfluß auf die Gründung

Alles Einzelgeschehen gewinnt nur Bedeutung und damit Interesse, wenn es sich als Teil dem großen Gesamtgeschehen der Nation, des Reiches einordnen läßt. Umgekehrt aber ist es nicht nur reizvoll, sondern auch sehr verlohnend, die Auswirkungen großer politischer, bzw. geschichtlicher Kräfte, Ideen und Zusammenhänge auf kleine und kleinste Teile des politischen Gesamtorganismus, wie in unserem Falle auf das Nordgaukloster Kastl besonders bei seiner Gründung, im einzelnen

---

[24] Doeberl: Die Markgrafschaft, S. 18, Anm. 48. — cf. Ders.: Die Landgrafschaft S. 210.

[25] Klebel, E.: Die Grafen von Sulzbach als Hauptvögte des Bistums Bamberg. MÖIG. 41, 1936, S. 108—128.

[26] Siehe Guttenberg, v.: Territorienbildung, S. 184.

[27] Klebel: „Die Sulzbacher . . .“ MÖIG 41, 1926, S. 108.

verfolgen zu können. Wohl bei keinem anderen Kloster der Oberpfalz ist die Gründung so enge mit der großen Reichsgeschichte verhaftet wie bei unserem Stift.

Kastls Geburtsstunde fällt in die sturmbewegte, kampfdurchtobte Zeit des Investiturstreites, da imperium und sacerdotium zum ersten Male in heroischem Ringen gegenüberstehen. Der aszetische Geist des weltabgewandten burgundischen Klosters Cluny hatte Einfluß auf die Kurie gewonnen und in dem ehemaligen Cluniazensermönch Hildebrand, dem späteren Gregor VII., den mächtigsten Vertreter und unentwegtesten Vorkämpfer gefunden. Die von ihm brutal geforderte reinliche Scheidung zwischen dem Machtbereich des deutschen Kaisers und des römischen Papstes, bzw. der von ihm geleiteten Kirche, sein Anspruch auf den Prinzipat des Sazerdotiums über das Imperium erschütterte die seit Otto I. bestehende Rechtsordnung in ihren Grundfesten, für die wesentliche Voraussetzung die der Einflußsphäre des Kaisers unterstehende Reichskirche war, die auf den Rechtsgrundsätzen des germanischen Eigenkirchenwesens aufbaute. In Heinrich IV. hatte das Reich zwar einen zielbewußten Verteidiger seiner Interessen, doch erlag er schließlich der geschlossenen Phatanx der mächtigen Gegner auf Reichsboden, die die päpstliche Sache aus egoistischen, machtpolitischen und dynastischen Erwägungen zur ihrigen machten. Dazu kam noch, daß die gregorianische Partei in Süddeutschland in dem aufstrebenden Schwarzwaldkloster Hirsau unter seinem fähigen Abt Wilhelm und im Mönchtum überhaupt einen mächtigen Bundesgenossen für den Kampf der Geister gewann [1]; in ungezählten Hirsauer Klöstern waren vornehmlich über Süddeutschland hin die Reformideen Clunys verbreitet. Aus Hirsau ging auch einer der Hauptverfechter gregorianischer, kluniazensischer Ideen hervor, Bischof Gebhard von Konstanz, der als päpstlicher Legat für Deutschland leidenschaftlich die Sache der Kirche gegen Heinrich IV. vertrat. Mit diesen Reformideen verbündete sich der dynastische Sondergeist mächtiger Adelsgeschlechter besonders aus dem bayerischen Nordgau, dem es gelang, Heinrichs IV. Sohn, Heinrich V., als Anführer gegen den eigenen Vater zu gewinnen [2]. Seit dem Jahre 1077 lag die Markgrafschaft auf dem Nordgau in den Händen der Diepoldinger, deren Ahnherr nach dem Bericht der Chronik von Petershausen [3], das Berthold I. von Zähringen gestiftet hat, 1078 in der Schlacht bei Mellrichstadt auf seiten des Kaisers gefallen war [4]. Diepold war der Schwiegersohn

---

[1] cf. Riezler: Geschichte Baierns, S. 221 ff.

[2] Knonau, Meyer von: Jahrbücher des Deutschen Reiches unter Heinrich IV. und Heinrich V. Bd. V (1097—1106), Leipzig 1874, S. 181, 203 ff. — cf. Giesebrecht: Geschichte der deutschen Kaiserzeit Bd. III, S. 1196 ff. und Ranke: Weltgesch. Bd. 7, S. 333.

[3] Von Petershausen kamen die ersten Mönche nach Kastl. cf. Casus monast. Peterhusensis in MG. SS. 20, 656. cf. Jaffe: Bibl. I. 547.

[4] Diepoldus marchio de Giengin (= Giengen a. d. Brenz) erscheint zuerst als Markgraf in einer auf dem Hoftag zu Nürnberg vom Juni 1077 ausgestellten Urkunde. Sein Vorgänger Heinrich von Hildrizhausen war auf einem früheren Tag zu Ulm wegen Teilnahme an der Empörung gegen den König gemaßregelt und seiner Ämter und Lehen für verlustig erklärt worden. Der Nordgau, als Bindeglied zwischen Oberdeutschland und Sachsen militärisch außerordentlich wichtig, war damit den Rebellen entzogen.

Bertholds I. von Zähringen, eines der Führer der Opposition gegen den Kaiser [5]; nach seinem Tode treffen wir seine Witwe Luitgard und seinen Sohn Diepold II. auf dem markgräflichen Nordgau an. Luitgard, die noch bis 1118 urkundlich bezeugt ist, war die Schwester Gebhards von Konstanz, des obengenannten Führers der gregorianischen Partei in Deutschland. Luitgards Bruder Hermann, der den Mönchen von Cluny als Laienbruder gedient hatte, war der Stammvater des großherzoglichen Hauses Baden [6]. Daß Luitgard, in der wir wohl die Seele der Gründung Kastls erblicken dürfen, ihren Sohn Diepold II. in gregorianischem, antikaiserlichem Sinne erzog, ist auf Grund ihrer verwandtschaftlichen Beziehungen wohl verständlich. Zunächst verlangt allerdings die Rücksicht auf den kinderlosen Vetter Rapoto II. von Cham-Vohburg, der seit 1086 auch das bayerische Pfalzgrafenamt innehat, eine Annäherung an den Kaiser (1090—1097). Rapoto IV., dessen Vater wohl ein Bruder Diepolds II. aus dem Hause der Grafen von Dillingen war, galt als einer der gefürchtesten Gegner der gregorianischen Partei in Bayern. Er starb 1099; Diepold beerbte ihn [7].

1103 mußte Gebhard von Konstanz sein Bistum dem kaiserlichen Gegenbischof Arnold von Heiligenberg räumen und auf einer Rheinburg Zuflucht suchen. Heinrich IV. gelang es nicht, einen Ausgleich mit dem Papst herbeizuführen. Dieser rief aufs neue zum Kampf gegen den Kaiser auf; er konnte dabei vor allem auf die Gefolgschaft der Hirsauer Mönche zählen. Zu den alten Gegnern des Kaisers waren aus den kirchlichen Reihen viele neue gestoßen; die Zahl der treuen Freunde war klein geworden.

Gerade der bayerische Nordgau wird nun der Ort einer gewaltigen Verschwörung gegen den Kaiser, den tragische Schicksalsschläge innerlich schon fast zermürbt haben. Eben hatte erst Konrad von Hohenburg die Fackel der Empörung angezündet. Dynastische, kirchliche und soziale Beweggründe wirken jetzt zusammen. Der alte Zähringerhaß lodert wieder auf; die Hirsauer Opposition glaubt die Gelegenheit zu einem Vorstoß günstig, die Besetzung des neugegründeten Klosters Kastl mit Mönchen aus dem Hirsauerkloster Petershausen beweist das. Die mächtigen Adelsgeschlechter holen zu einem Schlag gegen des Kaisers Sozialpolitik aus, der besonders den niederen Adel und die Ministerialen mit großen Vorrechten ausstattet, um in ihnen treue Helfer zu gewinnen. Des Kaisers Tragik aber vollendet sich dadurch, daß sich der eigene Sohn an die Spitze dieser nordgauischen Adelsverschwörung stellt [8].

---

[5] Der Stammbaum der Diepoldinger bei Riezler: Geschichte Bayerns I, 875 und Bossert, in Württemb. Vierteljahrshefte f. Landesgesch. 1883, S. 97 ff.

[6] cf. Mayer, Theod.: Freiburger Universitätsreden Heft 20 (1935), „Der Staat der Herzöge von Zähringen". Die Zähringer waren übrigens lange Zeit und schon sehr früh die Vögte der bambergischen Klöster Gengenbach, Schuttern, Stein am Rhein und St. Trudpert.

[7] Knonau, Meyer von: Heinrich IV., S. 169.

[8] Als Vermittler zwischen Heinrich V. und den Großen des Nordgaues konnte Graf Otto von Kastl-Habsberg, Mitbegründer des Klosters, herangezogen werden. Heinrich V. und Ottos Tante stammten von zwei Schwestern ab. Otto war dazu verwandt mit Markgraf Diepold II., Grafen Berengar v. Sulzbach und dem Zähringer Haus. Er

Durch den Tod Rapotos waren die Diepoldinger das mächtigste Haus auf dem Nordgau geworden. Luitgard und ihr Sohn hatten aber auch freie Hand in der Reichspolitik bekommen. Das zweitmächtigste Haus auf dem Nordgau, das Geschlecht der Grafen von Kastl-Habsberg und Sulzbach [9], das mit den Zähringern und Diepoldingern verwandt war, hatte ebenfalls seinen Besitz vermehrt, indem Graf Berengar mit der Hand der Witwe des Grafen Udalrich von Passau auch einen großen Teil seiner Besitzungen zu gewinnen wußte.

Die gemeinsame Gründung Kastls durch die Grafen von Sulzbach-Kastl-Habsberg zusammen mit der Markgräfin Luitgard macht eine Verwandtschaft beider Geschlechter höchst wahrscheinlich und erweist nicht nur gleiche politische, dynastische und soziale Ziele. Kastl ist ein typisches Hauskloster eines Geschlechtes oder mehrerer verwandter Geschlechter, wie sie in jener religiös sehr stark erregten Zeit Mode waren [10]. Durch eine solche Stiftung wollte sich ein Geschlecht oder, wie in unserem Falle, ein enger Geschlechtsverband verewigen, d. h. seinen Namen und Tradition an ein Objekt heften, das das Geschlecht lange überdauern konnte. Praktische Zwecke spielen natürlich wie gerade in unserem Falle meist keine nebensächliche Rolle. Kastl sollte Reform- und Kulturzentrum auf dem Nordgau werden.

Die Petershausener Chronik sowie die Kastler Geschichtsquellen geben näheren Aufschluß. Darnach war Luitgards Mutter Reiza [11] (Richwara) eine Verwandte des Grafen Gebhard von Sulzbach, des Vaters des Klostergründers Berengar. Sie war auch verwandt mit Hermann von Kastl, dessen Sohn Friedrich von Kastl-Habsberg Hauptgründer von Kastl war [12]. Die Besitzverhältnisse im Heuwisch, der Gegend westlich von Amberg und Sulzbach um Kastl, bestätigen die Verwandtschaft. Außerdem ist der Zusammenhang der Nordgauer Verschwörung mit Schwaben ganz offenbar. Die Genealogie der Geschlechter im einzelnen glaube ich bis zur höchsten Wahrscheinlichkeit im folgenden Abschnitt geklärt zu haben.

Vielleicht unter dem Einfluß der Markgräfinwitwe Luitgard war Berengar von Sulzbach bis 1099 den Hoftagen ferngeblieben. 1099 klagt der Abt von Kremsmünster wegen Güter im Traungau gegen ihn [13]. 1104 war er ein zweites Mal am Hof anwesend und wurde dort Zeuge der Ermordung des Grafen Sieghard von Burghausen durch einen Ministerialen. Diepold II. wie Berengar mußten den sozialen Aufstieg der Ministerialen mit besonderem Mißtrauen betrachten, da sie

---

mag es wohl gewesen sein, der den jungen König überredete, sich von des Vaters Hoflager zu entfernen. (cf. Aura, Ekkehard v.: „machinantibus quodam nobili viro sibique materno stirpe cognato").

[9] Doeberl: Entwicklungsgesch. Bayerns I., S. 188 ff.

[10] Riezler: Geschichte Baierns I, S. 221.

[11] cf. Rotulus Sanpetrinus; Freiburger Diözesanarchiv 1882, S. 140.

[12] Doeberl hält an der These Moritzens von der Abstammung Richwaras von den Grafen von Sulzbach fest. Den Beweis erblickt er in dem engen Zusammenhang der Zähringer mit dem sulzbachischen Hauskloster Kastl. cf. Witte, H.: „Genealog. Untersuchungen zur Reichsgeschichte unter den salischen Kaisern". Mitt. d. J. österr. Gesch. 5. Erg.-Bd. (1896—1903), S. 360 ff.

[13] Urkunde vom 30. April 1099. Stumpf 2944.

selbst über zahlreiche Ministerialen geboten, jener als Markgraf über die Markministerialen im Egerland, dieser als Vogt des Bamberger Hochstifts. Diepold hatte außerdem Grund genug, Verdacht zu schöpfen, da Rufe nach einer Auflösung der gräflichen Zwischenregierung auf dem Nordgau laut geworden waren. Zudem war er mit dem ermordeten Grafen verwandt. Luitgard schwärmte für das neue Mönchtum und die gregorianischen Ideen. Alle diese Gründe führten eine antikaiserliche Bewegung der Großen des Nordgaus herbei. In diesen Kreisen reift der Gedanke, gegen das Kaisertum Heinrichs IV. loszugehen und gegen ihn den eigenen Sohn Heinrich V. auszuspielen. Die Lage Gebhards von Konstanz wurde immer unhaltbarer. Sein siegreicher Gegner Arnold von Heiligenberg hatte unterdes auch den Abt Theoderich des Zähringer Hausklosters Petershausen vertrieben, das zur Hirsauer Kongregation zählte. Theoderich war mit einigen Mönchen nach dem neugegründeten Kloster Kastl entwichen [14]. Giesecke [15] verwechselt dabei unser Kloster Kastl mit Castell in Unterfranken, ebenso Henking [16] in seiner Biographie Gebhards von Konstanz und Heyck [17]. Sie sahen deshalb auch den Zusammenhang der gregorianischen Hirsauer Reformbewegung mit der Verschwörung auf dem Nordgau nicht [18]. Die Gründung des Nordgauklosters Kastl sowie seine Besetzung mit Mönchen aus dem Hirsauer Kloster Petershausen ist gleichsam das symbolische Zeichen der engen Verbindung, die hier gregorianisch-kluniazensischer Reformgeist und machtfreudiger, um der Erhaltung seiner Stellung willen antikaiserlicher Hochadel eingegangen haben. Luitgard, die Schwester Gebhards von Konstanz, die spätere Gründerin des Kastler Tochterklosters Reichenbach, ohne Zweifel eine kluge, starke Frau von großem Ansehen und Einfluß, in der ich die Seele der Kastler Gründung erblicke, ist das Bindeglied zwischen beiden Richtungen [19]. In der Gründung des sulzbachisch-zähringischen Hausklosters hat jener Geist seinen sichtbaren Ausdruck gefunden, der sich in der nordgauischen Adelsverschwörung entladen hat. Die Kämpfe am Regen, die Flucht Heinrichs IV. an den Rhein und die weiteren Ereignisse bis zum Tode des Kaisers 1106 haben auf die Gründung Kastls keinen nachweisbaren Einfluß mehr ausgeübt. Es sei deshalb nur mehr auf sie hingewiesen.

---

[14] Casus monasterii Peterhusensis MG. SS. 20, 656.

[15] „Die Hirschauer", S. 129.

[16] Züricher Dissertation 1880.

[17] Geschichte der Herzöge von Zähringen, S. 22 ff.

[18] Spätere Ereignisse machen den Zusammenhang zur Gewißheit. Heinrich V. gibt dem Abt Theoderich sein Kloster zurück und macht ihn zu seinem Beichtvater. Zur großen Tagung in Regensburg nach Heinrichs Flucht von Fritzlar wird auch der Generalabt der Hirsauer, Gebhard, zugezogen. (Cod. Hirsaug. p. 7). Der gleiche Abt, wird später Bischof von Speyer und der eigentliche Gefängniswärter Heinrichs IV. in Böckelheim. Gebhard von Konstanz entbietet dem rebellischen Sohne bei seiner Fahrt nach Schwaben den apostolischen Gruß und entbindet ihn vom Eide, den er dem Vater geleistet hat.

[19] Ihr Bruder Gebhard, Bischof, weilte zur Zeit der Klostergründung in nächster Nähe Kastls. Kastler Reimchronik bei Moritz: Stammreihe. Vers 607—610, S. 80. — Braun: Sulzbachisches Chronikum, S. 59.

II. Die Gründung des Klosters.

Gründungsjahr; erste Verfassung; die ersten Mönche

Als *Jahr der Gründung* wird in der Regel 1098 angegeben [20]. Urkundlich belegt ist dieses Datum nicht. Ein Stiftungsbrief der Gründer ist nicht vorhanden. Die älteste erhaltene urkundliche Nachricht stammt aus dem Jahre 1103. Sie ist enthalten in der päpstlichen Bestätigungsbulle Paschalis II. für Kastl [21]. Dort werden zunächst die Gründer namentlich genannt: „Dilectis filiis Berngero, Friderico et Filio eius Ottoni Leucardae Comitissae Fundatoribus Monasterii Sti Petri apud Castellum salutem et apostolicam benedictionem." Die genannten, untereinander verwandten Adeligen erhalten die Erlaubnis, auf ihrem Eigengut ein Kloster zu Ehren des hl. Petrus zu errichten [22]. Der Ausdruck construendi und nicht constructi scheint die Gründung in das Jahr 1103 zu verweisen. Die im vorigen Abschnitt aufgezeigten politischen Ereignisse um 1102/1103 machen dieses Gründungsjahr sehr wahrscheinlich. Trithemius berichtet allerdings in seinem Chronicon Monasterii Hirsaugiensis (830—1370) (Basel 1560) [erweitert und fortgeführt bis 1514 unter dem Titel: „Annalium Hirsaugiensium opus St. Galli 2 Tomi 1690] Bd. 1, S. 296 zum Jahre 1101 die Verbrüderung Kastls mit dem Reformzentrum Hirsau. Wenn wir aber dem Bericht der Casus monast. Petershus. in M. G. SS. XX, 656 ff. entnehmen, daß Abt Theoderich erst 1103, im Jahre der Vertreibung Gebhards, das Kloster Petershausen verließ, so gewinnt das Jahr 1103 an ziemlicher Wahrscheinlichkeit. Vermutlich ist im Jahre 1098, das in allen chronikartigen Aufzeichnungen über die Geschichte Kastls einhellig als Gründungsjahr genannt wird und deshalb auf ältere Quellen zurückgeht, der erste Anstoß zur Stiftung durch Graf Friedrich erfolgt. Vielleicht war damals ein und der andere Mönch dort eingezogen. Den eigentlichen Fortgang aber nahm die Sache erst 1103, als der vertriebene Gebhard nun die Angelegenheit in die Hände nahm und dem vertriebenen Abt Theoderich eine Zufluchtstätte schaffen wollte. Gebhard begab sich damals selbst zu seinen Verwandten nach Kastl, das in der Zwischenzeit vielleicht umgebaut wurde. Jedenfalls hat er die Gegend besucht, da er nach der Reimchronik die Kirche des nahen Marktes Lauterhofen weihte.

Dem Geist der Zeit entsprechend, wird Kastl als sogenanntes römischbefreites Kloster oder, wie andere sagen, päpstliches Eigenkloster errichtet und dem päpstlichen Schutz unterstellt, worin sich der Einfluß der kluniazensisch-gregorianischen Ideen deutlich offenbart. Das kommt auch schon in der bei Hirsauer Klöstern üb-

---

[20] cf. Reimchronik; Aventins Annalen ed. Riezler: Liber V. p. a. 1083. — Müllner: Annalen, Hschr. im Nürnberger Staatsarchiv, Bd. I, S. 77. — Bruchius: Zimmermann.

[21] Jaffé-Löwenfeld nr. 5917. — s. Brackmann: Germania Pontificia Vol. II. Pars. I, S. 18. — Moritz: Abhdlg. d. Mü. Akad. d. W. I. 2 (1833). p. 141 not. 29. — Pfluck-Hartung: Acta II 177 nr. 214.

[22] „et vobis in allodio vestro construendi beato Petro Monasterium . . . liberam contribuimus facultatem."

lichen Wahl St. Peters zum Stiftspatron zum Ausdruck [23]. Freiheit der Abt- und der Vogtwahl werden in der Bulle dem Kloster gesichert [24]. Für die höheren kirchlichen Funktionen dagegen ist der Diözesanbischof zuständig, wenn er die Gemeinschaft mit Rom aufrechterhält. Abt und Konvent erhalten das alleinige Recht, die dem Kloster zugestandenen Kirchen zu besetzen. Zum Zeichen der römischen Befreiung hat das neugegründete Stift alle 3 Jahre 3 Goldbyzantiner (tres Auri Byzantios expleto triennio Lateranensi palatio persolvat) an die Kurie zu bezahlen. Durch diese Bulle Paschalis II. erhält Kastl eine unmittelbare päpstliche Autorisation; es war somit von Anfang an von der bischöflichen Gewalt exempt, was auch die Bulle des Papstes Innozenz II. von 1139 beweist [25]. Kastl erweist sich damit in seiner Verfassung als typisches Hirsauer Reformkloster. Die politischen Umstände, die zur Klostergründung geführt haben, machen es notwendig, daß sich die Gründer der Rechte des kirchlichen Eigenherrn formell begeben. Die Erbvogtei haben sie aber weiterbehalten. Abt Wilhelm von Hirsau hatte versucht, von klaren raumpolitischen Vorstellungen ausgehend, Klosterpolitik zu treiben, überschritt aber dabei die Grenzen des selbst für Hirsau Durchführbaren. Papst Urban II. unterstellte es der Kurie, und auch die weltlichen Faktoren vermochten sich ihren Einfluß zu sichern. Doch führte Wilhelm erfolgreich den Kampf gegen das alte Eigenkirchenrecht, konnte aber nicht ändern, daß der politische Teil des Eigenkirchenwesens in der erblichen Herrenvogtei weiterlebte, also nicht in den Besitz des Klosters gelangte. So kam eine Teilung zustande: Über geistliche Belange und Grundherrschaft verfügte das Kloster, die Ausübung der weltlichen Hoheit über Gebiet und Leute verblieb dem früheren Eigenkirchenherrn und jetzigen Erbvogt. War der Vogt auch Inhaber der weltlichen Obrigkeit, dann war das Stift durch die Vogtei in das Herrschaftsgebiet des Vogtes eingegliedert. All das traf bei Kastl in der Folgezeit zu. Hier bedingte päpstlicher Schutz praktisch keine Vogtfreiheit [26]. Die Gründer von Klöstern pflegten gewöhnlich das Patronat und die Kastvogtei für sich in Anspruch zu nehmen. Dadurch sicherten sie sich einen maßgebenden Einfluß auf die Abtwahl und auf die Verwaltung der Güter und Einkünfte [27]. Die Kastvogtei wurde bald erblich; ihre Inhaber eigneten sich Kirchengut als Lehen an. Die reformierten Klöster dagegen suchten jetzt jeden Laieneinfluß abzuschütteln. Ihr Bestreben ging dahin, die Kastvogtei in eine Schutzvogtei umzuwandeln, die aber nicht erblich sein sollte [28]. Kastl vermochte es nicht, die

---

[23] Quem nimirum locum in ius proprium beati Petri et Sedis Apostolicae tutelam excipientes deinceps ab omnium mortalium gravamine liberam permanere sancimus.

[24] Abbas vero cum fratribus Advocatum sibi, quem utiliorem providerint, instituant, qui si postmodum Monasterio inutilis fuerit et fratribus gravis, remoto eo alium praeficiant.

[25] Jaffé-Löwenfeld no 7975. MB. 24, 314 nr. 2. Heidingsfelder. Reg. I 99 sub n. 330, Migne CL XXIX. 427 nr. 372. (Diese Urkunde ist in den MB. fälschlich für das Jahr 1109 eingetragen, was übrigens auch alle Kopialbücher aufweisen, wie z. B. HStA Mü. Kastl, Kl. Lit. 15 p. 40. Der Irrtum liegt klar auf der Hand, da Innozenz damals noch nicht Papst war.)

[26] Mayer, Theodor: „Der Staat der Herzoge von Zähringen". Freib. Univ.-Reden 1935.

[27] cf. Giesecke: „Die Hirschauer während des Investiturstreites", Gotha 1883.

[28] Brackmann, A.: Papsttum und Kaisertum, 1926, 215/32.

Erb- oder Kastvogtei abzuschütteln. Im Gegenteil: es geriet immer mehr in Abhängigkeit seiner Erbvögte, aus der es auch die Staufische Reichsvogtei nicht zu befreien vermochte.

Beweist schon die päpstliche Bestätigungsbulle durch ihren Inhalt, daß Kastl auf dem Boden der Reformideen des Investiturstreites entstanden ist, so wird der Zusammenhang mit Hirsau als dem Zentrum der antikaiserlichen, reformbegeisterten Richtung noch klarer aus dem Bericht der Casus monast. Petershusensis [29] über die Herkunft der ersten Mönche in Kastl.

At Theodoricus abbas (des Zähringer Hausklosters Petershausen) nullam quietem post discessum Gebehardi episcopi (Bischof Gebhard von Konstanz [30]) habere passus, quoniam eum ut animam suam dilexit, sed ipso anno, hoc est 1103, reliquit monasterium suum et monachos suos atque barbatos fratres (Laienbrüder der Hirsauer Kongregation) dispertivit et commendavit per monasteria, ipse *vero assumpsit secum duodecim, quos elegit, et eossecum in Baioariam duxit* ad *monasterium, quod* dicitur *Wezzinesbrunin* (Wessobrunn) et ab Adalberone venerabili abbate eiusdem loci honorifice receptus est et caritative cum suis omnibus per aliquot menses habitus est. . . . Deinde quidam nobilissimus vir et religiosus nomine *Fridericus* tulit eos inde et commendavit eis cellam, quam ipse ceperat in loco suo proprio in excelso monte, *qui vocatur Castellum*, omnique eos humanitate fovit et honoravit. Denique idem bonae memoriae heros Fridericus nomine habebat filium *Ottonem* nomine, summae nobilitatis et decoris virum, qui una cum aliis proceribus eiusdem provinciae, cognatis videlicet et propinquis atque amicis suis, venerabilem Theodoricum et fratres eius summo honore excolebant et locum magnis divitiis cumulabant in tantum, ut in brevi multos sibi fratres aggregaret et monasticam vitam honestissime inibi ordinaret. ... Heinricus (V.) ergo postquam regnum optinuit, confestim expulso Arnolfo Gebehardum cum maximo honore in episcopatum suum restituit. Theodoricum abbatem confessorem sibi elegit et monasterio suo restituit eisque triginta marcas argenti restituit, e quibus abbas res monasterii dissipatas oportune et utiliter reparavit.

Itaque venerabilis Theodericus cum monasterium Castellense fundasset, basilicam aedificasset, fratrum congregationem collegisset, venerabilem virum Altmannum abbatem eis constituit et ipse cum suis ad Domum Petri remeavit.

Diesem Bericht der Casus monasterii Petersh. entnehmen wir vor allem die Tatsache, daß die ersten Mönche Kastls aus dem Zähringer Hauskloster Petershausen kamen, wo sich ihr Abt Theoderich, ein vertrauter Freund des päpstlichen Legaten Gebhard von Konstanz, vor den Anfeindungen des Arnulf von Heiligenberg nicht mehr halten konnte. Das geschah im Jahre 1103 (hoc est 1103), ein Grund mehr für die Annahme, daß wir die endgültige Gründung in dieses Jahr zu setzen haben. Wessobrunn [31] öffnete dem flüchtigen Abt und 12 Mönchen,

[29] MG. SS. XX, 656.

[30] Ladewig-Müller: Regesta Episcoporum Constantiensium.

[31] Nach einem alten Verzeichnis von 1140 (veröffentlicht bei Helmsdörfer: „Forschungen zur Geschichte des Abtes Wilhelm von Hirsau" S. 118, und Mayer in Mitteil. d. Inst. f. österr. Gesch. I, 126) war Wessobrunn ein Hirsauer Kloster. — cf. Riez-

die ihn begleiteten, seine schützenden Pforten und gewährte ihnen so lange ein Asyl, bis der nobilissimus et religiosus[32] Friedrich ihnen eine Zelle auf seinem Eigengut Kastl als Aufenthaltsort anbot. Neben Friedrich erscheint als besonderer Wohltäter der jungen Stiftung sein Sohn Otto zusammen mit anderen Adeligen, Verwandten und Freunden (s. Text). Die reichen Schenkungen hatten zur Folge, daß in Kürze viele Brüder eintraten. Vielleicht hat das Beispiel des Hauptgründers auch gewirkt. Der Ausdruck et monasticam vitam honestissime inibi ordinaret ist dahin zu deuten, daß ein streng monastisches Leben im Geiste der neuen Reformbewegung nach den strengen Consuetudines Hirsaugienses in Kastl geführt wurde, vor allem unter der Leitung Theoderichs[33]. Als nach der Thronbesteigung Heinrichs V. und der Wiedereinsetzung Gebhards als Bischof von Konstanz auch für Theodorich die Stunde der Heimkehr in sein Mutterkloster Petershausen schlug, da bestimmte er Altmann[34] zum ersten Abt des neugegründeten Klosters, dem er bereits eine „Basilika" gebaut[35] und einen Konvent von Brüdern gesammelt hatte.

III. Die Gründungssage.

Überlieferung — Verfasser — Quellenlage — Literarische Stellung — Leserpublikum — Inhalt

Die Gründungssage, die schon oft die Historiker beschäftigte, hat bislang allen Erklärungsversuchen getrotzt. Als Geschlechter- oder Familiensage im Rahmen der Kastler Klostergründungsgeschichte ist sie von besonderer Bedeutung, um so mehr als jeder, der sich mit der Geschichte des alten Nordgaus befaßt, auf das mächtige Geschlecht der Grafen von Kastl, Sulzbach und Habsberg und damit auf die Kastler Gründungssage stößt.

ler: „Gesch. Baierns", 1. B., S. 220. Von den opf. Klöstern standen Prüfening, Prüll, St. Emmeram, Michelfeld, Ensdorf, Weltenburg, St. Jakob bei den Schotten in Regensburg neben Kastl in Beziehung zu Hirsau. Die großen Reichsabteien hielten sich in der Regel von der Hirsauer Bewegung fern.

[32] Dieses religiosus deutet vielleicht darauf hin, daß Friedrich, der am 11. Nov. 1103 starb, als Mönch gestorben ist.

[33] cf. Herrgott, M.: Vetus disciplina monastica. Paris 1726, 375/570. — Fischer, M.: „Die Entstehung der Hirschauer Konstitutionen". Dissert. Tübingen 1910.

[34] cf. Kastler Reimchronik (ed. Moritz. II, 105), die auch Altmann als den ersten Kastler Abt anspricht. — cf. MG. SS. XIII., 337, wo ein Catalogus Abbatum Castellensium aus einer Handschrift des Britischen Museums in London (nr. 339) abgeschrieben ist, in dem für 1130 das Todesjahr des ersten Abtes von Kastl, Altmann, angegeben ist. Dieser starb am 27. April 1130 nach 22jähriger Regierung. Somit kehrte Abt Theodorich im Jahre 1108 nach Petershausen zurück. — cf. Die Abtreihe bei Brunner: „Das Merkwürdigste v. d. Kl. Kastl", p. 170 ff. u. MB. XXIV., p. 311.

[35] Mit der Klosterreform verbreitete sich von Hirsau aus in Deutschland auch die Hirsauer Bauschule. Ausgangspunkt war dabei die 1082/1091 erbaute Peter- und Paulskirche in Hirsau, die sich an die Klosterkirche von Cluny anschloß (981). — cf. Baer, C. A.: „Die Hirschauer Bauschule", 1897, Hartig, M.: „Jahrbuch d. V. f. christl. Kunst", 1919, 30/60. — Neben Kastls Münster ist die Plankstettener Kirche ein ausgesprochener Kluniazenser bzw. Hirsauer Bau, (Hirsau, Paulinzelle); cf. das benachbarte Heilsbronn. — cf. Kunstdenkmäler XII, I., 144 ff.

Wir kennen zwei Hauptarten der *Überlieferung*. Aus den alten lateinischen Salbüchern, die auch chronikartige Aufzeichnungen enthielten, oder, wie mir auf Grund der Handschriften wahrscheinlicher ist, aus der deutschen Reimchronik wurde eine deutsche Darstellung in Prosa geschöpft, die sich an ein breites Publikum wendet. Sie liegt vor in einem Kastlischen Registraturbuch (Mü. H. St. A. Kastl Kl. Lit. Nr. 16) vom Jahre 1546 fol. 200r—205r. Es sind deutsche, chronikartige Aufzeichnungen über die Urgeschichte Kastls und seiner Gründer. Das Lehenbuch des Sagittarius von 1612 [36] bringt auf fol. 3 einen kurzen „Diskurs incerti auctoris von den fundatorn oder Stiftern des Klosters Kastl, von der berühmten fundatorn Herkommen". Joseph Moritz bringt in seinen handschriftlichen Aufzeichnungen zur Geschichte des Kl's Kastl [37] fol. 35—62 die Gründungsgeschichte nach Sagittarius, ebenso finden sich in seinem literarischen Nachlaß [38] zwei Fassungen der Prosadarstellung. Der Amberger Jesuitenrektor Karl Höger hat im Jahre 1687 die Darstellung des Sagittarius zur Grundlage seiner Erzählung in seiner Kampfschrift: „Adversariorum Castelli Tomus I Collectus" gemacht [39]. Zwei Eichstätter Literalien, die beide unter der Signatur B 263 laufen, bringen ebenfalls eine ähnliche Darstellung in Prosa. Der protestantische Pfarrer Braun bearbeitet in seinem Sulzbachischen Chronikum um das Jahr 1648 ebenfalls die Kastlische Gründungsgeschichte und die Genealogie der Stifter [40].

Neben dieser Prosadarstellung, ob älter oder jünger, läßt sich infolge Fehlens älterer Handschriften nicht sagen, läuft die dichterische Verherrlichung der Gründer, ihres Geschlechts und ihrer Gründung in der Kastler Reimchronik her, deren älteste Fassung in dem liber testamentorum [41] vorliegt. Dieses Kastlische Wirtschaftsbuch ist um 1326, spätestens vor 1342 [42] auf Geheiß des Abtes Hermann (1322—1356) zusammengestellt worden [43]. Es enthält außerdem ein Urbar (Güterverzeichnis mit einem Überblick über die Organisation des Besitzes), ein Kalendar, Urkundenabschriften aus der Zeit des Abtes Hermann und eine lateinische Chronik. Die „Deutsche Reimchronik" umfaßt den 5. Quaternio (p. 65—80), ist vom Hauptschreiber zweizeilig, zu je 23 Zeilen geschrieben und hat ihren Platz zwischen dem eigentlichen liber testamentorum und Urkundenabschriften.

---

36 H. St. Mü. Kastl, Kl. Lit. Nr. 3.
37 H. St. Mü. Kastl, Kl. Lit. Nr. 22.
38 H. St. Mü. Kastl, Kl. Lit. Nr. 20.
39 H. St. Mü. Kastl, Kl. Lit. Nr. 11.
40 Originalmanuskript im Pfarrarchiv Sulzbach. Abschriften davon in der Münchener Staatsbibliothek Cgm 2110, 2111, 2112, 3076, dann im Eichstätter Ordinariatsarchiv Nr. 274. (H. O. Ms. 23), cf. V. O. 34, 78.
41 H. St. Mü. Kastl, Kl. Lit. Nr. 1.
42 Münzel, K.: Mhd. Klostergründungsgeschichten des 14. Jhdts. Dissert. Berlin 1933.
43 Ein Vergleich der verschiedenen Schreiber im liber test. macht diesen Zeitpunkt sehr wahrscheinlich. Die erste Hand hat Urkunden bis zum Jahre 1339 abgeschrieben, die zweite beginnt mit 1343. Von der ersten Hand stammt auch die lat. Chronik, die am Ende des liber steht. Sie hört beim Jahre 1322 auf mit der Wahl Hermanns zum Abt und dem Besuch Ludwig d. Bayern in Kastl, einem Ereignis, das wohl Anlaß für die Abfassung der Reichschronik gewesen sein konnte.

Das Gedicht selbst ist nach Hermanns Amtsantritt entstanden, vermutlich nach 1324; die Vermutung liegt sehr nahe, in dem Schreiber des liber auch den *Verfasser* der Reimchronik zu suchen. Irrig ist jedenfalls die Ansicht, weil auf falscher Lesung des Verses 786 der Reimchronik beruhend, daß Abt Hermann selbst der Verfasser gewesen sei. Dasselbe gilt von dem ihm zugeschriebenen Beinamen Lubens [44]. Der liber traditionum, den der Abt veranlaßt hat, der in der Reihe der Prälaten Kastls einen ersten Platz einnimmt, soll nicht nur ein Wirtschaftsbuch sein, sondern eine Verherrlichung des durch seine Gründer berühmten Stiftes und seines derzeitigen Abtes. Freyberg und Moritz haben die Reimchronik herausgegeben [45]. Das Hauptstaatsarchiv München birgt zwei Abschriften des ganzen Salbuches aus den Jahren 1678 und 1830. Eine Abschrift des Gedichtes aus dem Salbuch (1812) findet sich in der Münchener Staatsbibliothek in den Analecta 12 Kiefhaberiana nr. 27 c. Es stellt ein für den Druck vorbereitetes, unvollendetes Manuskript dar, dem auch die Abschrift eines Fragments unseres Gedichtes beiliegt, das aber noch nicht ermittelt ist.

Die Reimchronik selbst ist im Jahre 1527 überarbeitet worden. Wo sich die Urschrift dieser Umarbeitung befindet, entzieht sich meiner Kenntnis. Rektor Carolus Höger bringt in seinem Adversariorum Castelli Tomus I Collectus [46] vom Jahre 1678 fol. 16 ff. eine Erzählung in Reimen, von einem Konventualen verfaßt 1527. Er nennt sie „Abschrift einer alten, also genannten Castlischen Chronik, vermutlich von einem Castlischen Religioso 1527 zwar mit einfältiger, aber doch wahrhaften Historj, Wort und Versen / so doch underweilen in metro korrigiert worden / beschrieben“ [47]. Schon die sprachliche Form verweist auf das 16. Jahrhundert, die Numerierung der Verse stimmt nicht überein. Bei Höger ist die Chronik in Kapitel eingeteilt. Moritz beschreibt [48] ein Eichstätter Registraturbuch, das ursprünglich in Kastl war. Darin war auch in einem Okterno eine Abschrift der umgearbeiteten Kastler Reimchronik von 1527 in neuer Korrektur des Metrums mit biographischen, lateinischen und deutschen Randnoten des Originals enthal-

---

[44] V. 783—786 heißt es ausdrücklich Vulgo translatus / est hic sermo renovatus / Scribere Prælatus / Lubet Hermannus Nominatus. Es folgt dann die Quellenangabe: Ritmice compegi / velut in libris ego legi, was auf den Schreiber der Handschrift als Verfasser hinweist, der als lateinisch gebildeter Mönch sich bescheiden am Schluß beim Schreiben des liber testamentorum als Verfasser bekennt. Die libri sind die zu Beginn des Gedichtes schon genannten lat. Salbücher, die als Stoffquelle gedient haben. cf. V. 37, 42/43, 49, 323 usw.

[45] Freyberg in Sammlung histor. Schriften und Urkunden 2. Bd. 1. Heft, S. 445—488 (Stuttgart-Tübingen 1828); Moritz in Abh. d. B. Akad. d. W. 1833, 2. Teil, Beil. 2, S. 120 ff. — Moritz hat Freyberg abgedruckt und dessen Text dabei nach der Hs. verbessert. Er weicht dabei aber in 77 Fällen von der Hs. ab, in 23 Zweifelsfällen entscheidet er sich für sie. — Das Urbar veröffentlicht von Karl Puchner in V. O. 87. Bd (1937).

[46] Mü. H. St. A. Kastl, Kl. Lit. Nr. 11.

[47] Von dieser Umarbeitung ist auch abzuleiten eine Abschrift in Clm 27 085. cf. Widemann: Die Passauer Geschichtsschreibung, Histor. Jahrbuch der Görresgesellschaft XX. 1900, S. 640.

[48] Mü. H. St. A. Kastl, Kl. Lit. Nr. 22.

ten. Die Abschrift stammt aus dem Jahre 1650. Am Schluß der Umarbeitung standen die Worte: Finis huius operis Deo Anno 1527 feria 2da post Reminiscere (18. März). In den beiden oben erwähnten Literalien des Ordinariatsarchivs Eichstätt liegt auch die Überarbeitung von 1527 vor. In einer trägt sie den Schlußvermerk: „Ecce quod accepi cum mandato, Reverende pater peregi; Ergo mercede me dignum scitis, Pater colende, esse." 1527 regierte Abt Johannes Winter von Hersbruck, den Braun einen wohl beredten Prediger, gelehrten Mann und guten politicus nennt. Vielleicht sollte diese Überarbeitung den praktischen Zweck verfolgen, in den Stürmen jener bewegten Zeit des Klosters uralte Gründertradition dem breiten Publikum bekannt zu machen und so das Stift propagandistisch wieder in den Vordergrund zu rücken [49]. Was Weigl [50] über die Überlieferungsgeschichte der Reimchronik bietet, ist zum mindesten sehr irreführend. Der liber testamentorum des Mü. H. St. Archivs Nr. 1 stammt nicht aus dem Jahre 1527, sondern aus dem 14. Jahrhundert. Ich halte ihn für den Archetypus. Von der Überarbeitung von 1527 scheint Weigl nichts zu wissen.

Zur *Quellenkritik* stelle ich fest, daß zunächst ein altes im liber testamentorum als Quelle angegebenes, lateinisches Salbuch die Grundtatsachen geboten haben muß, mit denen der verfassende Mönch, der wohl mit dem Schreiber des liber testament. zu identifizieren ist, in ziemlich freier Form seine deutsche Reimchronik geschaffen hat. Aus den häufigen Versicherungen des Verfassers aber, daß alles so im Salbuch steht (besonders V. 323 ff.), schließe ich, daß er keine einheitliche Vorlage hatte, sondern verstreutes Material zusammengeholt und verarbeitet hat. Der in den lateinischen Hexametern am Schluß erwähnte Sermo (V. 784) freilich macht die Annahme einer einheitlichen Vorlage fast notwendig. Wenn aber Abt Hermann auch noch eine *lateinische Chronik* abfassen ließ, so wollte er doch damit einem Bedürfnis abhelfen, das deshalb bestand, weil verschiedene Quellen vorgelegen haben. Diese lateinische Chronik ist noch dazu dem gleichen liber testamentorum beigefügt [51]. Vielleicht stellt sie aber auch eine Vorarbeit für die deutsche Reimchronik dar. Sie beginnt mit dem Jahre 1103, weiß aber nichts von der sagenhaften Urgeschichte der Stifterfamilie. Diese ist wieder behandelt in lateinischen Fragmenten [52], die als Randnoten der Umarbeitung von 1527 zur Erklärung des deutschen Textes angefügt sind. Ich vermute darin die Urform einer lateinischen Prosadarstellung der sagenhaften Gründergeschichte, so wie sie entweder im alten Salbuch oder irgendwie gesondert dem Verfasser der Reimchronik vorlag. Somit hätte ich zumindest zwei, wenn nicht drei Vorlagen ermittelt, die dem Verfasser der Reimchronik als Stoffquellen dienen konnten: 1. das alte Salbuch, das nicht

---

[49] Bemerkenswert ist die Tatsache, daß der alte liber testamentorum nach einem Eintrag bereits 1587 in den Händen des Grafen zu Ortenburg war, deren Wappen in die Münchener Handschrift eingeklebt ist.

[50] Weigl, J.: Die Verfassung des Benediktinerklosters Kastl bei Amberg (1098 bis 1560), S. 62, Anm. 43.

[51] Veröffentlicht bei Moritz: Stammreihe und Geschichte der Grafen von Sulzbach in Abh. d. Hist. Kl. d. b. A. d. W. 1. Bd., Teil II, 1833, S. 104.

[52] S. Moritz 1. Bd., Teil II, 1833, S. 104 ff.

mehr vorliegt, 2. eine lateinische chronikartige Aufzeichnung mit verhältnismäßig vielen Jahreszahlangaben und Ausblicken in die Reichsgeschichte, aus der die lateinische Chronik des liber testamentorum auf Veranlassung Hermanns geschöpft ist; ich denke hier in erster Linie an einen Nekrolog des Klosters, der vor allem für die Zeit 1103—1189 zugrunde lag. Erst von 1189 ab kann man auf Grund der Darstellung in der lateinischen Chronik eine Gleichzeitigkeit der Einträge und der eingetragenen Zeitereignisse annehmen. Der Nekrolog enthielt sicher Namen und Sterbetag der Stifter, Wohltäter und Äbte des Klosters; Jahreszahlen fehlten. Als der Nekrolog vom Verfasser der lateinischen Chronik oder schon nach 1189 zu chronikartigen Aufzeichnungen umgearbeitet wurde, setzte man Jahreszahlen aus anderen Quellen hinzu, machte nähere Angaben über Verwandtschaftsverhältnisse. Dabei wurde das meiste falsch oder unsicher aufgefaßt. Das zeigt bereits der erste Eintrag bei Graf Hermann (Nonas Kalendas Octobr.), mit dem wir uns noch zu befassen haben (Forschungen zur deutschen Geschichte Bd. XII S. 385/6). 3. vielleicht eine selbständige lateinische Prosadarstellung der stirps Ernesti ducis oder gar eine kurze Vita Ernesti. Freilich kann diese auch dem alten Salbuch einverleibt gewesen sein. Wahrscheinlich gehen darauf die späten deutschen Prosadarstellungen zurück, von denen ich in der Einleitung dieses Kapitels schon sprach. Eine letzte Entscheidung wage ich nicht zu treffen, da noch die Möglichkeit besteht, daß sie aus der deutschen Reimchronik geschöpft sind.

Ich lasse hier noch die Übersetzung der bereits oben angeführten lateinischen Schlußhexameter der Chronik, die wegen ihrer prägnanten Kürze sehr schwer zu deuten sind, folgen. Sie vermitteln aber nach meiner Lesart einen Einblick in die Entstehung unseres Gedichtes: V. 783—788: „Die Erzählung von den Stiftern (cf. die red. V. 726 und 774), in deutscher Sprache aus dem Latein (= lateinische Quellen) übertragen, ist hier erneut abgeschrieben (oder nochmals überarbeitet nach einem handschriftlichen Entwurf). Der Abt, Hermann genannt, befiehlt sie abzuschreiben. Ich habe sie in Versen abgefaßt sc. vordem, vorher, so wie ich den Stoff in den Salbüchern gelesen habe.“

Bemerkenswert ist auch, was Sagittarius in seinem Lehenbuch 1612 schreibt (Kastl, Kl. Lit. Nr. 3 Mü. H. St.). Er legt dar, daß er von der Stifter Ankunft noch wenig Gründliches, Zuverlässiges finden konnte; obwohl in vielen alten Briefen und Instrumenten etlicher, unterschiedlicher Salbücher, in denen die Stiftungen aufgezeichnet sein sollen, gedacht wird, ist doch keines mehr vorhanden. Der Renovator findet es nicht glaublich, daß bei der Feuersbrunst von 1542 unter Abt Johannes Menger alles verbrannt sein soll. Seinen bereits oben genannten Bericht entnahm er dem Repertorienbuch des Klosters, das allgemein das Fundationsbuch genannt werde.

Bevor ich den Inhalt und die Deutung wiedergebe, muß ich noch auf die *literarische Stellung* des Gedichtes näher eingehen, weil von hier aus ein besonderes Licht auf die Darstellung der Reimchronik fällt. Merkwürdig erscheint, daß die eigentliche Klostergründung nicht im Mittelpunkt des Gedichtes steht, wie etwa das in der Waldsassener Gründungssage (-legende) der Fall ist oder in der Regensburger Weihsandpeterlegende und der legendären Regensburger Schottenchronik, in denen geistlich-klösterliche Gesichtspunkte vorherrschen. Kastl ist Haus- und Familienkloster. So wird seine Gründungsgeschichte von selbst zu einer Geschichte des Stiftergeschlechtes, in unserem Falle allerdings in ganz überraschend ausgedehnter Form. Die einzige ältere Vorgängerin dieser Art ist die Gründungsgeschichte des Klosters Sandersheim von 1216 auf niederdeutschem Sprachgebiet, die mit der Geschichte der Gründer, des Herzogs Rudolf und seiner Gemahlin Oda, die ganze Vorgeschichte des Geschlechtes seit Widukind und seine spätere Entfaltung als Kaisergeschlecht verknüpft. Die Kastlische Reimchronik geht über eine Ahnenreihe hinaus und behandelt sehr weitgreifend auch Genealogien angeheirateter Geschlechter. Während die Gandersheimer Erzählung den Boden der Geschichte nicht verläßt, verliert sich unsere Reimchronik im Reich der Sage. An die Stelle der frommen Klostergründungslegende, wie sie z. B. die Gründungsgeschichte Reichenbachs [53], des Kastlischen Tochterklosters, aufweist, tritt hier die Familiensage. Über die Geschichte der Stifter ist die Geschichte der Klostergründung fast vergessen [54]. Das Fortblühen und der Ruhm des Stiftergeschlechtes tritt an die Stelle der besonderen Weihe des Klosters als Zeichen göttlicher Huld. Ein durchaus weltlicher Zug geht durch die ganze Sage. Stoff und Gliederung entnimmt das Waldsassener Gedicht einer lateinischen Vorlage. Die Kastlische Reimchronik ist dagegen Eigengewächs, auch dann, wenn wir in der lateinischen Chronik eine Vorarbeit erblicken, eine eigentümliche Gattung historischer Klosterliteratur, die sich aus dem Charakter eines Hausklosters leicht erklären läßt.

Unter Abt Hermann hatte das Kloster politisch und wirtschaftlich einen großen Aufschwung genommen. Die oftmaligen Besuche Kaiser Ludwigs, das Begräbnis seiner Tochter Anna, sowie seines getreuen Feldhauptmanns Schweppermann im Peterskloster an der Lauterach, die Gnadenerweise des Kaisers (Verleihung der Marktgerechtsame an das Dorf Kastl nach dem Muster Ambergs), der Empfehlungsbrief des Kaisers nach dem Hausvertrag von Pavia 1330, in dem die Klostervogtei als „von Reichswegen“ bezeichnet wird [55], hoben das Kloster besonders hervor und verliehen ihm gesteigertes Ansehen. Das ließ in dem gelehrten, tüchtigen Abt den Entschluß reifen, in einer dichterischen Darstellung der Gründung, die besonders durch den Ruhm des politisch hochbedeutsamen Stiftergeschlechtes an Glanz und Bedeutung gewann, ein breiteres Publikum, vor allem hohe Adelige und Fürsten, besonders aber den Kaiser, der oft zu Gast war, auf das Stift an der Lauterach aufmerksam zu machen [56]. Das Andenken an das berühmte Gründergeschlecht, als dessen Nachfahren und Erben sich die Wittelsbacher wohl

---

[53] Zimmermann: Chur-Bay. Geistl. Kalender, 5. Teil, 1752, S. 340 ff.

[54] Ich erinnere noch an die Ebersberger Chronik und die Chronik Konrads von Scheyern, in denen Familiengeschichte ebenfalls im Mittelpunkt der Darstellung ist.

[55] Braun: Chronik f. 22.

[56] Diese Absicht machen besonders die Verse 37 ff. der Reimchronik höchstwahrscheinlich: „Die salbuch sagent in latein, wer die Stifter gewesen sein. / Des fragent dick die laeut. Un well wir, daz man bedaeut. / latein zu deutschen puhen: welch lay ez welle suchen / und nach der herrschaft fragen, so kan man im gesagen, / von welcher Art sie sin geporn, die diuse stift hie habent erkorn. / (Nach Moritz.)

fühlen konnten und mochten, war im Kloster Kastl besonders lebendig, wenn auch vielleicht schon ins Mythische, Sagenhafte gesteigert, nachdem das Geschlecht bereits 1305 mit Gebhard von Hirschberg erloschen war, der das Hauskloster noch reich bedacht hatte [57].

Neben eigenpersönlichen Interessen [58] mochten es Gefühle der Dankbarkeit sein, die das Stift, als die Pflegstätte geheiligter Familientradition, als Geburtsstätte der eigenartigen Reimchronik werden ließen. Genealogisches Denken war im Mittelalter weiter verbreitet als die Überlieferung zeigt. Nicht nur an Fürstenhöfen, sondern auch vom niederen Adel wurde im 14. Jahrhundert Genealogie gepflegt. Damit daß unsere Reimchronik rückwärts auf eine sagenhafte Vorgeschichte des Geschlechtes weist, ist sie Vorläuferin jener Fürstengeschichten des 15. Jahrhunderts, die sich an Sagenhaftigkeit im Ursprung ihres Geschlechtes nicht genug tun können [59]. Wie weit die Vorlage in der Bearbeitung des sagenhaften Ursprunges gegangen ist, können wir nicht mehr feststellen. Wahrscheinlich ist mir die Vermutung, daß des Verfassers freigestaltende Phantasie über die Quellen hinaus vielleich in Anlehnung an andere literarische Vorbilder (Volkssage vom Herzog Ernst) wesentlich neue Gesichtspunkte in den alten Stoff brachte, schon um im Sinne des Abtes des Klosters und seiner Stifter Ansehen durch eine möglichst hohe Ahnenreihe in den Augen des Leserpublikums zu steigern. Mir ist es auch nicht unwahrscheinlich, daß der historisch und literarisch geschärftere Sinn des Abtes und seiner Mönche nach einer Herauslösung der Stifter- und damit Stiftungsgeschichte aus der Fülle der Nachrichten des Salbuches verlangten. Beispiele anderer Klöster mögen Veranlassung gewesen sein. Unter Abt Hermann schloß Kastl verschiedentlich Verbrüderungen mit anderen Klöstern wie z. B. dem Donaukloster Metten mit seiner bekannten Uttolegende [60]) (B. M. 24, 363. 22. Juli 1327) oder

---

57 MB. 24, S. 341, Nr. 29.

58 Die Darstellung der Gebefreudigkeit der Stifter sollte vielleicht auch ihre Erben oder andere begüterte Leser, in unserem Falle vor allem die Wittelsbacher, die ja auch Vögte des Stiftes waren, aneifern, in die Fußtapfen der alten Grafen von Kastl-Sulzbach-Habsberg zu treten und hierin ihre Tradition fortzusetzen durch besondere Schenkungen an das Stift. In diesem Sinne fasse ich auch V. 32 ff. auf: „Wer sich nu reht besinnet / Der richt sein Leben als die Von den wir lesen hie / Als uns hernach sagt die Schrift / Von ir Leben und von ir Stift / Die Salbuch sagent in Latein / Wer die Stifter gewesen sein Die Kastel und andere Cloester werd (Berchtesgaden, Baumburg) Got habent gestifte uf diser Erd . . .“ (Nach Moritz.) Gemeint ist: Wer klug ist, handelt wie unsere Stifter. Die Aufzählung der vornehmen Begräbnisse am Schluß verstärkt noch die Aufforderung, dem Kloster Schenkungen zu machen oder dort seine letzte Ruhestätte zu nehmen. Das Waldsassener wie das Zwettler Gedichte zeigen ähnliche Gedanken. cf. Tangl: Archiv f. österr. Gesch. Bd. 76 (1890), S. 274 ff. Im übrigen paßt diese Absicht sehr gut zur Wirtschafts- und Klosterpolitik des Abtes Hermann.

59 Neben der österr. Chronik von den 95 Herrschaften (MG. deutsche Chroniken VI) ist ein typisches Beispiel die fürstliche Sucht vor allem in Norddeutschland den Sachsenherzog Widukind als Ahnherrn ihres Hauses zu erweisen, die freilich schon der Renaissancezeit angehört. Rundnagel, E.: „Der Mythos vom Herzog Widukind“ in HZ. 155, S. 475 ff.

60 Siehe Fink: Entwicklungsgesch. der Abtei Metten. 2. Teil, S. 9—24. München 1928. Sonderdruck der Stud. u. Mitteil. z. Gesch. d. Bened.-Ordens.

mit Kladrau bei Mies [61] oder Niederaltaich [62] u. a. m. Es liegt nahe, hier an die fundationes monasteriorum Bavariae zu erinnern, die Gg. Leidinger im Neuen Archiv d. Gesell. f. Ältere deutsche Geschichtskunde 24. Bd. (1899) S. 671—717 behandelt hat. Es würde sich verlohnen, in einer Einzelabhandlung vor allem die von Ettal, Stams, Reitenbuch, Windberg usw. mit unserer Kastler zu vergleichen, um vielleicht hier eine allgemeine literarische Gattung in Anlehnung an die Arbeit von Münzel herausarbeiten zu können. Raitenpuch hat eine „Genealogia et acta illius Welfonis, qui ecclesiam Reitenbuchensem fundavit“ an Stelle einer eigenen Gründungsgeschichte (cf. M. G. SS. XXI. 461 13. cap. der Historia Welforum Weingartensis). Etwas Ähnliches treffen wir in der Gründungsgeschichte von Windberg an. Verfasser dieser ganzen Sammlung ist vermutlich ein Mönch von St. Emmeram, der von Kloster zu Kloster zog.

Das Publikum. Unsere Reimchronik wendet sich also an die Mönche wie an Adelige und fürstliche Laien, vor allem an den Kaiser und versteckt an die Wittelsbacher im allgemeinen, vor allem an die Dienstmannengeschlechter der Umgebung. Daß sie bei den letzteren ihren doppelten Zweck nicht verfehlte, zeigt mein Abschnitt über die Wirtschaftsgeschichte Kastls. Nicht zu vergessen sind aber auch die gelehrten Geschichtsschreiber, die diese Chronik reichlich benutzt haben, weil ja die Grafen von Sulzbach und ihre Nachkommen in der bayerischen Geschichte eine hervorragende Rolle zusammen mit den Babenbergern und Diepoldingern spielten. Der Presbyter Andreas von Regensburg machte hier den Anfang [63]. Im allgemeinen war der Kreis der Leser oder Hörer [64] des Gedichtes sehr eng, weshalb auch die handschriftliche Verbreitung gering ist. Der Inhalt versagte dem Gedicht ein freieres literarisch-selbständiges Leben, zudem die Darstellung mehr gelehrten, unpersönlichen Charakter zeigt, was nicht Wunder nimmt, da die Stifterfamilie schon ausgestorben war. Dafür tritt allerdings die allgemeine Beziehung auf die Reichsgeschichte mehr hervor. Weil der Verfasser sich in deutscher Sprache an ein bestimmtes Publikum wenden wollte, mußte er die nach unserem modernen Empfinden unmögliche Form der Reichschronik wählen. Prosa war ausgeschlossen, wie auch zeitgenössische Historiker wie Nikolaus von Jeroschin und der Dalimilübersetzer beweisen. Unserem Kastler Mönch ist das Versemachen bestimmt sauer geworden; er kennt fast nur den vierhebig-stumpfen Vers. Doch dient er im Auftrag seines Abtes der in Kastl gefühlten Notwendigkeit, durch die Darstellung der von altehrwürdigem Schimmer umstrahlten eigenen Vergangenheit des Stifts seinen Einfluß und seine Eigenart zu stärken.

---

[61] MB. 24, 361.

[62] MB. 24, 359.

[63] Leidinger: Andreas von Regensburg. S. LXXXVI. Neben Veit Arnpeck, Sebastian Rangk und Stephan Leopolder wurde ihm die Sammlung von Gründungsgeschichten bayer. Klöster zugeschrieben, die bereits nach 1350 verfaßt wurde, in der aber Kastl nicht vorkommt. cf. NA. 24 (1899), S. 671—717.

[64] cf. Rchrk. V. 733: „Sin betragt, da man ze lange list.“

Inhalt der Sage

An den Hof des mächtigen Kaisers Otto II. des Roten kam um das Jahr 975 aus Maeotis, einem seereichen Land, Herzog Ernst. Dessen Lande waren durch Sturmfluten verwüstet worden, so daß er völlig verarmte. Er verließ Land und Leute, ließ sogar sein Erbe zurück und ritt an den Hof des Kaisers, um ihm sein Leid zu klagen. Otto belobte seine treue Dienstleistung und versprach, ihn nicht im Stiche zu lassen. Er belohnte ihn und schickte ihn „in der Paier Lant" (V. 91), verlieh ihm Gewalt (übertrug ihm die Ausübung königlicher Rechte) auf dem *Nordgau* und ließ ihm frei ein großes Stück wilden (= ungerodeten) Landes, das auch der Nordwald hieß. Dort waren mehr Tiere als Menschen. Darauf fuhr Herzog Ernst wieder nach Seeland und nahm von dort Frauen und Männer mit nach dem Nordwald, der ihm zu eigen gegeben war. Auf einem Berg an der Lauterach erbaute der Herzog eine Burg, darunter ein Dorf, durch das mancher Quell (ursprinc) floß und das deshalb Prunn (bei Lauterhofen) genannt wurde [65]. Es wurde der Wald gerodet und das Land urbar gemacht, die Bevölkerung mehrte sich. Man nannte sie „Heubsleut" noch zur Zeit des Verfassers der Reimchronik [66]. Auf einer Jagd erblickte Ernst an der Lauterach den „Kastelperch". Er ließ darauf die Burg in Prunn abtragen und auf dem Kastelberg eine neue errichten; in dieser Feste widmete er den „Zwelfpoten" (12 Aposteln) eine Kapelle und beschenkte sie mit 50 Zehnten. Ernst hatte zwei Söhne; der eine hieß Gebhard, der an einer wilden Stätte auf der Jagd Sulzbach [67] fand, der mächtige König gab ihm diese Burg zu eigen. Gebhard, der Graf Berengar (Pernger) zum Sohn hatte, soll aber reich gegewesen sein. Der Name des zweiten Sohnes unseres Ernst ist dem Chronisten unbekannt. Doch hatte dieser zwei Erben, Frau Reitz und Hermann, die sehr viel Land und Leute gewannen. Friedrich, des Grafen Hermanns Sohn, war der erste Gründer des Stifts Kastl, der auch in den Orden eintrat. Reitzas Tochter war Gräfin Luitgard, die nach Kastl Prunn und „manic schone Hab" stiftete. Ihr Sohn war der mächtige Markgraf Diepold von Vohburg, der Stifter von Reichenbach. Zu dieser Zeit saß zu Ammertal Herzog Ott, der hier das Land hatte, in Würde ein hochgeborener Fürst war und überall Gewalt besaß. Dieser hatte vier Töchter: Gertraud, Peters, Percht und Sophie. Gertraud heiratete einen sächsischen Herzog, von dem sie eine Tochter Reitz bekam, die mit Kaiser Lothar vermählt wurde. Frau Perhte war verehelicht mit Friedrich von Kastelberg, mit dem sie Otto von Habsberg und Hermann erzeugte [68]. Frau Peters (Beatrix) nahm aus hoher Geburt den Markgrafen von Schweinfurt zum Gemahl [69]; sie gebar Eberhard, den späte-

---

[65] Herzog Ernst muß demnach von dem früher besiedelten Westen oder Nordwesten gekommen und von hier erst Lauterach abwärts gezogen sein.

[66] Das sind also die Bewohner der Gegend um Kastl. Auf den „Heubisch" gehe ich später ein.

[67] Die Gründung von Sulzbach erfolgte um 1050. (1051 taucht auch Nürnberg auf, um das der tatkräftige Heinrich III. das fränkische Königsgut neu organisiert und vermutlich dort ein Domänengericht einsetzt.)

[68] Die Unrichtigkeit dieser Notiz werde ich im nächsten Abschnitt beweisen.

[69] Gemeint ist Heinrich von Hildrizhausen, der Nachfolger und Erbe Ottos von Schweinfurt.

ren Bischof von Eichstätt, der mit Otto und Hermann einen Wechsel (Tauschgeschäft) machte, da die beiden schon dem Sohn ihrer Muhme Zehnt geben mußten. Die vier Ortschaften Leuboldshoven (Lippertshofen), Eytenshain (Eitensheim), Megenlach (Möckenlohe) und Puhsenhainn (Buchsheim) befreite der Bischof von der Zehentpflicht und übergab sie zehentfrei dem Stift Kastl.

Kaiser Heinrich V. war der Sohn der Muhme der vorerwähnten Berta. Deren Sohn Hermann wurde erschlagen. Darauf kam es zu einem Erbvertrag zwischen Otto und Kaiser Heinrich. Wer zuerst ohne Erben stürbe, den solle der andere auch im Reich beerben. Otto starb aber gar bald und so nahm Heinrich V. Besitz von Habsberg, der Herrschaft und Grafschaft mit Zubehör. Was Heinrich zu Lebzeiten davon nicht losriß, verschenkte oder veräußerte, gab er seiner Schwester Agnes, die nach Kastl 50 Zehentrechte vermachte, die zu Habsberg gehörten. In Habsberg starb sie auch.

Die vierte Tochter des Herzogs Otto von Ammertal war Frau Sophie, die mit einem Grafen von Andechs vermählt war, dem sie zwei Söhne gebar. Der eine hieß Berthold, dessen Sohn der heilige Bischof Otto von Bamberg war, der zu Kastl den Chor weihte [70]. Der zweite Sohn war Friedrich, der hier in der Umgebung große Güter hatte und Besitzer von Ammertal war. Er vermachte nach Kastl, wo er begraben liegt, verschiedene Güter.

Auf dem Kastelberg standen einst drei Burgen, die aber voneinander geschieden waren. Jede Burg hatte ihr Gemach (V. 333). Der Reimchronist erzählt, daß noch zu seiner Zeit drei Kapellen standen, ebenso waren noch drei Brunnen vorhanden. Die eine Burg besaß Graf Pernger, die zweite Frau Luitgard, die dritte Herr Friedrich von Kastlberg. Diese lebten in Friede und Freundschaft ohne Streit und Zank miteinander. Diese taten nun, wie ihnen ihr Adel gebot, und ließen die Burgmauer niederreißen und erbauten das Kloster Kastl, das Maria und St. Peter geweiht war. Zur Abhaltung des Gottesdienstes ließen sie sehr viel Gut zurück. Die Burg war 200 Jahre gestanden, seitdem sie Ernst fand nach seinem Zug aus Seeland. Ernst hinterließ zwei Söhne, die mit ihren Erben bis zur Gründung des Klosters hier saßen.

Von Papst Paschalis (1099—1118) erbaten sich die Stifter, die ihr Werk um 1200 (muß 1100 heißen) vollendeten, die Erlaubnis, das Stift errichten zu dürfen. Der päpstliche Bestätigungsbrief (dessen Inhalt noch erhalten ist) bezeichnet die Rechte, in deren Genuß Kastl verbleiben sollte. Die Burg hieß nach der Klostergründung nicht mehr Kastlberg, sondern Kastl. Friedrich trat selbst als Ordensmann in das Kloster ein. Seine Mutter war Hatzga (Hazga, Hazacha, Azecha) [71]. Nach dem frühen Tode ihres Gemahls Hermann heiratete sie auf Anraten ihrer Freunde und ihres Sohnes den Wernher von Scheyern, der nach Kastl große Bei-

---

[70] Hier liegt eine Verwechslung vor. Ob Otto den Chor zu Kastl weihte, ist auch sehr zweifelhaft.

[71] Sie entstammte dem Hause Scheyern (nach Konrad von Scheyern). Nach K. Trotter war sie eine Tochter Berengar I. von Sulzbach (?).

steuer von seiner Habe gab [72]. Auch Friedrich der Ordensmann gab sein Erb und Eigen, groß und klein, Recht und Zoll, was er genoß, zu Lauterhofen, soweit sein Teil reichte, zum Stift; ihm gehörte nach dem Bericht des Salbuches auch ein „Ainlentz Hof" zu Pfaffenhofen. Dort stand eine Kirche; zwei Priester mußten dort abwechselnd Gottesdienst halten. Diesen Hof und noch anderes vermachte Friedrich dem Kloster. Er selbst starb am Martinstag 1103, nachdem ihm seine Frau, Berta, im Tode schon vorausgeeilt war.

Graf Pernger von Sulzbach, der Sohn Gebhards, der Sulzbach fand, und Irmgards [73], war so mächtig, daß er dem König Friedrich 300 Ritter über die Alpen nach Rom zuführen konnte. Perngers Vater wurde von dem „rauhen" Grafen erschlagen. (Das kann nur Gebhard I. gewesen sein.) Doch rächten dessen Ritter seinen Tod und erschlugen den Mörder am Rhein vor Kaiser Friedrich [74]. Bernger heiratete Frau Adelheit von Wolfratshausen, deren Bruder Bischof von Regensburg war [75]. Von ihr hatte Bernger fünf Kinder. Ihr einziger Sohn hieß Gebhard von Floß. (Dieser starb nach seinem Sohn Bernger II. als letzter männlicher Sproß des Hauses Sulzbach am 28. Oktober 1188 und hinterließ nur Erben von seinen drei Töchtern.) Graf Berngers Tochter (Gertraud) war mit König Konrad vermählt. Ihr Sohn war Friedrich von Rothenburg. Die zweite Tochter Berta wurde als Gemahlin Emanuels Kaiserin von Konstantinopel 1140? (1144/45). Sie starb an einem Kind und liegt nach der Reimchronik bei ihrem Vater [76]. Die dritte Tochter Adelhait (nach Moritz Mechthild) war verheiratet mit dem mächtigen Markgrafen in „Kirchen" (= Engelbert von Kraiburg aus dem Hause Ortenburg). Sie schenkte dem Kloster Kastl eine Salzpfanne „daß (zu) Hall". Die vierte Tochter war Äbtissin des Benediktinerinnenklosters (Niedernburg) in Passau.

Graf Berengar stiftete auch das Gotteshaus zu Pertholdsgaden (= Berchtesgaden) und gab dazu Güter. Er erbaute die Kirche St. Michael in Lauterhofen (V. 607/8), die Gebhard von Kostniz (Konstanz) einweihte. Diese Kirche, 10 Gült mit Zubehör, sowie einem Hof, genannt *Gaizhaim,* in der Nähe des Klosters gab Bernger nach Kastl, wo er begraben liegt (gest. 5. Dez. 1125). Sein Sohn Gebhard

---

72 Der Name Werner ist hier auch falsch angegeben, s. nächsten Abschnitt.

73 Irmgard war in 2. Ehe mit Graf Kuno von Horburg vermählt, dem sie einen Sohn Kuno gebar, der mit seinem Stiefbruder Berengar 1111 auf dem ital. Feldzug erscheint. MG. Legg. II. 67.

74 Der Graf, der 300 Ritter nach Italien schicken konnte, war nicht Bernger I., Gebhards I. Sohn, wie es nach einer Reimchronik erscheint, sondern Bernger II., der Sohn Graf Gebhards II.

75 Adelhaid war die 3. Gemahlin Graf Berngers I. von Sulzbach. Ihr Bruder Heinrich war 1132—1155 Bischof von Regensburg. Sie starb am 11. Januar 1126 im Kindbett, einen Monat nach ihrem Gemahl. Die ersten beiden Gemahlinnen waren Adelhaid, Tochter des Grafen Kuno v. Megling und Lechsgemünd, die er 1099 ehelichte, und Gräfin Adelhaid von Frontenhausen, die Stifterin von Baumburg (gest. 1110). MB. II. 176, 177, 266. Die erste Adelhaid starb bereits 1099. MB. II. 177.

76 Berta, griech. Irene, wurde dem griech. Kaiser Emanuel Comnenos im Herbst 1144 zugeführt und 1145 angetraut. Sie starb 1165 zu Byzanz und wurde in der kaiserl. Gruft im Kloster Pantocratoris beigesetzt.

von Floß war mit einer Tochter aus dem mächtigen Hause der Welfen vermählt [77]. Dieser verheiratete eine Tochter an den Grafen von Cleve, von der zwei Geschlechter, die Heunenberg und die Deck, abstammen [78]. Die Tochter Sophie war vermählt mit dem Grafen von Kreglingen [79]. Ihr Sohn Heinrich wurde Bischof von Eichstätt, Gebhard aber war Graf von Hirschberg. Eine weitere Frau Sophie, die aber mit der oben erwähnten nicht identisch sein kann, war mit einem Grafen von „Abenberk“ verheiratet, der eine Sophie zur Gemahlin hatte, wie ein Heilbronner Epitaph beweist.

Mit großer Habe vermählte Graf Gebhard eine weitere Tochter (Elisabeth) an den Grafen von „Ortenberk“ (Ortenburg). Von ihren Söhnen heiratete Rapoto eine Schwester des Herzogs Ludwig von Bayern, während Heinrich eine mächtige Königin von Böhmen zur Frau nahm, mit der er zwei Erben zeugte, Heinrich und eine Tochter, die mit Friedrich von Truhendingen vermählt war.

Pernger, Gebhards II. Sohn, zog mit Herzog Welfo und Friedrich von Rothenburg „gen Walchen“ (V. 708), wo sie eine Kaiserin Beatrix mit Gift getötet haben soll. Gebhards Gemahlin, die 1171 an St. Gertrauds Abend starb, liegt in Kastl begraben. V. 725 ff. nennt noch alle, die in Kastl begraben liegen sollen. Friedrich von Kastelberg mit Vater und Mutter und seinen Söhnen Ott und Hermann; Frau Perht und ihre Mutter. Von Sulzbach Graf Pernger, dessen Vater Gebhard und seine Mutter Irmingard; Gräfin Allhait und ihr Sohn Graf Gebhard von Floß mit seiner Gemahlin Mechthild; Gebhards Schwester Gertraud, die Gemahlin König Konrad III., ebenso mit einem Kind Frau Perhte, die Kaiserin von Griechenland, dazu der junge Pernger von Floß und die Herzöge von Meran, die auch Ammertal besaßen; Diepold, Friedrich, Leobaldus, der mächtige Markgraf von Hohenburg; von Vohburg Gräfin Luitgard und ihr Geschlecht; manche Herzöge und Kaiser Ludwigs Kind. Dienstmannen und Grafen sind hier weiter nicht genannt [80]. Soweit der Inhalt der Reimchronik, der sich als Geschlechtersage und -geschichte reinster Prägung ausweist. Den sagenhaften Bericht von den Anfängen des Geschlechts der Grafen von Kastl-Habsberg und Sulzbach zu deuten, soll im nächsten Abschnitt versucht werden.

---

[77] Mechthild, Schwester Herzog Heinrichs d. Stolzen und des älteren Herzogs Welf von Spoleto. Sie starb am 16. März 1182. Ihr Leichnam ruht zu Kastl.

[78] Eine Gräfin Adelhaid von Cleve ist als sulzbach. Erbtochter besonders aus einer Urkunde Friedrichs II. vom 26. Sept. 1212 bekannt. Sie verkaufte ihren gräflich-sulzbachischen Erbteil, der in Burg und Herschaft Floß bestand, an Kaiser Friedrich I.

[79] Graf Gerhard von Kreglingen, Tollenstein und Hirschberg. Sophie wurde die Stammmutter aller folgenden Hirschberger, die durch sie auch Grafschaft und Herrschaft Sulzbach gewannen. Das Haus Hirschberg erlosch 1305. Sophie starb am 25. Febr. 1228. Ihr Sohn, der von 1195—1223 Bischof zu Eichstätt war, hieß nicht Heinrich, sondern Hartwich.

[80] Daß hier große Übertreibungen vorliegen, ist klar. Doch beweist gerade diese Aufzählung vieler Geschlechter, die in Kastl ihre Grablege gehabt haben sollen, die starke Tendenz, auf das Publikum zu wirken.

Zur Genealogie des Gründergeschlechts

I. Die bisherigen Forschungsergebnisse

Der erste Forscher, den die sagenhafte Darstellung der Reimchronik zu einem Deutungsversuch veranlaßte, war der gelehrte Exbenediktiner Joseph Moritz in den schon oben erwähnten Abhandlungen der bayerischen Akademie d. W. Er sucht zu beweisen, daß die Grafen von Sulzbach, Kastl und Habsberg direkte Nachkommen des aus der Volkssage bekannten Herzog Ernst II. von Schwaben und damit der Babenberger gewesen seien. Doch ist es ihm nicht gelungen, das fehlende Glied in der Kette zu ermitteln. Moritz verweist auf eine Urkunde Bischof Ottos von Bamberg von 1122, aus der hervorgeht, daß Ernst, Herzog in Ostfranken, in Aura ein festes Wohnschloß hatte (Aura an der Saale) [1]. Auf dem Beisatz: cuius parentela usque modo non defecit baut Moritz, dessen Abhandlung sehr verdienstvoll ist, die Hypothese auf, daß 1122 noch eine männliche Nachkommenschaft Ernsts I. und II. vorhanden war, wozu sich aber kein Haus mehr eigne als das von Sulzbach, Kastl und Habsberg. Moritz nimmt deshalb wieder ohne Beweis an, daß Ernst II. vermählt war und zwar schon unter Heinrich II. Er sieht in Werner von Kiburg den Schwiegervater unseres Ernst. Letzten Endes aber gingen die beiden Linien des mächtigen Grafengeschlechtes auf einen männlichen Hauptstamm der Babenberger zurück, der um 950 sich zuerst in der Gegend von Kastl und Ammerthal festsetzte durch die Gunst des verwandten sächsischen Kaiserhauses. Moritz gibt aber zu, daß Abt Hermann, in dem er den Verfasser der Reimchronik erblickt, zur Dichtung Zuflucht nahm, wozu er den Stoff aus einem kurzen Bericht eines lateinischen kastlischen Salbuches nahm. Ihm selbst erscheint die Ableitung von den Babenbergern etwas bedenklich. Recht hat er mit der Behauptung, daß sich dieses Geschlecht zunächst an kein bekanntes Grafengeschlecht des 11. und 12. Jahrhunderts anschließen läßt.

Moritz sieht, und das ist weiterhin entscheidend, in Graf Gebhard, der in der kaiserlichen Urkunde vom 28. November 1043 [2] zuerst als comes urkundlich wird, sowie in Graf Hermann, dem Sproß des in der Reimchronik ungenannten Sohnes Herzog Ernst, und in Reitza (Richwara), der Mutter der Mitstifterin Luitgard, Geschwister, was ebenfalls nicht erwiesen werden kann. In dem minister Pardo der obenerwähnten Kaiserurkunde vermutet er Berthold, Herzog von Zähringen, den Gemahl der Reitza, und in einer Adelhaid die Witwe Ernst II., der 1030 starb; die Urkunde selbst stellt nach seiner Ansicht eine Erbschaftsauseinandersetzung

---

[1] Da aber Ernst nur Herzog von Schwaben genannt wurde, nimmt Moritz an, daß mit dem Titel „Herzog von Ostfranken“ ein Hinweis auf seine Abstammung von den Babenbergern gegeben werden sollte; da es nicht ehrenvoll gewesen sei, an den Rebellen Ernst II. anzuknüpfen, sei anzunehmen, daß in der Urkunde von 1122 Ernst I. gemeint sei, der Gemahl der späteren Kaiserin Gisela (Konrad II.).

[2] MB. 24, 313 n. 1. — Böhmer: Reg. 911—1313 nr. 1510. — Steindorff, E.: Jahrbücher d. d. R. unter Heinrich III, 1. Bd., S. 194.

dar, die auf Grund einer Erbteilung der drei Geschwister Gebhard, Hermann und Reitza [3] sattgefunden hätte. Somit ergibt sich für Moritz folgender Stammbaum:

Ernst II. v. Schwaben

Gebhard u. Irmingard
— Berengar I. v. Sulzbach

Hermann v. Kastl
Haziga (2. Gemahl: Graf Otto v. Scheyern)
— Friedrich Graf v. Kastl und Habsberg
Bertha v. Schweinfurt
—— Otto
—— Hermann Graf von Habsberg

Reitza
Berthold v. Zähringen
— Luitgard v. Vohburg
—— Diepold II. Markgraf v. Vohburg

Später hat sich Witte H. in seinen „Genealogischen Untersuchungen der Reichsgeschichte unter den salischen Kaisern“ [4] mit der in der Reimchronik genannten Frau Reitz näher beschäftigt. Er ging dabei auch auf das Geschlecht der Grafen von Kastl, Sulzbach und Habsberg ein, wobei er sich gegen die Moritzschen „Irrgänge“ in der Stifteranalogie scharf wandte. Er weist mit Recht darauf hin, daß der minister Pardo nicht der Ahnherr eines gräflichen Hauses sein kann. Für Witte ist

[3] Nach der Rchrk waren nur Hermann und Reitza Geschwister, und zwar Kinder eines ungenannten Sohnes Ernsts; sie waren also Vettern Gebhards I. Das Fragment der lat. Chronik (Moritz) verschweigt beider Namen.

[4] Mitt. d. I. f. österr. Geschichtsforschung. 5. Ergänzungsband 1896—103, S. 360 ff. Gegen Wittes Art genealogischer Forschung ist Steinackers Warnruf in Ztschr. f. d. Gesch. d. Oberrheins N. F. Bd. XIX. (58. Bd.), 1904, S. 198 ff. gerichtet. Er stellt dabei fest, daß Namen nicht ohne weiteres ein sicheres Merkmal der Zugehörigkeit, geschweige denn bei größerem zeitlichen Abstand der Abstammung sein könnten, weil sie sich durch die Verheiratung der Töchter in den meisten verschwägerten Familien einbürgern mußten. Witte hatte einst in seiner Abhandlung über die älteren Hohenzollern und ihre Beziehungen z. Elsaß S. 3 für die Zuweisung zu einem Geschlecht folgende Forderungen aufgestellt:
1. ständig wiederkehrende Vornamen;
2. Nachweis der Abstammung und Gaugrafschaft der Träger gleichen Vornamens;
3. Nachweis des gleichen Besitzes.
Dagegen hat Steinacker gewichtige Einwände erhoben, die auch für unsere Arbeit sehr zur Vorsicht mahnen. (S. 215 u. 225.) Erblichkeit der Grafschaft tritt erst Ende des 11. und im 12. Jahrhundert auf. Die Streulage grundherrlichen Besitzes und die dadurch bedingte Lebhaftigkeit des Immobilienverkehrs mindern den Wert besitzgeschichtlicher Untersuchungen. Trotzdem kommen wir ohne Vorname und Besitzgeschichte auch bei dieser Untersuchung nicht aus. (Vgl. d. Arbeiten K. Lechners, besonders in „Waldviertel“ u. Klebel, Festschr. f. Wutte S. 53.) (Namen.)

die Gleichung unlösbar, daß die Häuser Kastl-Habsberg und Sulzbach eines Stammes gewesen seien. Das erweist schon die eine Tatsache, daß die habsbergischen Güter an Kaiser Heinrich V. und durch dessen Schwester Agnes an die österreichischen Babenberger, aber nicht an die Sulzbacher, auch nicht zu einem kleinen Teil fielen, obwohl gerade Berengar von Sulzbach einer der vertrautesten Anhänger des Kaisers war. Reitza kann nach Witte höchstens die Schwester eines der beiden Brüder gewesen sein, obwohl auch die Behauptung noch des Beweises bedarf. Die auch für das eigentümliche bayerische Recht merkwürdige Tatsache, daß neben zwei Männern eine Frau als vollberechtigte Besitzerin erscheint, findet schließlich dadurch die beste Erklärung, daß man ursprünglich mehrere Schwestern nebeneinander annimmt, von denen Gräfin Adelhaid, die Mutter Gebhards, namentlich hervortritt; eine andere hätte als Mutter des Grafen Hermann [5] bzw. seiner Gemahlin [6], eine dritte als Mutter Richwaras zu gelten. Reitza aber stammt nach Witte von dem Ezzoniden Kuno. So ergäbe sich der Stammbaum auf der folgenden Seite.

In jüngster Zeit hat sich E. Kimpen mit der Abstammung Reitzas eingehend beschäftigt [7], deren Abstammung von den Ezzonen, bzw. Hezeliniden, die zur Zeit der Ottonen und Salier im Besitz der lothringischen Pfalzgrafschaft waren, er zu beweisen sucht. In dieser Familie hat der Name Richwara (Richezza, Reiza) tatsächlich besondere Verbreitung. Richwara war Herzogin von Kärnten. Mit ihr war Berthold I. von Kärnten in erster Ehe vermählt. Sie scheint den Namen „Hermann" in das Zähringer Geschlecht gebracht zu haben. (Ihr Sohn Hermann führte den Titel Markgraf von Verona.) Berthold wurde mit Kärnten als Nachfolger des Hezelinsohnes Kuno (oder Konrad II.) belehnt; der Anspruch auf den ducatus Karinthiorum [8] stammt höchstwahrscheinlich also von der Tochter Kunos, unserer Richwara, der Mutter Luitgards von Vohburg [9]. Auch Kimpen lehnt das Geschwistertum Hermanns und Reitzas mit Gebhard von Sulzbach ab, ebenso die Vaterschaft des jungen Herzogs Ernst II., der übrigens ledig und kinderlos starb. Doch verweist er im Gegensatz zu Witte auf verwandtschaftliche Beziehungen zu den Babenbergern auf Grund des Urkunde vom 29. März 1159 [10]. Ernst I. hatte nur zwei männliche Nachkommen: Ernst II. und Hermann IV. Er selbst war ein Bruder Alberts, des Markgrafen von Oberpannonien, der seinem ältesten Bruder Heinrich in diesem Amte folgte. Ernst I. war somit ein Sohn des Babenberger

---

[5] Dieser Graf heißt beim Annalista Saxo ad. a. 1056 (SS. VI, 690) comes orientalium francorum, was die Sache noch schwieriger macht.

[6] Haziga war um 1050 in 2. Ehe mit Graf Otto von Scheyern vermählt, dem sie einen Sohn gebar. cf. Gründungsgeschichte von Scheyern. Böhmer: Fontes III. 500.

[7] Kimpen, E.: „Ezzonen u. Hezeliniden in der rhein. Pfalzgrafschaft" in Mitt. d. österr. Instituts f. Geschichtsforschung. 12. Erg.-Bd., 1. Heft 1932.

[8] SS. VI. 198.

[9] Aus Wibalds Ahnenreihe der Vorfahren Kaiser Friedrichs I. und seiner ersten Gemahlin Adela, der Tochter Diepolds II. von Vohburg (gest. 1146), wissen wir, daß Luitgard eine Tochter Herzog Bertholds I. von Zähringen war, Ep. Wibaldi b. Jaffé: Bibl. I. 547.

[10] MB. 24, 308. Nr. 4 (a parentibus = Verwandten nostris constructum).

- Adelhaid - Berengar
  - Gebhard v. Sulzbach
    - Irmingard Tochter d. Pfalzgr. Kuno
      - Berengar v. Sulzbach

- y-Gattin x
  - Hazega de Sciran
    - 1. Graf Hermann de Chastelin gest. 1034/40
    - 2. Graf Otto v. Scheyern
      - 1. Graf Friedrich v. Kastl
      - 2. Ekkehard, Bernhard, Otto v. Scheyern u. Wittelsbach

- Bilehild - Sigehard/Sizo
  - Pf. Hartwig
    - Friederun
      - Ariboto-Boto
  - Friedrich v. Tengling
    - Mathilde
      - Sigehard I. v. Burghausen

- x-Gattin - Kuno v. Kärnten (Ezzonide)
  - Richwara
    - Berthold v. Zähringen
      - Luitgard - Diepold I.
        - Diepold II. v. Vohburg

Markgrafen Leopold, der am 10. Juli 994 starb. Kimpen sieht in Ernst, dem Herzog von Ostfranken der Urkunde Ottos von Bamberg von 1122, diesen Ernst I. Er nimmt an, daß die Stammütter Gebhards von Sulzbach, Hermanns von Kastl und Richwaras von Zähringen Töchter Herzogs Ernst I. waren. Vermutlich waren es zwei, vielleicht auch drei Töchter, wie die Beerbungsverhältnisse nach Otto von Habsbergs Tode zeigen. Gisela, die Gemahlin Ernst I. und späteren Kaisers Konrad II., war somit Großmutter unserer Richwara, deren ältester Sohn Markgraf Hermann I. von Baden war. Die Gemahlin des Babenbergers Leopold, die Urgroßmutter unserer Richwara, hieß nach Moritz übrigens auch Richezza. Das Geschwistertum Gebhards, Hermanns und Reitzas sowie die Vaterschaft Ernsts II. scheint die neuere Forschung einhellig und m. E. mit gutem Grund fallen gelassen zu haben. Die Babenberger Hypothese Moritzens, die Witte noch scharf ablehnte, hat dagegen durch Kimpens Darlegungen in anderem Sinne wenigstens etwas an Wahrscheinlichkeit gewonnen.

II. Berengar, der erste nachweisbare Stammvater der Grafen von Sulzbach

Die Bemerkung Doeberls [11], daß er in dem Grafen Berengar, der nach der ersten Zerstückelung des markgräflichen Nordgaues 1003 den südwestlichen Teil erhält [12], den Stammvater der späteren Grafen von Sulzbach, Kastl und Habsberg sowie Hirschberg erblicke, kommt der Wahrheit wohl am nächsten. Ich möchte das allerdings auf die Grafen von Sulzbach einschränken. Ist es nicht leicht möglich, daß dieser wichtige südwestliche Teil nach der Empörung Heinrichs von Schweinfurt (gest. 1017) einem entfernten Verwandten des österreichischen Zweiges gegeben wurde, zumal nach der Aussöhnung Berengar im Besitze der Grafschaft blieb? Der Name Berengar freilich ist im Geschlecht der Grafen von Sulzbach weit verbreitet und kommt in keinem einzigen anderen nordgauischen Adelsgeschlecht vor, so daß ich gerne am comes Berengarius als Stammvater des genannten Geschlechtes festhalte, gleichviel, ob er mit den Babenbergern verwandt ist oder nicht. Die geographische Lage der Grafschaft Berengars, die Lage des Grundbesitzes der späteren Sulzbacher und Hirschberger sprechen für diese Annahme. Der comitatus Nortgowe Berengars deckt sich in seiner Ausdehnung mit der „Grafschaft Hirschberg". 1015 tritt ein Graf Berengar als Bamberger Vasall auf. Die Sulzbacher Grafen sind die Hauptlehensträger der Bamberger Kirche auf dem Nordgau. Graf Heinrich zeugt vor Graf Gebhard von Sulzbach in einer Urkunde von 1071. Alle diese Tatsachen legen eine Vaterschaft Berengars nahe. Seine Gemahlin ist vermutlich die in der Urkunde von 1043 erwähnte Adelhaid [13], die vielleicht eine Babenbergerin, ja Tochter Ernst I. gewesen ist.

Für die Vermutung Doeberls, daß der Amtsgraf Heinrich ein Sohn Berengars sei, läßt sich kein stichhaltiger Beweis erbringen, es sei denn der, daß er in der gleichen Grafschaft amtierte. Rechtsgeschichtliche Erwägungen sprechen vor allem

[11] Die Markgrafschaft und die Markgrafen auf dem bayerischen Nordgau (Mü. 1894).
[12] MB. 28 a, 339 f., 353 f., 355 f., 357 f., 359 f.; St. 1466, 1467, 1468, 1469.
[13] Wenn wir die Urkunde so deuten dürfen.

dagegen. (Siehe meine früheren Ausführungen.) Die eben vorgetragene Lösung bietet die einzige Möglichkeit, den Stammvater der Grafen von Sulzbach bis zu einem gewissen Grad von Wahrscheinlichkeit aufzuhellen.

III. Die Uranfänge des Geschlechts der Grafen von Kastl und Habsberg

Um Licht in die Uranfänge des Geschlechtes der Grafen von Kastl und Habsberg bringen zu können, müssen wir ausgehen von den Beerbungsverhältnissen nach dem Tode Ottos von Habsberg, dem nobilis vir Otto [14], dem Vetter Kaiser Heinrichs V., der ihn beerbte. Otto, der kinderlos mit einer Adelhaid (gest. 9. August 1105) verheiratet war, starb übrigens nicht am 26. September 1105, wie Moritz berichtet, sondern war 1108 noch am Leben [15]. Otto scheint unter den adeligen Verschwörern auf dem Nordgau dem jungen Heinrich V. am nächsten gestanden zu haben, was aus der engeren Verwandtschaft zu erklären ist. Es ist nicht anzunehmen, daß Heinrich V. seinem mächtigen Helfer Berengar von Sulzbach, der immer an seiner Seite in den Königsurkunden Heinrich V. erscheint, die Erbschaft Ottos lediglich zur Befriedigung machtpolitischer Gelüste vor der Nase weggenommen hätte. Er verschenkt sie übrigens dann an seine Schwester Agnes, die sie an das Haus Babenberg in Österreich bringt durch ihre zweite Heirat mit Markgraf Leopold IV. Der Besitz des Hauses Kastl-Habsberg läßt sich in etwa rekonstruieren aus den Schenkungen an Kastl, die Heinrich Jasomirgott, der Herzog von Österreich, als Sohn der Agnes in der Umgebung des Stiftes bestätigt oder selbst macht. cf. zwei Notizen im Codex tradit. Ensd. bei Freyberg, Sammlung II. 188 und 218. Das zeigen auch vier Kastler Urkunden in M. B. XXIV. 317—320. Heinrich V. scheint die größeren Rechte auf Grund engerer Verwandtschaft gehabt zu haben, wenn es sich nicht nur um Heimfall von Königsgut handelt. Dieser Tatsache reiht sich die andere an, daß Berengars Schenkungen zur Ausstattung Kastls verhältnismäßig gering sind, während Friedrich und Luitgard ungleich mehr gaben [16]. Berengars Sorge galt anderen Stiftern, Baumburg und Berchtesgaden, an denen die Grafen von Kastl und die Zähringerin Luitgard keinen Teil haben. Hauptstifter Kastls ist Friedrich, der selbst als Mönch im Orden starb, nach dem Beispiel vieler adeliger Zeitgenossen [17].

Nicht zu übersehen ist weiterhin die Nachricht der Reimchronik, daß Hermann und Reitza Kinder eines ungenannten Sohnes Ernst (von Schwaben), also nicht

---

[14] S. Doeberl: Entwicklungsgeschichte I. 190. SS. VI, 739.

[15] Archiv z. Kunde österr. Geschichtsquellen VI. 294. nr. 2; s. Riezler: Gesch. Bayerns I. b, S. 586. Heidingsfelder: Regesten nr. 291 ad. a. 1108.

[16] Ich verweise hier auf die Petershausener Chronik (SS. XX, 656), die als eigentlichen Klostergründer bzw. -stifter nur Friedrich nennt, der auf seinem Eigengut auf dem hohen Berg eine Zelle erbaut hatte. Sein Sohn Otto und andere Große aus der Gegend, die verwandt, verschwägert und befreundet waren, namentlich aber nicht auftreten, erscheinen nur als Gönner.

[17] Graf Berthold von Scheyern (1107), Graf Konrad I. der Dachauer (um 1120), Graf Eckhart II. (1138) traten in ihre Stiftung Scheyern als Ordensleute ein. Am byzantinischen Hof war es Brauch, daß die Mitglieder der kaiserlichen Familie am Ende ihres Lebens unter den Namen Antonius und Irene das Ordenskleid nahmen.

Geschwister Gebhards waren. Darin kommt, wenn auch versteckt, eine dunkle Ahnung zum Ausdruck, daß wir es hier mit zwei Geschlechtern zu tun haben. Daß diese Ahnung im 14. Jahrhundert zur Zeit der Abfassung der Chronik noch lebendig war, ist mir ein Beweis für die Richtigkeit der Annahme. Die lateinischen Salbücher haben jedenfalls eine Kunde davon überliefert. Jede Sage birgt, wenn auch unter einem Wust von geschichtlichen Unmöglichkeiten, oft mehr, oft weniger an historischer Wahrheit, die meist nur in allgemeinen Umrissen angedeutet ist. Wie sehr das auf die Kastler Gründungssage zutrifft, werde ich noch zu zeigen haben.

Gegen die Annahme der Nichtgeschwisterschaft könnte der gemeinsame Besitz der Burg Kastl, sowie Lauterhofens sprechen [18]. Wir haben hier vermutlich einen Fall von Ganerbenschaft oder Gesamthand, die sich aus der Hausgemeinschaft entwickelt hat, die unter der Muntgewalt des Hausherrn stand. Nach dem Tode des Hausherrn, in unserem Falle des alleinbesitzenden Stammvaters, bildeten seine Erben eine oft durch mehrere Generationen andauernde Ganerbenschaft, Besitzgemeinschaft. Dabei bauten die späteren ritterlichen Gesamthandverhältnisse oft auf entfernter Verwandtschaft auf. Gemeinsame Haushaltung hatte dabei längst aufgehört. Die Bezeichnung Heubisch für die Umgebung Kastls (= hiwisc) und Heubsleut (Husleut) für deren Bewohner, worauf ich später noch eingehe, zwingt zur Annahme einer Ganerbenschaft an Burg Kastl und Markt Lauterhofen. Das setzt allerdings einen gemeinsamen Stammvater voraus, der aller Wahrscheinlichkeit aber nicht auf der männlichen Seite, sondern bei den Frauen zu suchen ist [19]. Der Nachricht der Casus monast. Petershus., daß Friedrich auf einem alleinigen Eigen das Kloster errichtet habe, ziehe ich die Papstbulle von 1103 vor, die von einem gemeinsamen Allod spricht. Außerdem dürfen wir den historischen Kern der Reimchronik nicht unbeachtet lassen. Der Chronist sucht die Ganerbenschaft der verwandten Geschlechter dadurch zu veranschaulichen, daß er drei Burgen mit 3 Kapellen und drei Brunnen erdichtet, die im 14. Jahrhundert noch gestanden sein sollen. Daß damals auf dem Klosterberg mehrere Kapellen standen, zeigt die Baugeschichte. Jedenfalls sind um 1030 zwei verwandte Geschlechter anzunehmen, deren eines durch Berengar, deren anderes durch Hermann und Reitza repräsentiert wird. Vermutlich die Gemahlinen der beiden führen auf einen gemeinsamen Stammvater zurück, der ehedem Alleinbesitzer von Kastl und Lauterhofen war. Vielleicht war das Ernst I. von Schwaben, der als Babenberger in dieser Gegend leicht begütert sein konnte. Für die Abstammung der österreichischen Markgrafen von den Markgrafen von Schweinfurt haben sich in letzter Zeit besonders Guttenberg [20] und Lechner [21] ausgesprochen. Meines Wissens ist noch nie der Unterschied im Titel der beiden Linien beachtet worden. Während die Sulz-

---

[18] Reimchronik V, 328 ff.

[19] Schwerin: Rechtsgeschichte S. 56.

[20] Guttenberg: Territorienbildung am Obermain, 79. Ber. d. hist. V. Bamberg (1925/26), Kap. 2, 5, 6.

[21] Lechner: Waldviertel VII, S. 56/7.

bacher seit der Amtsgrafschaft Berengars den Grafentitel führen [22], erscheint die eigentliche Kastler Linie mit einer Ausnahme meist nur mit dem Prädikat „nobilis vir". (Otto von Habsberg) [23]. Diese eine Ausnahme ist der comes de Francia orientali Hermann d. J., der vermutliche Sohn Hermann d. Ä. und Bruder Friedrichs, dem Konrad von Scheyern wohl den Titel für den Vater entzieht (Über Markgraf Hermann siehe später.) Der aber ist nur comes als Schwiegersohn Ottos von Schweinfurt. Für die Nichtgeschwisterschaft lassen sich jedenfalls gewichtige Gründe anführen.

Moritz berichtet, daß die mütterlichen Ahnfrauen Ottos von Habsberg und Heinrich V. leibliche Schwestern gewesen seien, nämlich Töchter des 1038 (1037) verstorbenen Markgrafen Maginfred von Susa, sonst Ulrich genannt, und seiner Gemahlin Bertha von Este. Zur Aufhellung dieser Behauptung gehen wir am besten von der Tatsache aus, daß Hermann von Susa, der Sohn Ernst I. von Schwaben und Giselas, eine Tochter Magenfreds, Adelhaid (1033) zur Frau hatte. Ihre leibliche Schwester war die Gemahlin des Herzogs Otto von Schweinfurt, Irmingard (in erster Ehe) [24]. Dieser soll erst 1036 geheiratet haben [25]. Heinrichs V. Mutter Berta war eine Tochter Ottos von Savoyen und Adelhaids von Turin aus dritter Ehe, mit der sich Heinrich IV. 1066 vermählte. Die Tante [26] Ottos von Habsberg und Gemahlin Hermanns von Kastl war Bertha von Schweinfurt, die Tochter Ottos von Schweinfurt und der Irmingard. Sie war demnach eine Base der Kaiserin Bertha (gest. 1087) [27]. Adelhaid von Turin ist eine Tochter Magenfreds von Susa, der 1037 gestorben ist, eine Schwester der Gemahlin Ottos von Schweinfurt und Adelhaids, der Gemahlin Hermanns von Susa, des Sohnes Ernst I. und Giselas. Höchstwahrscheinlich aber ist die Gemahlin Hermanns von Susa, der schon 1038 (?) ohne Erben starb, und Ottos von Savoyen ein und dieselbe, da Adelhaid von Turin in dritter Ehe mit Otto Bertha zeugte. Wenn die mir wahrscheinlich dünkende Anknüpfung der Kastler an einen Babenberger aus der Um-

---

[22] Vgl. Klebel: Die Grafen von Sulzbach, gegen Doeberl, der dartut, daß die Grafen von Sulzbach im späteren Ldg. Hirschberg Grafenrechte ausgeübt haben. Als Vögte der Bamberger Kirche konnten sie sich wohl den Grafentitel zulegen, zumal sie vermutlich überall den Blutbann ausübten. Doch haben sie den Grafentitel und das Grafenamt sicher nicht von ihrer Vogtei. cf. Guttenberg: Territorienbildung.

[23] Das besagt aber nichts gegen ihre Zugehörigkeit zum alten Dynastenadel. cf. Dungern: Adelsherrschaft.

[24] Doeberl: Markgrafschaft.

[25] Witte: Genealog. Untersuchungen, S. 33. Das Heiratsdatum 1036, das Witte angibt, scheint mir etwas spät zu sein, da die jüngere Schwester Adelhaid bereits 1033 geheiratet hatte.

[26] Siehe meine späteren Ausführungen über die Gemahlinnen Hermanns und Friedrichs von Kastl.

[27] Daß Berta v. Schweinfurt eine Base der Königin Bertha ist, ist dadurch gesichert, daß ihre mit Herzog Kuno von Bayern (Ezzone) (1053 entsetzt) und Graf Boto von Botenstein vermählte Schwester Judith (gest. 1066) nach dem Chronicon Merseburg, eine neptis Heinrichs IV. (hier = Base der Gemahlin H's, Bertha) war. cf. Dobenecker: Reg. Thuring. Annalista nr. 857. Ihre Mutter war eine Schwester jener Adelhaid von Turin. cf. Annalista Saxo ad. a. 1036 (SS. VI, 679).

gebung Ernst I. und Giselas richtig ist, bestünde zwischen Heinrich IV. und Otto noch eine andere Verwandtschaft, nämlich die der nämlichen Urgroßmutter. Vielleicht war eine Stieftochter Kaiser Konrads II., deren Namen wir nicht kennen, eine Begründerin des Hauses Kastl-Habsberg gewesen und Gisela die gemeinsame Ahnfrau. In Giselas Familie aber ist der Name Hermann sehr stark verbreitet. Ihr Vater ist der 1003 verstorbene Herzog Hermann von Schwaben, dem sein gleichnamiger Sohn im Amte folgt. Giselas Sohn, der Markgraf von Susa, ist Träger des gleichen Namens, der zwar auch in anderen Familien der gleichen Zeit auftritt [28]. Wir dürfen dazu auch nicht übersehen, daß möglicherweise hinter dem Namen Ernst der Reimchronik irgendeine geschichtliche Wahrheit steckt, obwohl ich diesen Ernst bei einer ganz anderen Familie gefunden zu haben glaube, als die bisherige Genealogie annahm. Daß der Babenberger Ernst Besitzungen auf dem markgräflichen Nordgau hatte, ist schließlich auch nicht von der Hand zu weisen, obwohl einen klaren Anhaltspunkt dazu keine Quelle bietet. Hermann von Kastl, den ich zur klareren Unterscheidung den Älteren nenne, begegnet nicht nur in der Reimchronik [29], sondern auch im Chronicon Schyrense [30]. Er war der erste Gemahl *Hazigas,* von der Abt Stephan von Reitberg und der liber primae fundationis Conradi Schyrensis berichten, daß sie nobili et antiquo genere Principum de Castro Schyren orta est [31]. Sie wird auch als Gräfin von Sempt-Ebersberg angegeben [32]. Mit aller Vorsicht darf man in ihr eine Verwandte Hedwigs, der Gemahlin Engelberts I. von Spanhaim, vermuten. Der Name Haziga begegnet in der Form „Accica" auf italienischem Boden um diese Zeit sehr häufig [33]. Accica hieß die Witwe des Markgrafen Burckard von Istrien. Sie entstammte dem Hause der Grafen von Moosburg. Acica hieß die Mutter der Gemahlin des Vogtes Konrad von Aquileja, Mathilde [34]. Azzica war die Tochter des Grafen Werigand von Friaul, der 1001 von Kaiser Otto III. halb Görz und Salcano erhielt [35]. Anscheinend gab es demnach in Kärnten und Friaul ein reichbegabtes Geschlecht, das zunächst nur in einer Reihe von Erbtöchtern zu erkennen ist, die alle Trägerinnen des gleichen Namens zu sein scheinen (Haziga). In welcher Beziehung unsere Haziga von Scheyern zu diesem Geschlecht steht, ist einstweilen noch nicht auszumachen. Auffällig ist da-

---

[28] Der Bruder Engelberts von Spanhaim (geb. 1040) hieß ebenfalls Hermann. Er war Burggraf in Magdeburg, wo sein Bruder Hartwig seit 1079 Erzbischof war. Vgl. Klebel: Festschrift f. Wutte, S. 62—64.

[29] Rchrk. V, 447—466.

[30] MB. X, S. 382/3.

[31] Stud. u. Mitt. 22, 1901, S. 305 ff. MG. XVII, 616, Z. 21. Böhmer: Fontes III, 500.

[32] cf. Koch-Sternfeld (Mü. 1863) Haziga und Graf Hundt: Kloster Scheyern, Abh. d. hist. Kl. d. k. b. Ak. d. W. IX. 238—248. — cf. Dungern: Genealogisches Handbuch zur bairisch-österr. Geschichte, wo K. Trotter S. 29 sie für eine Tochter Berengar I. von Sulzbach hält, was mir nicht wahrscheinlich dünkt. — cf. Trotter, K.: „Graf Berthold von Burgeck" in Bl. d. Bayer. Landesver. f. Familienkunde 1927, S. 35.

[33] Klebel: Festschr. f. Wutte, Beitr. zur Gesch. u. Kulturgesch. Kärntens, 24. u. 25. Jhg., S. 62.

[34] Witte in MIÖG 5. Erg.-Bd. 434—435.

[35] MG. Dipl. Otto III. nr. 412.

neben auch die Tatsache, daß 1045 die Grafen von Ebersberg aussterben und ihren Riesenbesitz durch Erbtöchter an andere Geschlechter vererben [36]. Konrad von Scheyern, dessen Bericht nicht überall Glauben verdient, schildert, daß der edle Graf de Chastelin Hermann freies herrenloses Waldland bei Willing(en) in Besitz nahm. Von hier rodete er das Tal der Leitzach am Fuß des Wendelstein fünf Stunden gegen das Gebirge [37]. Seine Ministerialen machten das Land um Margarethenzell (Bayrischzell) urbar, wo zwei Ordensleute, Otto und Adalprecht, eine Kirche bauten, die durch Hazigas Verwendung (M. G. SS. XVII. 616 ff.) von dem Freisinger Bischof 1077 lange nach Graf Hermanns Tode zur Pfarrkirche erhoben wurde. Haziga war damals schon das zweite Mal Witwe geworden und zwar des Grafen Otto von Scheyern [38], der um 1080 starb. Er war Hauptschirmvogt der bischöflichen Kirche in Freising. Nach Annalista Saxo und Burchard von Ursberg (SS) muß Graf Hermann längst 1056 gestorben sein, während Haziga am 21. November 1103 noch am Leben war. (1104 hat sie nicht mehr gelebt) [39]. Witte schreibt, daß sie um 1050 bereits mit Otto von Scheyern vermählt war; Hermann müßte demnach damals schon tot gewesen sein. Nach Reimchronik V. 451—466 hatte sie aus erster Ehe mit Hermann einen Sohn Friedrich, was Moritz aufrecht hält [40]. Andreas von Regensburg [41] aber berichtet, daß sie von ihrem ersten Gemahl keine Kinder hatte. Auch der Scheyerer Chronist weiß nichts von ihrem Sohne aus erster Ehe. Vielleicht liegt eine Verwechslung mit Irmingard, der Tochter des Pfalzgrafen Kuno d. Ä. vor, die in erster Ehe mit Gebhard I. von Sulzbach Berengar und in zweiter Ehe mit Graf Kuno von Horburg Kuno zeugte. Die bestimmte Aussage der Reimchronik über die Mutterschaft Hazigas an Friedrich von Kastl steht der Nichterwähnung beim Scheyerer Chronisten gegenüber, der Haziga gleich nahe steht. Es ist aber nicht zu bezweifeln, daß Friedrich Hermanns Sohn ist. Wer ist also dann seine Mutter gewesen?

---

[36] Über die Grafen von Ebersberg s. Mittis: Studien zum älteren Urkundenwesen, S. 174—177 und Trotter, K.: Ztsch. d. hist. V. f. Steiermark 1929, S. 5 ff. — Lechner, K.: Waldviertel VII, 37.

[37] MG. SS. XVII, 615 ff. (Warnung des Herausgebers Jaffé) und Klebel: Die Grafen von Sulzbach, MÖIG. 41. Bd. (1926), S. 109 ff. — cf. Doeberl: Entwicklungsgeschichte I, 162. Wir stehen in der Zeit des Ausbaus der bayerischen Stammsitze. Interessant ist die Tatsache, daß die Grafen von Sulzbach in dieser Gegend als bambergisches Lehen Eyvelinge (Aibling) und castrum Ebese (Ebbs in Tirol) besitzen. In den tradit. Tegernsee erscheint auch ein Graf Perngar de Eplinga, der kaum jemand anders als Berengar II. von Sulzbach ist. MB. 6, 44. (1068—1091). Später begegnen die Grafen von Falkenstein als Inhaber der Advocatia ad Aibelingen.

[38] Die Reimchronik nennt ihn Werner, ein Irrtum, der leicht erklärlich ist, weil der Name Werner bei den Stammvätern des Hauses Scheyern öfter vorkommt. Ein Werner ist 1007 Graf im Sualafeldgau (Nagel: Orig. Domus Boice p. 255/6), in dem ein Graf Ernst Besitzungen hatte. Werners Bruder Otto ist für 1014, 1030, 1040 als Graf im Chelsgau bezeugt.

[39] Kaiserl. Bestätigungsbrief f. d. Kl. Fischbachau MB. X, 437. Nach Rchrk. 735 wäre sie zu Kastl begraben, was unwahrscheinlich ist.

[40] cf. Annalista Saxo.

[41] Bei Pez: thes. anecd. III. II. 469.

IV. Hermann der Jüngere

Von Hermann d. Ä. ist ein Hermann d. J. zu scheiden, die beide in der Forschung und in den Quellen vielfach zusammengeworfen worden sind. In den Quellen taucht nämlich ein Hermann als comes orientalium Francorum oder de francia orientali auf [42]. Diesen Titel führten sonst nur die Babenberger Markgrafen als Träger der Grafschaften Radenzgau und Volkfeld und zwar seit 938, dem Jahre der Übertragung der Grafschaft auf dem Nordgau. Berthold selbst, Heinrich der Empörer und sein Sohn Otto waren dauernd im Besitze dieser Grafschaften. Merkwürdig ist aber auch die Tatsache, daß in der Schweinfurter Gegend zweimal ein Hermannus marchio begegnet und zwar nach 1057 [43]. Den Titel marchio konnte aber um diese Zeit nur der führen, der mit den Babenbergern verwandt war, wie das Beispiel des Heinrich von Hildrizhausen, des Schwiegersohnes Ottos von Schweinfurt beweist [44]. Die erwähnte Alberada (auch Bertha-Alberada) ist in der Tat die dritte Tochter des letzten Markgrafen Otto und Erbin von Kreußen. Der sächsische Annalist und die Reimchronik nennen sie Bertha, niemals aber die Urkunden. Urkundlich ist sie die Stifterin von Banz und identisch mit der Bertha der Reimchronik, was Moritz [45] und Schöpf [46] bestreiten. Nach der Banzer Klosterchronik hatte Alberada eine Tochter (Judith?), die einer ihrer Ministerialen, Schenk von Ratzenburg, entführte und heiratete [47]. Das Michelsberger Nekrolog gibt als den Todestag Alberadas den 1. Januar an [48]. Urkundlich war ihr Gemahl Hermann (1069) [49]. Die Banzer Klosterchronik berichtet, daß er eines gewaltsamen Todes starb (Turnier) [50]. Im Michelsberger Nekrolog ist als sein Todestag der 4. Oktober angegeben [51].

---

[42] Annalista Saxo ad. a. 1056. MG. SS. VI, 690.

[43] Sprenger: Geschichte von Banz, S. 228 f., 290 ff. Die Banzer Stiftungsurkunde von 1071 nennt den Markgrafen Hermann und seine Gemahlin Alberada. Vgl. Giesebrecht: Beiträge in Abh. d. b. A. d. W. 1870, I, S. 575/76.

[44] Seine Gemahlin war die 2. Tochter Ottos, Beatrix (Petrissa in Kastler Rchrk.). Cod. Hirsaug. S. 58. Ihre Enkel sind die Grafen von Kappenberg. MG. SS. XII, 129. Sie war Besitzerin der Burg Schweinfurt. (Neue Mitt. d. thüring.-sächs. Vereins zu Halle X, 1, 129—131.) Sie hatte 3 Söhne, Otto, Eberhard und Konrad. (Ekkehard: Ursaug. a. 1104. MG. SS. VI, 226.) Nach ihrem Tode (1104) erhielt ihr Sohn Eberhard, der Bischof zu Eichstätt war, einen Großteil ihres Besitzes, den er an das Eichstätter Bistum brachte. (Lib. pontif. Eyst. MG. SS. VII, 250 und Heidingsfelder: Regesten nr. 297.) Bischof Eberhard rückte zu Ende der Regierung Heinrichs IV. entschieden von ihm ab und schwenkte in das Lager Heinrichs V. Ein weiterer Beitrag zur Kastler Gründungsgeschichte und zur nordgauischen Adelsverschwörung.

[45] Moritz: Stammreihe II. 45.

[46] Schöpf: Ostfränk. Geschichte II. 45.

[47] Ludewig: SS. rerum Bamb. II. 52.

[48] Schannat: Viedem. lit. II. 47.

[49] Vgl. Stein: „Das Ende des markgräflichen Hauses von Schweinfurt“, in Forschungen z. Deutschen Gesch., 14. Bd. (1874), S. 382—389. In seinem Siegel unter dem Banzer Stiftungsbrief wird er Markgraf Hermann von Banz genannt. Vgl. Giesebrecht: „Zur Genealogie bayer. Adelsgeschlechter“, in S. B. d. Mü. A. d. W. 1870 I. und Sprenger a. a. O.

[50] Ludewig a. a. O. 48.

[51] Schannat a. a. O. 55.

In der Kastler Reimchronik ist Friedrich von Kastl der Gemahl der Bertha von Schweinfurt. Ihre beiden Söhne seien Otto von Habsberg (Havekesberg. Ann. Saxo) und Hermann gewesen. Nach dem auch urkundlich sicheren Bericht des Michelberger Nekrologs ist aber Hermann nicht der Sohn, sondern der Gemahl der Bertha-Alberada; er ist somit um eine Generation zu spät angesetzt und nicht Sohn, sondern Bruder Friedrichs von Kastl, nicht Enkel, sondern Sohn Hermann d. Ä. Bleibt noch die Verschiedenheit in der Angabe des Todestages in der Lateinischen Chronik und im Michelsberger Nekrolog zu lösen. Das ist aber ohne Schwierigkeit. Ich habe schon darauf hingewiesen, daß der lateinischen Chronik ein Nekrolog zugrunde gelegen haben muß, der, wie auch anderswo nur den Todestag angab. Wir wissen nun, daß die in Reimchronik und lateinischer Chronik eingefügten Jahreszahlen, soweit sie nach anderen Quellen kontrolliert werden können, zum größten Teil falsch sind, während die Todestage richtig sind. (Vgl. die Jahreszahlen 1123, 1176, 1177, 1181, 1226 usw.). Die lateinische Chronik beginnt: „MC III Iste locus Romannae ecclesiae fit tributarius ... D. Fridericus comes ... 3. Idus Nov./4. Non. Januarias Bertha comitissa, uxor domini Friderici fundatoris, obiit. Non. Kal. Oct. Hermannus, filius Friderici fundatoris occiditur". Somit wären im nämlichen Jahr 1103 Vater, Mutter und Sohn gestorben, was mindestens auffällig ist. Die Jahreszahl ist ebenso willkürlich wie die Genealogie, mit der der Verfasser nichts zu machen wußte. Der Paschalisbrief von 1103 erwähnt mit keinem Wort Bertha-Alberada, was deshalb auffällt, weil Luitgard genannt ist, die Gemahlin des Hauptstifters aber nicht. Die beigefügten Daten lösen die Schwierigkeit. Der Hermannus marchio des Michelsberger Nekrologs starb eindeutig 4. Non. Oct., ebenso der Hermannus comes der Kastler Chronik. Die Alberada des Michelsberger Nekrologs und die Bertha der Kastler Chronik starben ebenfalls am selben Tag. In der Angabe der Chronik: 4. Non. Jan. Bertha comitissa Non. Kal. Oct. Hermannus comes ist das Kal. vor Oct. zu streichen, nachdem schon Non. dasteht. Dieses Kal. ober gehört vor Bertha, die Zahl 4 aber vor Non. bei Bertha zu dem richtigen Non. bei Hermannus. Nach Behebung dieses augenscheinlichen Schreiberirrtums und der nicht verwunderlichen Verwechslung stimmen Michelsberger Nekrolog und Kastler Chronik überein; Kal. Jan. Bertha, 4. Non. Oct. Hermannus c. occiditur. (Kastl) und Kal. Jan. Albrat conversa 4. Non. Oct. Herimannus marchio (Michelsberg). Wenn nun außerdem noch in Urkunden von 1069 und 1071 (f. Heidenfeld und Banz) [52] Alberada und Hermann als Mann und Frau erscheinen [53] und in Kastl und Banz die gleiche Todesart Hermanns bekannt ist, so ist die Kastler Nachricht als falsch erwiesen, Hermann kann nur der Bruder Friedrichs und Sohn Hermann d. Ä. sein. Ob Haziga von Scheyern ihre Mutter ist, läßt sich nicht mit Bestimmtheit ausmachen. Hermann und Alberada hatten, soweit nachweisbar, nur die durch ihre standeswidrige

[52] Urkunden bei G r u n e r : Opusc. I. 209 und 218. Vgl. H i r s c h : „Die Stiftungsurkunden von Banz", in S. B. d. Ak. d. W. in Wien, phil. histor. Kl. 189, 1 Wien 1919.

[53] Eine frühere Ehe der Alberada mit einem unbekannten Gemahl ist nicht aufrechtzuhalten. D r o n k e : Traditiones et antiquitates Fuldenses. S. 138 ff., 144 ff. und S t e i n in Forschungen zur deutschen Geschichte XII. 127, 128.

Heirat bekannte Tochter Judith. Ihre Güter verwandte die Markgrafentochter, die den Titel des Vaters auf den Gemahl vererbte, zu Klosterstiftungen in Heidenfeld, Banz, Selbold an der Kinzig. Viele Güter am Obermain erhielt das Hochstift Bamberg. Vermutlich beerbte sie aber auch ihren Neffen Otto, der Kreußen und andere babenbergische Orte der Diözese Bamberg erhielt, die durch Heinrich V. nach dem Tode Ottos von Habsberg als Reichslehen an das Haus Wittelsbach kamen, dessen Pfalzgraf Otto sie 1125 zu eigen erhielt [54]. — Nachweisbar ist also unsere Alberada als die Trägerin der Verwandtschaft zwischen Otto von Habsberg [55] und Kaiser Heinrich V. Ottos Tante war eine leibliche Base der Mutter Heinrichs V. Damit ist die Ansicht von Moritz widerlegt, der den Nachrichten der beiden Chronisten zu sehr Glauben schenkte. Seine allgemeine Grundansicht, daß der Stammvater bei den Babenbergern zu suchen sei, gewinnt dagegen immer mehr an Wahrscheinlichkeit, obwohl es m. E. falsch wäre, sich wie etwa Kimpen mathematisch genau auf einen bestimmten Namen festzulegen. Der Ernst der Sage wird leicht festzustellen sein.

V. Friedrich von Kastl

Hermann d. J. Bruder Friedrich tritt mit Ausnahme der Klostergründung kaum in Erscheinung. Moritz nimmt für seine Geburt die Zeit zwischen 1046 und 1056 an, was der Wahrheit nahekommen könnte. Er wäre also an die 60 Jahre alt geworden. In einer Bamberger Urkunde von 1087 (22. März) [56] erscheint unter den Zeugen ein Friedrich de Castel. Während nun Moritz in diesem Friedrich den Vater Ottos von Habsberg erblickt, hat Stein [57] ziemlich überzeugend dargelegt, daß er nicht dem nordgauischen Geschlecht zuzuweisen sei, sondern dem der unterfränkischen Grafen von Castel, die ja lange in der Geschichtsschreibung mit unserem Geschlecht verwechselt wurden (Henking usw.). Letzterem ist auch der Rupreth de Castello einer Würzburger Urkunde von 1091 zuzurechnen [58]. Ein Fridericus comes ohne Geschlechtsnamen steht in dem Übergabsbrief der Klöster Heidenfeld und Banz an den Bischof Adalbero von Würzburg von 1069 (7. Juli) als Zeuge [59]. Nachdem Markgraf Hermann, der Mitstifter von Banz, dem Ge-

---

[54] MB. 31 a, 389. Stumpf 3211.

[55] Seit der 2. Hälfte des 11. Jhdts. bürgerte sich allmählich die Sitte adeliger Geschlechter ein, sich nach ihrem Burgsitz zu benennen, was auch bald zur Bildung von Geschlechternamen führte.

[56] Ussermann: Episcopatus Bambergensis p. 48.

[57] Stein: Geschichte der Grafen und Herren zu Castell von ihrem ersten Auftreten bis zum Beginn der neuen Zeit. 1058—1528. (Schweinfurt 1892), S. 14 ff. — In Urkunden des 13. Jhdts. werden die fränkischen Grafen öfter „de Castris" genannt. — Neuerdings hat Guttenberg, E. v.: Territorienbildung am Obermain, S. 128, Anm. 114, sich wieder für die These von Moritz (II. S. 12) ausgesprochen; doch sind seine Gründe nicht überzeugender als die Steins.

[58] Stein: Monumenta Castell. nr. 3. Der Name „Castel" taucht in Deutschland viermal auf: 1. Castel bei Mainz, 2. Castel bei Saarburg, 3. Castell im Steigerwald (Name aus frühkarol. Zeit), 4. Castel im Nordgau. Die beiden ersten Orte sind sicher römischen Ursprungs, unser Kastl ist sicher eine frühe Grenzbefestigung auf Reichsgut.

[59] Urkde b. Gruner: Opuscula I. 211—214.

schlecht derer von Kastl-Habsberg entstammt, geht man nicht fehl in diesem Fridericus comes seinen Bruder zu erblicken.

In der Petershausener Chronik erscheint er mit seinem Sohn Otto als Hauptgründer und alleiniger Besitzer von Kastl [60]. Im päpstlichen Bestätigungsbrief von 1103 steht zwar Berengar an erster Stelle, obwohl dessen Schenkungen eigentlich sehr gering waren. Nachdem Luitgard aus dem Hause Zähringen-Vohburg hier an letzter Stelle als Witwe steht, haben wir in der Papsturkunde nur eine Namensnennung nach dem Rang und nicht nach dem Ausmaß der Beteiligung an der Stiftung. Berengar, der zu den capitanei des Reiches zählte, wie sich am kaiserlichen Hoftag zu Mainz bei der Ernennung Bischof Ottos von Bamberg am 21. Dezember 1102 zeigte, konnte in einer Urkunde von 1103 in dieser Umgebung nur an erster Stelle stehen, auch wenn er nicht Hauptgründer war. Friedrich von Kastl scheint ja keine besondere politische Rolle gespielt zu haben, wohl sein Sohn Otto, der das Bindeglied zwischen seinem Vetter Heinrich V. und den mächtigen Nordgaugeschlechtern darstellte [61]. Wir wissen nicht, mit wem Friedrich von Kastl vermählt war, kennen aber seinen Sohn, den schon oft genannten Otto, mit dem das Geschlecht ausstirbt, das Heinrich V. beerbt. Otto ist durchweg nach der Burg Habsberg [62] benannt. Habsberg (Avichsberg, Haveckesberch) liegt zwei Stunden südlich von Kastl. Vielleicht hat sein Vater die Burg erst erbaut, vielleicht ist sie auch als Reichslehen Otto von Habsberg übertragen worden. Offen bleibt ja die Frage, ob Heinrich V. die Güter Ottos als erledigtes Reichslehen einzog oder ob es auf Grund eines Testamentes geschah, das durch die Verwandtschaft bedingt war.

In der Ensdorfischen Gründungsgeschichte stoßen wir auf einen Grafen Friedrich von Kastl [63], den Vater der Pfalzgräfin Helika, der am 23. Mai 1121 in Abwesenheit seines Eidams den ersten Grundstein zum Kloster Ensdorf gelegt haben soll. Er bestimmte, daß man ihn an dem für das Kapitel ausgesteckten Ort begraben solle. Der Stifter selbst war nach Zimmermann Pfalzgraf Otto von Wittelsbach, nicht der Sohn des Grafen Otto von Scheyern, sondern des Scheyerischen Grafen Eckhard, des Freisinger Domvogtes. Er war vermählt mit Helika, einer Gräfin von Kastl, die eine besondere Wohltäterin von Ensdorf war. Ihre Schwester Helwigis, Landgräfin zu Leuchtenberg, schenkte das Dorf Pingarten. In Ensdorf seien begraben Graf Friedrich von Kastl, der Stifter Otto von Wittelsbach, der 1155 starb und seine Gemahlin Helika (gest. 1170). Auch deren Mutter Helwigis, die Gemahlin Friedrichs von Kastl, habe dort ihre Ruhestätte. Es wird allerdings bemerkt, daß dieser Graf Friedrich nicht identisch sei mit dem Stifter von Kastl, Graf Friedrich von Kastlberg, da dessen Ehegemahl Frau Bertha gewesen wäre. Wir haben hier ein weiteres Beispiel für die genealogische Verwirrung, die in den

---

[60] Auch die Scheyerer Grafen verwandeln ihr Stammschloß in ein Kloster und verpflanzen 1119 dorthin den Konvent des Klosters Eisenhofen. MB. X, 447 u. 449.

[61] An einem Grabstein des 15. Jhdts. ist Otto von Habsberg mit dem Haupt in der Tasche dargestellt, durch das ein Dolch geht.

[62] Archiv f. österr. Geschichte, VI. 294.

[63] cf. Zimmermann: Chur-Bayer. Geistl. Kalender V. 251 und MG. SS. XV b. 1079 sq Fundatio et notae monasterii Ensdorf. Weitere Literatur s. Kunstdenkmäler, Oberpfalz 15. Bd., S. 35/36.

Klostergründungsgeschichten zu beachten ist, sowohl zu Kastl und Ensdorf wie auch im Choricon Schirense, das auch mit Vorsicht zu gebrauchen ist. Der Ensdorfer Mönch Jakob Parfueß [64] berichtet in seiner deutschen Ensdorfer Chronik, auf die sich Zimmermann wohl stützt, daß Helika von Kastl die Gemahlin Ottos von Wittelsbach war, der 1112 den Hof Weynpach (Weilnbach) in der Grafschaft des Grafen Otto von Hohenburg von Heinrich V. erhielt. Parfueß legt dieses Ereignis in die Zeit Ottos, eines Herzogs in Bayern, der zu Ammerthal saß und dessen Tochter Sophie mit dem Grafen von Andechs vermählt war, die beide, Graf Berthold und Graf Friedrich von Ammerthal, einen großen Wohltäter von Kastl, zeugten. Otto von Wittelsbach hatte mit Helika vier Söhne, den späteren Herzog Otto von Bayern, Erzbischof Konrad von Salzburg, Pfalzgraf Friedrich am Rhein und Otto den Jüngeren.

Diese haltlose Anknüpfung der Wittelsbacher an die Kastler Grafen wurde schon durch Freyberg [65] widerlegt. Der hier genannte Friedrich ist kein Kastler, sondern der Dynast Friedrich von Hopfenohe-Lengenfeld-Pettendorf. Dessen Töchter waren Helika und Hedwigis. Helwig hieß übrigens auch die Mutter der beiden, die mit ihrem Gemahl Friedrich im Kapitelsaal zu Ensdorf begrafen liegt [66]. Auf dem Stiftungsgrabstein in der Klosterkirche zu Ensdorf ist heute noch das Kastler Wappen neben dem Wittelsbacher zu sehen, was auf die irrtümliche Abstammung Helikas zurückzuführen ist. Die Lengenfelder [67] selbst starben im Mannesstamm schon 1119 mit dem genannten Friedrich aus. Ihre Haupterben waren die Wittelsbacher, zunächst der Gemahl der Lengenfelderin Helika, Pfalzgraf Otto IV., Domvogt von Freising. Bedauerlicherweise hat Gg. Widenbauer in einem Artikel „Die Wittelsbacher und Kastl bei Amberg" nochmals den Irrtum der Gründungsgeschichte aufgewärmt [68]. Jedenfalls ist der Bericht aus dem benachbarten Kloster Ensdorf ein Beweis, wieviele chronologische und sachliche Irrtümer in derlei Mitteilungen stecken, die einen klaren Einblick in die Familiengeschichte verhindern. Grund genug, auch den Nachrichten der Kastler Reimchronik mit aller Vorsicht gegenüberzutreten. Das Aussterben der Kastler und Lengenfelder liegt zeitlich nicht weit auseinander nach 1108 und 1119. Der Name der Lengenfelder mag bald vergessen worden sein; die Anknüpfung des Gründers Friedrich, mit dem man familiengeschichtlich später nichts mehr anzufangen wußte, ist in dem Hirsauer- bzw. St. Blasienkloster Ensdorf, das später der Kastler Reform beitrat, gegeben. Bot doch das mächtige Grafengeschlecht auf dem Nordgau willkommene Gelegenheit, den eigenen Ruhm und den des pfalzgräflichen Hauses Wittelsbach zu vergrößern.

---

[64] Oefele: Script. rer. Boic. I. S. 581 ff.

[65] Freyberg: Codex tradit. Monast. Ensdorf, S. 171—366 in Sammlung histor. Schriften u. U. II. S. 290, s. Kunstdenkmäler Bayerns, Oberpf. V. (B. A. Burglengenfeld), S. 26, wo eingehender Quellennachweis erfolgt ist, und XV. S. 35 und 37.

[66] MG. SS. XV. b. 1082, 1028 und XVII, 336.

[67] Von ihnen berichten zuerst die Pegauer Annalen (geschr. 1155), MG. SS. XVI, 235. Der erste Lengenfelder wird um die Mitte des 11. Jhdts. bekannt. Sie hatten auch Bamberger Lehen und waren Unterrichter der Markgrafen des Nordgaues.

[68] Der Heimgarten (Beil. z. Bayer. Staatszeitung), 9. Jhrg. nr. 30, S. 231.

VI. Luitgard als Verwandte des Hauses Kastl-Sulzbach

Luitgards Abstammung, die als dritte Mitstifterin Kastls erscheint, ist durch die Forschungen Kimpens wahrscheinlich gemacht. Ihre, auch in der Reimchronik genannte Mutter Richwara (Koseform: Reitz) ist höchstwahrscheinlich eine Tochter Hezzelins und einer Tochter Giselas aus der Ehe mit Ernst I. von Schwaben. Hezzelin hatte einen Sohn Kuno, der auf einem Hoftag zu Regensburg 1056 zum Herzog von Kärnten erhoben wurde. Er konnte sich allerdings nicht in den Besitz seines Herzogstums setzen und starb 1058. Die Annales Altahenses 1056 nennen ihn einen nepos Kaiser Heinrichs III. und 1057 erscheint er als cognatus Kaiser Heinrichs IV. (cf. Lambert ad. a. 1057.). Richwara war also eine Schwester dieses Kuno (Konrad III.) [69]. Doeberl, Markgrafschaft, hält an der Geschwisterschaft mit Gebhard und Hermann fest und führt als Beweis die gleichen Namen der Söhne Reitzas, die Besitzverhältnisse in Heubisch (s. später) und den Zusammenhang der Nordgauverschwörung mit Schwaben an. Letzteres spricht für Verwandtschaft, die aber nicht Geschwisterschaft sein braucht. Die Besitzverhältnisse um Illschwang brauchen nicht für Geschwisterschaft zu zeugen, für Verwandtschaft wohl (Gesamthandverhältnis). Die Namen sprechen für eine Verwandtschaft der Geschlechter. Richwara war Herzogin von Kärnten und hat höchstwahrscheinlich den Anspruch auf dieses Herzogtum oder wenigstens eine Empfehlung dafür ihrem Gemahl Berthold I. mit in seine erste Ehe gebracht [70]; denn er wird als Nachfolger Kunos mit Kärnten belehnt, das auf seinen ältesten Sohn Hermann I., der den Titel Markgraf von Verona führte [71], übergeht. Hermann starb vor seinem Vater am 28. April 1074, Reitza 1073, ihr Gemahl am 6. November 1078. Der zweite Sohn dieser Ehe war vermutlich der uns schon bekannte Bischof Gebhard von Konstanz (1084—1110), der zuerst Konventual in Hirsau war. Der dritte Sohn war Berthold II., gestorben 1111, Herzog von Zähringen, der mit Agnes, der Tochter Rudolfs von Rheinfelden, vermählt und mit Heinrich IV. verwandt war. Gegen diesen stand er in heftiger Opposition, sogar in führender Stellung. Ihre Schwester Luitgard [72], die vermutlich 1119 starb [73], war vermählt mit Diepoldus, marchio de Giengin, dem Ahnherrn der Diepoldinger Marktgrafen auf dem Nordgau (s. deren Stammbaum bei Riezler, Gesch. Bayerns I, 875 und Bossert, Württemberg. Vierteljahrs-

---

[69] Nur in der Kastler Chronik erscheint sie als Tochter Herzog Ernsts. cf. Abt Rumpler v. Formbach MB. XVI, 582. Moritz erwähnt schon die Möglichkeit, daß sie eine geborene Herzogin von Kärnten war. Heyck: Geschichte der Herzoge von Zähringen, S. 27, sieht in ihr eine Tochter des 1039 verstorbenen Herzogs Konrad II. von Kärnten, kann aber nicht überzeugen.

[70] Wohl durch ihre Großmutter Gisela, deren Schwestern ihren Gatten Konrad I. und Adalbero von Kärnten ebenfalls Ansprüche vermittelt hatten.

[71] SS. VI. 198 — Hermann ist der Stammvater des großherzogl. Hauses von Baden. Berthold I. ist der Stifter des Zähringer Hausklosters Petershausen. So wissen wir auch, warum von dort die ersten Mönche nach Kastl kamen.

[72] Jaffé: Bibl. I. 547 (Epistula Wibaldi) und Rotulus Sanpetrinus. (Freiburger Diözesanarchiv 1882, S. 140.) cf. Heyck, E.: Geschichte d. Herzöge von Zähringen (1891), S. 95 u. 267 (Anm. 29).

[73] 1118 Gründung von Reichenbach.

hefte f. Ldsgesch. Jahrg. 1883, S. 97 ff.), der sich nach der schwäbischen Burg Giengen a. d. Brenz, der späteren Reichsstadt, nannte [74]. Diepold II. war 1078 am 7. August in der Schlacht bei Mellrichstadt auf Seiten Heinrichs IV. gefallen. Nach seinem Tode begegnen [75] seine Witwe Luitgard und ihr Sohn Diepold III. auf dem markgräflichen Nordgau, letzterer als Markgraf. In der Reichenbachischen Chronik [76] heißt es nun, daß die ersten Mönche dorthin von Kastl kamen, unde nata fuit mater (Diepoldi) Leucardis praedicta, was ich auf ungenaue Familienkenntnisse des Chronisten zurückführe [77].

Auffallend ist die Tatsache, daß in dem Chronicon Pegaviense (M. G.) die Gründerin des Klosters Kladrau in Böhmen (1115) Rachsa (= Reiza) eine Tochter Diepolds, des Gründers von Reichenbach und Waldsassen genannt wird: Huius (Dietpoldi de Vohburg) filia Reicza ducsa Bohemiae (Gemahlin Wladislaw I.) construxit monasterium in Cladicina (cf. Erben Reg. Bohemiae p. 20). Richsa starb 27. Sept. 1125; Palacky hielt sie für eine Tochter des Grafen Heinrich von Berg. Richsa war auch eine besondere Wohltäterin des Hirsauer Klosters Zwiefalten, dessen böhmische Kolonie Kladrau (bei Mies) war. Richsa liegt in Reichenbach begraben. Das Geschlecht der Grafen von Berg war allerdings mit den Diepoldingern auch verwandt [78].

Von besonderem Interesse sind hier die besitzgeschichtlichen Verhältnisse. Luitgards Eigengut oder Muttererbe scheinen mir mit Moritz zusammenhängende Besitzungen um Illschwang zu sein, die ihr Sohn Diepold II. zum größten Teil an Reichenbach verschenkt und die unter dem Namen Heubisch erscheinen [79]. Sie soll auch von ihrer Mutter den dritten Teil der Burg Kastl [80] geerbt haben. Die Reimchronik [81] erwähnt einen besonderen Fond, den sie nach Kastl gab, darunter Prunn. Die oben angeführte, ansprechende Vermutung von Moritz ist zwar nicht zu belegen, doch findet sie eine gewisse Bestätigung durch die Lage des Besitzes nahe bei Kastl und Sulzbach sowie durch die eigenartige Bezeichnung „Heubisch", was ein grundherrschaftlicher Begriff ist und Hausgenossenschaft bedeutet [82].

Wir denken hier zunächst an die Stelle der Reimchronik, wo es heißt, daß im 14. Jahrhundert die Bewohner um Prunn und Kastl „Heubsleut" (auch Husleut

[74] Diepold II. begabt das von ihm gestiftete Kloster Reichenbach mit Gütern in Riedlingen, Binswangen, Steinheim.

[75] Chronik von Petershausen.

[76] Oefele: Scr. rer. b. I. 402.

[77] In der Reichenbachischen Stiftungsgeschichte bei Oefele I. 402 und in der ältesten Notiz MB. XIV, 406 u. XXVII, 3 erscheint sie als Hauptstifterin d. Kl's Reichenbach am Regen.

[78] Giesebrecht: S. B. A. W. 1870 I. S. 370. — Doeberl: Regesten nr. 19. Markgrafschaft S. 36 f. MG. Necrol. I. 261. Frind: Kirchengesch. Böhmens, Prag I (1864), 264 ff. — Erben: Regesta, Bohemiae, Prag I (1855) nr. 206.

[79] hiwisc(e), hiwisk, hewisch, hiwisch, Heuwisch, Hewbsche, Heypsch, Heibisch, Häbisch.

[80] MB. XXIV, 633 und

[81] Rchrk. V. 182—184.

[82] Kauffmann: Wörter und Sachen, S. 26 u. 28. Deutsche Altertumskunde II, S. 455 (1923). Kauffmann: Aus dem Wortschatz der Rechtssprache in Z. f. deutsche Philologie, 47. Jhrg. 1918, S. 185 ff.

= Hausleute) genannt wurden. Es waren dies also Leute, die zu einer grundherrschaftlichen Hausgenossenschaft gehörten. Das zeigt auch der Familienname Arnolt Hiwiscman, der 1223 in der Gegend Weidenwang-Pfaffenhofen als Grundholde neben einem Otto Heilicman erscheint. (Heidingsfelder Regesten nr. 605). Ich vermute auf Grund dessen, daß diese ganze Gegend zwischen Kastl-Lauterhofen, Sulzbach-Ammerthal ursprünglich einem bestimmten Grundherrn oder einer bestimmten Familie gehörte, der sie dann an seine Kinder, bzw. Töchter in Ganerbenschaft austat. Nicht nur Reichenbach, auch Kastl hatte im „besonderen" Heubisch Besitz (vgl. den Ausdruck Heubischhube).

Die Bezeichnung Heubisch findet sich aber nicht nur hier. Der Liebenswürdigkeit meines derzeitigen Chefs, des bekannten Ortsnamenforschers Oberstudiendirektor Dr. Schreibmüller, verdanke ich eine Zusammenstellung von Heubischen, die ich kurz folgen lasse. Bei Mitterfels in Niederbayern ist ein solcher Bezirk bezeugt [83]. Ein Haebisch begegnet im Gericht Deggendorf mit dem Hauptort Mariaposching [84], ebenso ein Heubisch bei Osterhofen [85]. Dobenecker berichtet von einem hiwisce bei Kulmbach [86]. Ein Heubisch taucht auf im Amtsgericht Sonneberg (Thüringen) [87]. Dort begegnet auch Heubsch als Dorfname [88]. In der Nähe von Schongau wird das Dorf Moringen (Mering) cum toto Hybisch 1267, 1269 und 1274 cum toto heibische erwähnt [89]. Der frühest bezeugte Heubisch aber ist der um Illschwang [90]. Er begegnet zuerst urkundlich 1120 in zwei Delegationen des Markgrafen Diepold [91]. Eine besitzgeschichtlich und genealogisch ausgerichtete Untersuchung über das Vorkommen von Heubisch, die hier zu weit führen würde, müßte den rechtlichen Inhalt dieses Begriffes noch ganz klarlegen und außerdem durch Prüfung der einzelnen Fälle die Möglichkeit bieten, sie auf eine gemeinsame Grundlage zurückführen, die erst dann weitergehende besitz- und familiengeschichtliche Schlüsse zuläßt. Das ist aber Inhalt einer eigenen, geschlossenen Untersuchung, die hier nicht geleistet werden kann. Zuletzt habe ich mich eingehender damit beschäftigt.

Für den Heubisch um Kastl und Illschwang ergibt sich jedenfalls die begründete Vermutung, daß es die Bezeichnung für ein Gebiet ist, das ehedem zur Haus-

---

[83] MB. 36. Pars. II, S. 326, 330, 429. Pars. I, S. 465 ff. Freyberg: Sammlung Bd. II, 1829, S. 88. (Rechnungsbuch eines Landschreibers 1392.)

[84] MB. 36 Pars. II, S. 400, 410, 483.

[85] Reg. Boica X, 5.

[86] Reg. Thuringiae Bd. 1, Nr. 1563 (Bischofsurkunde v. 1146).

[87] Dobenecker: Reg. Thuringiae II. nr. 248 (1162), III. nr. 311 (1263).

[88] Brückner: Landeskunde des Herzogtums Meiningen II, 1853, S. 451 ff. Belege für 1162, 1182, 1317, 1389.

[89] Quellen und Erörterungen z. bayer. u. deutschen Geschichte, 5. Bd., S. 223 (1267), S. 235 nr. 99 (Teilung zw. Herzog Ludwig u. Heinrich über die Güter Kg. Konrads 1269, S. 270, nr. 113 (1274).

[90] cf. Riezler: II, 84. (Annales Sti Ruperti.)

[91] MB. XXVII, 4. nr. 2 unter der Überschrift: Hiwisc et ei adiacentia ca. 1120 und XI, 408 nr. 4. Es erscheint auch ein Ministerial Trutwinus de hiwisch. cf. MB. XIV, 406 ff. MB. XXVII nr. 360 u. 400 handeln von der kl. Vogtei. Seit 18. 5. 1377 ist das Kloster im Besitz der größeren Vogtei z. Illschwang.

gemeinschaft eines Herrn gehörte, der es dann an seine Erben, hier vielleicht Töchter, gab, deren Geschlechter das Hausgut in Watscharen = freiverfügbare Teile (Totteilung: ahd. swâs-sacra) aufspalteten, während sie scheinbar die Stammburg und ihre nächste Umgebung nur in Aufteilung (Mutschierung) besaßen. (cf. Schwerin S. 65). Dadurch konnten wir auch von dieser besitzgeschichtlichen Seite her auf einen gemeinsamen Stammvater oder Stammutter, die wir freilich zunächst nicht näher bestimmen können. Wenn aber Reitza und ihre Tochter Luitgard, die sowohl aus einer Hausgemeinschaft ausgeschiedenes Gut besitzen als auch Nutznießung am gemeinsamen Ganerbengut haben, als Enkel und Urenkel des Babenbergers Ernst von Schwaben und seiner Gemahlin Gisela wohl wahrscheinlich werden, so gehen wir wohl nicht fehl, in dieser Umgebung, also bei den Babenbergern, den gemeinsamen Stammvater der weiblichen Seite zu suchen, der im südwestlichen Nordgau leicht Eigengut und Reichslehen gehabt haben konnte.

In der Reichenbacher Urkunde lesen wir von einer regio, quae dicitur hewisk. Diese Gegend war später eine Propstei des Klosters Reichenbach, die heute noch im Volksmund „Voggei" (Vogtei) heißt. Die Einwohner heißen Vogger oder Voggeierer. Was alles zum Heubisch um Illschwang gehörte, zeigt sehr gut das Reichenbacher Salbuch von 1400. Hauptort ist Illschwang, das übrigens Urpfarrei ist, Amts- und Meierhof, Keichinwanck (Geigenwang), Horiginsee (eingegangen) [92], Seifridishof (Seibertshof), Puzinisperch (jetzt Öd-Putzberg, genannt die alte Öd), Stockach (jetzt Neuöd), Pezinberch (jetzt Betzenberg) [93], das Moritz mit dem 1/4 Std. westlich von Illschwang liegenden Dörflein Pesenricht (1120 urkdl. Pesimesrut, Pesenreut 1368, Pesenriet 1464) verwechselt, Isinrichsrut (jetzt Einsricht), Harde (jetzt Hermannsdorf), Wopintal (Woppenthal), Lininhof (Leinhof), Sauernheim (unbekannt), Urinswinchil (Mörswinkel), Plulisrut (vermutlich der abseits 1 1/2 Std. westlich Illschwang gelegene Bleishof) [94], Satha (eingegangen). Daß dies ein geschlossener Güterkomplex war, geht auch daraus hervor, daß nach der Bestimmung Diepolds alle Lehengüter im Heubisch bei ihrer Erledigung nach Reichenbach heimfallen sollen. Daß wir es hier mit dem Erbgut Luitgards zu tun haben, zeigt weiter der Umstand, daß nach dem Kastlischen Salbuch von 1323 S. 45 und 61 [95] auch Kastl neben der Pfarrei Illschwang und der dazu gehörigen Filialkirche Frenkenhof zehentpflichtige Ortschaften und eigentümliche Stiftungsgüter dort besaß. In den Ortschaften Einesried, Haar und Woppental waren die Besitzungen zwischen Kastl und Reichenbach sogar geteilt. Moritz mag damit Recht haben, daß die Stiftungen Luitgards an Kastl und Reichenbach 1/3 des kast-

---

[92] cf. Oberpfalz (Ztschr.) 28. Jhrg. 1934, Nr. 4, S. 95—98. Bär, L.: „Horiginsee". cf. Buchner: „Die obpf. Ortsnamen" in „Oberpfalz" 1933. 8. Heft und Bacherler: „Die Siedlungsnamen des Bistums Eichstätt" 1924 und „Die deutsche Besiedlung der Diözese Eichstätt" 1932 und Steinberger: „Randbemerkungen zu Ortsnamen des Bistums Eichstätt" in Z. f. bayer. Landesgeschichte. 5. Jhrg., 3. Heft. — Bär sucht den Namen noch in dem seit 1803 verschwundenen Flurnamen Hergertsfeld.

[93] Liegt eine Stunde südlich von Illschwang.

[94] Abt Konrad von Reichenbach vertauscht diesen Plauls- oder Pläulshof 1362 an Albrecht den Freudenberger auf Ruprechtstein.

[95] H. St. A. Mü. Kastl, Kl. Lit. Nr. 1.

lischen Erbteils ausgemacht haben. Meine Vermutung über den Inhalt des Wortes Heubisch und seine Bedeutung in unserem Fall würde das bestätigen.

Zusammenfassend stelle ich fest, daß eine Verwandtschaft der Gründer Kastls sicher ist, eine Geschwisterschaft Hermanns und Luitgards mit Gebhard aus guten Gründen dagegen höchst unwahrscheinlich. Eine Geschwisterschaft der beiden ersten liegt näher, obwohl sie nicht bewiesen werden kann. Der Ernst der Reimchronik scheidet als Stammvater deshalb aus, weil er in keiner Beziehung zum älteren Stiftergeschlecht steht. Wir erkennen in ihm aber ganz wohl eine historische, urkundliche Persönlichkeit, wie die nächsten Ausführungen zeigen. Möglicherweise liegt eine dunkle Erinnerung an den Mann vor, in dessen Umgebung wir den vermutlichen Stammvater suchen, an Ernst I., Herzog von Schwaben, aus dem Hause der Babenberger. Auf ihn und seine Gemahlin Gisela führt uns die Genealogie Reitzas. Vielleicht sind seine Erbtöchter, die allerdings genealogische Geburten bleiben müssen, die Träger seiner wahrscheinlichen Nordgaubesitzungen gewesen, die zum Teil in Ganerbenschaft, zum Teil gesondert besessen wurden. Eine andere Möglichkeit der Erklärung bleibt nicht. Sicherheit werden wir erst dann gewinnen, wenn neues urkundliches Material genauere Aufschlüsse vermittelt.

Die viel angefeindete Moritzsche Hypothese einer Abstammung von den Babenbergern muß also, wenn auch in anderem Sinne, eine Wiederauferstehung feiern, wenn auch nicht in der bekannten Rebellengestalt Herzog Ernst II. von Schwaben. Die Reimchronik bietet wesentliche Handhaben dazu. Der Hauptgründer von Kastl aber war Friedrich mit seinem Sohn Otto, die Seele der Gründung die von kluniazensischen Hochgeist erfüllte Markgräfinwitwe Luitgard, deren frommem Gemeinschaftsunternehmen der verwandte und politisch gleichgerichtete, benachbarte Reichsfürst Berengar von Sulzbach sich anschloß. Vieles muß Vermutung bleiben, weil bei dem Fehlen von Urkunden und gesicherten Nachrichten nur ein mehr oder minder zuverlässiger Wahrscheinlichkeitsbeweis möglich ist. Die der Wahrscheinlichkeit am nächsten kommende Form des Stammbaumes zeigt die folgende Seite.

Zum Schluß beschäftigt uns noch die Frage, ob der Name des Stammvaters Phantasieprodukt des Reimchronisten ist, oder ob sich eine historische Persönlichkeit dahinter verbirgt bzw. welche Veranlassung bestand, gerade einen Ernst an den Anfang des Stiftergeschlechtes zu stellen. Das hat nichts mehr damit zu tun, daß wir die Notwendigkeit sahen in der Umgebung des Babenbergers Ernst I. von Schwaben, den eigentlichen Stammvater oder die Stammutter zu suchen. Die einfache Überlegung, daß das Geschlecht der Erbvögte, der Grafen von Hirschberg, 1305, d. h. ungefähr 20 Jahre vor der Abfassung der Reimchronik, erst ausstarb, daß die Hirschberger Erben der Sulzbacher waren und einen tiefgreifenden Einfluß auf die Entwicklung des Stiftes nahmen, legt den Gedanken zwingend nahe, daß der Chronist und überhaupt das geschichtliche Bewußtsein im Stift den bekannten Ahnherrn der Hirschberger gleichsetzten mit dem unbekannten Stammvater der alten Grafen von Kastl-Sulzbach. Wenn wir wissen, daß ein Ernst tatsächlich Stammvater der Hirschberger ist und dieser Name der eigentliche Geschlechtsname in den ersten Zeiten der Hirschberger ist, dann wundern wir uns,

Übersicht über die Verwandtschaftsverhältnisse der Stifter des Benediktinerklosters Kastl

Ernst I. v. Schwaben - Gisela

y - x [1]

Berengar I. - Adelhaid (?) (1043)
Amtsgraf im südwest. Nordgau

Hermann d. Ältere - x [2]
Graf v. Chastelin † um 1050
zuletzt verm. mit Haziga v. Scheyern

x verm. mit Hezzelin (aus dem Geschlecht
der lothring. Pfalzgrafen)

Gebhard I.
Begründer v. Sulzbach
verm. mit Irmingard v. Rott

Hermann d. J.
marchio v. Banz
verm. mit
Bertha-Alberada,
Tochter Ottos
v. Schweinfurt

Friedrich
v. Kastl-Habsberg
Hauptstifter
Gem. unbekannt

Kuno v. Kärnten
(Konrad III.)

Reitza (Richwara) † 1073
verm. mit Herzog Berthold I.
v. Zähringen (Kärnten)

Berengar II. -
Mitstifter
des Klosters

1. Adelhaid
v. Megling-
Lechsgemünd
2. Adelhaid
v. Frontenhausen,
Stifterin
v. Baumburg
(† 1110)
3. Adelhaid
v. Wolfratshausen

Judith (Mißehe!)

Otto v. Habsberg
gest. nach 1108
ohne Erben

Hermann
Markgraf
v. Verona
gest. 1074

Gebhard
Bischof
v. Konstanz
(1084—1110)

Berthold II.
Herzog
v. Zähringen
verm. mit
Agnes
v. Rheinfelden

Luitgard
gest. 1119
Mitstifterin,
verm. mit
Diepoldus
marchio de Giengin
gest. 1078
Diepoldus II.
Markgraf
auf dem Nordgau
Stifter
von Reichenbach
und Waldsassen

[1] Eltern des Hermann sind unbekannt. Möglicherweise stammte seine Mutter von Babenbergern ab.

[2] Da die Möglichkeit besteht, daß Hermann d. Ä. von Haziga keine Kinder hatte, muß eine 1. Gemahlin angenommen werden, die in die Richtung Ernst I. von Schwaben und Giselas deuten könnte.

daß man anstatt gewagter Hypothesen diesen natürlichen Weg der Lösung nicht beschritten hat [96]. Steinberger leitet dieses Geschlecht aus Schwaben her. Heidingsfelder (S. 68) dagegen vermutet, daß die späteren Hirschberger Grafen schon vor 1050 um Amper und Glonn begütert waren, wo sie später auch als Amtsgrafen auftreten, und daß sie von dort ihren Ausgang nahmen. 1007 schenkt Heinrich II. dem Kloster Bergen das Gut Dollnstein im Sualafeld, das früher im Besitze eines Grafen Ernst war. Dieser Ernst ist in Verbindung zu bringen mit Trägern gleichen Namens, die 889, 899, 914, 942—953, 959 begegnen [97]. Der Ernst von 1007 kann bis 942—953 zurückbezogen werden. Die früheren Bezeugungen können seinen Vater treffen. Diesen Vater bezeichne ich als Ernst I. Er besaß im Sualafeld vermutlich als Reichslehen den Hof Weißenburg [98]. Ernst II. war Besitzer der Burg Dollnstein, die später noch den zwei Ernst aus dem Hause Kreglingen gehört. Das berechtigt zum Schluß, daß die beiden Ernste des 10. Jahrhunderts dem Hause Kreglingen zuzuweisen sind [99]. Der bei Heidingsfelder 182 und 324 erwähnte Ernst von Ottenburg (bei Günzenhausen, B. A. Freising) ist demnach Ernst III. und sein Sohn Ernst IV. [100]. Durch ihre verwandtschaftlichen Beziehungen zu Bischof Gebhard I. von Eichstätt, den nachmaligen Papst Viktor, konnte die Familie von Kreglingen in den erblichen Besitz der Domvogtei von Eichstätt gelangen [101]. Übrigens erscheint 1087 im Hause der Hohenburger Grafen ebenfalls ein Ernestus, de nobilissima prosapia, der Schenkungen nach dem Ebersberger Kloster Geisenfeld macht. 1100—1116 taucht ein Ernst mit seiner Tante Friederuna, Äbtissin zu Geisenfeld, auf. (M. B. 14, 192, 193, 195, 199, 200). 1131 starb der comes Ernestus de Hohenburg. 1138 finden wir bereits wieder einen Ernst (M. B. 16, 108), 1138—1147 bei Kloster Aldersbach (M. B. 5, 297). 1147 bis 1149 schenkt Ernst von Hohenburg das castrum Hohenburg mit seinem Bruder Friedrich an das Bistum Regensburg. (Oefele, I. 191). Wir sehen also, daß die Vor- und Frühgeschichte des Stifts und seines Vogtgeschlechtes förmlich vom Namen Ernst umlagert

---

[96] Steinberger: Beiträge z. bayer. Kirchengesch. (1917) Bd. 23, S. 249 und Heidingsfelder: Regesten nr. 182 und S. 104; Sax: Regesten der Grafen von Hirschberg in Histor. Ber. v. Mittelfranken 27 (1859) S. 46—62.

[97] MG. Diplom. I. 283, 204, Reg. imp. II. nr. 272; Heidingsfelder: Reg. nr. 126, 125; MG. Diplom. I. 20 nr. 21; Heidingsfelder: nr. 72, 83.

[98] Breßlau, H.: in MG. Diplom. IV. 189.

[99] Vgl. Moritz, J. bei Freyberg: Einführung und Beleuchtung des Cod. trad. monast. S. Castuli in Moosburg in Abh. d. b. A. d. W. II. 3 (1840) S. 108; Sax: Kollektaneen-Beitr. zur pragmat. Gesch. der Grafen v. Hirschberg auf dem Nordgau, Hist. Ver. Mittelfr. XXIII. (1859) 42 f. und 46; Oberbayer. Archiv 44 (1887) S. 22. — Falkenstein: Cod. diplom. antiquit. Nordgav. (1733) S. 14.

[100] Ernestus c. d. Otinpurg 1080 MB. 9. 373. 1129 Ernestus et Hartwicus dotaverunt. monast. Plankstetten. — Ernst III. v. Ottinburg ist 1080 im Freisinger Gebiet neben den Ebersbergern ansässig. Die späteren Hirschberger nennen sich seit ca. 1100 nach Kreglingen (Stumpf nr. 3933), seit 1160 auch nach der Burg Tollnstein (MB. XIII. 115). Seit Beginn des 13. Jhrhs. aber erst nach Hirschberg. (Urkdb. d. Landes ob der Enns, II, S. 500, nr. 348).

[101] Starfflinger: Die Entwicklung der Domvogtei in den altbayer. Bistümern. Diss. München (1908) S. 17.

ist. Auch die Hohenburger fanden ja in Kastl im 12. und 13. Jahrhundert eine Begräbnisstätte. Bei den unsicheren Kenntnissen des Chronisten über die Vorgeschichte der Grafen von Kastl-Sulzbach bot sich ihm, wahrscheinlich nicht einmal bewußt, der Ausweg, das Geschlecht der Hirschberger mit dem der Sulzbacher gleichzusetzen, was leicht geschehen konnte (Beerbung und Besitzgeschichte), und mit dem Stammvater der ersteren die Reihe der alten Grafen zu beginnen. Auf ihn konnte man ja so schön die Einwanderung aus dem Süden oder Südwesten beziehen (Oberbayern oder Schwaben).

Die historische Persönlichkeit des Stammvaters der Hirschberger, des mächtigsten Adelsgeschlechtes im südwestlichen Nordgau, das die Wittelsbacher beerbten, als Urahne des Kastler Stiftergeschlechtes paßt auch für die Zwecke, die Abt Hermann mit seinem liber testamentorum und seiner Reimchronik verfolgte. In dem geschichtlichen Hirschberger Ernst konnten auch die Wittelsbacher als Erben der Sulzbachischen Güter und des Hirschbergischen Landgerichts einen Ahnherrn sehen. So ergab sich auch der von Abt Hermann gewollte genealogische Zusammenhang zwischen seinem Stift und dem mächtigen Wittelsbacher Ludwig d. B. Zur dichterischen Ausschmückung der vita des Stammvaters Ernst aber boten sich dem Reimchronisten zu jener Zeit die oft wiederkehrenden Züge alter Einwanderungssagen der Bayern und die phantastischen Schilderungen der Volkssage von Herzog Ernst. Das Heimatland Ernsts, Maeotis, das man in verschiedentlichen Zonen suchen kann, gemahnt sehr an die Abendteuerfahrten des Volkshelden. Die Schilderung des alten Nordgaues erinnert in manchem an die schauerlichen Schluchten der Märchen, durch die der Held zog, der das Gruseln nicht kannte. Ernst zog die Lauterach abwärts in der Richtung, in der vielleicht die Einwanderung erfolgte. Vielleicht hat auch die Erinnerung an jenen Markgrafen Ernst mitgewirkt, der nach dem Vertrag von Verdun den Oberbefehl auf dem Nordgau gegen die slavischen Tschechen führte. Der Krieg verlief unglücklich [102]. Er erscheint wieder 855 an der Spitze eines bayerischen Heerbannes gegen die Tschechen [103]. Ernst steht an der Spitze des bayerischen Adels; seine Tochter ist mit Karlmann, dem Sohn Ludwigs d. D., vermählt [104]. Der Fuldaer Annalist nennt ihn summatem inter omnes optimates. 861 wurde er wegen Untreue seines Amtes entsetzt und starb 865. Ernst führte öfter den Titel dux (= Reichsstatthalter). Dieser Markgraf gehört ohne Zweifel zu den berühmtesten Gestalten aus der Frühzeit des Nordgaues, sein Andenken ist sicher lebendig geblieben, wenn auch unter unentwirrbarem geschichtlichem Wust. Vielleicht gehört zu ihm der oben erwähnte Ernst im Sualafeld, der 889 über die curtis in Weißenburg gebot [105], in dem wir den Stammvater der Hirschberger erblicken. Nicht uninteressant ist, daß Ried [106] unseren dux Ernestus zum Stifter der Grafen von Hohenburg macht. Veit Arnpeckh berichtet in seiner

---

102 Annal. Bert. und Annales Fuldenses ad. a. 846.

103 Meichelbeck: Hist. Frising. I b. 350; Böhmer-M.: Reg. Imp. I. 1370 b.

104 MG. SS. 11, 13.

105 Lang: Regesta Circuli Rezatensis in H. Verein v. Mittelfranken, 6. Jhg. 1835.

106 Geschichte der Grafen von Hohenburg, 1812, S. 4, cf. Dachs: Das Marktrecht von Hohenburg auf dem Nordgau in VHO 84, Bd. 1934, S. 3, 86.

bayerischen Chronik, daß er mit seiner Gemahlin Irmelgard in Roßtal (zwischen Ansbach und Nürnberg) begraben sei [107]. Auf diese beiden Ernste, die zu den großen Nordgauhelden der Frühzeit zählen, könnte auch die sehr eigenartige Chronologie der Gründersage führen [108], die mit der Gründung der Burg auf die Zeit vor 900 zurückkommt, was tatsächlich richtig sein mag [109]. Bleibt noch zu erklären, warum gerade Otto II., mit dem Beinamen der Rote, um 975 dem Herzog Ernst in der Reimchronik Rechte auf dem Nordgau verleiht. Ich sehe darin einen Hinweis auf das Haus der österreichischen Babenberger. Hinter dieser Verleihung im Jahre 975 steckt die erste große Zerschlagung Bayerns durch Otto II. und die Verleihung der Ostmark an den Babenberger Leopold, dessen Sohn der schwäbische Herzog Ernst I. war.

VII. Zusammenfassung

Am Schluß meiner Untersuchung über die Genealogie der Gründer des Nordgauklosters Kastl stelle ich fest, daß wir selbst bei Einbeziehung aller Möglichkeiten und Auswertung alles geschichtlich sicheren Materials über einen gewissen Grad von Wahrscheinlichkeit nicht hinaus kommen. Doch ist es schließlich besser das ultra non possumus zu erweisen und es sich ehrlich einzugestehen, als neue gewagte Hypothesen aufzustellen. Der geschichtliche Wert dieser und ähnlicher genealogischer Nachrichten ist erneut bewiesen (Kastl, Ensdorf, Scheyern). Man wird sie nur mit größter Vorsicht benützen, ohne dabei aber zu übersehen, daß in jeder Sage ein historischer Kern steckt. Diesen herauszuschälen aus dem Wust von Phantasien bleibt Aufgabe der Forschung.

---

[107] Histor. Verein v. Mittelfr., 8. Jhrg. 1837, S. 31 ff.
[108] Reimchronik V. 385—388.
[109] cf. Gröber, K.: Oberpfälzische Burgen und Schlösser 1925, S. V, VI und VII.

REICHSMINISTERIALITÄT ALS TRÄGER STAUFISCHER STAATSPOLITIK AUF DEM BAYERISCHEN NORDGAU

Stauferpläne im Chamberich und auf dem nördlichen Nordgau

Hatte die Zusammenballung von Reichsgut um Nürnberg und der entscheidende Ansatz von Reichsministerialen auf einem dichten Burgennetz rund herum in den Plänen der Staufer vor allem den Zweck, diesen Brückenkopf so stark als möglich auszubauen, um damit zugleich einen Hauptetappenpunkt hinter der vordersten östlichen Linie zu gewinnen, so kam dem Reichsland Eger mit seiner Reichsburg und seinen bedeutenden Dienstmannengeschlechtern die Aufgabe zu, an dieser entscheidenden Stelle kraftvoll die welfische Nord-Südachse zu sprengen und andererseits offensiv des Reiches Interessen in den slavischen Osten hineinzutragen, zumindest ein starkes Bollwerk gegen den slavischen Vormarsch nach Westen zu sein. Diese Bedeutung klar erkannt zu haben, ist zweifellos ein Verdienst Konrads III., der nach dem Tode des Diepoldingers 1146 das Gebiet als erledigtes Reichslehen an sich nahm, wie Doeberl überzeugend dargetan hat [1]. Bot sich doch hier wie nirgendwo im Altsiedelland auf noch weithin ungerodetem und unbesiedeltem Boden kraft des königlichen Bodenregals, lückenlos Reichsboden und Reichsrechte zu einem einheitlichen Gebilde zusammenzufassen, willkommene Gelegenheit. Was auf dem altbesiedelten Gelände um Nürnberg mit seinen altdynastischen Überschneidungen nicht mehr möglich war, hier gelang es. So entstand um die alte Diepoldinger- und spätere Reichsburg die geschlossene provincia Egrensis, unter ähnlichen Bedingungen wie die benachbarte terra Plisnensis und das Reichsvogteiland der späteren Reuß. Erst zu Beginn des 12. Jahrhunderts wurde in der regio Egire die Kolonisationsarbeit durch Diepold II. planmäßig zunächst aufgenommen, der zu diesem Werk entscheidend Dienstmannen beizog und zwar nicht nur als Stützen der militärisch straffen Organisation, mit der er das Land überzog, sondern zugleich auch als Pioniere der Siedelarbeit und Rodung. Konrad Schünemann [2] hat uns eindrucksvoll gezeigt, daß der Boden im Osten nicht durch das Schwert des deutschen Kriegers gewonnen werden konnte, sondern nur durch Axt und Pflug des deutschen Bauern unter der Leitung der Dienstmannen und Klöster.

Es ist bezeichnend, daß Markgraf Diepold aus der *marchia Cambe* vor allem sich seine ministerialischen Helfer holte, wie wir verschiedentlich nachweisen können,

---

[1] Doeberl, M.: Die Markgrafschaft und die Markgrafen auf dem bayerischen Nordgau. München 1894. — Gunia, H.: Der Leihezwang, a. a. O.

[2] Schünemann, K.: Deutsche Kriegführung im Osten während des Mittelalters, im DA 2. Jg. 1938. S. 54 ff.

vielleicht schon ein stiller Beweis für die beiden Ländern anhaftenden nämlichen Rechtseigenschaften. Markgebiet hatte immer einen besonderen verfassungsrechtlichen Charakter. So waren auch die auf Markboden angesetzten Dienstmannen, wie wir aus der Ost- bzw. Steiermark wissen, nicht nur Eigendienstmannen des betreffenden Landesherrn bzw. Reichslehensträgers, sondern darüber hinaus in einem besonderen Sinne irgendwie mit dem König verbunden [3], etwa so ähnlich wie die um Ranshofen und Braunau am Inn sich lagernde Gruppe von Ministerialen zugleich ministeriales imperatoris bzw. imperii und ducis bzw. ducatus Bawariae waren. Ja für das Chambriche mit seiner alten Reichsburg ist meines Erachtens der Fall ganz glatt, ursprüngliche Königsdienstmannen der Salier werden markgräflich und gehen dann teilweise wieder in die Reichsministerialität über, wie wir noch sehen werden. So müssen wir im Chambriche, ein Ausdruck, der, wie Waas zuletzt betont hat [4], irgendwie die Bezeichnung zu König und Reich andeutet, unterscheiden zwischen markgräflichen und diepoldingischen Ministerialen, wobei erstere auf reichslehnbarem Markboden saßen, ursprünglich selbst Königsdiener (servientes) und mit besonderen militärischen Aufgaben der Sicherung des Marklandes betraut waren, während letztere ursprünglich auf diepoldingischem Haus- und Eigengut angesetzt wurden. Die ersteren setzten Reichsgut voraus, einen militärischen Mittelpunkt sowie einen militärischen Kommandanten und militärische Organisation des Gebietes. Das alles ist bei Cham gegeben. Karl Dinklage [5] hat das zum Jahre 1040 von Cosmas von Prag genannte *castrum Kamb, die Reichsburg Cham* auf dem Galgenberg mit der Georgskapelle, wieder in helleres Licht gerückt. Wie heute der reiche Burgenbestand dieses Gebietes schlagend noch dartut, war das Land militärisch organisiert, und zwar um altes Königsgut. Der pagus Chambriche von 1050, der von Kötzting bis Waldmünchen etwa reicht [6], erscheint 1055 als marchia Chambie [7] und 1086 als marchia, quae vocatur Camba [8]. Die militärische Bedeutung dieser Burg und die Notwendigkeit, königliche servientes als Hüter hier anzusetzen, geht aus der Tatsache hervor, daß wir um 1040 und 1041 bereits tschechische Choden, Grenzmilizen am Landestor bei Taus anzunehmen haben, nachdem ihre ersten Spuren bis 1004 zurückreichen [9]. Der Weg nach Böhmen war 1040 durch eine starke Festungsanlage im Bergwald versperrt und durch Bogenschützen besetzt, und zwar so stark, daß der Durchmarsch nicht erzwungen werden konnte [10]. Diese Grenzwächter unterstanden der Kommandogewalt des Tauser Burggrafen [11].

---

[3] Brunner: Das gerichtliche Exemptionsrecht der Babenberger, in SB Wiener Ak. Jg. 1864. S. 324 ff.

[4] Waas: Staat und Gesellschaft im frühen Mittelalter. 1938.

[5] Dinklage, Karl: Cham im Frühmittelalter. in VHO 87, Bd. 1937, S. 162 ff.

[6] MG. DD H. III. 363.

[7] MG. DD H. III. 248.

[8] MB XII. S. 96.

[9] Thietmar VI. S. 286 ff. und 11. — In einer kleinen Studie gedenke ich demnächst die Kriegsgeschichte der Further Senke im Frühmittelalter zu behandeln.

[10] Annales Altah. S. 23 u. 26; Hermann von Reichenau, MG. SS 5, 123; Cosmas Prag. S. 95.

[11] Beer, Karl: Zur Wehr- und Gerichtsorganisation böhmischer Grenzgebiete im Mit-

Als militärische Befehlshaber der marchia Cambe erscheinen zunächst die Rapotonen (Pfalzgrafen), dann Diepold II., dem diese Aufgabe und dieses Lehen auch den marchio-Titel einträgt. Dadurch erübrigt sich auch die Doeberlsche *allgemeine* Markgrafschaft auf dem Nordgau, für die kein Platz vorhanden ist [12]. Altes Reichsgut ist nachweisbar um den karolingischen Königshof Roding mit seiner Pfalzkapelle, die Reichsburg selbst mit dem sie versorgenden Bauhof am Fuße des Berges, dem alten agilolfingischen Herzogshof in Altenstadt, war Mittelpunkt von Reichsgut, aus dem im 11. Jahrhundert verschiedene Orte auftauchen unter Heinrich III. und IV. und noch unter Barbarossa [13]. Es ist nun nicht ohne Belang, daß gerade Heinrich III., dessen organisatorische Fähigkeiten und Umsicht in der Reichsguterfassung wir schon bei Nürnberg und Goslar besonders hervorzuheben hatten, der die militärische Bedeutung der Reichsburg Cham bei seinen Feldzügen besonders kennengelernt hatte, wie uns Kosmas erzählt, seinen serviens Azelinus 1054 mit drei regales mansus in Weißenregen und einer Mühle beschenkte in pago Chambriche in der Grafschaft Sizos [14]. Wenn dann 1056 ein Hemmo, vermutlich ein Edelfreier, die Dörfer Döfering und Schlammering in marchia Champiae erhält [15], so sind wir sehr versucht, die militärische Organisation des Gebietes um die Reichsburg in die Zeit um oder nach 1040 zu setzen [16]. Auch hier wie anderswo auf dem Nordgau benützte er zur Reichsgutverwaltung und zum militärischen Schutz servientes, Königsdienstmannen. An den Azelin von Weißenregen ist zweifellos der Azelin von 1122 [17] anzuschließen, der ein sicher markgräfliches Gut in Marchanei bei Tirschenreuth (vicus St. Mariae) im Egerland tradiert. Dabei wirkt sein Sohn Friedrich mit. Es ist kein Zufall, daß ausgerechnet Dienstmannen der marchia Cambe vom Markgrafen im Egerland verwendet werden. Das deutet doch auf gleichen rechtlichen Charakter der Länder hin, in denen diese halb markgräflichen, halb königlichen Ministerialen sitzen; das beweist auch die Besonderheit ihrer Aufgabe. Von hier aus wird es auch verständlicher, warum Konrad III. die regio Egire an sich nehmen konnte, ohne sie wieder auszuleihen, warum Barbarossa noch um Cham über Reichsgut in Balbersdorf, Habersdorf, Michelsdorf und Janahof verfügt und Reichsministerialen damit beschenkt. Einen Beweis für diese Sonderstellung der Markministerialen von Cham liefert Adelbert von Seginbach (= Seigenbach, Gde. Schillertswiesen, B.-A. Roding) und seine Frau Hadewich, die beide

---

telalter, in MÖIG 52, 1938. S. 243 ff. — Peterka, O.: Das Burggrafentum in Böhmen. Prag 1906. — Bei Wild, Karl: Baiern und Böhmen. Beiträge zur Geschichte ihrer Beziehungen im Mittelalter, in VHO 88. 1938. S. 1 ff. tritt die besondere Stellung dieses Markgebietes viel zu wenig hervor.

[12] Dachs, H.: Der Umfang der kolonisatorischen Erschließung der Oberpfalz bis zum Ausgang der Agilolfingerzeit, in VHO 86. Bd. 1936. S. 159. — Klebel, E.: Herzogtümer und Marken, im DA 2. Jg. 1938.

[13] Zusammenstellung bei Dachs, H.: a. a. O. S. 164/165.

[14] MG. DD H. III nr. 248.

[15] MB 29. I. nr. 390.

[16] Klebel, E.: Die Grafen von Sulzbach als Hauptvögte des Bistums Bamberg, in MÖIG. 41. Bd. 1936. S. 125.

[17] MB 27, 7 und 14, 406.

1135 als Dienstmannen des Markgrafen Diepold erscheinen [18], während ihr vermutlicher Sohn Adelbrecht v. S. 1138 bei König Konrad III. unter den ministeriales regis auftaucht vor dem bayerischen Königsministerialen Heinrich von Herzhausen [19]. Der besondere verfassungsrechtliche Charakter der Mark wird 1204 von Herzog Ludwig von Bayern betont, der ausdrücklich auf die „iura marchiae nostrae apud Chamb" zugunsten des Klosters Reichenbach verzichtet [20], wie ehedem schon Diepold II. 1135 bei der Einweihung der Kirche. (Zu diesen Rechten zählen wir z. B. den Markhafer oder wie im Regnitzland den modius marchionis.) Ein Vergleich zeigt, daß Markgraf Diepold an Reichenbach wohl sein Erbgut Illschwang *mitsamt* den Ministerialen schenkt, während jedoch mir eine traditio von Gütern mit den daraufsitzenden Dienstmannen in der marchia nicht bekannt wurde. So fällt also gerade von der markgräflichen Dienstmannschaft in der Further Senke her ein eigenes Licht auf den Markcharakter dieses Landes im hohen Mittelalter, den ich auch in Beziehung auf die marchia Nabburg neu zu untersuchen gedenke, da eine Neuüberprüfung der Doeberlischen Feststellungen über die sogenannte Markgrafschaft auf dem Nordgau nach Dachs, Klebel und von Guttenberg notwendig geworden ist. Ursprünglich saßen die Ministerialen nur in der Reichsburg; von hier aus setzten sie sich dann auf eigene Burgen inmitten des ihnen verliehenen Dienstgutes. Die Further Senke im weiteren Sinn muß im 12. Jahrhundert mit einem dichten Burgennetz überspannt gewesen sein. Noch heute ragen auffällig viele Ruinen in die Höhe, ein Zeichen der einstigen Reichsbedeutung dieses Marklandes. Von 1065 bis 1200 tauchen verschiedenlich Burgmannen der Reichsveste auf (1065: Sazo de Champa [21], 1125 Otto de Kampe et filius eius Otto [22], um 1140 Otto de Kambe in zwei Urkunden des Markgrafen Diepold [23], um 1150 wieder Otto de Kampe und ebenso 1160 [24]; um 1165 tradiert ein Hiltebrand von Cham für das Seelenheil seines Bruders Otto, der seit 1125 erscheint, ein praedium zu Rettenhof und eine curtis zu Kothmaißling an Reichenbach [25]; um 1160 Rapoto de Kampa, dessen Name noch an das alte pfalzgräfliche Geschlecht erinnert [28], um 1185 Ulrich von Cham [29], um 1193 Gotpoldus et Wichmannus fratres de Kambe [30], der nämliche Gotpoldus de K. um 1193 [31] und 1200 de Champe Gote-

---

[18] Mon. Egr. nr. 55. S. 18 und Zahn: UB Steiermark I. S. 146 u. 158.

[19] MB 31, 1, 392.

[20] MB 27. nr. 64.

[21] Quell. u. Erört. z. b. G. I. 1 Nr. 111.

[22] MB 27. S. 8.

[23] MB 14. S. 416 ff.

[24] MB 27. S. 17 und 14, S. 420 und 421.

[25] Mü HStA Gerichtslit. Cham Nr. 29. I. und Klosterlit. Reichenbach Nr. 1; MB 14, S. 422 unvollständig.

[26] MB 27. S. 18.

[27] MB ebenda S. 21.

[28] MB ebenda S. 22.

[29] Ebenda S. 37.

[30] Ebenda S. 37.

[31] Ebenda S. 38.

boldus et fratres sui Wicmannus et Dietricus ... ministeriales [32]. Burgmannen in größerer Zahl erscheinen um 1160: Oudalricus, Per, Aringis, Rudolfus, Diepoldus, Otto, Heinricus, Merbot, Oudalrich filius Herwici, omnes de Kambe [33]). Die Besatzung der alten Reichsburg scheint demnach ziemlich ansehnlich gewesen zu sein; führend ragen daraus einige wenige Familien heraus, setzen eine bestimmte Organisation des Burgdienstes voraus, die uns im einzelnen nicht greifbar ist; doch muß sie ähnlich in der marchia Nappurg gewesen sein [34], genau so wie in Eger. Es wohnten aber nicht alle Burgmannen in der Hauptburg; ständigen Dienst taten wohl nur die Knechte, deren Namen wir 1160 gesehen haben. Die angeseheneren unter ihnen waren mit Dienstlehen in der Mark ausgestattet, auf dessen Grund sie dann sich einen Wohnturm oder eine Burg erbauten, nach der sie sich seit dem 12. Jahrhundert nannten und um die herum sie Rechte ausübten, Besitz erwarben und im Laufe der Zeit eine kleinere Herrschaft aufzubauen suchten. Nur so konnten sich ja auch die Dienstmannen zu Ansehen und Einfluß emporarbeiten. In der marchia Cambe treten besonders die Geschlechter hervor, die auf den umliegenden Vesten saßen. Es ist nun nicht ganz leicht, die dem Markgrafen unterstellten Königsministerialen von den diepoldingischen Hausgutdienstleuten zu scheiden, doch lassen sich mit Sicherheit gerade wegen ihres Zusammenhangs mit dem Egerland festhalten: die Rundinger, Haidsteiner, Wetterfelder, Süßenbacher, um die bedeutendsten zu nennen. Die im Haidsteiner Geschlecht beliebten Namen Pabo und Rüdiger finden wir später auch als Leitnamen der egerländischen RM von Waldstein—Sparnberg—Sparneck. Ich lasse dabei die Möglichkeit offen, sie zurückzuführen auf den servus Pabo, dem Konrad II. 1034 eine Edelmannshue (unum nobilis viri mansum) zu Waltendorf im Gau Filisarihart in der Grafschaft des Markgrafen Otto schenkt. Der Umfang der Schenkung läßt eine geachtete Stellung und eine bedeutende politische Tätigkeit des servus Pabo vermuten [35]. Ein Pabo *von Haidstein* schenkt an Reichenbach Güter in Luvelingen und Hawartsdorf (= Habersdorf) [36], vermutlich auch zu Balbersdorf, da Barbarossa 1182 in den zwei genannten Orten die Schenkungen des ministerialis noster Pabo bestätigt und dazu die traditio des Dienstlehens des Rapoto in Wichilsdorf (= Michelsdorf), den ich für den Rapoto de Cambe von 1160 halte [37], der 1182 als Reichsministeriale erscheint [38]. Der letztere ist sicher auch personengleich mit dem Rapoto von Peilstein von zirka 1173, der mit seinem Bruder Konrad Trost bei der traditio eines Gutes in Michelsdorf zeugt [39], vielleicht auch mit dem Rapoto von Süßenbach, der bei Markgraf Diepold dem Jüngeren begegnet [40]. 1166 stehen beide Peilsteiner deutlich in der

[32] Ebenda S. 41.
[33] MB 27. S. 19.
[34] MG. DD H. III. 385 und MB 29. I. S. 148.
[35] MG. DDKo II. S. 491.
[36] MB 27. S. 23.
[37] MB 14. S. 420/21.
[38] MB 27. S. 32/33.
[39] MB 27. S. 26 (vermutlich Regenpeilstein).
[40] MB 14. S. 422.

Zeugenreihe zwischen sicheren Reichsdienstmannen. Die kaiserliche Bestätigungsurkunde [41] beweist mir, daß Barbarossa auch in der marchia Cambe daranging, das alte Reichsgut seinen Bestrebungen und Plänen wieder dienstbar zu machen. Er spricht die Burgmannen von Cham und die markgräflichem Kommando unterstehenden Dienstmannen deutlich als seine Reichsministerialen an. Dazu unterscheidet er genau zwischen Schenkungen des Markgrafen aus dessen Eigengut, wobei auch diepoldingische Ministerialen miteingeschlossen sind, und Gütern, die er, der Kaiser, manu nostra an das Kloster gab in Janahof, Lufling, Michelsdorf, Balbersdorf und Habersdorf. Das praedium Gowna (= Janahof) hatte 1166 der Reichsdienstmann Konrad von Waltinhofen (Schwaben) inne [42], der 1182 als Marschall erscheint [43]. Mag sein, daß nach 1146 die marchiae Cambe und Nappurg in engere rechtliche Beziehungen zu dem um das Egerland geschmälerten Diepoldingergeschlecht traten, das ja auch auf Grund familiärer Beziehungen 1099 in den Besitz der Markgrafschaft Cham gekommen war. Barbarossa aber hat mit der ihm eigenen Zähigkeit und Weitsicht zweifellos versucht, auch hier die alten reichsrechtlichen Beziehungen von Gut und Dienstmannschaft lebendig zu erhalten, was auch in seinem Bemühen um die Vogtei des diepoldingischen Hausklosters Reichenbach deutlich zum Ausdruck kommt. Das fällt in die Jahre, da er im ganzen Nordgau zielbewußt den alten Dynastenadel zurückzudrängen sucht, wie ich im Eingangskapitel erläutert habe. Deshalb läßt sich auch wohlweislich das Kloster alle Schenkungen der Diepoldinger namentlich bestätigen, was zumindest auffällt. Auch die marchia Cambe mit ihrem alten Reichsgut hat in diesem innerpolitischen System ihren Platz, wenn Barbarossa in den ersten Jahren seiner Regierung die hart getroffenen Diepoldinger zunächst wohl ruhig gewähren ließ.

Verwandt mit den *Haidsteinern* sind *die Rundinger,* wie schon die Namen ausweisen — Otto von Runding ist Bruder der Babo [44] und Rudiger —, die aber auch dartun, daß dieses Geschlecht in erster Linie der alten Reichsburg am Galgenberg zugeordnet war. Der in der ersten Hälfte des 12. Jahrhunderts so oft begegnende Otto de Rumtingen ist sicher irgendwie identisch mit dem eingangs schon erwähnten Otto de Cambe oder seinem gleichnamigen Sohn, die beide von 1125 bis 1160 nachweisbar sind. Die Gotepold, Wichmann, Dietrich, Hiltebrand nennen sich in Urkunden nach Cham und Runding, was auf enge Verbindung der beiden Vesten und auf eine besondere Bedeutung der Burg Runding hindeutet, die jedem klar wird, der ihre beherrschende Stellung über den ganzen östlichen Teil der Talweite von Cham und ihre besondere Eignung als Sperrfort an der Further Senke in Augenschein genommen hat. Ein Otto und sein Bruder Gotepold (Wetterfelder Einfluß — Diepoldname!) nennen sich um 1177 nach Michelsdorf, wo sie Reichsgut als Dienstlehen vielleicht haben (1182). Sicher ist es auch kein Zufall, daß sich 1150 die nämlichen Namen wie Dietrich, Wichmann auch in Nabburg finden.

---

41 MB 27. S. 32/33.
42 MB 27. S. 20.
43 MB 27. S. 33.
44 MB 14. Nr. 14.

Ein Mittelpunkt ministerialischer Familien scheint auch das alte *Königsgut Wetterfeld* im Bereich des karolingischen Königshofes Roding zu sein, das dann auch Sitz eines wittelsbachischen Amtes wird. Ein Gottfried von Wetterfeld tritt in der ersten Hälfte des 12. Jahrhunderts besonders auffällig hervor, neben ihm sein Bruder Heinrich von Wetterfeld, genannt Span, sowie ein weiterer Bruder Reimboto 1125 [45]. Gottfried hatte Erbeigen zu Nabburg [46], wonach sich 1125 der erwähnte Reimbot nennt, wobei Ulrich von Eger und sein Bruder Pilgrim Zeugenschaft leisten. Auf Grund der durch Sturm verfeinerten Methode zähle ich auch den Mengotus von Traubenbach und seinen Bruder Gozpert sowie den Gotscalk von Eschelkam, die alle für Mengoz um 1180 zeugen [47], zur nämlichen Sippe, genau so wie den Gotepold von Cham und Runding, die alle uns zeigen, wie sehr diese markgräflichen Dienstmannen untereinander verwandt und verschwägert waren. Gottfriede benennen sich auch nach Lengau (Gde. Prosdorf bei Arnschwang) und nach Arnschwang [48]. Der nämliche Gottfried von Wetterfeld, dessen Stellung nach den Urkunden zu schließen sehr bedeutend gewesen sein muß, war auch im Egerland angesetzt, wo er 1135 reichenbachische Lehen zu Dippersreut, Frauenreut und Großkonreut trägt, in der später reichenbachischen Vogtei Hohenstein [49]. Dazu übergibt der Markgraf u. a. noch Lengenfeld bei Falkenberg und Gotefridesrewt (1182 Gotefridesgrune, das heutige Göpfersgrün bei Thiersheim). Der letzte Ortsname beweist deutlich, daß unser Gottfried hier die Rodung leitete und auch der Siedlung seinen Namen gab. Auf ihn gehen auch die egerländischen Reichsministerialen von Falkenberg zurück, die den Namen Gottfried weiter vererben. Soviel läßt sich zunächst mit Sicherheit über die Zusammenhänge zwischen marchia Cambe bzw. Nappurg und dem Egerland unter der Führung der Diepoldinger als Markgrafen im Lichte der markgräflichen Königsministerialität aussagen. Eine eingehende besitzgeschichtlich-genealogische Untersuchung der Dienstmannen um Cham, Nabburg und Vohburg, die auf meine Anregung hin bereits durchgeführt wird, wird sicher noch manches Licht in das bisherige Dunkel bringen. Für unser Thema genügen die bisherigen Erkenntnisse zunächst, um die Anfänge der Reichsministerialität im Egerland darzustellen.

Als Konrad III. *das Egerland* übernahm, hatten die Markgrafen als militärischen und administrativen Mittelpunkt die Egerburg erbaut, in deren Vorwerk, der Ammeney, sowie im Steinhaus vor der Stadt die Ministerialen saßen, die dann in der Stauferzeit in gleicher Weise organisiert und mit Burghutlehen (Dienstlehen) versehen waren, wie wir es bei Nürnberg schon gesehen haben. Bei einer Schenkung an die Klarissen zu Eger 1273 bezeichnet König Ottokar von Böhmen das Dorf Dreinz als *einst* zur Burg (castellania) gehörig, also als Burghutlehen [50]. 1285 gibt

---

45 MB 27. S. 8. Wir erinnern uns des RM Reimboto von Vohburg, der im 13. Jh. mit seinem Standesgenossen Ulrich von Treuchtlingen Güter tauschte.
46 MB 27. S. 19.
47 MB 27. S. 27.
48 MB 27. S. 23.
49 Mon. Egr. nr. 53.
50 Mon. Egr. nr. 289.

Rudolf von Habsburg dem Nürnberger Burggrafen das Burglehen in Eger (castrense feodum), das der Reichsministeriale Kneuszl von Hohenberg ihm verkauft hatte zusammen mit dem castrum Wunsiedel [51]. Um 1150—1160 aber waren in der näheren und weiteren Umgebung der Reichsburg, besonders im Süden, schon jene Turmbauten im Entstehen, die auch für das Verteidigungssystem der Mark Cham (Ödenturm bei Chameregg) charakteristisch sind. Eine Anzahl von Dienstmannen hatte bereits auf Markboden Burgen errichtet. *Falkenberg, Altneuhaus* und *Schwarzenschwal* standen bereits, *Liebenstein* war 1143 urkundlich geworden, wenngleich auch erst die Staufer, die Meister des Burgenbaus, das Land mit einem Netz von Befestigungen überzogen. Der Burgenbau der Ministerialen geschah ja mit ihrem Willen und in ihrem Interesse, teilweise wenigstens sicher auch nach ihren Plänen, da das Befestigungsrecht gerade auf diesem jungfräulichen Boden dem König unbeschränkt als Regal zu Gebote stand [52]. Für die soziale und verfassungsrechtliche Stellung der unter markgräflicher Führung stehenden Königsministerialen ist es bezeichnend, daß sie mit dem Land auch an den König übergingen. Ulrich von Eger und sein Bruder Pilgrim, ersterer ein Ahnherr der *Liebensteiner*, letzterer der *Falkenberger* Reichsdienstmannen tauchten bereits 1125 auf [53]. Pilgrim ist wahrscheinlich der Gründer der Dörfer Pilmesreut im Egerland (< Pilgrimesriut). Die Rodung erwies sich schon deshalb so verlohnend für die Rodeherren, in unserem Fall für die späteren Reichsministerialen, weil zwei Drittel des Neubruchzehnten ihnen und der Kirche nur ein Drittel zufiel. Gerade der umfangreiche Besitz solcher Neubruchzehnten, wie ihn eine große Zahl von Urkunden (Mon. Egr.) dartut, zeigt auch, wie bedeutsam die Rodungs- und Siedeltätigkeit dieses werdenden niederen Adels einzuschätzen ist. Dabei ging das wohl so vor sich, daß der Markgraf und später der König ihnen genau so wie dem Kloster Waldsassen einen Waldbezirk übergaben mit dem deutlichen Zweck, ihn durch Rodung der Kultur zu erschließen. Ich bin fest überzeugt, daß Muggenthaler [54] die Tätigkeit *Waldsassens* auf diesem Gebiet überschätzt und die der Reichsministerialen zu wenig berücksichtigt hat. Das reichfließende kirchliche Urkundenmaterial hat bei dem Fehlen eines gleich umfangreichen auf der Seite des weltlichen Adels ein einseitiges Bild entstehen lassen, das aber dank eingehendster Urkundenkritik und anderer Hilfsmittel heute allmählich richtiggestellt wird. Manche unserer Egerländer Geschlechter führten in ihren Wappen Symbole, die auf ihre Rodetätigkeit hinweisen, wie die Angel-Rudisch zwei gekreuzte Grabscheite, die uralten Häckel zwei gekreuzte Hacken, die Vordersreuter brennende Fackeln usw. [55]. Zwischen 1140 und 1146 [56] nennen sich die obengenannten Ulrich und Pilgrim bereits nach

[51] Mon. Egr. nr. 367.

[52] Schrader, E.: Das Befestigungsrecht in Deutschland von den Anfängen bis zum Beginn des 14. Jahrhunderts. Göttingen 1909.

[53] Mon. Egr. nr. 40.

[54] Muggenthaler, H.: Kolonisatorische und wirtschaftliche Tätigkeit eines deutschen Zisterzienserklosters im 12. und 13. Jhdt. München 1924.

[55] Werhold, A.: Zur wirtschaftlichen und staatsrechtlichen Entwicklung des Egerlandes, in MVGDB 36. Jg. S. 328, 412 und 37. Jg. S. 54.

[56] Mon. Egr. nr. 63.

Loma bei Eger, auch erscheinen Ulrich von Liebenstein, dessen Todestag der Nekrolog von Michelsberg in Bamberg auf 10. Juni 1165 angibt [57], und sein Bruder Adalbero. Zur gleichen Zeit wird auch die Pfarrorganisation des Gebietes sichtbar, deren Mittelpunkte Eger, Wondreb, Beidl, Tirschenreuth und Redwitz fast lauter Burgorte und Ministerialensitze waren. Die vorgenannten Liebensteiner haben im 13. Jahrhundert noch eine zweite Burg, *Neuliebenstein*, erbaut, die 1264 erscheint [58], wobei gleichzeitig ein Rupert, vermutlich von Altliebenstein, Landrichter ist, mit dem sein Bruder Marquard zeugt. Das Geschlecht selbst starb bereits 1290 aus, seine Burg erwarb Waldsassen, das sich viel Geld dafür kosten läßt [59]. Die vorerwähnten Falkenberger waren schon 1256 ausgestorben; ihre Burg ging in die Hände der Landgrafen von Leuchtenberg und dann Waldsassens über [60], das in seinem ziemlich geschlossenen Gebiet, gestützt auf seine Reichsvogtei, mit Hilfe militärischer Stützpunkte genau so Territorialpolitik treibt wie der Burggraf von Nürnberg oder der Bischof von Eichstätt.

1154 ist Herzog Friedrich von Rothenburg Herr des Egerlandes. Er gibt Watzgenreuth bei Schönbach dem Kloster Waldsassen zusammen mit Gerichtsgewalt und Steuerfreiheit; dazu erhalten die staufischen Ministerialen des Herzogs das Recht, dem Kloster Schenkungen zu machen, was sowohl Dienst- wie Eigengut betraf. Die Staufer wirkten bei Schönbach also an dem großen Kolonisationswerk mit, während weiter östlich am Südhang des Erzgebirges selbst der König von Böhmen Land zur Urbarmachung anwies [61]. Liebenstein, Falkenberg, *Birk* und *Brambach* (i. Vogtl.) süd- und nordwestlich der Egerburg waren damals Ministerialensitze, 1163 werden *Beidl* und *Wunsiedl* sichtbar, deren Inhaber zusammen mit Albert und Konrad von Eger auf einem Tag Heinrichs des Löwen in Regensburg anwesend sind [62], als der sulzbachische Dienstmann Friedrich von Parkstein dem Kloster Michelsberg in Bamberg in der Nähe der genannten Sitze Dörfer schenkt. Der eben erwähnte Albert von Eger ist vermutlich identisch mit dem *Albert Nothaft*, der 1166 nach dem RM Konrad von Waltenhofen bei Barbarossa auftaucht [63]. Wir haben in ihm den ersten nachweisbaren Stammvater der Nothafte zu sehen, die später auf Wildstein (nördlich) und Falkenau (nordöstlich) von Eger hausen und deren Namen das Rodungsdorf Nothaftsgrün trug, wo sie 1290 sechs Höfe an Waldsassen verkaufen [64]. (Heute entweder Birndorf oder Grün bei Eger.) An der Westgrenze des Egerlandes war 1166 die *Burg Waldstein* errichtet, nach der sich ein Getto nennt, der mit Nothaft, den Falkenbergern und Pabo von Heidstein beim Kaiser weilt.

---

[57] Mon. Egr. nr. 79.
[58] Mon. Egr. nr. 249.
[59] Mon. Egr. nr. 471.
[60] Mon. Egr. nr. 343, 457 und 459.
[61] Kötzschke, R.: Das Vogtland als Grenzraum in der deutschen Geschichte, in Mitt. d. Ver. f. Vogtländ. Gesch. u. Altertumskde. 42. Jahrschr. 1940. (Sonderdruck).
[62] Mon. Egr. nr. 78.
[63] Mon. Egr. nr. 81.
[64] Mon. Egr. nr. 412.

Beim Tode Herzog Friedrichs von Rothenburg nahm der Kaiser selbst das Land an sich. Er und sein Sohn Heinrich VI. bauen es nun zur *terra imperii*, zur *provincia Egrensis* aus, an deren Spitze in dem neuorganisierten und dynastenfreien Gebiet ein *kaiserlicher Landrichter* steht, den im Gegensatz zum Nürnberger Reichsbutigler die bedeutendsten Reichsdienstmannengeschlechter der Umgebung stellen. Diese *Organisation* wird wie in Nürnberg ungefähr um 1200 sichtbar. Den Entschluß zum Bau der staufischen Reichsburg Eger mit ihrer klassischen Doppelkapelle nimmt O. Schürer [65] für 1179 an, da beim nächsten Aufenthalt des Kaisers bereits von einem castrum imperatoris die Rede ist [66] und drei Egerer Ministerialen zugleich auftreten, ein Beweis für die starke Befestigung des Platzes [67]. Wenn der Sifridus prepositus de Egra von 1187 wirklich auf unser Eger zu beziehen ist [68], so beweist das, daß dort ein Hofkaplan war und weiterhin, daß die Egerer Pfalz in den letzten Regierungsjahren Barbarossas stark an Bedeutung zunahm. Diese Tatsachen machen die Organisation der terra imperii Egrensis in der Zeit von 1180—1200 wahrscheinlich. Etwas früher war der Aufbau des nördlichen Reichsterritoriums Pleißenland erfolgt, das um 1158 entstanden ist aus dem Erbe des Hauses Groitsch (Leisnig und Kolditz) und Käufen von dem Bamberger Stiftsvogt Rapoto von Abenberg [69], die Barbarossa mit dem alten Reichsgut um Altenburg verband, so daß er die Linie von Altenburg bis Eger beherrschte. Seiner in der Reichsgutsverwaltung angewandten Praxis folgend, ließ der Kaiser diese Gebiete durch ministerialische Beamte verwalten. An der Spitze dieses Reichslandes steht, wie später in Eger, ein iudex terrae Plisnensis = Landrichter; Hugo von Wartha ist 1172 als erster bezeugt [70]. Der Landrichter ist Gerichts- und Verwaltungsbeamter, er führt im placitum provinciale im Namen des Königs den Vorsitz, das in Altenburg und Eger auf der Reichsburg gehalten wurde und dessen Beisitzer hier wie dort die bedeutendsten Reichsministerialengeschlechter der beiden Länder waren [71]. Der Landrichter erhob die königlichen Einkünfte und nahm des Reiches Schutz und Schirm für Klöster, Kirchen und Reichsleute seines Landes wahr. Dem Landrichter zur Seite stehen in Altenburg ein scultetus (Schultheiß), dem in Eger ein iudex civitatis entspricht [72], ein forestarius, der die Aufsicht über den königlichen Bannwald (in Altenburg mit dem bezeichnenden Namen *Kammer*forst neben dem Leinawald) zu führen hatte. König Heinrich VII. verleiht dem Albrecht Nothaft die custodia nemoris nostri circa Egram [73]. Während aber in Nürnberg ein altdynastischer und in Altenburg ein reichsministerialischer Burggraf das militärische Kommando führen, stellt das Egerland einen neuen, zentralistischen Typ

---

65 Schürer, O.: Geschichte von Burg und Pfalz Eger. München 1934.
66 Arnoldi Chronicon Slavorum lib. III. p. 80.
67 Mon. Egr. nr. 95.
68 MB 31, I, 427. B.-F. Reg. imp. II—IV. nr. 2701.
69 Dobenecker: Reg. Thuring. II. 168 und I. 869. vgl. II. 1276, 802/3.
70 UB Hochstift Naumburg I. Nr. 827.
71 Barones provinciae Egrensis und Plisnensis. UB Deutschordensballei Thüringen I. Nr. 99.
72 Mon. Egr. nr. 197, 350.
73 Mon. Egr. nr. 589 und 329 Abs. 21 und 22.

des Reichsterritoriums dar, in dem diese Einrichtung fehlt und demnach der Landrichter auch oberster Militärbefehlshaber ist [74]. So stellt das Egerland zweifellos die vollendetste Form der von Barbarossa geplanten Reichsländer dar, die geeignet sein konnten, einmal die Grundeinheit eines nach klaren Gesichtspunkten geordneten deutschen Staates zu sein. Ein verheißungsvoller, wenn auch bescheidender Anfang. Als erster Landrichter wird 1215 in Eger Heinrich von Liebenstein genannt [75], nachdem König Philipp 1203 in der Stadt Eger seinen Beamten (officiati) und Burgmannen (burgenses) Aufträge erteilt hatte [76]. Der Landrichter, in dessen Hand kraft kaiserlichen Auftrags die Fülle der Gewalt (militärisches Kommando, höchste Gerichtsgewalt und umfassende Verwaltung von Reichsgut und Reichsrecht) liegt, den die bedeutendsten Reichsministerialengeschlechter stellen, der wieder im Gegensatz zum Reichsbutigler immer an der Spitze der RM in den Zeugenreihen steht, bildet zusammen mit dem Reichsministerialen eine geschlossene verfassungsrechtliche Einheit, so zwar, daß er vermutlich seine Beschlüsse im Einvernehmen mit diesem höchsten Rat faßt, in dem die bedeutendsten Geschlechter den Ton angeben. Das beweist die Mitteilung Kaiser Friedrichs II. von 1218 an den iudex und die ministeriales presentes et futuri in Egrensi provincia constituti [77]. Es gilt in diesem Land eigenes (Besitz) Recht, auch ein Beweis für den besonderen Charakter dieses Landes. Noch 1298 ledigt Dietrich von Parsberg beim Verkauf der Herrschaft Liebenstein an Waldsassen alle Güter secundum iura terre Egrensis [78]. Nachdem sich die 1203 [79] zuerst erscheinende königliche civitas Egrensis und ihre zum Teil aus den Ministerialenfamilien hervorgegangenen Bürger immer mehr Einfluß verschafft hatten, bis sie schließlich, wie das nördliche Altenburg [80], 1277 zuerst civitas imperii [81] genannt wird, da tritt neben Landrichter und Reichsministerialen, die seit dem Zwischenreich mit dem Gesamttitel nobiles terre bezeichnet werden, seit der Mitte des 13. Jahrhunderts die Bürgerschaft der Reichsstadt als drittes verfassungsrechtliches Element des Reichslandes deutlich in Erscheinung [82]. 1282 wendet sich Rudolf von Habsburg an die prudentes viri, scultetus, consules et universi cives de Egra necnon ministeriales eiusdem dominii (!), dilecti sui fideles [83]. An den Stand der alten Reichsministerialen allein, die maiores, die zum

---

[74] Zum Ganzen vgl. die ausgezeichnete Arbeit von Schlesinger, W.: Egerland, Vogtland, Pleißenland. Zur Geschichte des Reichsguts im mitteldeutschen Osten, in Forschungen zur Geschichte Sachsens und Böhmens, hsg. von R. Kötzschke. Dresden 1937. S. 61—92. — Ders.: Entstehung und Bedeutung der sächsisch-böhmischen Grenze, im Neuen Arch. f. Sächs. Gesch. 59. Bd. 1938. S. 6 ff.

[75] MB 31. I. 492. Huill.-Bréh. I. 581. Mon. Egr. nr. 134 (157).

[76] Mon. Egr. nr. 119.

[77] Mon. Egr. nr. 218 und MB 30. I. 76.

[78] Mon. Egr. nr. 503.

[79] MB 29. I. nr. 573. Mon. Egr. nr. 119. B.-F. Reg. imp. V. nr. 74 und 24.

[80] Vgl. Wild, E.: Das Vogtland und das Egerland in ihren historischen Beziehungen bis in das 16. Jhdt., im N. Arch. f. Sächs. Gesch. 47. S. 177 ff.

[81] Mon. Egr. nr. 317.

[82] Mon. Egr. nr. 341, 347 (1280 u. 1281).

[83] Mon. Egr. nr. 350.

Adel (barones) kraft Besitz, Ansehen, Macht (Herrschaft) emporstiegen, und die minores, die auf halbem Wege der Entwicklung steckengeblieben waren oder erst noch emporsteigen wollten, richtet sich 1291 der Böhmenkönig Wenzel, als er „universis Egrensis provinciae nobilibus (= maiores) et ceteris subiectis nostris militibus et clientibus (= minores) gebot, in den Meierhöfen und Dörfern des Klosters Waldsassen, das allmählich die nobiles auskaufte (die Zisterzienser die Bankiers des 12. und 13. Jahrhunderts), nicht zu übernachten [84]. Wer aber zu den nobiles Egrensis provinciae gehört, hören wir 1291, als Babo von Sparneck, Engelhard von Wildstein (Nothaft) und Albert von Hartenberg, lauter Angehörige der bedeutendsten und ältesten Egerländer RM-Geschlechter, in der Zeugenreihe einer Urkunde des Landgrafen von Leuchtenberg, der nach dem Interregnum immer tiefer vom Süden her in die provincia einzudringen vermochte, als nobiles Egrensis provinciae bezeichnet werden [85]. Ganz deutlich werden die verfassungsrechtlichen Träger der königlichen Hoheitsrechte im Reichsland 1300, als Landrichter, Landesherrn, Ritter und Bürger von Eger, die in ihrer Gesamtheit das Landgericht ausmachen, einem Tag zu Erbendorf beiwohnen [86].

Die egerländischen Reichsministerialen treffen wir wenig oder überhaupt nicht an der Seite der Stauferkaiser bei ihren großen außenpolitischen Unternehmungen, wir sehen keinen ein Hofamt bekleiden. Nur der RM Gottfried von Falkenberg erscheint als Kreuzzugsteilnehmer in einer Schenkung an Waldsassen um 1189 [87]. Ihre Aufgabe war es vielmehr, um die mächtige, zirka 1180 glänzend erweiterte Reichsburg [88], das castrum imperatoris von 1183, das die Staufer häufig besuchen, an dieser östlichen Schlüsselstellung des Reiches immer Wacht zu halten und die straffe militärische Organisation dieses ehemaligen Mark-, jetzt Reichslandes aufrechtzuerhalten. Hier war die Idee des dynastenfreien, nur dem Kaiser unterstellten Reichslandes verwirklicht, wo beamtenähnliche Reichsdienstmannen als Träger staufischen Staatswillens wirkten und mit ihrer politisch-militärisch-administrativen Aufgabe die Siedelarbeit verbanden, die ihnen reiche Einkünfte brachte und Gelegenheit bot, um ihre Burgen herum beträchtliche Herrschaften zu errichten; Siedlung und Kolonisation bedingen Herrschaft. So zeigt sich die Reichsministerialität in diesen östlichen Grenzlanden entsprechend ihrer Aufgabe in einem besonderen Licht; bei meiner zusammenfassenden Arbeit wird die Vielfarbigkeit dieser sozialen, verfassungsrechtlichen und politischen Erscheinung auf dem Hintergrund der Reichsgeschichte hell aufstrahlen. Auch Eger ist, wie Nürnberg, ein Schnittpunkt bedeutsamer Straßen von Nürnberg, Regensburg, Plauen und Prag her. Dabei war stadtrechtlich und handelspolitisch [89] die königliche civitas und spätere Reichsstadt

---

84 Mon. Egr. nr. 437.
85 Mon. Egr. nr. 430.
86 Mon. Egr. nr. 430.
87 MB 14, nr. 37. S. 427.
88 Von „Pfalz" möchte ich bei Nürnberg ebensowenig wie bei Eger sprechen.
89 Nachtmann, E.: Die Handelsbeziehungen Egers zu Nürnberg im Mittelalter. Prager Diss. (Deutsche Universität) 1931 (handschriftlich).
Schultheiß, W.: Die Einwirkung Nürnberger Stadtrechts auf Deutschland, beson-

Eger besonders eng mit der großen Etappenstellung Nürnberg verknüpft. Hier wirkte auch der Nürnberger Reichsministeriale Ramung von Kammerstein (bezeichnenderweise kein Eingesessener), ausdrücklich vom Kaiser mit der Wahrung kaiserlicher Interessen beauftragt, als Landrichter zu einer Zeit, da Friedrich II. in den Endkampf mit dem Papst eintrat. Am Ende des Jahrhunderts aber ist das Egerland der Reichslandvogtei Nürnberg unterstellt, wie das oft zitierte Reichssalbuch ausweist, das aber sicher zumindest alte Zusammenhänge widerspiegelt [90]. Das einheitlich geleitete Reichsland Eger hat im Gegensatz zu Nürnberg, das wegen seiner dynastischen Durchsetzung in diese Form nicht mehr gebracht werden konnte, die Wirren des Interregnums besser überdauert und blieb sogar fast bis zuletzt ein Stützpunkt staufischer Macht. Doch bin ich damit dem Gang der geschichtlich-genealogischen Entwicklung der Egerländer Reichsministerialität weit vorausgeeilt in dem Bestreben, die Organisation dieses Reichslandes einheitlich behandeln zu können. Die einzelnen Familien als die Träger dieses Baues werden uns jetzt weiter beschäftigen.

Nachdem Barbarossa nach 1167 das Land unter die unmittelbare Verwaltung des Reiches genommen hatte, setzte eine neue Tätigkeit im Burgenbau ein und damit werden auch neue Reichsdienstmannengeschlechter sichtbar. Der westlichen Burgenkette Falkenberg, Neuhaus, Schwarzenschwal, Liebenstein, Beidl, Wunsiedel, Birk, Loma, Waldstein lagert sich nun allmählich eine östliche Sperrlinie hinter Eger vor, was mit der wachsenden Aktivität des Böhmenkönigs [91] und der allmählichen Beendigung der Siedlerarbeit im westlichen Teil zusammenhängen mag. Ich erwähne vorweg den unter Barbarossa häufig vorkommenden RM Gerung von Eger, den ich noch keinem Geschlecht zuzuteilen vermag. Als Egerer Burgmannen erscheinen neben ihm in den nächsten Jahrzehnten noch Albert, Konrad, Friedrich, vermutlich Glieder verschiedener Dienstmannengeschlechter der Umgegend. 1194 tauchen *Königsberg* östlich Eger und *Loma* bei Franzensbad auf, 1199 *Fleißen* (Erkenbrecht und seine Söhne Friedrich und Rupert) [92] nördlich von Wildstein. Ich merke an, daß ein Loma auch bei Nabburg liegt, ein weiteres Beispiel für die engen Beziehungen zwischen den beiden diepoldingischen Marken im Süden und dem Egerland. Das Jahr der ersten Erwähnung einer Veste fällt natürlich nicht mit dem Jahr der Erbauung zusammen. 1202 sind die Waldsteiner aus der Mark Cham weit saaleabwärts gezogen und sitzen auf *Sparrenberg* (nördlich von Hof) [93]. 1223 erscheint bei König Heinrich (VII.) zu Eger Arnold von Sparenberg mit seinem Bruder Rudiger, der sich nach *Sparneck*, einer Burg unweit dem Stammsitz

---

ders Franken, Böhmen und die Oberpfalz, im Jahrb. f. fränk. Landesforschg. Bd. II. 1936. S. 18 ff.

90 Liermann, H.: Franken und Böhmen. Ein Stück deutscher Rechtsgeschichte. Festgabe. Erlangen 1939.

91 Schlesinger, W.: Böhmen unter den ersten Staufern, in MVGDB. V. S. 166.

92 Mon. Egr. nr. 113.

93 Mon. Egr. nr. 117. — Dobeneck, Freih. von: Regesten der von Sparrenberg, hsgb. vom St. Michael-Verein deutscher Edelleute zur Pflege der Familiengeschichte (ohne Jahr).

Waldstein nennt [94]. Ähnlichkeit des Wappenbildes mit den Sparneckern haben die Zöllner (Thelonearii), die seit 1268 oft unter den cives Egrenses auftreten [95]. Doch möchte ich nicht ohne weiteres wie Gradl eine Verwandtschaft annehmen, vielleicht Diensteigenschaft. 1216 nennt sich ein Marquard nach *Wogau* a. d. Eger östlich der Reichsburg, der oder dessen Sohn 1257 als aulae imperialis ministerialis auftritt [96]. Wogau selbst wird 1261 mit Eger und (Alten-)*Kinsberg*, das 1217 zuerst als Burg sichtbar wird [97], als staufische Burg ausdrücklich bezeichnet. Alle drei waren an die mächtigen reichsministerialen Vögte von Weida, Gera und Plauen verpfändet [98], deren bedeutsamer Vertreter Heinrich der Ältere von Weida in den Wirren des ersten Interregnumsjahrzehnts als Landrichter klug das Reichsland davor bewahrt, von Markgraf Heinrich von Meißen usurpiert zu werden, mit dem die Vögte 1254 einen außerordentlich interessanten Dienstvertrag schlossen [99]. 11 Jahre später ist das Egerland für einige Zeit allerdings doch dem Schicksal erlegen, vom Böhmenkönig Ottokar besetzt zu werden.

Der 1218 zuerst und seitdem immer mit den nobiles erscheinende Arnold *Angel*, dessen Nachkommen in der Egerer Bürgerschaft aufgingen, scheint in unmittelbarer Nähe Egers seinen Sitz gehabt zu haben, vermutlich auf dem 1312 genannten Vorwerk (Edelhof) zu Reichersdorf vor den Toren der Stadt. Auch er ist im Besitz von Zehnten, wie alle mächtigen Reichsministerialengeschlechter des Egerlandes, die sie sich meist durch eigene Rodetätigkeit erwarben [100]. Der in der Familie vorkommende Name Rüdiger deutet zweifellos auf engere Verwandtschaft mit den Waldstein-Sparneck-Sparnbergern, ja geht sogar zurück bis auf die alten Haidsteiner im Chamberich; bei letzteren gehört seit 1179 [101] der Name Arnold zu den Leitnamen. Vielleicht ist sogar der Arnold von Waldstein, der mit seinem Bruder Rudeger 1179 bei einer Neubruchzehntenverleihung durch den Regensburger Bischof Kuno an Waldsassen zeugt, identisch oder der Vater des Arnold Angel von 1218, der bezeichnenderweise 1224 einen Bruder Rudeger hat [102].

Ein äußerst weitverzweigtes Geschlecht sind *die Nothaft*, bei denen wir deutlich feststellen können, wie sie, die ursprünglichen Burgmannen der Reichsburg, hinausdrängen und auf eigenen Sitzen zu *Wildstein* (nördlich Eger) und *Falkenau a. d. Eger* (östlich der Stadt) hinter dem genannten Königsberg an bedeutsamen strategischen Punkten die Hauptveste bedecken. Wildstein selbst wird 1224 urkundlich und ist im Besitze eines Gerold [103], der sich aber bei den Nothaft nicht unterbringen läßt. Der erste Nothaft, Albert, nennt sich 1225 nach dieser Veste [104] und wieder

[94] Huill-Breh. II. 782. B. F. Reg. imp. V. nr. 3912.
[95] Mon. Egr. nr. 267.
[96] Mon. Egr. nr. 229.
[97] Mon. Egr. nr. 95. B. F. Reg. imp. V. nr. 905.
[98] Mon. Egr. nr. 243.
[99] Mon. Egr. nr. 226 und Mon. Zoll. II. nr. 62.
[100] Mon. Egr. nr. 144 und 608.
[101] Mon. Erg. nr. 89.
[102] Mon. Egr. nr. 167.
[103] Mon. Egr. nr. 167.
[104] Mon. Egr. nr. 170.

1243 mit seinem Bruder Heinrich [105]. In der Nähe Wildsteins besitzen sie auch einen Wald mit dem bezeichnenden Namen Forst, in den 1295 von Fleißen her schon hineingerodet war [106]. Um 1330 heißt er nemus, an ihn grenzt ein Sparnecker Wald, der sich bis Wallhof erstreckt [107]. Ein Nothaft Albrecht erhält 1310, wie schon erwähnt, von König Heinrich VII. nach dem Vorgang König Albrechts das Forstmeisteramt, die custodia nemoris nostri, in den königlichen Forsten um Eger [108]. Die Burg Wildstein ging um 1298 wie auch Liebenstein (bei Tirschenreuth) in den Besitz Waldsassens über, das mit seltener Zähigkeit, die Geldnot der nobiles am Ende des 13. Jahrhunderts klug ausnützend, Burgen als Stützpunkte eines werdenden reichsunmittelbaren Territoriums zu erwerben sucht. Genau so wie sich früher Grafschaftsrechte auf eine Burg konzentrierten, wie ich das mit v. Guttenberg für die Sulzbacher Grafschaft annehme, waren gerade in unserem Reichsland die Burgen natürliche Mittelpunkte von Gütern und vor allem niederer und hoher Gerichtsbarkeit, einer Hauptquelle werdender Herrschaftsrechte und Herrschaftsgebiete. — Zu Falkenau a. d. Eger erscheinen die Nothafte erstmals 1279 [109]. Der damalige Inhaber der Burg Albert Nothaft erscheint als avunculus der Gattin Eisentraut des Hochdynasten Landgrafen Friedrichs von Leuchtenberg, übrigens meines Wissens der einzige Fall einer dynastischen Heirat im Egerland in dieser Zeit [110]. Eisentraut stammte aus dem Geschlecht der *Vögte von Straßberg*, die die Herrschaft Vogtsberg im Vogtland inne hatten; sie waren ein ursprünglich egerländisches Ministerialengeschlecht [111]. Zwischen Egerland und Vogtland bestand damals kaum eine Grenze. Die Vögte von Weida übten ebenso im nördlichen Egerland wie die Vögte von Straßberg im südlichen Vogtland Herrschaftsrechte aus in Gebieten, die sie kolonisiert hatten. Die beiden vorgenannten Nothaftschen Linien wandern aus dem Egerland ab, wir treffen sie später südwärts in den Diensten der Zollern und Wittelsbacher.

Bildete Falkenau die äußerste Ostdeckung der Reichsburg a. d. Eger, so erfüllte diese Aufgabe im Westen als nächstgelegenes Sperrfort *Hohenberg*, die heute noch erhaltene stattliche Veste über der Eger, wo 1222 ein Berthold wohnt [112]. Auch hier ist staufischer Besitz bei der erwähnten Verpfändung an die Vögte von Weida. Unbedeutendere Sitze am Fluß sind *Markhausen* und *Zettendorf*, die das vorgelagerte Hohenberg mit der Hauptveste verbinden. Mir scheint, daß der Berthold von Markhausen von 1225, der mit seinem Bruder Konrad an Waldsassen Zehnten zu

---

[105] Mon. Egr. nr. 201.
[106] Mon. Egr. nr. 468.
[107] Mon. Egr. nr. 526.
[108] Mon. Egr nr. 589, 588 und 329.
[109] Mon. Egr. nr. 326.
[110] Mon. Egr. nr. 148, 215, 515.
[111] Mon. Egr. nr. 152, 184, 215. — Leipoldt, Joh.: Die Geschichte der ostdeutschen Kolonisation im Vogtland, 1927 = Mitt. d. Ver. f. vogtländ. Gesch. u. Altertskde. zu Plauen. 36. 1928. — Wild, E.: Die Siedlungsgeschichte des oberen Vogtlandes, im Obervogtländ. Heimatbuch I. o. Jahr. S. 113 ff.
[112] Mon. Egr nr. 158.

Hillertshofen bei Großkonreuth verkaufte [113], personengleich mit dem Berthold von Hohenberg ist. Vier Jahre vorher nennt sich vielleicht der nämliche Berthold nach Zettendorf [114]); vermutlich seine Söhne, die pueri von Zettendorf, haben 1224 Zehnten um Mitterteich und Wiesau verkauft [115]. Die zu Beginn des 14. Jahrhunderts nachweisbaren Zettendorfer [116] stehen damit aber wahrscheinlich in keinem Zusammenhang mehr. Für die verwandtschaftlichen Beziehungen der genannten Bertholde spricht weiterhin die Besitzgeschichte; 1245 wird Besitz des Berthold von Markhausen in der nämlichen Gegend, wo die pueri von Zettendorf Gut haben, nämlich in Oberteich bei Mitterteich und Altenwysa (= Wiesau), urkundlich [117]. 1303 nennt sich ein Kneuzel wieder nach Markhausen, nachdem ein Reichsministerialer gleichen Namens sich 1257 nach Hohenberg nennt [118], der Sohn des noch 1259 urkundlichen Konrad von Hohenberg [119], den wir 1225 als Bruder des Berthold von Markhausen angetroffen haben. Damit schließt sich besitzgeschichtlich und genealogisch der Kreis um eine Familie, deren Glieder sich nach verschiedenen Burgsitzen nennen, und eine Vielzahl von Bezeichnungen läßt sich vielleicht sogar auf eine Person anwenden, worauf v. Dungern in dem zitierten Aufsatz „Comes, liber, nobilis" besonders aufmerksam gemacht hat.

1221 erscheinen *Bernstein* (nördlich Wunsiedel) und *Niederbrand* (Redwitz) als Dienstmannensitze [120]. Der 1314 durch einen Reichsministerialen aus der Familie von Hertenberg, die dort Einkünfte vom König erhielt 1304 [121], an Waldsassen übergebene und ihm vom Reich verpfändete *Reichsburgflecken (villa forensis) Redwitz* mit dem Dorf Oberredwitz [122] beherbergte ebenfalls castellani, castrenses = Burgmannen, von denen einige sichtbar werden. Verschiedene von ihnen aber erscheinen wenig später als Dienstleute der Landgrafen von Leuchtenberg und der Burggrafen von Nürnberg [123]. Das Wappenbild der späteren Redwitze hat übrigens Ähnlichkeit mit dem der Nothafte. In Wondreb sitzen 1224 untergeordnete Lehensleute der Kinsberg, die als Söhne des Rudolf von Wondreb bezeichnet sind, während ein Rudeger von W. und Ulrich Chostil von Eger gemeinsam einen Zehnt in Hiltershof bei Großkonreuth an Waldsassen verkaufen [124], wo auch die Hohenberger Familie Zehnten besaß. Vielleicht sind letztere Söhne des Rudolf und Ulrich, der eine von ihnen, Burgmann zu Eger. Neben den großen Familien, die wir als nobiles (Landherren) bezeichnet finden, gab es eine große Menge von milites,

---

113 Mon. Egr. nr. 171.
114 Mon. Egr. nr. 157.
115 Mon. Egr. nr. 167.
116 Mon. Egr. nr. 609 (1312).
117 Mon. Egr. nr. 208.
118 Mon. Egr. nr. 229.
119 Mon. Egr. nr. 231 und 236.
120 Mon. Egr. nr. 157.
121 Mon. Egr. nr. 540.
122 Mon. Egr. nr. 622.
123 Reitzenstein, R. von: (RM-Geschlecht), Regesten und Genealogie der von Redwitz im Egerland und in der Oberpfalz, in VHO 33. 1878. S. 1 ff.
124 Mon. Egr. nr. 171.

von denen ich nur noch den Fridericus miles *de Haselah (= Haslau)* erwähne, der kinderlos zu Waldsassen ins Kloster eintrat [125]. Diese konnten sich niemals zu einer bedeutenderen Stellung und zum niederen Adel emporarbeiten, höchstens daß sie als Bürger von Eger in das Patriziat eintraten und innerhalb des städtischen Gemeinwesens eine bestimmte Rolle spielten. Sie alle aufzuspüren oder auf Grund gewagter Vermutungen festzulegen, halte ich im Rahmen dieser Arbeit für abwegig. Ich verweise nur auf das scheinbar sehr einflußreiche Geschlecht der *Höfer*, die vermutlich aus dem alten Reichsgut Hof im Regnitzland, wo sich auch zahlreiche Reichsdienstmannen finden, nach Eger eingewandert sind. Der erste nachweisbare Vertreter ist, wenn Gradl recht gelesen hat, der Stadtrichter Walter von Ratsheim (> Rachem, Raginz) [126]. Das würde gut passen, da 1249 ein Walter von Ratsam von den Vögten von Straßberg zu Konreut bei Eger Lehen hat [127]. In der Folgezeit begegnet dann immer ein Walter de Curia, dessen vermutlicher Bruder Berthold 1252 als weiland Stadtrichter bezeichnet ist [128].

Ein letztes, bedeutendes Reichsministerialengeschlecht, das ich bislang noch nicht nannte, bezeichnet sich nach *Hartenberg* bei Bleistadt (nordwestlich Falkenau), einer Burg, die die Nordostdeckung Egers vervollständigt. Die nämliche Familie saß auch auf *Schönbrunn* bei Wunsiedel und *Königswart* (südöstlich von Eger), womit sie zweifellos die Hauptlast der gesamten Ostverteidigung des Reichslandes zusammen mit den Nothaft auf Falkenau trug. Ob wir den dominus de Hartenberg, der 1230 den Zisterziensern von Waldsassen seine Lehenseigenschaft über das praedium Tirschenreuth aufträgt [129], als Stammvater unseres Geschlechts bezeichnen dürfen, ist zweifelhaft. Die ersten greifbaren Vertreter sind Bohuslaus und Heinrich von Hertenberg (a) 1265 [130]. Es ist die Zeit, da König Richard dem Böhmenkönig Ottokar den Schutz der Reichsgüter rechts des Rheines aufträgt [131], des letzteren Truppen Eger besetzen [132] und ein böhmischer Burggraf auf der Reichsburg Eger sitzt. In dem Geschlecht der Hartenberger mischen sich deutsche und tschechische Vornamen, so daß ich über seine Ursprünge keine klare Entscheidung fällen kann, wiewohl eine tschechische Mutter die fremden Namen in die Familie gebracht haben wird. 1275 zeugt in einer leuchtenbergischen Urkunde ein Taut von Hertenberg vor Rupert von Liebenstein, Heinrich von Hertenberg und einem Nothaft. Vielleicht haben wir es mit zwei verschiedenen Geschlechtern auf zwei verschiedenen Burgen zu tun. Während der Name der Veste *Königsberg a. d. Eger* zweifellos den Namen des deutschen Königs trägt, bin ich nicht sicher, welchem König, dem deutschen oder dem böhmischen, das erst 1287 erscheinende *Königswart* seinen Namen verdankt, nach dem sich ein Taut nennt. Der Name Heinrich in diesem

[125] Mon. Egr. nr. 162.
[126] Mon. Egr. nr. 197.
[127] Mon. Egr. nr. 215.
[128] Mon. Egr. nr. 221.
[129] Mon. Egr. nr. 179.
[130] Mon. Egr. nr. 254.
[131] B.-F. Reg. imp. nr. 5435.
[132] Mon. Egr. nr. 255.

Geschlecht sowie die Anteile, die es an Burg Liebenstein bei Tirschenreuth hat, weisen es deutlich dem Kreis der Liebensteiner Reichsministerialen zu. Die Stellung die es in der zweiten Hälfte des 13. Jahrhunderts im Reichsland einnimmt, ist ebenfalls in keiner Weise verschieden von der der übrigen nobiles des Egerlandes.

Ein mächtiger Kranz von Reichsministerialenburgen umgibt die stolze Reichsburg Eger, die nicht nur Mittelpunkt eines Reichslandes von der Form ist, wie sie die Staufer für ihren zukünftigen deutschen Staat planten, sondern der auch eine wichtige militärisch-strategische, politische und kolonisatorische Aufgabe im Rahmen der gesamten staufischen Reichsplanung im Kampf mit den mächtigsten Dynasten und dem westwärts drängenden Slaventum zukam, wie ich eingangs näher ausführte. Die Reichsministerialen waren hier in einem ganz besonderen Maße Werkzeuge staufischen Staatswillens, die allerdings ihre innere Berechtigung und Aufgabe verloren mit dem Sturz des größten deutschen Herrschergeschlechts und dem Scheitern seiner gewaltigen Pläne. Doch ist es ein beachtliches Anzeichen der inneren Festigung des staufischen Staatsgedankens in der neuen Form des Reichsterritoriums, daß bis 1265 die provincia Egrensis und ihre Reichsdienstmannen treu zur staufischen Sache hielten, während die Nürnberger schon zwei Jahrzehnte vorher in sich gespalten waren. Zwar finden wir das Egerland im Nürnberger Reichssalbüchlein noch als ein der Nürnberger Landvogtei zugeordnetes Territorium, doch hat die innere Zersetzung und Aushöhlung bereits begonnen. Waldsassen, dessen Zisterzienservogtei einst auch von den Staufern, wie wir durch Hans Hirsch vor allem wissen, als Mittel ihrer Staatspolitik gedacht war, sucht um 1300 eine Reihe von Burgen als Stützpunkte werdender, eigener Landeshoheit zu erwerben. Daneben waren die Landgrafen von Leuchtenberg im Süden schon früh eingebrochen (die Limberch-Leonberger sind ihre Dienstmannen), während vom Südwesten und Westen her die Nürnberger Burggrafen und als ihre Vorläufer die Meranier vordrangen (mit zahlreichen Dienstleuten), und im Osten der Böhmenkönig auf die geeignete Gelegenheit wartete, den Ostteil mit der Hauptburg an sich zu reißen.

Im vorhin erwähnten Reichssalbuch erscheinen als Teil der Nürnberger Landvogtei auch noch *Floß* und *Parkstein* als Reichsgut, das sich Barbarossa von sulzbachischen Erbtöchtern erkauft hatte. Auch hier treffen wir Reichsministerialen an. Schon unter Graf Gebhard von Sulzbach saßen Dienstmannen zu Floß bzw. auf der heute noch durch ihre mächtigen Ruinen imponierenden *Floßenbürg* (nordöstlich Weiden). Unter den Zeugen einer Schenkung des Dietrich von Baumgarten an Stift Berchtesgaden erscheint an erster Stelle nach dem dapifer Gottfried von Sulzbach Rŏdebert de Flozzen [133]. Graf Berengar hatte an das genannte Stift iuxta castrum suum, quod appellabatur Flozzen, bereits Höfe geschenkt (Trieuenriut und Treuenriut) [134]. Als Graf Gebhard 1183 an Berchtesgaden Teile eines Reichenhaller Salzbrunnens tradiert, zeugen wieder u. a. Konrad, Arnold, Ingram von Floß vor Friedrich von Parkstein [135], ein Beweis, daß dort eine größere Burgbesat-

[133] Quell. u. Erört. I. Nr. 158.
[134] Quell. u. Erört. I. S. 238.
[135] Quell. u. Erört. I. Nr. 172.

zung stationiert war. Als dann Friedrich II. 1212 den Böhmenkönig für seine Wahlstimme beschenkt, belohnt er ihn auch mit Floß und dem Zubehör an Ministerialen, die eine besondere Bedeutung gehabt haben müssen, wie die Sondererwähnung beweist. Der 1261 auftauchende Gottfried Schenk von Floß (pincerna de Vlozze), der das Patronatsrecht auf Erlbach, Velsenreut und Geizzen (Ellerbach, Welsenhof und Gößen bei Floß) als königliches Lehen innehatte [136], ist sicher ein Nachkomme des obengenannten Gotefridus dapifer de Sulzbach, da sie beide mit einem Hofbeamtentitel erscheinen. Floß und Parkstein sind, wie ich das Reichssalbüchlein verstehe, die administrativen und militärischen Stützpunkte des Staufergutes der Umgegend gewesen, aus dem besonders noch Weiden, Luhe, Mantel, Vohenstrauß, Bernau, Gießbach und Hohenthann hervorragen. Den beiden Vesten und dem umliegenden Gut kommt eine entscheidende Bedeutung zu als Verbindungsjoche zwischen Egerland und dem bambergisch-sulzbachischen Amt Hahnbach, das die Staufer ja auch gewonnen hatten. Damit war die Kette geschlossen, die Nürnberg mit Eger verband. Bei den Verpfändungen nach 1300 werden Floß und Parkstein immer in einem Zug mit Eger genannt [137].

Das nordwestlich Weiden gelegene *Parkstein* war ebenfalls schon unter den Sulzbachern ein castrum. Es ist allerdings möglich, daß die Burg zunächst Lehen oder Eigenbesitz einer edelfreien Familie war; denn auf Grund seiner Stellung in Zeugenreihen muß ich einen Meinhard von Parkstein 1119, der in der Stiftungsurkunde für Michelfeld an zweiter Stelle nach dem von Guttenberg für einen Leuchtenberger gehaltenen Bucco zeugt, für edelfrei halten. Es wäre möglich, daß wir es hier mit dem nicht allzu häufigen Fall der Erhebung eines Edelfreien in die Ministerialität der mächtigen Grafen von Sulzbach zu tun haben, wiewohl wir auch mit Gleichnamigkeit von Dienstherrn und Dienstmann rechnen müssen. Es bietet sich schwer eine andere Lösung, den illustris homo Fridericus de Barcsten, ministerialis comitis Gebhardi de Sulzbach, dessen parentes dem Kloster Michelfeld viele Lehen gaben, anders zu erklären, um so mehr als er manu propria auf einem Landtag Heinrichs des Löwen in Regensburg tradiert [138]. Bei einem Tausch ist außerdem Salmann der Edelfreie Berthold von Thannbrunn (bei Neumarkt). In der Zeugenreihe steht ein Meginhardus de Barcsten an einer Stelle zwischen Edelfreien und Ministerialen, was vielleicht auf die Besonderheit seiner ständischen und dienstlichen Stellung hinweisen könnte, wenn anders er mit dem obengenannten Friedrich verwandt ist. Sein Bruder, so erwähnt der obige Tradent, ist beim Zuge gegen Mailand (1162) gefallen; seine Gebeine sollten nun in der Gruft des Vaters im Kloster Michelfeld beigesetzt werden. 1218 hat ein Hermann de B. Lehen vom Kloster Michelsberg [139], sein Stand aber ist nicht ersichtlich. Deutlicher erkennbar als Dienstmann aber ist ein Friedrich von Parkstein i. J. 1183 [140], wahrscheinlich, aber nicht sicher ist es

---

[136] Mon. Egr. nr. 242.
[137] Vgl. Mon. Egr. nr. 628 und 631.
[138] Ussermann: Cod. prob. Babenb. S. 121 nr. 134 und Mon. Egr. nr. 78.
[139] Guttenberg, v.: Territorienbildung S. 268.
[140] Mon. Egr. nr. 95.

1177 bei Megenhardus de Parcstein [141]. Kein Zweifel jedoch besteht 1273 bei Herdegen von Parkstein (Beziehungen zu den Gründlach!) [142]. Daß die Burg Parkstein Sitz eines Gerichtes war, beweist der Heinricus de Lue, iudex quondam in Parchstein [143] von 1265; in dem ebenfalls staufischen Erbendorf erscheinen 1244 ein Vogt Konrad und 1252 ein Hermann iudex sowie ein Gottfried quondam iudex [144]. Aus dem bayerischen Urbar aber werden die Zugehörungen der beiden Burgen Floß und Parkstein sowie die ihnen bestimmten Burghutgüter klar ersichtlich [145]. Bedeutdeutsame RM-Geschlechter der Staufer scheinen dort nicht gesessen zu sein. Es erübrigt sich noch, mit einem Wort die von den Sulzbachern übernommenen östlichsten Bamberger Vogteien der Vollständigkeit halber zu streifen. Sicher sind die dort angesetzten Dienstmannen mit dem Gut in Reichsbesitz übergegangen, sie treten aber, von einem Thurndorfer abgesehen, kaum in Erscheinung; das bedeutendste Reichsministerialengeschlecht auf dem Boden dieser Kirchenlehen der Staufer, die Königsteiner, haben wir anderswo eingehend untersucht.

*

Unsere Suche nach Reichsdienstmannen und ihren Burgen im Raume Oberpfalz—Eger ließ uns einen tiefen Blick tun in die Staatsraumpläne der Staufer, ihr zielbewußtes Vorgehen zwischen den beiden großen und glänzend ausgestatteten Reichsburgen Nürnberg und Eger und um sie herum ein zusammenhängendes Reichsland zu schaffen. Sich mit der Reichsministerialität beschäftigen heißt demnach nicht allein die Geschichte eines Standes erforschen, sondern bedeutet in erster Linie, der mittelalterlichen deutschen Staatswerdung unter den Staufern nachspüren, die sich rastlos mühten, um ein Gerippe von Pfalzen, Reichsburgen und reichsministerialischen Vesten ein Staatsland aufzubauen, das aus Hausgut, Reichsgut und Kirchenlehen mühsam zusammengeschweißt war. So ist mein Versuch, die Geschichte der Reichsministerialität in Ostfranken und auf dem Nordgau und ihre Bedeutung für die staufische Staatsidee darzustellen, nur ein Ausschnitt aus dem Ringen unseres größten deutschen Kaisergeschlechts um den Staat im gesamten Bereich des regnum Teutonicum. Eine Gesamtdarstellung der deutschen Reichsministerialität, plastisch in Karten ausgedeutet, verbunden mit eindringender Königsgutforschung wenigstens für die Stauferzeit, wie ich sie bald vorzulegen hoffe, wird uns die Größe jener Zeit näherbringen, die sich nicht nur in großen außenpolitischen Unternehmungen offenbart, sondern vor allem ein gewaltiges, wenn auch vergebliches, inneres Ringen mit dem von den Vorvätern überkommenen Erbe ist.

---

[141] Mon. Egr. nr. 85.
[142] Mon. Egr. nr. 291.
[143] Reg. Boica IV. 769.
[144] Mon. Egr. nr. 205 und 221.
[145] MB 36 a, 532, 530.

DIE STAUFISCHE REICHSPOLITIK IM OBERPFÄLZISCHEN, FRÄNKISCHEN UND BÖHMISCHEN RAUM*

Die Oberpfalz, die sich der Verband der 48 deutschen Gebirgs- und Wandervereine als Landschaft für den 67. deutschen Wandertag in Weiden für das Jahr 1966 ausgesucht hat, ist ein natürlicher, geschichtlicher und kultureller Raum von herber Schönheit und besonderer Eigenart, deren Historizität augenfällig durch den Reichtum an Burgen unterstrichen wird, der den Fremden, Uneingeweihten, der zum erstenmal hierher kommt, besonders überrascht. Die imposanten Ruinen der Flossenbürg oder von Leuchtenberg in der näheren Umgebung dieser zentralen wirtschaftlich bedeutenden Stadt mögen für viele andere im ganzen Gebiet in die Zeit der *Salier* und *Staufer* zurück stehen, in deren Politik die Oberpfalz, das heißt der alte Nordgau, einmal eine besondere Rolle gespielt hat, die zu umreißen das mir heute gestellte Thema zur Aufgabe macht.

Ich spreche für die Einladung zu diesem Vortrag deshalb meinen besonderen Dank aus, weil ich daraus ersehe, daß die vor allem der Natur und ihrer Schönheit zuerst verbundenen Gebirgs- und Wandervereine in ihren Zielen und ihrem Programm auch der Kulturlandschaft, der historischen Landschaft in ihren geschichtlichen Denkmalen und dem Menschen, der in den Jahrhunderten unserer Geschichte die Landschaft nach seinem Willen, Wissen und Können geformt und verwandelt hat, ihr besonderes Augenmerk schenken. Der dem Land und seiner Geschichte genauso wie der Gesellschaft und dem Staate besonders verbundene Historiker, dem das Schwinden des geschichtlichen Bewußtseins in unserer Gesellschaft und in unserer Jugend und das Verblassen der alten geschichtlichen Traditionen besondere Sorge macht, stellt mit großer Freude dieses Bestreben und Interesse fest und ist glücklich, Menschen ansprechen zu dürfen, denen Geschichte in der Landschaft und in der Natur noch ein Anliegen ist.

Der alte Nordgau, aus dem später die „Obere Pfalz" wurde, war im Spätmittelalter einst das deutsche *Ruhrgebiet.* Man sieht es an den zahlreichen Hammerwerken und Hammerschlößchen, an den Flüssen und Weihern, an denen einst das Eisen der oberpfälzischen Eisengruben um Amberg und Sulzbach und anderswo verarbeitet wurde, das dann entweder flußabwärts nach Regensburg und donauabwärts bis Passau und Wien wanderte oder im Spätmittelalter in Nürnberg, dessen Bürger vielfach die oberpfälzische Eisenproduktion finanzierten, zu den verschiedenerlei Eisenwaren verarbeitet wurde. Die um eine salisch-staufische Reichs-

* Vortrag aus Anlaß des 67. deutschen Wandertages in Weiden, gehalten am Samstag, dem 6. August 1966.

burg erwachsene Reichsstadt Nürnberg hat den Eisenwarenmarkt Mitteleuropas bis Lyon im Rhonetal beliefert.

Die Eisenvorkommen und Eisenproduktion dieses Raumes haben darum gerade in der Zeit, da in ganz Europa Metallvorkommen entdeckt wurden, besonders aber das Schürfen von Edelmetall aufkam, diesem Gebiet auch eine erhöhte *politische* Bedeutung gebracht. Der nämliche Kaiser, der die Silbergruben am Rammelsberg im Harz nahe Goslar eröffnen ließ, und der in den Geistlichen des Stiftes von St. Simon und Juda dortselbst eine zeitlang seine besonderen politischen Helfer für die königliche Kanzlei gewann, hat auch die Oberpfalz und das in ihr liegende Königs- und Reichsgut erstmals organisiert. Es war der bedeutende Salierkaiser *Heinrich III.* Er hat nicht nur das umfangreiche Reichsgut und die von ihm begründete Feste Nürnberg in einer staatlichen Organisation zusammengefaßt und damit an der Pegnitz inmitten großer Reichsforsten, dem noch heute existierenden Lorenzer- und Sebalderwald, eine starke königstaatliche Position aufgebaut, die unter den Stauferkaisern im 12. und 13. Jahrhundert zu einem ziemlich geschlossenen Reichsland verdichtet wurde, weswegen wir auch dort ebenfalls eine Überfülle von Burgen finden, auf denen die Helfer und Träger der salisch-staufischen Staats- und Reichsgutverwaltung saßen, die Reichsministerialen, ehedem unfreie Leute, die durch ihren besonderen Dienst an der Seite des Kaisers als seine reisigen Kämpfer zu Pferd, als seine Hofbeamten und seine Verwaltungsleute einen bedeutsamen politischen und sozialen Aufstieg bis zum Niederadel im Spätmittelalter erlebten, und neben der Reichskirche die starken schwerttragenden Repräsentanten des mittelalterlichen deutschen Reiches wurden, bis es durch den Untergang der Staufer ebenfalls zerbrach und seine staatsbildende Funktion verlor.

Der nämliche Heinrich III. hat auch das oberpfälzische Grenzland, besser gesagt den alten Nordgau, der erst seit dem Ende des 15. Jahrhunderts den Namen „Obere Pfalz“ bekam, in zwei wichtigen *Marken* gegen Böhmen herrschaftlich zusammengefaßt, in den Marken Cham und Nabburg. Von ihnen war besonders die Reichsburg über dem Chambfluß Zentrum eines Champriche, das heißt eines geschlossenen Reichsgutskomplexes, der bis Kötzting und Viechtach im Bayerischen Walde reichte. Sie war auch Mittelpunkt eines militärisch intensiv bewehrten Raumes, der dicht mit Burgen besetzt war, deren Ruinen heute noch von den Bergspornen grüßen oder von bewaldeten Höhenzügen herabschauen. Hier war eine besondere Einfallstelle des böhmischen Königs, hier hatten auch die Tschechen siedelnd das böhmische Waldland bis nach Furth durchstoßen und jenseits der sich formierenden Grenze ebenfalls ein militärisch durch Grenzbauern, die Choden, gesichertes Verteidigungssystem aufgebaut, dessen Zentrum die heutige Stadt Taus — Domažlice — war. Die Reichsfeste Nabburg südlich Weiden aber war das Zentrum einer vor allem nach Norden sich erstreckenden Mark, die sich ostwärts bis etwa an die heutige Grenze gegen die Tschechoslowakei erstreckte. Nach der Mitte des 11. Jahrhunderts tauchte zum erstenmal auch der Name des Egerlandes — der provincia Egire — auf, das sich aber damals nicht wie heute vor allem auf den nordwestböhmischen Raum erstreckte, sondern die heutige Nordoberpfalz nördlich Weiden und die Osthälfte von Oberfranken umfaßte. Es handelte sich dabei vor allem um Waldgebiet, das erst durch Rodung und bäuerliche Pionierarbeit wirtschaftlich und politisch erschlossen werden mußte. Diese Arbeit geschah unter der ordnenden Hand und Leitung der salisch-staufischen *Reichsdienstmannen,* die nach dem Intermezzo der Diepoldinger Herrschaft in beiden Marken Cham und Nabburg und im Egerland, auf Geheiß der Stauferkaiser um die Mitte des 12. Jahrhunderts vor allem aus der Mark Cham und von den Burgen des dortigen Gebietes nach der Nordoberpfalz und Oberfranken, also dem alten Egerland, kamen, und zusammen mit dem unter staufischer Reichsvogtei stehenden Zisterzienserkloster Waldsassen, einer Gründung der aus Schwaben stammenden *Diepoldinger* — aus der Gegend von Giengen an der Brenz —, rodend und herrschaftsbildend den Raum zu einem staufischen Reichsland ausbauten, dessen eigentliches Zentrum dann die Reichsburg Eger wurde. Damit aber war der Kolonisation, Siedlung und Herrschaftsbildung auch der Weg nach dem nordwestböhmischen Raum gewiesen, wo sich vor allem Waldsassen durch Klostergründungen und Rodungsarbeit besonders betätigte.

Die Stauferkaiser haben also ein bereits von den Saliern begonnenes staatspolitisches und kulturschöpferisches Werk im ganzen Raum der heutigen Oberpfalz fortgesetzt, in dem schon der alte Sachsenkaiser Heinrich II. bereits bei der Gründung des Reichsbistums Bamberg am Obermain 1007, dem mit Aufgaben der Reichsgutsverwaltung und der Mission der Slaven am Obermain betrauten Hochstift, die Vogteiherrschaft über große Waldgebiete der Nordwestoberpfalz um obere Pegnitz und Vils und im großen Waldgebiet am Regen um Nittenau schenkte und übertrug. Die Vogteiherrschaft über diesen großen oberpfälzischen Wald nördlich Sulzbach und Amberg und östlich davon am Regen kam im 12. Jahrhundert an das mächtige Grafengeschlecht der *Sulzbacher,* die mit den Kastl-Habsbergern verwandt waren; diese drei haben zusammen das Kloster Kastl, jene heute noch imposante romanische Klosterburg über dem tief eingeschnittenen Lauterachtal begründet. Diesem Hochadelsgeschlecht entstammte die Gemahlin des ersten Stauferkönigs Konrad III.

Das mächtigste Hochadelsgeschlecht Bayerns im 12. Jahrhundert neben und mit den Welfen, die Grafen von Dießen-Andechs, deren Töchter am Ende des 12. Jahrhunderts die Königinnen-Kronen Frankreichs und Ungarns trugen, die mit dem Herzog von Schlesien verheiratet waren, denen die hl. Landgräfin von Thüringen Elisabeth zugehörte und die den ganzen Raum nördlich der Adria mit Aquileja beherrschten, hatten das ganze nordostfränkische Gebiet östlich der Regnitz und das Zwei-Main-Gebiet bis an die Grenze des alten Egerlandes in ihre Hand gebracht und behielten es auch bis zu ihrem Aussterben im Jahre 1248. Die bambergischen Vogteiherrschaften der Grafen von Sulzbach aber kauften die Staufer und brachten sie so beim Aussterben des Grafengeschlechts nach 1188 in ihre Hand.

König *Konrad III.* aber hatte schon vorher den ganzen Reichsgutskomplex der Salier um die Reichsburg Nürnberg zu einem dichten burgübersäten Reichsland ausgebaut, dessen militärisches Oberkommando in diesem ganzen Gebiet in den Händen der Burggrafen zu Nürnberg lag. Dieses Amt hatten bis zum Ende des

12. Jahrhunderts die aus Niederösterreich kommenden Herren von Raabs inne, und von diesen ging es vermutlich durch Belehnung infolge verwandtschaftlicher Beziehungen an das schwäbische Geschlecht der Zollern über, die dann auf altem Reichsgut und mit Reichslehen um die beiden Reichsburgen und zeitweisen Reichsstädte Ansbach an der fränkischen Rezat und der Plassenburg bei Kulmbach die späteren Markgrafentümer Ansbach und Bayreuth als Territorien aufbauten, von denen sie den Sprung nach der Mark Brandenburg am Anfang des 15. Jahrhunderts taten. Die Diepoldinger Markgrafen aber verdrängte *Barbarossa* aus dem alten Egerland, das er durch seine Reichsdienstmannen zu einer geschlossenen terra imperii (= Reichsland) durch Rodung und Herrschaftsbildung organisieren und zum Angelpunkt einer politisch starken Position für die Beherrschung Mitteldeutschlands und Nordböhmens machen ließ. Er schränkte die Diepoldinger aber auch in ihren Funktionen besonders in der Mark Cham und um Nabburg ein.

Die vorgeführten Tatsachen zeigen die politische Bedeutung des oberpfälzischen Raumes in der staufischen Staatspolitik, so daß man fast vermuten möchte, daß ihr ein bewußter Plan zugrunde lag, der auf einer zielbewußten Staatspolitik der Salierkaiser im 11. Jahrhundert aufbauen konnte. Diese Politik entfaltete sich um die großen Herrschafts- und Burgzentren Cham, Nabburg und später Eger. Sie war verankert in der politischen und wirtschaftlich mächtig durch die Gunst der Staufer aufstrebenden Reichsstadt um die Reichsburg Nürnberg, dessen vorgeschobenen Posten gegen Südosten und gegen Regensburg wir in Neumarkt zu sehen haben. Ein anderer Angelpunkt dieses politischen Systems sollte nach dem Willen Kaiser Friedrich Barbarossa die alte Residenz an der Donau nach dem Osten bis Kiew und Konstantinopel werden; ich meine Regensburg, das sich auch der besonderen Gunst dieses staufischen Kaisergeschlechts erfreute und von ihm auch reich privilegiert wurde; dessen Bürgerschaft vor allem hatte gute Freiheitsprivilegien für den Aufbau einer freien städtischen Selbstverwaltung und Handelstätigkeit bekommen. Dabei nutzen sie vor allem das Aussterben der kaiserlichen Burggrafen von Regensburg aus dem Haus der Pabonen aus, die aber auch auf der Burg Stefling am Regen, im Zentrum einer Landgrafschaft auf dem Nordgau, und zu Riedenburg in der südwestlichen Oberpfalz, dem alten Urnordgau, saßen. Deren Nachfolger in der Landgrafschaft wurden die Leuchtenberger, deren Burg in imposanten Ruinen über dem Luhetal Ihnen vermutlich auf Ihren Wanderungen in die Umgebung Weidens begegnen wird; Nachfolger in der Burggrafschaft zu Regensburg aber wurden die bayerischen Wittelsbacher, seit 1180 Territorial-, nicht mehr Stammesherzöge in Bayern, die damit erstmals Fuß um die Mündung der beiden größten oberpfälzischen Flüsse, des Regens und der Naab, faßten und nach dem Aussterben des staufischen Kaiserhauses deren Haupterben auf dem alten bayerischen Nordgau in der heutigen Oberpfalz wurden.

Doch nehmen wir wieder die oben gestellte Frage nach den politischen Plänen der *Staufer* in der Oberpfalz auf, um deren Bedeutung in der staufischen Konzeption ermessen zu können. Der alte Nordgau, in den seit dem frühen Mittelalter nicht ganz so stark wie nach Oberfranken Slaven eingesickert waren und auch im Zuge der karolingischen Staatskolonisation als Staatskolonisten und Grenzwächter angesetzt wurden, hatte eine große Bedeutung als Durchgangsland von der alten Königsstellung von Nürnberg nach Böhmen, aber auch von der Donaumetropole Regensburg nach Böhmen und Mitteldeutschland, also vor allem durch das Regental und das Naabtal nordwärts. Von Nürnberg liefen alte Fernstraßen pegnitzaufwärts nach dem Egerland und über Eger nach Pilsen und Prag oder von der Pegnitz über Sulzbach und Amberg an der Vils quer durch die mittlere Oberpfalz und das Pfreimdtal — der Ort Eslarn drückt in seinem Namen schon aus, daß er ein Säumerort an einer alten Böhmenstraße war — nach Tachau, Pilsen und Prag in mehreren Strängen, die der oberpfälzische Altstraßenforscher Dollacker ausgemacht hat.

Von *Regensburg* aus, das schon seit dem 10. Jahrhundert engste Verbindungen nach Prag und Böhmen hatte, das bis 973 sein Missionsland sogar war, lief ein vielbegangener Altstraßenzug durch das Regental nach Cham und weiter nach Pilsen und nach der Herzogs- und Königsstadt Prag an der Moldau. Die Beziehungen der alten Herzogs- und Königsresidenz Regensburg zu Prag waren nicht nur kirchlicher Art, sondern vor allem wirtschaftlicher und politischer Natur. Prager Bürger hatten in Regensburg ihren festen Wohnsitz; der erste Regensburger Bürgermeister hieß Otto Prager, in Prag aber residierten Regensburger Kaufleute, die vermutlich auch den Handel über Krakau bis Kiew, der ältesten Herrschaftsmetropole Rußlands, im 12. Jahrhundert leiteten und kontrollierten und das vermutlich schon seit der Mitte des 10. Jahrhunderts. Im Spätmittelalter sah sich zwar Regensburg aus seiner Rolle als Hauptvermittler der Handelsgüter Italiens, Frankreichs und Deutschlands nach Prag und Böhmen durch Nürnberg bedrängt, das durch die großen Gunsterweise, die ihm der deutsche König Böhmens, Karl IV., aus dem Hause der westdeutschen Luxemburger angedeihen ließ, weil diese Reichsstadt an der Pegnitz durch ihre Steueraufkommen wesentlich zur Finanzierung der böhmischen Territorialpolitik Karls IV. auf dem bayerischen Nordgau und in ganz Franken bis Würzburg beitrug; aber im 12. und 13. Jahrhundert beherrschte Regensburg den wirtschaftlichen Verkehr und Fernhandel aus Süd- und Westeuropa nach Böhmen.

Dieses *Böhmen* aber gewann als Land mit den wichtigsten Silber- und Goldvorkommen für die Handels- und Zollpolitik schon der Staufer eine ständig wachsende Bedeutung. Dieses kam vor allem davon her, daß Böhmen eine passive Handelsbilanz hatte, wie wir modern sagen würden; denn es führte Handelsgüter im vollen Ausmaß ein, so etwa Salz, Welschwein, Gewürze, Tuche und anderes, führte aber keine Eigenproduktion aus, sondern zahlte bei seinem notorischen Reichtum eben mit Gold- und Silbermünzen, das heißt, das Geld wurde eigentlich die Handelsware Böhmens. Dieses Böhmen war zwar ein autonomes Herzogtum und seit dem 12. Jahrhundert sogar ein Königtum, aber kirchlich gehörte das Bistum Prag bis in die Mitte des 14. Jahrhunderts seit seiner Gründung im Jahre 973 zum deutschen Metropolitanverband Mainz und muß trotz seiner autonomen Stellung doch auch in engerer oberherrschaftlicher Beziehung zum deutschen Reich gestanden sein, denn sonst hätte der Böhmenkönig nicht seit dem 13. Jahrhundert einer der 7 deutschen Königswähler, der 7 Kurfürsten gewesen sein können; sonst hätte auch nicht der größte Přemyslide Ottokar II. nach der Mitte des 13. Jahrhunderts in Vorwegnahme der Hausmachtpolitik der spätmittelalterlichen deutschen Könige von Böhmen und Österreich aus zur Gewinnung der deutschen Königskrone ansetzen können, woran ihn dann der erste Habsburger König Rudolf I. hinderte, indem er ihm auf dem Marchfeld bei Dürnkrut Sieg und Leben nahm; sonst hätten auch das jüngere Egerland und die staufische Reichsburg Eger mit ihrer schönen Doppelkapelle im Stile staufischer Klassik, wie wir sie auch zu Nürnberg, zu Hagenau, zu Kaiserlautern bewundern können oder konnten, im 13. und 14. Jahrhundert als Reichspfandschaft nicht so leicht an die Böhmenkönige gehen und ihnen bis heute verbleiben können; sonst hätte auch nicht im 14. Jahrhundert Karl IV. von Böhmen aus zu einer böhmischen Territorialpolitik in der Oberpfalz und im heute bayerischen Franken sich anschicken können und das mit zunächst großem Erfolg.

Es ist also, wie ich meine, ganz offensichtlich, daß vor allem *Barbarossa,* der größte Stauferkaiser, durch seine intensive Reichsgut- und Reichslandpolitik in der Oberpfalz und in Ostfranken seine oberherrliche Stellung über Böhmen, die im Grunde keine Herrschaft in Böhmen war und sein sollte, stärken und ausbauen wollte. Dieser König wußte bereits um die große Bedeutung des Geldes, die es auch politisch im 12. und 13. Jahrhundert erlangte. Er hatte darum auch schon seit seinen ersten Regierungsjahren ein wirksames Finanz- und Steuersystem in dem damals wirtschaftlich entwickeltsten Land Europas, in Reichsitalien, dem heutigen Oberitalien, mit seinen zahlreichen höchst aktiven Handelsstädten, aufzubauen versucht. Die *Oberpfalz* war das Sprungbrett seiner Einflußnahme auf Böhmen, das wegen seiner Edelmetallvorkommen wirtschaftlich wichtige Land. Er organisierte diese Grenzlande aber auch wegen ihres wirtschaftlichen Eigenwertes, d. h. wegen ihrer Eisenvorkommen und ihrer Eisenverarbeitung, die im 12. Jahrhundert bereits auch urkundlich greifbar wird. Man vergesse nicht, daß Nürnberg im Spätmittelalter auch ein Hauptzentrum der Waffenproduktion, besonders in ihrer Herstellung von Schwertern, Degen, Lanzen war, deren Eisen und Stahl wohl auch aus der Oberpfalz kommen mußten; außerdem gab es in der Oberpfalz noch so viel jungfräulichen Boden und so viel ungerodetes Waldland, auch in Oberfranken, daß sich gerade durch eigene Kolonisation und organisierte Siedeltätigkeit ein straffgelenktes königliches Herrschaftsgebiet hier aufbauen ließ, in dem der zu gleicher Territorienbildung ansetzende Hochadel nicht die Rechte des Königsstaates schmälern und eindrücken konnte, wie es seit dem 13. Jahrhundert dann in größtem Umfang geschah.

Die Hauptwerkzeuge dieser staufischen Staatspolitik, deren Ziel es war, einen starken zentralistischen deutschen Königsstaat aufzubauen, in dem die Könige und nicht der Adel und die Reichskirche das Heft in der Hand hatten, waren die *Reichsdienstmannen,* die auf den vielen Burgen der Oberpfalz saßen: auf der Flossenbürg und auf Parkstein, in der nächsten Nähe unserer Tagungsstadt Weiden, auf Runding und Haidstein um Cham, auf Wetterfeld im Regental vor Roding, auf Falkenberg, Altneuhaus, Schwarzenschwal und Liebenstein im alten Egerland, auf Beidl und in Wunsiedel, auf Waldstein, Sparrenberg, Sparneck, Birk und

Loma westlich Eger, auf Königsberg, Fleißen, Wogau, Kinsberg, Wildstein, Falkenau im heutigen Egerland, oder auf Hohenberg, der bis heute erhaltenen schönen Feste über dem Egertal, neben Schönbrunn, Königswart, Königsberg im nämlichen Raum. Ich füge noch Bernstein nördlich Wunsiedel, Niederbrand und die villa forensis = den Reichsburgflecken Redwitz zu, den der Volksmund heute Rawatz nennt. Mit der Vielzahl dieser Namen, die natürlich auf einer großen Karte erscheinen müßten, will ich Sie nicht ermüden und ihr Gedächtnis belasten, sondern nur mit der Fülle dieser Burgortnamen Ihnen zum Bewußtsein bringen, daß die Oberpfalz und Oberfranken, besonders in ihrer Osthälfte bis nach dem heute böhmischen Egerland hinein, ein ausgesprochenes Burgenland sind, wie es wenige deutsche Landschaften sind und waren. Sie bringen Ihnen auf Ihren Wanderungen die bis heute erhaltenen Denkmale und Zeugen großer staufischer Staatspolitik in diesem Raum und einer vergangenen großen politischen Bedeutung dieses Gebietes zu Bewußtsein.

Das alte *Egerland*, das heißt das östliche Oberfranken und die nördliche Oberpfalz, war für die Staufer nicht nur Sprungbrett ihrer Einflußnahme nach Böhmen und Prag, sondern noch viel mehr die Drehscheibe einer Königsherrschaftsbildung in den mitteldeutschen Raum hinein, damals noch Kolonialland, in dem die Staufer seit König Konrad III. im *Pleißenland* um die Reichsburg Altenburg ebenfalls eine starke königliche Herrschaftsposition aufgebaut hatten, die durch das *Regnitzland* um Hof, die alte curia Regnitziana, und das *Vogtland* um Plauen, ebenfalls ein königliches Rodungs- und Herrschaftsgebiet, räumlich-flächenhaft und territorial mit der starkausgebauten Königslandschaft um die Eger und die nördliche Naab fest verbunden waren. Dort hatten die Könige besonders die Stadt Zwikkau gefördert. Das Pleißenland war selbst um zahlreiche Burgsitze organisiert, auf denen sowohl kleinere adelige Burggrafengeschlechter wie auch Reichsdienstmannen saßen, allen voran die später zum Reichsfürstenstand aufgestiegenen Herren von Schönburg, neben den Herren von Weida, Gera und Plauen, mächtige Träger kaiserlicher Staatspolitik in diesem Raum. Von der Reichsburg Altenburg aus, wo auf einer königlichen Münze damals schon Goldbrakteaten geschlagen wurden, arbeiteten sich die Träger ihres herrscherlichen Willens gegen den Kamm des Erzgebirges vor.

Daraus wird deutlich, welche Rolle gerade das Egerland als Drehscheibe königlicher Staatsbildung zwischen dem Reichsblock um Nürnberg und dem im Pleißenland und Altenburg einnimmt, und welche Rolle diese im Rahmen ihrer Aufbaupläne im ganzen Ostmitteleuroparaum spielen sollte. Gerade dann, wenn man bedenkt, daß es den Staufern des 13. Jahrhunderts nicht mehr gelang, zielbewußt fortzuführen, was wir als erfolgreiche Staatspolitik Konrads III., Friedrichs I., Barbarossa, Heinrichs VI., zum Teil noch Philipps von Schwaben festgestellt und gezeichnet haben, wird die politische Funktion der heutigen Oberpfalz, Ober- und Mittelfrankens, vor allem des alten Egerlandes in den Plänen der letzten kraftvollen Kaiser und Könige des deutschen Mittelalters klar. Diese Pläne aber zielten darauf, ein geschlossenes *Königsherrschaftsgebiet* auf deutschem Boden zu schaffen, in dem Adel und Reichskirche zwar einen Platz haben sollten, jedoch den Gesamtinteressen königlicher Herrschaft untergeordnet sein und einen höheren Herrschaftszweck dienen sollten.

Es ist hier nicht der Ort, die Gründe zu untersuchen, warum diese Pläne scheiterten, es besteht auch kein Anlaß, die Könige, den Adel und die Kirche darob zu tadeln. Der Streit um Wert oder Unwert mittelalterlicher deutscher Kaiserpolitik, der einst die Gemüter der deutschen Historiker so stark erhitzte, ist unfruchtbar, sogar unrecht und unhistorisch. In Deutschland waren eben nicht die Voraussetzungen für eine starke Königsherrschaft im Hoch- und Spätmittelalter gegeben, wie das in Frankreich oder England der Fall war, besonders in Frankreich, das auch kulturell-geistig um mehrere Jahrhunderte der deutschen Entwicklung voraus war. Gerade in der heutigen Situation des Verlustes der deutschen Ostgebiete aber verdient es Würdigung, daß die deutschen Könige in klarer Einsicht gerade im östlichen Raum eine starke königliche Position aufzubauen versuchten. Die Oberpfalz und das Egerland waren ein starker Stützpfeiler in diesem System. Die spätmittelalterlichen deutschen Könige haben ihre Machtstellungen überhaupt dem ostdeutschen und ostmitteleuropäischen Raum verdankt, dort haben sich seit dem Beginn der Neuzeit auch die beiden deutschen Großmächte Österreich und Preußen ausbilden können.

Es kam mir darauf an, Ihnen die geschichtliche Rolle des Raumes zu zeigen, in dem Sie den 67. Wandertag abhalten. Dies scheint mir umso wichtiger, als die *Oberpfalz*, die damals gerade ihre größte Zeit erlebte, ihre wirtschaftliche Bedeutung sogar noch bis ins Ende des Mittelalters behielt, heute sehr stark unter den negativen Folgen eines Grenzlandes am Eisernen Vorhang steht und leidet. Sie war ein bedeutendes Königsland und nahm in den staufischen Staatsplänen eine wichtige Funktion wahr. Diese bestand darin, Brücke und Verbindungsland nach dem tschechischen Böhmen mit seiner autonomen Stellung im Deutschen Reich, aber auch nach dem mitteldeutschen Osten, dem heutigen Sachsen und Meißen zu sein, die damals erst wirklich durch Rodung, Siedlung und Herrschaftsbildung fest und dicht in das deutsche Reich des Mittelalters hineinwuchsen, Verdienst und Leistung der Stauferkaiser und ihrer politischen Werkzeuge, vor allem der Reichsministerialen. Mit dem Ende der Stauferzeit schwächte sich die große politische Funktion diese alten bedeutenden Königshauses dadurch ab, daß die bayerischen Wittelsbacher im großen Umfang das Erbe des Königshauses in der Oberpfalz antraten. Es wurde aber ein besonderes Schicksal dieses Raumes, daß er bei den wittelsbachischen Teilungen des 14. Jahrhunderts zur *pfälzischen* Linie geschlagen wurde, seine Hauptstadt fortan in *Heidelberg*, seine Statthalterstadt in Amberg bekam. Aus einem Grenzland der Königspolitik mit höchst politischer Funktion wurde es ein Nebenland eines westdeutschen Territorialstaates am Rhein und spielte nur eine Nebenrolle, dazu bestimmt, die Erträgnisse, die sein Eisenreichtum und seine Handelssteuern abwarfen, an die Residenz am Rhein zu schicken, wo sie als Wert für das Nebenland verloren waren.

Gerade wegen seiner Ferne vom eigentlichen Residenzzentrum konnte sich aber hier in der Oberpfalz im 16. Jahrhundert ein besonders starker *landständischer* Repräsentativwille entfalten, der sich der ständig schwankenden Konfessionspolitik des Kurfürstenhauses wiederholt mutig und erfolgreich widersetzte. Erst die böhmische Katastrophe am *Weißen Berg* bei Prag setzte den Schlußpunkt sowohl unter die politische wie unter die wirtschaftliche Rolle, die dieses Land in der Stauferzeit und um die Wende der Epochen gespielt hatte. Das rekatholisierte Land, das als Kriegsentschädigung für die Teilnahme am Krieg wieder an die bayerischen Wittelsbacher in *München* zurückfiel, wurde nun vollends ein fast vergessenes Nebenland eines Territoriums, dessen Zentrum München auch relativ ferne lag.

Zwar blühte noch in manchen wiedererrichteten Klöstern ein geistiges Leben und suchte sogar Anschluß an die großen Bewegungen draußen — es ist hier nur zu erinnern etwa an den oberpfälzischen Abt Anselm Desing in Ensdorf —, zwar rührte sich noch in Städten wie Amberg auch politisch etwas, zwar ließen die böhmischen Lehen in der Oberpfalz und die deutschen Lehen in Böhmen, deren Inhaber zum Teil oberpfälzische Adelige oder böhmische Magnaten wie die Lobkowitz waren, sogar die Verbindungen nach dem nun vollends habsburgischen Böhmen nicht abreißen, aber langsam wurde der Schleier des Vergessens, der sich über dieses Land legte, immer dichter, bis im 20. Jahrhundert seine geschichtlichen Zeugen, die Burgen, Klöster und Städte, zusammen mit der herben Schönheit dieser stillen Landschaft mit ihren schweigsamen, arbeitsamen, aber zäh am Althergebrachten hängenden Menschen wiederentdeckt wurden.

Seine große Zeit hatte dieser Raum in der hohen Kaiserzeit der *Salier* und vor allem der *Staufer*, sowohl politisch und auch wirtschaftlich, wenn auch seine Funktion als zeitweise wichtigstes deutsches Eisenproduktionsgebiet erst im späten Mittelalter liegt. Dieses Ihnen bewußt zu machen, bevor Sie nun bei hoffentlich besserem Wetter als bisher dieses schöne Land durchwandern, in Ihnen das Verständnis für die Geschichtlichkeit dieses lange vergessenen Raumes bewußt zu machen und in Ihnen zu wecken, das war das Anliegen dieser Ausführungen, die ich in diesem Kreise umso lieber gemacht habe, als ich selber stolz darauf bin, ein Oberpfälzer von Geburt zu sein.

RAUMORDNUNG IM AUFBAU DES MITTELALTERLICHEN STAATES

Der englische Historiker G. Barraclough, Nachfolger von A. J. Toynbee auf dem Posten eines Direktors des Londoner Royal Institute for Foreign Affairs, der sich in großer Kenntnis der mittelalterlichen deutschen Geschichte die erfolgreiche Mühe gemacht hat, den Deutschen nach 1945 bei der Gewinnung einer neuen und realistischen Auffassung ihrer eigenen Geschichte behilflich zu sein und der sie besonders von den Romantizismen und der Ideologie ihrer Mittelalterauffassung befreien wollte, hat in seinem in das Deutsche übersetzten Buch „History of a changing world“ [= Geschichte einer sich wandelnden Welt] (1957) in einem Vortrag über Friedrich Barbarossa unter Berufung auf Hampe („weder schöpferisch noch konstruktiv“) diesem großen deutschen Kaiser Fähigkeit und Willen zur Staatsplanung und zum Aufbau eines staatlich-räumlich geordneten Systems zum Zwecke der Überwindung des herrschaftlichen Regionalismus und Lokalismus und der Integration in einen königlichen Gesamtstaat absprechen wollen, was er dem englischen König und Zeitgenossen Barbarossas zuspricht. Es sei vorweg ausgesprochen, daß viele Schlüsse und Beweise des Engländers konstruiert sind und die Auseinandersetzung mit der landes- und verfassungsgeschichtlichen deutschen Forschung seit 1945 und vorher vermissen lassen, wie ich schon, bei aller sonstigen Anerkennung, an seinem früheren Buch „Die mittelalterlichen Grundlagen des modernen Deutschland“ (übersetzt von F. Baethgen [1953]) auszusetzen hatte [1]. Barraclough verweist auf den amerikanischen Historiker J. W. Thompson, der ein bekanntes, aber nicht voll anerkanntes Buch über „The dissolution of the Carlingian fisc in the ninth century“ (1935) geschrieben hat und der Friedrich Barbarossa vorwirft [2], daß er die „neue Staatswissenschaft“, „die neuen wirtschaftlichen Bedingungen“ oder die „neuen sozialen Umwandlungen“, die Europa in seinen Tagen durchmachte, weder verstand noch mit ihnen sympathisierte. „Trotz — oder vielleicht sollten wir sagen wegen — seiner glänzenden Talente war Friedrich“ — so Thompson — „ein gefährlicher Anachronismus“.

Mit diesem Urteil stimmen viele Historiker außerhalb Deutschlands überein. Der Franzose M. Bloch hat schon festgestellt und nach ihm auch der große Sozialhistoriker der Sorbonne Ch. E. Perrin ausgesprochen, daß die deutsche Gesellschaft im 12. Jahrhundert „veraltet“ und „nicht fortschrittlich“ war und daß Friedrich selbst ein „rückwärtsschauender Staatsmann“ gewesen sei, fest entschlossen, die Vergangenheit wiederherzustellen. Gemessen an der Gesellschaftsentwicklung Frankreichs vom 10. bis 12. Jahrhundert trifft die objektive Feststellung über

---

[1] Bosl, K.: Die mittelalterlichen Grundlagen des modernen Deutschland in englischer Sicht, in: Histor. Zeitschr. 179, S. 511—529.

[2] Thompson, J. W.: Feudal Germany, 1928, S. 275.

Deutschlands Sozialentwicklung zu, soweit sie von den Voraussetzungen absieht. Dem Urteil über Barbarossa ist nicht zuzustimmen. Zum nämlichen Schluß kam auch der österreichische Historiker und Journalist F. Heer, der in einem von der deutschen Historikerzunft weithin abgelehnten Versuch einer Neudeutung des 12. Jahrhunderts „cum ira et studio" behauptet hat, daß das Aufblühen der deutschen Kultur am Ende des 12. Jahrhunderts nur möglich war, weil Friedrich Barbarossas Welt zusammenbrach, eine Welt von Grausamkeit und Täuschung, ein Regiment von Furcht und Schrecken, der größte Rückschlag im politisch-ideologischen Bereich in der Geschichte des christlichen Abendlandes; seiner Zeit war das Fehlen neuer konstruktiver Ideen eigen, eine besondere innere Schwäche und Unsicherheit, das Haften am Alten, eine veraltete Weltanschauung. Sein ganzes Regierungsschema war nach Heer rückschrittlich und anachronistisch [3]. Barraclough zieht daraus den Schluß, daß es nicht angehe, Friedrich Barbarossa als Neuerer von der Befähigung seines englischen Zeitgenossen, des Königs Heinrich II., anzusprechen, der in seiner Regierung sowohl den konstitutionellen Aufbau Deutschlands als auch die eigentliche Vorstellung von der Regierung vollkommen umgeformt habe.

Wenn diese englischen, amerikanischen und österreichischen Urteile zu Recht bestehen, dann war es zwecklos ein Thema zu stellen, das lautet „Landesplanung und Raumordnung im Aufbau des mittelalterlichen deutschen Staates" und dann ist es fast verantwortungslos gewesen, dieses Thema als Referent zu übernehmen und das Hazardspiel zu wagen, es mit irgend einem Inhalt zu erfüllen, gleichviel ob die damalige Wirklichkeit dem entsprach oder nicht. Nun sind Barraclough's Pfeile ausgerechnet auf mich und mein Buch „Die Reichsministerialität der Salier und Staufer. Ein Beitrag zur Geschichte des hochmittelalterlichen deutschen Volkes, Reiches und Staates" (2 Bde. 1951/2) gezielt, wo ich von „Staatsplanung" und „klar geschautem System" vor allem Barbarossas schrieb und dies auch bewies, wie mir nicht nur die deutsche Zunft bestätigte [4]. Und so hoffe ich denn, vor ihnen nicht mit leeren Händen zu stehen und als ῥήτωρ versuchen zu müssen „τὸν ἥττω λόγον κρείττω ποιεῖν," wie es Thrasymachos in den beiden ersten Büchern von Platons „πολιτεία" tut.

Ich behaupte, daß nicht nur Friedrich Barbarossa, sondern schon die Frankenkönige so etwas wie Landesplanung und Raumordnung betrieben, wenn wir diese Begriffe nur nicht in ihrem modernen Sinn und Verstand anwenden, sondern wenn wir ihnen, wie es Pflicht des Historikers ist, einen Inhalt geben, der der zweifellos primitiven, urtümlichen und archaischen Struktur von Gesellschaft, Kultur und „Staat" des Früh- und Hochmittelalters entspricht.

---

[3] Bespr. von Mayer, Th.: Größe und Untergang des heiligen Reiches, in: Histor. Zeitschr. 178, 1954, S. 471—492. Vgl. Ders.: Das Hochmittelalter in neuer Schau, in: Histor. Zeitschr. 171, 1953, S. 449—472.

[4] Es wirft ein Schlaglicht auf Barraclough, daß er die Attacke, die ein junger Heißsporn im Deutschen Archiv X (1954) S. 446 ritt, wohl vermerkt, von meiner Erwiderung aber unter dem Titel „Individuum und historischer Prozeß" in der gleichen Nummer des Deutschen Archiv S. 475 ff. keine Notiz nimmt.

I.

Und da habe ich gleich noch eine bedeutsame Einschränkung vorweg zu nehmen, die uns bei allen kommenden Ausführungen bewußt bleiben muß, daß wir nämlich auch den Begriff „Staat“ nicht unbesehen auf die politische Lebens- und Volksordnung des Mittelalters übertragen dürfen. Die mittelalterliche Verfassungsgeschichte von heute weiß vor allem dank W. Schlesinger, daß es einen Staat im modernen Sinn im Mittelalter nicht gegeben hat, auch in Anfängen nicht, wenigstens nicht vor dem 12. Jahrhundert. Wir verwenden dafür vor allem den den Quellen und der Zeit gemäßen Ausdruck „Herrschaft“, die sich nicht nur auf Leute, sondern auch über Land erstreckte und deshalb auch von Raumvorstellungen irgendwie ausgehen mußte. Nur war der Ort, von dem aus diese Raumvorstellungen in politische Wirklichkeit umgesetzt wurden, das „Haus“ in seinen Klein- und Großformen, im Sinne der „Ökonomik“ O. Brunners. Ursprung aller Herrschaft ist die „Hausherrschaft“, die sich ausformt in Grundherrschaft, Leibherrschaft, Gerichtsherrschaft, Schutzherrschaft, Eigenkirchenherrschaft. Auch die Königsherrschaft war im Grunde eine ausgeweitete „Hausherrschaft“, eine in die eroberten Lande hinaus verlängerte und erweiterte Pfalzverwaltung. Königspfalzen, von Merowingerzeit an Zentren königlichen Haushalts, königlicher Hofhaltung und königlicher Herrschaft über Leute und Land, sind darum Brennpunkte politischen Lebens, also auch einer Landesplanung und Raumordnung nach *„herrschaftlichen“* Gesichtspunkten, so weit wir davon für jene Frühzeit sprechen dürfen. Th. Mayer hat den Staat vor dem 12. Jahrhundert mit allem Recht einen *Personenverbandsstaat* genannt, d. h. eine Herrschaftsordnung darunter verstanden, die im wesentlichen auf den engeren und weiteren Beziehungen des Königs oder allgemeiner gesagt des Herrschenden zu den gleichberechtigten Teilhabern der Herrschaft oder abhängigen, aber gehobenen Dienstleuten beruhte, die persönlich befreit waren und sich durch das Lehensband dem Oberherrn verpflichteten, gegen Leihe von Gut, Rechten und Ämtern sowie deren Einkünften, Dienste, vor allem Waffendienste, aber auch Verwaltungsdienste und politische Aufgaben zu leisten und zu erfüllen; diese durch das Lehensband in einem Vertrag zwischen gleichberechtigten Partnern gebundenen „Staatsdiener“ wurden eben auf Grund der noch weiter wirkenden primitiven Elemente germanischer Herrschaft und Kultur sehr bald selbst wieder zu Herren eigener Herrschaften, indem sie vor allem die ihnen verliehenen Güter und Amtsbezirke erblich in ihren Familien machten und durch die ihren Grundholden auferlegte Rodungsarbeit daneben größere oder kleinere Eigenherrschaften aufbauten.

W. Schlesinger hat gegen Th. Mayer eingewendet, daß im Begriff „Personenverbandsstaat“ das Raumelement, das begrenzte Land zu sehr in den Hintergrund trete. Darum können wir heute in einem ausgleichenden Urteil sagen, daß auch die früh-mittelalterliche Herrschaft eine Herrschaft über Leute *und* Land war und daß das neue Element, das vor allem seit dem 11./12. Jahrhundert hinzukam, nicht die Bezogenheit auf Fläche und Raum war, sondern daß neben dem immer lockerer werdenden persönlichen Lehensband die *Fläche,* der Raum, entscheidend als Substrat der Staatsgestaltung und des Staatsaufbaues in den Vordergrund trat. Das hatte naturnotwendig zur Folge, daß es sachliche Institutionen geben mußte, den gestalteten und geordneten Raum der „staatlichen“ Herrschaft zu unterwerfen und dienstbar zu machen. Damit aber traten allmählich neben die den Raum willkürlich und mit dem Schwert beherrschenden Eliteschichten stärker auch die den Raum bearbeitenden und durch ihre Arbeit gestaltenden Menschen in den Vordergrund, die sogenannten rodenden Freibauern und die Einwohner der zu eigenen Rechts- und Immunitätskreisen sich aus dem agrarischen Land abkapselnden nichtagrarischen, d. h. vorwiegend handwerklich-kaufmännisch ausgerichteten städtischen Siedlungen, deren Leben und Wirtschaft wesentlich davon abhängig war, daß sie Marktzentren eines größeren oder kleineren lokalen und regionalen Wirtschaftsgebietes wurden oder daß sie als Verkehrszentren in einem dichter werdenden Straßennetz sich in ein Fernhandelssystem einzuschalten vermochten, das den Güteraustausch vor allem von West- nach Osteuropa und umgekehrt besorgte und von Südosteuropa und der Levante über Oberitalien in den süddeutschen und nordwesteuropäischen Raum die Güter schleuste und transportierte.

Wir stellen also fest, daß in fränkischer Zeit unter Merowinger- und Karolingerkönigen Raum und Land nicht bedeutungslos waren, daß sie aber erst bewußt als rationales Substrat „staatlicher“ Ordnung und Entfaltung mit dichter werdender Bevölkerung und zunehmender oder im wesentlichen den ganzen Raum erfassender Besiedlung im Hochmittelalter entscheidend wirksam werden und eine Institutionalisierung der Herrschaftsmittel nötig machen; dieses alles zusammen führt dann zur neuen Form der „Landesherrschaft“ und des „Landesstaates“, die seit dem 12. Jahrhundert den alten raumverhafteten Personenverbandsstaat ablösen und die Frühform des modernen Staates entfalten, dessen Grenzen mählich linearer und fixer, dessen Herrschafts- und Staatsgewalt immer raumfüllender, totaler und ausschließlicher im begrenzten Raum wird. Das geht auch daraus hervor, daß die alten confinia = Grenzräume langsam, aber sicher schrumpfen, daß aus dem Grenzraum der Grenzsaum und aus dem Grenzsaum die Grenzlinie wird, wie wir das z. B. sehr deutlich an der bayerisch-österreichischen Grenze gegen Böhmen im Lichte der Urkunden und Archivalien verfolgen und studieren können [5]. Damit darf ich meine Vorbemerkungen abschließen und als Ergebnis der bisherigen Überlegungen buchen, daß auch im Zeitalter einer vorstaatlichen, also einer, wie wir heute besser sagen, herrschaftlichen Ordnung selbst in den noch primitiven Erobererstaaten, wie es das Reich der Merowinger und Karolinger war, der *Raum* eine bestimmende Rolle spielte, nicht nur der mehr oder weniger kultivierte, d. h. ungezügelte und vorrationale Expansionsdrang jugendlicher, kraftvoller Naturvölker, die ohne Ziel und Plan und vor allem ohne Dauer andere Völker und deren Herrschaftsräume sich unterwarfen und lose eingliederten und von ihnen vor allem

[5] Bosl, K.: Die Markengründungen Kaiser Heinrichs III. auf bayerisch-österreichischem Boden, in: Zeitschr. f. bayer. Ldesgesch. 14, 1944, S. 177—247; Hirsch, H.: Die Entstehung der Grenze zwischen Niederösterreich und Mähren, Dt. Arch. f. Landes- u. Volksforsch. I, 1937, S. 856—866. Ders.: Zur Entwicklung der böhmisch-österreichisch-deutschen Grenze, in: Jb. Ver. f. G. d. Dt. i. Böhmen, 1926, S. 20 ff.

Tribut verlangten, wie es noch die Ottonen im 10. Jahrhundert bei ihren erobernden Auseinandersetzungen mit der slavischen Welt jenseits der Elbe taten, während sie allerdings im Raum zwischen Saale und Elbe bereits Landesplanung im gewissen Sinn betrieben.

II.

Es ist wichtig festzustellen, daß die in der alten römischen Provinz Gallien zunächst einsickernden und dann erobernd einmarschierenden Franken auf einen staatlich geordneten und gegliederten Raum mit ausgebildeten Kommunikationsmöglichkeiten stießen, der zwar infolge von Inflationen, Teuerungen und Gesellschaftsverfall wüst geworden und von Menschen entleert war, der aber deutlich in seinem Antlitz die Züge einer Gliederung in Stadtlandschaften mit einem urbanen Siedlungsmittelpunkt und einem verwaltungsmäßig dazu gehörigen Gau-pagus trug, die zwar in Auflösung begriffen waren, aber immerhin noch so viel Einfluß ausübten, daß civitates und pagi sich zwar von einander trennten, aber beide auch in ihrer Trennung Gestaltungsprinzipien einer herrschaftlichen Raumordnung primitiveren Grades als vorher wurden. Auf den pagi baute sich im wesentlichen das merowingische und karolingische Grafschaftssystem im Westfrankenreich und links des Rheines auf, das es in dieser Form rechts des Rheins und nördlich der Donau, östlich des Limes vor allem, niemals gegeben hat. Die eigentliche germanische Herrschaft ist wenig in den Raum südlich der Loire vorgedrungen, auch wenn dieser dem Reiche Chlodwigs angegliedert wurde. Aber hier blieben die römischen Zustände noch länger bestehen. Bis in das hohe Mittelalter hinein herrschte weiter das geschriebene römische Recht der droits écrits, während der germanisierte Norden Frankreichs das Geltungsgebiet des germanisch-fränkischen Gewohnheitsrechts, der coutumes, wurde. Aus dem zwar zerfallenden Netz des spätrömischen civitates-Verwaltungssystems ragte eine Zentrallandschaft auch in der Merowingerzeit hervor, die mit Wald bedeckte Ile de France und die zentrale civitas von Paris, auf deren Haupthügel rings um den heutigen Place du Pantheon die Pfalzgebäude der Merowinger lagen, während in den ausgedehnten Wäldern draußen in den lichten Siedlungskammern, wo Möglichkeiten des Anbaues und der Versorgung vorhanden waren, sich Nebenpfalzen auftaten, die zusammen mit der Pariser Hauptpfalz in einem großen, aus der allgemeinen Verwaltung ausgegliederten *Forstgebiet* ein für damalige Zeit kompaktes System eines Herrschaftsmittelpunktes in Nordfrankreich darstellten.

Von Paris aber führte ein alter Völkerweg über Reims, den zweiten großen Mittelpunkt merowingischer Herrschaft in Nordfrankreich, nach Osten in das Maas-Moselbecken und von da über das Waldgebiet der Pfalz an den Rhein und bei Worms über den Strom in die Senke des Kraichgaues hinein an den Neckar (Heilbronn—Lauffen) und in das Jagst- und Kochergebiet, weiter in das mittelfränkische Keuperland an die Donau bei Pföring (entlang der unteren Altmühl), südlich Regensburg weiter bis Plattling an die Donau und dem Strom ziemlich entlang hinein in den Balkan. Dieser uralte Völkerweg hat seine raumordnende und auch herrschaftsbewirkende Kraft bis in das 12. Jahrhundert hineinbewahrt; er ist in der Geschichte als sogenannte Nibelungenstraße bekannt. Im 12. Jahrhundert verlor er seine Bedeutung, als neue Raumprinzipien und wirkliche „Landesplanung" in Erscheinung traten, die z. B. den Weg von Frankfurt über Aschaffenburg — Würzburg — Nürnberg — Neumarkt — Regensburg mit seiner steinernen Brücke, einer Nachfolgerin der älteren steinernen Brücke in Würzburg, zur großen West-Südostverbindung Süddeutschlands werden ließen, die sich in Würzburg mit der Haupt-Nord-Südstraße der Stauferzeit kreuzte, die von Hammelburg ausging, einen alten Handels- und Pilgerweg aus Skandinavien fortsetzend, und vor Aub den Main überquerte, dann über die vier fränkisch-schwäbischen Reichsstädte (Feuchtwangen, Dinkelsbühl, Nördlingen, Donauwörth) nach Augsburg zielte und dort in die römische via Claudia Augusta einmündete, die über den Reschenscheideckpaß und den Vintschgau nach Verona zog und weiter südwärts sich dem bis heute nachwirkenden römischen Straßennetz nach der „Welthauptstadt" eingliederte, ein von den deutschen Kaisern des Mittelalters vielbegangener Marschweg nach Italien.

Straßen- und Verkehrswege spielen, wie vor allem Görich und H. Weigel gezeigt haben, bei der herrschaftlichen Auswertung der fränkischen Eroberung des rechtsrheinischen Raumes eine, wenn nicht die entscheidende Rolle. Ihnen entlang vollzog sich nicht nur das militärische, sondern auch das siedelnde, raumgestaltende und raumordnende Vordringen fränkischer Herrschaft, besonders seitdem die karolingischen Hausmeier im Sieg von Tertry die Einheit des fränkischen Reiches wieder gerettet und zu einem zweiten erobernden Angriff in den Osten hinein angesetzt hatten. Wichtig ist hier die Feststellung, daß damit aber das Zentrum des Frankenreiches aus der Ile de France nach Osten wanderte und daß nun der Maas-Moselraum als die eigentliche Kernlandschaft des neuen und zweiten Frankenreiches entscheidend in den Vordergrund trat. Seine zentrale Stellung und Bedeutung ist uns vor allem durch die Forschungen von H. Büttner, E. Ewig, G. Tellenbach und seine Schule nahegebracht worden. Wenn ich hier von Zentrallandschaften des Frankenreiches der Merowinger und der Karolinger spreche, dann heißt das nicht, daß hier eine feste Residenz dieser Herrscher war; das will nur soviel besagen, als daß hier das Hauptfamilien- und später auch Krongut dieser Herrschersippe lag. Wir wissen ja alle — und das muß im Rahmen dieses Themas eigens hervorgehoben werden —, daß das fränkische und das ihm folgende deutsche Königtum ein *Wanderkönigtum* ohne feste Dauerresidenz mit Zentralverwaltungsapparat und Zentralbehörden war, die über ein Netz mittelbarer und unmittelbarer Verwaltungssprengel mit Mittelinstanzen und Unterbehörden verfügt hätten. Ich sagte schon, daß die merowingische, auch die karolingische Königsherrschaft über das Land der Eroberung hin im wesentlichen noch eine in die Lande wirkende Hof- und Pfalzverwaltung war, und zwar weitgehend ohne direkte Organe in Verwaltungssprengeln, sondern mit von der Pfalz zur Erledigung anfallender Aufgaben entsandten Hofvasallen und Kommissaren, die nach Erfüllung ihrer Aufträge wieder in die Pfalz zurückkehrten, während im Lande draußen von seinen eigenen Höfen aus ein eingesessener oder hineingesetzter Adel, die schwerttragende Eliteschicht jener

Zeit, recht und schlecht das primitive Maß von Recht und Ordnung über die beherrschten Leute, vor allem gegenüber ihren Standesgenossen aufrecht erhielt. Die Eigenleute des Adels wie der Kirche waren ja kein Gegenstand irgendwelcher königlicher Regierungs- oder Verwaltungsaufgabe, sie standen zum Herrscher überhaupt in keiner Beziehung außer durch ihren adelig-kirchlichen Haus-, Leib-, Grund-, Schutz-, Gerichts- und Eigenkirchenherrn.

Die Grundfrage im Rahmen dieses Themas ist aber, ob der fränkische König, der Merowinger wie der Karolinger, nach bewußten planenden Gesichtspunkten und Raumvorstellungen sich z. B. die Ile de France oder das Maas-Moselland als Zentralland seiner Herrschaft ausgesucht hat. Diese Frage ist sowohl zu verneinen wie zu bejahen und dabei ist festzustellen, daß zwischen Merowingern und Karolingern ein Unterschied zu machen ist, insofern als die letzteren in den Ostgebieten des Reiches nicht nur wie die Merowinger bloße Eroberer waren; sie waren in ihrem Expansionsdrang nach dem Osten vor entscheidende „Planungsaufgaben" gestellt, mochten diese nach dem allgemeinen Kulturniveau der Zeit noch so primitiv sein oder erscheinen. Man darf wohl feststellen — und unsere Quellen erlauben keine weitergehenden Schlüsse — daß die Merowinger bei der Aufrichtung ihrer Herrschaft auf dem Boden der alten Römerprovinz Gallien — von den eroberten und lose angegliederten Ostgebieten der Alemannen, Thüringer, Bayern und der Ripuarier um Köln braucht hier nicht geredet zu werden — im wesentlichen sich an die *Restbestände* römischer Raumordnung und Staatsorganisation anschlossen und mit Hilfe römischer Rest-Staatskunst und römischer referendarii recht und schlecht eine Herrschaft zu organisieren suchten. Während die civitates als Bischofsitze erscheinen und sich erhalten, hat sich das Königtum vor allem in den *Pfalzen* feste Mittelpunkte seiner Herrschaft geschaffen, die sich zwar an römische Siedlungen anschlossen, im ganzen aber doch etwas Neues erkennen lassen, das bei den Karolingern dann verstärkt begegnet. Die Karolinger haben nämlich ihre Pfalzen, d. h. ihre königlichen Herrschaftsmittelpunkte, in keine einzige Bischofsstadt gelegt, sondern sie an besonderen Punkten inmitten großer Fiskal- und Forstgebiete neu errichtet. Ich nenne Aachen, das zum Bistum Lüttich gehört, dann Frankfurt inmitten eines der größten Königsgutsbezirke rechts des Rheins, östlich der Metropolitanstadt Mainz. Ich nenne die Pfalz Salz an der fränkischen Saale, die wohl an der Stelle der heutigen Pfarrkirche von Neustadt an der Saale zu suchen ist; sie liegt zwischen Würzburg und Fulda, zwei kultisch-geistig-bildungspolitischen Zentren der Karolingerherrschaft in Ostfranken. Ich denke an die Pfalz Forchheim (Ofr.) und auch an ihre salische Nachfolgerin, die Reichsburg Nürnberg. Dabei aber sind wenigstens im Rheingebiet die Bischofspfalzen in den Bischofsstädten meist alter Königsbesitz gewesen und aus Königshand in die des Bischofs übergegangen; der König benützt sie wohl mit seinem Gefolge für kurze Zeit und läßt sich aus dem reichen Gut, das er diesen Bistümern geschenkt hat, auch versorgen, er amtiert auch dort [6]; aber seine Königspfalzen baut er außerhalb auf, inmitten eigener und neu-

[6] Brühl, C.: Königspfalz und Bischofstadt in fränkischer Zeit, in: Rhein. Vjbl. 23, 1958, S. 161—274.

organisierter Königsgutsbezirke mit Forsten, wie das für Aachen, Frankfurt, Salz, Forchheim gilt und bestens nachzuweisen ist. Das Königtum folgt hier unzweifelhaft dem Zug von Straßen und Aachen, Frankfurt, Salz waren auch Kreuzungspunkte. In Salz traf sich der von Frankfurt her ziehende, im Spessart Birkenhainerstraße genannte Heerweg, der bis Kleingemünden führte und dann Saale aufwärts nach Thüringen zog, wo Erfurt schon seit langem ein wichtiges Herrschafts- und Straßenzentrum war, mit dem aus dem Raum von Worms über den Neckar und die Wingarteiba nach Würzburg und von dort nach Nordosten verlaufenden alten Weg.

E. Klebel hat schon vor zwanzig Jahren beobachtet, daß die im Osten und *gegen die Feinde* im Osten angelegten karolingischen Marken als große militärische Aufmarschräume konzipiert waren und sich, wie ich hinzufüge, infolgedessen entlang von West-Oststraßen aufbauten und darum eine darmähnlich-längliche Form inmitten eines noch nicht dem Reiche fest eingegliederten, teils noch feindlichen oder besser gesagt fremdherrschaftlichen Gebietes befanden [7]. Diese Marken der Karolingerzeit lagen vor der Grenze des eigentlichen Reiches, erst die ottonisch-salischen Marken, die kleinräumig waren, liegen auf gesichertem Reichsboden und sind geplante Organisationsformen der Grenzgebiete, wie ich dies an den vier Marken zu zeigen versuchte, die Kaiser Heinrich III. gegen Böhmen und Ungarn errichtete und in denen er, wie die Urkunden erkennen lassen, das Land selbst für die Kolonisationsherrn und militärischen Führer nach Hufen ausmessen und zuteilen ließ. Von der karolingischen Ostmark auf dem heutigen Boden Österreichs wissen wir durch die Untersuchungen K. Lechners, daß sie ein auf Altsiedelland seit der Römerzeit liegender schmaler Kulturstreifen vor allem südlich der Donau war, der Ausgangspunkt der nach Norden über den Strom ausgreifenden Ostmarkgrafen, besonders der Babenberger wurde und somit Kernland des österreichischen Herzogtums, wie Th. Mayer zuletzt überzeugend dargetan hat [8]. Jedenfalls kann man hier sagen, daß der Donaustrom das eigentlich anregende Motiv staatlicher Raumgestaltung in der Form der bayerischen Ostmark gegen Avaren und Slaven war, obwohl vor diese Ostmark noch weiter östlich von Karl dem Großen noch eine Avarische Mark errichtet wurde. Auch der Staat der Karolinger war in seinem ostfränkischen Teil ein Erobererstaat; die Sachsen wurden erst eingegliedert, Bayern wurde mit diplomatischen Mitteln und auf dem Wege der Umklammerung von Westen und seit der Eroberung des Langobardenreiches vor allem aus dem Süden sowie durch die fünfte Kolonne, wie wir modern sagen würden, dem Frankenreich eingegliedert; Alemannien war schon vorher durch die Hausmeier im Blutbad von Cannstadt seiner einheimischen Führungsschicht beraubt und dann von drei Hochkommissaren Ruthard, Warin und Fulrad von S. Denis zu einer fränkischen Provinz umorganisiert. Die Forschungen von Jänichen und die Tellenbachschüler Fleckenstein und Schmid zeigten, daß Hauptzentrum dieser Hochkommissariatstätigkeit

---

[7] K l e b e l , E.: Herzogtümer und Marken, in: Dt. Arch. II, 1938, S. 1—53.

[8] L e c h n e r , K.: Die territoriale Entwicklung von Mark und Herzogtum Österreich, in: Unsere Heimat, 24, 1953; M a y e r , Th.: Das Privilegium Minus.

das Gebiet um den Bodensee, um den südlichen Schwarzwald gewesen zu sein scheint und daß diese „Reichsaristokraten“ besitzmäßig vom Elsaß und dem Maas-Moselraum her kamen, aus dem sich also die karolingische Herrschaft als Keil nach Osten an den Bodensee vorschob, wo schon wegen der Beziehungen zur Raetia Curiensis, den Bündner Pässen und Italien ein Zentrum schwäbischer Herzogsherrschaft und Herzogsgewalt gewesen sein muß. Es muß allerdings auch am oberen und mittleren Neckar ein Zentralraum der Herzogsgewalt gewesen sein, denn sonst wäre es unverständlich, warum gerade in Cannstadt die alemannische Adelelite um einen Kopf kürzer gemacht wurde [9].

III.

Am schönsten lassen sich Landesplanung und Raumordnung, oder wie wir das in jener Frühzeit nennen wollen, dort zeigen, wo der König einen neuen „Staat“ aufbaut, vor allem wo er eine neue Provinz seines Reiches organisiert. Th. Mayer hat nicht zu Unrecht das Untermain-Mittelrheingebiet die Drehscheibe der mittelalterlichen Kaiserpolitik genannt. Das hat seinen Grund darin, daß Pippin und besonders Karl der Große in diesem Mittelraum Ostfrankens ihr Königsgut, d. h. die Herrschaftsmittel ihrer Zeit, in starkem Ausmaß massiert haben. Diese Stellung wurde noch dadurch nach Osten hin ständig verstärkt, daß schon die Hausmeier und dann besonders Karl d. Gr. aus dem fränkischen Raum des heutigen Bayern um Main, Rednitz und Altmühl wiederum von West nach Ost eine „Königsprovinz“ von starker Intensität gemacht haben [10]. Zur Veranschaulichung sei mit wenigen Strichen die seit der Karolingerzeit bis über die Stauferzeit hinaus wirksame Kernstellung des fränkisch-deutschen „Königsstaates“ um die zuerst unter Karl d. Gr. urkundliche Pfalz Frankfurt gezeichnet; sie ist ein einprägsames Beispiel frühmittelalterlicher Raumordnung, deren Struktur und Gefüge erst aus hoch- und spätmittelalterlichen Angaben sichtbar wird.

Zum Reichsgutsbezirk um die Pfalz Frankfurt a. M. [11] gehörten die Grafschaft Bornheimerberg, der Dreieichforst mit dem Zentrum Hagen (Dreieichenhain), südlich in den großen Forst Forehahi, an dem Lorsch und Worms besonders beteiligt wurden, und in den Königsforst Odenwald übergehend. Die Dreieich reicht an den Main südlich Aschaffenburg; jenseits des Flusses im Mainviereck ist der große Königsforst Spessart, der lange siedlungs-, aber beileibe nicht verkehrsfeindlich war. Am Westrand liegt die berühmte Königspfalz Tribur, und südlich liegen große alte Königsmarken wie Heppenheim, die zum guten Teil in geistlichen Besitz übergehen. Nördlich des Rheins war der Rheingau, der bald an Mainz verschenkt wurde, ihm

---

[9] H. Decker-Hauff hat dies in einem Vortrag über Besiedlung und Herrschaftsbildung dieser Neckarlandschaft im Konstanzer Kreis f. mittelalterl. Geschichte bewiesen.

[10] Bosl, K.: Franken um 800. Herrschafts- und Sozialstruktur einer fränkischen Königsprovinz, 1959.

[11] Waas, A.: Das Kernland des alten deutschen Reiches an Main und Rhein, in: Dt. Arch. VIII, 1944, S. 1—47.

gegenüber am Südufer die ebenfalls karolingische Pfalz Ingelheim mit ihrem „Reich", früher geschlossenes Königsland. Östlich schloß sich das „Königs-Sundern" um den Königshof Wiesbaden an und weiter östlich die in Stauferzeit als „terra imperii" erscheinende Wetterau, Durchzugsgebiet großer Verkehrsstraßen von Südwesten und Westen nach Osten und Nordosten [12]. Dieses „Reichsland" bekam in der Stauferzeit in der Reichsburg Friedberg einen militärischen Mittelpunkt und daneben den *Reichsforst Mörlen*. In den Taunus hinein erstreckte sich ein anderes Forstgebiet die „Hohe Mark". Das Kinzigtal ist im Unterlauf als Reichsforstgebiet mit den drei Forsten Hanau, Bulau und Gelnhausen organisert gewesen. Seit der Errichtung der Kaiserpfalz Gelnhausen auf ursprünglich mainzischem Gebiet wurde dort der große Reichsforst Büdingen gegen den Vogelsberg hin eingerichtet; weiter östlich schlossen sich dann fünf Freigerichte ehemals rodender Freibauern an, die bis in den Kahlgrund (Wilmundsheim) sich erstreckten.

Was ist *Forst*, was *Königssundern*, was *Mark?* Eine Klärung dieser Begriffe kann uns eine Vorstellung von der raummäßigen Organisation des mittelalterlichen „Königsstaates" in etwa vermitteln. Als die Karolinger am Mittel- und Obermain eine Königsprovinz organisierten, da teilten sie das Land offensichtlich in Marken ein, die sie an adelige Grundherrn vergaben oder selbst von einem zentralen Königshof aus bebauten und besiedelten [13]. Es ist wichtig festzustellen, daß sie dabei offensichtlich sich von Raumvorstellungen leiten ließen; wir können diese Gründungen im fränkischen Maingebiet noch an den orientierten -heim Namen und anderen Ortsnamen greifen. Es sind dies Bezirke, an deren Rändern Siedlungen mit Namen Ost-, West-, Nord-, So(u)nd-Südheim oder mit sonstigem Grundwort lagen; in der Mitte dieser so abgesteckten Bezirke war ein zentraler Ort oder eine zentrale Kirche, die in den Nordmainlanden einmal sogar den Namen Mittelheim, dann Mitteldorf trägt.

Die *Grafschaften* stellten im rechtsrheinischen Gebiet, vor allem im Raum hinter dem Limes, kein Mittel einer lückenlosen Verwaltungsorganisation dar. Die Grafen waren überhaupt keine Verwaltungsbeamten im modernen Verstande, sondern Kommissare, Interessenvertreter in bestimmten, zunächst nicht genau umgrenzten Räumen. Ihre Hauptaufgaben waren militärischer und richterlicher Natur. An militärisch und strategisch wichtigen Punkten wie z. B. am Ostrand des Odenwaldes, in der Mainsenke zwischen Odenwald und Spessart (um Groß-Umstadt), oder um Würzburg, der Herzogsburg oder dem Herzogshof an einer wichtigen Furtstelle über den Main, oder um Hammelburg, einem Hof- und Straßenort, oder im Aischgrund um Riedfeld, wo Sachsen angesiedelt waren, oder in der Rednitzfurche an der Ostgrenze gegen ein slavisch-germanisches Mischgebiet haben, wie sicher erkennbar ist, die Karolinger freie Wehrbauern und Staatssiedler festgesetzt, die in der Regel eine Hufe in freier Erbpacht hatten. Wir finden diese, wie die Ortsnamen zeigen, an der sicher einmal verkehrstechnisch wichtigen Markt-Bergler Steige; wir

---

12 Bosl, K.: Die Reichsministerialität der Salier und Staufer. 2 Bde, 1950/1.

13 Schlesinger, W.: Die Entstehung der Landesherrschaft, 1941; Bosl, K.: Franken um 800. 1959.

finden sie um Würzburg, um Karlburg bei Karlstadt, bei Offenbach a. M. Zentren solcher Freiensiedlungen waren Königshöfe, inwieweit Burgen, bedarf weiterer Untersuchungen. Besonders interessant sind im behandelten fränkischen Raum die Gaubezeichnungen auf -feld, die eindeutig anzeigen, daß sich diese geographischen Gebilde der Gaue aus Urmarken, die eben als -feld bezeichnet worden sind, durch Ausweitung entwickelt haben. Es hat den Anschein, daß sich die Karolinger bei dieser stützpunktartigen Organisation ihrer Herrschaft im ostrheinischen Raum sich an vorkarolingische und vorfränkische Herrschafts- und Machtzentren (Würzburg z. B.) anschlossen, daß sie im Zuge ihrer Markenpolitik aber auch neue Mittelpunkte schufen, die naturgemäß zuerst im Altsiedland lagen, die aber auch auf Ausbaugebiet errichtet werden konnten. Es ist z. B. interessant, daß sich im Gebiet der Mainschleife zwischen Schweinfurt und Würzburg die als alt geltenden -heim Orte nicht auf Lößboden befinden, sondern auf Sandboden. Der Unterschied zwischen Altsiedelland und Ausbaugebiet fällt dabei sehr ins Gewicht und ist vor allem für die verfassungsgeschichtliche Entwicklung zu berücksichtigen. Das 8./9. Jahrhundert war in Franken eine Periode intensiven Landesausbaus und zwar vor allem von Seiten des Grundbesitzeradels der Provinz(en). Typisch dafür sind die 50 -haus(en) Orte im Maingebiet, die alle zwischen 770 und 830/40 angelegt worden sind und deren adelige Gründer diesen -hausen-Orten auch ihren Namen als Bestimmungswort geliehen haben. Es handelte sich um Bifangsiedlungen. An diesem organisierten Landesausbau, der in den Fulder Traditionen deutlich in Erscheinung tritt, war aber das Königtum direkt nicht beteiligt, höchstens insoferne als es der eigentliche Herr des Boden und Waldes war, auf dem die neuen Siedlungen mit ihren Gemarkungen erstanden. Aber die königliche Anregung dazu ist sicher. Die Organisation dieser Königsprovinz am Main gewinnt noch mehr an Gewicht, wenn man an Karls Projekt denkt, Rednitz und Altmühl mit einem Kanal zu verbinden, dessen Teilstrecke heute noch zu sehen ist, wenn man auf der Fahrt von Nürnberg nach München kurz vor Treuchtlingen ein kleines Waldstück durchmißt.

Königsfreiensiedlungen hängen aufs engste mit Deportiertensiedlungen in den Mainlanden zusammen, vor allem den Sachsen- und Slavensiedlungen, von Leuten also, die aus ihrer Heimat in neue Räume verpflanzt und dort in fremdem Land zu besserem Recht, dem der freien Wehr- und Rodungssiedler, neu angesiedelt wurden. E. Schwarz hat sich zuletzt mit den von ihm sogenannten Reichswenden befaßt. Die Sachsensiedlungen sind am Sachsennamen sowohl wie an sächsischen Bestimmungwörtern wie Horsa-dal, Hengis-Feld, Hengis-dorf usw. erkennbar. Ich habe den Eindruck, daß speziell das weitere Gebiet der Mainlande, das heutige bayerische Franken, für Karl d. Gr. so etwas wie eine Art Sibirien war: dorthin pumpte er die „Heimatvertriebenen“ hinein und gab ihnen neue Siedlungs- und Rodungsaufgaben und ein besseres Siedelrecht. Wir wissen, daß er kurz nach 800 etwa 10 000 Nordalbinger aus dem Raum nördlich Hamburg zwangsweise verpflanzte. Er muß sie zum guten Teil in den weiteren Mainlanden angesiedelt haben, denn aus einer gefälschten, aber für die Wende vom 10./11. Jahrhundert echten Urkunde des Hochstifts Würzburg geht hervor, daß auf dem Boden dieses Bistums neben Slaven auch „Saxones, qui et Nortelbinga vocantur“ saßen. Slaven scheinen hier in beträchtlicher Zahl als königsfreie Wenden angesiedelt worden zu sein. Vermutlich waren es, wie E. Schwarz glaubt nachweisen zu können, Slaven sorbischer Sprache am Obermain, während in der Oberpfalz solche tschechischer Sprache gesessen haben müssen. Lassen wir es damit genug sein mit den Bemerkungen zu dem Thema „Raumordnung und Landesordnung in der Karolingerzeit". Die Ausführungen mußten notwendigerweisen mehr in die Breite gehen, weil gerade auf den Grundlagen der erobernden und raumordnenden karolingischen Königsherrschaft sowie des planenden und raumordnenden Wirkens Karls d. Gr. vor allem der Königsstaat des Mittelalters weitgehend bis in das 13. Jahrhundert hinein aufbaut, selbst wenn gerade das Königsgut, die reale Machtgrundlage des frühmittalalterlichen Staates, bereits im 9. Jahrhundert große Einbußen erlitten hat.

IV.

Unser besonderes Interesse verdient, wenn wir einen Schritt weitergehen, die Raumpolitik der Ottonen im Ostgebiet ihres Herzogtums wie des deutschen Reiches an der Elbe und vor allem im Raum zwischen Elbe und Saale, das sie zum eigentlichen Kernland der Mark des Gero machten, der in ziemlich straffer Abhängigkeit von Otto dem Großen stand. Dem anderen östlichen Markgrafen Hermann Billung an der unteren Elbe dagegen haben die sächsischen Kaiser viel mehr Freiheit gelassen. Uns interessiert das Prinzip, nach dem der Raum in diesen neugewonnenen Gebieten geordnet und ein Herrschaftsgebiet aufgebaut wurde. R. Kötzschke und seine Schule, allen voran W. Schlesinger und auch H. Helbig [14], haben diese Frage untersucht und gezeigt, wie das neugewonnene Land herrschaftsmäßig in Burgwardeien-Burgbezirke um eine zentrale Burg aufgeteilt war, wobei wir wieder nicht an ein strenges Schema und System denken dürfen. Dabei haben sich die Könige und ihre adeligen Helfer an slavische Herrschafts- und Burgzentren angeschlossen. Wir wissen heute, dank H. Ludat und W. Schlesinger, daß die Slawen Frühformen nichtagrarischer, praeurbaner Siedlungen vor der sogenannten ostdeutschen Kolonisation besaßen, die allerdings mit dem deutschen Stadtrecht ein grundlegend neues Element in die Stadtentwicklung des *slavischen* Ostens gebracht hat. Zum Unterschied von den langgestreckten und großräumigen Marken der Karolingerzeit waren die Marken der Ottonenzeit kleinräumig angelegt und zerfielen in eine Reihe von Burgbezirken. Um eine zentrale Burg mit Kirche, mit vielfach slavischer Provenienz von Burg oder Siedlung lagerte sich eine größere Zahl von Siedlungen, die alt waren oder neu angelegt wurden. Dabei ist auf die Form der sogenannten slavischen Handwerkerdörfer, vorwiegend nichtagrarische Siedlungen, hinzuwei-

---

[14] Kötzschke, R.: Die deutschen Marken im Sorbenland, in: Festg. G. Seeliger 1920, S. 79 ff.; Ders.: Die Anfänge der Mark Meissen, in: Meissnisch-Sächs. Forschungen, 1929, S. 26 ff. Schlesinger, W.: Burgen und Burgbezirke. Beobachtungen im mitteldeutschen Osten, in: Von Land und Kultur, 1937, S. 77 ff. Ders.: Zur Gerichtsverfassung des Markengebietes östl. der Saale im Zeitalter der deutschen Ostsiedlung, in: Jb. f. d. Gesch. Mittel- und Ostdeutschlands II, 1953, S. 1 ff. — Ders.: Der Osten, in: Gebhardt-Grundmann: Handbuch d. dtsch. Gesch. II, 1955 ff., S. 532—617. — Helbig, H.: Der Wettinsche Ständestaat, in: Mitteldt. Forschungen IV, 1955.

sen, in denen Handwerke grundherrschaftlich organisiert und mit Leibeigenen betrieben wurden. Auf deutschem Boden haben wir eine Entsprechung in den sogenannten -arn Orten, auf die schon A. Dopsch aufmerksam gemacht hat. Siedlungsnamen wie Goldern (Goldararun), Schalding, Lederdorn (Ledararun), Eslarn, Pöchlarn usw. deuten einen ähnlichen Tatbestand an und lassen Handwerkerdörfer auf grundherrschaftlicher Basis im süddeutschen (bayerischen) Raum vermuten.

Ganz kleinteilig waren die früher erwähnten Marken, die Kaiser Heinrich III. um das böhmische Massiv herum auf deutschem Reichsboden zur Sicherheit und Festigung der Grenze und des Grenzraumes angelegt hat. Es waren dies die Marken Cham und Nabburg, die böhmische Mark an der Thaya und die ungarische Mark zwischen Fischa und Leitha. An der Mark Cham (Obpf), deren Kern ein alter Königsgut- und Fiskalbezirk, das „Campriche" war, mit einer zentralen Burg Cambe am Zusammenfluß vom Camb und Regen, läßt sich die Form von Landesplanung und politischer Raumordnung schön zeigen. Zwischen 1050 und 1150 wurde dieses wichtige Gebiet vor dem Further Landestor, dem auf böhmischer Seite Wehrbauernorte, die Chodensiedlungen um das zentrale Taus/Domašlice unter einem militärischen Befehlshaber entsprachen, mit einem Netz von Markministerialburgen um die alte Reichsburg Cham überzogen, die den Schutz und die Verwaltung dieser Grenzlande trugen. Ursprünglich müssen hier wohl auch freie Wehrbauern in karolingischer oder ottonischer Zeit gesessen sein, deren Organisation im Spätmittelalter noch an den sogenannten Marchfutterorten erkennbar ist, deren frühe Einwohner vermutlich einst Kriegsdienste leisten mußten; dieser persönliche Dienst aber war dann in eine Geldsteuer umgewandelt worden, als reisige Ritter die Aufgabe des Kriegsdienstes und der wehrhaften Verteidigung übernahmen. Wir haben auch Urkunden aus der ungarischen Mark zwischen Fischa und Leitha vor allem, die ganz deutlich zeigen, wie der König das Land in Hufen aufteilen, wie er also auf erobertem oder noch nicht bebautem Boden Bauernstellen anlegen ließ, um diese neuorganisierten Grenzgebiete mit Menschen zu füllen und sie zu starken Verteidigungsräumen an wichtiger oder bedrohter Stelle zu machen[15]. Was ist denn schließlich weiter Heinrichs IV. Versuch, auf sächsischem Boden rings um den Harz herum ein Königsterritorium um die dortigen Königspfalzen kleineren Ausmaßes und um Ministerialenburgen zu errichten, worüber sich der Hocharistokrat Lambert von Hersfeld ereifert, anders als das Bemühen des jungen, hartbedrängten Königs, ein Gebiet ausschließlicher königlicher Herrschaft und Hoheit auf der Grundlage eines Raumes mit Hilfe abhängiger, beamtenähnlicher Organe zu gestalten und alle Hoheitsrechte in seinem Namen durch diese Werkzeuge seines Willens auf älterem, aber jetzt zusammengefaßtem und neugeordnetem Königsboden um den großen ottonischen Reichsforst des Harzes mit seinen zentralen Pfalzen Werla und dann Goslar (besonders unter Heinrich III.) nach dem neu sich durchsetzenden Prinzip einer geschlossenen Landesherrschaft, einer terra, wie die Quellen sagen, ausüben zu lassen?

---

[15] Bosl, K.: Die Markengründungen Kaiser Heinrichs III. auf bayerisch-österreichischem Boden, in: ZBLG, 1944.

V.

Man hat früher immer der Ansicht zugeneigt, daß zuerst Adel und Kirche das Prinzip des mit herrschaftlicher „Hoheit“ erfüllten Raumes entwickelt und angewandt hätten. Ich bin im Gegenteil der Meinung, daß das Königtum der Spätsalier und Staufer, genau so wie das frühere Königtum herrschafts- und gesellschaftsbildender Faktor allerersten Ranges und von vorbildlicher Kraft war, auch darin vorausging und Wege zeigte. Trotz der kaum zu ermessenden Verschleuderung von Königsgut und Königsrechten in der Zeit von 1056—1068/70 war immer noch so viel vorhanden, daß Heinrich IV. daran gehen konnte, zuerst in Sachsen dieses neue Prinzip zu verwirklichen. Darin sind ihm dann auch die Staufer gefolgt. Von ihnen aber kann man sagen, daß sie planend und mit raumpolitischen Vorstellungen den letzten großen Versuch unternahmen, einen königlichen Gesamtstaat auf territorialer Basis zu errichten. Sie taten das sowohl kleinräumig in den terrae imperii = Reichsländern, die sie nach altem Muster um Pfalzen und Burgen, die sie zum Teil, wie Kaiserslautern, Hagenau, Eger, neuerrichteten oder wie Kaiserswerth restaurierten, also auch nach Großraumvorstellungen schufen. Ich wage diese These, daß sie eine reale raumpolitische Konzeption für den Aufbau eines königlichen Gesamtstaates hatten, und bin der Ansicht, daß darin der Rhein als Nordsüdachse einerseits und vom Elsaß und Burgund ausgehend eine Südwest-Nordostachse mit den Zentren Ravensburg, Hohenstaufen, Rothenburg o. T., Würzburg, Nürnberg, Eger, Altenburg im Pleißenland andererseits einen festen Platz hatten.

Wenn ich von der regionalen Integration kleinerer Kerne zuerst spreche, so darf ich darauf hinweisen, daß die Staufer, angefangen von Konrad III., der ein bedeutender Staatspolitiker war, und dann besonders Friedrich I. mit den Mitteln von Kauf, Tausch, Belehnung mit Kirchenlehen, Verträgen, Erbschaften usw. versuchten, Königsgutsbänke, die im Raum verstreut lagen und sich um Burgen und Pfalzen gruppierten, so sehr mit Grundherrschaften, aber vor allem mit Vogtei- und Gerichtsrechten anzureichern, daß sie sich schließlich im größeren Raum herrschaftlich verbinden ließen. Daraus wuchsen dann nicht grund-, aber schutzherrschaftlich und vogteilich, auch landfriedensrechtlich geschlossene Verwaltungsbezirke, die einen großen Mittelpunkt, wie etwa die Pfalz Frankfurt a. M. oder die Reichsburg Nürnberg erhielten, die aber andererseits in Verwaltung und militärischer Sicherung wieder dezentralisiert waren in kleinen Ämtern, Vogteibezirken, die nun am Ende des 12. Jahrhunderts auftauchen und sich auch um Ministerialenburgen gruppieren. So entstanden terrae imperii = Reichsländer, wie die Quellen sagen, mit einem für damalige Verhältnisse dichtem Netz von Herrschaftsrechten und einem relativ so wirksamen institutionellen Apparat, daß diese kleinen Gebilde Ansatzpunkte werdender Territorialität des Königs darstellten.

Wenn ich oben von großräumiger Konzeption sprach, so habe ich gegen Barraclough dafür auch quellenmäßige Belege. Es gibt in der Stauferzeit eine Kern- und Zentrallandschaft des Reiches; Otto von Freising sagt, daß in der Oberrheinischen Tiefebene die „vis maxima regni“ lag. Man kann dies entweder übersetzen „Hier lag die Hauptmasse des Reichsgutes“ oder „Hier war die Kernlandschaft des Reiches". Aber was noch viel wichtiger ist, die Quelle erzählt auch, daß Herzog Friedrich der Einäugige im Auftrag des Salierkaisers vor allem auf dem linken Rheinufer von Basel bis Mainz nach festem Plan und mit zäher Energie Staatsorganisation für den König betrieb, wie wir modern sagen würden. Überall gruppierte er die Königsländer um Burgen, die er neu baute, so daß von ihm das Sprichwort ging, er ziehe auf dem Ritt von Basel nach Mainz am Schwanze seines Pferdes immer eine Burg nach sich. Die ganze oberrheinische Tiefebene hatte im Staatsdenken der Spätsalier sowie ihrer gelehrigsten Schüler und gewandtesten Helfer, der Staufer, einen klaren zentralen Ort. Wie sehr sie den Westen zur Bastion ihrer Landesherrschaft ausbauen wollten, das zeigt der Kauf der reichen Güter Herzog Welfs VI., der dem staufischen Gegner sein gewaltiges Gut in Oberschwaben, Bayerisch-Schwaben bis zum Ammersee und den Lech aufwärts bis in den Vintschgau hinein hinunter nach Verona um rotes Gold verkaufte, nachdem der Neffe des Welfen, Heinrich der Löwe, eine kurze Zeit gezögert hatte, dem Onkel den hohen Preis zu zahlen.

Ein anderes schönes Beispiel dafür, wie diese oberrheinische Tiefebene herrschaftlich-territorial intensivst „bepflastert" wurde, bietet der Aufbau des Reichslandes um Kaiserslautern auf der Grundlage des alten karolingischen Forstes Lutra, der ein Teil des alten Wasgauforstes war. Hier wurde auf merowingischen Siedlungsresten, wie die Archäologie zeigt, und auf der Grundlage eines karolingischen Königshofes eine prunkhafte Kaiserpfalz zu Lautern errichtet und um sie herum aus Reichsgut ein sehr geschlossenes Reichsland aufgebaut, das sich weit nach dem Westen und Südwesten der Pfalz erstreckte, in dem der König die Fülle der Herrschaftsgewalt und Herrscherrechte besaß und durch reichsministerialische „Beamte" ausüben ließ. Hier ließ er Städte erstehen und füllte so den weiteren Raum und Umkreis mit neuen urbanen Immunitätsbezirken, die unter seinem Königsschutz standen, wie es später so schön eine Urkunde Kaiser Friedrichs II. für Nürnberg sagte. Im Untermaingebiet schloß sich das zwar nicht mehr grundherrschaftlich, aber herrschaftsrechtlich gefüllte Gebiet um Frankfurt an, aus dem im Süden immer noch der große Dreieichforst herausragte, aus dem das mächtigste deutsche Reichsministerialengeschlecht der Hagen-Münzenberger hervorging, während im Norden die Wetterau um die neugegründete Reichsburg Friedberg als eine geschlossene Terra imperii in den Quellen erscheint. Stadtgründungen und Stadtrechtsverleihungen haben diese Räume mit höherem Leben erfüllt und ihnen auch wirtschaftliche und administrative Mittelpunkte gegeben. In den Waldgebieten, die immer noch groß waren, wurden rodende Freibauern eingesetzt und in Freigerichten zusammengefaßt, wie wir sie im Raum zwischen Kinzig und Kahl/Aschaff finden. Städte aber zahlten Steuern und besonders reiche Abgaben, die dem König neue Mittel der Herrschaft zuführten; die rodenden Freibauern aber vermehrten mit dem neugewonnenen Land, von dem auch Abgaben nach einer bestimmten Anlauffrist zu zahlen waren und auf dem Hoheitsrechte zuwuchsen, die Herrschaftsstellung des Königs, verbreiterten und intensivierten zugleich sein eigentliches Territorium. Ein besonders schönes Beispiel für die Organisation eines solchen neuen Verwaltungsgebietes um eine große Reichsburg und mit einem Ministerialenburgennetz allüberall draußen im Lande, und zwar im Waldgebiet und auf Rodeland, ist das Egerland, wo der neue Typ des iudex provincialis = Landrichters und die fortschrittlichste Institutionalisierung eines größeren Herrschaftsraumes eingeführt wurde. Das Egerland von damals erstreckte sich weiter westlich der Reichsburg als östlich nach Böhmen. Im wesentlichen umfaßte sie den größeren Teil des heutigen Oberfranken und die nördliche Oberpfalz. Ein großer Reichsforst, meist um Selb (Obf.), war als besonderes Banngebiet für Jagd, Fischerei, Viehweide, Zeidelweide und Holzbezug aus der allgemeinen Nutzung ausgeschieden.

Die Staufer waren erfolgreich in dem Bemühen um kleinteilige Integration herrschaftlicher Räume und sie hatten ganz offensichtlich auch ein weitgreifendes System ausgedacht oder besser eine Raumkonzeption, in die sie die kleinräumigen terrae imperii einordnen und zu einem Königsstaat zusammenzuführen versuchten. Das Bemühen war imponierend, aber es hat die Kräfte überfordert. Nicht weil sie „Reaktionäre" waren, die gegen den Strom der Zeit schwammen, wie F. Herr „cum ira et studio" bemerkte, sondern weil der Adel und die Kirche mit gleichplanvoller Zielstrebigkeit und höchster Konzentration auf Kleinräume, die ihre Kräfte nicht verzettelte, das gleiche anstrebten, darum konnte es den Staufern nicht gelingen, die wichtigsten Teile des Reiches territorial und herrschaftsrechtlich zu einem Gesamtstaat zusammenzufügen. Es ist ein tragisches Geschick gewesen und geworden, daß gerade da, wo die „staufische Landesplanung und Raumordnung" am erfolgreichsten im Aufbau geschlossener „terrae" war, in Franken, am Rhein, in Schwaben, die territoriale Zersplitterung am größten und heillosesten nicht nur wurde, sondern auch bis zum Ende des Alten Reiches blieb, weil sich alle diese Kleinherrschaften gerade auf den Kaiser und das Reich als Schutz- und Lehensherrn immer wieder berufen konnten, wenn ein größerer territorialer Nachbar ihnen die Luft zum Herrschen und zum Leben ausblasen wollte. Die großräumige und planende staatlich-herrschaftliche Organisation gelang nicht in den alten Königslandschaften des Reiches, sondern auf dem Boden der großen Rodungsgebiete und Ausbauräume des Ostens, wo Österreich im Süden, der Landesstaat der Wettiner in der Mitte zeitweise und Preußen im Norden sich zu den stärksten Landmächten Mitteleuropas aufschwingen konnten. In diesen Territorien des Ostens [16], wo zunächst Kolonistenfreiheit so stark erblühte, die aber Herrschaft nicht ausschloß, ja gerade von der Herrschaft gewährt wurde, um planmäßig die noch unterentwickelten und die leeren Räume mit Menschen auszufüllen und sie dadurch einem Herrschaftssystem einzuordnen, ist es gelungen, auf einem geplanten, geschlossenen Raum, mehr als in den Altsiedlungsgebieten des Westens, die Fülle der Herrschaftsrechte zu gewinnen und damit eine stärkere und intensivere Staatsgewalt als im Westen aufzubauen. Darum übernahm seit dem späten Mittelalter der Osten die politische Führung in Deutschland.

Zusammenfassend darf ich mit dem Hinweis auf die territorialstaatlichen Referate schließen, die fortsetzen, was ich am Beispiel der Königsherrschaft aufzuzeigen

---

[16] Schlesinger, W.: Der Osten, in: Gebhardt-Grundmann: Handbuch d. dtsch. Gesch. II, 1955 ff., S. 532—617.

versuchte, und feststellen, daß der Impuls zum neuen raumpolitischen Prinzip staatlicher Organisation von den Spätsaliern und Frühstaufern ausging und daß darin das Königtum wie in gar manchen anderen Punkten die weltlichen und geistlichen Fürsten angeregt hat. Letztere haben dann auf kleinerem Raum, aber mit umso konzentrierterer Kraft dem König nachgeeifert. Sie wurden die Gewinner, als das Königtum im 13. Jahrhundert Möglichkeit und Energie zu großräumiger und intensiver Zusammenfassung der verschiedenen und oft gegeneinander wirkenden Kräfte in einem Gesamtstaat verlor. In England und Frankreich ist dies dem Königtum gelungen. In Deutschland, vor allem im östlichen Teil, aber waren es die Territorialstaaten, die das staatliche Leben sowohl wie die Staatsidee real und ideologisch weiterentwickelten. Um zum Ausgangspunkt meiner Bemerkungen zu einem interessanten Thema zurückzukehren, meine ich, daß Barraclough vor allem dem Irrtum zu erliegen scheint, daß er bei allem Bemühen um nüchterne, realistische Beurteilung der jeweiligen historischen Lage, das ich sehr anerkenne, doch zu moderne Vorstellungen an ganz anders strukturierte Zeiten und Verhältnisse heranträgt und ihre Menschen danach beurteilt. Man mag die gleichen Begriffe für verschiedene Zeiten verwenden, man muß aber hinzufügen, daß sich jeweils ihr Gehalt und Sinn dabei verschiebt oder ändert. So sind die Begriffe „Staatsplanung" und „Raumordnung" nicht gleichbleibend, wie ich immer wieder betonte. Sie füllen sich mit Inhalt erst auf dem Hintergrund des jeweiligen Gesellschafts-, Wirtschafts-, Verkehrs- und Kulturniveaus. Daß man sie überhaupt verwendet, hat seinen Grund im Mangel an quellenmäßigen Entsprechungen und in der Notwendigkeit, ein allgemeines Prinzip durch Völker und Zeiten unserem gegenwärtigen Denken sichtbar zu machen. Daß man mit solchen Vorsichtskautelen aber auch beim mittelalterlichen Königsstaat von Staatsplanung und Raumordnung schon seit Merowinger- und Karolingerzeit sprechen kann, darin hoffe ich weitgehend Zustimmung zu finden.

DIE ANFÄNGE DER MODERNEN OBERPFALZ

[Die Eingliederung in den bayerischen Staatsverband vor 350 Jahren]

Fachvortrag zur Eröffnung der Ausstellung in Amberg am 24. 2. 1978 im Großen Rathaussaal der Stadt um 10.30 Uhr. Thema: „Oberpfalz 350 Jahre bayrisch".

Es gibt noch keine Geschichte der Oberpfalz, sie muß erst geschrieben werden. Der Gründe für diesen Mangel, der auch auf das Fehlen eines starken Selbstbewußtseins hinweist, gibt es viele. Der entscheidendste aber ist zweifellos der, daß die Oberpfalz erst seit 1628 sich in ihrer modernen Form entwickelte, die dann im bayerischen Regierungsbezirk des 19. Jahrhunderts verankert wurde, daß sie aber schon als Teil des kurfürstlichen Staates in einem Dornröschenschlaf politischen und historischen Bewußtseins versetzt wurde und versank. Daraus erwachte sie leise seit 1890 und besonders seit 1918 in der ersten bayerischen Republik; aber erst seit 1945 entledigte sie sich kraftvoll der alten Traumfahnen und gewann in der zweiten bayerischen Republik ein lebendiges und politisches Selbstbewußtsein, das man auch in München spürt. Die Oberpfälzer fühlten sich mit einigen Unterbrechnungen nach einer gewaltsamen Rekatholisierung als Untertanen des Kurfürstentums und Staates Bayern bis lange nach 1918. Erst die Einfügung in den als Staatsprovinz gedachten „Gau Bayerische Ostmark" unseligen Angedenkens löste sie erstmals aus dem altbayerischen Großverband, orientierte das Denken der Oberpfälzer nach neuen Zentralorten und Regionen für kurze Zeit um und bereitete die Rückkehr in die alte Ordnung, aber mit neuen Gesinnungen und Erfahrungen vor. Die Oberpfalz war vor 1628 kein einheitliches Territorium, kein Land,.aber eine historische Landschaft, eine Region und sie ist nach 1945 in zunehmendem Maße eine Region geworden. Was ist *Region?* Wir sprechen heute von Regionalismus und meinen damit den modernen Ersatz für den europäischen Nationalstaat, dessen deutsche Form 1945 gebrochen ist. Regionalismus ist weder Provinzialismus, noch Rückständigkeit, noch Hinterwäldlerei. Die sudetendeutschen Heimatvertriebenen sind Opfer der Ideologie vom ethnisch einheitlichen Nationalstaat der ČSR geworden. *Region* ist eine ältere, vornationale, durch Natur und Geschichte geprägte Einheit, sie ist das Gegenstück zum anonymen Zentralismus mit seinen Metropolen und zum globalen wie technisch-, ökonomisch-bürokratischen Zusammenschluß in unserer heutigen Welt, in der zweiten Hälfte des 20. Jahrhunderts. Man redet von der Unregierbarkeit größerer Flächenstaaten mit Zentralverwaltung und der zunehmenden Unwirksamkeit ihrer politischen Mechanismen, man bestreitet die beanspruchte Vorbildlichkeit von Metropolen und Massenmedien, man verlangt für sich und seine Geistigkeit Eigengewicht und protestiert zugleich gegen die normative Kraft der modernen Industriegesellschaft, man spricht sich im Dialekt aus. *Region* ist positiv die Lebensgemeinschaft einer durch Natur und Geschichte gewordenen

Landschaft, deren Bewußtsein und Zusammengehörigkeitsgefühl schon vor dem bayerischen und deutschen Nationalstaat des 19. Jahrhunderts da war. Die Oberpfalz ist eine *historische Region,* mit der sich die moderne „Landesgeschichte" beschäftigt, die nicht einfach Teil traditioneller nationalstaatlicher Geschichtsschreibung, auch nicht Fortsetzung von Hofhistoriographie, sondern wissenschaftliche Aufdeckung aller der Bezüge ist, die ein regionales Bewußtsein und Gefüge konstituieren. Regionalgeschichte, also die moderne Geschichte der Oberpfalz, vernachlässigt politische Geschichte von Herrschaft und Staat nicht, sondern meint den handelnden und leidenden Menschen in seinem Lande, seine Kulturtätigkeit und Mentalität als Individuum wie als Gesellschaftswesen. Landes- und Regionalgeschichte sind kleinräumiger und behandeln einen durch Geschichte und Kultur begrenzten Raum als Selbstzweck wie als Modellfall. Moderne Regionalgeschichte hat einen strukturanalytischen Ansatz und vergleicht ähnliche größere Regionen. Im Bayerischen Rundfunk hören Sie heute schon Sendungen über die Staatsgrenzen überspringende Voralpen- und Alpenregion nördlich und südlich des Hochgebirges, die eine mehr als zweitausendjährige Geschichte und gemeinsame ethnische Substrate haben, heute sogar gemeinsame Wirtschafts- und Verkehrsprobleme besitzen. Landes- und Regionalgeschichte ist eine vergleichende, strukturalistische Wissenschaft, die meist dort entstand, wo Staatsbewußtsein und regionales bzw. ethnisches Sonderbewußtsein nicht in Deckung lagen oder gebracht werden konnten, z. B. in der Donaumonarchie mit ihren nationalen Reibungs- und Mischzonen als Widerstand gegen das zentralösterreichische Staatsbewußtsein. Dasselbe fand auch in Bayern mit seinen vielen historischen Räumen und seiner Neubildung von Stammesmentalitäten statt. Regionalgeschichte ist nicht nur provinzielle Nabelschau, sondern Ringen um Erkenntnis des eigenen historisch gewachsenen Wesens und das im Vergleich mit den Nachbarregionen; also *nicht* Xenophobie, wie man so oft sieht und glaubt.

Wer um die gestaffelte Geschichtlichkeit der oberpfälzischen Region weiß, hat deren Zuordnung zu anderen Systemen, zu anderen Herrschaftsordnungen und Kulturen vor Augen, der leugnet nicht, daß der nasse römische Limes = die Donau eine Kulturscheide von tiefer Reichweite zwischen der Germania Romana, besser den römischen Nordprovinzen und dem romfreien Land war, dem die Oberpfalz zugehörte. Bayern südlich der Donau war Teil eines alpinen Kulturgürtels und eines supranationalen Systems. Die Oberpfalz ist Raum fränkisch-bayerischer Expansion von Herrschaft und Kultur, Raum intensiver Begegnung auch mit slavischem Volkstum. Daher rührt die enge strukturelle Bindung an und Verbindung zum bayerischen Süden, zum fränkischen Westen und böhmischen Osten; es bildeten sich trotz aller Wandlungen, Krisen, Katastrophen Züge oberpfälzischer Wesenheit und Geschichte aus, die nicht nur bayerisch und stammesbayerisch, sondern auch fränkisch und böhmisch sind. Deshalb hat sich die historisch-kulturelle Eigenart der Oberpfalz im 19. und 20. Jahrhundert genau so wenig wie Franken und Schwaben assimilieren lassen, obwohl diese sogenannten stämmischen Wesenheiten Relikte der alten Reichskreise vor 1803/6 genau so sind, wie das Jahr 1628 Ansatzpunkt einer dichteren bayerischen Wesensbestimmung der Oberpfalz ist. Historisch gesicherter Regionalismus wie der der Oberpfalz ist *nicht* Ressentement gegen den Staat und den technischen Fortschritt, sondern Anstoß für die bayerische Gesamtgesellschaft, die zwar erst seit 1950 wirklich industrialisiert wird, sich gegen den industriellen und kulturellen Raubbau und gegen die hypertrophen Interessen des Gesamtstaates abzusichern sucht. Regionalismus reizt nicht zur Flucht aus der Gegenwart in die nostalgische vermeintliche Nestwärme der Vergangenheit. Dieses politische Prinzip und das geschichtlich verankerte regionale Gemeinschaftsbewußtsein machen es jedem Oberpfälzer möglich, Entscheidungen von Staat und Politik an seiner regionalen Realität zu überprüfen und zu verbessern. Regionalismus ist also weder ressentementgeladener Protest gegen den Zentralismus der Hauptstadt, noch falsche Volkstümelei, regionale Geschichte zeigt die jahrhundertealten Wechselwirkungen zwischen Stadt und Land. Die Oberpfalz ist keine nur barocke Kultur- und Kunstlandschaft, sondern auch ein romanisch-gotischer Raum wie seine alten und großen Kirchen Chammünster, Walderbach, Reichenbach, vor allem Kastl, Amberg, Perschen, last not least Regensburg zwingend zeigen. Der immer weiter ausgreifende technisch-administrativ-gesellschaftliche Zentralismus macht Regionalismus zur unausweichlich-notwendigen Lebensform, auf der Europa allein aufbauen kann.

Die *„Anfänge der modernen Oberpfalz“* sind eng verbunden und grundgelegt durch den Erwerb dieser Lande und Gebiete durch den bayerischen-altbayerischen Landesherrn Kurfürst Maximilian I. im Jahre 1628. Die 350. Wiederkehr dieser Eingliederung wollen Ausstellung und Festakt gebührend hervorheben, die in der Hauptstadt der alten Oberpfalz, Amberg, heute stattfinden. Die Eingliederung erfolgte nicht freiwillig, die Oberpfälzer, d. h. die ständischen Repräsentanten des oberpfälzischen Landes und Volkes, Adel und Bürger in Städten und Märkten — die Prälaten fielen wegen Reformation und Säkularisation als Stand aus und waren durch Beamte ersetzt — wurden vor vollendete Tatsachen gestellt und hatten sich als besetztes Land und Volk dem Diktat der Siegermächte, vor allem den Verhandlungsergebnissen von Kaiser, Kurfürst Maximilian I. und den Kurfürsten gehorsam zu fügen und zu beugen. Der bayerische Herzog hatte seine finanzielle und militärisch-politische Macht, zugleich als Haupt des Bundes der katholischen Liga, dem aus Böhmen von den Ständen vertriebenen Habsburger Kaiser Ferdinand II., der Erbkönig von Böhmen war, zur Verfügung gestellt, für ihn in einer sehr prekären Lage den Sieg am Weißen Berg bei Prag 1620 errungen und ihm damit das Königreich Böhmen wiedergewonnen. Er hatte sich als Pfand für die Rückzahlung der Kriegskosten, die auf 13 Millionen Gulden festgelegt wurden, das habsburgische Erbland ob der Enns = das heutige Oberösterreich versetzen lassen. An dessen Stelle wurde die seit 1329 den pfälzischen Wittelsbachern zum größten Teil gehörige Oberpfalz, seit dem 15. Jahrhundert im Gegensatz zum Hauptland der Unteren Pfalz am Rhein so genannt, dem bayerischen Wittelsbacher in einem Kaufsrezeß 1628 übergeben; so kam rechtlich und politisch die Oberpfalz zu Bayern. Da ihr pfälzischer Landesherr seit seiner Niederlage in Acht und Bann getan war und er auch kraft Lehensrechts seiner Länder-Lehen, vor allem der Lehen des Reiches verlustig war, konnte über seine Gebiete verfügt werden. Doch war dies nicht nur eine Frage des Reichs- und Lehensrechts, sondern vor allem eine Machtfrage. Kaiser Ferdinand II. übertrug dem bayerischen Sieger vom Weißen Berg über seinen kalvinischen Vetter und gewählten Böhmenkönig Kurfürst Friedrich V. von der Pfalz, genannt den Winterkönig, als Preis und Entschädigung 1623 öffentlich die Kurwürde des Pfälzers und „verkaufte" ihm 1628 die Obere Pfalz, die fortan bei Bayern blieb. Sie wurde als besetzes, herrenloses Land Tausch-, Kauf-, Entschädigungs-, Handelsobjekt der großen Politik innerhalb des Reiches. Das zeigte sich auch darin, daß Kurfürst Maximilian I. nur die Oberpfalz, das Nebenland, nicht aber das pfälzische Hauptterritorium am Rhein, die alte seit 1214 bayerische Pfalzgrafschaft bei Rhein, erhielt, obwohl er deren Besitz als hauptsächlichen Siegespreis betrachtete oder anstrebte. Derentwegen war er vor allem in Bündnisverhandlungen mit Frankreich eingetreten, da weder die deutschen Habsburgerkaiser noch die spanische casa de Austria ihm diesen gewichtigen Brocken am Mittelrhein zukommen lassen wollten. Aber noch im gleichen 17. Jahrhundert griff das Frankreich des Sonnenkönigs selber ländergierig nach den elsässisch-pfälzischen Gebieten am Oberrhein und erlangte damit genau das, was das spanische Habsburg verhindern wollte, die Basis einer europäischen Hegemoniepolitik, die dann zum Spanischen Erbfolgekrieg, dem zweiten europäischen Hegemoniekrieg nach dem Dreißigjährigen, führte. Diese antihabsburgische Politik des bayerischen Kurfürsten mußten im zweiten Teil des als Konfessionskrieg begonnenen Dreißigjährigen Kampfes seine Länder, auch die Oberpfalz, bitter büßen; die verheerenden und blutigen Schwedeneinfälle sind bis in das 20. Jahrhundert herein im Geschichtsbewußtsein auch der Oberpfälzer lebendig geblieben, wie ich aus meiner Jugend noch genau weiß.

Vor sechs Jahren habe ich in diesem Saal in einem Vortrag zur 650. Wiederkehr der Verpfändung von Stadt und Land Eger an König Johann von Böhmen 1322, die niemals wieder eingelöst wurde, ebenso die Frage nach dem geschichtlichen Sinn dieser Gedächtnisfeier gestellt, die doch einen unwiederbringlichen Verlust ins Gedächtnis rief, wie ich es hier und heute auch tue. Damals begründete ich die These meines Vortrags mit dem Hinweis, daß es sich um die historische Tatsache eines heute noch oder wieder bewußten geschichtlichen Faktums handle, das durch die Folgen des zweiten Weltkrieges nach verschiedenen Richtungen eine neue Aktualität erlangt habe. Die Obere Pfalz war auf Grund des 1329 zwischen den beiden wittelsbachischen Linien geschlossenen Hausvertrages von Pavia ein rechtliches Land und Territorium der pfälzisch-rudolfinischen Linie geworden und bis 1620 bzw. 1628 geblieben. Es erlebte in diesen dreihundert *pfälzischen Jahren* seine eigentliche wirtschaftliche Blüte und wird mit Recht wegen seiner Eisenförderung und Eisenproduktion das Ruhrgebiet des spätmittelalterlich-frühneuzeitlichen Deutschen Reiches vor Siegerland und Steiermark genannt. Die Oberpfalz hatte eine sehr aktive und selbstbewußte ständische Repräsentation, in der Adel wie Bürgertum eine starke Rolle spielten. Das Bürgertum der Hauptstadt Amberg hat im 16./17. Jahrhundert gerade in der Konfessionsfrage nicht nur einmal sein freies und starkes Selbstbewußtsein gezeigt. Wie stark die traditionsreiche *„Landschaft"* der Oberpfalz war, zeigt ein Vergleich mit der unterpfälzischen, die unter Kurfürst Friedrich IV. (1592—1610) durch die Errichtung eines landständischen Ausschusses, des sogenannten „Kommissariats“, neu etabliert worden war. Der pfälzische Untertanenverband hatte dort vorher nur noch aus den Bewohnern der kurfürstlichen Städte und Märkte bestanden (1603). Trotz der schwachen Stellung der Landschaft gegenüber der Regierung stürzte sie die gräflichen Obersten der Landesverteidigung, setzte sie die Besetzung der Ämter mit Pfälzer Landeskindern und noch dazu mit Kalvinern durch, verhinderte sie die Steuerfreiheit der Beamten, kritisierte sie den Hofstaat des Kurfürsten, setzte sie kalvinische Sittenzucht durch. Auf dieses pfälzische „Kommissariat“, den Landesausschuß, wirkte das Vorbild der oberpfälzischen Landschaft ein. Obwohl die Oberpfälzer auch mit Ausschüssen arbeiteten, traten sie damals immer noch zu vollen Landtagen zusammen, zeigten sich also als Gesamtheit der Ständevertreter der ganzen Oberpfalz. Der Dreißigjährige Krieg hat die Entwicklung der rein bürgerlichen „Landschaft“ in der Pfalz abgeschnitten, die durch ihre engen Beziehungen zur Beamtenschaft charakterisiert ist. In der Oberpfalz aber konnte der siegreiche Maximilian die kalvinischen Stände bedrücken, aber nicht unterdrücken. In einem eigenen Gebot vom 30. September 1621 hatte Kaiser Ferdinand II. den Ständeausschuß und die ganze Landschaft der oberen Pfalz und alle Reichsuntertanen und Reichsverwandten dortselbst aufgefordert, Herzog Maximilian von Bayern als kaiserlichen *Kommissar* anzuerkennen, nachdem er sie nach der Besetzung des Königreichs Böhmen von den Kriegsmaßnahmen des Reichsfeindes Ernst von Mansfeld befreit habe. Die Landsassen sollten sich aus der Pflicht des geächteten Winterkönigs lösen und sich in den kaiserlichen Schutz und Schirm freiwillig ergeben. Auf Grund dieses Schutzes sei Herzog Maximilian von Bayern als kaiserlicher Kommissär beauftragt, die Oberpfalz in *kaiserliche* Pflicht zu nehmen, ihre Städte und Orte zu besetzen, mit Garnisonen zu belegen, in Besitz zu nehmen („innehaben“) und Zuwiderhandelnde mit Gewalt dazu zu zwingen. Die Oberpfalz wird dabei zum *kaiserlichen* Pfand für die Kriegsunkosten, die ihr bisheriger Landesherr verursachte, erklärt, und ihre Landsassen werden zur Huldigung für den kaiserlichen Kommissar aufgefordert. Auf Grund dieses kaiserlichen Mandates verlangte Maximilian von den Beamten der pfälzischen Statthalterschaft, von Bürgermeister, Rat und Bürgerschaft von Amberg auf dem hiesigen Rathaus die „Interimshuldigung“. Die nach Amberg ebenfalls berufenen sämtlichen Stände, Landsassen und Beamten der Oberpfalz leisteten diese Interims- oder Huldigungspflicht vorbehaltlich eines Vergleichs zwischen dem Kaiser und dem Pfalzgrafen, der ihr Erbhuldigungsherr sei. Sie handelten in Notwehr, jedoch ohne feindliche Absichten. Unter Berufung auf den kaiserlichen Verkaufsrezeß von 1628, der die Privilegien und Freiheiten der Stände für erloschen erklärte, diese der „freien Disposition“ und Verordnung des Landesherrn unterstellte und die Behandlung derselben ihm anheimgab, gewährte Maximilian I. der Ritterschaft und dem Adel der Oberpfalz, als der führenden Oberschicht des politisch handelnden Volkes im Lande, begrenzte Rechte, nachdem sie ihm gehuldigt hatten. Er sagte ihnen das Inkolat zu, d. h. die Besetzung der Ämter und Pflegen mit oberpfälzischen Landeskindern, was damals eine Hauptforderung der Stände war; er bestimmte den Hofrat und die Regierung zu Amberg als Gerichtsstand des

Die Grenz

Adels und gewährte dem von *ihm* anerkannten Ritterstand und Adel (Landtafel!) als landesherrliches *Privileg* die Hofmarksgerechtigkeit und Edelmannsfreiheit. Die Landschrannengerichtsbarkeit über Grund und Boden behielt er den Landgerichten des Territorialherrn vor. Maximilian befahl eine ausführliche Landesbeschreibung über Hofmarken, Adelssitze, einschichtige Güter anzufertigen.

In der pfälzischen Oberpfalz gab es aber nicht nur ein sehr lebendiges und aktives Bewußtsein des politisch-handelnden Volkes, also der ständischen Repräsentation, sondern dieses pfälzische Nebenterritorium hatte auch eine sehr wirksame und für damalige Verhältnisse wohlorganisierte Verwaltung. In seinem Buch „Calvinismus und Territorialstaat" hat Volker Press zwar nicht die Administration des Territorialstaates Obere Pfalz analysiert, aber immerhin doch soviel erkennen lassen, daß das pfälzische Hauptland am Rhein zwar noch besser organisiert war, daß wir aber die eigentlich entscheidenden und aufschlußreicheren archivalischen Quellen für die Oberpfalz zur Verfügung haben. Das Leben der Untertanen, der Ausbau des Territoriums, die Tätigkeit der Behörden waren durch eine intensive gesetzgeberische Tätigkeit, durch zahlreiche Edikte, Mandate, Ordnungen im 16./17. Jahrhundert hier geregelt. Neben Herkommen und Gewohnheit waren das römische Recht und das gebildete Beamtentum gelehrter Räte in der Ober- wie der Unterpfalz getreten, fast kann man sagen, daß alle großen pfälzischen Beamten, Camerarius eingeschlossen, ihr Lehrstück in der Oberpfalz gemacht haben. Bayern, Württemberg, Hessen hatten zu damaliger Zeit einen sehr hohen Standard von Regierung und Administration erreicht und dazu zählte auch die Kurpfalz mit ihren Nebenländern. Man braucht nur an die kurfürstliche Landesordnung von 1582 zu erinnern, an deren Abfassung der Vizehofrichter Dr. Nikolaus Cisner aus Mosbach beteiligt war, der übrigens die erste unzensierte Ausgabe der Baierischen Chronik Aventins damals in Basel ermöglicht hat. Die Oberpfalz hatte zeitweilig zwei Kanzleien, in Amberg wie in der Nebenresidenz Neumarkt. Über die Entwicklung in der Oberpfalz unterrichtet uns ziemlich gut ein Amberger *Kanzleihandbuch*, das eine ganze Anzahl von Ordnungen der Oberpfälzer Zentralbehörden zwischen dem ausgehenden 15. Jahrhundert und der bayerischen Okkupation im Dreißigjährigen Krieg enthält (HStA. Obpf. 100 und HStA. Obpf. Urk. 551). In der Oberpfalz galt die rheinpfälzische Hofgerichtsordnung von 1573, auf Grund deren die neue oberpfälzische erlassen war, die 1598 im Rahmen der Landesordnung erschien und 1606 nochmals gedruckt wurde. Auf diesem Wege setzten sich Reichskammergericht und römisches Recht im oberpfälzischen Landesteil durch.

Wenn ich nach einer kurzen Skizze des hohen wirtschaftlichen, gesellschaftlichen, politischen und staatlichen Niveaus der Oberen Pfalz unter der Herrschaft der pfälzischen Kurfürsten nochmals zur oben gestellten Sinnfrage dieser Ausstellung und Feier zurückkehre, dann kann meine Antwort nun viel konkreter, intensiver und aktueller als bei der Verpfändung des Egerlandes sein. Weil die Oberpfälzer, zunächst die Stände und dann das sich auf alle Stände und Klassen ausdehnende politische Volk der Oberpfälzer an den altbayerischen Staat sich nicht nur gewöhnt, sondern ihm angeschlossen und sich so mit ihm identifiziert haben, weil auch das heute erwachte und geschichtlich relevante Bewußtsein der Oberpfälzer sowohl die sprachlich-kulturelle wie die politisch-staatliche Gemeinschaft mit Bayern in keiner Weise in Frage gestellt wurde und wird, deshalb hat es seinen guten Grund, heute die 350jährige Wiederkehr des Kaufes der Oberen Pfalz durch den kurfürstlichen Landesherrn zu feiern und sich auch in Amberg bayerisch zu fühlen und es ehrlich zu sein. Dem tut es keinen Abbruch, daß man eine historisch eigenartig geprägte Region mit eigener Geschichte, eigener Gesellschaftsentwicklung und Kultur, eigener Mentalität und selbstbewußter Haltung ist. Oberpfälzische Geschichte kann man nicht nur von München und der Zentrale her analysieren und deuten. Sie hat ihr eigenes Gewicht, folgt ihren eigenen historischen Gesetzen, Oberpfalz ist eine eigene historische Region, die lebt; man kann sie auch nicht nur als Hofhistoriographie begreifen, sondern als das Schicksal von Menschen in ihrem Lande.

Der Westfälische Friede von 1648 hat gleichsam wie in einem „Verfassungsstatut" entsprechend der Struktur des Alten Reiches die staatsrechtliche Situation der bayerischen Oberpfalz festgelegt. Nach einer allgemeinen Amnestieerklärung für die Taten und Untaten aller am Krieg Beteiligten und einer allgemeinen Restitution aller Gebiete, Lehen, Afterlehen, Allodialgüter, Würden, Freiheiten, Rechte an die alten Inhaber mit dem Vorbehalt des Obereigentums und des Nutzeigentums wurde die *„Pfälzische Angelegenheit"* vor allem in der Weise geordnet, daß die pfälzische Kurwürde an die bayerischen Wittelsbacher übergehen solle, dazu die ganze Oberpfalz mit der Grafschaft Cham, die lange Pfand gewesen war. Dafür verzichtete Kurfürst Maximilian I. nochmals auf Oberösterreich und die ihm geschuldeten 13 000 000 Gulden und gab alle diesbezüglichen Urkunden dem Kaiser zurück. Es wird eine achte Kurwürde für die pfälzischen Wittelsbacher neu errichtet und Pfalzgraf Karl Ludwig und seinen Erben Rudolfinischer Linie übertragen, die dafür auf alles verzichten, was Kurfürst Maximilian und der ganzen Wilhelminischen Linie mit der Kurwürde gegeben wurde. Die pfälzischen Wittelsbacher aber erhalten die ganze Unterpfalz = Pfalz am Rhein nach dem Stande vor den böhmischen Unruhen mit allen Akten und Archivalien zurück. Für den Fall, daß der Mannesstamm der bayerischen Wittelsbacher Wilhelminischer Linie ausstürbe und die pfälzische Linie überlebte, sollten an letztere die Oberpfalz und die Kurwürde zurückfallen und damit die achte Kurwürde wieder aufgehoben sein; doch sollten bei einem solchen Rückfall der Oberpfalz an die Pfalzgrafen den bayerischen Allodialerben ihre dortigen Rechte unangetastet bleiben. Ausdrücklich werden das ganze pfälzische Haus und seine Freunde, vor allem seine Beamten und alle vertriebenen Pfälzer in die allgemeine Amnestie aufgenommen, wofür Kurfürst Karl Ludwig und seine Brüder dem Kaiser Treue und Gehorsam geloben und auf die Oberpfalz zu Lebzeiten des wilhelminischen Mannesstammes verzichten. Der Kaiser nimmt ausdrücklich die Augsburgischen Konfessionsverwandten = Lutheraner in der kalvinischen Kurpfalz in seinen Schutz, garantiert ihnen den Status quo von 1624, gewährt ihnen die öffentliche Ausübung ihrer Konfession. Das Friedensinstrument von 1648 Artikel V erklärt den Passauer Vertrag von 1552 sowie den Augsburger Religionsfrieden von 1555 und seine Erneuerungen seit 1566 als gültige Rechtsgrundlage für alle Streitigkeiten der Reichsstände beider Konfessionen; der 1. Januar 1624 wird zum Lauftermin für die Wiederherstellung in geistlichen und weltlichen Dingen erklärt. Den Reichsständen beider Konfessionen wird weiter das ius reformandi garantiert für alle mittelbaren Grafen, Freiherrn, Edelleute, Vasallen, Städte, Stifter, Klöster, Komtureien, Gemeinden und Untertanen, die ihnen, gleich ob geistlich oder weltlich, unterstellt sind. Diejenigen Untertanen, die von der Religion des Landesherrn abweichen, und bislang die *„Wohltat der Auswanderung“* genossen, sollen von den Landesherren toleriert werden und diese es unterlassen, fremde Untertanen zu ihrer Religion herüberzuziehen, sie in Schutz zu nehmen oder sonstwie Vorschub zu leisten. Die lutherischen Landsassen, Vasallen und Untertanen katholischer Stände, die 1624 der Augsburgischen Konfession anhingen, vermöge Vertrag, Privileg, altem Herkommen oder der Rechtsübung des Jahres, sollten in ihrer Konfession mit allem Zubehör garantiert sein; als Zubehör galten Konsistorien, Schul- und Kirchenämter, Kirchensatz, Kirchen, Stifter, Klöster und Spitäler. Den protestantischen Untertanen von Katholiken und den katholischen Untertanen von Protestanten, die 1624 ihren Glauben weder öffentlich noch privat ausüben durften, und allen, die nach dem Frieden von Osnabrück 1648 eine andere Religion als ihr Landesherr bekennen oder annehmen wollen, wird private Ausübung ihrer Religion, also *beschränkte Religionsfreiheit* gewährt, unbeschadet des gebührenden Gehorsams solcher Landsassen, Vasallen, Untertanen gegenüber ihren Landesherrn; es wird ihnen auch die „Ehrlichkeit“ ihrer Konfession im fremdkonfessionellen Gebiet zugesichert. So wurden die Entscheidungen des Schwertes, der Macht in rechtliches Gebot und Verbot umgewandelt, das im Westfälischen Frieden sogar international garantiert wurde; so war die Oberpfalz aus einem pfälzisch- ein bayerisch-wittelsbachisches Territorium, aus einem kaiserlichen Kriegspfand ein gewandeltes Territorium mit eigener Regierung, aber unter neuem Landesherrn geworden. Und nicht nur das, aus einem kalvinischen Land ein solches mit ausschließlicher Katholizität, wie es der ganze altbayerische Territorialstaat war.

Lassen Sie mich nun noch auf zwei unmittelbare Folgen und Konsequenzen die ser Eingliederung in „Bayern“ kurz hinweisen, die ausgesprochen und diskutiert werden müssen, gerade angesichts der hier ausgestellten Dokumente, um ein ehrliches und bereinigtes bayerisches Bewußtsein der Oberpfalz und Oberpfälzer gerade in der neuen aktuellen Phase politischer Bewußtwerdung für alle Zukunft zu sichern. Geschichte wirkt viel länger, als kurzlebige Menschen meinen. Entgegen früherer Auffassung, daß die durch die Hammervereinigung vertretene oberpfälzische Eisenindustrie schon im 16. Jahrhundert zu verfallen begonnen hatte infolge veralteter Methoden, hat F. M. Reß gezeigt, daß 1596 und 1611 an Amberger Eisenerzen noch 121 000 bzw. 136 000 Tonnen gefördert worden seien. Der Dreißigjährige Krieg aber vernichtete in der Oberpfalz Bergbau und Eisenindustrie fast völlig und die Kriegshandlungen 1633/1634 rafften fast ein Drittel der Bevölkerung dahin. Die Ausweisungen der Kalviner und Protestanten in der Kuroberpfalz und im Herzogtum Sulzbach dezimierten die oberpfälzische Führungsschicht des Landsassen-Adels und der dem städtischen Patriziat angehörenden Hammerherren, also die intellektuelle und wirtschaftliche Laienoberschicht, aber auch viele Fachleute des Berg- und Hüttenwesens. Kurfürst Maximilian versuchte schon während des Krieges den Verfall der Wirtschaft zu steuern, aber ohne Erfolg. Zwar befahl er 1628 den Gewerken des Erzberges den verstärkten Abbau des Eisenerzes, aber die Stadt Amberg hatte ihre Initiative verloren und überließ dem Landesherrn das Bergwerk auf dem Erzberg zur Gänze und betrieb nur mehr eine kleine Grube; 1632 wurde in Amberg ein kurfürstlicher Bergdirektor für die oberpfälzischen „Berg- und Hammerwerksachen" eingesetzt. Die Hammereinigung wurde wirkungslos und 1626 nicht wieder erneuert. 1631 mußte man die Zinnblech-Handelsgesellschaft auflösen, ihre im gleichen Jahr begründete Nachfolgerin blieb ohne Bedeutung, weil das in der Oberpfalz erzeugte Rohblech nach Wunsiedel zum Verzinken ging wegen der dortigen höheren Preise. Die Weißblechindustrie sowie die Gruben und Hämmer im zentralen Fichtelgebirge überlebten besser die Krise des Krieges. Aber in der Oberpfalz, die durch den Krieg verwüstet, entvölkert, geplündert, ausgehungert war, konnte sich das Berg- und Hüttenwesen nicht mehr erholen; seit 1650 betrieb die Stadt Amberg keinen Bergbau mehr und der Erzberg wurde landesherrliches Regal, also der größte Teil der Eisenproduktion verstaatlicht. Am Ende stellte der kurfürstliche bayerische Bergbeamte Johann German Barbing 1665 den vollständigen Zusammenbruch der Oberpfälzer Eisenindustrie fest und berichtete, daß von den 83 Schienen-, Blech- und Drahthämmern im Jahre 1665 nur mehr 29 in Betrieb waren und die übrigen 54 öde lagen. Die Folge der katastrophalen Verarmung und Entvölkerung der Oberpfalz durch den Krieg war eine dirigistische Verstaatlichung von Wirtschaft und Leben und ein ziemlich perfektes absolutisches Herrschaftssystem in neueroberten Land.

Neben dem wirtschaftlichen Niedergang der Oberpfalz im 17. Jahrhundert war kein Ereignis der neueren Geschichte auch nur annähernd so einschneidend für das Land wie die Wiedereinführung des katholischen Glaubens in den 20iger Jahren dieses Jahrhunderts. Die Gegenreformation wirkte nachhaltigst in alle Lebensbereiche der Menschen hinein, sie war der tiefste Umbruch in diesem Lande. Diese Aktion hatte zunächst nur politische und konfessionelle Bedeutung, jedoch verwandelte sie auch die in den reformatorischen Kirchenordnungen seit mehr als zwei Menschenaltern festgelegten religiösen Grundmaximen und gab neue Leitlinien für Erziehung und Unterricht, in den damaligen Worten für die „*Reform*" der Schulen. Die Gegenreformation veränderte auch die Gesellschaft. Man kann es nicht unterschätzen, daß intellektuell, wirtschaftlich-gewerblich höchst aktive Kräfte aus Glaubensgründen das Land verlassen mußten. Für viele Gebiete der Oberpfalz wirkte sich die Abschließung von der lutherischen Nachbarschaft, die Abschnürung vom Land der Markgrafentümer, von Nürnberg, der Großstadt mit den mannigfachsten wirtschaftlichen Verbindungen spürbar aus; die wirtschaftliche Bedeutung der großen Reichsstadt für die Oberpfalz seit dem Spätmittelalter kann gar nicht hoch genug eingeschätzt werden. Das gleiche galt für die lebendigen Beziehungen wirtschaftlich-personell-geistiger Art nach Bayreuth, Kulmbach, Hof, Leipzig, Halle, Jena, wo Oberpfälzer genauso studierten wie in Heidelberg. Diese Abschnürung unserer Region vom reformatorischen Deutschland konnte nicht ganz wettgemacht werden durch die Eingliederung in den wittelsbachisch-bayerischen Herrschafts-, Wirtschafts-, Konfessionsverband. Die Oberpfalz wurde wirklich zu einem Nebenland, wie sie es unter pfälzischer Regierung nicht gewesen war, und Amberg, vor allem aber München wurden die allmächtigen Regierungszentralen. Man könnte nun freilich diese unumstößlichen historischen Feststellungen dadurch abschwächen, daß man sagte, es sei dies alles nicht so schlimm, da die Oberpfälzer ja nur wieder zu ihrem angestammten katholischen Glauben, wenn auch etwas gewaltsam, zurückgeführt wurden. Doch verliert dieser Einwand an Wert, wenn man sich daran erinnert, daß in der Oberpfalz — übrigens genau so wie in den altbayerischen Diözesen Freising und Passau — eine sehr starke evangelische Volksbewegung sich entfaltete, aber anders als in Altbayern bereits wenige Jahrzehnte nach Luthers Auftreten (1517) sich erfolgreich durchzusetzen begann. Es war das oberpfälzische *Volk* in den acht Gezirkstädten Amberg, Auerbach, Cham, Kemnath, Nabburg, Neumarkt, Neunburg v. W. und Weiden, das 1538 Kurfürst Ludwig V. und seinen Bruder Pfalzgraf Friedrich, den Statthalter der Oberpfalz, bat, ihnen die Anstellung evangelischer Prediger zu gestatten. Landeskirchenherrlich vollendete Kurfürst Ottheinrich zuerst im Fürstentum Neuburg-Sulzbach und dann in der Kuroberpfalz das Reformwerk mit dem Verbot der katholischen Religionsausübung in seinem Lande auf Grund des Reichsrechtsgrundsatzes „cuius regio eius et religio“ und verfügte über Bekenntnis und Gewissen seiner Untertanen. Er erließ die Kirchenordnung von 1556, setzte in Amberg einen evangelischen Kirchenrat ein und übertrug diesem die Aufsicht über das Kirchen- und Schulwesen. Es ist Tatsache, daß sich damals viele schwer von den Formen des alten Glaubens trotz evangelischer Neigungen trennten. Doch dieser Entschluß war dann fest und als man unter Kurfürst Friedrich III. (1559—1576) mit härtesten Mitteln versuchte, das Volk zum Kalvinismus, der Lehre des Genfer Reformators Calvin, zu bringen, erhob sich in der ganzen Oberpfalz leidenschaftlichster Widerstand. Als nach der kurzen Zwischenregierung des lutherisch gesinnten Kurfürsten Ludwig VI. (1576—1583), dies noch einmal wiederholt wurde, brachte dies dem Lande Unglück und verursachte den Oberpfälzern schwerste Gewissensbisse. In Amberg, Neumarkt, Tirschenreuth und Nabburg kam es zu blutigen Szenen. Die meisten Oberpfälzer hatten sich *freiwillig* zum Luthertum bekannt, das vom Landesherrn ihnen aufgezwungene kalvinische Bekenntnis blieb ihnen immer fremd. Bürger und Bauern verwahrten sich gegen kalvinische Bilderstürmerei, gegen Abschaffung der Zeremonien. Doch half schließlich kein Protest gegen die neue auf Calvins Lehren aufgebaute Kirchenordnung von 1563. Aber bei der Kirchenvisitation von 1579/80 stellte sich heraus, daß der Kalvinismus Friedrichs III. im Lande kaum Spuren hinterlassen hatte. Doch die vormundschaftliche Regierung des eifrigen Kalviners Johann Kasimir versuchte mit reformierten Geistlichen und Beamten erneut das reformierte Bekenntnis gegen die lutherischen Prädikanten und den Protest des Landtages durchzusetzen. Nach Kasimirs Tod (1592) wollte Kurfürst Friedrich IV. den Kalvinismus endgültig institutionell festigen. Das Luthertum saß aber tiefer, als die Herren oben glaubten, und das änderte sich auch nicht unter Friedrich V. (1610—1621). Das Jahrhundert der Reformation von 1520 bzw. 1538 bis 1625 in der Oberpfalz war geprägt durch dauernde Auseinandersetzungen des unentwegt zum Luthertum haltenden Volkes mit den reformierten Kurfürsten. Seit

Ottheinrichs Tod 1559 kämpften die oberpfälzischen Städte jahrzehntelang mit ihrem Landesherrn um Glaubensfreiheit. Deshalb waren hier die Voraussetzungen für die Rekatholisierung nicht sehr günstig; denn die Bevölkerung war durch die Pressionen der reformierten Landesherrn hellhörig geworden und hatte standhaft die Eingriffe in ihr Gewissen und ihre Freiheit abgewehrt, kritische Geister vertraten in Amberg und Heidelberg mutig die Gesinnung ihrer Gemeinden, die an den lutherischen Kirchenordnungen festhalten wollten, aber auch am religiösen Brauchtum und den Kultformen der alten Kirche insgeheim festhielten. Deshalb lehnten diese Oberpfälzer auch die katholische Zumutung des bayerischen Kurfürsten ebenso einhellig ab. Doch wollte man keinen Zusammenstoß mit der neuen Landesherrschaft. Man wich vielfach erst roher Gewalt und der Drohung mit härtesten Maßnahmen. Gemessen an der Gesamtbevölkerung war die Zahl der Emigranten klein, aber es waren führende Köpfe, die gingen. Der Umbruch war schwer, aber aus dem erzwungenen Glaubenswechsel entwickelte sich doch in wenigen Jahrzehnten ein überzeugter und innerlich geschlossener Katholizismus. Die Leiden des dreißigjährigen Krieges haben zweifellos das Ihrige dazu getan. Die Widerstandskraft der Überlebenden war gebrochen. Die Drangsale der Einquartierungen, Plünderungen, Großfeuer, Raub, Mord, Pest ließen die Bedenken gegen den Konfessionswechsel in den Hintergrund treten, man flüchtete zu den Tröstungen einer Religion wie die Deutschen nach 1945, und man darf schließlich auch nicht vergessen, daß die Oberpfälzer den Kalvinismus ihrer pfälzischen Landesherrn ablehnten. Nach dessen Niederlage aber blieb mindestens seit 1628 nur ein katholischer Landesherr für die oberpfälzischen Lutheraner mit katholischen Kultformen und Neigungen übrig, dem sie sich kraft Reichsrecht und in aussichtsloser konfessioneller Lage unter dem Druck äußerer Verhältnisse und Krisen fügten. Der länderlose Winterkönig hatte die bayerischen Truppen nicht hindern können, die Oberpfalz zu besetzen; lange bevor Maximilian beim Kaiser die Vereinigung der oberpfälzischen Region mit seinem bayerischen Landesstaat durchsetzte (1628), hatte er schon die planmäßige Rekatholisierung begonnen, wie ihm sein Gewissen gebot und Reichsrecht wie kaiserlicher Kaufvertrag nachträglich zubilligten. Den Grund für den Glaubenswechsel legten seit 1622 von Amberg ausgehende Verwaltungsmaßnahmen und eine gezielte Personalpolitik. Die vor allem zu diesem Zwecke berufenen Jesuiten waren bemüht, lieber mit Hilfe zu überzeugen, als mit Härte zu erzwingen. Trotzdem bleiben *Luthertum* und Kampf um Religionsfreiheit eine große Epoche der oberpfälzischen Geschichte, ihres Volkes und seiner Stände. Wer sich aber in der Konfessionsfrage und im Kampf um seine geistige Freiheit nicht durchsetzt, ist verdammt sich politisch und herrschaftlich unterwerfen zu müssen. Das mußten die altbayerischen wie die oberpfälzischen Stände erfahren. Weil sich die Stände in England Religionsfreiheit gegen den Absolutismus ihrer katholischen Könige aus dem Hause Stuart erkämpften, darum wurde England das Mutterland der Parlamentarischen Demokratie.

Die *Wirklichkeit* ist die Wahrheit des Historikers; sie muß er an den Spuren, die die Ereignisse hinterlassen, rekonstruieren. Wirklichkeit des Historikers ist auch identisch mit „Logik der Tatsachen“, die es ihm gestattet, Gegenwart zu verstehen und Zukunft zu greifen. Der Historiker ist kein Prophet und Geschichte für die oberflächlichen Menschen des Alltags keine Lehrmeisterin, außer sie schlägt hart zu, wie auch in unseren Tagen; jedoch gibt sie Aspekte und Anregungen, Gegenwart und Zukunft besser zu verstehen, wenn sie den Menschen in den Mittelpunkt ihrer Analyse stellt, den Handelnden wie den Leidenden, das Individuum wie die Gesellschaft, die Regierer *und* die Beherrschten = das Volk. Eine zukünftige Geschichte der Oberpfalz muß man vom Volk her und für das Volk schreiben. Am Anfang der bayerischen Geschichte der Oberpfalz stehen nicht Jubel und eitel Glück. Weil sie durch Leiden und Tränen, harte Entscheidungen und auch Sichbeugen geprägt ist, wurde sie vielleicht gerade darum so standhaft bayerisch und so bewußt oberpfälzisch.

Quellen:

1) Münchener Vertrag vom 8. 10. 1619 zwischen Kaiser Ferdinand und Herzog Maximilian von Bayern über den katholischen Oberbefehl. Original. HStAM. 30jähriger Krieg. Akten Nr. 11 ff. — Briefe und Akten NF 1, Teil 1. Nr. 130 E.
2) Geheime Belehnung Kf. Maximilians I. mit der pfälzischen Kur vom 21./22. 9. 1621. Briefe und Akten NF I, 2.
3) Gebot des Kaisers an die oberpfälzischen Stände, Herzog Max als kaiserlichem Kommissar zu huldigen. Wiltmeister, Churpfälzische Kronik S. 264 ff. (vgl. Riezler 5. S. 200 ff.).
4) Übertragung der Kur auf Maximilian I. 24. 2. 1623. Briefe und Akten I. Nr. 18. S. K. Zeumer Nr. 196.
5) Tausch zwischen Oberpfalz und Land ob der Enns vom 22. 2. 1628. Lünig, Reichsarchiv 5. S. 695 ff.
6) Rechte des oberpfälzischen Adels. 28.11. 1629. Generaliensammlung A 88/4. S. 945 ff. Nr. III.
7) Westfälischer Friede. 24. 10. 1648. IPO. Art. 4. Pfälzische Sachen. Quellenschriften der Universität Bern lat. und deutsch. ed. K. Müller, Quellen zur neueren Geschichte. Bern 1949.

Literatur (ausgewählt):

Albrecht, D.: Die deutsche Politik Papst Gregors XV (1956); Ders.: Die auswärtige Politik Maximilians von Bayern 1618—1635 (1962).

Bireley, R.: Maximilian von Bayern, Adam Contzen S. J. und die Gegenreformation in Deutschland 1624—1635 (1975).

Doeberl, M.: Entwicklungsggeschichte Bayerns I (1916) 477 ff.

Gindely, A.: Friedrich V. von der Pfalz, der ehemalige Winterkönig von Böhmen, seit dem Regensburger Deputationstag im Jahre 1622 bis zu seinem Tode = Abh. d. Böhm. Ges. d. Wiss. 6. Folge. 12. Bd. (Prag 1885) 1—32.

Nickelmann, V.: Beitrag zur Darstellung der Entwicklung der eisenschaffenden Industrie in der Oberpfalz, in VHO 97 (1956) 13—162.

Polišensky, J. - Hroch, M.: Die böhmische Frage und die politischen Beziehungen zwischen dem europäischen Westen und Osten zur Zeit des Dreißigjährigen Krieges, in Obermann, K.: Probleme der Ökonomie in den Beziehungen zwischen Ost- und Westeuropa vom 17. Jh. bis zur Gegenwart (Berlin 1960) 23—56.

P r e s s , V.: Calvinismus und Territorialstaat. Regierung und Zentralbehörden der Kurpfalz 1559—1619 (1970).

R e s s , F. M.: Geschichte der wirtschaftlichen Bedeutung der oberpfälzischen Eisenindustrie von den Anfängen bis zur Zeit des Dreißigjährigen Krieges, in VHO 91 (1950) 1—186; D e r s.: Unternehmungen, Unternehmer und Arbeiter im Eisenbergbau und in der Eisenverhüttung der Oberpfalz 1300 bis um 1630, in Schmollers Jb. 74 (1954) 561—618.

S c h e r t l , Ph.: Die Amberger Jesuiten im ersten Dezennium ihres Wirkens (1621—1632) I. Teil = VHO 102 (1962) 101—194; II. Teil = VHO 103 (1963) 207—350.

S c h r e m m e r , E.: Wirtschaft (der Oberpfalz), in Spindler, Handbuch III. 2 (1971) 1371 ff.

S c h n e l b ö g l , F.: Auerbach in der Oberpfalz. Aus der Geschichte der Stadt und ihres Umlandes (1976).

S p e r l , A.: Der oberpfälzische Adel und die Gegenreformation, in Vjschr. f. Wappen-, Siegel- und Familienkde. (Herold) XXVIII (1930) 339—487.

V o l k e r t , W.: Oberpfalz. Politische Entwicklung vom 12. bis zum 18. Jhdt., in Spindler, Handbuch III. 2 (1971) 1249 ff.

W e i g e l , H.: Franken, Kurpfalz und der Böhmische Aufstand 1618—1620 I. Teil: Die Politik der Kurpfalz und der evangelischen Stände Frankens Mai 1618 bis März 1619 (1932).

W e i s s , E.: Die Unterstützung Friedrich V. von der Pfalz durch Jakob I. und Karl I. von England im Dreißigjährigen Krieg (1618—1632) (1966).

Zum Schluß verweise ich auf den schönen Katalog der Amberger Ausstellung „Die Oberpfalz wird bayerisch. Die Jahre 1621 bis 1628 in Amberg und der Oberpfalz“, die vom 24. Februar bis 12. März 1978 gezeigt wurde. Ich mache besonders auf die historischen Erläuterungen und Texte von Karl Otto Ambronn aufmerksam, die mir erst nach meinem Vortrag zur Kenntnis kamen.

DAS KURPFÄLZISCHE TERRITORIUM „OBERE PFALZ"*

In der Vorrede zu seinem „Versuch einer pragmatischen Staatsgeschichte der Oberpfalz, seitdem sie Oberpfalz heißet", 1799 in München bei Joseph Lentner verlegt, hat Johann Georg Feßmeier [1], der Rechte Licentiat und späterer Professor an der Universität Landshut, den Satz geschrieben: „Doch bei allem Interesse und Reichtum der Begebenheiten hat es noch kein Oberpfälzer gewaget, die Geschichte der Oberpfalz zu liefern. So was scheint allerdings unbegreiflich, wenn man bedenkt, daß „unermüdete Aemsigkeit", als Hauptzug im Charakter der Oberpfälzer auch von Ausländern gerühmt wird. Zudem ist die Oberpfalz das Mutterland der größten Geister. Es ist wahr, was der unsterbliche Oefele (in praefatione ad Monumenta Reichenbacensia: in Scr. rerum boic. T. I p. 400) schreibet: die Oberpfalz hat in jedem Fache der Gelehrsamkeit Wunder (prodigia) geliefert." „Auch Baierns Geschichtsschreiber, vortrefflich in Ihrer Zahl, vortrefflich in ihrem Gehalte, verlieren sich nur im Vorbeigehen zu weilen auf die linken Ufer der Donau, und würdigen dieses einheimische Land keiner vollständigen Übersicht. Noch weit mehr sehen die Historiker der Rheinpfalz die Obere als außer ihrer Sphäre gelegen an." Im ganzen ist es 160 Jahre nach Feßmaier, trotz der Blütezeit, die die Geschichte erlebt hat, mit der Geschichte der Oberpfalz noch nicht viel besser bestellt, als zu seinen Zeiten, wenn auch einige Probleme ihrer Frühzeit z. B. erörtert wurden. Nicht einmal einer der größten bayerischen Historiker, der selber Oberpfälzer aus dem Waldsassener Stiftsland war, Michael Doeberl [2], hat in unserem Jahrhundert dieses Desideratum erfüllt. Es blieb bei seinem Gymnasialprogramm über die Markgrafschaft auf dem bayerischen Nordgau, das unterdessen auch widerlegt ist [3]. Lediglich der fränkische Edelmann Erich Freiherr von Guttenberg,

---

* Es gelangt hier ein Vortrag zum Abdruck, den der Verfasser im Institut für historische Landeskunde von Rheinland-Pfalz an der Universität Mainz am 10. Januar 1963 gehalten hat.

[1] Feßmaier wurde, wie er selbst im zweiten Bändchen seiner Staatsgeschichte (1803) schreibt, auf Grund des ersten Bändchens zur Lehrstelle der pfalz-bayerischen Erbstaatengeschichte an der Universität Landshut ernannt. Feßmaier war gebürtiger Oberpfälzer aus Amberg.

[2] Vgl. Müller, K. A. v.: Michael Doeberl (Oberpfälzisches Heimatbuch ³1950) 822—826; die Studien von Michael Doeberl zur oberpfälzischen Geschichte sind: Reichsunmittelbarkeit und Schutzverhältnisse der ehemaligen Zisterzienserabtei Waldsassen in den ersten drei Jahrhunderten ihres Bestehens, 1887; Die Landgrafschaft der Leuchtenberger, eine verfassungsgeschichtliche Studie, 1893; Die Regesten und Urkunden zur Geschichte der Diepoldinger Markgrafen, 1894; Die Markgrafschaft und die Markgrafen auf dem bayerischen Nordgau, 1894.

[3] Bosl, K.: Die Markengründungen Kaiser Heinrichs III. auf bayerisch-österreichischem Boden (ZBLG 14) 1943/44, 177—247.

Ordinarius für fränkische Landesgeschichte an der Universität Erlangen, hat im größeren Zusammenhang des nationalsozialistischen Gaues Bayerische Ostmark, der so ziemlich die heutigen Regierungsbezirke Oberfranken, Oberpfalz und Niederbayern, das Land an der böhmischen Grenze, umfaßte, die mittelalterliche Geschichte dieses von 1329—1628/9 teilweise kurpfälzischen Territoriums mitgeschrieben [4]. So versucht denn abermals ein Oberpfälzer aus dem seiner Mundart und Volkskultur nach schon niederbayerischen Südostzipfel dieses Landes, aus Cham, die rheinpfälzische Zeit der erst seit dem 15. Jahrhundert sogenannten Oberen Pfalz in ihren staatlich-politischen und geistig-religiösen Beziehungen und Hauptphasen auszuarbeiten [5].

Wenn wir heute vom „kurpfälzischen Territorium der Oberen Pfalz" sprechen, dann ist der historische Tatbestand, den wir betrachten, am stärksten symbolisiert im Namen des Landes selber, das damit eine legitime, aus dreihundertjähriger Geschichte gerechtfertigte Kennmarke erhalten hat. Es müßte sonst weiter den archaischen Namen „Nordgau" getragen haben. Im Namen schon hat die räumlich weit getrennte, aber durch das gemeinsame Fürstengeschlecht der pfälzischen Wittelsbacher Rudolfinischer Linie lange Zeit verbundene Oberpfalz, heute ein Regierungsbezirk des Freistaates Bayern, der eben sein 125jähriges Jubiläum feiert, Anteil an der Pfalz und ihrer reichbewegten Geschichte. Das weltgeschichtliche Wanderwort Palatium, dessen Heimat auf dem römischen Palatin mit seinen Kaiserpalästen ist, hat vom karolingischen Aachen aus, dem Verwaltungssitz der lothringischen Pfalzgrafen, seinen Siegeszug durch Deutschland angetreten, kam zunächst an den Rhein und gab einem Stadtteil von Zülpich den Namen „Palenza" und in der Eifel einer kleinen Landschaft die Bezeichnung „Pellenz"; auf der Wanderung rheinaufwärts blieb das Wort an der Heidelberger Gegend und links des Rheins bis heute haften. Dynastische Verbundenheit brachte den Namen seit

---

[4] Guttenberg, E Frhr. v.: Die politischen Mächte des Mittelalters (8.—14. Jahrhundert). (Gau Bayreuth) [2]1943, 214—275.

[5] Außer der bereits oben angezogenen Studie befassen sich folgende Arbeiten von Karl Bosl mit der Geschichte der Oberpfalz:
Das Nordgaukloster Kastl (Gründung, Gründer, Wirtschafts- und Geistesgeschichte). (VHO 89) 1939, 3—186.
Die Reichsministerialität als Träger staufischer Staatspolitik in Ostfranken und auf dem bayerischen Nordgau (Jb. d. Hist. Ver. f. Mittelfranken 69) 1941.
Die Reichsministerialität der Salier und Staufer. Ein Beitrag zur Geschichte des hochmittelalterlichen deutschen Volkes, Staates und Reiches, 2 Bände (Schriften der MGH 10) 1950/51.
Die Entwicklung in Ostbayern bis zur Eingliederung in den wittelsbachischen Landesstaat (Bayerland 55) 1953, 284—288.
Einleitung zum Handbuch der historischen Stätten Deutschlands, Bd. 7 Bayern, hrsg. v. K. Bosl, Stuttgart 1961, XV—LXXI.
Aus den Anfängen moderner staatlicher Denkmals- und Kulturpflege in Bayern. Die Denkmäler Regensburgs (Aus Bayerns Frühzeit, Festschrift Friedrich Wagner hrsg. v. Joachim Werner) 1962, 1—43.
Kulturströme und Kulturleistung der bayerischen Oberpfalz (Festvortrag zum 125jährigen Jubiläum des Regierungsbezirks Oberpfalz). (125 Jahre Regierungsbezirk Oberpfalz) 1963, 29—50.

dem 14. Jahrhundert auf den bayerischen Nordgau. Aber erst im 16. Jahrhundert bildete sich der heute geläufige Begriff „Oberpfalz“ aus.

Der Hausvertrag von Pavia vom 4. August 1329 schied das seit 1214 auch rechts- und linksrheinische Gebiete umfassende Territorialherzogtum Bayern in einen bayerischen und einen pfälzischen, rheinischen Teil. Zum pfälzischen Teilherzogtum mit der Hauptstadt Heidelberg wurde noch der größere Teil des Vitztumamtes Lengenfeld (Burglengenfeld) auf dem alten bayerischen Nordgau geschlagen. Über zwei Jahrhunderte nannten die Kurfürsten der Pfalz ihr nordgauisches Zubehör, das unter einem Viztum mit dem Sitz in Amberg stand, „Die (unsere) Pfalz in Baiern (gelegen)“, „Unsere Pfalz gein Amberg“, „Das Land zu Baiern zu der Pfalz gehörig“, „Der Pfalz Land zu Baiern“. Noch 1518—1521 lautete der Titel Ludwigs von Eyb „Großhofmeister der Pfalz in Baiern“. Neben diesem pfälzischen gab es weiter einen bayerischen Teil des Nordgaus, der meist bezeichnet wurde als „Unser Land zu Baiern jenhalb Tunau“. Pfalz hieß also nur ein Teil des Nordgaus. Die Heidelberger Kurfürsten reisten „herauf von Heidelberg“ oder „von dem Rhein herauf“ und sie kehrten zurück „hinab an den Rhein“. Die Amberger Kanzlei prägte zur Bezeichnung des pfälzischen Territoriums auf dem Nordgau die Formeln „Unser Land hieoben in Baiern“, „Unser Fürstenthumb des Oberlandes in Baiern“, „Der Churfürstlichen Pfalz hieoben zu Baiern gemeine Landschaft“. Wir wissen nicht genau, wo zuerst der Name „Obere Pfalz“ auftauchte, ob in der Geschichtsschreibung, auf Münzen oder in der fürstlichen Kanzlei. Die frühesten Belege fallen in die Jahre 1513, 1533, 1544. Das Adjektiv „oberpfälzisch“ erscheint offenbar zuerst auf Münzen, und das hat seinen guten Sinn; war doch die Obere Pfalz, das „deutsche Ruhrgebiet“ im Spätmittelalter und in früher Neuzeit, von erheblicher wirtschaftlicher und finanzieller Bedeutung. Die Humanisten sprachen vom „Palatinatus Superior“. Im Gegensatz zur Oberen nannte man die rheinischen Kernlande „Untere Pfalz“ (seit 1556). Von dieser Kurpfalz am Rhein unterschied sich seit 1506 die „Junge Pfalz“, bestehend aus Gebieten an der Donau um Neuburg, wo die alten bayerischen Pfalzgrafen Amtslehen hatten, und aus Ländereien in der Oberpfalz. Im Gegensatz zur Jungen Pfalz war dann die Kuroberpfalz die „Alte Pfalz“. Der Begriff „Obere Pfalz“ hielt sich bis in das 19. Jahrhundert. Erst durch Verfügung vom 22. November 1837 wurde der Kreisbegriff „Oberpfalz“ geschaffen. Die namengebende Pfalz am Rhein bekam den Namen „Rheinpfalz“, bis sie seit der Ehe mit dem „Rheinland“ wieder zum Urnamen „Pfalz“ zurückgekehrt ist. Im Namen lebt ein dreihundertjähriges gemeinsames Geschick fort, dessen verfassungsmäßige, wirtschaftliche und geistig-religiöse Bindungen uns heute interessieren.

Die älteste Landschaftsbezeichnung der meisten heute oberpfälzischen Gebiete war *Nordgau*, eine Name, der ursprünglich am Gebiet nordwestlich Regensburg und westlich Amberg hing. Nürnberg liegt noch auf dem bayerischen Nordgau, und die spätere Reichsstadt Weißenburg liegt *am* Nordgau. Bei der Gründung des Bistums Eichsätt 745 wurde dieser Urnordgau zu der Altmühldiözese geschlagen, deren Westteil alemannisch war und der mit dem alten Sualafeld zusammenfällt. Eine Markgrafschaft auf dem Bayerischen Nordgau, wie einst Michael Doeberl meinte, hat es niemals gegeben. Von dem Gebiete unmittelbar nördlich der Donau mit Ausschluß Regensburgs reichte später der Nordgau von einer Linie Eichstätt-Ingolstadt im Westen bis Cham und seinem militärisch organisierten Königsgutsbezirk des Champriche vor dem Further Landestor. Er erreichte nordwestlich eine Linie von Forchheim (im 9. Jahrhundert einer vielbesuchten Pfalz der späteren Karolinger) bis Premberg und Burglengenfeld. Von diesem erweiterten Nordgau aus drangen Siedlung und Landesausbau über ein dünn von Slaven bewohntes und unterwandertes Gebiet bis zur Luhe am Anfang des 10. Jahrhunderts und zur Waldnaab im beginnenden 11. Jahrhundert. Wieder hundert Jahre später griff dieser kolonisatorische Siedlungsvorstoß bereits über das Egerer Becken, dessen Name 1067 erstmals urkundlich wird, in die noch unerschlossenen Gebiete des Schönbacher Ländchens nach Böhmen hinein. Wir haben es bei dem voll siedlungsmäßig erschlossenen Nordgau mit einem Gebiet königlicher Herrschaft zu tun, dessen Kommando und Verwaltung im 10. Jahrhundert nach der Bändigung des bayerischen Stammesherzogtums den jüngeren Babenbergern von Schweinfurt übertragen war, den gleichen, die auch mit der Ostmarkgrafschaft damals belehnt wurden. Ihre Erhebung gegen den eben gewählten Bayernherzog Heinrich IV., jetzt König Heinrich II., kostete das Haus dieses wichtige Amtslehen an der Ostgrenze gegen Böhmen, das zwar 973 eine eigene Landeskirche mit der Errichtung des Bistums Prag erhielt, jedoch durch die Angliederung an den Metropolitanverband Mainz fest in die deutsche Reichskirche eingegliedert blieb, bis es Karl IV. selbst zur Erzdiözese erhob und damit kirchlich von Deutschland unabhängig machte. Kaiser Heinrich III., der große Staatsorganisator, hat im Zuge der Grenzsicherung gegen Böhmen und Ungarn auf dem Nordgau die zwei Marken Cham und Nabburg errichtet und sie offenbar zunächst den bayerischen Sieghardingern übertragen, von denen es unter den letzten Saliern an die schwäbischen Diepoldinger überging. Im Südteil des Nordgaues baute Herrschaften das Regensburger Burggrafengeschlecht der Pabonen auf, die als Landgrafen zu Stefling am Regen und zu Riedenburg saßen. Die Staufer Konrad III. und Friedrich Barbarossa hemmten in der Mark Cham und besonders in der „regio Egire" den herrschaftlichen Ausgriff der Diepoldinger. Sie brachten vor allem die großen Vogteibezirke auf dem Nordgau, die vermutlich Heinrich II. bereits seinem 1007 neugegründeten Reichsbistum Bamberg wie vieles andere Königsgut in Bayern gegeben hatte, an sich und bauten nun ein zusammenhängendes Reichsland von Nürnberg bis Eger mit den Zwischenstücken Parkstein, Weiden, Floß und Flossenbürg auf. Sie waren hier Nutznießer des Aussterbens der besitzmächtigen Grafen von Kastl, Sulzbach und Hasberg, der Gründer des Benediktinerklosters Kastl, an dessen Gebiet eine weitere Abtei, Stiftung der Herren von Hopfenohe-Pettendorf-Lengenfeld anschloß, die die Wittelsbacher beerbten; es war dies Ensdorf in einem großen Reichswald. Auch den Klöstern Reichenbach am Regen und Waldsassen vermochten die Staufer ihre Königsvogtei aufzudrängen, so daß der bayerische Nordgau in der 2. Hälfte des 12. Jahrhunderts ein weithin geschlossenes Königsland war. Reichsministerialenburgen in dichter Reihe erstanden nicht nur um die Reichs- und Markgrafenburg Cham, sondern wurden Rodungs- und Verwaltungszentren in der alten regio Egire, die die heutige nördliche Oberpfalz und das ganze östliche Oberfranken umfaßte. Beim Aussterben der späteren Diepoldinger fiel Hohenburg im westlichen Nordgau als Reichslehen an das Hochstift Regensburg, beim Aussterben der Grafen von Hirschberg, von Verwandten der Sulzbacher, konnte der Bischof von Eichstätt reiches Gut im westlichen Nordgau gewinnen. Aus dem Gebiet um Oberviechtach-Murach zogen sich die später allein in Bayern reichsunmittelbaren Grafen von Ortenburg zurück und nach dem Aussterben der pabonischen Landgrafen von Stefling stieg im 13. Jahrhundert das Geschlecht der Landgrafen von Leuchtenberg um Luhe empor. Der Untergang des Stauferhauses 1268 brachte einen Großteil des Reichsgutes und der Kirchlehen des Herrscherhauses mit der Konradinischen Erbschaft an die wittelsbachischen Landesherrn in Bayern, die 1255 ihren Herrschaftsbereich in Ober- und Niederbayern geteilt hatten. Im Nordwesten aber gelang es im Laufe der Zeit, auf den Wegen des Reiches den Burggrafen von Nürnberg, den schwäbischen Zollern, sich festzusetzen. Damit ist in groben Zügen die politische Situation vor Herzog Ludwig, dem nachmaligen Kaiser, dem Bayer, skizziert.

Wenden wir von hier, die pfälzische Zeit des Nordgaues überspringend, unseren Blick dem Ende des Alten Reiches zu, um Anfangs- und Endpunkt der Epoche zu umfassen, in die dreihundert Jahre kurpfälzische Territorialgeschichte der Oberen Pfalz von 1329—1628 eingebettet sind. Zu Ende des 18. Jahrhunderts bildeten die in wittelsbachischer Hand befindlichen Länder in flächenmäßigem Zusammenhalt einen derart geschlossenen Block, daß sich die übrigen Herrschaften innerhalb der Landschaft des nachmaligen Regierungsbezirkes Oberpfalz (seit 1837) nur als Inseln ausnehmen. Die Wittelsbacher besaßen damals das Herzogtum Oberpfalz mit der Hauptstadt Amberg und einem nördlichen Gebietsstreifen, der von Bärnau bis westlich von Auerbach (Herrschaft Rothenberg mit Schnaittach) reichte, und einem südlichen von Neumarkt ostwärts bis zur Landesgrenze gegen Böhmen. Eingeschlossen war darin die gefürstete Landgrafschaft Leuchtenberg, die 1646 und dann wieder 1714 an den bayerischen Kurfürsten kam und das Landrichteramt Leuchtenberg, das Stadtrichteramt Pfreimd, das Pflegamt Wernberg sowie das Richteramt Miesbrunn umfaßte. 1791 wurde mit dem Herzogtum Oberpfalz auch verwaltungsmäßig das Fürstentum Sulzbach vereinigt, das aus dem alten Landgericht Sulzbach und den sog. hinteren Landen mit Amt und Landgericht Parkstein, den Pflegämtern Weiden und Floß und dem Amt Vohenstrauß unter Einschluß der Herrschaft Pleystein bestand. Das Fürstentum Pfalz-Neuburg griff mit einem Teil der vereinigten Pflegämter Heideck und Hilpoltstein (bis 1879), dann mit den Landrichter- und Pflegämtern Allersberg (bis 1879), Hemau, Beratzhausen, Regenstauf, Laaber und Lupburg, dem Landrichteramt Burglengenfeld mit den Pflegen Kallmünz und Hainsacker sowie mit den Pflegämtern Velburg und Schwandorf auf das Gebiet des heutigen Regierungsbezirkes über. Zu diesem umfassenden Herrschaftsgebiet der Wittelsbacher gehörten innerhalb des nämlichen Regierungsbezirkes noch Teile des Herzogtums Baiern, nämlich die Pfleggerichte Dietfurt, Altmannstein, Riedenburg, Stadtamhof, Haidau, Cham, ehedem reichsunmittelbare Grafschaft, und Furth. Dieser geschlossene Block machte allein schon den größten Teil des Terrains des heutigen Regierungsbezirkes aus. Deshalb verschwindet der nichtwittelsbachische Territorialbesitz seines geringen Umfangs wegen fast ganz. Am stärksten war noch geistlicher Besitz vertreten, besonders der Hochstifte. Das Hochstift Regensburg, 1803 säkularisiert und als Fürstentum dem Reichserzkanzler Fürstprimas von Dalberg überlassen, besaß die (früheren) Reichsherrschaften Donaustauf, Wörth und Hohenburg. Zum Hochstift Eichstätt gehörte das Oberamt Hirschberg mit den Städten Beilngries und Berching; das Hochstift Bamberg aber besaß nördlich Amberg die Pflege Vilseck, ebenso den jetzt oberpfälzischen Teil des Amtes Veldenstein. Klosterbesitz war schon durch die Säkularisationen des Reformationsjahrhunderts in grundherrliches Eigen der Landesherren überführt und wurde 1805 nochmals fiskalisiert. Das Amt Postbauer bei Neumarkt/Opf. aber gehörte dem Deutschorden und zählte zur Komturei Nürnberg und damit zur Ballei Franken. Das Territorium der Reichsstadt Regensburg, seit 1663 Sitz des Immerwährenden Reichstages, seit 1803 Hauptstadt des Dalbergischen „Primatialstaates" und Fürstentums, das 1810 im Königreich Bayern aufging, war im wesentlichen auf die Stadtgemarkung beschränkt. In ihren Mauern aber barg die Stadt neben Hochstift und freier Reichsbürgerschaft die Reichsstifte St. Emmeram, Ober- und Niedermünster. An weltlichem Herrschaftsbesitz ist zu nennen die 1641 gefürstete Grafschaft Störnstein mit Neustadt an der Waldnaab, Waldthurn und Schönsee, die zuletzt dem Fürsten Lobkowitz gehörte und 1806 für Bayern mediatisiert wurde; außerdem das zum Oberland des Fürstentums Bayreuth gehörige Oberamt Neustadt am Kulm. Die Herrschaften Sulzbürg und Pyrbaum, die 1740 nach dem Aussterben der Grafen von Wolfstein laut einer Anwartschaft seit 1562 an die bayerischen Kurfürsten fielen, und die Herrschaft Breiteneck, deren Lehengüter 1724 nach dem Erlöschen der Grafen von Tilly, deren Erbgüter aber 1792 durch die Grafen von Montfort an Kurbayern kamen, sind noch der Oberpfalz am Ende des Alten Reiches anzufügen.

Nachdem wir die Herrschaftsstruktur des heutigen Regierungsbezirkes Oberpfalz am Ende des Alten Reiches kurz überblickt haben, können wir nun das spätmittelalterlich-frühneuzeitliche Territorium „der Pfalz in Baiern" räumlich und verfassungshistorisch richtig einordnen. Mit allem Grund spreche ich von einem „kurpfälzischen" Territorium „Obere Pfalz"; denn sollte es sich auch im 14. Jahrhundert zunächst nur um ein Annex der Pfalz am Rhein, um einen rheinpfälzischen Verwaltungsdistrikt, gehandelt haben, im 15. und 16. Jahrhundert war daraus ein „Land" im Sinne Otto Brunners, eine Gemeinschaft der das Land bewohnenden, bebauenden und mitbeherrschenden „Landherren" geworden, über denen zwar der kurpfälzische Landesherr stand, denen er aber einen eigenen Statthalter setzte, womit er die Eigenständigkeit seines Fürstentums in Bayern anerkannte. Diese „Landschaft" im personalen Sinn war seit dem 15., besonders aber im 16./17. Jahrhundert sehr selbstbewußt und forderte nicht nur einmal, daß der Landesherr seine Residenz in der Oberpfalz nehme. Die Teilungen des Kurhauses haben wesentlich dazu beigetragen, den selbständigen Charakter dieses Fürstentums mächtig werden zu lassen, wenngleich die Herausnahme eines nur dem Träger des pfälzischen Kurhutes reservierten Gebietes, des sog. Kurpräzipuums, die Unteilbarkeit der gesamten Lande der unteren und oberen Pfalz und den Annexcharakter der letzteren bewußthalten sollte. Die relative Selbständigkeit der oberen Pfalz mit ihrer eigenen Residenz in Amberg und den autonomen Residenzen in Neumarkt und anderswo hat ihren Grund nicht nur in der weiten Entfernung vom oberrheinischen Kernland mit der Residenz Heidelberg, was an sich schon die Autonomie förderte, sondern vor allem in der reichbewegten Geschichte dieses Grenzgebietes gegen Böhmen im 14., auch im 15. und im ersten Drittel des 17. Jahrhunderts.

Die Oberpfalz, der alte Nordgau, war ein bedeutsames Durchgangsland für Handel und Verkehr von Regensburg und von Nürnberg her auf einer Vielzahl von Straßen, die wir heute durch die Forschungen der Brüder Dollacker ziemlich gut kennen. Böhmens spätmittelalterlicher Handel war passiv, aus Regensburg und Nürnberg kamen die großen Importgüter der Zeit. Einer der Hauptgründe aber ruhte in der heute noch zu wenig erkannten wirtschaftlichen Bedeutung der Oberpfalz und gerade der kurpfälzischen Lande mit den Bergstädten und Zentren Amberg und Sulzbach vor allem, die man zu Recht das „Ruhrgebiet des Spätmittelalters" genannt hat. Ein schwunghafter Eisen- und Fertigwaren-, vor allem aber Blechhandel hatte hier seinen Ausgangspunkt. Gemessen an Bayerns Herzogtum mit seinen paar hervorstechenden Residenzstädten hatte die Oberpfalz ein relativ reiches städtisch-wirtschaftliches Leben entwickelt, das den Zustand des 19./20. Jahrhunderts mutatis mutandis weit überragte.

Der Anlässe für eine relativ große Selbständigkeit des kurpfälzischen Territoriums der Oberen Pfalz gibt es also genug, und dazu sehr gewichtige. Einer geographisch-verkehrswirtschaftlichen Tatsache darf noch gedacht werden. Während das Flußsystem der Oberen Pfalz der Donau zugewandt ist und das Gebiet durch Naab, Vils, Lauterach, halb auch durch den Regen von Nord nach Süd entwässert wird, also eigentlich Regensburg, der alten bayerischen Herzogs- und karolingisch-ottonischen Königspfalzstadt mit ihrem beherrschenden mittelalterlichen Wirtschaftsübergewicht (Regensburger Pfund Pfennige!) natürlich zugeordnet wird, ziehen die großen, also künstlichen, wenn auch alten Handels- und Verkehrswege von West nach Ost und haben in Amberg einen oberpfälzischen Brennpunkt, der aber, der Nordost- Südwestrichtung der Pegnitz folgend, weiter nach Nürnberg weist, in das die große Straße von Frankfurt und die von Ulm—Nördlingen und die von Ansbach einmünden. Nürnberg aber hat durch das Pegnitztal seinen eigenen Weg in das alte Egerland, nach Böhmen und Prag. Über Neumarkt und Beratzhausen geht seit der Stauferzeit der große Handelsweg von der Großmessestadt Frankfurt und dem Produktions- und Handelszentrum Nürnberg nach dem ganzen Osten hinein, weiter nach Regensburg, der führenden Handelsmetropole Süddeutschlands im Hochmittelalter.

Doch sehen wir uns die innere Entwicklung dieses „Territoriums" näher an. Als die bayerischen Wittelsbacherbrüder Ludwig der Strenge von Oberbayern und Heinrich von Niederbayern-Landshut 1269 die Konradinische Erbschaft teilten, wodurch sich die Familie erst richtig in der Oberpfalz festsetzen konnte, da erhielt der Landshuter Floß, Parkstein, Weiden, Adelnburg; Ludwig der Strenge, dem bei der 1. Teilung von 1255 die Kurwürde mit der Rheinpfalz, Oberbayern und das Burggrafentum Regensburg zugefallen waren, bekam 1269 Stadt Amberg,

Burg Hohenstein, Vogtei Vilseck, Auerbach, Plech, Hersbruck, das neue Schloß und die Stadt Neumarkt mit der Hofmark Berngau, Donauwörth und die ehemals welfischen Güter in Schwaben. Die bambergischen Lehen der Staufer: Burg Hohenstein, Vogtei über Hersbruck, Vilseck, Auerbach und Velden nahm Ludwig vom Bamberger Bischof Berthold seinerseits zu Lehen, der sich die Vogtei Vilseck vorbehielt. Er verlieh ihm auch die Stadt Amberg mit Zubehör und die Vogteirechte über Land und Leute zu Nittenau. Von Rapoto von Ortenburg und seinem Bruder erwarb er 1271 Burg Murach und alle Güter zwischen Schwandorf, Nabburg, Lengenfeld, Amberg und Hirschau zwischen den Flüssen Naab, Vils und Ernbach, dazu den Markt Viechtach (= Oberviechtach), von Landgraf Heinrich von Leuchtenberg 1282 die Grafschaft Bruck mit Gericht und Geleit und 1283 etwa 20 Dörfer und Vogteien. Beim Aussterben der Grafen von Hirschberg (1305), die ihr Hauptgut an das Hochstift Eichstätt vermachten, gewannen die Söhne Ludwigs des Strengen († 1294) das Heiratsgut der Frau des vorletzten Grafen, nämlich Landgericht und Stadt Sulzbach, zurück. In einem Lehenbrief König Albrechts von 1307 für die Söhne Ludwigs des Strengen, die Herzöge Ludwig (d. B.) und Rudolf, werden ihnen zugeteilt castrum Rosenberg als Lehen, dazu Sulzbach, Wer(de)nstein, Pfaffenhofen und Ammertal „castra". Den gewaltigen Zuwachs der Wittelsbacher Güter auf dem Nordgau zeigt das Urbar des Viztumamtes Lengenfeld von 1326. Hier erscheinen die Schergenämter Pettendorf, Lengenfeld, Kallmünz im Gericht (iudicium) Lengenuelt (Burglengenfeld), dazu die officia Aicheinforst, Schmidmühlen, Regenstauf, Velburg, Lutzmannstein, Schwandorf, Riedenburg, Neuburg, Nabburg, Murach, (Ober-)Viechtach, officium Ratispone (Wöhrd und Stadtamhof), Waldeck, Thurndorf, Störnstein, Neustadt (a. Kulm), Rothenstadt, Hemau (Hembawr), Bergen, Altmannstein, Egersperg, Hilpoltstein, Grunsberg, Peilstein, Trausnitz, Amberg, Hahnbach, Auerbach, Velden, Wetterfeld, Roding, Lauf, Hirschau, Burg Wer(de)nstein, Hohenstein, Holnstein, Berngau, Sulzbach, Rosenberg, Pfaffenhofen, „Trosperch" [6]. Diese Ämter stellen damals vermutlich eine grundherrliche Verwaltungseinteilung dar; doch werden auch Niedergerichtsbezirke schon dabei gewesen sein.

Beim Hausvertrag von Pavia von 1329, der folgenschwersten wittelsbachischen Teilung, die Ludwig der Bayer mit den zwei Söhnen seines bereits verstorbenen feindlichen Bruders Rudolf, Rudolf II. und Rupert I., und dessen Enkel Rupert II. (Vater Adolf) vornahm, wurde das Viztumamt Lengenfeld, dessen Ämter wir eben gesehen haben, zwischen den bayerischen und pfälzischen Wittelsbachern geteilt. Mit der Pfalzgrafschaft bei Rhein bekamen die Pfälzer auf dem alten Nordgau Stadt Amberg, Markt Au und Auerbach, Burg Dreswitz, die Märkte Erndorf, Eschenbach, Floß (mit Burg), die Burgen Frankenberg, Grünsberg, Haimburg, Hartenstein, Hilpoltstein, Märkte Hersbruck und Hirschau, Hohenstein (u. Burg), Kemnath und Lauterhofen, die halbe Burg Meckenhausen, Burg Murach, die Städte Nabburg und Neumarkt, letzteres mit der Hofmark Berngau, Neunburg v. W., Neustadt, die Märkte Nittenau und Pegnitz, die Burgen Parkstein, Peilnstein,

[6] MB 36 a, 616 ff.

Pfaffenhofen, die Märkte Plech, Pressath, Roding, die Burgen Rosenberg, Schwarzeneck, Segensberg, Stefling, Störnstein, Stadt und Burg Sulzbach, die Burgen Thurndorf, Waldau (halb), Waldeck, Wer(de)nstein und Wetterfeld, die Märkte Velden, (Ober-)Viechtach, Vohenstrauß, Weiden. Das war die älteste „Oberpfalz", der Kern des rheinpfälzischen Territoriums auf dem Nordgau, mit 6 Städten und 19 Märkten sowie 24 Burgen; es herrschte hier auf diesem teilweise späten Rodungssiedelland ein relativ blühendes gewerbliches und händlerisches Leben. Den südlichen und westlichen Teil des Viztumamtes Lengenfeld behielt Ludwig d. Bayer mit dem Viztumamt München. Wenn wir dann hören, daß die drei Pfälzer bereits 1338 wieder teilten und dem ältesten die Kur zusprachen, so müssen wir uns von dem alten Vorurteil freimachen, daß darin nur Nachteil und Schwäche zu sehen sei. Wir wissen heute, daß die dadurch entstandenen kleinräumigen Gebiete viel stärker intensiviert und integriert wurden und so später zu zentralen Gebilden zusammenwuchsen. Sicher haben die wittelsbachischen Teilungen sehr viel zu der Geschlossenheit des neuzeitlichen bayerischen Landesstaates seit 1506 mit entscheidend beigetragen. Rupert I. und Rupert II., Oheim und Neffe, regierten ihren pfälzischen und bayerischen Anteil gemeinsam; der erste war meist am Rhein, der letzte in der Oberpfalz; Amberg tritt als seine Residenz in den Vordergrund. Seit 1338 erscheint auch ein eigenes Viztumamt Sulzbach, neben dem Amberg Sitz des anderen war; wir haben zwei Vicedomini in den Ämterordnungen des 16. Jahrhunderts. Durch das Aussterben der niederbayerischen Linie 1340 bekam Ludwig der Bayer das ganze Erbe vor der Teilung von 1255 wieder in seine Hand. Als aber seine Söhne 1351 wieder teilten, da mußten sie dem 1340 leerausgegangenen Pfälzer ihre niederbayerischen Ansprüche mit 60 000 Goldgulden abgelten und dafür Cham und Eschelkam versetzen. 1361 kann Herzog Albrecht davon wieder einlösen das geschlossene Gericht Eschlkam und vom Gericht Cham den östlichen Teil, der mit den Pfarreien Sattelpeilnstein, Kötzting, Rimbach, Lengau (Chamerau) mit Miltach, Blaibach, Moosbach und einzelnen Dörfern der Pfarrei Pachling (= Runding) abgegrenzt ist. Alles übrige wurde nicht mehr ausgelöst bis zum 17. Jahrhundert.

Der 1353 verstorbene Kurfürst Rudolf II. gab seine Tochter Anna dem Böhmenkönig und römischen Kaiser Karl IV. zur Frau und gab ihr als Morgengabe eine Summe von 6000 Mark Silber, für die er Auerbach, Hartenstein, Neidstein, Plech und Velden an der Böhmenstraße im Pegnitztal einsetzte. Der Kaiser sprach 1356 die wittelsbachische Kurwürde dem Hause Pfalz mit Einwilligung der Kurfürsten für immer zu. Er versuchte nun einen neuböhmischen Landesstaat auf dem Nordgau zielbewußt aufzubauen, der ihm die ganze nördliche Oberpfalz bis hin vor die Tore Nürnbergs bringen konnte. Ich sehe darin auch einen Versuch, von dem wirtschaftlich-bedeutsamen Böhmen als östlichem Zentrum aus der deutschen Königsmacht einen territorialen Weg in das alte Reichsland in Franken zwischen Eger, Nürnberg und Frankfurt zurückzubahnen. Das Ergebnis seiner oberpfälzischen Territorialpolitik liegt im „Neuböhmischen Salbüchlein" [7] vor. Rupert I. der Äl-

[7] HSTA München, Staatsverwaltung 1803, jetzt Schnelbögl, F.: Das „Böhmische Salbüchlein" Kaiser Karls IV. über die nördliche Oberpfalz 1366/68 (1973).

tere, der 1353 Kurfürst wurde und mit Rupert II. eine Teilung nach dem Erbheimfall Rudolfs veranlaßte, setzte für zwei größere Darlehen Karls IV. (12 000 u. 20 000) als Pfandorte Sulzbach, Rosenberg, Hilpoltstein, Frankenberg, Lauf, Eschenbach, Hersbruck, Pegnitz, Hirschau, Lichtenstein, Neustadt und Störnstein und garantierte sie dem Kaiser; dieser bekam somit die Orte aus dem Erbe Rudolfs II., die Rupprecht I. zufielen, und damit die nördliche Oberpfalz in seine Hand; vom Stift Waldsassen kaufte er noch Bärnau und von den Zollern Johann II. und Albrecht Floß und Parkstein, von den Burggrafen Friedrich und Albrecht die Veste Rothenberg. Er setzte Boso von Riesenburg als Landeshauptmann im neuböhmischen Territorium ein und ließ ihn wachen über den Landfrieden, die Sicherheit der Straßen, hieß ihn Bergbau und Handel fördern. Sulzbach förderte der Kaiser vor allem durch eine Zollfreiheit im ganzen deutschen Reich und Böhmen. Seine Territorialpolitik war für die pfälzischen Lande in Bayern eine große Gefahr, wie man leicht erkennt; doch ging sie vorüber, als der Luxemburger seiner größeren Ziele in Brandenburg wegen diese Gebiete 1373 an die bayerischen Herzoge versetzte. Diese Pfandschaften erbte der einzige überlebende Sohn Kaiser Ludwig des Bayern, Herzog Stephan d. Ä., der damit wieder die Möglichkeit gehabt hätte, durch zielbewußte Territorialpolitik die pfälzischen Gebiete auf dem Nordgau zurückzuholen. Bei der bayerischen Teilung von 1393 bekam diese Pfandschaft in der neuböhmischen Oberpfalz Stefans Sohn Johann, der sie 1395 an Herzog Ludwig von Ingolstadt verkaufen ließ; 1397 war sie in Händen Albrechts und ging mit der Pfandschaft Sulzbach an Herzog Ludwig zu Landshut; 1504 brachte Pfalzneuburg diese Forderung an sich und nahm sie wirklich bei Böhmen zu Lehen. Wir sind in der Epoche, da mit Pfandschaften größten Ausmaßes Schacher mit Land und Leuten getrieben, aber schließlich auch die neuzeitlichen Territorien zusammengebracht und aufgebaut werden. Eine Zeit des mangelnden Geldvolumens und der sich erst ausformenden Geldwirtschaft, die sich dem sog. Frühkapitalismus näherte. Vor der Auseinandersetzung zwischen den Fürsten und dem Rheinischen Städtebund fanden sich 1388 die pfälzischen und bayerischen Wittelsbacher in Amberg zusammen und versprachen sich, kein Gut von Rhein- und Oberpfalz mehr zu versetzen und die vom Kaiser vorenthaltenen Gebiete zurückzugewinnen. Nach der Heirat mit der Tochter Herzog Johanns von Bayern verglich sich Wenzel mit Pfalz und Bayern und sprach ihnen den Besitz der von den Wittelsbachern eroberten Besitzungen zu. Die Pfalzgrafen gewannen so Auerbach, Bärnau, Eschenbach, Hartenstein, Hersbruck, Hirschau, Hohenfels, Holnstein, Rosenberg, Tännesberg, Thurndorf zurück.

Im Jahre 1368 wurde nach einer Erbeinigung zwischen den beiden Ruperten für den Erstgeborenen im Hause Pfalz ein *Kurpräzipuum*, d. i. ein Länderteil in der Rhein- und Oberpfalz, bestimmt, das mit der Kur immer verbunden sein und niemand zugeteilt, unveräußerlich sein sollte. Die Einheit des Territoriums in Ost und West sollte über alle Teilungen hinweg gesichert, das Ostgebiet fest mit der Rheinpfalz verbunden werden. Diese Politik setzte Rupprecht II. als Kurfürst mit seiner Konstitution von 1395 fort und bestimmte die Städte Amberg, Kemnath, Nabburg, Neunburg, die Burgen Murach und Waldeck endgültig als das

Kurpräzipuum. Die übrigen pfalzgräflichen Landschaften sollten den nachgeborenen Söhnen als Mannlehen vom ältesten Bruder zustehen. Vom Lande sollte keine große Schatzung und Steuer genommen und die von Rupert I. 1386 vollendete Universität Heidelberg sollte weiter gefördert werden. Alle Rechtsgeschäfte sollten in der Rheinpfalz im Einverständnis von 13 Räten: Grafen, Herren, Rittern, Knechten und im Land zu Bayern unter Beiziehung von sieben Räten geschlichtet werden. Auf dem Nordgau waren es der bekannte Reformabt Otto Nortweiner von Kastl bzw. sein Nachfolger, Ritter Ulrich der Staufer, Hanns der Hökkel, Altmann der Kemnather, Kaspar der Schweppermann, Ortlebe der Wolf und Konrad Landschreiber von Amberg. Der erste Pfälzer, der in Amberg St. Martin bestattet liegt, war Rupert Pipan (geb. 1370 in Amberg), Enkel Ruperts II., für den die Konstitution von 1395 gedacht war. So wurde er Nachfolger im Kurfürstenamt Rupprechts III., der 1400—1410 auch deutscher König war. Er kaufte Altdorf von den Nürnberger Burggrafen bzw. deren Schwäher Swantibor von Pommern. Die Gerechtsame der dortigen Pfarrkirche waren den Doktoren und Professoren der Theologie in Heidelberg zugeschrieben. Die bayerischen Herzöge verpfändeten ihm für rückständige Schulden wegen des böhmischen Feldzuges mit Sulzbach, Velburg, Kallmünz, Lengenfeld, Schwandorf, Schmidmühlen, Rüden, Hemau, Helfenberg fast den ganzen bayerischen Nordgau. Seine Söhne teilten das Land wieder in vier Teile auf Grund der Hausverträge von 1338, 1353, 1356, 1378, 1392, 1395, 1401. Kur und Kurpräzipuum nahm Ludwig III. der Älteste; sein Bruder Johann bekam den restlichen größeren Teil der Oberpfalz mit Neumarkt als Residenzstadt, Stadt Altdorf, Burg u. Stadt Auerbach, Stadt Bärnau, Burg u. Markt Bruck, Stadt Cham, Burg Eckmühl, Stadt Eschenbach, Burgen Grünsberg, Hartenstein, Haimburg, Stadt Hemau, Burg und Stadt Hirschau, Burgen Hohenfels und Holnstein, Burg und Markt Kallmünz, Markt Kirchenthumbach, Burg und Markt Lengenfeld, Burg und Stadt Neunburg, Burgen Pfaffenhofen und Poppberg, Markt Roding, Burg Rosenberg, Burg und Vorburg Rothenburg, Burg Schauenstein, Marktflecken Schwandorf und Schmidmühlen, Veste Stokkenfels, Burg und Stadt Sulzbach und Velburg, Veste Wetterfeld und insgesamt 10 Städten, 7 Märkten und 18 Burgen; Stephan erhielt Simmern und Zweibrücken, Otto aber Mosbach mit einem Gebiet in der Rheinpfalz. Johann vertrat den Kurfürsten in der Regierung der Oberpfalz, bzw. Otto von Mosbach. Johann errang einen entscheidenden Sieg bei Hiltersried unweit Rötz 1433 über die Hussiten, die seit 1420 die Oberpfalz heimsuchten. Johann, der 1426 das Birgittinenkloster Gnadenberg bei Altdorf stiftete, war mit Katharina, der Tochter des Herzogs von Pommern und Schwester König Erichs von Dänemark, Schweden, Norwegen vermählt, die ihm den Erben Christoph gebar, und mit einer Tochter des Herzogs Ernst von Bayern-München (Beatrix); er wurde zu Neunburg v. W. bestattet. Als Christoph 1439 König des Nordens wurde, übertrug er die Statthalterschaft Hans Joachim von Parsberg und Martin von Wildenstein. Auf diesem Wege wurde Otto von Mosbach († 1461) Alleinbesitzer aller oberpfälzischen Ländereien, die nicht zum Kurpräzipuum gehörten.

Daß die Oberpfälzer Landschaft unterdessen an Kraft und Selbstbewußtsein gewonnen hatte, zeigte sie Kurfürst Friedrich, der nach dem Tode seines kurfürstlichen Bruders Ludwig IV. dessen Sohn Philipp an Kindesstatt annahm, um selber Kurfürst werden zu können. Die Oberpfälzer huldigten ihm nicht und schlossen sich den Ständen der Rheinpfalz nicht an; sie wollten Friedrich nur als Vormund anerkennen. Amberg war der Träger dieser Bewegung, der sich die anderen Städte der Pfalz in Bayern anschlossen. Daraufhin kam Friedrich 1454 mit Heeresmacht in den Nordgau, ernannte Graf Emicho von Leiningen zum Vizedom und ließ fünf aus dem Magistrat von Amberg auf offenem Platz enthaupten. Amberg, Nabburg, Kemnath mußten sich darauf zur Huldigung bequemen, Amberg verlor viele Freiheiten; für Sulzbach, die große Rivalin in Eisenproduktion und Eisenhandel, war das von Vorteil. Die großen Fronten waren damals so abgesteckt, daß auf Seiten Friedrichs des Siegreichen Herzog Ludwig der Reiche von Landshut und der böhmische Nationalkönig Georg Podiebrad standen, gegen ihn Kaiser Friedrich III., Markgraf Albrecht Alkibiades, der zeitweise ein gesamtfränkisches Territorium anstrebte, dazu die Grafen von Württemberg, Veldenz und Leiningen. Friedrich hatte nur zwei natürliche Söhne von der Augsburgerin Klara Dett; einer von ihnen namens Ludwig wurde der Stammvater der Grafen von Löwenstein.

Pfalzgraf Otto I. von Mosbach hatte eine Tochter Herzog Ludwig des Reichen von Landshut zur Frau wie auch Kurfürst Philipp, der 1474 Hochzeit zu Amberg feierte. Je einer seiner Söhne war Bischof zu Regensburg, Augsburg, Straßburg. Der 1499 gestorbene Otto II. von Mosbach übertrug unter Vorbehalt der Nutznießung auf Lebenszeit alles Eigentum an Kurfürst Philipp; beigesetzt wurde dieser gebildete Pfalzgraf zu Neumarkt; mit ihm erlosch die Neumarkter Linie, so daß Philipp seit 1499 die ganze Oberpfalz mit dem größten Teil der Rheinpfalz ungefähr zur gleichen Zeit vereinigte, da für Herzog Albrecht IV. von Bayern-München die Chance der Vereinigung aller bayerischen Teilherzogtümer (München, Ingolstadt, Landshut, z. T. Straubing) im Bayerischen Erbfolgekrieg 1504/5 kam, als die Landshuter Linie mit Herzog Georg dem Reichen (1503) ausstarb. Letzterer setzte Pfalzgraf Rupert, den Sohn des Kurfürsten Philipp, der seine Tochter Elisabeth geheiratet hatte, zum Universalerben ein, da er seine Lande den Münchener Vettern Albrecht IV. und Wolfgang mißgönnte. Da er Rechte und Verträge damit verletzte, entbrannte der genannte Krieg, in dem Kaiser Maximilian als Schwiegervater Albrechts auf der Münchener Seite, zusammen mit Landgraf Wilhelm von Hessen, dem Herzog von Württemberg, dem Markgrafen Friedrich von Brandenburg, dem Pfalzgrafen Alexander von Zweibrücken, dem Grafen von Leiningen, dem Schwäbischen Bund und der Reichsstadt Nürnberg stand. Rupert baute vor allem auf Frankreich und das Kapital seines Schwiegervaters. Während letzterer Amberg und Neunburg mit Gewalt eroberte, griff Sulzbach Amberg, Amberg aber Schmidmühlen am Einfluß der Lauterach in die Vils, dazu Schwandorf und Lengenfeld an; die böhmischen Adeligen Rupprechts hatten wenig Glück mit einer Belagerung Sulzbachs. Die Nürnberger aber besetzten Lauf, Hersbruck, Reicheneck, die Klöster Engelthal, Gnadenberg und Weissenohe, Hohenstein, Altdorf, die Burgen Deinschwang, Haimburg, Patzenstein, Velden, Grünsberg, Stierberg und Henfenfeld, nur die Residenzstadt Neumarkt spottete ihrer Macht; das war ungefähr das Gebiet, was sie als Hauptgewinner dieses Krieges dann einschoben; sie bauten damit das größte Territorium auf, das eine deutsche Reichsstadt je hatte. Nach dem Tode Rupprechts (1504) waren Philipp und sein Sohn Friedrich die Vormünder für des ersteren Söhne Ottheinrich und Philipp, die nach dem kaiserlichen Spruch von Köln von 1505 (30. VII.) die Junge Pfalz oder Pfalz-Neuburg, die späteren Herzogtümer Neuburg mit dem Nordgau und Sulzbach mit 8 Ortschaften im Bayerischen Wald erhielten, die Herzog Albrecht kaufte. Aus der Ehe Kurfürst Philipps mit der bayerischen Prinzessin Margareth gingen außer den beiden Nachfolgern Ludwig V. und Friedrich II. vier Bischöfe zu Freising, Speyer, Worms und Regensburg hervor. Während der gemeinsamen Regierung Ludwigs V. und Friedrichs (1508—1538) residierte ersterer in der Pfalz, letzterer anfangs in Amberg, dann in Neumarkt. Landgraf Johann von Leuchtenberg, Friedrichs Kanzler zu Amberg, Johann von Fuchstein und Ludwigs Kanzler Florentin von Vemingen handelten 1522 einen endgültigen Vergleich mit den Nürnbergern über ihren großen Landgewinn im Bayerischen Erbfolgekrieg aus; Schloß Heimburg mit einigen Dörfern sowie die Klöster Gnadenberg und Weissenohe kamen an die Obere Pfalz zurück; den ganzen übrigen Raub konnten die Nürnberger fortan ihr Eigen nennen, wenngleich alle Nachfolger der Pfalzgrafen dagegen ihre Rechte geltend machten, wie Kurfürst Friedrich III. und Pfalzgraf Johann Casimir und die beiden Friedriche IV. und V., ja sogar noch Kurfürst Maximilian I. bis herauf zum Pfälzer Karl Theodor. Friedrich II., dessen tatkräftiges Auftreten die aufständischen Bauern 1524 schon vor den Toren des Landes im Hochstift Eichstätt abschreckte, entfaltete eine beachtliche Bautätigkeit an seinen Schlössern Neumarkt, Heimburg, Deinschwang, Dachsölder und am Jagdschloß im Hirschwald. Er legte auch 1545 den Grund für das Landeskollegiengebäude der Oberpfalz in Amberg. Doch stürzten ihn Baulust, übertriebene Hofhaltung, kostspielige Reisen, seine Anstrengungen um die Krone Dänemarks, seine Prachtliebe vor allem bei Festen in große Schulden.

Verfassungsgeschichtlich gesehen brachte der Übertritt der pfälzischen Kurfürsten zur Lehre Luthers, der auch den Übergang ihrer Länder nach sich zog, nicht nur ein Erstarken des landesherrlichen Regiments durch eine erweiterte Verfügungsgewalt über die Kirche und durch die Säkularisation der Kloster und Konfiskation des Kirchengutes, sondern auch ein Erstarken des Selbstbewußtseins der Landstände, das die Landesherren gerade in der konservativeren Oberpfalz zu spüren bekamen, als sie vom evangelischen Glauben zum Kalvinismus wechseln wollten. Nürnberg war schon 1524, Regensburg 1525, die Grafschaft Wolfstein bei Neumarkt 1530 lutherisch geworden. Amberg, die Haupt- und Residenzstadt, begann erst 1538, indem der Magistrat selber von Luther und Melanchthon Prediger erbat. Da die Regierung nicht zustimmte, unternahmen die sieben „Gezirksstädte" Neumarkt, Cham, Nabburg, Weiden, Neunburg, Auerbach und Kemnath mit Amberg einen gemeinsamen Schritt in Heidelberg und Neumarkt und hatten einen ersten Erfolg. Als der katholische Ludwig V. erbenlos starb, überging sein Bruder Friedrich die Söhne Ruperts und übernahm die Alleinregierung der beiden

Pfalzen; unter dem Einfluß Ottheinrichs, der bei ihm weilte, und seines Kanzlers Hartmann von Eppingen tat er den Schritt des öffentlichen Bekenntnisses zur Lehre Luthers. Das war der Auftakt zu einem Siegeszug der Reformation in der Oberpfalz, die im Abzug der Franziskaner aus Amberg ihren Höhepunkt 1555 fand. Friedrichs Nachfolger wurde 1556 dann doch Ottheinrich, der Sohn Ruperts, der zuerst mit seinem Bruder die Junge Pfalz (Neuburg und Sulzbach) regiert und dort schon 1542/3 die evangelische Religion und Kirchenordnung eingeführt hatte; an seinem Hof gaben sich die berühmtesten Theologen ein Stelldichein (Diller, Osiander, Musculus, Brentzius, Stoll, Marbach, Melanchthon). Von Kaiser Karl V. vertrieben, lebte er in Heidelberg im Exil, bis ihn der Passauer Vertrag (1552) wieder in sein Herzogtum Neuburg einsetzte. In Amberg richtete er ein Kirchenregiment ein und übertrug dem Kirchenrat Kirchen- und Schulwesen im ganzen Land. Bei seiner persönlichen Anwesenheit 1556 (Herbst) setzte er die Säkularisation der Klöster durch; kurfürstliche Kommissäre reformierten die Klöster, verbannten Widerstrebende und stellten die Klostergüter unter weltliche Verwaltung. An Prälatenklöstern gehörten der oberpfälzischen Landschaft die Äbte von Kastl, Waldsassen, Walderbach, Speinshart, Michelfeld, Reichenbach, Ensdorf und Weissenohe an, dazu kamen Schönthal b. Rötz, Gnadenberg und Seligenporten. Die Klostereinkünfte wurden vor allem für Zwecke des Unterrichts und der Erziehung verwendet. Anfang der 90iger Jahre des 16. Jahrhunderts wurden auch die Bibliotheken der Klöster nach Amberg verbracht. Ich bin eben dabei ihrem weiteren Schicksal nachzuspüren. Im Palatinabestand der Vaticana zu Rom konnte ich keine oberpfälzischen Klosterhandschriften und Wiegendrucke entdecken. Sie müßten also entweder in Amberg verblieben und an die neuerrichteten Klöster zurückgegeben worden sein, oder nach Heidelberg gewandert und dort vielleicht mit der Sapienzbibliothek verbrannt sein. Da z. B. Reichenbach eine sehr wertvolle Bibliothek hatte — die Bibliothekskataloge des 16. Jahrhunderts sind vorhanden — halte ich es für ein dringendes Gebot, dem Verbleib der Handschriften nachzugehen, aus denen eine Geistesgeschichte der oberpfälzischen Klöster im Spätmittelalter und im beginnenden 16. Jahrhundert zu erarbeiten wäre.

Ottheinrich übertrug seinem Vetter Wolfgang von Zweibrücken, der als pfälzischer Statthalter in Amberg residierte, die Fürstentümer Neuburg und Sulzbach auch für seine Nachkommenschaft. Nach dem Aussterben der Neumarkter und Mosbacher Linie blieb nach dem kinderlosen Tode Ottheinrichs 1559 nur die Linie Simmern übrig, die vom Sohne König Ruprechts, Stefan, abstammte und nun mit Friedrich III. (1559—1576) zur Kurwürde kam. Dieser Gemahl einer Ansbacher Markgräfin führte seine Lande dem Kalvinismus zu und erließ 1563 eine Kirchenordnung, für die er die rheinischen Lande gewann, nachdem er die Heidelberger Universität mit reformierten Professoren besetzt hatte. Die lutherische Oberpfalz, wo sein Sohn Ludwig zu Amberg als Statthalter residierte, widersetzte sich auch nach der großartigen Staatsreise, die der Kurfürst 1566 dorthin unternommen hatte; der Amberger Stadtrat erklärte einer zweiten Kommission, daß sie bereits Luthers Lehre angenommen hätten und Religion Gewissenssache sei. Der Kampf wurde auch mit Schriften ausgetragen.

Dahinter stand natürlich das Selbständigkeitsbewußtsein der oberpfälzischen Stände, die sich als pfälzisches Nebenland stiefmütterlich behandelt fühlten, weil sie sich hier besser auch entfalten konnten als am Rhein, wo die Stände keine größeren Möglichkeiten der Selbstbehauptung gewinnen konnten. Die Oberpfalz hatte seit 1488 eine regelrechte Vertretung der Landschaft. Beim Landtag von 1512, den Ludwig V. aus besonderer Geldnot einberufen ließ, standen seinem Bruder Friedrich 7 Prälaten von Kastl, Waldsassen, Walderbach, Speinshart, Michelfeld, Reichenbach und Ensdorf, 15 landsässige Adelige, aus dem Amt Amberg 2, dem Amt Nabburg 3, den Ämtern Neunburg und Wetterfeld 3, dem Amt Waldeck 3, den Ämtern Auerbach und Eschenbach 3 und dem Amt Neumarkt 1 (insgesamt aus 8 Ämtern) und die Vertreter der 13 Städte Amberg, Nabburg, Kemnath, Grafenwöhr, Neumarkt, Weiden, Cham, Neunburg, Auerbach, Eschenbach, Hirschau, Bärnau, Waldmünchen gegenüber. Die Landschaft antwortete damals durch Verordnete aus ihrer Mitte, den Abt von Speinshart, die Adeligen Georg von Wißbeck, Hanns Nothafft und Heinrich Baumgartner auf die Geldforderungen des Landesherrn, dessen Vorgänger sie schon erhoben hatten. Die drei Stände hatten früher ihre Zustimmung davon abhängig gemacht, daß ihnen ein regierender, in der Oberpfalz bleibender Fürst (Statthalter) gegeben würde; von ihm erwarten sie Schutz, Friede, Recht, Sicherheit der Straßen, Abnahme der Plackereyen und Besetzung einiger freier Ämter. Damals war der Vicedom ihr Verhandlungspartner. Die Forderungen sind nicht erfüllt, aber Prälaten und Städte mit Drohungen und guten Worten zur Steuerabgabe gezwungen und überredet worden.

Man kann rechnen, daß die Landstände seit der Mitte des 15. Jahrhunderts sich in der Oberpfalz durchsetzten, wie eine Steuerrechnung von 1442 annehmen läßt. Die ersten bezeugten Landtage fanden 1488, 1499 und 1512 statt. Nur auf dem Landtag von 1538 waren 11 von den 12 Prälaten anwesend, welche auf der Landtafel von 1554 [8] verzeichnet sind. Reformation und Säkularisation haben den Prälatenstand nicht ganz ausgelöscht; an ihre Stelle traten die vom Kurfürsten ernannten Klosterverwalter, die als vom Landesherrn abhängige Stimmberechtigte auf den Landtagen weiter den ersten Stand vertraten. Die Zahl der adelig-ritterlichen Landsassen betrug um 200, die Landstandschaft hing vom Besitz eines Landsassengutes und der Edelmannsfreiheit ab, wie in Bayern oder Pfalz-Neuburg. Nach der Landtafel von 1556 [9] waren von den 18 oberpfälzischen Städten 17, von den 27 Märkten 18 landständisch. Zur leichteren Erhebung der 1526 bewilligten Batzensteuer wurde damals das Territorium der oberen Pfalz in 8 Gezirke eingeteilt: Amberg, Neumarkt, Nabburg, Weiden, Auerbach, Kemnath, Cham und Neunburg; es waren dies die bedeutendsten Städte des Landes, die auch den dritten Stand vertraten; neben ihnen erscheinen Pressath und Bruck als Vertreter der Märkte. Interessant ist, daß die Städte offiziell auch für die Bauern oder das „Gerichtsvolk" sprachen. Gerichtsvolk aber sind nur die landesherrlichen Urbarsbauern, also die Hintersassen des Kurfürsten. Auf dem Landtag von 1538 waren

[8] HSTA München, Oberpfälzische Landschaft Lit. Fasz. VII.
[9] HSTA München, Oberpfälzische Archivalien 65 XII.

die Prälaten fast vollständig vertreten, die Ritterschaft durch einen „verordneten Ausschuß“, Städte, Märkte und Gerichtsvolk durch „Gesandte“. Sein Recht, die Stände zu berufen (allgemeine Landtage, Ausschußversammlungen), wahrte der Kurfürst um 1566 sehr energisch, als der Landmarschall auf eigene Faust eine Ausschußversammlung ausschrieb. Von 1540—1615 fanden etwa 17 allgemeine Landtage statt. Landschaftsbeamte waren die „Kommissarien“, eine ständische Kommission von drei gewählten Personen (Prälat, Landsasse, Vertreter der Stadt Amberg); an der Spitze stand ein Landmarschall auf Lebzeiten, der seit 1593 besoldet war und aus der Ritterschaft gewählt wurde. Diese vier Personen hatten die ganze Verwaltung des in die ständische Schuldentilgungskasse fallenden Geldes zu betreuen. Ihnen standen Pfennigmeister = Landschaftskassier und Gegenschreiber = Revisor zur Seite. Die erste Steuerbewilligung erfolgte nachweislich 1526; damals aber hatte die oberpfälzische Landschaft bereits große Machtbefugnisse; im Grunde lag die ganze Finanzverwaltung in ihren Händen, der Einfluß von Statthalter und Regierung war gering, ganz anders als in Bayern. 1544 scheint der Höhepunkt ständischen Einflusses im Steuerwesen erreicht gewesen zu sein: Fürst und Regierung konnten dann mit der Türkensteuer ihren Einfluß steigern und die ständische Mitbestimmung eindämmen, ja dem ständischen Einfluß im Steuerwesen 1566 den Todesstoß versetzen. Bis zur Aufhebung der Landschaft durch Kaiser Ferdinand II. und Kurfürst Max I. 1628 hatte diese auch Einfluß auf Landes- und Polizeiordnungen, die von ihr durchberaten und im Plenum angenommen wurden.

Der eigentliche Partner der Landstände war die kurfürstliche Regierung, deren Aufbau uns ein Beamtenkatalog von 1585 zeigt [10]. In Amberg war damals Christian von Anhalt Statthalter, dem zwei Vicedome und zwei Kanzler zur Seite standen. Diese 5 bildeten mit Vertrauten aus der Zahl der Räte die engere Kanzlei, eine Art Ministerium. Die Regierung hatte 14 Regiments- und 8 Kammerräte, erstere Beamte der eigentlichen Regierung und des Hofgerichts, letztere solche der Rechnungs-, Rent- oder Hofkammer. Daneben gab es 3 Rentmeister (Generalkommissäre) und 4 Verwalter (Oberadministration des Kirchen- und Stiftungsvermögens), 11 Kirchenräte, 4 Räte „von Haus aus“, Sekretäre „in der Regimentsschreibstube“, „bei der Kammer“, „bei der Verwaltung“, „des Kirchenrats“, 3 Hofrichter, 5 vom Adel als Landrichter zu Amberg. „Amptleute auf dem Land“ waren zu Nabburg, Neunburg, Rötz und Schwarzenberg, Cham, Wetterfeld, Bruck, Grafenwöhr, Eschenbach, Hirschau, Rhueden, Helfenberg, Holnstein und in Auerbach (5 Landrichter, 3 Kastner), insgesamt 45 u. 5 Landrichter und 3 Kastner; dann zu Waldeck und Kemnath (3 Landrichter, 1 Kastner) weiter zu Murach, Hollenberg und Haimburg 5 weitere Amtmänner. In Neumarkt, dem früheren Residenz- und Regierungssitz der Neumarkter Linie von 1410—1448, walteten ein Vicedom und 2 Kanzler und 17 weitere Beamte (der niederen Art wie zu Amberg). Landamtleute saßen 32 zu Hartenstein, Pfaffenhofen, Pleystein, Hohenfels, Tännesberg, Dreswitz, Parkstein und Weiden, Wolfstein, Freystadt,

---

[10] Diener Catalogus oder Register Churfürstl. Pfaltz in Baiern ao 1585, bei M. J. Neudegger (VHO 42) 1888, 13 ff.

Zeitlarn und Sallern, Bärnau, die der Regierung in Neumarkt unterstanden. Für die Stifte und Klöster, die damals aufgehoben waren, nämlich Waldsassen, Tirschenreuth, Seligenporten, Gnadenberg, Walderbach, Reichenbach, Kastl, Michelfeld, Speinshart, Weissenohe, Schönthal und Ensdorf wurden im ganzen 60 Hauptleute, Verwalter, Richter und Gegenschreiber beschäftigt. An außerordentlichen Räten „von Haus aus" gab es 13 vom Adel und 5 „gelarte Diener von Haus aus", ohne Ratstitel 7 adelige und 3 andere, drei medici und 5 Oberst-, Forst- und Jägermeister.

Kurfürst Ludwig VI. (1576—1583) hat das Ruder wieder herumgeworfen und die lutherische Konfession in der Rhein- wie Oberpfalz eingeführt, wenn auch sein Bruder Johann Casimir in seinen Landen den flüchtigen Kalvinern eine Freistatt auftat. Während Ludwigs Tochter Johanna Margarethe als Gemahlin König Karls von Schweden Stiefmutter Gustav Adolfs wurde, kam sein Sohn Friedrich IV. nach des Vaters Tode 1583 unter den vormundschaftlichen Einfluß seines kalvinischen Onkels Johann Casimir (bis 1592) und wurde Kalviner, dem aber in der Oberpfalz der lutherische Pfalzgraf Richard von Zimmern stark entgegenwirkte. Die Bürgerschaft von Amberg verweigerte Friedrich IV. die Huldigung bis zur Bestätigung ihrer Privilegien und Freiheiten und schloß sich mit anderen Städten der Oberen Pfalz, Auerbach, Eschenbach, Kemnath, Nabburg, Kirchenthumbach, zu einem Waffenbündnis zusammen. Sie wandten sich an die Landschaft, deren Abordnung in Heidelberg Beibehaltung der lutherischen Konfession, Besetzung der Ämter mit Landeskindern (nicht mit Fremden, die jeweils anderer Konfession waren), Verbesserung des Hofgerichts, Anteil des ständigen Landschaftskommissariats am Ungeld, Zurückziehung der pfälzischen Soldaten aus Neumarkt verlangte. Da der Kurfürst grundsätzlich zustimmte, huldigten die oberpfälzischen Stände; der Amberger Stadtrat, der sich der Kalvinisierung entgegensetzte, als 1596 Friedrich dies persönlich durchsetzen wollte, wurde neugewählt. Im folgenden Jahr 1597 erließ er zu Amberg eine neue Stadt- und Rats-, eine neue Kirchen- und Schulordnung. Auf einem Landtag zu Neumarkt 1598 gab er eine neue Landes- und Polizeiordnung, errichtete einen Landesdefensionsausschuß (Türken), verlängerte die auf 7 Jahre bewilligte Steuer um weitere drei, gab eine neue Ungeldordnung, ließ sich eine außerordentliche Beisteuer genehmigen und gab der Ritterschaft zahlreiche Freiheiten. Im ganzen setzte sich der Kalvinismus in der Oberpfalz durch.

Vom Standpunkt der Territorialgeschichte ist besonders bedeutsam, daß in dem großen Ringen, das wir den Dreißigjährigen Krieg nennen, in dem sich zunächst die Eifersucht der Konfessionen entlud, nachdem aus vielen kleineren Ursachen das Maß voll war, an der Spitze der zwei großen feindlichen Lager zwei Wittelsbacher, Maximilian I. und Friedrich V. der Winterkönig standen. Der Preis, um den es im Kleinen wirklich ging, der vom Bayern gewonnen, vom Pfälzer verloren wurde, war das kurpfälzische Territorium in der Oberen Pfalz, dessen Verfassungsgeschichte wir hier kurz überblickt haben. Der in Amberg 1596 geborene Gemahl einer Tochter des englischen Königs Jakob (Elisa), den die Böhmen anstelle Kaiser Ferdinands zu ihrem „ständischen" König wählten, kam nach der Niederlage am Weißen Berge bei Prag in die Reichsacht, deren Vollzug in der Oberpfalz dem bayerischen Herzog Maximilian I. übertragen wurde, dessen Heer unter Tilly dort operierte. Er brach bei Cham in die Obere Pfalz ein und rückte über die Klöster Reichenbach und Walderbach und die Städte Waldmünchen und Neunburg westwärts vor; die Stände warnte er, Mansfeld und sein Heer zu unterstützen, das noch von Pilsen und Tabor aus operieren konnte; doch als Mansfeld nach der Rheinpfalz zu entwischen vermochte, unterwarf sich das Land dem Sieger und huldigte ihm. Tilly, der Mansfeld nachzog, nahm Mannheim und Heidelberg. Friedrich V. war seiner Krone, seines Kurhutes, seiner Lande ledig. Auf dem Kur- und Fürstentag zu Regensburg 1625 wurde die pfälzische Kur auf Herzog Max von Bayern übertragen. Jesuiten und Benediktiner missionierten jetzt im Lande und rekatholisierten es; wer widerstrebte, mußte auswandern, genau wie in der Zeit der Reprotestantisierung und Kalvinisierung. Bayerischer Adel führte das Vizedomamt, die Preysing, Fugger usw. Zur Begleichung seiner böhmischen Kriegsschuld von 13 000 000 Gulden übertrug dann der Kaiser, als scheinbar ein Kriegsende sich abzeichnete, dem Sieger vom Weißen Berg die „Obere Pfalz", d. h. das Territorium der pfälzischen Wittelsbacher, durch den Regensburger Vertrag vom 22. II. 1628. Die Ämter Weiden, Parkstein, Floß wurden ausgenommen. Max sollte die Einkünfte der oberpfälzischen Klöster noch weitere 12 Jahre genießen dürfen, bevor er sie wieder errichtete. Er stimmte weiter einer Grenzberichtigung zwischen Böhmen und Oberpfalz zu. Die Stände sollten aufgehoben bleiben. Die „Obere Pfalz" hatte aufgehört ein rheinpfälzisches Territorium zu sein, sie ging im Kurstaat Bayern auf.

Der Dreißigjährige Krieg hat nicht nur die Pfälzer aus ihrer Herrschaft im Land an der Grenze gegen Böhmen gejagt, die das Ergebnis jener interessanten territorialstaatlichen Epoche der Teilungen im Spätmittelalter war, er hat auch der Wirtschaftskraft gerade ihres Territoriums in der Oberen Pfalz, das als Eisengewinnungs- und -verarbeitungsland bis dahin eine einzigartige Stellung in Deutschland einnahm, einen schweren Stoß versetzt; 60—70 % aller Hammerwerke wurden ganz oder teilweise zerstört und nach der Übergabe an Maximilian mußten viele der alten Eisenhüttengeschlechter das Land verlassen; sie wanderten unter Preisgabe ihrer Hämmer und Besitzungen in die benachbarten protestantischen Gebiete, wo, wie in der Markgrafschaft Bayreuth und Sachsen, dann das Eisenhüttenwesen dank ihrer Tatkraft einen großen Aufschwung nahm. Nürnberg freilich verdiente vor dem Westtor der Oberpfalz als Rüstungs- und Waffenzentrum große Summen, wenn auch im Laufe der Kriegskäufe Eisen, Stahl und Kupfer ausblieben. Viele oberpfälzische Eisenhütten gingen auch deshalb ein, weil jahrhundertelanger Raubbau am Wald ihnen die Brennstoffquellen genommen hatte.

Während um 1300 die Schwerpunkte deutscher Eisengewinnung in der Steiermark, in der Oberpfalz und mit großem Abstand erst im Sieger- und Sauerland lagen, waren die Oberpfalz und der Raum östlich Nürnberg, damals das Land der Pfalz in Baiern, seit dem 14. Jahrhundert in der Herstellung von Massenwaren führend geworden; das genormte Schien- und Stabeisen dieses „Ruhrgebietes des deutschen Spätmittelalters", wie man gesagt hat, beherrschte den oberdeutschen Markt. Nach Mitteldeutschland, Böhmen, Mähren, Schweiz, Ungarn, Italien und

Südfrankreich ging die schwere Ware und selbst in Österreich machte sie dem steierischen Erzbergbau Konkurrenz. Die freie Reichsstadt Ulm war Hauptumschlagsort für oberpfälzisches Eisen und steierischen Stahl. Dann kam mächtig im 16. Jahrhundert die Konkurrenz des südbadischen und siegerländischen Erzes auf, die Qualität des oberpfälzischen Eisens ließ nach, da sich gute Erzlager erschöpften und die Verbraucheransprüche emporstiegen. Die enge Verbindung der damaligen „Schwerindustrie“ mit der Territorialpolitik der Pfälzer macht uns die von Pfalzgraf und Kurfürst Friedrich II. angeregte Amberger Zinnblechhandelsgesellschaft von 1533 einsichtig, die die Nürnberger treffen sollte; denn diese und die Wunsiedler hatten zweihundert Jahre lang ein Weißblechfabrikationsmonopol dadurch besessen, daß sie oberpfälzisches Schwarzblech verzinnten. Freilich veranlaßte dies den Nürnberger Berggewerken und Weißblechhändler (= Montanindustriellen) Andreas Blau mit Hilfe heimlich angeworbener oberpfälzischer Facharbeiter eine Reihe von Blechhämmern im Erzgebirge zu bauen, was den Grund für die blühende sächsische Weißblechindustrie des 17. und 18. Jahrhundets legte. Oberpfälzische und oberfränkische Hüttenherrn haben auch die böhmischen Weißblechhämmer des 17. Jahrhunderts gebaut und betrieben.

Wir hatten schon oft Gelegenheit auf die Städte und Märkte der Oberen Pfalz hinzuweisen. Als sich im 14. Jahrhundert Stadt und Bürgertum auch in unserem Raum als Wirtschaftsträger und politische Kräfte durchsetzten, da traten hier besonders Amberg und Sulzbach, die als Residenzstädte führend wurden, auch als Wirtschafts- und Erzeugungszentren in den Vordergrund. Das zeigt uns die Hammereinigung, die am 7. I. 1387 der Rat der Bergstädte Amberg und Sulzbach mit 68 Hammermeistern (= Eisenhüttenbesitzern) der Oberpfalz und Nürnbergs schloß, der älteste Interessenvertrag zwischen Eisenhütte und Bergbau, der der oberpfälzischen Eisenerzeugung für 300 Jahre mit Zustimmung der Pfalzgrafen Friedrich, Ruprecht I. und II. Selbstverwaltung mit eigener Hammer- und Arbeitsgerichtsbarkeit in den Eisenrevieren Amberg, Sulzbach und Nürnberg zusicherte. Wir haben in den 43 Statuten der Hammereinigung das älteste Kartell der deutschen Wirtschaftsgeschichte vor uns. In den Ratsstuben zu Amberg und Sulzbach ist dieses Denkmal eines fast modern anmutenden Großunternehmertums im Berg- und Hüttenwesen gesetzt worden; führende Geschlechter der Bergstädte Amberg und Sulzbach und einflußreiche Nürnberger Großunternehmer sannen und wirkten dabei zusammen. Papst Pius II. erlaubte der Stadt Sulzbach und ihren Bergherren 1460 sogar die dringenden Sonntagsarbeiten im Erzbergbau; den Amberger Vilsschiffern, Haupttransportleuten für Eisen, war die Sonntagsarbeit gestattet. Ein Schwerpunkt der Erzgewinnung war 600 Jahre der Vilsecker Forst, heute Teil des Truppenübungsplatzes Grafenwöhr; die Eisenverhüttung gab diesem öfter schon genannten bischöflich-bambergischen Vogteiamt auch landschaftlich das Gepräge. Große Stauseen, Hammerweiher genannt, verliehen der oberpfälzischen Eisenlandschaft damals eine besondere Note; einer der größten liegt im Bodenwöhrer Forst. Der Pfrentschweiher aber an der oberpfälzischen Pfreimd war der größte mittelalterliche Stausee Deutschlands, der für Hämmer und Mühlen an der Pfreimd das Wasser regulierte (8 km lang, 3 km breit, 25 000 000 cbm Wasserspeicher) und der von 1362—1840 in Betrieb war.

Amberg, bereits 1034 mit Bann- und Marktrecht, Land- und Schiffszoll verbunden, war die Stadt handeltreibender Kaufleute, Fernhändler, denen Barbarossa 1163 nach dem Vorbild Nürnbergs Zollfreiheit im ganzen Reich verlieh, denen Bischof Eberhard von Passau im Ort- und Transitverkehr seiner Stadt und auf der Donau die Handelsfreiheiten der alten Wirtschaftsmetropole Regensburg 1166 gewährte. Der Erzbergbau Ambergs ist allerdings erst 1270 belegt. In Amberg und Sulzbach war das Bergrecht von Anfang Teil des Stadtrechts, hier verlieh die Stadt selber die Gruben, erließ Bergordnungen und bestellte einen Bergkämmerer zum Schutze des Bergwesens. „Bergherren" nannten sich im 14. Jahrhundert die Grubenbesitzer zu Amberg und Sulzbach. Grubenbesitzer war dort auch die Stadtgemeinde als Korporation, die auf eigene Rechnung und Gefahr Erz grub und Eisenhütten (Amberg) betrieb. Als aber die zwei Bergstädte den Privatbergbau an die Wand drückten, wanderten viele alteingesessene Gewerkenfamilien ab. Bergbau und Bergzoll waren die zwei Quellen der städtischen Einnahmen; letzteren hatten schon im frühen 14. Jahrhundert die Landesherren für Festungs- und andere Bauten überlassen. Im Bannkreis der beiden Berg- und Eisenstädte lagen die tiefsten Eisenerzgruben Deutschlands zu damaliger Zeit; 120 000 Tonnen war die jährliche Produktion, 1000 Bergarbeiter waren hier beschäftigt.

Wenn wir gesehen haben, daß dieses Land vor Böhmen nach Ost und West durch seine wirtschaftlichen Unternehmungen weit geöffnet und durch Handel, Verkehr und Territorialpolitik ein Raum der Durchgangswege und der Querverbindungen über alle Grenzen hinweg war, so wollen wir am Schluß doch nicht vergessen, daß der Geist der 1348 gegründeten ersten deutschen Universität zu Prag in die geistigen Zentren dieses spätmittelalterlichen Territoriums, die Klöster, breit einströmte; in Kastl erblühte die Mystik eines Johannes in seinem Büchlein „De adhaerendo Deo", in Reichenbachs Bibliothek standen die Werke der großen Wiener Theologen, in Reichenbach fand Astronomie eine besondere Heimstätte. Kastl aber wurde Zentrum einer umfassenden nordbayerischen Klosterreformbewegung, zu der der Landesherr kraft seines ius visitandi und reformandi Anstoß gab. Die späte Gotik feierte in Amberg ihre Triumphe. Doch auch die Hussiten und ihr Geist, nicht nur ihr Waffenlärm, drangen in dieses Land an der Grenze, das dann offenstand für Luthers Lehre, besonders in seinen Städten und auf seinen Landsassenburgen und -schlössern, das aber nicht leicht zum Kalvinismus und zurück zum alten Katholizismus sich wieder wandte.

Dieses heute so stille, schwermütig-traurige Land um Regen, Naab, Vils und Lauterach mit seinen vielen Burgruinen, verfallenen Hammerschlössern, seinen trutzigen Städten, seinen weiten Wäldern, das man ob seiner Armut die Steinpfalz schimpft, hat eine reiche Geschichte gehabt, als die pfälzischen Wittelsbacher auf Grund des Hausvertrages von Pavia 1329 sich hier ihr kurpfälzisches Territorium der Oberen Pfalz einrichteten. Man muß sagen, daß dies die politisch-wirtschaftlich-geistig größte Epoche des Landes war, dessen Name heute für ein weiteres Gebiet gilt, das der moderne bayerische Staat im Regierungsbezirk Oberpfalz administrativ zusammenfaßte, der 1837 diesen Namen bekam. Seit dem Beginn der Moderne aber müssen die Oberpfälzer in die Fremde gehen, wenn sie sich emporarbeiten wollen; das Land an der Grenze ist heute eines der konservativsten Gebiete Deutschlands geworden, so weltmännisch, weltoffen und bewegt es einst unter den Landesherrn vom Rhein gewesen war.

LITERATURÜBERSICHT

Dachs, H.: Der Umfang der kolonisatorischen Erschließung der Oberpfalz bis zum Ausgang der Agilolfingerzeit (VHO 86) 1936, 159—178.

— Das Marktrecht von Hohenburg auf dem Nordgau (VHO 84) 1934, 3—86.

— Germanischer Uradel im frühbairischen Donaugau (VHO 86) 1936, 179—192.

— Die Entstehung der Stadt Hemau „auf dem Tangrintel" (VHO 90) 1940, 125—162.

— Regensburg, Geschichte und Denkmäler, Regensburg 1950.

— Reichshof Chammünster? (VHO 96) 1955, 405—422.

Denk, J.: Zwei ehemalige Lehr- und Erziehungsanstalten Ambergs, Gymnasialprogramm Amberg 1904.

Egckher, L. Fr. v.: Geschichte der vormaligen Landschaft in der Oberpfalz, Amberg-München 1802 [Egckher war churpfalzbayerischer Kämmerer und obpf. Regierungspräsident in Amberg].

Fessmaier, J. Gg.: Versuch einer pragmatischen Staatsgeschichte der Oberpfalz seitdem sie Oberpfalz heisset. 1. Bd. 1799 in München bei Josef Lentner, 2. Bd. 1803 in Landshut bei Josef Attenhofer.

Gartner, M.: Die Landsassenfreyheit in der oberen Pfalz. Geschichtlich und rechtlich dargestellt mit einem Anhange von 65 größtenteils noch ungedruckten Urkunden. Diss. Landshut 1807.

Götz, J. B.: Die große oberpfälzische Landesvisitation unter dem Kurfürsten Ludwig IV. (VHO 86) 1936, 277—362.

— Die religiösen Wirren in der Oberpfalz von 1576—1620, 1937.

Guttenberg, E. Frhr. v.: Die politischen Mächte des Mittelalters (8.—14. Jh.) (Gau Bayreuth) 1940², 214—275.

Häusser, L.: Geschichte der rheinischen Pfalz nach ihren politischen, kirchlichen und literarischen Verhältnissen, 2 Bde, unveränderter Neudruck der ersten Ausgabe von 1845, 1924.

Häutle, Chr.: Die Oberpfalz und ihre Regenten in den Jahren 1404 bis 1448 (VHO 27) 1871, 1—124.

Hessel, F.: Die Zinnblechhandelsgesellschaft zu Amberg, Diss. Erlangen 1914.

Höfler, K. A. K. v.: Rupprecht von der Pfalz genannt *Clem* römischer König 1400—1410, 1861.

Klebel, E.: Die Grafen von Sulzbach, als Hauptvögte des Bistums Bamberg (MIÖG Band 41) 1926, 108—128. Neudruck: Schriftenreihe z. Bayer. Landesgesch. 57, 1957, 306—324.

— Landeshoheit in und um Regensburg (VHO 90) 1940, 5—61.

— Städte, Burgen und Siedlungen in der Oberpfalz (Oberpfälzer Heimat Bd. 2) 1957, 21.

— Regensburg (Vorträge und Forschungen Bd. IV: Studien z. d. Anfängen des europäischen Städtewesens, hrsg. v. Th. Mayer) 1958, 87—104.

— Beiträge zur Wirtschaftsgeschichte der Stadt Regensburg (VHO 101) 1961, 209—212.

Knöpfler, J. F.: Beiträge zur Kultur-, Rechts- und Kunstgeschichte aus den Ratsbüchern der Stadt Amberg in der Oberpfalz, 1. T. 1432—1445 (VHO 73) 1923, 37—63.

Krebs, F.: Das deutsche Schulwesen Ambergs von den Anfängen im 15. Jh. bis zum Ausgang des 17. Jhts., Diss. München 1931.

Kurze, B.: Kurfürst Ottheinrich. Politik und Religion in der Pfalz 1556—1559, 1956.

Lieb, A. A.: Beiträge zur Geschichte des oberpfälzischen Bauernaufstandes 1705. Mit einem Anhang zur Entstehungsgeschichte der Schmid von Kochel-Legende, 1914.

Lippert: Kirchenvisitation ao 1586 im Fürstentum Vohenstrauß (Koldes Beiträge zur bayer. Kirchengeschichte IV) 1898, 164—185.

— Reformation und Gegenreformation in der Landgrafschaft Leuchtenberg (Beiträge z. bay. Kirchengesch., hrsg. v. Kolde VIII) 1902, 131—139, 170—183.

Mühlbauer, F.: Die oberpfälzischen Landstände und ihr Einfluß auf das Steuerwesen, besonders das Ungeld, 1905.

Neudegger, M. F.: Oberpfälzische Amtsordnungen aus den Jahren 1561 und 1566 (VHO 42) 1888, 1—86.

— Geschichte der pfalzbayerischen Archive der Wittelsbacher, 1890/94 (mit Karten).

Nickelmann, V.: Beiträge zur Darstellung der Entwicklung der eisenschaffenden Industrie in der Oberpfalz (VHO 97) 1956, 13—162 [mit weiterer Literatur].

Obernberger, I. J.: Historische Abhandlungen von den Freyheiten und Privilegien des landsässigen Adels in der Oberpfalz, Ingolstadt 1784.

Piendl, M.: Herzogtum Sulzbach. Landrichteramt Sulzbach (Hist. Atlas von Bayern, Teil Altbayern 10) 1957.

— Landgericht Cham (Hist. Atlas von Bayern, Teil Altbayern 8) 1955.

— Quellen und Forschungen z. Gesch. des ehem. Reichsstifts St. Emmeram in Regensburg (Thurn und Taxisstudien I) 1961, 1—183.

— Die Pfalz Kaiser Arnulfs bei St. Emmeram in Regensburg (Thurn und Taxisstudien II) 1962, 95—126.

Ress, F. M.: Die Eisenindustrie der Oberpfalz im Mittelalter und in der beginnenden Neuzeit (Arch. f. d. Eisenhüttenwesen 21) 1950, 205—215.

— Die oberpfälzischen Hammereinigungen von 1341—1626, Zünftlerischer Zusammenschluß oder kapitalistische Interessengemeinschaft (Zeitschr. f. handelswissenschaftliche Forschung Jg. 1950).

— Geschichte und wirtschaftliche Bedeutung der oberpfälzischen Eisenindustrie von den Anfängen bis zur Zeit des 30jährigen Krieges (VHO 91) 1950, 5—186.

— Der Eisenhandel der Oberpfalz (Deutsches Museum 1951).

— Bauten, Denkmäler und Stiftungen deutscher Eisenhüttenleute, 1960.

Rott, H.: Friedrich II. von der Pfalz und die Reformation, 1904.

Schnell, H.: Amberg, 1955.

Schnelbögl, F.: Das „Böhmische Salbüchlein" Kaiser Karls IV. über die nördliche Oberpfalz 1366/68 (1973).

Schreibmüller, H.: Wie der Name „Oberpfalz" entstand (Bayern. Sonderheft der Monatsschrift Deutsche Kriegsopferversorgung 1934) 40—42.

Schwarz, E.: Sprache und Siedlung in Nordostbayern (Erlanger Beiträge z. Sprach- und Kunstwissenschaft IV). Nürnberg 1960. Dazu Besprechung von K. Bosl in Blätter f. dt. Landesgesch. 97 (1961), 394—409.

Sperl, A.: Der oberpfälzische Adel und die Gegenreformation (Sonderdruck aus Vierteljahrsschrift „Herold" Jgg. 1900. H. 4).

S t u r m , H.: Was ist Nordgau? (Der Bayerische Nordgau 1954) 9—11.

— Abriß der behördengeschichtlichen Entwicklung im Regierungsbezirk Oberpfalz seit Beginn des 11. Jahrhunderts (Der Bayerische Nordgau 1954) 65—79.

S y d o w , J.: Die Konfessionen in Regensburg zwischen Reformation und Westfälischem Frieden (ZBLG 23) 1960, 473—491.

— Regensburger Buchdruckerkunst aus sechs Jahrhunderten, München 1956.

— Regensburg im europäischen Handel des Mittelalters (Bayernland 59) 1957, 6—17.

W i t t : Das hundertjährige Ringen des Katholizismus und des Protestantismus in der Oberpfalz, besonders im Stiftlande, 1929.

o. N.: Wie sind die oberpfälzischen Abteyen im Jahre 1669 abermals an die geistlichen Ordensstände gekommen? Als Beytrag zur Kirchengeschichte der Oberpfalz erörtert von einem Freunde der Wahrheit und Gerechtigkeit. Hrsg. i. J. 1802.

KULTURSTRÖME UND KULTURLEISTUNG DER BAYERISCHEN OBERPFALZ*

Die historischen Gebiete, die durch Erlaß vom 29. November 1837 den Namen Oberpfalz bekamen und im heute so genannten Regierungsbezirk zusammengefaßt sind, standen nicht immer unter gleicher Herrschaft, unterlagen nicht immer politischen und kulturellen Einwirkungen aus gleicher Richtung und von den nämlichen Zentren her, hatten einst wohl ihre größte Zeit unter den pfälzischen Wittelsbachern von 1329 bis 1628, und zwar politisch, wirtschaftlich, geistig, sie stehen schon seit langem im Windschatten der Geschichte und deshalb auch in den Hinterstuben der Geschichtsforschung und Geschichtsschreibung. Seit der tiefen kulturellen Ausleerung des Landes durch die Säkularisation von 1803 und besonders seiner heutigen Bezirkshauptstadt, des kaiserlichen Regensburg, durch den Übergang des Primatialstaates des Reichserzkanzlers von Dalberg an Bayern 1810 hat sich fast ein Dornröschenschlaf über dieses stille, schwermütigtraurige Land an der Grenze um die Flüsse Regen, Pfreimd, Naab, Vils, Lauterach gebreitet. Sein Reichtum an verwunschenen Burgruinen und kleinen Vesten, die Vielzahl seiner verfallenden Hammerschlösser, seine trutzigen Städte mit schönen Rathäusern und Kirchen, die jeden Vergleich aushalten, seine imposanten Klöster aus alter Zeit, unter denen Chammünster, besonders Kastl, Reichenbach, Waldsassen auch kunstgeschichtlich obenan stehen, seine einsamen weiten Forste und Wälder, seine reiche Geschichte gerieten in Vergessenheit, und dies im Jahrhundert der höchsten Blüte geschichtlichen Denkens, das alle Bereiche erfaßte. Die Steinpfalz, wie man sie schimpfte, hatte bereits nach der Schlacht am Weißen Berg einen mächtigen Schock erlitten, sie gewann einiges und verlor vieles durch die Eingliederung in Bayern; der Name gemahnt noch an die Zeit, da sie das kurpfälzische Territorium der Oberen Pfalz, das wirtschaftlich fortschrittliche, geistig und politisch überaus lebendige und selbständige obere Land der Pfalz in Bayern war. Das Land, das einst seinen Kindern genug Möglichkeiten der Betätigung bot, muß schon seit langem seine besten Söhne in die Fremde schicken, wenn sie hochkommen und ihre Kräfte erproben wollen. Einst weltmännisch, weltoffen und bewegt, besonders unter den Landesherrn am Rhein, ist es heute eines der konservativsten, aber auch unterstützungswürdigsten Gebiete Deutschlands. So bietet sich denn für die Festfeier zum 125jährigen Jubiläum des bayerischen Regierungsbezirkes Oberpfalz kein naheliegenderer Gesichtspunkt für die Festrede an, als über „Kulturströme und Kulturleistung der bayerischen Oberpfalz" zu sprechen. Ich tue dies um so lieber, als ich selber ein Oberpfälzer aus Cham bin. Doch darüber hinaus beherzige ich das Wort des bayerischen

* Festvortrag anläßlich der Feier des 125jährigen Bestehens des Regierungsbezirks Oberpfalz im historischen Herzogsaal in Regensburg im Januar 1963.

Historikers Oefele (Vorwort zu den Monumenta Reichenbacensia in Scriptores rerum boicarum T. I. p. 400), daß die Oberpfalz „in jedem Fache der Gelehrsamkeit Wunder (prodigia) geliefert hat". Ich erinnere mich außerdem an die bewegte Klage des späteren bayerischen „Landeshistorikers" der Universität Landshut Johann Georg Feßmaier in der Vorrede seines „Versuchs einer pragmatischen Staatsgeschichte der Oberpfalz, seitdem sie Oberpfalz heißet" von 1799, der letzten zusammenfassenden Geschichte unseres Landes bis heute. Feßmaier schreibt: „Doch bei allem Interesse und Reichtum der Begebenheiten hat es noch kein Oberpfälzer gewaget, die Geschichte der Oberpfalz zu liefern. So was erscheinet allerdings unbegreiflich, wenn man bedenket, daß unermüdete Aemsigkeit als Hauptzug im Charakter der Oberpfälzer auch von Ausländern gerühmt wird. Zudem ist die Oberpfalz das Mutterland der größten Geister." 160 Jahre nach Feßmaier, der selber Oberpfälzer war, liegt noch keine zusammenfassende Geschichte der Oberpfalz unter den verschiedenen historischen Aspekten vor; selbst der größte moderne bayerische Historiker, mein verehrter Lehrer Michael Doeberl, ein Sohn des Waldsassener Stiftslandes, hat abgesehen von einigen bedeutsamen Detailuntersuchungen, dies nicht geleistet. So muß ich mit dem Dank für die Einladung zum Festvortrag zugleich auch feststellen, daß mein sehr bescheidener Versuch einer Kultur- und Geistesgeschichte der Oberpfalz sich auf sehr wenig Vorarbeiten stützen kann und deshalb der verständnisvollen Nachsicht der Kenner bedarf.

Wenn man von Kulturströmen, die ein Land durchziehen, die seine Menschen prägen oder schöpferisch anregen, und von Kulturleistungen spricht, die die Menschen eines Gebietes vollbracht haben und die wiederum in die Nachbargebiete hinauswirken, dann ist es gut, sich dieses Gebiet in seinen historischen Teilen mit ihren Zentren zu vergegenwärtigen; nicht als ob wir die schöpferische Leistung des Individuums nicht schätzten; eine geschichtliche Darstellung der Kultur eines historischen Raumes aber ist für die ältere Zeit überhaupt *nur* und für das neunzehnte und zwanzigste Jahrhundert sehr häufig allein möglich, wenn man die Brennpunkte und Strahlungszentren geistigen Schaffens angeht und wenn man auch die Herrschaftsgebiete kennt, aus denen das neuzeitliche Gebiet zusammengewachsen ist. Alle echte Kultur ist im Raum gewachsen.

Am Ende des alten Reiches um die Wende vom 18. zum 19. Jahrhundert bildeten bereits die in wittelsbachischer Hand befindlichen Länder einen derart geschlossenen Block, daß alle übrigen Herrschaften nur mehr als Inseln sich ausnahmen. Die Wittelsbacher besaßen damals das Herzogtum „Obere Pfalz" mit der Regierungshauptstadt Amberg, das 1628 von Kurfürst Max I. von seinen kalvinischen pfälzischen Vettern nach der Schlacht am Weißen Berg durch den Kaiser als Entschädigung für die Kriegsunkosten gewonnen wurde. Der Name, 1513 zuerst urkundlich überliefert, bewahrt noch die Erinnerung an das kurpfälzische Territorium der Oberen Pfalz, das vom Hausvertrag von Pavia 1329 an dreihundert Jahre lang dem Kurfürstentum der Pfalzgrafschaft bei Rhein mit der Hauptstadt Heidelberg angeschlossen war. Es wird sich zeigen, daß diese dreihundert Jahre die geistig und kulturell bewegteste Zeit unseres Landes waren. Amberg, zeitweilig Sulzbach, Neumarkt, Nabburg, Neunburg, Cham waren die bedeutsamsten städtisch-bürgerlichen Zentren des Territoriums mit seiner großen industriellen Bedeutung vom 14. bis 17. Jahrhundert, seinen entwickelten Landständen, die im 16. Jahrhundert sehr selbstbewußt dem Landesherrn gegenübertraten. Es ist dies das Land, das die neuen reformatorischen Bewegungen Luthers wie Kalvins sehr stark ergriffen und geistig schüttelten. Zu Beginn des Dreißigjährigen Krieges war die Oberpfalz der reale Preis in dem großen Ringen, an dessen Spitze zwei Wittelsbacher, Herzog Maximilian I. von Bayern und Kurfürst Friedrich V. von der Pfalz, der ständische Wahlkönig der Böhmen, zubenannt der Winterkönig, standen. Der bayerische Wittelsbacher gewann das Land, ließ es rekatholisieren und nach genehmigter Frist von neun Jahren die seit Ottheinrich säkularisierten Klöster, im Spätmittelalter Brennpunkte geistigen Lebens, wieder neu errichten. Dies Gebiet hat man zu Recht das „deutsche Ruhrgebiet" des Spätmittelalters genannt; es war das Hauptland der Eisengewinnung und Eisenverarbeitung auf deutschem Boden, dem in weitem Abstand erst Sieger- und Sauerland folgten, mit dem nur das steierische Eisen konkurrierte. Eingeschlossen in das Herzogtum der Oberen Pfalz war die Landgrafschaft Leuchtenberg. Sie umfaßte das gleichnamige Landrichteramt, das Stadtrichteramt Pfreimd, das Pflegamt Wernberg und das Richteramt Miesbrunn. 1791 wurde unter Kurfürst Karl Theodor verwaltungsmäßig mit dem Herzogtum Obere Pfalz auch das Fürstentum Sulzbach vereinigt, das aus dem alten Landgericht Sulzbach mit den sogenannten hinteren Landen bestand. Das Fürstentum Pfalz-Neuburg griff mit einem Teil der vereinigten Pflegämter Heideck und Hilpoltstein (bis 1879), dann mit den Landrichter- und Pflegämtern Allersberg, Hemau, Beratzhausen, Regenstauf, Laaber und Lupburg, dem Landrichteramt Burglengenfeld mit den Pflegen Kallmünz und Hainsacker sowie den Pflegämtern Velburg und Schwandorf auf das Gebiet des heutigen Regierungsbezirkes über. Das Land, das im Gegensatz zum Hauptterritorium der „unteren" Pfalz die obere hieß, war nach 1506 im Gegensatz zur Jungen Pfalz = Pfalz-Neuburg die „alte" Kuroberpfalz genannt Zu diesem umfassenden Herrschaftsgebiet der Wittelsbacher gehörten innerhalb unseres heutigen Regierungsbezirkes, dessen Vorläufer der Regenkreis Montgelas' war, noch Teile des Herzogtums „Baiern", nämlich die Pfleggerichte Dietfurt, Altmannstein, Riedenburg, Stadtamhof, Haidau, Cham, letzteres ehedem lange an die Pfalz verpfändete reichsunmittelbare Grafschaft, und Furth. Dieser Teil gemahnt daran, daß 1329 beim Hausvertrag von Pavia Ludwig der Bayer und seine Neffen Rudolf und die beiden Rupprechte auf dem alten Nordgau vor allem das damalige große Viztumamt Lengenfeld neben den rheinischen Besitzungen geteilt hatten. Der bisher geschilderte Block machte um 1800 schon den größten Teil unseres Regierungsbezirkes aus, neben dem noch geistlich-hochstiftischer und adeliger Besitz in bescheidenem Umfang vertreten war — Hochstift Regensburg, 1803 säkularisiert und als Fürstentum dem Reichserzkanzler Fürstprimas von Dalberg überlassen, besaß die Reichsherrschaften Hohenburg auf dem Nordgau, Donaustauf und Wörth; zum Hochstift Eichstätt gehörte das Oberamt Hirschberg mit den Städten Beilngries und Berching; das Hochstift Bamberg hatte nördlich Amberg die Pflege Vilseck, ebenso den jetzt oberpfälzischen Teil des Amtes Veldenstein. Der Klosterbesitz war schon einmal durch die Säkularisationen des Reformationsjahrhunderts in grundherrliches Eigen der Landesherren überführt und wurde 1803 nochmals fiskalisiert. Das Territorium der Reichsstadt Regensburg, seit 1663 Sitz des Immerwährenden Reichstages — des Reiches Saal war sein Rathaus —, seit 1803 Hauptstadt des Primatialstaates, der 1810 an das Königreich Bayern kam, war im wesentlichen auf die Stadtgemarkung beschränkt. Auf dem Boden Regensburgs wirkten neben dem geistlichen Hochstift des Bischofs und dem reichsstädtischen Bürgertum, das im Hoch- und Spätmittelalter das blühendste Handelsleben Süddeutschlands mit Beziehungen nach Italien, zu den Messen der Champagne und vor allem nach Prag und Brünn und früher schon bis Kiew entfaltete — das Handlungsbuch der Runtinger und der Dom sind stolze Zeugen bürgerlichen Unternehmungsgeistes und Kapitals — ich sage neben Bischof und Reichsstadt wirkten noch die drei Reichsstifter St. Emmeram, Ober- und Niedermünster. St. Emmeram, dessen Kirche ich als das bayerische und mit seiner von Max Piendl neuentdeckten Pfalz Kaiser Arnulfs von Kärnten über der heutigen Torhalle als ein deutsches Nationalheiligtum anspreche, war der Ort einer großen Bibliothek und Schreibschule im achten und neunten Jahrhundert unter Bischof Baturich vor allem mit großen Ausstrahlungen nach Prag, die Heimstatt einer überragenden Miniaturmalerei byzantinischer Beeinflussung im zehnten und elften Jahrhundert, die Bleibe des großen Othloh und des Historikers Arnold im elften Jahrhundert gewesen und wurde nun kurz vor seiner Auflösung unter drei großen Äbten Kraus, Frobenius Forster und Coelestin Steiglehner zu einem weltweiten Bildungs- und Studienzentrum, an dem auch die aufkommenden Naturwissenschaften in großer Blüte standen. Mit der Stiftskirche von Obermünster aber sank in den Bombennächten des letzten Weltkriegs das Kleinod romanischer Baukunst Süddeutschlands mit starken Zügen italienischen Geistes in Schutt und Asche. Verschwindend klein war der weltliche Herrschaftsraum, den Bayern mediatisierte. Da ist die 1641 gefürstete Grafschaft Sternstein mit Neustadt an der Waldnaab, Waldthurn und Schönsee, die dem Fürsten Lobkowitz gehörte; da ist das zur Markgrafschaft Bayreuth gehörige Oberamt Neustadt am Kulm; da sind die Herrschaften Sulzbürg und Pyrbaum der 1740 ausgestorbenen Grafen von Wolfstein, die Tillysche Herrschaft Breiteneck.

Der alte bayerische Nordgau hatte schon eine große Geschichte, bevor die bayerischen Wittelsbacher 1268 durch die Konradinische Erbschaft beim Aussterben des staufischen Kaiserhauses hier festen Fuß fassen konnten. Der Nordgau, ein slawisch-unterwandertes Siedlungs- und Ausbaugebiet, das langsam von Südwesten und Süden gegen Norden sich auftat, war im zehnten Jahrhundert unter den fränkischen Babenbergern von Schweinfurt Königsland gewesen. Weite Teile, Vogteibezirke und Forsten, kamen an das 1007 neugegründete Reichsbistum Bamberg, das auch die alte Pfalzkapelle bei der ältesten Pfalz der Agilolfinger und Karolinger (seit 788) am Kornmarkt, die heutige Alte Kapelle zu Regensburg geschenkt erhielt. Kaiser Heinrich III. organisierte die Grenzlande um den Regen mit dem zentralen Königsgutsbezirk Champriche, das spätere Erzdiakonat Cham, und um die Naab, das spätere Dekanat Nabburg, als königliche Marken. Dort wurden

Markgrafen eingesetzt, im zwölften Jahrhundert amtieren hier die schwäbischen Diepoldinger, die auch herrschaftsbildend und rodend in das Egerland = die Nordoberpfalz und Ostoberfranken vordrangen, bis sie die Staufer zurückdrängten, die in Nachfolge der Salierkaiser von deren Reichsburg Nürnberg und ihrem Reichsland aus vor allem nach dem Aussterben der Grafen von Sulzbach mit deren reichen bambergischen Lehen die Brücke zur werdenden „terra imperii" (Reichsland) um die Reichsburg Eger und zum Champriche um die Reichsburg Cham schlugen. Der Nordgau war auf dem besten Wege ein geschlossenes Reichsterritorium zwischen den Reichsburgen Nürnberg, Eger, Cham zu werden. Das Aussterben der Staufer ließ große Teile in die Hände der Wittelsbacher kommen; das Egerland wurde im vierzehnten Jahrhundert auf dem Wege der Reichspfandschaft an Böhmen für immer verloren. Das Urbar des Viztumamtes Lengenfeld von 1326 zeigt uns erstmals den Umfang der Wittelsbacherherrschaft auf dem Nordgau.

Wenn wir nach dem Blick auf die historisch-politische Struktur der Oberpfalz uns nun den Kulturströmen in ihr zuwenden, so fällt eine eigenartige Tatsache sofort ins Auge. Während das Hauptflußsystem des Gebietes mit Ausnahme der nordwestlichen Pegnitz der Donau zugewandt ist und der Raum durch Regen, Naab, Vils, Lauterach von Nord nach Süd entwässert wird, Kultur und Christentum von Regensburg die genannten Flußtäler nordwärts sich ausbreiteten, der Raum also geographisch der alten bayerischen Herzogspfalz und der karolingisch-ottonischen Königspfalz mit ihrem beherrschenden geistig-kirchlichen und wirtschaftlichem Übergewicht im Mittelalter zugeordnet war, zogen die großen alten, das heißt künstlichen Verkehrswege und Straßen deutlich von West nach Ost; ein oberpfälzischer Brennpunkt dafür war Amberg, das eine vorgeschobene Stellung Nürnbergs seit dem zwölften Jahrhundert mit Zwischenstation in Sulzbach war. In Nürnberg aber traf sich die seit der Stauferzeit bedeutsame Straße von der größten spätmittelalterlichen Messestadt Frankfurt über Würzburg und weiter über Neumarkt nach Regensburg mit der wichtigen Straße vom Eisenmarkt Ulm und vom Leinenmarkt Nördlingen über Ansbach und weiter Pegnitz aufwärts nach Eger und Prag, mit dem älteren karolingischen Handelsweg vom thüringischen Erfurt über Hallstadt-Bamberg, die Karolingerpfalz Forchheim entweder weiter durch das Lauterachtal über Brennberg nach Regensburg oder über Neuburg/Donau weiter nach Augsburg. Neben den Böhmenwegen über Eger und Cham gab es dazwischen noch mehrere Straßen, die auf Pilsen zielten. Auf den Straßen wanderten nicht nur Kaufleute, zogen nicht nur Heere zu Roß und zu Fuß, sondern verbreiteten sich auch die Ideen durch das fahrende Volk der Bauleute, Wanderprediger, Scholaren, Künstler, Professoren, die seit dem zwölften Jahrhundert immer stärker durch die Lande zogen. Wenn man so will, kann man sagen, daß die Oberpfalz seit den Tagen des alten Nordgaus geistig-kulturell, aber auch wirtschaftlich und politisch eingespannt war zwischen die großen Brennpunkte Regensburg, Nürnberg, Bamberg, Prag, wozu seit dem vierzehnten Jahrhundert als zwei Fernstrahlungszentren Heidelberg und München mit Neuburg/Donau kamen.

Es ist fast unnötig zu sagen, daß der älteste Kultureinfluß von Regensburg, der großen Pfalzstadt, der sedes ac metropolis ducatus Bavariae mit ihrem frühen

Reichtum an Bildung, Kunst und Geist ausging. St. Emmeram steht da obenan, die große Missionsausbildungsstätte für den böhmischen Raum seit dem neunten Jahrhundert bis 973, dem Jahre der Gründung des Bistums Prag. Aus seiner Schreibschule kamen die ersten Kultbücher auf den Domberg in Prag. Sein Patron ist auch der des südmährischen Bistums Neitra. Hier lag der berühmte kanonistische Codex mit den kirchenslavischen Glossen, den der große Lehrer der Mährer, Erzbischof Methodius, 872 bei der Entlassung aus der Gefangenschaft der bayerischen Bischöfe hier zurücklassen mußte. In Verona geschrieben war er vom Papst bei der Bischofsweihe dem Legaten in Rom zum Geschenk gemacht worden. Daß der böhmische Raum bis heute dem westlich-abendländischen Kulturkreis zugehört, ist das große Ergebnis des regensburgischen Missions- und Kulturwerkes in Mitteleuropa, an dessen Ende der große Bischof Wolfgang steht, der zwar auf Böhmen und Prag verzichtete, dafür aber die geistig-religiösen Kräfte im Lande, in St. Emmeram wachrief und neubelebte; deren Exponenten sind dann Othloh, der erste bedeutende Vertreter individueller Geistigkeit, und Wilhelm, der bedeutende Reformabt von Hirsau, die beide in St. Emmeram wirkten. Der Herzogshof der Welfen in Regensburg war zur gleichen Zeit, da der große originelle Zeitkritiker des zwölften Jahrhunderts, Gerhoh, der spätere Propst von Reichersberg am Inn, hier um ein Haar seiner Ideen wegen dem Kirchenbann entging, auch eine Pflanzstätte neuer weltlicher Bildung und Geistigkeit laikalen Zuschnitts. Herzog Heinrich X. hatte aus Frankreich die chanson de geste mitgebracht und die mittelhochdeutsche Epik gerade hier angeregt. Die Stadt, die schon ein bedeutsames Kleinod westfränkisch-französischer Kunst und Bildung im berühmten Codex Aureus Karls des Kahlen barg, nahm jetzt durch ihr lebendiges händlerisches Bürgertum zu den Messen der französischen Champagne, wo Europas Handel und Geldverkehr ihr erstes Zentrum fanden, Beziehungen auf. Bis Kiew ging der Handel der Donaustadt. In der Wahlengasse aber beherbergte sie eine italienische Kaufmannskolonie, die Latini, die nach Venedig über den Tauernpaß, nicht über den Brenner zogen. Regensburgs Steinerne Brücke wurde als Wunderwerk der Technik im zwölften Jahrhundert gefeiert. Im dreizehnten Jahrhundert aber predigte hier vor geistig regen und erregten Massen der große Bruder Berthold in der feinprofilierten Minoritenkirche und kündete Albertus Magnus, Deutschlands größter Theologe und Naturphilosoph, der kurze Zeit auch Bischof war, Gottes tiefe Weisheit in der Dominikanerkirche. Die Gedanken französischer Bauschulen (Laon) ließen in der Dompfarrkirche zu St. Ulrich aus der Romanik die Gotik wachsen und regten Bischof Leo Thundorfer an, nach dem Brand des romanischen Domes mit seiner noch erhaltenen ravennatischen Allerheiligenkapelle den Grund zum gotischen Monumentalbau des Domes zu legen, der auch zum Denkmal des frommen und freigebigen Sinnes einer reichen und selbstbewußten Kaufmannschaft und Bürgerschaft wurde, die in Deutschlands originellstem gotischem Rathaus mit „des Reiches Saal" sich eine Stätte bürgerlicher, reichsstädtischer Selbstverwaltung und Selbstregierung schuf, Stätte, wo der moderne Staat vorbereitet und praktisch grundgelegt wurde.

Mit dem dreizehnten und gar erst im vierzehnten Jahrhundert aber regt sich auch in oberpfälzischen Landen geistiges Leben, werden Individuen greifbar und Kulturströme sichtbar, die nicht mehr allein von Regensburg her geprägt sind, sondern im großen Fluß der Anregungen stehen, die vom westlichen Franken, von Nürnberg nach dem östlichen Prag pendeln und umgekehrt. Der luxemburgische Kaiser auf dem böhmischen Thron, der in der Nordwestoberpfalz sein neuböhmisches Territorium gründen und eine Landbrücke von Eger über Nürnberg und Würzburg nach Frankfurt, der Wahlstadt des Reiches, der größten Messestadt Deutschlands, schlagen wollte, war es, der die Tore weit aufmachte und der Zeit den Stempel aufdrückte. Die Gründung der ersten deutschen Universität in Prag 1348 brachte eine tiefe geistige Anregung in die regionalen Kulturzentren der Oberpfalz, die Klöster, an deren Pforten auch der neue Geist der zweiten deutschen Universitätsgründung in Wien 1365 drang. Bald kam Heidelberg hinzu (1386), dessen hohe Schule bis 1619 für den größten Teil der Oberpfalz die Landesuniversität wurde, wo ihre Geistlichen und Beamten ausgebildet wurden. Auf der Prälatenbank der oberpfälzischen Landstände saßen im fünfzehnten und sechzehnten Jahrhundert die Äbte von Kastl, Waldsassen, Reichenbach, Walderbach, Speinshart, Michelfeld, Ensdorf und Weißenohe, die Vorsteher von Schönthal bei Rötz, Gnadenberg und Seligenporten bei Neumarkt. Kastl, Gründung der Grafen von Kastl, Habsberg und Sulzbach, dessen fünfschiffige Kirche nach dem südfranzösischen Reformzentrum St. Viktor in Marseille weist, die Symbol der neuen libertas ecclesiae des Investiturstreits war, formte im vierzehnten Jahrhundert den Prager Geist in neuen Reformwillen um und wurde Zentrum einer die nordbayerischen Benediktinerklöster umfassenden Reformbewegung des Ordens. Kloster Kladrau an der Mies war der Brückenpfeiler im geistigen Strom zwischen Prag und Kastl. In der Klosterburg an der Lauterach schrieb der große Mystiker Johannes sein tiefgreifendes Büchlein „De adhaerendo Deo“ und zahlreiche andere Werke. Magister Petrus übersetzte hier des Boethius „Consolatio Philosophiae“, das Philosophielesebuch des Mittelalters, ins Deutsche. In Reichenbachs Bibliothek standen die großen Werke der Wiener Magister; hier wirkte im fünfzehnten Jahrhundert der große Kosmograph Nikolaus de Donis. Wir haben Kenntnis vom Reichtum dieser Klosterbibliotheken aus den Verzeichnissen, die Ottheinrich und sein Nachfolger bei der ersten Säkularisation seit 1556 von diesen Bibliotheken anlegen ließ. Die Codices wurden am Ende des sechzehnten Jahrhunderts nach Amberg in ein Sammeldepot gebracht und dann entweder nach Heidelberg geschickt, wo sie vermutlich mit der Sapienzbibliothek im Dreißigjährigen Krieg verbrannten, oder nach dem Übergang an Bayern an die neuerrichteten Klöster wieder ausgegeben und dann abermals 1803 bei der zweiten Säkularisation enteignet und, soweit wertvoll, nach München verbracht. 1810 wurde der geistigkulturelle Reichtum von Regensburgs Klöstern, Stiftern und Stadt ausgeleert und auch nach München eingesandt. Ich habe gerade dies eben in einem umfänglichen Festschriftaufsatz dargestellt. Wenn man bei Walderbach am Regen, der Zisterze der Regensburger Burggrafen, vor allem ihre strenggeformte romanische Kirche rühmen muß, so ist Waldsassen nicht nur wegen seiner barocken Kirche und Bibliothek heute weithin berühmt, sondern als Kulturpionier und Kolonisationsträger allerersten Ranges in der alten regio Egire und im neuen Egerland bis weit nach Böhmen hinein höchster Ehren wert. Sein Abt Daniel begleitete Kaiser Friedrich Barbarossa auf seinen Fahrten, er brachte wertvolle Kleinodien heim; Abt Hermann erwarb von Kaiser Friedrich II. wichtige Privilegien und schrieb einen Engeltraktat. Abt Johannes verfaßte ein Buch über die Koryphäen seines Klosters, das dessen Historiograph Otto, der Prior, der in Leipzig studiert hat, in seiner Klosterchronik von Waldsassen verwertete. Kloster Ensdorf, Stiftung der Herren von Hopfenohe — Pettendorf — Lengenfeld, die die Wittelsbacher und Leuchtenberger beerbten, bekam durch Jakob Parfueß im fünfzehnten Jahrhundert sein Traditionsbuch und seine Klosterchronik. Neben den Klöstern traten auch Weltgeistliche in den Vordergrund; ein gut Teil geistigen Lebens war auch im Spätmittelalter noch vom Klerus getragen. Der Hofkaplan Kurfürst Friedrichs I. Mathias vom oberpfälzischen Kemnath, der den Prinzen erzogen hatte und sein Reisebegleiter war, schrieb eine Geschichte seines Herrn; er selber lehrte Poetik an der Universität zu Heidelberg, die im fünfzehnten Jahrhundert immer stärker die Oberpfälzer anzog. Neben ihm verdient Beachtung der Regensburger Domherr Johannes Tröster, ein in Italien und Wien ausgebildeter Humanist, Schüler des großen Enea Silvio Piccolomini, der nach Tegernsee wertvolle Handschriften schenkte, zu schweigen von seinem Dialogus de remedio amoris. Die große Bildungs- und Literaturbewegung zog in Regensburg, in Ingolstadt, in den Klöstern ein, sie erfaßte die Weltgeistlichen, die Domherren. In der Geschichte ist Aventin = Turmayr aus Abensberg, ein erster Gipfel. Doch sei die Bayernchronik des Andreas von Regensburg nicht verachtet, die der Predigermönch Johannes Chrafft in Cham und Leonhard Bauholz fortsetzen. Aus Tirschenreuth stammt Georg Hauer, Magister der Philosophie, der 1519 und 1523 Rektor in Ingolstadt war. Er war ein hervorragender Latinist.

Neben Geistlichkeit und Adel rührte sich kraftvoll das bürgerlich-städtische Volk, das vom vierzehnten bis siebzehnten Jahrhundert seine große Zeit in der Oberpfalz hatte. Allen voran ging die Bergwerks- und Residenzstadt Amberg, mit der die andere Bergwerksstadt Sulzbach in steter harter Konkurrenz stand, beide in engstem Wirtschaftsaustausch mit Nürnberg. Die vielen Hammerschlösser unseres Landes, oft gut erhalten, oft schon verfallen, manchmal an großen Hammerweihern stehend, deren größter der Pfrentschweiher an der Pfreimd ist, sind Zeugen der einstigen industriellen Größe der Oberpfalz, die man vom vierzehnten bis sechzehnten Jahrhundert mit Grund das Ruhrgebiet des Spätmittelalters und der frühen Neuzeit genannt hat. Dem modernen Menschen ist der Begriff der technischen Kultur vertraut. Hier im alten Eisenerzgebiet der Oberen Pfalz und in Nürnberg stand eine Wiege europäischer Technik und moderner Kultur. Dies wäre nicht möglich gewesen ohne den Aufschwung des städtischen Handels- und Unternehmergeistes und seiner praktischen Intelligenz. In der pfälzischen Zeit haben Städte und Bürgertum hier eine Blütezeit erlebt wie niemals später mehr. Darum konnte bürgerlicher Geist auch so eine feste Stellung in den Landständen gewinnen, daß die Bürgerschaft des führenden Amberg das eine Mal die Huldigung verweigerte und dafür vier Ratsherren enthauptet sehen mußte, das andere Mal bei der Forderung des dritten Glaubenswechsels erklärte, sie seien nun lutherisch geworden und Religion sei Sache ihres Gewissens, nicht des Landesherrn. Die Hammereinigung von 1387, die die Bergstädte Amberg und Sulzbach mit achtundsechzig Hammermeistern = Eisenhüttenbesitzern der Oberpfalz und mit Nürnberg schlossen, ist das schönste Zeugnis dieses wirtschaftenden Geistes. Sie ist nicht nur der älteste Interessenvertrag zwischen Eisenhütte und Bergbau mit Selbstverwaltung und eigenem Arbeitsgericht, sie ist das älteste Kartell der deutschen Wirtschaftsgeschichte, in dem sich die führenden Geschlechter der beiden Bergstädte und das Nürnberger Großunternehmertum ein ewiges Denkmal gesetzt haben. Die Weißblechindustrie Sachsens und Böhmens hat von hier ihren Ausgang genommen. Steinerne Zeugen dieses kapitalschaffenden Wirtschaftsgeistes der Oberpfalz sind die gotischen Kirchen im spätmittelalterlichen Amberg, die Georgskirche und die Martinskirche mit ihrer spätgotischen Halle, nicht zu reden von der Stadtkirche in Sulzbach, der von Regensburg her beeinflußten Stadtkirche in Nabburg und der einheitlichen Stadtkirche in Kemnath. Die eigentlichen Träger des Kirchenbaues waren im Spätmittelalter die seit dem endenden zwölften Jahrhundert rasch aufsteigenden Städte und Märkte, ihr wirtschaftlich starkes Bürgertum, das auch stattliche Rathäuser errichten ließ. So nimmt es nicht wunder, daß aus dieser Landschaft, aus Schmidmühlen, ein so begnadeter Künstler wie Erasmus Grasser stammte, der Schöpfer der zehn Münchener Maruska- oder Moriskentänzer, Figuren von stürmischem Temperament; die Werkstätte des für 1500 als fürstlichen obersten Baumeisters Bezeugten stand um 1480 auf dem Zenith ihrer Leistung. Zu Kulmbach, Amberg oder Eichstätt ist Erhard Heidenreich geboren, der von 1514—1524 Dombaumeister zu Regensburg war und vorher als Geselle unter Roritzer gearbeitet hatte. Er baute den Turm der Amberger Martinskirche und war auch Baumeister an der Frauenkirche in Ingolstadt. An den sechs Fenstern des Domkreuzganges hat er am frühesten dekorative Renaissance in Regensburg eingeführt. 1519 hatte er schwere Auseinandersetzungen mit dem Baumeister der Kirche zur schönen Maria, dem Augsburger Hieber.

Seit Karl IV. war die Oberpfalz, war auch Regensburg geistig aufgeschlossener als je zuvor, sie war und blieb für Jahrhunderte eingespannt in den Strom der neuen religiösen Ideen und geistigen Bildungserlebnisse, die das religiöse Mittelalter zwar nicht beendeten, ihm aber Vertiefung, Individualisierung brachten und neue Akzente setzten. Humanismus, Renaissance bereiteten den Boden; die Oberpfalz war nicht nur Schlachtfeld hussitischer Ideen. Wie wenige Landschaften hat sie, geistig und gesellschaftlich darauf vorbereitet, die Reformation in ihren Hauptformen und die Gegenreformation mehr als viele andere Landschaften Deutschlands durchlebt und durchlitten. Adel, Bürgertum und auch Bauerntum, das im städtischen Landstand eine ständische Vertretung als „Gerichtsvolk“ hatte, soweit es landesherrlich war, rangen hier bewußt um die neue Form des Christentums und einer neuen Lebensethik. Aus Amberg stammte Sebastian Fröschel (* 1497), Magister der Universität Leipzig und Priester dortselbst, der in engstem Verkehr mit dem Kreis der Reformatoren stand und zuletzt (bis 1570) in Wittenberg wirkte. Er hat Einzelereignisse der Reformation lebendig im Vorwort seines opus „Vom

Königreich Christi“ dargestellt. Am kurfürstlichen Pädagogium zu Heidelberg wirkte um die Wende vom sechzehnten zum siebzehnten Jahrhundert der Amberger Andreas Raselius, Verfasser musikalischer Abhandlungen. In der Berg- und Residenzstadt erblickte Christoph Gewold, der Hofsekretär Wilhelms V. von Bayern und landesherrliche Archivar, das Licht der Welt, der nach seinem Studium zu Ingolstadt erst Katholik geworden war (1581). Sein Name gehört in die Reihen bayerischer Geschichtsschreibung. Rektor der Amberger Schule wurde 1588 der praktische und theoretische Arzt Johann Ingolstetter, ein Nürnberger. Daß Auerbach/Oberpfalz die Wiege Heinrich Stromers genannt Auerbach (* 1482, † 1542) ist, der 1508 Rektor der Leipziger Universität und später Leibarzt hoher Fürstlichkeiten war, ist nicht nur Kuriosität, weil ihm der berühmte Auerbachs Hof mit „Keller“ in Leipzig gehörte, den Goethe verewigt hat. Berühmter Mediziner seiner Zeit war auch der Sandseer Philipp Menzel, der nach langen Reisen Professor in Ingolstadt wurde, das als Universität die Menschen unseres Landes mächtig seit dem Ende des fünfzehnten Jahrhunderts anzog. Aus dem sechzehnten Jahrhundert stammt „Eine deutsche Chronik von Amberg“, die der Amberger Bürgermeister Michael Schweiger schrieb. Der Neumarkter Hartmann Schopper machte für den Frankfurter Buchdrucker Feyerabend eine lateinische Bearbeitung des Reinecke Fuchs (1566). Ein anderer Neumarkter Kaspar Scioppius (Schoppe), (* 1576, † 1649 in Padua) gehört zu den interessantesten Figuren der Jahrhundertwende. Nach Studien in Heidelberg, Altdorf, Ingolstadt, Verona trat er 1598 in Prag zum Katholizismus über und unterhielt engste Kontakte zum italienischen Späthumanismus. In Rom war dieser Sohn eines protestantischen Amtmanns dann Cicerone hoher deutscher Besucher und politischer Berater und Reichskurier. Seine Denkschrift von 1609 an Erzherzog Ferdinand gab den Anstoß zur Bildung der katholischen Liga. Nach unruhigem Wanderleben starb er in Padua. Scioppius war einer der wirkungsvollsten Publizisten seiner Zeit, eng verknüpft mit den kirchenpolitischen Ereignissen des Dreißigjährigen Krieges, ein glänzender Latinist und scharfer Polemiker. Er hinterließ ein reiches, meist anonym erschienenes Oeuvre. Lorenz Hochwart aus Tirschenreuth, der zu Leipzig und Ingolstadt studierte, Domherr in Regensburg und Passau und Konzilsvater zu Trient war, trat mit historischen Plänen hervor. Das sechzehnte Jahrhundert gewann für die Oberpfalz eine besondere künstlerische Note durch Albrecht Altdorfer, der als Maler von Amberg 1505 in Regensburg Bürgerrecht erwarb, 1526 städtischer Baumeister, 1528 Kämmerer war, als er an einem großen Werk für Herzog Wilhelm von Bayern arbeitete. Dieser Künstler mit evangelischen Neigungen unternahm Reisen nach Wien, Tirol und Oberitalien. Der Donauschule entwachsen wurde er in großen Aufträgen zum führenden Künstler im Donautal und errang seit 1526 eine technische Meisterschaft individueller Kunstauffassung, die ihn über landschaftliche Begrenzung hinaushob, so daß er eine Sonderstellung in der Kunst des sechzehnten Jahrhunderts hat. Altdorfers Schaffen ist stets weltlich gewesen; von der engen Beziehung zwischen Mensch und Landschaft wandelte er sich über die Vernachlässigung des Details und selbständige Landschaftsdarstellung zum rein erzählenden Stil. Werke brauche ich hier nicht zu nennen. Weit hinter ihm steht der vermutliche

Hemauer Michael Ostendorfer, der wohl in pfälzischen Diensten stand, bevor er nach Regensburg kam, wo er 1519 als Meister erscheint. Ihm fehlte die Zucht und Gestaltungskraft des großen Altdorfer, in dessen Stil er malte, in dessen Schatten er stand.

Aus der kalvinischen Zeit der Oberpfalz und ihrem Übergang zum Katholizismus, der Epoche, mit der die großen Emigrationen und Vertreibungen der Neuzeit einsetzen, ragen einige Oberpfälzer hervor, die statt vieler repräsentativ hier stehen sollen. Aus Amberg, das sich so heftig gegen die Einführung des Kalvinismus gewehrt hatte, stammt Friedrich der Ältere Spanheim (* 1600), ein Hauptvorkämpfer seiner Orthodoxie. Der Sohn eines kuroberpfälzischen Kirchenrates, der die Stadtschule in Amberg und die Universität Heidelberg besucht und in Genf kalvinische Theologie studiert hatte, mußte sich beim Ausbruch des großen Krieges zeitweilig in Paris aufhalten, ging nach England und wurde schließlich Professor der Philosophie und Theologie in Genf und ging 1642 nach dem holländischen Leyden. Durch persönlichen und brieflichen Verkehr mit politisch führenden Figuren gewann er großen Einfluß auf das öffentliche Geschehen. Er war ein unerschrockener Verteidiger der kalvinischen Lehre. Sein Schüler in Leyden war der Kemnather Georg Horn (* 1620), Sohn eines reformierten Superintendenten, der nach Oberfranken fliehen mußte und seinen Sohn zu Nürnberg in die Schule gab. In Altdorf, das auch gelehrte Emigranten aus Böhmen nach der Schlacht am Weißen Berg aufnahm, besuchte er die Universität. Er wurde Professor der Geschichte in Leyden und behandelte Universalhistorie auf neue Weise, indem er die Geschichte der einzelnen Völker nicht als Teil der vier großen Weltreiche, sondern individuell für sich behandelte und die Verfassungsgeschichte damit verband. Zu den Emigranten zählen noch der Amberger Schulrektor und Theologe Christian Becmann, den mit seinem Sohn Friedrich, dem späteren Philosophen der Universität Frankfurt a. O., Kurfürst Max I. 1625 vertrieb. Diesem Schicksal entging der angesehene Pastor Primarius Johann Salmuth in Amberg, ein gebürtiger Sachse, durch seinen Tod 1622 dortselbst, doch mußte sein Sohn Friedrich in die Fremde gehen; er erscheint 1622 als Prediger in Emden. Im vorgenannten Altdorf, das Nürnbergs Universität war, konnte der irenisch-humane lutherische Theologe Georg König, 1590 in Amberg geboren, ein friedvolles Dasein führen. Zu den geistigen Führern der Gegenreformation zählt ein Oberpfälzer, der aus der nahen Fremde herein wirkte. Ich meine Abt Vitus Höser von Oberalteich, der 1577 zu Kirchenlaibach ins Leben trat. Er hatte in seinem Donaukloster mit der heute noch imposant die Donauebene beherrschenden Barockkirche unterhalb des Bogenberges eine Klosterreform auf altbenediktinischer Grundlage unter Ablehnung der ignatianischen Askese durchgeführt, hatte die Klöster Prüfening und Mallersdorf dafür gewonnen, hatte Kirche und Kloster nach eigenem Plan mit heimischen Kräften neu aufgebaut und versuchte nun, neben den Jesuiten, 1627—30 durch Benediktiner die Oberpfalz zu rekatholisieren. Die Peregrinatio in seinem Werke „Monastikon" (Clm 1325/6) ist eine wichtige Quelle für den Dreißigjährigen Krieg.

Im ganzen muß man sagen, daß die Oberpfalz, die mehrmals im sechzehnten Jahrhundert ihr Bekenntnis mit dem Landesherrn hatte wechseln müssen, nicht leicht zum alten Glauben wieder zurückfand; es hat länger gedauert, als man anzunehmen pflegt. Doch nachdem sie sich eingewöhnt hatte, fand auch der jubelnde Barock, Ausdruck des katholischen Glaubenssieges und einer katholischen Weltfrömmigkeit und Weltfreudigkeit, in den Kirchen Regensburgs und der ganzen Oberpfalz Eingang und verwandelte sich hier in Nachahmung des französischen Roccaille zum Sonderstil des bayerischen Rokoko. Nun kam Georg Dientzenhofer aus der bekannten Baumeisterfamilie um Aibling, der 1689 in Waldsassen starb, an dessen Bau er 1682 als Gehilfe des Abraham Leuthner aus Prag mitgewirkt hatte. Seit 1683 hatte er das Bürgerrecht in Amberg, an dessen Jesuitenkolleg er gebaut hat. In Amberg arbeitete der Benediktbeurer Freskenmaler Kosmas Damian Asam; auch Joh. Baptist Carlone aus Scaria, Stukkator des Passauer Domes und der Waldsassener Stiftskirche, war mit seinem Trupp in Amberg viel beschäftigt, besonders in Mariahilf. Caspar de Crayer aus Antwerpen (* 1584), dessen Kunst vom Genius eines Rubens berührt ist, hat in Amberg sieben bis acht Bilder stehen. Die Oberpfalz hat aber auch ihren einheimischen Künstlergenius in dieser Epoche, den Burglengenfelder Maurerssohn Johann Michael Fischer (* 1692, † 1766), dessen Grabstein an der Südseite der Münchener Frauenkirche hängt; er war der Erbauer von zweiunddreißig Kirchen und dreiundzwanzig Klöstern; seine Bauherren waren Prälaten und Äbte, vorab des Benediktinerordens. In der Innenarchitektur offenbart sich die Genialität des Meisters; seine besondere Vorliebe galt dem freigestalteten Zentralbau, dem Ideal des Rokoko. Sein Meisterwerk ist Rott am Inn; die Oberpfalz besitzt die Stiftskirche in Aufhausen als sein Geschenk. Gilt Fischer als Vater des Rokoko, so hat der Altmannsteiner Ignaz Günther, kurfürstlicher Hofbildhauer (1725—1775), die edelste Form des Roccaille in seinen Plastiken entwickelt. Neben ihnen steht der ältere Meister der Barockbibliothek von Waldsassen Johann Karl Stilp.

Barock ist universal, nicht nur in der Kunst, auch in der Wissenschaft. Trotz allem Pathos wohnt ihm eine bestimmte Rationalität inne, die auf der einen Seite zur christlichen Aufklärung führt, auf der anderen im Gefühl des Pietismus ihren Gegenpol findet. Die Gebrüder Asam beherrschen im Grunde alle Formen und Betätigungsarten der Kunst. So ist es bei den barocken Wissenschaftlern, besonders den Barockprälaten vom Schlage des Pollinger Töpsl, die vom Barockglauben zur christlichen Aufklärung gehen, die in einer europaweiten Akademiebewegung ihren Niederschlag findet. Von der Leistung von St. Emmeram unter den bedeutenden wissenschaftlichen Äbten Kraus, Forster, Steiglehner war früher schon die Rede. Aus der Berührung von Aufklärung und früher Romantik wuchs die christliche Erneuerung, für die nach Rupert Kornmann, dem letzten Abt von Prüfening, besonders Bischof Michael Sailer und sein Weihbischof Michael Wittmann repräsentativ sind. Unter den oberpfälzischen Klöstern darf Ensdorf sich rühmen, zwei universale Barockprälaten an seiner Spitze gesehen zu haben. Auf den Historiker Anselm Meiller aus Amberg (* 1678), den Verfasser des bekannten Werkes „Mundi miraculum", folgt als zweiter Amberger Anselm Desing (* 1699), der Mathematik und Philosophie an der berühmten Benediktineruniversität Salzburg doziert, die Prager Benediktinerakademie mitangeregt hatte, einflußreicher Berater des Fürstbischofs in Passau und eine treibende Kraft der süddeutsch-katholischen Akademiebewegung und Mitglied der Bayerischen Akademie der Wissenschaften gewesen war. Seine Universialität ist kaum zu überschätzen. Er beherrschte die Mathematik, Physik, Astronomie, Philosophie, Theologie, Kanonistik und Geschichte seiner Zeit. Bahnbrechend waren seine Bemühungen um den Unterricht in Geschichte, Geographie und Geometrie an den Höheren Schulen; er war aber auch als Maler und Architekt tätig und entwarf die Sternwarte von Kremsmünster. In der Kanonistik vertrat er die historische gegen die deduktive Methode. Als Historiker war er seiner dynamischen Auffassung nach eine ungewöhnliche Erscheinung im rationalistischen Jahrhundert, das er als Rechtswissenschaftler in die Schranken forderte; sein Leitspruch lautete: ratio sola sufficit ad errandum. Als Kirchenrechtler mag sich der Oberviechtacher Gregor Zallwein an der Salzburger Akademie mit ihm messen, deren Rektor er sieben Jahre war. Eine internationale Hörerschaft saß zu Füßen dieses gemäßigten, aus den Quellen schöpfenden Episkopalisten vom Schlage der Neller und Barthel. Neben ihm wirkt schon in die neue Zeit hinein als Apostel der Versöhnung der Konfessionen und christlicher Aufklärer der letzte Abt des Klosters Michelfeld Maximilian Prechtl, geboren in Hahnbach bei Amberg, der nach der Säkularisation in Vilseck und Amberg lebte. Ihm anzureihen ist der für seine Zeit ganz ausgezeichnete historische Quellenkritiker und Genealoge Joseph Moritz, ein Ensdorfer Benediktiner und ordentliches Mitglied der Bayerischen Akademie der Wissenschaften, Verfasser der damals glänzenden Abhandlung über die Grafen von Sulzbach. An Laien trat wirksam in den Vordergrund Johann Caspar Lippert, gebürtiger Further, bekannt und verhaßt geworden als Leiter der Untersuchungskommission gegen die Illuminaten, zugleich ein namhafter Jurist, Kabinettssekretär des Kurfürsten Karl Theodor. Der Jesuit Johann Nepomuk Mederer aus dem Kastler Ort Stöckelberg, der das Amberger Gymnasium besucht hatte, machte sich als Historiker einen Namen an der Universität Ingolstadt auch nach der Auflösung des Ordens 1773.

Die Moderne ist im achtzehnten Jahrhundert geistig und gesellschaftlich geboren worden. An ihrer Wiege stehen Aufklärung, Pietismus, Jansenismus, Romantik. Diese großen geistigen Bewegungen haben die Oberpfalz als Ganzes nicht mehr erfaßt. Regensburg, Amberg und einige Klöster waren daran beteiligt; die großen Entscheidungen fielen an Universitäten, Akademien, Fürstenresidenzen. Oberpfälzer haben dort an der geistigen Entwicklung bedeutsam mitgewirkt, wie wir sahen. Doch ein Ort macht eine besondere Ausnahme; ich meine die alte Berg- und fürstliche Residenzstadt Sulzbach, der Ort, der auf der Höhe des damaligen Geistes stehenden Druckerei des Johann Esaias von Seidel, die alle divergierenden Richtungen und Geister der Zeit in ihrem verlegerischen Werk zu vereinen wußte. Hier war ein Schmelztiegel des Geistes für das neunzehnte und zwanzigste Jahrhundert. In diesem Verlag erschien in erregtester Zeit dank guter Beziehungen zu Montgelas, dem allmächtigen Minister, die wichtigste offiziöse Publizistik, wurden auf staatliche Verfügung Gesang-, Gebet-, Schulbücher verlegt, wurde eine dreifache Bibeledition herausgebracht. Viele Erzeugnisse der jungen und erneuerten Philosophie und Theologie, auch anderer Wissenschaften und auch der

Dichtung hatten hier ein Zentrum, in dem Altes und Neues, Aufklärung, Romantik, Neuhumanismus sich begegneten. Künstlerisches Symbol der Gemeinschaft aller dieser großen Denker und Vollbringer, die das Gesicht des Verlages und ihrer Zeit zugleich bestimmten, war das klassizistische Pantheon auf der Schloßterrasse. Neben den Büsten Karl Theodors, Max I., Ludwigs I., Max II., Seidels eigener Büste und dem Portrait der letzten Sulzbacher Herzogin Maria Franziska Dorothea (* 1794) waren hier vertreten Montgelas, der Publizist Johann Georg von Aretin, die protestantischen Theologen Witschel und Reinhard, der katholische Oberthür aus Würzburg, die Bischöfe Johann Michael Sailer und Michael Wittmann, der Humanist Niethammer, der Naturwissenschaftler Imhof, der Kabinettsprediger von Schmidt, der Nürnberger Dekan Seidel, der durch das bayerische Konkordat berühmt gewordene Kirchenrechtler von Holler, der Direktor des neuen Münchener Oberkonsistoriums von Haenlein. Die Söhne des Verlegers bauten die Beziehungen noch mehr aus, und die führenden Romantiker, wie Sailer, Wittmann, Diepenbrock, Brentano u. a., gaben hier ihre Werke zum Druck. Hier erschienen die berühmten Sulzbacher Kalender für Katholiken und Protestanten, für katholische Christen, der Geschäfts- und Hauskalender. Hier war eine Stätte weltweiter geistiger Begegnung, der auch der einzige genuin-bayerische Philosoph, Aufklärer, Romantiker, Mystiker, Pietist Franz von Baader nahe stand, dessen oberpfälzische Verwandtschaftsbeziehungen in die Chamer Gegend reichen und auch an den Oberpfälzer Historiker Schuegraf rühren. In einem hier erschienenen Büchlein verwarf Baader Kants nüchterne Negativierung des Verstandes. Hier gab sein Bruder Klemens Alois den einzigen Band seines berühmten Lexikons „Das gelehrte Bayern“ (1804) heraus. „Vielerorts und vielgestaltig keimten im bayerischen Geistesleben Ansätze einer Weltanschauung, durch die kirchlich überkommene philosophia perennis geweckt, durch die Schellingsche Zeitphilosophie bedeutend gefördert ... Da kam die gewaltige Persönlichkeit, die unbekümmert um alles philosophische Geplänkel aus der Kristallfülle eines übermenschlich starken Glaubens und der universalen Blickweite über alle sozialen, politischen und konfessionellen Schranken hinweg die zahllosen Rinnsale vereinigte zum allmächtigen Strom, der mit sieghaftem Brausen alles mit sich riß: es war Johann Michael Sailer“ (W. Wühr, Aufklärung und Romantik ... 1927, S. 55), der Landshuter Professor, der Regensburger Bischof, dessen Bedeutung wir heute erst langsam begreifen und würdigen. Die Brüder Seidel gaben Sailers sämtliche Werke in einundvierzig Bänden heraus, ein Monumentalwerk, besorgt vom Basler Domkapitular Widmer. Vom literarischen Werk der Romantik aber brachte der Verlag drei Büchlein des besten Satirikers aus dem Münchener Kreis, des Domkapitulars Hortig, eines echten Oberpfälzers aus der nämlichen Heimatgemeinde wie Bischof Wittmann (Finkenhammer), die natürlicher Ausdruck einer tiefen Verbundenheit mit Heimat und Volk sind. Das Wissen um die Verwurzelung in Heimat und Volk, aber auch um die große Schicksalsgemeinschaft aller Zeiten sind die weltanschaulichen Grundlagen romantischen Geistes, christlich-deutscher Universität, die die Enge rationalistischer Aufklärung wieder überwand. An dieser Auseinandersetzung entscheidend mitgewirkt zu haben, ist das bleibende Verdienst dieses europäisch-deutschen Sulzbacher Verlages. Zu den großen Vertretern der Münchener Romantik, die ebenso eigenständig war wie die süddeutsche neben der norddeutschen Aufklärung, gehört der Schwarzhofener Johann Nepomuk Ringseis, der in der Klosterschule zu Walderbach und am Gymnasium in Amberg die Anfangsgründe gelernt, Professor der Medizin und Reformator für das bayerische Medizinalwesen geworden war. Mit Baader, Schelling, Görres maßgeblich an der Verlegung der Universität von Landshut nach München beteiligt, wurde Ringseis zum stärksten Verfechter der Katholizität in Geistesleben und Politik.

Ist die große Epoche oberpfälzischer Kultur- und Geistesgeschichte mit der Schlacht am Weißen Berg zu Ende, so hört die zweite mit Säkularisation und Mediatisierung allmählich auf, wenngleich das geistliche Regensburg als Stätte katholischer Erneuerung und Sulzbach als Ort der Begegnung, der Auseinandersetzung, des Ausgleichs und des Sieges der Romantik im Verlage Seidel noch bis in die Jahrhundertmitte weiter wirken. Seit Montgelas, besonders aber der aktiven Kulturpolitik Ludwigs I. wird München, die Landeshauptstadt, zur zentralen Kultur- und Kunststätte, zum zentralen Regierungsmittelpunkt. Der zieht alle Kräfte des Landes an, auch die Oberpfälzer. Was überlokale und überregionale Geltung hat oder erhalten will, kann sich nur in München bewähren. Das seiner Kunst- und Kulturschätze entleerte Land verliert seine großen Talente, die sich draußen bewähren müssen. So schreibt zu München der geniale Tirschenreuther Kürbenzäunerssohn Johann Andreas Schmeller sein großes Bayerisches Wörterbuch neben anderen philologisch-lexikalischen Veröffentlichungen; der Bibliotheksbeamte erstellte auch den großen Handschriftenkatalog der Staatsbibliothek. Nicht ganz erreicht seinen Ruhm der Hofsekretär und Leiter der Kabinettskasse König Max II. Franz Xaver von Schönwerth aus Amberg, der seinen Monarchen zu dessen historischen Studien anregte. In kulturhistorischem Interesse gab er drei Bände Sammlungen von Sitten und Sagen der Oberpfalz heraus und rückte damit in die ersten Reihen der Germanisten auf. Jakob Grimm drang vergeblich in ihn, seine Staatsgeschäfte aufzugeben. Ein zweiter Oberpfälzer, auch aus Amberg, auch Volkstumsforscher, Franz Xaver Pfistermeister, war Kabinettssekretär König Max II. und Ludwig II., von dessen amtlicher Tätigkeit Tausende von Schreiben im Geheimen Hausarchiv zu München zeugen. Demselben Amberg entstammte Karl von Voit, der berühmte Physiologe in München († 1908), „eine Leuchte der Wissenschaft". Staatsmänner von bayerischem Rang kann die Oberpfalz wohl aufweisen. Wenn wir den großen Kanzler Kaspar von Schmid aus Schwandorf (1622—1639), den Verfasser des oberpfälzischen Landrechts, aus der Zeit des Dreißigjährigen Krieges hier nachholen, so darf man im neunzehnten Jahrhundert an Sebastian von Schrenk, den bayerischen Justizminister aus Hillstett bei Neunburg v. W. und den Vater der bayerischen Eisenbahnen, Gustav von Schlör, den in Hellziechen bei Vilseck gebürtigen Handelsminister hinweisen, auf dessen Initiative die Maxhütte gegründet und Weidens Wirtschaft gefördert wurde. In Höll bei Waldmünchen stand die Wiege des ersten bayerischen Verkehrsministers von Fraundorfer. In Carl Stauber (* 1815), dem Amberger Genremaler, Illustrator, Karikaturisten, Radierer und Lithographen, einem Schüler von Peter Cornelius, Heß, Schnorr von Carolsfeld, der von 1844—1893 Mitarbeiter an den berühmten „Fliegenden Blättern" war, in dem Regensburger Adolf Oberländer (* 1845), einem schalkhaft-humoristischen Zeichner, der bedächtiger und gütiger als Wilhelm Busch und ein echter Beobachter des Lebens war, Zeichner für die „Münchener Bilderbogen", in Josef Bergmann, dem Amberger (* 1888), Freskomaler mit strengem Monumentalstil aus der Schule von Becker-Gundahl und Egger-Lienz an der Münchener Akademie, in dem feinsinnigen religiös-erzieherischen Essayisten Peter Lippert S. J. (* 1879) aus Altenricht bei Amberg hat das Oberpfälzer Land, hat besonders das an Talenten so reich gesegnete Amberger Land seinen künstlerisch-literarischen Beitrag zur Geistesentwicklung der Landeshauptstadt und Bayerns geleistet. Daß in dem großen Anteil unserer Oberpfalz an der Kultur Deutschlands und Europas die Musik nicht fehlen muß, scheint mir eine beglückende Feststellung zu sein. Zwei große Namen stehen da für viele kleinere: Christoph Willibald Gluck aus Erasbach, Sohn eines Beamten des Klosters Seligenporten, der lange in Böhmen weilte und bei den Jesuiten zu Kommotau das Orgelspiel lernte, der Europa bereiste. Wich schon seine erste Oper von 1741 „Artaserse" vom verschnörkelten italienischen Opernstil ab, so bot er 1762 mit Orfeo und Euridice im Wiener Hoftheater das erste Musikdrama. In diesem fruchtbaren Geist paarten sich Unmittelbarkeit des Genies und ruhige Denkkraft. Nach ihm sei der Librettist zu Mozarts „Zauberflöte" Emmanuel Schikaneder aus Regensburg bescheiden genannt. Ein musikalisches Genie originellster Prägung kam „am Fuß des Ochsenkopf" zur Welt (in Brand) und zierte Weiden. Max Reger, den man ungebildet und wegen seiner kräftigen Witze bayerisch-derb schimpfte, ist das zweite Musikgenie der Oberpfalz. In seiner Musik, seinen großen Orgelwerken, seinen Variationen und Liedern, seiner Kammermusik verbindet sich die strenge Polyphonie Johann Sebastian Bachs mit den Ausdrucksmitteln und Klangfarben der Spätromantik. Haas, Schoeck, Weinberger, Grabner nennen sich seine Schüler.

Am Schlusse meines höchst unvollkommenen Versuchs, die kulturelle Dynamik der Oberpfalz und ihre Leistung exemplarisch aufzuzeigen, drängt es mich zur Feststellung, daß dies heute so konservativ, fast statisch noch in sich ruhende Land in einer bewegten Geschichte viel erlebte, daß seine Menschen und seine Kulturzentren, an deren Spitze heute Regensburg, aber auch Amberg zu nennen sind, die alten Klöster nicht zu vergessen, sich ehedem weit den kulturell-geistigen Strömen von Süd, West und Ost öffneten und ihnen eine eigene schöpferische Antwort gaben, die wir in den oberpfälzischen Kulturleistungen im Lande wie auch in der Fremde bewundernd festzustellen haben. Gottscheds Klagelied auf die Oberpfalz von 1749 hat eine Periode des Vergessens und der Geringschätzung eingeleitet, die dieses stille, herbe, geschichtsmächtige Kulturland mit seinen altehrwürdigen Stätten nicht verdient. In Zeiten des tiefsten Umbruchs, der eine neue Welt gebiert, ist es aber auch ein großer Vorzug in allem Wandel noch so fest in sich zu ruhen wie dieses an Schicksalen und Kulturleistungen reiche Land mit seinen verschwiegenen, fleißigen und treuen Menschen.

DIE GESELLSCHAFTLICHE STRUKTUR REGENSBURGS IM MITTELALTER*

Die politische, wirtschaftliche und kulturelle Bedeutung, ja Sonderstellung des süddeutschen Pfalz- und Fernhandelszentrums Regensburg im Früh- und Hochmittelalter steht im umgekehrten Verhältnis zum Fehlen sowohl einer zusammenfassenden modernen Stadtgeschichte wie auch einer Gesellschafts- und Wirtschaftsgeschichte im besonderen, die beide einer Einbettung in eine vielschichtige, auch noch nicht geklärte Verfassungsgeschichte nicht entraten können. Das hat seinen Grund nicht im Mangel an Eifer, Fleiß und Bereitschaft, sondern in der Fülle und Vielschichtigkeit der aufgeworfenen Probleme, die vielfach gesehen und zum Teil auch erörtert sind. Und doch haben wir einen seit dem 13. Jahrhundert reichfließenden Strom von Quellen und für die Zeiten vorher ist das Material, das St. Emmeram bietet, relativ ergiebig, nicht zu vergessen die Reichsannalen des 9. Jahrhunderts sowie Arnold von St. Emmeram und Otloh. Wer über die Gesellschaftsstruktur Regensburgs im Mittelalter schreiben will, kann sich dankbar zwar auf eine Reihe von Vor- und Detailarbeiten stützen, doch bleibt es ihm nicht erspart, selber intensiv in die Quellen hineinzusehen. Trotzdem bleibt dabei vieles dunkel. Der Jubilar hat dem Verfasser immer wieder die Seiten der von ihm geleiteten Vierteljahrschrift für Sozial- und Wirtschaftsgeschichte angeboten und selber die Sozialgeschichte maßgeblich gefördert, so daß der Autor hoffen darf, mit seinem Beitrag, den Meister nicht nur zu ehren, sondern auch sein Interesse zu verdienen.

Trotzdem das historische Feld Regensburgs von der ausgehenden Römerzeit bis in die Neuzeit noch nicht genügend durchpflügt ist, um eine gesellschaftliche Strukturanalyse dieser „sedes ac metropolis ducatus (regni) Bavariae“ im 9./10./11. Jahrhundert, dieser „populosissima urbs“ des 12. Jahrhunderts zu bieten, können doch Elemente der Struktur(en) aufgezeigt werden. Das ist der Zweck dieser Studie. Für eine Wirtschafts- und Sozialgeschichte dieser Herzogs- und Königsstadt — urbs regia heißt sie an vielen Stellen bis in das Spätmittelalter hinein —, dieses Missions- und Kirchenzentrums auch für den böhmisch-mährischen Raum im 9./10. Jahrhundert, dieser Fernhandelsmetropole mit weitreichenden Beziehungen bis Wien, Prag, Kiew, Konstantinopel, bis Venedig und Mailand, zu den Messen der Champagne und Paris, bis Frankfurt, Köln und Brabant sind einige wichtige Vorarbeiten geleistet. Das von F. Bastian mit überreichem Kommentar bepackte Run-

* Es werden hier die Grundzüge eines Vortrages abgedruckt, den der Verfasser beim deutsch- französischen Historikerkolloquium in Regensburg Ende April 1964 gehalten hat. Belege und eingehende Begründung für die hier vorgetragenen Thesen finden sich in der Abhandlung der Bayerischen Akademie der Wissenschaften 1966. Dieser Vortrag war eine Gabe zum 70. Geburtstag des führenden deutschen Landes-, Gesellschafts-, Wirtschaftshistorikers Hermann Aubin.

tingerbuch gibt zwar einen zeitlich begrenzten Ausschnitt aus einer Grenzsituation dieser städtischen Wirtschaft um die Wende von 14./15. Jahrhundert und zeigt nicht einmal das mächtigste Großkaufmannsgeschlecht der Stadt, doch hat der Verfasser die wichtigste Frage der Zwischenschicht zwischen dem Fernhändler und geldborgenden Großkaufmann einerseits, der breiten Handwerkergruppe andererseits beleuchtet; ich nenne hier die Kramer in erster Linie vor den Kürschnern, Goldschmieden, den Pferde- und Ochsenhändlern vom 13.—15./16. Jahrhundert, bei denen sich kleinere und mittlere Vermögen bildeten, aus deren Reihen gelegentlich ein Aufstieg in die führenden Schichten erfolgte. Trotzdem der Regensburger Handel meist als Transithandel angesprochen wird, der Waren auf der Süd-Nordost und der West-Ostroute vermittelte, also nicht entscheidend auf der Eigenproduktion der Stadt beruhte, ist doch das Handwerk für die Wirtschaft und Gesellschaft dieser herrschaftlichen und bürgerlichen Siedlung zugleich von grundlegender Bedeutung gewesen. Deshalb benützen wir mit großem Dank Hermann Heimpels grundlegende Untersuchung über das mittelalterliche Gewerbe in der Donaustadt (1926), die wertvolle Erkenntnisse auch für den Aspekt dieser Studie abwirft. Wichtige Aufschlüsse über die patrizische Führungsschicht des 13./14. Jahrhunderts hat F. Morré geboten, die auch der überscharfen Kritik Bastians im ganzen standhalten; Fürnrohr hat diese Studie für die Neuzeit ergänzt. Je mehr wir erkennen, daß hinter den vielberufenen Zunftrevolutionen, soweit es überhaupt solche waren, ganz andere Tatbestände und Entwicklungsprozesse sich verbergen, um so wichtiger wird die Feststellung Morrés, daß der Regensburger Aueraufstand von 1330/4 eine Auseinandersetzung zwischen der älteren und jüngeren Führungsgruppe, zwischen der verwaltenden und organisierenden Ministerialität und dem wagenden Fernkaufmann war, der auch große Geldgeschäfte machte. Handwerk und Zünfte standen dabei im Hintergrund und waren fast nur Werkzeug und Mittel der Politik. Es verlohnte sich von hier aus, einmal Regensburg eingehend mit der Struktur der italienischen Stadt zu vergleichen.

Ohne eine genaue Kenntnis der Verfassungsstruktur dieser herzoglich-königlich-bischöflich-reichsstiftisch-reichsbürgerlichen Stadt lassen sich schwer bündige Aussagen über die gesellschaftliche Entwicklung machen; Regensburg mit seinen 2—3 Stadtherren und seinen 3—4 Immunitäten fällt nicht aus dem Gesamtrahmen deutscher Stadtgeschichte, ist aber trotzdem ein Sonderfall in ihr. Aus diesem Grunde sind Studien wie die Ernst Klebels über „Landeshoheit in und um Regensburg" oder über die histographische Topographie der Stadt in den „Studien zu den Anfängen des europäischen Städtewesens" oder die Sydows etwa über den „Regensburger Markt im Früh- und Hochmittelalter" sehr nützlich, wiewohl über die von beiden angeschnittenen Fragen noch lange nicht das letzte Wort gesprochen ist. Einige Dissertationen aus der Schule von Heinrich Mitteis aus den Anfängen der 50er Jahre unter dem klärenden Rat von Klebel haben so interessante Fragen wie Kramerzunft, Korn- bzw. Bauding zu klären gesucht. Bevor aber die Grundbesitzverteilung vor allem in der Bürgerstadt vor dem alten Römerlager nicht genau untersucht, die areae nicht festgestellt und Grundlagen eines historischen Häuserbuches nicht erarbeitet sind, von notwendigen Grabungen ganz zu schweigen, werden sich viele Feststellungen mehr oder minder im unverbindlichen Raum bewegen müssen. Dabei spielen die hier sehr zahlreichen Geschlechtertürme eine eigene Rolle, über deren Baugeschichte R. Strobel zu arbeiten begonnen hat.

Das Verhältnis von Herrschern und Beherrschten, die innere Differenzierung beider Gruppen für sich, die Übergänge und Berührungen zwischen beiden, die wir am leichtesten an den Grundbesitz- und Leibrechtsverhältnissen ablesen können, eröffnet uns den ersten möglichen Blick in die Grundstruktur dieses wachsenden nichtagrarischen Gemeindewesens um politische Pfalzzentren und einen bischöflich-klösterlichen Mittelpunkt. Man kann mit Grund annehmen, daß der bayerische Herzog im Verbund mit dem fränkischen König, dann seit Tassilos III. Absetzung 788 der fränkische König bzw. seit Ludwig dem Frommen die ostfränkischen Teilkönige die eigentlichen Herren des Bodens der ältesten Stadt innerhalb und außerhalb der Mauern des Römerkastells waren; hier hat das Leben seit der Spätantike nie aufgehört, wie die Belegung des Friedhofs bei der alten Georgskirche beweist, die im Kirchenraum von St. Emmeram aufgegangen ist und zwar in seinem rechten Seitenschiff, an dessen Außenwand die römischen Sarkophage und germanischen Adelsgräber gefunden wurden, in dem man auch die alten Bischöfe alle begrub. Herzog und König haben früh Besitz an die Kirche geschenkt, die dafür Leistungen für den Herzogs- und Königshof, für die Hof- und Reichstage, für Seelsorge und Mission zu erbringen hatte. Wir haben da die in dieser Pfalzstadt besonders stark in den Quellen erscheinende Vereinigung von Domstift St. Peter und Kloster St. Emmeram bis in die zweite Hälfte des 10. Jahrhunderts, in der Bischof Wolfgang auch auf das böhmische Missionsland verzichtete und damit die Errichtung des selbständigen Bistums Prag 973 im Rahmen des Mainzer, nicht des bayerisch-salzburgischen Metropolitanverbandes möglich machte. Wolfgang und Abt Ramwold haben eine gewisse, nicht vollständige Trennung zwischen Domstift und Kloster durchgeführt. St. Emmeram lag außerhalb der Mauern des alten Römerlagers; hier hat Kaiser Arnulf von Kärnten über der Torhalle nach den überzeugenden Forschungen Max Piendls auch eine zweite Königspfalz errichtet, in der Kaiser Otto I. seine bekannte Emmeramsminne trank, wobei er für bayerische Ohren zu stark „sächselte“ (saxonizans).

Die Errichtung der Pfalz setzt Ummauerung und Befestigung der St. Emmeramer Vorstadt voraus, aber nicht Einbeziehung in die alte Stadtmauer! Letztere erfolgte erst unter Herzog Arnulf von Bayern um 920 und umfaßte auch das Gebiet der alten römischen canabae-Zivilistensiedlung westlich der Lagermauer um Haidplatz und Bachgasse, d. h. das Gebiet des pagus mercatorum, wie es über 100 Jahre später Otloh von St. Emmeram nennt. Dabei ist die Stelle beim Propst Arnold vom gleichen Kloster (SS IV, 552) zu beachten, daß 954 (?) das Kloster mit Königs- und Herzogsgrablege „intra muros Ratisbonensium civitatis, quos Arnolfus dux, *inter optimates* opere diviso, cito construxerat sub rege Heinrico“. Wir wissen, daß König Heinrich im Ringen um seine Anerkennung als König gerade in Bayern immer wieder um den Besitz der Pfalzstadt Regensburg focht. Dabei muß man sich auch daran erinnern, daß 891 die civitas mitsamt ihren Kirchen durch einen Brand eingeäschert wurde; erhalten blieben nur die Emmeramskirche und die Kassianskirche inmitten der Stadt (media urbe), wovon die Fulder Reichsannalen berichten (ed. Kurze 119). Wichtig ist die Tatsache, daß optimates-Adelige im Auftrag des Herzogs den Mauerbau von ca. 920 durchzuführen hatten. Diese optimates können sowohl königliche Funktionäre und Pfalzbeamte, auch Lehensleute und possessores in und um die Stadt gewesen sein, wobei letztere Gruppe besonders in Frage kommt, da die optimates mit ihren Leibeigenen, d. h. auf eigene Kosten, die Mauer bauen mußten. Nehmen wir zu Herzog bzw. König, dem Adel und dem Bischof, der zugleich Abt von St. Emmeram war, die seit dem 9. Jahrhundert aufsteigenden drei späteren Reichsstifter Niedermünster, dessen Kirche heute auf dem Grund einer karolingischen Saalkirche des 8./9. und einer dreischiffigen Kirche des 10. Jahrhunderts steht, wie laufende Grabungen gezeigt haben, dann Ober- und Mittelmünster (St. Paul) hinzu, dann haben wir die Schicht der Herrschenden und Grundherren umschrieben, die auf dem Boden Regensburgs vom 8.—10. Jahrhundert Sitz und Dauerrechte hatten. Hauptherren waren Herzog und König, deren älteste Pfalz am Kornmarkt bereits verfiel; dann folgten Bischof und Domkloster und die Reichsstifter, von denen St. Emmeram später sehr viele areae in der Bürgerstadt außerhalb der Lagermauern besaß; dort aber müssen auch die optimates-Adel Grund und Boden besessen haben, da sonst nicht erfindlich wäre, warum sie die Mauern der „nova civitas“ bauen lassen mußten.

Man hat behauptet, daß im neuen Raum der werdenden Bürgerstadt der Grund und Boden zinsfrei, also freieigen war, wenigstens in der Hauptsache. Aber das scheint mir nur für das Spätmittelalter zu gelten; denn Kaiser Heinrich II., der ja die Pfalzkapelle = Alte Kapelle an das neue Hochstift Bamberg schenkte, vergabte gerade um das Rathaus und den Markt herum ausgiebig Hofstätten an Klöster wie Metten, Niederalteich, Tegernsee, Seeon; später sind auch Rohr, Weihenstephan, Berchtesgaden, Admont, Scheyern im 12. Jahrhundert dort begütert. Gegen Süden muß man nach dem deutlichen Zeugnis Otlohs ganz entschieden an St. Emmeram als Grundherrn denken; man darf über die Otlohstelle „haec post ambitum S. Emmerami latum frequens regio mercatoribus incolitur, quia pagus mercatorum exprimitur“ nicht so leicht hinwegschreiben, wie Klebel (Studien S. 98) getan hat. Wenn er die Traditionen stärker herangezogen hätte, wäre ihm Otlohs Behauptung nicht mehr so ganz unbelegt erschienen. Daß gerade in diesem bürgerlichen Teil der nova civitas der Adel auch begütert war, zeigt die Notiz, daß um 934 Graf Eberhard seinem Kloster Ebersberg ein Haus am „forum“ schenkte, das später wieder zurückgestellt wurde; dieses ist mit der Riemergred, einem Ledermagazin am heutigen Kohlenmarkt 5 identisch. Das forum lag wohl um die Marktkirche, die Ahakirche, die später in das neue Rathaus eingebaut wurde. Am Schallern in der Nähe des Fischmarktes befand sich offenbar ein Haus des Grafen Sighard von Burghausen, in dem er von einem seiner Ministerialen 1104 getötet worden sein mag, ein zu Beginn des 12. Jahrhunderts häufiger Fall, revolutionäre Aktion einer sozial aufstrebenden Gruppe, auch und gerade in Regensburg, wie wir bald sehen werden. Die Grafen von Bogen, deren einer Zweig im 11. Jahrhundert die Hochstiftsvogtei innehatte, besaßen Häuser bei der Minoritenkirche. Die Nachricht Otlohs, daß der senatus der Stadt bei der Anlage der neuen Mauer des

10. Jahrhunderts beteiligt war, sowie eine Emmeramer Traditionsnotiz zu 1070, die von zwei namentlich genannten senatores berichtet, die Klebel für Verwandte der Grafen von Bogen hält, da sie „sublimes genere“ heißen (MB XII. 17), stellt zwar mehr Rätsel als gesicherte Nachrichten; doch da auch Arnold von den optimates weiß und Otloh von der plebs urbis et senatus im 11. Jahrhundert spricht, muß man die Sache ernst nehmen. Es scheint, daß wir es hier mit Elementen eines frühen Stadtrechts (iustitia et libertas) zu tun haben, dessen herrschaftliche Seite mit einem genossenschaftlichen Substrat der Einung verknüpft war. W. Schlesinger hat darauf hingewiesen, daß Notker, der um 1000 in St. Gallen seinen Boethiuskommentar schrieb, bei der Unterscheidung von kaufmännischem Gewohnheits- und gesetztem oder gewiesenem Burg = frühem Stadtrecht als Charakteristikum des letzteren die Tatsache bezeichnet, daß nicht der König, sondern die Versammlung der Magistrate das Recht „schaffen“. Dieses freiheitliche Element nennt Boethius Romana libertas, und Notker deutet sie als Selbstverwaltung des Senates; er stellt sich den senatus als Kreis von Herren, als „Herrschaft“ vor, denn er glossiert offenbar senatus mit „taz rumiska hertuom“. Die Beschlüsse dieser Herren kommen durch Einigung zustande und sind für alle bindend. Notkers Zeitgenosse Thietmar von Merseburg (ed. Holtzmann 16) nennt für Magdeburg „optimi civitatis“ und nicht sehr viel später lassen Otloh den senatus der Stadt Regensburg (Burg = Stadt) bei der Anlage der neuen Mauer um 920 beteiligt und sein Mitbruder Arnold den Mauerbau unter optimates (= senatus = optimi civitatis = hertuom) aufgeteilt sein. Schlesinger hat außerdem wahrscheinlich gemacht, daß den Glossen Notkers das reale Bild der Verhältnisse in Konstanz zugrundelag, das wie unser Regensburg auf dem Boden der römischen civitas Constantia erwuchs, deren Kern ein Römerkastell am heutigen Münsterplatz mit gewerblicher Siedlung nördlich der Lagermauer war. Sie bildeten im 10. Jahrhundert die ummauerte Bischofsburg, die schon einen erklecklichen Fernhandel trieb, da ihre Münzen im 10. Jahrhundert im slavischen Osten und im skandinavischen Norden begegnen. Der älteste städtischbürgerliche Siedlungskern lag außerhalb der Bischofsburg in der sogenannten Niederburg im Süden der ersteren im Zuge der alten Römerstraße, wo sich noch ein Stadtteil gebildet haben wird, die „Burg“ schlechthin. Für das als früh erwiesene Stadtrecht von Konstanz hat man auf Italien als Modell hingewiesen. Der Parallelen mit Regensburg gibt es bei Notker und bei Konstanz genug, so daß der Regensburger Fall nicht singulär, wenn auch selten und an besondere Voraussetzungen geknüpft ist.

Die optimates, der senatus und die senatores von Regensburg stehen mit der Stadterweiterung von ca. 920, d. h. mit der später bürgerlichen nova civitas in Verbindung und Beziehung. Es sind hier keine Kaufleute, sondern „Herren“, die kollegial Recht setzen und Satzung weisen in des Königs- und Herzogs Namen und aus eigener Initiative, die den Kaufleuten und Handwerkern Recht sprechen oder sprechen lassen, die vor allem den Handel herrschaftlich organisierten und lenken, vielleicht die Vorläufer der Hansgrafen z. T., die vom Stadtherrn bestellt, d. h. mit einem Lehensamt versehen wurden; erst 1207 erhalten die Bürger das Recht, den Hansgrafen selber zu wählen. Der senatus und die optimates repräsentieren das „Stadtrecht“, in dessen Rahmen das Gewohnheitsrecht der Kaufleute heranwächst. Wenn die Fernhandelsbeziehungen der Pfalzstadt schon alt waren — und sie können und müssen es gewesen sein, allein wenn man an das böhmische Missionsland oder an das Emmeramspatrozinium im alten Herrschaftssitz Nitra (heute Südslowakei) denkt, wo Swatopluk seine Laufbahn begann —, dann muß hier auch eine herrschaftliche Organisation des Karawanenhandels auf weite Strekken und in einem Umfang, den der Bedarf einer bedeutenden Pfalzstadt vorschrieb, mindestens im 9./10. und wohl noch im 11. Jahrhundert vorhanden gewesen sein. O. Brunner hat im Anschluß an F. Döring darauf hingewiesen, daß der karawanenartig organisierte Landhandel gewerbliche Produkte aus intensiver organisierten Landschaften ausführte und dafür Güter wie Sklaven, Pelze, Honig und Wachs als Ergebnis von Kriegszügen, Tributen und Jagden importierte; Metalle, besonders Eisen, und Salz kamen hinzu. Dieser Handel lieferte den Herrenschichten Luxusgüter. Er überlagerte den lokalen Markt einer agrarischen Gesellschaft hauchdünn und belieferte nur gewisse Zentren, unter denen Regensburg, besonders seit Ludwig dem Deutschen, obenan im deutschen Raum stand. Wenn wir diese Organisatoren „Kaufleute“ im besonderen Sinne nennen wollen, dann waren sie der Prototyp des wagenden Kaufherrn kriegerischen Zuschnitts, der selbst Macht ausübte, potens und praepotens war. Ich stehe nicht an, auf die Adelskultur in der Ilias, vor allem Odyssee Homers hinzuweisen, in der uns solche Verhältnisse begegnen! Dieser älteste Kaufmannstyp wandelt sich seit dem Ende des 10. Jahrhunderts, wie wir gerade in Regensburg sehen können; es kommt der bürgerliche Kaufmann aus der Unfreiheit hoch! er verbindet sich mit dem handwerkenden Zunftbürger, seitdem das Handwerk sich aus den Fesseln des Salhofes befreit und selbständiger auch in seiner Produktion wird; sie beide heben sich zusehends vom Land und der Agrarwirtschaft ab, je mehr der Verbraucherkreis wächst. Man geht wohl nicht fehl in der Annahme, daß im frühmittelalterlichen Regensburg der Fernhandel nicht anders konstruiert war als in Prag und Kiew, mit denen es in Handelsbeziehungen stand. Als ein Weg zur Deutung bietet sich die Raffelstetter Zollordnung aus der Zeit von 903—906 an (MG. Cap. II. 249 ff.). Darin ist von slavischen Händlern aus Böhmen und „Rugilant“ (wohl Rußland, nicht Niederösterreich) die Rede, die Wachs, Sklaven, Pferde importieren, von Handelsgeschäften nach Mähren, von „Berufskaufleuten“, d. h. Juden und anderen Händlern aus Bayern und anderen Orten, die an der Zollstelle für Sklaven und Waren entsprechende Abgaben wie unter früheren Königen entrichten mußten. Die Zollordnung beruft sich auf Verhältnisse nach der Mitte des 9. Jahrhunderts. Für die Regensburger Verhältnisse ist es noch wichtiger, daß 60 Jahre später der jüdische Reisende Ibrahim Ibn Jaqub, der Böhmen und Polen besuchte und darüber 965 schrieb, zu berichten wußte, daß nach der aus Stein erbauten Stadt Prag, einem der reichsten Handelsplätze, Russen und Slaven aus Krakau kamen und dort ihre Waren ebenso anboten wie die Muselmänner, Juden und Türken, die mit Waren und Stoffen aus Byzanz hierher zogen und Mehl, Zinn, Pelze auf dem Rückweg mitnahmen. Auf dem Prager Burgberg waren vor 973 Kultbücher aus Regensburg im Gebrauch, weil dort der Regensburger Bischof Missionsbischof, päpstlicher Vikar, war. In

Regensburg bestand schon um 970 ein Judenviertel, das eine eigenartige Lage zwischen Pfalzbezirk und Dombezirk hatte an der Stelle des heutigen Neupfarrplatzes unweit der Kassianskirche, die man als Personalpfarrkirche für die Königsleute in der Stadt anspricht.

Daß Regensburg ein aufnahmefähiger Ort für Warenaustausch und Verkauf von Importwaren aus dem Osten war, geht auch daraus hervor, daß an diesem Pfalzort und dieser Versammlungsstätte von Hof- und Reichstagen sowie Landtagen durch königliche Schenkung alle bayerischen Bischöfe hier ihre großen Absteigehöfe hatten: Salzburg, Eichstätt, Augsburg, Freising, Brixen, Bamberg, Zeichen dafür, daß hier ein „fester" Residenz- oder Hofsitz im Frühmittelalter war. Regensburgs hohe Schule in der Synagoge genoß durch bedeutende Gesetzeslehrer wie den Rabbi Ephraim ben Issak und den angesehenen Talmudisten Rabbi Jehuda ben Samuel den Frommen, einen gebürtigen Wormser, einen großen Ruf im ganzen deutschen Judentum. Vor allem aber entstammte der Regensburger Judengemeinde der berühmte Weltreisende Petachja, der 1175—1190 über Prag durch Rußland und Persien nach Palästina und von dort über Griechenland nach Hause reiste. Wir dürfen zu den genannten Fakten noch die literarisch-kulturelle Bedeutung des Welfenhofes in Regensburg in der ersten Hälfte des 12. Jahrhunderts hinzunehmen, um sagen zu können, daß diese sehr früh entwickelte, vielschichtige und auch geistig komplexe urbane Siedlung das hatte, was man einen internationalen Anstrich nennt, auf jeden Fall vielfache Beziehungen unterhielt, die sich im 12. Jahrhundert sowohl nach Frankreich wie nach Italien, Venedig und Mailand verdichteten. Gemessen an den Zeitverhältnissen muß auch eine relativ große Bevölkerung hier gesessen haben; wir hören, daß 1094 zur Zeit der Pest in Regensburg im Laufe von 12 Wochen 8500 Menschen starben, was übertrieben sein kann. Wir werden sehen, daß diese Bevölkerung international durchsetzt war; denn abgesehen von einer italienischen Kaufmannskolonie (vicus Latinorum = Wahlengasse) wohnten hier Griechen, Slaven, Franzosen im 11./12. Jahrhundert. Regensburg war eine große, aufstrebende Stadt, die mit dem Übergang zum bürgerlichen Fernhandel im 12. Jahrhundert einen überragenden Aufschwung nahm. Diesen internationalen Charakter unterstreicht auch noch die Gründung des Schottenklosters St. Jakob (Iren) außerhalb der zweiten Stadtmauer mit Hilfe reicher Regensburger Kaufleute. Es sei nur am Rande vermerkt, daß im 15. Jahrhundert in der Stadt eine Schottenkolonie von Händlern und Handwerkern lebte, die es mit durchsetzte, daß in dem vereinsamten Irenkonvent im 16. Jahrhundert National-Schotten einzogen. Die Vita des Abtes Marian verzeichnet die Geschichte, daß der Mönch Mauritius nach Kiew zog und dort vom Fürsten wie vom Stadtältesten Pelze im Werte von 100 Silbermark erwarb, die er mit einer Karawane von negotiatores nach Hause transportieren wollte, um sie dort zu verkaufen; mit dem Erlös konnte der Bau des Klosters im 11. Jahrhundert vollendet werden. Wir dürfen nach Beispielen, die H. Pirenne aus dem Westen bot, annehmen, daß sich viele Leibeigene, auch fremder Nationalität und mit Kenntnissen in fremden Sprachen, sich den „Handelsherren" als Handlanger, Helfer und Beauftragte sowohl bei der militärischen Bedeckung der Transporte wie auch beim Transportladen, bei der Warenmusterung, -berechnung anboten, die Agentendienste taten und bei der Verarbeitung und Verteilung der Waren mitwirkten. Durch die „Freizügigkeit“ ihres Sozialstandes und die Beweglichkeit ihres Daseins hatten sie auch die Chance, sich selber Geld zu verdienen und konnten dabei auch reich werden oder mindestens ein bescheidenes (bewegliches und unbewegliches) Vermögen erwerben, das es ihnen gestattete, eine area zu mieten, zu kaufen, selbst ein Geschäft anzufangen, ihr Geld im fremden Geschäft anzulegen oder in eigener Initiative Erzeugungsstätten für Waren aufzumachen und mit Leibeigenen zu betreiben.

Damit sind wir bei denen, die wir mit dem Gruppenwort „Unterschichten“ zusammenfassen. Ohne Zweifel haben wir es in Regensburg mit 3, ja sogar 4 Schichten dieser „Klasse“ zu tun. Das sind einmal die Leibeigenen im Vollsinn des Wortes, die servi in servitio, die, wie es 1143 heißt, das septemanarium servitium leisten (Wochendienst), die an keine Scholle und keinen Hof gebunden, aber zu ungemessenem, willkürlichem Dienst verpflichtet sind, der sich langsam verringert und lockert, besonders wenn die geleisteten Dienste besonders spezialisiert und wertvoll sind oder die „servi“ sich emporarbeiten. Sie sind Leibeigene irgend eines Leibherrn = dominus und mußten ihm das opus servile, das servitium, den servitus leisten. Ihre Zahl muß sehr groß gewesen sein, sich aber seit dem 11. Jahrhundert sehr im Aufstieg zu einer beschränkten Freiheit, dem Zensualenrecht, der „libertas et servitus“ oder dem libera „servitus“ = der freien Unfreiheit befunden haben. Diese Gruppe unterlag einer sehr starken Fluktuation von auswärts, vom Lande in die Stadt, schon dadurch, daß in der Metropole viel dienendes „Personal“ an Königspfalzen, Adels-, Bischofs-, Kloster- und Stiftshöfen benötigt wurde, und zwar in verschiedensten Zweigen, vor allem auch als Knechte und Handwerker in vielerlei Werkstätten für bestimmten Bedarf im herrschaftlichen Verband und für die Bedürfnisse der größeren und kleineren familiae, der Hof-, Reichs-, Landtage und Synoden sowie verschiedenster Versammlungen und Beratungen. Diese Klasse ist das eigentliche Becken des sozialen Aufstiegs in der Stadt. Aus ihr gehen die Ministerialen, die Handwerker, besonders auch die Kaufleute hervor.

Mit den Kaufleuten ist hier zu beginnen, weil wir für sie relativ alte Nachrichten in den Traditionen und Urkunden haben. Es war schon die Rede davon, daß die Organisation des Fernhandels im 9./10./11. Jahrhundert in den Händen des Adels gelegen haben muß, institutionell gesprochen jedenfalls der Herrschaft. Unter ihrer Führung, in ihrem Schutz und auf ihre Initiative hin entwickelte sich allmählich ein selbständiger Kaufmannsstand, besonders eine selbständige Fernhändlerschaft aus der Leibeigenschaft heraus, die sie durch Leistung und Dienst, durch Vermögen und Ansehen allmählich überwanden. Diese Leute müssen im Umgang mit fremden Menschen und Waren große Erfahrung gehabt oder gewonnen haben. Aus dem Jahre 983 geben 3 Königsurkunden für St. Emmeram die wichtige Nachricht, daß ein mercator des Königs in Ratispona Wilhelm von früheren Königen libertate donatus est, d. h. freigelassen oder vielleicht sogar den optimates angeglichen wurde. Vermutlich hatte sich dieser Leibeigene in der Organisation des königlichen Handels bewährt. Zur selben Zeit zwischen 980 und 985 berichtet eine Tradition von einem anderen *liber et predives* urbis regie negotiator nomine Adalhart, der ein

Gut zu Rempelkofen an St. Emmeram schenkt, wofür er anderes zu lebenslänglichem Nießbrauch erhält. In einer Parallelnotiz aber heißt er nur ingenuus vir, was ich bei Königsfreien der Karolingerzeit sooft gefunden habe. Ich möchte ihn deshalb für einen von der Leibeigenschaft und ihren Lasten befreiten und auf der Stufe der Königsfreien stehenden Mann halten, der durch geschäftliche Organisation, was ich unter negotiator verstehe, zu Reichtum gekommen war; das Wort mercator scheint mir den sach- und fachkundigen Fernhändler stärker zu betonen. Eine Tradition von ca. 1020/8 legt sehr nahe, einen „Radasponensis urbis civis nomine Imizi“ von ca. 1010—1020, der für ein Erbbegräbnis in St. Emmeram ein Gut in Schwandorf schenkt, zur Wilhelm-Adalhart-Gruppe zu rechnen; denn Adalhart ist auch Zeuge in einer Schenkung des Imizi. Die Zeugenreihe umreißt offenbar eine Schicht solcher negotiatores, die vermutlich unter adeligen Herren arbeiteten; es sind zwischen 16—18 an der Zahl. Dazu gehörte ein Rizaman, wie Imizi „Radasponensis urbis civis“, der einen Leibeigenen und auf dem Todbett 3 curtilia in Regensburg nahe dem Judenviertel, vermutlich im pagus clericorum, schenkt (prope iudaeorum habitacula); dabei zeugen wieder 15 andere Leute wie bei Imizi. In der Schenkung des letzteren kommt der Penno von ca. 1020/8 vor, auch Reginensis urbis civis, filius Liubuste, der vor seiner Handelsreise (profecturus ad negotiationem) 6 Leibeigene dem Hl. Emmeram schenkt, um bei seiner Rückkehr einen Begräbnisplatz dort zu haben; die Reise scheint offenbar lange Zeit gedauert zu haben. Der Ausdruck vir quidam für einen dieser Leute drückt keinen gehobenen Stand aus, sondern läßt im ungewissen, wenn damit auch kein besonderer servitus gemeint sein kann; sicher war er ein Freigelassener. Unter den Zeugen finden wir ganze Familien mit genannten Frauen und Töchtern. Diese Leute schenken proprii servi (servae) zumeist an St. Emmeram zu Censualenzins, „ut et liber esset ab omni iugo servitutis“; der Schenker Riziman wird homo (Leibeigener) genannt, auch der Schenker Adalold, während ein Salaman wieder als civis Reginensis urbis erscheint. Damit erschöpft sich der Kreis derer, die cives heißen. Das setzt ein städtisches Gemeinwesen in irgendeiner Form und eine organisierte Kaufmannschaft voraus, die zu einem besonderen Recht in dieser urbs regia saß. An die Stelle dieser *cives* treten im 11. Jahrhundert bald (etwa seit 1037/43) die *urbani*, die sich aber genealogisch sehr wohl an die cives aus der Jahrhundertwende anschließen lassen. In der Zeit der älteren cives schenkt eine Griechin Maza, die in Regensburg wohnte, zwei Leibeigene an das Kloster. Der Name Liubusta der Mutter des civis Penno erinnert stark an die tschechische Libussa. Zwischen den cives und urbani treten zeitlich als Schenker von Leibeigenen nur adelige Damen und Herren oder als homines und liberi bezeichnete Leute in den Emmeramer Traditionen auf; doch scheinen sie dem cives = urbani Kreis namenmäßig-genealogisch zuzugehören. Daß die mercatores und negotiatores, die zugleich cives urbis heißen, schon älter als ihr urkundliches Erscheinen und daß sie seit langem herrschaftlich organisiert waren, soweit sie in der Heimat sich aufhielten, scheinen mir der subvicarius civitatis Lantold, der exactor telonei Adalpero und ein Adalman, vermutlich Adeliger, in der Zeugenreihe einer Urkunde von 893 zu erweisen; nach dem Adalman könnte die Regensburger area Adalmanneshovesteti benannt sein; der städtische

Königsbeamte und sein Zolleinnehmer gehören einer Tradition von 880/5 zu. Mehr läßt sich über diese frühe „bürgerliche" Fernhändlergruppe in Regensburg nicht sagen, die von der Leibeigenschaft befreit war.

Doch kommen wir nun zur Klasse der arbeitenden Handwerker, die für den Lokalmarkt zumeist wohl arbeiteten. Otloh berichtet von den officinae der Klöster im Klerikerviertel, das von Kaufleuten untermischt war. Hier lag ja die Wahlengasse, vicus oder platea inter Latinos, wo italienische Handelsfaktoren ihre Kontore und Wohnungen hatten. Im Umkreis von St. Emmeram haben wir die Gassen „unter den Schiltern" und „hinter den Schiltern" (= Marschallstraße und silberne Fischgasse), westlich anschließend die Waffnergasse, auf der Ostseite der Bachgasse die Maler- und Schreinergasse. Die Handwerker waren von Haus aus leibeigen wie die Kaufleute. Die sozial nächsthöhere Klasse, in die sie gelangen konnten durch Ergebung, war die *Censualität,* die sie vom opus servile befreite und nur mehr zu einem bestimmten Zins an das Kloster St. Emmeram und das Domstift verpflichtete, der von 5 und 10 bis zu 20 und 30 denarii jährlich abgestuft war. Bei den Schenkungen solcher Leibeigenen zu Censualenrecht heißt es ausdrücklich „ut liberi (ae) essent ab servitio", was nicht völlige Freiheit, sondern nur oder vor allem Freiheit vom opus servile bedeutete. Ich habe schon vor Jahren von einer „unfreien Freiheit" oder „freien Unfreiheit" gesprochen. Die Emmeramer Traditionen nennen — eine schöne Bestätigung meiner Formel — diesen Sozialstand „servitus et libertas" und umschreiben ihn mit antiqua censualis iustitia" (1135).

Dieser Zustand kam dem sehr nahe, was man später als „bürgerliche Freiheit" bezeichnete. Es läßt sich die Frage stellen, ob diese zensuale libertas identisch ist mit der oben besprochenen, hundert Jahre älteren libertas der cives des 10./11. Jahrhunderts, die ihrerseits Leibeigene zu Censualenrecht schenken. Wir hörten dort von Freilassung durch Rechtsakt und sprachen von Königsfreiheit, die unter Schutz und Herrschaft von senatus und optimates im Auftrag von König und Herzog stand, was einen höheren Grad von unfreier Freiheit meinte, weil sie königlich-herzoglich war. Mit den vielen Schenkern von servi und ancillae und auch den Geschenkten, vor allem den Zeugen dieser Schenkungen, die sich filiieren lassen, greifen wir bereits die schon differenzierte Schicht, aus der das Regensburger Bürgertum hervorging oder das z. T. bereits das werdende Bürgertum war. Es sind auch die Leute dabei, die später in die Ministerialität von St. Emmeram und Domstift eingingen; für letztere war der besondere Dienst, den sie leisteten, das sozial hebende Moment. Wir treffen auch eine Ministerialität des Burggrafen an.

Seit 1037 begegnet für viele Schenker die Bezeichnung urbanus. Der urbanus Hagano tritt in das Kloster ein und gibt 1043/4 bei seinem Eintreten Besitz außerhalb der Stadt und 6 Leibeigene, die alle in der Stadt sind. Neben ihm rangiert 1044/5 ein Minister des Klosters, der gegen iugera in Deckbetten solche in nächster Nähe der Stadt auf Leibgeding eintauscht, wie das häufig geschieht. Unter den Schenkern sind viele, die ausdrücklich liberi und liberae genannt werden und sich selbst ergeben, während die servi bei Ergebung einen Salman benötigen. Diese liberi sind weder Altfreie noch Hochfreie noch Gemeinfreie alten Stils, sondern Leute, die vorher mit St. Emmeram nichts zu tun hatten, frei von ihm waren und vermutlich Freigelassene (vom König), Königsfreie, Barschalken oder königliche Muntleute gewesen sein müssen, für die alle das Wort liber quellenmäßig in früherer Zeit belegt ist. Solche Leute muß es in und um Regensburg genug gegeben haben. Als Leute, die solche Schenkungen stören oder brechen, werden häufig potentes genannt. Daß diese Leibeigenen Geld hatten, geht daraus hervor, daß sich eine Wigala von ihrem dominus = Leibherrn Pezaman, der selber unter Schenkern auftaucht, loskauft und dann sich von ihm an das Kloster schenken läßt zu Censualenzins. Daß die von den cives Wasaburch genannte adelige frau (nobilis) Wecila sich selber übergibt, läßt vermuten, daß sie einen Mann hatte, der mit St. Emmeram verbunden war (1048/60). Nach dem bischöflich-klösterlichen Vogt zeugen genannte Ratisbonenses, die man als Einwohner der städtischen Siedlung ansprechen möchte. Zu diesen cives und Ratisbonenses gehören viele, die Ministerialen sind und deren Nachfahren dann zum ministerialischen Patriziat aufsteigen; es sind aber auch Leute darunter, die Händler oder Handwerker sein können, die leibeigene Diener haben und über Vermögen verfügen. Der Zustand, den man mit der Hingabe erreichen will, wird auch als mundiburdium et advocatia St. Emmerami umschrieben. Daß es hier Königsleute gab, beweist der urbanus Pezili, filius Oumanni ad regis iura pertinens, der selber nicht übergeben konnte. Wir verfolgen hier sehr schön, wie langsam aus den verschiedenen Rechtskreisen der familiae von König, Bischof und Klöstern die Schicht der *urbani* = der Stadtleute und Bürger zusammenwächst, die dann ihr eigenes Recht haben oder erhalten. Alle Schenker und Tradenten von servi stehen außerhalb der familia sti Emmerami, sitzen also vermutlich auf Königsboden und sind königsfrei, oder sie haben im Rahmen der familia eine gehobene, freiere Stellung, vermutlich als ministri. Um 1068/80 übergibt ein Azaman seinen eigenen Sohn Heriman und kauft ein Sazo den Sohn seines Bruders Reginhard von dessen Leibherrin zum Zweck der Übergabe an St. Emmeram los, damit er von jedem servitium ledig oder, wie es eine andere traditio von 1077 ausdrückt, damit er frei sei „a debito conditionis proprie“ und vom „famulatus“. Es ging also nicht um die Leibeigenschaft als solche, sondern um ihre Belastungen und Pflichten; das standesfördernde und differenzierende Moment ist die *Freiheit vom servitium.* Zu den ministri zählt der 1077 erstmals in den Triditionen erscheinende bischöfliche oder klösterliche propositus = Propst (Maginhard), der für die Bürgerschaft als Richter später eine führende Rolle spielen wird.

Die Traditionen von St. Emmeram sind schon für das 11. Jahrhundert so inhaltsreich, daß sie uns nicht nur einen tiefen Einblick in das soziale und rechtliche Geschehen der Entstehung des Bürgertums geben, nicht nur den internationalen Charakter der Einwohnerschaft und die Vielschichtigkeit und Besonderheit der Herrschaftsverhältnisse, sogar der Wirtschaft aufzeigen, sondern uns sogar etwas vom Geist dieser urbani, ihrer „mentalité“ und ihrer religiösen Haltung verraten. Die Schenkung eines Gutes zu Wald durch den Burggrafen Heinrich für ein Sonderreichnis an die Mönche am Jahrtag seines Bruders Pabo (Pabonengeschlecht!) und als Almosen für je 100 „pauperes Christi“ meint sicher nicht Arme in unserem wirtschaftssozialen Sinn, sondern läßt eher an die religiösen Wanderpredigerbewegungen denken, die aus Frankreich und Italien geläufig sind, die sich noch im Rahmen der Orthodoxie hielten; für deren Anhänger war der Begriff „pauperes Christi" typisch; bezeichnend ist auch, daß in der Regensburger Tradition diese pauperes den fratres = Mönchen an die Seite gestellt werden. Durch die Forschungen H. Grundmanns sind wir über diese Bewegung unterrichtet. Dieses Zeugnis für die Donaustadt aus der Zeit 1080/8 zu besitzen, ist von erheblichem Gewicht. Wenn einige Jahrzehnte später der zukünftige Propst Gerhoh von Reichersberg, ein bedeutender konservativer Zeitkritiker, gerade in Regensburg wegen seiner Nähe zur Abendmahlslehre des Berengar von Tours und den Sätzen der Wanderprediger in die Gefahr gerät, exkommuniziert zu werden, so sind meine Bemerkungen zu Classen und Lazzarino del Grosso über den Propst, der sich vor allem gegen avaritia und superbia der Herrschenden aller Stände wandte, durch diese Traditionsnotiz erfreulich unterbaut. Regensburg und seine Einwohner nahmen also zweifellos Anteil an den unterschwelligen geistigen und religiösen Bewegungen, die West- und Südeuropa um diese Zeit erfaßten. Bei dem oben aufgezeigten internationalen Charakter der Stadt und ihrer Bewohner ist das nicht außergewöhnlich, im Gegenteil man erwartet das, nachdem selbst in den Klerikerkreisen eine so außergewöhnliche, dem Individuellen zugewandte Mönchsfigur wie der weitgereiste Otloh von St. Emmeram hier wirkte und schrieb und der Propst Arnold so individuell (für jene Zeit) Geschichte schrieb.

Daß in dieser Stadt der „Hofhaltungen" die Dienstmannschaft ihren besonderen Platz hatte und auch das ritterlich-höfische Leben sich entfaltete, scheint selbstverständlich. Nimmt man doch an, daß die ersten Anfänge höfischer Epik nach dem Muster der Chansons de geste hier erblühten (Alexanderlied). Wie stark die Ministerialität von Bischof und Kloster bereits am Ende des 11. Jahrhundert war, wie sehr sie sich 1082/5 bereits von den Nichtdienstmannen gesellschaftlich, wenn auch nicht rechtlich, unterschied, wie eng andererseits die nichtdienstmännischen familiares der Klöster mit den urbani und ihrem Recht zusammenhingen, wie sehr sie ineinander übergingen, das beweisen drei Schenkungen aus dieser Zeit. Eine Emmeramer Ministerialin Pilifrit, die sich dem Ordensleben gewidmet hatte, schenkt Ebezo und seinen Sohn Erimbolt, zwei Leibeigene und ihre ganze Nachkommenschaft, die Männer zu 30 den., also zu Ministerialenrecht (30 denarii sind die Quote dafür), die Frauen zu 10 den., damit sie von jedem servitus frei seien. Als Zeugen erscheinen Pfalzgraf Rapoto und 13 Emmeramer Dienstmannen; der Pfalzgraf war damals Emmeramer Vogt. Unweit St. Cassian hatte Pfalzgraf Kuno von Rott einen Hof, den er 1073 an das Kloster geschenkt haben soll (DH IV. 338); auch in der Weißbräuhausgasse hatte der Pfalzgraf nachweislich ein Haus; die Gerichtsstätte des Pfalzgrafen mit dem eigentümlichen Namen Latran (Latron), den neuere Untersuchungen als Viertel feststellen (vicus, platea), lag in dieser Gegend; seine Hauptachsen waren die Weißbräuhausgrotte und die Königsstraße. Im Latron lagen alle Höfe der bayerischen Bischöfe, viele Häuser befanden sich, geht man auf die Anfänge zurück, in den Händen von Herzog und König, alter Herzogs- bzw. Königsbesitz scheinen hier massiert gewesen zu sein (Die Deutung des Wortes, ob von Lateran [karolingische Kaiseridee wie in Aachen] oder von latro = Dieb-

Gericht ist ungewiß). Die Dienstmannen benennen sich alle nach Sitzen außerhalb der Stadt, aber in unmittelbarer Nähe derselben.

Erfreulich beweiskräftig für den Zusammenhang von Censualität und Bürgerrecht ist die Befreiung, die der von beiden Eltern freie, d. h. von keinem Leibherrn abhängige Liubman an seiner Frau und ihren Nachkommen vornimmt und die durch Lösung von jedem servitus *„in urbani iuris conditionem redegit“*, d. h. in das Bürgerrecht und den Bürgerstand überführte, wofür sie der camera fratrum von St. Emmeram einen jährlichen Zins zahlte. Der camera wird man aber häufig zu Zensualenrecht zugewiesen. Die Zeugen der Urkunde, die nach keinem Dienstsitz benannt sind, könnten aber ihrem Namen nach mit den vorgenannten Ministerialen der Urkunde von 1082/5 verwandt oder identisch sein. 1083/4 gab es jedenfalls ein urbanum ius und einen zahlreichen Rechtsstand nach urbanum ius oder nach urbana lex, wie es auch heißt; dieses aber hängt mit dem Censualen- und dadurch auch Ministerialenrecht von St. Emmeram zusammen und ist teilweise mit ihm identisch. Ungefähr gleichzeitig fällt auch eine Schenkung eines servus an den Altar der Ahakirche (Bürgerkirche), die damit zu St. Emmeram gehört haben muß, weil die Tradition im Kloster war. Die Ahakirche aber war eine Emmeramskirche. 1085 sind servientes sti Petri et sti Emmerami deutlich von den Leuten ex familia des Klosters geschieden, also Dienstmannen und Nichtdienstmannen deutlich getrennt. Zu letzteren gehörten der obengenannte Liubman und ein Goldschmied. Eindeutig wird dadurch, daß die Leibeigenschaft in der Stadt das gemeinsame Bekken ist, aus dem durch den besonderen Dienst und Ergebung zu höherem Censualenzins die Ministerialität, aber auch zu niederem Zins die familiare Censualität der Handwerker vor allem entsteht. Aber beide Gruppen differenzieren sich am Ende des 11. Jahrhunderts schon stärker voneinander. Die familiare Censualität ist oder wird identisch mit dem urbanum ius = Bürgerrecht. Es ist unleugbar, daß in Regensburg die Censualiät von St. Emmeram auf die Entwicklung von Bürgerrecht und Bürgerfreiheit praktisch und rechtlich einen entscheidenden Einfluß ausgeübt hat, ja ein wesentlicher Quellgrund derselben war.

Die Censualität wird einmal auch, wenn das Regest hier richtig übersetzt, als *Barschalkenrecht* (= liberale servitium) benannt oder ist so zu deuten. Wenn in der Traditio der Burggraf Heinrich mit seinen Ministerialen und solchen des Klosters zeugt, dann ist die alte *Königsfreiheit,* die zum Recht der besseren Gotteshausleute wurde oder absank, aber dabei modellhaft wirkte, besonders angesprochen und ein Beweis dafür erbracht, daß auch das Recht der Königsfreien und späteren Barschalken hier hereinspielte, vielleicht sogar grundlegend war, auch für die Censualität von St. Emmeram. Der Burggraf ist der Vertreter des Königs in der Stadt-Burg. Die 1085/8 nach dem Burggrafen in einer Zeugenreihe genannten 6 suburbani scheinen Leute in der Westerburch = Westenvorstadt gewesen zu sein, die erst vor und um 1300 zusammen mit der Osterburch = Ostenvorstadt in den Mauerring einbezogen wurde; darunter befinden sich zwei Goldschmiede. Für die *Fluktuation* dieser Unterschicht ist es nicht nur bezeichnend, daß unter den Einwohnern eine Griechin Maza (zwischen 1020 und 1028) vorkommt, sondern daß ein Emmeramer Censuale Amazi auch eine libera uxor de Francia hatte, die frei war, weil sie keinen nachfolgenden Leibherrn hatte; er gab sie und ihre Kinder zu Censualenrecht, das hier als libera servitus bezeichnet wird, an das Kloster. Um 1106 schenkt auch ein „homo sclavigena ex progenie ortus“ (Slave) Medeuuedel. Diese *„Freie Leibeigenschaft“* scheidet die Weiterverleihung zum Dienst für andere, d. h. das beneficium servile (Knechtsleihe), aus. Da die Vorbehaltsklausel der Befreiung vom servitium so oft erwähnt wird, scheint die abermalige „subiectio servitutis et beneficii“ von Censualen öfter vorgekommen zu sein; besonders haben sich bezeichnenderweise die aus der gleichen Leibeigenschaft stammenden Ministerialen nicht daran gehalten, wenn ihnen das Kloster solche Leute weitervergabte, und sie wieder zum opus servile gezwungen wurden. Das Kloster verlieh ihnen de iure aber nur den Zins des freien Leibeigenen.

Ungefähr um 1095/9 beginnen die nach Orten benannten Dienstmannen von St. Emmeram auch selber Leibeigene an das Kloster zu übergeben. Mit dem Tausch von Weinbergen in Isling gegen eine area am Emmeramer Tore durch die Schwester eines Klosterministerialen um 1100 beginnt auch die offenbar im villicus-Dienst auf den Klostergütern vor der Stadt hochgekommene Dienstmannschaft auch in der Stadt sich festzusetzen. Um 1120/6 hat sich in der Dienstmannschaft des Klosters, den servitores, eine Scheidung in praestantiores und potentiores und weniger bedeutsame vollzogen. Zu den „primi ministeriales“ zählen 1126/9 Werner von Hexenagger, Werner von Primberg, Gebolf von Dünzling, Winniger und sein patruelis Adalpreht, Walchôn de Orlinheim und sein Sohn Ortwin, Hartwig von Tann und seine patrueles Heinrich und Ulrich, Hartwig von Unterpentling, Chono von Puch sowie der Truchseß Gottschalk und sein Bruder Albin. Es läge nahe, an Adalpreht, den patruelis des Winninger (ohne Ortsangabe, also wohl Regensburger) zu denken, wenn in einer Übergabe von ca. 1100 der *rector urbis* Adalpreht für einen urbanus Ulrich zeugt; doch ist er seiner Stellung in den Zeugenreihen nach ein urbanus, also kein Ministerialer. Wenn man in ihm deshalb einen gesetzten und (oder) gewählten Vertreter der urbani vermutet, könnte er aber doch zugleich Ministerialer gewesen sein.

Es kam vor, daß sich servientes dem Dienste des Klosters entzogen und aus der Stadt wegliefen wegen drückender Belastung durch einen servitus. Bei ihrer Rückkehr werden sie zwar wieder in die alte „dignitas legalium servientium“ aufgenommen, jedoch zu einem hohen Dienst an die camera fratrum. In einer als „carta libertatis“ im Eschotokoll bezeichneten restitutio in integrum von 1135 (Versetzung in den alten Rechtsstand) wurde einigen Leuten de familia sti Emmerami die *prisca servitus et libertas*“, die *„antiqua censualis iústitia“* zurückgegeben, die sie durch Übergabe an den Propst, einen miles und officialis (dienstmännischen Amtsträger) verloren hatten, der sie durch iniusta servitus bedrückte; dies wurde mit dem Rate vieler „sapientes“ und „in audientia clientum“ festgestellt; dabei sind zum ersten Male 40 concives huius urbis namentlich genannt, unter ihnen Goldschmiede, Tuchscherer, Krämer; m. E. sind einige von ihnen zugleich Dienstmannen von St. Emmeram. Der geschärfte Rechtssinn der Bürger wachte schon darüber, daß die Ergebung in die Censualität zu Bürgerrecht wirklich eine Freiheit von „omnis condicio iniustae potestatis“ bedeutete. Wenn die Äbte so viele auch durch ihre Schuld in den servitus zurückgefallene Censualen seit den 30er Jahren des 12. Jahrhunderts wieder zurückholen oder zurückkaufen, dann scheint das darin auch begründet zu sein, daß sie „Bürger" der Stadt erhalten wollen, die ihren Zins leisten. Nicht nur die Güter, auch die Leute und ihre Abgaben werden jetzt bedeutsam, und das Kloster scheint am Aufschwung der Bürgerschaft sehr interessiert gewesen zu sein. Von nun an häufen sich bei den Urkundenzeugen auch die Handwerker und Kaufleute, ein mercator salis, ein negotiator, ein exactor (Steuer-, Zoll-, Geldeinnehmer), ein venditor cerevisie, ein pellifex, pistor, rasor, sutor, clippeator, cupparius, limator ensium (Schwertfeger), faber lignorum, sellator, scergo, wadmanger, es erscheinen die mercatores scilicet chramarii. Aus der Reihe der urbani ragen probi homines, die späteren „Ehrbaren" (1138/44) hervor, die 1170/7 auch probabiles viri heißen. Seit der Mitte des 12. Jahrhunderts gehen Sach- und Personalinteressen St. Emmerams und der Bürgerstadt ineinander über. Der Emmeramer familiaris Merboto Hoselin übergab Haus und area an der Donau in die Hände eines Utto, des serorius des Utto sub testudine (unter der Laube, Gewölbe), damit sie einmal an das Kloster übergeben würden und er die Realität um 30 den. weiterverleihen könne. Ein Emmeramer Eigenmann Herwig von Schwabelweis wird zugleich civis urbanus genannt. Das Wort urbanus verbindet sich jetzt mit civis und fällt allmählich weg, vor allem bei der Formel huius urbis civis. Zur selben Zeit versachlicht sich auch der Zensualenzins und wird zum Pachtschilling, wenn der Abt mit dem urbis civis Friedrich Stolz z. B. ein Grundstück in der Stadt tauscht; der letztere tauscht ein Haus, das ihm zu einem censualis = Zins von 30 denarii eingeräumt war, gegen ein macellum an der Donau zum selben Zins.

Seit den 30er Jahren des 12. Jahrhunderts legen sich die Bürger zum Taufnamen einen Vornamen bei, der nach den Eltern, vor allem nach dem Herkunfts- oder Wohnort in der Stadt, nach dem Beruf oder nach besonderen Eigenschaften gewählt wurde. Auf diese Weise können wir auch den Einzugsort der Handwerker- und Kaufleute bestimmen, die in der Stadt sich niederließen und dort vielfach zu Reichtum und Ansehen kamen. Ich nenne aus den Traditionen um 1170 Heinrich von Gattersberg, der als civis bezeichnet ist. Daß Regensburger familiares und cives sich auch im Ausland niederließen, dafür haben wir zu 1179 das schöne Zeugnis des Emmeramer familiaris Hartwic, der in Kiew saß und an das Kloster 18 Talente übergab, die ihm drei genannte Bürger der Stadt Regensburg schuldeten; diese sollten ein Gut für das Kloster kaufen zum Klosterspital „in pauperum et peregrinorum consolationem". Pauper kann hier im sozialen Sinn gemeint sein.

Eine Tatsache muß noch festgehalten werden, daß St. Emmeram in der nova civitas nach 920 und in der Westenvorstadt im 11./12. Jahrhundert so starke Interessen hatte und so bestimmend mit Personen, Rechten und Liegenschaften auftrat, daß man ihm fast eine Art Stadtherrschaft hier zuschreiben möchte oder wenigstens eine Anwartschaft darauf. Es kauft und tauscht Häuser und Grundbesitz. Die Emmeramer Leibeigene Luicard Olearin nahm 1180 22 Pfd. vom Abt zu leihen, der sich dafür 2 areae an der Donau verschreiben ließ, die für eine domus panificaria geeignet erschien. Gegen die Übergabe dieser areae durch 2 delegatores protestierten 2 Bürger, Hugo in platea Latinorum (Wahlengasse) und der Olearin Sohn Walter, und erhoben Besitzansprüche, die der Abt extra mit 20 solidi abfinden mußte. Es hindert nichts, sich vorzustellen, daß Hugo ein Italiener war. 1183/4 besaß St. Emmeram eine area iuxta Pennechapel beim Haus des Robert, auf der dieser bauen wollte. Das Kloster ließ sich dafür in der Westerborg = Westenvorstadt eine area neben dem Hause des Bernold Golin übertragen; 1201 hatte St. Emmeram ebendort 3 weitere Hofstätten. Ein Regensburger *Schultheiß*, Vertreter des Burggrafen und damit des Königs für die Bürgerschaft, erscheint erstmals in den Traditionen zu 1193/6. Daß der Burggraf (prefectus urbis) in der Stadt die Königsinteressen im Gericht und als militärischer Oberbefehlshaber vertrat, hinderte vermutlich St. Emmeram zu den Zeiten, da der Bischof noch wenig in Erscheinung trat, in der nova civitas stadtherrliche Rechte sich anzueignen, obwohl nördlich des Klosters gegen die Donau viele seiner Leute wohnten, obwohl es viele Leibeigene durch Aufnahme in das Zensualenrecht sogar nach der lex urbana befreite, obwohl es selbst im 12. Jahrhundert gerade um den Markt und das städtische Zentrum, in den Kaufmannsvierteln an der Donau eine intensive Güterpolitik betrieb. Im Bischofsviertel saßen aber auch bedeutende Kaufleute und Bürger, vielleicht sogar die ältesten cives und urbani des 10./11. Jahrhunderts; dazu gehörte auch die Wahlengasse an sich. Der Bischof tritt mit dem Erlahmen der königlichen Macht und nach dem Aussterben des den König vertretende Burggrafengeschlechts der Pabonen, die auch als Landgrafen von Stefling mächtige Vorläufer der Leuchtenberger auf dem Nordgau waren, immer bestimmender in den Vordergrund, zudem die wittelsbachischen Nachfolger der Pabonen im Burggrafenamt zunächst andere Sorgen hatten. St. Emmeram hatte seit der Trennung von Bistum und Kloster selbst um seine Unabhängigkeit vom Bischof zu kämpfen; darum hatte Otloh schon im 11. Jahrhundert einige Fälschungen angefertigt. In der Vielfalt der herrschenden Gewalten in der seit 920 erweiterten Stadt konnte sich allmählich ein immer selbständiger werdendes städtisches Bürgertum entfalten, das unter dem Vertreter des Königs und des Bischofs zugleich gegenüber anderen Gewalten eine ständig zunehmende Selbständigkeit durchzusetzen vermochte, wozu ihm Reichtum auf Grund des mählich wachsenden *bürgerlichen* Fernhandels und handwerklichen Fleißes die Mittel boten.

Seit der Mitte des 12. Jahrhunderts werden allmählich die Urkunden zahlreicher, die von wachsendem Vermögen und Besitz der Bürger an Liegenschaften sprechen, die auch einen gemeinsamen Willen, gemeinsame Vertretung und Institutionen verraten. Neben dem Ausdruck civis erscheint jetzt das Wort burgensis im Regensburger Urkundenbuch. Seitdem Friedrich Barbarossa im Zuge seiner Reichslandpolitik auf dem alten bayerischen Nordgau, der heutigen Oberpfalz, auch Regensburg in seine Pläne einbezog und Söhne und Nachfolger ihm darin folgten, seitdem das Geld und damit das städtische Bürgertum auch in der Politik wirksam wurden, waren günstige Voraussetzungen auch für die innere Entwicklung des bürgerlichen Regensburg und der Stadt gegeben. Zwar verläuft trotzdem hier die Entwicklung anders, weil trotz des Aussterbens der Burggrafen in den 80er Jahren zur Zeit der Schwäche des Königtums sich an seiner Stelle der bayerische Territorialherr als Burggraf und Vertreter des Königs setzen konnte, während gleichzeitig nach dem Wegfall der großen Annexe im Südosten seine Herzogsrechte, die er ehemals in der Herzogs- und Pfalzstadt hatte und ausübte, schwanden. Aber neben ihm blieb der Bischof obenan und vermochte unter Friedrich II. sogar besondere Rechte über Stadt und Bürgerschaft zu gewinnen oder besser gesagt damit die selbständige Entfaltung der Bürgerschaft hintanzuhalten. Für lange Jahrhunderte bekam die Donaumetropole, die bis zum 14. Jahrhundert noch ständig im Wachsen begriffen blieb, zwei Stadtherren, den bayerischen Herzog als königlichen Burggrafen und den Bischof und, wenn der Kaiser sich einschaltete, im Grunde sogar drei. Aber diese Vielheit von Stadtherren war für die Bürgerschaft auch von Vorteil, da sie sich hinter deren Rivalitäten ruhig entwickeln konnte. Trotzdem aber sind die Rechts- und Gerichtsverhältnisse in der Donaustadt differenzierter und komplizierter als anderswo. Es gibt ein Schultheißen- und ein Propstgericht, ein Hansgrafengericht bzw. -amt, Fried-, Zoll-, Münz- und Judengericht, ein Wachtding, Korn- oder Bauding für die agrarisch wirtschaftenden Bürger und Allmendbesitzer der Stadt. Sozialgeschichtlich relevant ist die Tatsache, daß es hier eine Reihe von Bürgern gibt, die nicht dem Schultheißen des Burggrafen unterstanden, der seit dem 11. Jahhundert als urbis praefectus, praetor urbis, praeses urbanus erscheint. Ihm oblag neben dem militärischen Oberbefehl die Aufsicht über Marktverkehr und Handel. Sein Unterbeamter war der Schultheiß (causidicus, tribunus, centurio), der vielleicht an die Funktionen des subvicarius am Ende des 9. Jahrhunderts anschloß. Auf dieses Amt hatten die Bürger keinen Einfluß. Der Bischof, dem ein ausgedehntes Gebiet zwischen Dom und Donau gehörte, wo der Bischofshof und große Getreidespeicher lagen, konnte seine Rechte in der Stadt erst langsam durchsetzen. Zur Erklärung erinnere ich wieder an St. Emmeram, an seine Nähe, sein Wirken in der Bürgerstadt, an seinen stattlichen Grundbesitz in der Stadt. Den Bischof vertrat der Vogt im Gericht, dessen Vertreter der Propst war, dessen Stellung dem des Schultheißen entsprach.

Die Bewohner der Stadt, die sich in Freie, Zinshörige und mancipia schieden, waren ihrer alten Herrschaft nach Herzogs- und Königsfreie sowie Gotteshausleute. Der politische Aufstieg der Bürgerschaft, deren innere soziale Entwicklung oben an Hand der Traditionen von St. Emmeram wie anderer historischer Nachrichten entwickelt wurde, begann etwa mit den Jahren 1180/5. Es gab damals noch keine volle Reichsfreiheit, da der Herzog seine Landtage noch immer in den Mauern der Stadt hielt. Es gab weder Bürgergericht noch städtischen Rat, im Gegensatz zu Worms und Speyer (1106, 1111). In Regensburg dominieren wirtschaftliche Interessen, der Handel und Verkehr, dessen Gefährdung und Hemmnisse beseitigt werden mußten. Auf der zwischen 1135—1146 erbauten Steinernen Brücke konnten die Stadtherrn Brückenzoll erheben. 1182 intervenierte der Brückenmeister Herbord beim Kaiser für Freiheit vom Brückenzoll; das bedeutet, daß dieser ein Vertreter der bürgerlichen Interessen war; die Bürger waren wohl an der Brückenbaupflicht beteiligt, wenn nicht vollends dazu verpflichtet; darum intervenierte ihr Brückenmeister für Zollfreiheit. Herzog und Bischof stimmten zu. Der Kampf zwischen dem bischöflichen und burggräflichen Stadtherrn nach 1200 endete 1205 mit einer Teilung von Münze, Geleit und Steuerrecht, wirtschaftlich nutzbaren Hoheitsrechten oder besser gesagt Regalien; dazu kam das Marktrecht. Das Gericht sollte ohne Streit von den Dienstleuten des Bischofs und Herzogs besetzt werden. Der in der Stadt dauernd sitzende Bischof setzte sich aber gegen den nichtanwesenden Herzog durch, der seit der Mitte des 13. Jahrhunderts außerdem immer geldbedürftiger wurde und die reichen Bürger brauchte. Aber trotz Bestätigung der bischöflichen Rechte in der Stadt sicherte Friedrich II. der Bürgerschaft doch ihr Verbleiben beim Reich („eandem civitatem universaliter sub antiquo iure ... imperio conservandam"); doch stellte er die „honestas consuetudines" (wohl ehrenvolle Gewohnheitsrechte), die die Bürger an das Reich gezogen (d. h. als vom Reich verliehen erklärt hatten), dem Bischof wieder zurück.

Für die rechtlich selbständige, d. h. reichsständische Entwicklung der Regensburger Bürger (burgenses und cives) waren zwei Privilegien König Philipps von 1207 und Kaiser Friedrichs II. von ausschlaggebender Bedeutung. Das Philippinum setzt zwar Freiheitsbriefe Barbarossas und Heinrichs VI. voraus; sein Inhalt bezeugt so stark wie nichts anderes, daß *Fernhandel,* wie schon betont, in der Zeit vor Barbarossa in Regensburg herrschaftlich organisiert war. Ist schon der Name *„Hansgraf"* ein herrschaftlicher Name, so bezeugt das Neue in der Privilegierung, daß ihn fortan die Bürger selber wählen durften, und zwar für ihren Fernhandel, daß er eben vorher vom Kaiser und seinem Stellvertreter gesetzt war. Dabei ist sehr bezeichnend, daß seine Funktion als Schiedsrichter und Schützer auf die auswärtigen Märkte beschränkt blieb und er in der Stadt an die „civilia instituta" und den consensus urbanorum (Ausdruck des 11. Jahrhunderts) gebunden war. Das Philippinum erwähnt weder Rat noch Stadtrichter noch Bürgermeister, doch garantiert es den Gerichtsstand der Stadtbürger innerhalb der Stadtmauern, was Friedrich II. 1230 schon als antiquum ius apostrophiert. Das setzt eine geschlossene Gemeinde mit Rechtsbewußtsein und Zusammengehörigkeitsgefühl voraus, die sich gegen auswärtige Gewalten stellen und zusammenschließen mußte, indem sie sich auf Kaiser und Reich und die von ihnen garantierten Rechte, auf des Kaisers Schutz und Schirm (Vogtei wie in Nürnberg) berief. Im Vordergrund bleiben wirtschaftliche Bestimmungen, wie das Verbot, daß die Bürger nur mehr für ihresgleichen, nicht mehr für Bischof und Herzog gepfändet werden dürfen. Die Bürger erhalten auch das Privileg des Reinigungseides und der Kaltwasserprobe, wodurch sie als selbständig handelnde, freie Persönlichkeiten anerkannt sind. Für den freien Kaufmann war das Verbot der Grundruhr besonders wichtig. Das Philippinum bedeutete eine Stärkung des selbständigen Fernhändlertums und der Kaufmannschaft der Stadt, die ja besondere Handelsprivilegien durch die Landesherrn von Österreich und Steiermark kurz vorher erhalten hatte und schon seit langem auch besondere Verkehrsrechte in Passau (ius Ratisbonensium) besaß, die den Amberger Eisenhändlern in den 60iger Jahren verliehen worden waren. Die Fernhändler und Kaufleute werden im 13. und beginnenden 14. Jahrhundert das wirtschaftlich bestimmende Element; sie setzen sich allmählich gegen die Ministerialen des Bischofs durch, die zwar auch wirtschaftlich tätig sind, sich aber immer mehr auf die Ämter zurückziehen; man darf wohl nicht bestreiten, daß sie in der Organisation von

Handel, Verkehr, Wirtschaft auch ihre Macht gestärkt hatten. Berthold, der große Franziskanerprediger Regensburgs, aber singt geradezu ein hohes Lied auf die Großhändler, während er zugleich die unredlichen Machenschaften damaliger „Mäntler", vermutlich kleiner Kaufleute und Handwerker anprangert. An der Urkunde Bischofs Johann von 1211 für das Johannesspital hängt bereits das sigillum civium Ratisponensium, Symbol eines rechtlich frei handelnden Bürgerlichen Verbandes, der noch deutlicher 1234 und 1238 im sigillum universitatis civium Ratisponensium aufleuchtet. Die Gemeinde hat sich gebildet und den Stadtherrn sowohl wie deren und ihren eigenen Organen als selbständig handelnde Körperschaft gegenübergestellt. Das Siegel stellt Petrus dar, was auf Domkirche und Bischof deutlich hinweist. Ansätze eines Rates und einer autonomen Stadtgemeinde setzt es bereits voraus, wenn Bischof Konrad IV. (1204—1227) 1214 für die Verlegung des Spitals die Zustimmung der Bürgerschaft einholt.

Im Fridericianum von 1230 stehen wieder die wirtschaftlichen Dinge neben rechtlichen im Vordergrund. Ein Bürgermeister taucht erstmals 1234 auf, wenn auch nicht im Zusammenhang mit dem Rat; letzteres geschieht erst 1255. — Haus und Gut und Vermögen wurden 1230 bei Pfändung und Erbfall besonders geschützt. Die Besonderheit persönlicher Rechtsverhältnisse in Regensburg erhellt aus der Bestimmung, daß persönliche Freiheit nur durch eine zehnjährige persönliche Anwesenheit in der Stadt ersessen werden konnte, Zeichen der starken Bevölkerung, die nicht rasch durch die Einjahresfrist vermehrt werden mußte. Es gab hier offenbar lange einsitzende inhabitatores, die primär zur Bürgerfreiheit drängten und gegen den starken Zustrom der aus anderen Orten Zuziehenden geschützt sein wollten. Das brachte allen Zensualen in der Stadt allmählich persönliche Freiheit, d. h. Befreiung nicht nur vom opus servile, sondern auch vom Leibeigenenstand. Neben Bestimmungen, die aus dem Philippinum wiederholt werden, wirft auf die patrizische Entwicklung in der Stadt ein grelles Licht das Verbot für die Patrizier, sich „Muntmannen" zu halten („singuli potentes de civitate, qui vasallos sibi faciunt ad turbandam pacem civitatis, qui mundman vulgariter nominantur"); sie sollen zur Buße 10 Pfd. zur Stadtverteidigung zahlen, ohne daß sie von ihrer „fidelitas" befreit werden. Es wird also verboten, sich ein lehensmäßiges Privatgefolge zu halten, das sich aus Vogtei-, Schutzholden zusammensetzt (clientes?); es sollte dazu dienen, nicht nur unter eigenem Kommando die Stadt zu verteidigen, sondern mit bewaffneter Hand in Stadt und Rat auch seine Belange durchzusetzen. Die Stadtverteidigung sollte eine Angelegenheit aller, der universitas ohne Unterschied sein; die Stadt war darum auch in „Wachten" eingeteilt. Dieses Verbot läßt uns aber auch an die befestigten Patrizierhäuser denken, die gerade hier in großer Zahl sogar heute noch erhalten sind. Es zeigt aber auch die Entwicklung auf, die zum Aueraufstand 1330/4 drängte. Sinngemäß schließt sich diesem großen Privileg im nämlichen Jahr 1230 die Erlaubnis für die Stadt an, einen Zoll für deren Befestigung zu erheben. Die Stadtgemeinde erhält damit eine Wehr- und Verteidigungshoheit, die bislang Burggraf und dann Herzog innehatten.

Im Gegensatz zu Worms, dem der König 1156 einen Stadtfrieden aufrichtete, haben dies die Regensburger durch eine coniuratio-Einung selbst getan, und zwar immer nur auf eine bestimmte Zeit. Die neuere Forschung nimmt an, daß die denominati der Regensburger Urkunden nicht den alten iurati Frankreichs und den iudices von Worms — der ersten selbstgewählten Obrigkeit entsprachen, aus der der Rat, die consules hervorgingen (iudicium civitatis). Da die Regensburger den Stadtfrieden und das iudicium civitatis selbst errichtet haben, müssen die denominati Stadtfriedensrichter gewesen sein; demnach könnte der Rat zu Regensburg aus der Gerichtsverfassung hervorgegangen sein. König Heinrich (VII.) richtete 1232 ein Schreiben an iudices, consilium et universi cives Ratisponenses, aus dem hervorgeht, daß die Richter an der Spitze der Bürgerschaft standen. In der bekannten sog. Schuhmacherordnung von 1244 proklamierte die Gesamtgemeinde unter Zeugenschaft der iudices die Bestimmungen, die Regensburger Bürger in einer Gerichtssitzung unter dem Vorsitz des stadtherrlichen Schultheißen und des bischöflichen Propstes über die Wahl eines Meisters der Chuderwaner, Gademer und Schreiner getroffen hatten. Die stadtfeindlichen Gebote und Verbote Kaiser Friedrichs II. aus Ravenna von 1232, die vor allem gegen die Bischofsstädte und deren freiheitlichen Bürgergeist gerichtet waren, konnten in Regensburg bereits 1245 wieder durch eine erneute Bestätigung der bürgerlichen Rechte durch den Kaiser aufgehoben oder in ihrer Wirksamkeit annulliert werden. Dabei gewährte er ihnen die Ratsverfassung und die freie Wahl des Bürgermeisters und der Beamten (magistros seu rectores civium et quoslibet officiales).

Der Abschluß der Entwicklung einer freien Bürgergemeinde, die sich selbst verwaltete und ihre Vorsteher selber wählte, die Ausformung einer neuen selbständig handelnden, gesellschaftlichen Gruppe innerhalb einer alten Herrschaftswelt durch einen neuen sozialen und rechtlichen Verband mit eigenen Normen hat sehr viele wirtschaftliche und gesellschaftliche Kräfte seit dem 11. Jahrhundert entbunden, daß sie nun auch zu einer eigenen „Außenpolitik" in größerem Rahmen ansetzten. Regensburg schloß sich dem rheinischen Städtebund an. Es zahlte, wie wir 1273 erfahren, keine Steuern mehr an das Reich. Erst als Herzog Albrecht IV. von Bayern 1492 die Stadt zu ihrem Schaden, wie wir heute sagen müssen, aus seiner kurzen Landesherrschaft wieder entlassen mußte, finden wir wieder Steuern an das Reich. Seit 1259 bestand der Rat der Stadt aus 16 consules = Ratsherren, den unbeschränkten Leitern der städtischen Angelegenheiten. Sie setzten sich aus Mitgliedern eines sehr kleinen Kreises vor allem ministerialischer Familien zusammen, die miteinander verwandt waren. Vermutlich lösten die 16 consules ältere 24 consiliarii ab, in denen man die Nachfahren der alten iudices civitatis sehen möchte. Der „innere" Rat der 16 consules knüpft an das Kaiserprivileg von 1245 an, das Selbstverwaltung gewährte. Der äußere Rat, der sich allmählich dem inneren zur Seite setzte, bestand ebenfalls aus patrizischen Elementen. 1295 erscheint erstmals ein maius consilium mit 32 Mitgliedern, wenn auch der äußere Rat sich erst richtig seit der Mitte des 14. Jahrhunderts nach dem „Aueraufstand" durchsetzte. Durch Hinzunahme von 13 Zunftgenossen, sekundäre Folge des „Aufstandes", der kein Zunftkampf war, wuchs der äußere Rat auf 45 Mitglieder an, die uns als die „erbarn bürger der fünfundvierziger" erstmals 1352/7 begegnen; sie wurden zu einer festen Institution städtischer Selbstverwaltung. Man führte den äußeren Rat häufig auf die denominati von 1207 und 1230 zurück. Was der Stadt aber noch fehlte, war die Gerichtsbarkeit, die Domvogt bzw. Bischof und Burggraf durch Propst und Schultheiß auf den drei publica placita — echten Dingen des Jahres übten. Neben dem vorsitzenden Schultheiß fungierten 7 Hausgenossen, Bürger, die den Urteilsvorschlag zu finden hatten. Beide Gerichte waren nicht regional, sondern personal abgegrenzt, da ihre Gerichtsholden nicht in festabgegrenzten Stadtvierteln saßen. Je mehr neuere Untersuchungen erscheinen, um so öfter zeigt sich, daß die soziale Mobilität der mittelalterlichen Stadt nicht in den oft überschätzten Zunftkämpfen sich entlädt, sondern aus den Zuwanderungen deutlich wird, die auch in Regensburg bedeutend waren und von weither (Gran in Ungarn, München etc.) kamen, wie die Namen auch der großen Geschlechter zeigen. Bezeichnend für Regensburgs bürgerliche Oberschicht aber ist, daß der „Aueraufstand" ein Kampf der ministerialischen Patrizier mit den großen Kaufleuten und Geldsäcken war; dabei siegten die letzteren, die dann auch die Handwerker ein wenig am Regiment teilnehmen ließen. Das politische Leben der Stadt war von Beamten- und Geldhierarchie und ihren Rivalitäten im 12./13./14. Jahrhundert bestimmt.

Zum Schlusse sei festgestellt, daß dank einem reicheren, interessanten Quellenmaterial sich das Werden der bürgerlichen Gesellschaft im mittelalterlichen Regensburg deutlicher zeigen läßt als irgend anderswo. Um diese Geschichte dieser einzigartigen deutschen Stadt schreiben zu können, müssen Wirtschafts-, Gesellschafts-, Verfassungsgeschichte, aber auch Geistes- und Kunstgeschichte mit der Archäologie aufs engste zusammenarbeiten; denn hier treffen in eigenartiger Mischung so viele Besonderheiten zusammen, daß das Kaleidoskop dieser bürgerlichen Gesellschaft nur durch die gemeinsame Arbeit vieler eingefangen werden kann

Genannte Literatur (Auswahl):

Bastian, F.: Das Runtingerbuch 1383—1407 und verwandtes Material zum Regensburger südostdeutschen Handel und Münzwesen I (1944), II (1935), III (1943).

Bosl, K.: Frühformen der Gesellschaft im europäischen Mittelalter (1964).

Brunner, O.: Neue Wege der Sozialgeschichte (1956).

Führnrohr, H.: Das Patriziat der freien Reichsstadt Regensburg zur Zeit des Immerwährenden Reichstages. VHO 30 (1952), S. 153—308.

Grundmann, H.: Religiöse Bewegungen im Mittelalter ([2]1961).

Heimpel, H.: Das Gewerbe der Stadt Regensburg im Mittelalter (1926), Seide aus Regensburg, MIÖG 62 (1954), S. 270—298.

Klebel, E.: Landeshoheit in und um Regensburg, VHO 90 (1940), S. 5—61.

— Regensburg, in Studien zu den Anfängen des europ. Städtewesens (1958).

Knapp, H.: Altregensburgs Gerichtsverfassung, Strafverfahren und Strafrecht bis zur Carolina (1914).

Morré, F.: Ratsverfassung und Patriziat in Regensburg bis 1400, VO 85 (1935).

Piendl, M.: Die Pfalz Kaiser Arnulfs bei St. Emmeram in Regensburg, Thurn und Taxis-Studien 2 (1962), S. 95—126.

Rörig, F.: Magdeburgs Entstehung und die ältere Handelsgeschichte (1952).

Schlesinger, W.: Burg und Stadt, aus Verfassungs- und Landesgeschichte I (1954), S. 97—150.

Strobel, R.: Forschungsprobleme des mittelalterlichen Wohnbaus in Regensburg, VO 103 (1963), S. 351—374.

Sydow, W.: Der Regensburger Markt im Früh- und Hochmittelalter, HJb 80 (1961), S. 60 ff.

Sydow-Strobel: Der Latron in Regensburg, HJb 83 (1964), S. 1—27.

Zuletzt sind hinzugekommen:

Reiser, R.: Adeliges Stadtleben im Barockzeitalter. Eine Darstellung des internationalen Gesandtenlebens am Immerwährenden Reichstag zu Regensburg = Misc. Bav. Mon. Heft 17 (1969).

Ritscher, B.: Die Entwicklung der Regensburger Ratsverfassung in der gesellschaftlichen und wirtschaftlichen Struktur der Zeit von 1245—1429 = Sonderdruck aus VHO 114, 115, 116 (1974—1976) 292 S.

DER DEUTSCHE UND EUROPÄISCHE RANG REGENSBURGER URBANITÄT*

Unsere Zeit gebärdet sich geschichtlos und geschichtlich zugleich; geschichtslos, weil sie ihre Gegenwart zum Maß aller Dinge erhebt, geschichtlich, weil sie trotzdem ihre Gegenwart und Zukunft als Ablauf und Folge vorher festgelegter Schemata und Theorien versteht. Nach den tiefen politischen, gesellschaftlichen und geistigen Brüchen, die vor allem Deutschland, aber auch Europa im 20. Jahrhundert erlebt haben, ist es eine verständliche menschliche Reaktion, daß die Menschen glauben, Gegenwart und Zukunft dadurch zu gewinnen, daß sie die Vergangenheit vergessen und den Ballast der Geschichte abwerfen. Trotzdem ist es äußerst gefährlich, daß die unmäßige Überschätzung der Gegenwart die Menschen hindert, sich auf das Bedingte und Gewordene ihrer eigenen Situation und Existenz zu besinnen. Theorien und Abstraktionen sind hermeneutische Hilfsmittel, das Meer von Fakten im geschichtlichen Ablauf zu ordnen, die allgemeinen dynamischen Faktoren des Geschichtsprozesses analysierend zu erkennen und die dominanten = bestimmenden Elemente zu charakterisieren. Wenn ich jetzt über den deutschen und europäischen Rang Regensburger Urbanität sprechen soll, ist das nur möglich, wenn ein aus den geschichtlichen Ereignissen gewonnenes und dem jeweiligen Phasenablauf angepaßtes Schema, eine urbane Struktur der deutschen und europäischen Geschichte erarbeitet ist oder wird, die den Stellenwert der „Stadt" im allgemeinen Kulturgefüge Deutschlands und Europas sowohl wie den besonderen Charakter und Rang Regensburgs, Ihrer Tagungs- und Feststadt, unter den deutschen und europäischen Städten aufzeigt. Regensburg ist ein Ideal- und Realtypus deutsch-europäischer Stadtentwicklung; diese Feststellung hat deshalb Gewicht, weil wir selber in einer neuen Phase der Stadtkultur leben, die wir als „Regionalstadt" bezeichnen.

Geschichte als Wissenschaft gewinnt wie jede andere Disziplin ihre Analysen und Ergebnisse mit Hilfe von Abstraktionen aus den erarbeiteten Fakten und von Theorien, die oft der Mitwirkung gezügelter Fantasie nicht entbehren. Dem aber steht die andere Erfahrung entgegen, daß Geschichte nicht nach „Theorien" abläuft, die man als Verhaltensanweisungen anbieten könnte. Geschichte als Bewußtsein und als konstitutives Element menschlicher Existenz bedarf der fortlaufenden Erinnerung und auch der Bereitschaft, das Erinnerte und damit Angeeignete mit dem Gegenwärtigen und Zukünftigen zu verbinden. Man rümpft heute die Nase über diese Auffassung von Geschichte und schimpft sie romantisch-konservativ. Ich nehme diese abwertende Kritik sehr ernst, insofern die Geschichte als Wissenschaft und teilweise auch als Bewußtsein vergessen hat, daß der *ganze, der universale*

* Festvortrag zum Ärztetag in Regensburg 1973.

Mensch ihr Objekt ist, insofern sie den Menschen segmentiert und auf Einzelfächer aufgeteilt hat, die keine schlüssigen Ergebnisse mehr erbringen können, die praktisch anwendbar sind. Nicht nur Wandel, auch Kontinuität ist ein Grundelement menschlicher Existenz; beides zeigt eine geschichtliche Entwicklung wie die des individuellen historischen Kollektivs „Regensburg“, mit dem wir uns beschäftigten. Mit *Urbanität* ist die gesellschaftlich-politisch-wirtschaftlich-geistige Struktur und Form menschlichen Zusammenlebens und Zusammenwirkens nichtagrarischer, bürgerlicher Menschen, Individuen sowohl wie Gruppen, gemeint, die im Wandel der wirkenden Kräfte und Voraussetzungen bestimmte gleichbleibende Züge durch die Jahrtausende bewahrt oder gewonnen haben. Die medizinische Wissenschaft hat sich seit S. Freud, Bumke und Biermann in zunehmendem Maße den Grenzzonen zwischen dem, was wir Materie und Geist nennen, zugewandt. Für eine moderne Geschichte unter anthropologisch-humanistischem Aspekt ist das konstitutive Wesen des historischen Menschen durch den funktionalen Zusammenhang zwischen Körper und Geist bestimmt. Geschichte, die sich im skizzierten Sinn als Humanwissenschaft versteht, ist viel progressiver als jene Auffassung, die das Vergangene möglichst schnell auf der großen Schutthalde des Geschehenen abladen will. Wer geschichtslos und nur gegenwärtig leben will, gerät in eine Isolierung, die auch Barbarei sein kann. Unser Überdruß an Geschichte ist die Folge menschlichen Versagens, auch der Historiker, in der jüngsten Vergangenheit. Darum ist aber Geschichte weder unzeitgemäß, noch befindet sie sich in einer Krise. Geschichtslosigkeit führt zum Verlust der eigenen Identität. Die Geschichtlichkeit des menschlichen Daseins aber ist kein romantischer Glaube und keine konservative Allüre, sondern eine harte Tatsache, ist nicht falscher oder richtiger menschlicher Bewußtseinsinhalt, sondern Vergangenheit und Gegenwart, sogar Zukunft in einem und zugleich.

Bevor wir den Idealtypus der gewachsenen Stadtindividualität Regensburg betrachten, möchte ich Ihren Blick kurz auf den gegenwärtigen Stand des Städtebaus richten, wo wir ähnliche Beobachtungen machen wie auf dem Felde der allgemein geistigen Bewegungen. Wir stoßen hier auf den gefährlichen Ehrgeiz des Architekten, die moderne Stadt aus dem Nichts zu bauen. Architekten wie F. Tamms und W. Wortmann („Städtebau“ 1973) gehen bei ihrer „Planung für die Zukunft“ (Name der Reihe) von der These einer Statik der heutigen Verhältnisse bei uns aus; das gilt sowohl für das Wachstum der Bevölkerung, für die Grenzen des Verkehrs und der Arbeitszeit. In der krisenhaften Auflösung der Großstadt zeichnet sich schon länger als neue Form der Siedlungsverband, die Regionalstadt ab, die gegliedert werden muß, wie einst das Bürgertum seine Großstädte in letzter Kraftanstrengung gegliedert hat, etwa Berlin mit Tiergarten, Grunewald und grünem Oberlauf der Spree. Jean Fourastier hat die Thesen aufgestellt, daß die Industrieproduktion klassischer Art mit ihrem Anteil an Arbeitern immer weiter zurückgehe, daß die Primärarbeit in der Landwirtschaft ihren Tiefstand an Beschäftigten bereits erreicht habe, dagegen die Dienste und Verwaltungen sich ständig noch ausweiten. Le Corbusier hat die These von der Dreiteilung der Stadt nach der Funktion von Arbeit, Wohnung und Erholung aufgestellt und daraus die Notwendigkeit einer Dreiteilung der Stadträume gefordert. Moderner Städtebau ist keine freie Kunst, sondern an Realitäten wie Gesellschaftsformen, Bodenrecht, Straßen, Versorgungssysteme gebunden, ist „die Lehre von der Daseinsvorsorge für den Menschen". Die Architekten mit Erfahrung warnen heute vor der „Retortenstadt", die auf einmal gebaut werde, und empfehlen eine längerdauernde Entwicklung, Anlehnung an bestehende Baukörper, die die schon vorhandene Stadt fortsetzen. „Die Stadt aus dem Nichts" ist schon seit dem Barock der Schöpfungsehrgeiz der Architekten; aber nicht immer gelingt dies. Trotzdem verlangt man heute den Großversuch des Städtebaus, „den industriellen Prototyp", an dem man alle Fragen, Rätsel und Erwartungen einmal durchexerzieren, ein Sandkastenspiel am lebendigen Leibe vornehmen kann; Schöpfertat aus dem Nichts und in das Nichts hinein; aber, Gott sei Dank, ist die Statik der Dinge unten fester als es die Luftschlösser oben sind.

Regensburg ist ein besonders ausgezeichnetes und charakteristisches historisches Modell der deutschen und europäischen Stadt, ein Idealtypus der Urbanität. Abgesehen vom tschechischen Archäologen Jan Filip haben wir noch keine zusammenfassende Darstellung der Keltenzeit Mitteleuropas und ihrer Kultur, obwohl das Bevölkerungssubstrat der Kontinentmitte *keltisch* ist. Es ist ein hervorragender Beleg der Kontinuität der gewachsenen Stadt Regensburg, daß ihre Uranfänge in diesen Kulturhorizont hineinreichen, dessen Wirkung von Griechenland und Italien bis zur Iberischen Halbinsel und den Britischen Inseln, von Böhmen bis Frankreich und an die Nordsee reicht. An der bayerischen Donau reiht sich eine Kette keltischer Städte, Märkte und (Eisen-)produktionszentren auf, an die das Siedlungs- und Befestigungssystem des Römischen Weltreiches nördlich der Alpen wieder angeknüpft hat. Ich nenne Manching, die jüngst ausgegrabene Keltenstadt südlich Ingolstadt, Alkimoënis bei Kelheim, ein Eisenproduktionszentrum, Servioduro beim heutigen Straubing, Boioduro = Beiderwies am rechten Innufer gegenüber dem alten Passau, Lentia = Linz und Vindobona = Wien. In diese prähistorische Reihe gehört seinem Namen nach Radasbona = Regensburg, der „Ort in der sumpfigen Niederung", wie der Name sagt. Ob Regensburg = Radasbona in keltischer Zeit schon eine Zentralfunktion hatte und welche, entzieht sich noch unserer Kenntnis, aber es ist immerhin bezeichnend, daß dieser Ort auf der Scheitelhöhe der Donau in süddeutschen Landen eine Zentralfunktion im militärischen Verteidigungssystem des Römerreiches nördlich der Alpen in der Provinz Raetien erhielt, deren Verwaltungsmittelpunkt die Römerstadt Augsburg war. Noch stehen heute die steinernen Zeugen dieses römischen Legionslagers, dessen Mauern Sie von der Porta Praetoria bis an das Eck am Bahnhofspark noch abgehen und studieren können. Vor der Westseite des Lagers erstand die Zivilistensiedlung mit Marktfunktion. Nicht nur die Mauern, auch das menschliche Leben und die Kultur haben den Untergang des römischen Reiches überdauert, in der Stadt und um sie haben sich Gräber in den Jahrhunderten darnach gefunden und der römische Friedhof mit der Georgskirche bei St. Emmeram ist weiter belegt worden. Es hat sich auch die christliche Staatsreligion des späten Römerreiches zweifellos genau so wie in Augsburg mit seinem Afrakult und seinem Bischofsgrab in der Afrakirche aus der Wende vom 6./7. Jahrhundert erhalten. Regensburg war exponierte, starke Militärgarnison der Römer, keine Römer*stadt* wie Augsburg; da aber nach dem Abzug des Heeres, der Beamten und der Oberschicht in dieser Region genausowenig wie in der entwickelten Provinz Gallien eine Kulturkatastrophe und Kulturzäsur erfolgten, übernahm diese machtvolle Festung nach einer kurzen Zeit der Unsicherheit Stadtfunktion und wurde das eigentliche Herrschaftszentrum des fränkischen Großreiches unter den Merowingern und Karolingern in der Südostecke des fränkischen Machtbereichs. Hier nahmen die von den Franken im Bayernland, in der provincia Baivariorum, eingesetzten duces = Herzöge, die sich zu königsgleich herrschenden Fürsten und Unterkönigen weiter entwickelten, Residenz; diese wurde so zu einem Zentralort fränkisch-reichsaristokratischer Politik schon seit der Wende vom 6./7. Jahrhundert.

Regensburg ist vor 1810 verfassungsrechtlich nie eine bayerische Stadt gewesen und war in einem ganz besonderen Sinne immer reichisch unter der Herrschaft der fränkischen wie der deutschen Könige. Die Bayern sind kein germanisches Volk, das in die Süddonaulande eingewandert wäre und dort eine Stammesherrschaft unter einem Herzog errichtet hätte. Dafür gibt es keinen einzigen Beleg. Die Stammesbildung vollzog sich unter der zwingenden Herrschaft eines um 550 vom Merowingerkönig gesetzten „Herzogs" fränkischer oder burgundischer Abstammung und naher verwandtschaftlicher Beziehung zum merowingischen Königshaus. Die Bayern sind ethnologisch romanisierte Kelten, die schon im Römerreich mit germanischen Laeten und Foederaten zusammen siedelten, nach dem Abzug der Römer zeitweise unter dem Kommando eines die Organisation der Römer weitertragenden dux Raetiarum unter ostgotischer Oberherrschaft standen und nach dem Untergang des Thüringerreiches 530/4 einem fränkischen Grenzherzog unterstellt wurden. Das bedeutet, daß diese mächtige, mauerumwehrte Festung auch unter den Agilolfingerherzögen, die teils merowingische, teils karolingische Reichsaristokraten waren, ein Bollwerk fränkischer Herrschaft war; dorthin gingen die fränkischen Bischöfe Emmeram, Korbinian, Rupert, um sich dem Herzog als königlichem Stellvertreter vorzustellen und mit ihm das Programm ihrer Tätigkeit zu besprechen. Auf jener archaischen Stufe unserer Kultur, in der Religion der Kitt archaischer Staatlichkeit war und ein totales Denken alle Bereiche des Lebens, des weltlichen und geistlichen, zusammenband, übte Regensburg durch sein Domkloster St. Emmeram, das noch vor der Römermauer lag, eine zentrale kirchliche, religiöse, geistliche und geistige Funktion aus. Die Schreibschule dieses Klosters fertigte Handschriften, vor allem auch liturgische Bücher, die in nahe und ferne Lande wanderten und Geist, Bildung und Form des Westens im Osten verbreiteten.

Geographische Lage und politische Funktion erhoben die Stadt an der Donau nach der Absetzung der Agilolfinger 788 und nach der Teilung des Karlsreiches unter seinen Enkeln zur *Residenz und zum Herrschaftsmittelpunkt des ostfränkischen Reiches* — des Vorläufers des deutschen Reiches, das im 10. Jahrhundert Gestalt gewann. Dazu hat in entscheidender Weise König Ludwig der Deutsche beigetragen. Hier waren die Kriege gegen die Awaren vorbereitet worden, hier wurde die teils offensive, teils defensive Ostpolitik vor allem gegen die erste slavische Großmachtbildung, das Großmährische Reich mit dem Zentrum im mittleren Marchtal, zentral gesteuert; hier wurden nach Cibulka die Mährenfürsten Ratislav und Svatopluk als Geiseln am Königshof erzogen. Hier erschienen 845 die böhmischen Burgherren zur Taufe und Unterwerfung. Hier mußte der päpstliche Legat und großmährische Metropolit Methodius, Begründer einer slavischen Kirchensprache und einer lateinisch-slavischen Liturgie, nach zweijähriger Gefangenschaft in Ellwangen und Regensburg, seine Canoneshandschrift zurücklassen, die er mit slavischen Glossen versehen hatte. Sie war ein Geschenk des Papstes zur Bischofsweihe in Rom, war in der berühmten Schreibschule zu Verona geschrieben und befindet sich seit der Säkularisation von St. Emmeram in der Handschriftenabteilung der Bayer. Staatsbibliothek. In der Klosterschule zu St. Emmeram wurden Missionare und Geistliche für die westslavischen Gebiete, für Ungarn und den Balkan ausgebildet, hier wurden ihnen auch die slavischen Sprachen gelehrt. Regensburg und St. Emmeram waren vor und neben Salzburg das geistig-kirchliche Strahlungszentrum für den mittel- und südostmitteleuropäischen Raum. In der Bischofsstadt Nitra in der heutigen Südslowakei und in Prag standen Emmeramskirchen. In dem Regensburger Zentralkloster wurden in der zweiten Hälfte des 9. Jahrhunderts nicht nur die Reichsannalen = die offizielle Geschichtsschreibung abgefaßt, in der Kirche wurden die späten ostfränkischen Karolinger bestattet, die Stadt war ein besonderer Ort karolingischer Herrschertradition und Heilskraft, weshalb die königsgleichen Fürsten in Bayern um die Wende vom 9./10. Jahrhundert vom Adel des Landes auch der Nachfolge der Karolinger in Ostfranken für würdig erachtet und den sächsischen Königen gleichgestellt wurden. Die Residenzfunktion der Königs- und Bischofsstadt gab den königsgleichen Unterkönigen — Fürsten und Herzögen aus dem fränkischen Hause der Luitpoldinger, die hier herrschten, eine quasikönigliche Autorität und Reputation in den südöstlichen Landen des Frankenreiches. Nehmen wir noch hinzu, daß Regensburg im 10. Jahrhundert, seit dem Untergang des Großmährischen Reiches, auch das geistlich-kirchliche Missionszentrum für Böhmen bis zur Bistumsgründung von Prag 973—976 war, daß der Přemyslidenprinz Christian-Strachkwas, Sohn Herzog Boleslav I., in St. Emmeram erzogen wurde, Böhmen aber durch den bedeutenden Regensburger Bischof Wolfgang vor der Bistumsgründung ausdrücklich aus dem Regensburger Kirchenverband entlassen wurde, dann rundet sich das Bild von der politisch-geistig-kirchlichen Zentralfunktion dieser großen Residenzstadt in archaischer Zeit für den rechtsrheinischen wie für den ostmitteleuropäischen Raum.

Der frühe europäische Rang einer Regensburger Urbanität, wie das Thema aussagt, wird auch dadurch unterstrichen, daß die Einwohner dieser Stadt zwar noch keine Bürger weder im römischen noch im hochmittelalterlichen Rechtssinn waren, sondern der Herrschaft des königlichen Stadtherrn und seiner Beamten, der vicarii, unterstanden, jedoch bereits Träger eines weitgedehnten Osthandels mit den Slaven waren, wie uns das Raffelstetter Zollweistum aus der Zeit zwischen 903 und 906 dartut und eine von Mitterauer erschlossene Wirtschaftsorganisation des Reiches zwischen Passau und dem Wiener Wald erweist. Der Karawanenhandel stand unter Leitung königlicher Beamter, war aber für die mercatores und negotiatores bereits so lukrativ, machte sie schon so reich und angesehen, daß der König ihre

Spitzenvertreter mit der „Freiheit" begabte. Regensburg war nach Venedig und Verdun vielleicht gleichrangig mit Magdeburg der größte Sklavenmarkt Mitteleuropas im 10. Jahrhundert, seine Kaufleute waren mit Tschechinnen oder Sklavinnen verheiratet, seine Einwohner waren auch von Griechen, Franzosen und Italienern im 10. und 11. Jahrhundert durchsetzt. Regensburg war ein internationaler Fernhandelsplatz und stieg schon im 11. Jahrhundert zur Großstadt mit 8—10 000 Einwohnern auf. Schon seit dem 8. Jahrhundert muß der Platz innerhalb der Römerlagermauer, wo der König herrschte, Bischof und kgl. Beamte amtierten und die Palladine des Reiches ihre Wohnhäuser hatten, aber auch die kgl. Kaufleute wirkten, zu klein geworden sein. Um das Kloster St. Emmeram und entlang der Westmauer siedelten sich Händler und Handwerker an und bildeten sich kleinere Produktionsstätten, die um 920 mit dem Domkloster in den Mauerring einbezogen und in den Stadtfrieden aufgenommen wurden. Die westliche Römerlagermauer wurde zu diesem Zweck just an der Stelle niedergelegt, wo wir im 12. Jahrhundert das schon länger vorher bestehende Viertel der italienischen Kaufleute (platea Latinorum) belegt finden. Regensburgs Aufstieg zum größten Fernhandelszentrum und zur wirtschaftlich-politischen Großstadt des süddeutschen Raumes setzte im 9. Jahrhundert ein und entwickelte sich zielstrebig bis in das 13. Jahrhundert. An wirtschaftlicher, gesellschaftlicher, politischer und geistiger Potenz konnte sich mit ihm auf der Höhe des Mittelalters allein Köln vergleichen.

Der frühe politische Zentralort und seine Entwicklung zum großen Handelszentrum wurde gerade dadurch auch zur idealtypischen Modellstadt für die Entfaltung des deutschen Bürgertums, dessen Frühstadien nirgend anderswo so reich belegt sind wie gerade in Regensburg. Hier hat sich zeigen lassen, wie Freisetzung von Arbeit, Arbeitskraft und Arbeitsertrag, die gesellschaftliche Emanzipation der qualifizierten Leibeigenen bewirkte und ihren Aufstieg zur persönlichen Freiheit des städtischen Bürgertums grundgelegt hat. Hier hat sich in ganz eindeutiger Weise vom 11.—13. Jahrhundert eine patrizische Oberschicht entwickelt, die aus dem Verwaltungspatriziat kam und die dynamische Kraft zur Durchsetzung der besonderen Sozial- und Rechtsstellung des Bürgertums in der Feudalgesellschaft darstellte. Vor der Mitte des 13. Jahrhunderts trat an die Spitze der ausgeformten Bürgergemeinde, der universitas civium, aus den Kreisen der Oberschicht ein Bürgermeister als deren Vertreter und nahm eigene und Gruppeninteressen gegen die Vertreter der Stadtherrn, gegen den kgl. Schultheißen und den bischöflichen Propst wahr. Es ist ein Parallelfall zur Ausbildung der italienischen Signorien, daß das Bürgermeisteramt die adelig-unfreien, d. h. ministerialischen, reichen Inhaber verlockte nach Alleinherrschaft in der Stadt zu streben. Dabei stießen sie, in Regensburg war es das Geschlecht der Auer, vor allem auf den Widerstand der *auch* reich gewordenen Fernhändler und Bankiers, die ihre Teilhabe am Regiment der Stadt dabei durchsetzten und Mitglieder des inneren Rates der Commune wurden. Eine Zunftrevolution hat es hier nicht gegeben, wie überhaupt das, was wir Zunftrevolutionen nannten, nicht zünftische Bewegungen waren. Der Aufstieg der Fernhändler und Bankiers = Geldverleiher begann zu Anfang des 13. Jahrhunderts damit, daß der Stauferkönig Philipp den Regensburger Bürgern das Recht gab, den bisher vom König gesetzten Hansgrafen = Geleitführer und kgl. Kommissar im Karawanenhandel aus ihren eigenen Reihen zu wählen.

Regensburg war auf der Höhe des Mittelalters vom 11. bis zum 13./14. Jahrhundert nicht nur *die internationalste Großstadt* des deutschen Raumes und die gesellschaftlich *mobilste Comune* nördlich der Alpen — Augsburg und Nürnberg, die dann Regensburg überflügelten, hinken um 1 bis 2 Jahrhunderte nach —, die alte Kelten- und Römersiedlung war auch das Zentrum eines europaumspannenden Fernhandels, der schon im 9. Jahrhundert einsetzte. Regensburger Kaufleute saßen in Kiew, dem Herrschaftszentrum der Rus, in Venedig, wo sie der deutschen Kaufmannskolonie präsidierten, sie gingen nach Verdun, dem westeuropäischen Sklavenmarkt des 11./12. Jahrhunderts, und auf die Messen der Champagne seit der Mitte des 12. Jahrhunderts. Ein iroschottischer Mönch bekam in Kiew vom Fürsten Pelze geschenkt und ließ sie auf dem Regensburger Markt verkaufen. Der Erlös wurde zum Bau der Schottenkirche verwendet, deren Raumschema ebenso herausragt wie ihr Portal bis heute dunkel und rätselhaft geblieben ist. Die im Bombenhagel des letzten Weltkrieges versunkene Kirche des Reichsstifts Obermünster, der schönste romanische Sakralbau Süddeutschlands, dessen Kunst von italienischen Elementen mitgeprägt war, und das Oktogon der Allerheiligenkirche im alten Domkreuzgang erinnern uns an die starken wirtschaftlichen und geistigen Bindungen dieser Stadt an Italien, an Venedig, Ravenna, Mailand, die große Seidenproduktionsstadt Lucca. In Regensburg arbeiteten nicht nur Mailänder Bauleute, sondern fand auch der Kult der Mailänder Kirche Pflege. Regensburg war der älteste große Vermittler italienischer Handelsware und Eigenproduktion nach Ostmitteleuropa, vor allem nach Böhmen und Prag. Nach dem Verlust seiner kirchlichen Funktionen bei den Westslaven wurde es Hauptwarenverteiler für Ostmitteleuropa und den Balkan und blieb es solange, bis Wien im Osten zum Handelszentrum der Ostdonaulande wurde — die Babenberger Herzoge heiraten byzantinische Prinzessinnen — und noch später Nürnberg, das größte spätmittelalterliche Produktionszentrum Süddeutschlands den Osthandel Regensburgs übernahm. Jedenfalls hieß der erste Regensburger Bürgermeister „Prager“ und dominierten die Regensburger in der deutschen Kaufmannskolonie an der Moldau, im goldenen Prag. Last not least sei auch nicht vergessen zu erwähnen, daß die Regensburger Pfennige, Erzeugnisse der Regensburger Münze, bis nach Kiew und an die Ostsee gefunden wurden, also europagängiges Geldverkehrsmittel, wenn auch nicht Zeugnis Regensburger Handels schlechthin waren. Der Böhmenhandel Regensburgs war für Böhmen passiv, da es wenig eigene Waren ausführte und meist mit barer Münze zahlte, die als Geldwert dem Lande verloren ging. Im Handlungsbuch der Runtinger, einer Fernhändlersfamilie, besitzt die Stadt an der Donau eine unschätzbare Quelle für ihr Handelsvolumen und ihren Böhmenhandel im 14. und 15. Jahrhundert. Die Macht der patrizischen Oberschicht ist im Stadtbild bis heute in der Vielzahl der erhaltenen Geschlechtertürmer ausgeprägt geblieben. Es lohnt sich, sie ausfindig zu machen. Sie zeugen von Macht und Reichtum dieser wehrhaften Oberschicht, die sich mit Muntmannen, d. h. mit Privatarmeen umgab und so ihren Willen durchsetzte. Es sollen einst weit über 40 bzw.

50 solcher wehrhaften Hochhäuser in dieser Stadt gestanden haben, an die 20 sind noch erhalten. Man braucht also nicht nach San Gimigniano in der Toskana oder Florenz gehen, um diese Bauwerke zu studieren. Der Regensburger Patrizier war bis in das 14./15. Jahrhundert im Vollsinn des Wortes ein reichischer Bürger und ein königlicher Kaufmann.

Ich wollte in aller Kürze bewußt machen, daß eine Überfülle von Daten und Fakten das im Thema behauptete historische Werturteil bestätigen und belegen, obwohl ich nur die Spitzenbeweise anführen konnte.

Regensburg war nicht nur ein Zentralort politischer Herrschaft, die sich in seinen zwei Königspfalzen (Alte Kapelle und bei St. Emmeram) ausdrückte, sowie auch der Wirtschaft und des Verkehrs, was der Bau der Steinernen Brücke um 1140 zeigt, die damals als Wunderwerk der Technik bestaunt wurde, Regensburg war nicht nur Umschlagplatz für das oberpfälzische Eisen nach Bayern und die unteren Donaulande — die Oberpfalz war im Spätmittelalter das Ruhrgebiet des damaligen Deutschland — diese exzeptionelle Stadt war auch Ort intensivster geistiger Bewegung, die sich auch in seinen Bauten niedergeschlagen hat. Die Geistesgeschichte und Philosophie haben lange durch ihre Auffassung des Ideals einer geordneten, in die Transzendenz einmündenden Welt den Blick für die ungeheuere Lebendigkeit und Vielfalt des keineswegs statischen Lebens in der Aufbruchsepoche auf der Höhe des Mittelalters getrübt und versperrt. Regensburg hat auch darin einen deutschen Rang von europäischem Gewicht, daß man an ihm die geistige Mobilität der damaligen Gesellschaft überzeugend dartun kann. Hier wirkte in St. Mang vor den Toren der Stadt an der Steinernen Brücke im heutigen Stadtamhof einer der größten Geister des deutschen 12. Jahrhunderts, der Augustiner Chorherr und spätere Propst Gerhoh von Reichersberg, der hier die Ideen eines Berengar von Tours verkündete, der allen Reformbewegungen bis zu Luther mit seiner Forderung, daß simonistische Priester unwürdig die Sakramente spendeten, die auch gesellschaftlich zündende Parole gab. Im bayerisch-österreichisch-böhmisch-polnischen Raum verwandelte wie in Italien und Frankreich die Wanderprediger-bewegung den starren Rigorismus des archaischen Symbolglaubens und verband damit, *noch* im Rahmen der Kirche, auch eine harte Gesellschaftskritik an der reichen und mächtigen Herrschaftskirche, im gleichen Raum zündete aber auch seit dem Ende des 12. Jahrhunderts bei Städtern und Bauern das Haeretikerwort der Waldenser, gegen die die alte Kirche neue Methoden der Seelsorge und Propaganda einsetzen mußte, die ihr die neuen Bettelorden der Franziskaner und Dominikaner lieferten, die die Kritik an Macht, Reichtum, Herrschaft in der Gesellschaft zwar aufnahmen, sie aber religiös sublimierten, d. h. entschärften. In Regensburg ist geboren und wirkte der größte deutsche Massenprediger des 13. Jahrhunderts, Bruder Berthold von Regensburg. Hier wirkte und lehrte um die Jahrhundertmitte auch der größte und umfassendste Philosoph, Theologe und Naturwissenschaftler des deutschen Mittelalters, Albert der Große, aus einem Reichsministerialengeschlecht, als Professor und Bischof aus dem Dominikanerorden. Städte wurden damals auch zu Zentren von Wissenschaftspflege, Lehre und Bildung, man braucht nur Paris und Bologna oder Neapel zu nennen. Aber diese neue Art des

Forschens und Lehrens fand erst seit der Mitte des 14. Jahrhunderts in Mitteleuropa eine Heimstatt (Prag 1348). Doch hat Regensburg auch ohne das studium generale = Universitätsstudium eine tiefgreifende geistige Funktion im süddeutschen Raum ausgeübt. Dafür zeugen die drei Namen des großen gesellschaftskritischen Theologen Gerhoh von Reichersberg, des Massenpredigers und Bettelmönchs Berthold und des universalen Geistes und Naturwissenschaftlers Albertus Magnus, der auch in Köln, dem anderen geistigen Zentrum, lehrte. Diese geistige Mobilität in der Donaustadt hat ihre steingewordenen Zeugen in der frühgotischen Dominikanerkirche, in der feinen und grazilen Franziskanerkirche, in der von Laon beeinflußten Dompfarrkirche St. Ulrich und last nost least im Dom selber gefunden; zu letzterem ließ sich Bischof Leo Thundorfer in Amiens anregen. Nimmt man den romanischen Bau von St. Emmeram mit seinen Krypten und seinem Westchor sowie die Alte Kapelle, beides Pfalzkirchen der deutschen Könige und erstere karolingische Grablege, hinzu, außerdem die romanische Freskenkirche von Prüfening vor den Toren der Stadt, die Stefanskapelle und Allerheiligenkapelle im Domkreuzgang und die hohe Niedermünsterkirche, an Profanbauten die Stauferpfalz und das gotische Rathaus mit seinem romantischen Einlaß, last not least die Wehrtürme der Geschlechter, dann muß man sagen, daß es heute keine deutsche und wenige europäische Städte gibt, die so sehr ein Kleinod romanischer und gotischer Kunst sind wie gerade diese Donaustadt. Das konnte nur entstehen an einem Ort von potenzierter herrschaftlicher, gesellschaftlicher, wirtschaftlicher und geistiger Bedeutung und Bewegung, einem Ort, wo viele Menschen aus vielen Ländern sich trafen und mit ihnen die Ideen, die im Aufbruchzeitalter Europas virulent wurden. Es mußten hier breite Voraussetzungen menschlicher Kommunikation, Erfahrung und Bildung gegeben und ein breiter Horizont den Menschen eigen sein. Zu Regensburg, das am Neupfarrplatz sein Ghetto hatte, schrieb der Jude Petachja im 12. Jahrhundert den Bericht über seine Reise nach dem Vorderen Orient, in den auch die Kreuzfahrer vorstießen, die wie beim 3. Kreuzzug von Regensburg aus die Fahrt antraten. Wer den Geist und die geistigen Bewegungen in dieser Stadt im Aufbruchszeitalter voll erfassen will, muß auch sagen, daß gerade hier vor dem lange sich nicht aussprechenden Laien-Geist des Bürgertums die ritterlich-höfische Gesellschaft, nicht ohne Anregung aus Frankreich, sich in der nationalsprachigen Ritterdichtung, Epik und Lyrik, zu artikulieren und auch in ihrer weltlich-laikalen Gesinnung auszusprechen begann. Die ersten deutschen Ritterepen sind am Welfenhofe zu Regensburg gedichtet worden. Man muß hinzufügen, daß Ministerialen die Hauptträger von Ritterepos und Minnesang waren und daß die Verfasser vornehmlich dem bayerisch-österreichischen Raum entstammten, mindestens in ihm wirkten.

Unter dem Schutz des kaiserlichen Stadtherrn, durch die Pfandleihen, die ihnen von König, Bischof, bayerischem Landesherrn als kaiserlichem Burggrafen in der Stadt mit Hoheitsrechten ersetzt wurden, und durch ihre wirtschaftliche Aktivität setzte das Regensburger Bürgertum seine Autonomie durch und emanzipierte sich von bischöflicher und burggräflicher Herrschaft. Regensburg wurde um die Wende vom 15./16. Jahrhundert endgültig freie Reichsstadt, als Kaiser Friedrich III. und sein Sohn Maximilian I. die Versuche des bayerischen Herzogs Albrecht IV. zunichte machten, die im Abstieg befindliche Stadt zum herrschaftlichen Zentralort seines bayerischen Territoriums zu machen, seine Residenz und auch die Landesuniversität hierher zu verlegen. Vermutlich war dies nicht zum Vorteil der Stadt; denn erst im 16. Jahrhundert entschieden sich die bayerischen Wittelsbacher endgültig, München zu ihrer Residenz zu machen. Als Hauptresidenz und Landeshauptstadt des modernen Bayern hätte die Donaustadt bis in unsere Tage eine andere Entwicklung vor allem seit 1810 genommen.

Regensburgs herausragender Charakter besteht darin, daß es der früheste große Reichs- und Königsort im süddeutschen Raum, aber auch die mächtigste Metropole von Wirtschaft, Kirche und Geist war, mit der kein anderer Zentralort sich vergleichen läßt. Hier schrieb im 11. Jahrhundert der feine Geist des Mönches Otloh von St. Emmeram die erste Selbstbiographie — nebenbei fälschte er kräftig Urkunden im Kampf seines Klosters um Reichsunmittelbarkeit gegen den Regensburger Bischof. Regensburg war der Idealtyp städtisch-bürgerlicher Entwicklung, ja der Königstadt in Stauferzeit, in der sich ein aktives Bürgertum neben König, Bischof und kaiserlichen Burggrafen als Stadtherrn, neben Reichsstiftern (Ober-, Nieder-, Mittelmünster) und Reichsabtei, die alle selbständige Herrschaftsträger waren, durchsetzte. Hier lebte Domherr Konrad von Megenberg, der in konservativer Gesinnung einen theoretischen Traktat über den Reichsgedanken (Planctus Ecclesiae in Germaniam) schrieb, nachdem er seine staatsbildende Kraft verloren hatte; hier verteidigte er auch sein politisches Weltbild gegen die neuen, Gesellschaften, Staat, Kirche tief verwandelnden Ideen eines Marsilius von Padua und eines William Occam, die als Emigranten am Münchner Hofe Ludwig d. B. die Propaganda gegen das avignonesische Papsttum leiteten. Hier wurde auch im vorreformatorischen Zeitalter in einem Massenrausch an religiösem Formalismus und in Verbindung mit handfesten wirtschaftlichen Interessen das Ghetto brutal zerstört und als Zeugnis einer Massenpsychose die Wallfahrt zur schönen Maria, dem Bilde Lukas Cranachs, an der Stelle der heutigen Neupfarrkirche, eine Zeitlang abgehalten, bis sie von heute auf morgen aufhörte und die Bürger der freien Reichsstadt sich der neuen Lehre der Reformatoren zuwandten. Regensburg hatte damals längst seinen Abstieg angetreten, die großen Handels- und Produktionsstädte Nürnberg und Augsburg hatten seine Funktionen im süddeutschen und ostmitteleuropäischen Raum seit geraumer Zeit übernommen. Regensburg verlor im 14. Jahrhundert seine exzeptionelle Stellung in Deutschland und Europa.

Aber die alte Stätte von Hof- und Reichstagen seit fränkischer Zeit hat im 17. Jahrhundert nochmals eine Zentralfunktion deutschen und europäischen Ausmaßes als Ort des Immerwährenden Reichstages von 1663 bis 1806 erlebt. Nachdem sich die großen und kleinen Staaten Deutschlands in konfessionellen Kämpfen ausgeblutet hatten, die sich zum Krieg um die Hegemonie in Europa ausweiteten, nachdem der Westfälische Frieden eine neue Verfassung unter ausländischer Garantie erbrachte, fanden sie sich in der Donaustadt zu dauernden Beratungen zusammen. Man kann diese Quasi-Repräsentation des alten Reiches nicht nur als Gesandtenkongreß und Funktion von Kaiser, Reich, Ständen, Reichstag im

17. und 18. Jahrhundert abtun, bevor sich ein endgültiges Urteil schon fällen läßt; sicher war die Funktion des Immerwährenden Reichstages größer, als man bisher annahm, ja man muß feststellen, daß sie im Frankfurter Reichsrat der Weimarer Republik und im Bundesrat der BRD verfassunggeschichtlich weiterlebt und fortwirkt. Regensburg war im 17./18. Jahrhundert Stätte eines internationalen adeligen Stadtlebens, barocker Gesellschaft und Kultur von besonderem Charakter; darüber handelt die Dissertation meines Schülers R. Reiser (von der SZ), eines gebürtigen Regensburgers. Die Stellung des Hauses Thurn und Taxis in dieser Stadt rührt von seiner Tätigkeit als kaiserlicher Prinzipalkommissar am Immerwährenden Reichstag her. Die Fürsten nahmen Residenz in der säkularisierten Reichsabtei St. Emmeram, die unter bedeutenden Äbten (Kraus, Forster, Steiglehner) im 18. Jahrhundert als Stätte von Naturforschung und Wissenschaftspflege, als Zentrale des Schul- und Bildungswesens, eine weit über die Mauern der Stadt hinausreichende Wirkung ausübte.

Daß der Erzkanzler des deutschen Reiches, der Primas der alten deutschen Reichskirche, Erzbischof Stadion von Mainz, kurze Zeit bis 1810 Regensburg als Teil eines für ihn geschaffenen Primatialstaates besaß, schließt die reichische Stellung und Zentralfunktion dieser an Prädikaten und Rangwerten so überreichen urbanen Siedlung ab.

Der zentralistische moderne bayerische Staat hat seine Potenzen in der Hauptstadt München wie in einem Brennspiegel zusammengefaßt. Dabei verkümmerten naturgemäß die älteren autonomen Zentren von Herrschaft, Gesellschaft und Kultur im Lande draußen. Selbst so überragende Stätten der Kunst und Kultur wie Regensburg wurden vergessen, vor allem dann, wenn sie keine wirtschaftliche Potenz wie Nürnberg oder Augsburg besaßen. In der Katastrophe von 1945, in der das alte nationale und idealistische Geschichtsbild der Deutschen zusammenbrach, erinnerte man sich gleichsam als Ersatz und Ausweg der deutschen Stadt und des deutschen Bürgertums und seiner großen Leistungen und Funktionen im Entfaltungsprozeß von Wirtschaft, Gesellschaft und Kultur. Im kleingewordenen und geteilten Deutschland spürte man, daß schon aus praktischen Erwägungen ein neues Geschichtsverständnis an diesen Zentren des normalen Lebens und ihren Menschen anzuknüpfen hatte; der Wiederaufbau nach 1945 ging so weder vom Reich noch von den Ländern, sondern von den Städten und Kommunen aus. Regensburgs Stern aber begann in besonderem Maße trotz Eisernem Vorhang und Sperre der Donauschiffahrt deshalb wieder über Bayern hinaus zu leuchten, weil nach vielen Zerstörungen im Krieg, vor allem des romanischen Baubestandes in Köln, man sich des überragenden Kulturschatzes bewußt wurde, der im romanisch-gotischen Baubestand von Regensburg bewahrt war. Wer kann diese Stadt verstehen und ihren Rang würdigen, der geschichtslos lebt. Wer versteht Europa, das wir wollen, wenn ihm die Geschichte einer solchen Urbanität wertlos ist.

MAXIMILIAN I.: BAYERNS GROSSER KURFÜRST

Am 17. April 1573 wurde Herzog Maximilian geboren und in einer Rundstube der heute von der Residenz überbauten Neuen Veste von dem Salzburger Erzbischof Johann Jakob Khuen getauft.

Dieser 400. Geburtstag war nicht Anlaß zu großen Festen. Aber in München erinnern so viele Monumente — Alte Residenz, Hofgarten, Michaelskirche, Mariensäule, Domskulpturen, altes Schloß zu Schleißheim — an Maximilian, daß jedermann auf ihn stößt, der sich für die Entwicklung der barocken Haupt- und Residenzstadt und die Grundlagen dieses bis heute eigenartig konstanten und geschlossenen Staates Bayern interessiert, ja durch viele Tatsachen und Ereignisse immer wieder darauf geführt wird. Der große Kurfürst, wie man ihn hierzulande mit einem halb selbstbewußten, halb scheuen Blick auf den preußischen Großen Kurfürsten immer häufiger nennt, hat als die ragende Figur unter den wittelsbachischen Fürsten die Grundlagen für den bayerischen Staat geschaffen. Die pfälzischen Oberpfälzer hat er dem bayerischen Kurstaat 1628 eingegliedert.

Wenn der Bonner „Weststaat deutscher Nation" einmal in Zugzwang kommen sollte, sich nach dem Vorgang Österreichs seit 1945 und seit einiger Zeit auch des „Oststaats deutscher Nation" eine eigene, originale Staatsidee zurechtzimmern und ein Geschichtsbewußtsein fördern zu müssen, wird auch er nicht umhinkönnen, in seinen Ahnensaal den großen bayerischen Kurfürsten aufzunehmen. In der Ahnengalerie des deutschen Nationalstaates standen weder er noch Montgelas, zwei vergleichbare Figuren in der neuzeitlichen Geschichte Bayerns. Da aber der preußische Große Kurfürst zu Recht heute im historischen Vorhof des „Oststaates deutscher Nation" steht, könnte man sein Bild mit gleichem Recht im Spiegelsaal des „Weststaates deutscher Nation" durch das des bayerischen großen Kurfürsten ersetzen.

Nicht nur in der langedauernden politischen Ebbe unserer heute ungeklärten deutschen Geschichte, sondern auch wegen der notwendigen Verwandlung unseres etatistischen in ein gesellschaftlichen Denken, die im vollen Gange ist, haben sich entscheidende Elemente des historischen Werturteils verändert. Wir sind nicht nur kritischer, sondern auch wählerischer bei unserer historischen Auslese geworden und nehmen darum vieles nicht mehr voll zur Kenntnis, was einst von einer Gloriole umgeben war.

Abgesehen vom historischen Werturteil, das in der Gegenwart einhelliger als in der Vergangenheit ist, kann eine allgemeine Studie über Kurfürst Maximilian I. mit drei Stellungnahmen rechnen. Diejenigen, die ein noch ungebrochenes Geschichts- und bayerisches Selbstbewußtsein haben oder zu haben glauben, werden ihm das Prädikat des „Großen" spontan oder reiflich überlegt zuerkennen. Eine kritische Gruppe wird nach den Wirkungen auf Deutschland und Europa fragen und die Kategorien von Macht, Religionspolitik, Krieg und absolutistischem Regime, die im Bilde dieses bedeutenden Wittelsbachers besonders stark hervortreten, mindestens nicht als Hauptkriterien ihres Urteils, darum Maximilian auch nicht als Großen gelten lassen wollen. Die Majorität der dritten Gruppe wird zumeist kein Urteil haben, auch wenn sie auf dem Wege der Schule, des City-sightseeing, des allgemeinen Tourismus davon willig Kenntnis nimmt, im Rundfunk oder Fernsehen sich darüber informieren läßt.

Im Urteil seiner Zeitgenossen war Kurfürst Maximilian der große Taktiker, nicht ein genialer Politiker und Stratege, auch wenn sie bereit gewesen sein mögen, ihn etwa in die Größenordnung eines Richelieu einzureihen, wie uns der bedeutende Administrator und Ökonomist der Zeit Ludwig Camerarius 1643 zu verstehen gibt. An letzteren schrieb 1645 der Nürnberger Patrizier Lukas Friedrich Behaim: „Der alte Fuchs läßt seine Tücke nicht." Eine anonyme Denkschrift aus der Mitte des 17. Jahrhunderts, die vielleicht aus Pfalz-Neuburg kam, empfahl Maximilians Ausgleichs- oder Balancepolitik zwischen Frankreich und dem Kaiser als Modell einer selbständigen mittel- und kleinstaatlichen Politik. Seine Erfolge als Finanzpolitiker hatten sich so weit herumgesprochen, daß Königin Margarete von Spanien durch ihren Beichtvater bitten ließ, einen Experten in Finanzsachen zu beauftragen, ihr die Geheimnisse seiner Finanzkunst anzuvertrauen. Die Skizze seiner finanzpolitischen Grundsätze, die er persönlich dem Antwortschreiben seiner Geheimkanzlei vom 15. Januar 1611 anfügte, ist ebenso ein hervorragendes Selbstzeugnis wie ein Brief vom 21. Juni 1598 an seinen Vater Herzog Wilhelm V., in dem er aus seiner Niederlage bei der Besetzung des Passauer Bischofsstuhls den Schluß zog, daß nicht Recht und Anstand, sondern Staatsräson in der geistlichen wie weltlichen Politik entscheiden. Ein Selbstzeugnis ist auch die „Legende" auf dem Revers der Festmedaille, die Maximilian I. zum Tage seiner Erhebung zum Kurfürsten, 25./15. Februar 1623, prägen ließ. Sie lautet *fato, nec fraude, nec astu* und drückt sein dankbares Glücksgefühl gegenüber dem Schicksal (*fatum*) aus, das anerkannte, daß er nicht durch das Allzumenschliche des Betruges (*fraus*) und der List (*astus*) diese Würde erlangte.

Die politische Bedeutung der Kurwürde lag sowohl im Zuwachs an Ansehen und Prestige, an Einfluß in der Reichs- und Außenpolitik als auch in der durch die Goldene Bulle Kaiser Karls IV. garantierten Verfestigung der fürstlichen Macht im Inneren gegenüber dem (wenn auch geschwächten) Repräsentativorgan der Landstände und der Untertanen durch Primogenitur und Unteilbarkeit des Landes. Die Kurwürde trug wesentlich zur Ausbildung des fürstlichen Absolutismus in Bayern bei. Das bestätigte auch der Tatenbericht auf dem Grabmonument des am 27. September 1651 in Ingolstadt gestorbenen und dort in der Liebfrauenkirche beigesetzten Fürsten, „nach dem Recht seiner Ahnen, durch seine eigene Leistung und nach der gerechten Ordnung des Schicksals (Vorsehung) führte er die Kurwürde durch das Heimkehrrecht in sein Haus zurück". Aus Maximilians über fünfzigjähriger Regierung wurde diese Leistung allein bei seinem Tode von seiner nächsten Umgebung vielleicht sogar nach seinem Wunsche herausgehoben. Zurecht, denn sie stellt den Höhepunkt seiner Politik der Sammlung, Aktivierung und Rationalisierung alter Ansprüche, Rechte und Besitzungen, der Ausnutzung der vorhandenen Kräfte und Möglichkeiten dar.

Nach der Schuldenwirtschaft seines zur Abdankung veranlaßten Vaters Herzog Wilhelms V. (1595/7) hat der junge Herzog alle Kraft auf den Aufbau gesunder Finanzen seines Landesstaates gelegt, zu diesem Zwecke auch Grenzen des Mitregiments der steuerbewilligenden Landstände (Vorläufer des modernen Parlamentarismus) abgesteckt und ihre Gesamtrepräsentation des Landes in eine repräsentative Repräsentation durch den Landesausschuß zurückgeschraubt. Dadurch baute er früher als im übrigen Deutschland ein absolutistisches Regime auf, das er durch die Kurwürde absicherte.

Er ging dabei sowohl in den Bahnen Herzog Wilhelms IV. (1508—1550) und seines großen Beraters Leonhard von Eck, vor allem aber auch seines Großvaters Herzog Albrecht V. (1550—1579), der nach seinem Sieg über die reformatorischen Landstände Bayerns eine expansive Politik an der Seite der katholischen Mächte Europas im Zeichen der Konfession und der Wiederherstellung oder Sicherung des katholischen Besitzstandes mit Erfolg betrieb. Herzog Maximilian brachte zu diesem Zwecke die „Liga“ der katholischen Mächte zusammen und trat aus diesem Grunde und zur Erreichung seiner eigenen Ziele in die Auseinandersetzungen des Kaisers mit den rebellischen Ständen Böhmens gegen den von ihnen gerufenen „Winterkönig“ Friedrich V. von der Pfalz auf der Seite des ersteren militärisch ein.

Er war der Sieger in der Schlacht am Weißen Berg bei Prag am 8. November 1620, die nicht nur die Stellung des pfälzischen kalvinischen Wittelsbachers und der Stände erschütterte, sondern dem Kaiser wieder in seine Rechte einzutreten half und den erfolgreichen Abschluß der ersten Phase des Dreißigjährigen Krieges, die allein ein Religions- oder Konfessionskrieg war, einleitete. Da Kaiser Ferdinand II. den Bogen in seiner Restaurationspolitik überspannte, weitete sich der Krieg zu einem blutigen Ringen um die Hegemonie in Mitteleuropa und Europa aus. Erst als alle ausgeblutet waren und ihnen die Waffen aus den Händen fielen, setzten sich die Parteien zum Westfälischen Frieden von 1648 zu Münster und Osnabrück zusammen. Die „Pax Westfalica“ (Westfälischer Friede) wurde eine Art Gleichgewichtsstatut, ja Verfassungsurkunde Deutschlands mit ausländischer Garantie bis zum Ende des alten Reiches.

Bayerns Land und Volk hatten blutig die europäische „Großmachtpolitik“ ihres Landesherrn bezahlen müssen. Maximilian gewann zum Lohne und als Entschädigung für die kostspielige Beteiligung am Kriege 1623 die Kurwürde und das seit dem Hausvertrag von Pavia (1329) zur Kurpfalz geschlagene Eisenproduktionsland der Oberen Pfalz, im 15./16. Jahrhundert das „Ruhrgebiet“ Deutschlands, jetzt freilich schon im Niedergang begriffen. Das war ein bedeutender Machtzuwachs und Landgewinn. Der Kurfürst hat nicht mit vollem Erfolg, aber doch mit Geschick zwischen Frankreich und dem Kaiser Politik zu machen verstanden und damit seine Machtstellung zu sichern gewußt. Er ging nach dem Ende der Kriegsverhandlungen sofort an den Wiederaufbau seines Landes und vor allem an die Sicherung der finanziellen Machtgrundlagen seines Staates. Darüber starb er, und auf ihn folgte sein Sohn Ferdinand Maria. Seine Machtpolitik hatte die Kräfte des Landes weit überspannt.

Ein Vergleich mit Richelieu und dem Großen Kurfürsten macht Positionen und

Art Maximilians klarer. Er erschien seinen Gegnern immer als gerissener und zäher Politiker; darum verglich man ihn mit dem französischen Kardinal. Der war der geniale leitende Minister einer Großmacht. Maximilian dagegen handelte selbständig und war der gewissenhafte, ehrgeizige, absolutistische Fürst eines Mittelstaates, der sich eine Art *braintrust* dadurch schuf, daß er die Theorien und Gedanken von Gelehrten und Literaten eifrig studierte, rezipierte und sie dann in praktische Politik umsetzte. Dadurch machte er sich von seinen Beamten und Räten unabhängiger und konnte Kraft und Radius seiner fürstlichen Autokratie bedeutsam erweitern. Deshalb war er auch der einsam arbeitende und studierende, vom Humanismus geprägte Herrscher, der den Schritt zur Macht getan hatte nach den staatsphilosophischen Schriften des katholischen Klerikers Botero über die „Staatsräson", der Staatstheorie seines späteren Beichtvaters Adam Contzen aus dem Jesuitenorden und des europaweit bekannten klassischen Philologen Lipsius. Richelieu hatte in seinem Testament davon abgeraten, nach Maximen zu regieren, die aus Büchern stammten; Politiker dieser Art seien deshalb gefährlich, weil ihre Schlüsse aus der Literatur übersähen, daß Vergangenheit keinen Bezug auf Gegenwart habe und weil Zeiten, Orte, Personen ihrer Verfassung nach verschieden seien. Maximilian war seinem individuellen Wesen nach ein Herrscher, der alle Bereiche des Lebens und der Kunst seinem Amt und seiner Würde dienstbar machte, ganz im großen Stil des französischen Sonnenkönigs und ganz in der Manier des Barock. Aber er war kein „Staatsphilosoph", trotz Lektüre und Studium, sondern ein rezeptiver und willensstarker Praktiker, ein kluger, anspruchsvoller, nicht schöpferisch begabter Mensch, der das geistige Rüstzeug für seine Politik von den Autoritäten und Erkenntnissen seiner Zeit nahm. Ein Modell für die Politiker von heute.

Vom Kurfürsten von Brandenburg unterscheidet unseren Fürsten dies, daß der Hohenzoller die militärische Macht in den Vordergrund des Staatsinteresses rückte, während der Wittelsbacher alles Gewicht auf die finanzielle Macht legte, die er mittelbar in militärische umsetzte. Der außenpolitischen Konzeption Maximilians, soweit er sie hatte, fehlte ganz selbstverständlich der weite Radius und der Anreiz der brandenburgisch-preußischen Länder zum Aufbau einer Großmacht. Das Testament des Großen Kurfürsten beweist, daß er kraftvoll diese Situation beherrschte. Bayern bot keine solche Chance; denn es lag inmitten alten Reichsgebietes und hatte keine Grenze zu auswärtigen Mächten, seine Möglichkeiten und Gefahren waren wesentlich geringer. Maximilian hätte weder seiner Natur noch seiner Erziehung nach ein reiner Machiavellist, ein skrupelloser Machtmensch werden können. Er brauchte Ideale, um sich darnach auszurichten. Sie boten ihm die Traditionen seines Hauses und die Gestalt seines Vaters, wiewohl er seine Schwächen kannte. Die geistig-ethischen Grundlagen seiner Politik waren das Ideal des christlich-väterlichen Herrschers und der gemäßigte Machiavellismus des Justus Lipsius. Doch wußte er genau, daß der Staat neben einer geistig-sittlichen auch eine reale Machtbasis besitzen müsse. Diese schuf er durch inneren Ausbau, durch Rationalisierung, Intensivierung, Aktivierung der mittelalterlichen Güter und Rechte. Der patriarchalisch-christliche Fürstenstaat hatte Platz genug, um all dies zu ertragen und selbst noch den absolutistischen Polizeistaat aufzunehmen. Der Dreißigjährige Krieg hat die Standfestigkeit dieser neuen Macht erprobt. Daß der bayerische Kurfürst kein Volks- und Heerkönig sein wollte, sondern seine politische Macht auf das Geld gründete, ist Ausfluß seines rechnenden und menschenscheuen Wesens, dessen Grenzen hier sichtbar sind.

Diesem Herrscher gelang die Erneuerung seines Staatswesens, der Aufbau einer Finanzmacht, die Errichtung einer „künstlichen Großmacht", Leistungen, die an das Prädikat der Größe rühren. Er begann die Reform bei sich selbst, er identifizierte sich mit seinem Amt und war stolz und befriedigt, die Zügel selber fest in der Hand zu haben; er konnte ehrlich und gewissenhaft sagen, daß er der Staat sei. Der Kurfürst hat selbst als einen Grundsatz das altruistische Prinzip genannt: *aliis lucendo consumor* (Im Dienste an anderen verzehre ich mich). Wir wissen aber daneben, daß er auch nach einer autarken Macht strebte, die ihm Freiheit des politischen Handelns und Expansion sicherte. Beides ließ sich vereinigen und vereinigte er im Prinzip des „Gemeinwohls des Staates", das den *sacro egoismo* fürstlicher Selbstbehauptung milderte. Die Härte der „Staatsräson" war in der Diskussion des 16./17. Jahrhunderts aufgeweicht worden, weil sie sich mit der Idee des Gemeinwohls aus der christlichen und antiken Staatslehre verband. In der hier vollzogenen Verbindung von Tugend und Macht kündigte sich ein neues optimistisches Lebensgefühl an, das im Fortschrittsglauben des 18. Jahrhunderts wieder durchschimmerte.

Gemessen an den wirklichen Großmächten der Zeit blieben die bayerischen Herzogtümer Maximilians Mittel- und Kleinstaaten. Wollten sie machtpolitisch mit Aussicht auf Erfolg aktiv werden, mußten sie sich unter damaligen Verhältnissen und auf Grund ihrer Konfession an zwei universalitische Mächte, Papsttum und Kaisertum, anschließen, die konkurrenzlos waren. Bayern war — von den habsburgischen Erblanden abgesehen — das einzige weltliche Reichsterritorium katholischen Glaubens von Gewicht und Prestige, als Maximilian I. die Regierung (1595/7) antrat; es genoß den europäischen Ruf, Vorkämpfer, Retter und Bollwerk des Katholizismus nördlich der Alpen zu sein. Auch wenn der damalige Herzog ein überzeugter Katholik war, mußte ihn dieses Kapital an Vertrauen und Prestige zu einer „Extratour" locken; trotz aller Leidenschaft ein nüchterner Rechner, ließ er sich nicht vom Traum eines wittelsbachischen Kaisertums verführen, der in dieser Konstellation wenigstens potentiell enthalten war. In den großen Staaten war das beherrschende Interesse die Machtpolitik der Dynastie, in den kleinen die Religion. Die Verbindung von Machtpolitik und Religion wurde in Bayern ebenso fruchtbar wie die Kombination von handfester Ideologie und konsequenter Machtpolitik bis in die neueste Zeit herein.

Im Wesen und in der Politik des Kurfürsten finden wir konservative und dynamische Elemente vor, die sich eigenartig mischen und die besondere Eigenart dieses größten und erfolgreichsten wittelsbachischen Herrschers ausmachen. Daß seine Politik den Traditionen und dem Ruhm seines Hauses zu dienen hatte, verrät uns die in der Fassade der Michaelskirche zu München in Steinfiguren gehauene Herrschaftsideologie der Dynastie. Maximilian I. war eine ausgesprochene politische

Begabung und getragen von einem starken Willen. Die modernen Züge in seiner Persönlichkeit und seiner Politik sind sein Bekenntnis zur Staatsräson, seine früh einsetzende Beschäftigung mit Staatstheorie, seine vorrangige Beschäftigung mit Finanzpolitik und sein Blick für die Bedeutung des Geldes in der Politik — ganz im Gegensatz zu seinem Enkel, dem Kurfürsten Max Emanuel. Die eigenartige Mischung von Willenskraft, Machtwillen und sensibler Intelligenz befähigten ihn zu konsequentem Handeln wie zur Anpassung an die wechselnden Situationen.

Selbst dort, wo er den Traditionen seines Hauses folgte, wo er für Religion, katholische Kirche, Papsttum, für Kaiser und Reich eintrat, waren seine Motive historisch-empirisch wie politisch-pragmatisch. Er fühlte sich Kirche, Kaiser, Reich verpflichtet, weil er in ihnen ideale Werte göttlicher Weltordnung sah, deren Realität ihn aber ebenso dazu reizte, Nutzen aus der politischen Verbindung mit ihnen zu ziehen. Die Sorge um das religiöse, jenseitige Gemeinwohl nahm bei ihm wohl den ersten Rang ein. Rettung und Bewahrung der katholischen Religion in Bayern wie im Reich war ihm höchstes Anliegen wie willkommener Anlaß zu erfolgreicher, wenn auch „künstlicher" Großmachtpolitik.

Im äußeren und inneren Zuwachs seiner Macht, in der äußeren und inneren Konsolidierung und Ordnung dieser Macht sehen wir die große politische Leistung und das Verdienst des Kurfürsten. Wir wissen, daß er dafür seinen Untertanen große Opfer abverlangte, die Errungenschaften seiner Finanzpolitik im Krieg der dreißig Jahre voll aufs Spiel setzte, eine riesige Schuldenlast anhäufte und seine Reformen wieder gefährdete. Daneben fällt es schwer ins Gewicht, daß seine Machtpolitik keine neuen Perspektiven und keine Entwicklungsmöglichkeiten eröffnete. Seine „künstliche" Großmachtpolitik ging zudem über die Kräfte des Landes. Damals wie heute war für einen Mittel- oder Kleinstaat wie Bayern der einzige Weg zu größerer Politik auf europäischer oder deutscher Ebene der, durch außerordentliche wirtschaftliche Anstrengungen und Aktivitäten ein Fundament dafür zu schaffen. Maximilians politische Leistung fiel mit dem Ende einer Epoche zusammen, deshalb ließ sich wohl sein Werk zunächst nicht fortsetzen. Im Grund war er ein Vollender der Ideen und Tendenzen des 16. Jahrhunderts. Aber der bayerische Staat ruht bis heute auf seinen Fundamenten.

DER CHAMER GESCHICHTSFORSCHER JOSEPH RUDOLPH SCHUEGRAF*

Am 28. Oktober 1861 verstarb zu Regensburg der vormalige k. b. Oberleutenant und Sekretär des Historischen Vereins für Oberpfalz und Regensburg Joseph Rudolph Schuegraf, der am 8. Februar 1790 zu Cham in der Oberpfalz geboren war. Fast auf den Tag genau haben wir uns also versammelt, um das Gedenken des 100. Todestages dieses um die Geschichte Chams, Regensburgs, der Oberpfalz und der oberpfälzisch-niederbayerischen Lande und um die Erhaltung der historischen Quellen unserer Heimat hochverdienten Sohnes unserer Vaterstadt würdig und dankbar zu begehen. Cham hat zur Erinnerung an ihn, der in der Entwicklung der Historischen Vereine Bayerns einen angesehenen Platz einnimmt, an seinem Geburtshaus eine Gedenktafel anbringen lassen, die Sie alle, wie ich hoffe, kennen; der Historische Verein von Oberpfalz und Regensburg hat durch Prof. Horchler eine Büste modellieren lassen und diese in den Vereinsräumen aufgestellt; der um die Geschichte Regensburgs und der Oberpfalz höchstverdiente langjährige Vorstand des Historischen Vereins für Oberpfalz und Regensburg, Hugo Graf von Walderdorff, hat ihm in einem 314 Seiten starken Lebensbild unter dem Titel „Joseph Rudolph Schuegraf, der verdiente bayerische Geschichtsforscher" 1871 ein literarisch-biographisches Denkmal gesetzt, das für die heutige bayerische Landesgeschichte nicht nur das Andenken dieses von historischer Leidenschaft erfüllten Geschichtsforschers wachhält, sondern durch die Fülle der Randbemerkungen über die Urkundensammlertätigkeit Schuegrafs auch wertvollste Nachrichten über die Quellen zur Bayerischen Geschichte und ihre Schicksale im 19. Jahrhundert enthält, so daß es uns dadurch schon unentbehrlich geworden ist. Man kann wohl sagen, daß diesem bedeutenden Chamer Historiker schon kurz nach seinem Tode Ehrungen zuteil geworden sind, wie gar manchem Professor der Geschichte heute nicht geschieht. Das gibt begründeten Anlaß darüber nachzudenken, worin die Leistung des bayerischen Geschichtsforschers Schuegraf für seine eigene Zeit und noch für die heutige bayerische Geschichte besteht, wodurch er sich den Dank der Bürger seiner Vaterstadt verdient hat und was uns heutigen Menschen der 2. Hälfte des 20. Jahrhunderts noch zwingenden Anlaß gibt, seiner in Ehren zu gedenken.

Doch lassen Sie mich zuvor kurz den *Lebensgang* des Mannes und seine *Abstammung* zeichnen, da ich nicht anzunehmen wage, daß er Ihnen geläufig ist. Wir

---

* Festansprache bei der Gedenkstunde zum 100. Todestage des oberpfälzischen Geschichtsforschers J. R. Schuegraf im Oktober 1961 in Cham.

1 W a l d e r d o r f f, Hugo Graf von: Joseph Rudolph Schuegraf, der verdiente bayerische Geschichtsforscher, in: VO 27, 1871 S. 125—438.

werden dann auch besser den historischen Hintergrund verstehen, vor dem sich Arbeit und Leistung dieses Historikers abheben, aus dem heraus sein Denken und Forschen verstehbar ist.

Die wichtigsten Daten hat der ehemalige kgl. bayerische Oberleutenant mit eigener Hand auf drei Briefseiten niedergelegt, die seinem Personalakt [2] im Historischen Verein für Oberpfalz und Regensburg beiliegen. Er selbst überschreibt die Zeilen mit den Worten „Skizzen meines Lebens zum Gebrauch für den Geistlichen, der mich ins Grab segnet".

Schuegraf hat sich darin selber seine Leichenpredigt geschrieben. Prof. Dr. Völkl hat sie mir für meine Gedenkrede freundlicherweise überlassen, wofür ich bestens danke.

Die Familie [3], der der Geschichtsforscher Joseph Rudolph Schuegraf entsproß, stammte vermutlich aus Neuenstein in der alten Herrschaft Hohenlohe im heutigen Württembergisch-Franken; man nimmt an, daß sie im Dreißigjährigen Krieg nach Bayern auswanderte. Der erste bayerische Schuegraf begegnet 1681 als Soldat in der benachbarten Grenzstadt Furth, wo er von 1692 bis zu seinem Tode als Bürger und Kaufmann tätig war. Sein Sohn Georg Heinrich, der Urgroßvater unseres Historikers, geboren 1689 zu Furth im Wald, verdiente sich sein Brot als Oberschreiber beim opf. Pflegamte Obermurach zu Oberviechtach und später als Gerichtsprokurator; er betätigte sich auch als Hofmarks- und Herrschaftsrichter zu Winklarn, Niedermurach, Fuchsberg und Teunz, war also in landesherrlichen und adeligen Diensten zugleich in einer Zeit, da Landesherrschaft und Adelsherrschaft auf manchen staatsrechtlichen Ebenen noch gleichberechtigt gegenüberstanden.

Sein Sohn Johann Andreas Joseph, der 1718 geboren ist, studierte mit dem Mayrschen Stipendium der Familie seiner Mutter Anna, der Tochter des Oberviechtacher Ratsherrn *Regner,* am Gymnasium in Amberg und trieb dann juristische Studien; im österreichischen Erbfolgekrieg (1742/5) diente er als Versorgungsoffizier im bayerischen Heer und übernahm darnach eine Oberschreiberstelle im Herrschaftsgericht Winklarn, dem der Vater vorstand; am 1. Mai 1746 wurde ihm vom Kurfürsten über Empfehlung der Gräfin von Ruepp, weil er deren Kammerzofe Maria Magdalena *Melchin* zu heiraten gedachte, das Amt des Gegenschreibers am landesfürstlichen Weißen Bräuhaus in Cham übertragen. Doch gefiel ihm die Tochter des verstorbenen reichen Brauverwalters und Gutsbesitzers zu Kolmberg, Maria Franziska *Koppmann,* besser, die gegenüber der Franziskanerkirche wohnte. Er heiratete sie 1747. Das junge Ehepaar wohnte auf dem Landsassengut der Mutter, Johann Andreas aber versah die Stelle eines Gegenschreibers beim kurfürstlichen Pflegamt in Cham. Dann verzog er 1749 zu seinen Eltern nach Oberviechtach und pachtete das Gut Gaißheim bei Moosbach in der Oberpfalz (Ldkrs. Vohenstrauß) der Freifrau von Stein. Dort wurde der Vater des Historikers Joseph Franz 1733 geboren. Das Ehepaar kehrte aber bald wieder nach Cham zurück und

---

[2] Personalakt des Jos. Rud. Schuegraf im Archiv des Historischen Vereins für Oberpfalz und Regensburg.

[3] W a l d e r d o r f f, Hugo Graf von: Joseph Rudolph Schuegraf, in VO 27, 1871 S. 130—185 und Stammtafeln im Anhang S. I—XVI.

Abb. 18: Friedrich V., „der Winterkönig“ im Krönungsornat

Abb. 19: Pfalzgraf Ottheinrich (Unbekannter Künstler)

Abb. 20: Andreas Schmeller, von Rudhart, Joseph Rudolf Schuegraf

Abb. 21: Anselm Desing, der universell gebildete Abt der Benediktinerabtei Ensdorf

Abb. 22: Bischof Johann Michael Sailer, „der Kirchenvater Deutschlands“

Abb. 23: Georg Heim

Abb. 24: Alfons Goppel

erwarb von Johann Adalbert von Hauzenberg 1755 den zum Amberger Minoritenkloster und seiner Chamer Propstei St. Paul gehörigen Erbrechtshof zu Höfen unweit der Stadt um 8000 Gulden. Um 1765 trat ihm der Stiefbruder seiner Frau, Seraph Baader, die ihm angetragene Stelle eines Maut- und Acciseneinnehmers in Cham mit einem Jahresgehalt von 400 Gulden ab. Damals wurde das Mautwesen neu organisiert und die Chamer Stelle erst eingerichtet. Joseph Franz Baader, kurfürstl. Leibarzt, Bruder des Vorgenannten, hat wohl als Hausarzt des Mautdirektors, des Geheimen Rats von Stubenrauch, diese Stelle vermittelt. Franz Seraph, der jüngste der Baaderschen Brüder, der von 1770 bis 1775 das Gut Kolmberg innehatte, war später Hofkammer-Rechnungskommissar.

Zwar nicht in direkter Deszendenz, aber durch seine Urgroßmutter mütterlicherseits steht somit der große oberpfälzische Historiker in Beziehungen zu der bedeutsamen bayerischen Familie *von Baader,* der der einzige genuine bayerische Denker und Philosoph Franz von Baader (1765—1841) entstammt, der kgl. Oberstbergrat, Akademiemitglied und Universitätsprofessor war. Aus der kurzen Ehe der Maria Jakobe Koppmann mit dem fürstbischöfl. regensburgischen und domkapitelschen Syndikus Joseph Baader gingen der kurfürstl. Leibarzt Joseph Franz (v. Paula), der Jesuit Franz Xaver und Franz Seraph († 1826) hervor; letzterer hat uns seine Kindheitserinnerungen an den Sturm der Panduren Trenks auf Cham 1742 hinterlassen. Der Leibarzt und seine Frau Dorothea Rosalia, Tochter des kurfürstl. Hofmalers Johann Adam *von Schöpf,* waren die Eltern dreier großer Wissenschaftler, des bedeutenden Biographen Clemens Aloys (1762—1838), Kanonikers in Freising, seit 1803 Schul- und Studienkommissärs in München, Verfassers der wertvollen Nachschlagewerke „Gelehrtes Baiern“ (1804) und „Lexikon verstorbener baierischer Schriftsteller“ (1824/25) (ADB I 712); dann des bayer. Oberstbergrates Joseph von Baader, eines hervorragenden Technikers und Eisenbahnexperten, sowie des großen Philosophen Franz von Baader. Durch seine Großmutter Maria Franziska, geb. Koppmann, stand der Historiker also zu der Familie in verwandtschaftlichen Beziehungen, die so eng mit dem Geistesleben Bayerns im 18. und beginnenden 19. Jahrhundert, mit der bayerischen Akademie der Wissenschaften verbunden ist.

Johann Andreas Schuegraf bezog nach dem Verkauf von Höfen das Koppmann'sche Haus seiner Schwiegereltern, das bis 1832 den Schuegraf gehörte und noch 1870 den Namen „Mautnerhaus“ trug. In seinen „Skizzen einer Handelsgeschichte der Stadt Cham“ berichtet der Historiker (1849 S. 7), daß seinem Urgroßvater mütterlicherseits, einem gebürtigen Prager, der Kurfürst das Recht des Großhandels mit Salz, des Salzverlages, verlieh. Der kurfürstliche Oberstungelter und Weißbräuverwalter Gregorius Koppmann in Cham hatte 1705 das Wirtshaus „Zum Schwarzen Adler“ am Eck gekauft und dort dann das Salz und die Maut gestapelt. Beim Pandurensturm wurde das Haus zerstört und dabei 113 Scheiben Salz vernichtet. Den Salzhandel setzte nach dieser Katastrophe der Schwiegersohn Schuegraf fort, der 1775 an einem Schlaganfalle verstarb, während seine Frau ihn bis 1796 überlebte. Sein Sohn Joseph Franz von Paula hatte den schon genannten Joseph Franz (von Paula) Baader, den späteren kurfürstlichen

Leibarzt und Vater des großen bayerischen Philosophen und Mystikers, zum Taufpaten; 1775 wurde er in die väterliche Stellung eines Maut- und Acciseeinnehmers in Cham durch kurfürstliches Reskript eingewiesen. Aus seiner Ehe mit der Perückenmacherstochter Maria Katharina *Katzensteiner* ging dann unser Historiker Stephan Joseph Rudolph Schuegraf hervor, am 8. Februar 1790. Da seine Mutter bereits 1794 verstarb, heiratete sein Vater 1795 ein zweites Mal und zwar die Tochter Anna des Bierbrauers Mathias *Höchstetter* aus Roding, die ihm 14 Kinder schenkte, die zu den 9 Kindern aus erster Ehe noch hinzukamen. 1788 zum Mautner aufgerückt, betrieb Joseph Franz zunächst von 1796 bis 1820 den Salzgroßhandel. 1832 mußte er aus Not das Vaterhaus verkaufen, das seit 1718 im Besitz der Familie gewesen. Seine Söhne, der kgl. Mautbeamte Joseph, mit einer Tochter des geschichtsbegeisterten erfolgreichen Chamer Kaufmanns *Mayrlipp* Anton verheiratet, und unser Historiker haben ihrem alten Vater große Hilfe gegeben. Ein dritter Sohn Anton erhielt durch die Verwendung des berühmten Münchner Dompropstes Deutinger 1839 ein Benefizium am Liebfrauendom in München; er war auch nach mageren Studienjahren Geistlicher geworden. Der greise Vater starb 1844 im 92. Lebensjahre. Man muß die Abstammung und Familienbeziehungen eines Menschen kennen, um seine Anlagen und seinen Hintergrund zu verstehen. Unser Historiker Schuegraf überkam ein geistiges Erbe, das ihn zwar auf die Laufbahn eines Finanzbeamten und eines Soldaten verwies, das aber auch größeren Gehalt in sich bergen konnte, wie die Verwandtschaft mit den Baader deutlich zeigt. Doch nun zum *Lebensschicksal des Historikers Joseph Rudolph Schuegraf*, das einige besondere Züge aufweist und dessen Jugendzeit in eine politisch und geistig bewegte Zeit fiel.

Geboren am 8. Februar 1790 im Chamer Mautnerhaus Nr. 294 (nunmehr Schuegrafstraße 9 — ehem. Spenglerei Huber, nun Sporthaus Beer) verbrachte er seine ersten Lebensjahre in Cham und als Chorknabe im Benediktinerstift Prüfening vor den Toren Regensburgs. Es war die Zeit der Aufklärung unmittelbar vor der Säkularisation, in der St. Emmeram ebenso wie Prüfening unter bedeutenden Äbten nochmals eine große wissenschaftliche Blüte erlebten; das Prüfeninger Kloster regierte der in der literarischen Welt durch seine „Sybillen der Zeit und der Religion“ berühmt gewordene Abt Rupert Kornmann. Regensburg war damals noch Sitz des Permanenten Reichstages mit seinen Gesandten aus deutschen und europäischen Staaten. Viele Eindrücke blieben im Gedächtnis des Chorknaben haften und wurden im späteren Geschichtsforscher wieder lebendig. Im Säkularisationsjahr 1803 besuchte er den Schulhof zur Alten Kapelle in der Hauptstadt, wechselte im nächsten Jahr in das bischöfliche Gymnasium von St. Paul, das frühere Jesuitengymnasium, und setzte dann als Seminarist seine Studien in der alten oberpfälzischen Regierungsstadt Amberg am dortigen kurfürstlichen Gymnasium fort. Bei seinem Austritt hatte er die schlechteste Note der ganzen Klasse in der Geschichte zu verzeichnen. Desungeachtet aber erwachte bald darauf seine unbezähmbare Leidenschaft für geschichtliche Studien, die kein Opfer und keine Entbehrung scheute und dies, obwohl gerade die Anerkennungen für seine Leistungen Zeit seines Lebens fast ganz ausblieben. Nach dem ersten Semester der philosophischen Vorbereitungsklasse verließ er die alte Reichsstadt 1808, um sich, wie er in den Skizzen zu seiner Leichenrede schreibt, an die Universität Landshut zur Immatrikulation zu begeben, die kurz vorher von Ingolstadt dorthin verlegt worden war. Auf der Reise befiel ihn eine Krankheit, die zur Umkehr in die Heimat zwang, wo er zur Heilung lange Zeit verblieb. Sodann praktizierte er beim königl. Landgericht in der Vaterstadt; damals wurden gerade die Steuerkataster in Bayern angelegt, die eine verläßliche Grundlage für die Besteuerung der Untertanen erarbeiten sollten. Der seit langem schon, aber jetzt besonders hart am Rande des Bankerotts stehende bayerische Staat brauchte dringend Geld, um seine Ablösungen, seine Kriegsleistungen, den staatlichen Neuaufbau bezahlen zu können. Nur kurze Zeit war er Schreiber am gräflich Törringischen Pflegamt in Falkenstein, wo er sich Verdienste um das französische Heer unter Davout bei der Auskundschaftung der Stellungen der österreichischen Truppen des Erzherzog Karl in und um *Cham* erwarb; sein bayerischer Patriotismus wurde im Abgangszeugnis hervorgehoben. Seine Praxis im Steuerwesen brachte ihm eine Amtsschreiberstelle bei dem großen Landgericht Mitterfels und schließlich berief ihn die Finanzdirektion 1812 nach Passau als Kalkulator und Sekretär beim Steuerrektifikationskommissar Dr. Hornsteiner. In Wegscheid führte er als Steuerrektifikationsadjunkt erfolgreich die Steuerregulierung durch, dabei zeitweise auch als Geometer eingesetzt; dann kehrte er wieder in die Dreiflüssestadt zurück.

Unterdessen aber begann der Abstieg der napoleonischen Diktatur über Europa, und das Kriegsglück entschied in Rußland und bei Leipzig gegen den Korsen. Bayern trat in realistischer Beurteilung der Lage aus dem Rheinbund aus, der ihm einen sehr großen Ländergewinn gebracht und garantiert hatte. Versagte Napoleon, dann mochte es um Bayerns Souveränität und sein neues Staatsterritorium geschehen sein; deshalb mußte man sich frühzeitig von dem Korsen lösen und sich auf die Seite des alten habsburgischen Gegners und Nachbarn schlagen. Bayern schloß mit Österreich den Vertrag von Ried. Im April des gleichen Jahres trat unser Schuegraf in das 3. Btl. der mobilen Legion des Unterdonaukreises ein und wurde am 4. Mai 1813 bereits zum Lieutenant bei der 5. mobilen Legion befördert und bald zum Adjutanten ernannt. Seine militärischen Erlebnisse von 1813 und 1814 hat der Historiker in einem *Tagebuch*[4] beschrieben, das man heute noch mit großem Interesse liest. Schuegraf beschreibt darin mit sehr anschaulichen Randglossen den Marschweg von Passau nach Salzburg und weiter nach Tirol, wo seine Legion längere Zeit bis zur Übergabe an Bayern als Besatzungstruppe fungierte. Noch stand damals Bayern im Kriege mit Österreich. Schuegraf schildert den Kampf der bayerischen Besatzungstruppen von Salzburg gegen Habsburg, und dies unter einem Festungskommandanten, der mehr seinen salzburgisch-tirolischen Landsleuten als seinen bayerischen Truppen zugetan war und abgesetzt werden mußte (Graf von Spaur). Bayerischer Oberkommandierender war Fürst Wrede, der bald darnach den Vertrag von Ried mit Österreich aushandelte. Solange Kron-

---

[4] Walderdorff, Hugo Graf von: Joseph Rudolph Schuegraf, in VO 27, 1871; dort ist Seite 193—237 das Tagebuch veröffentlicht.

prinz Ludwig in Salzburg weilte, mußte ihm Schuegraf täglich den Bataillonsrapport erstatten. Da ersterer ein abgesagter Feind alles Französischen war, legte unser Schuegraf seinen altmodischen französischen Czako und die alte dunkelblaue Uniform ab, um im neuen kornblumenblauen Soldatenrock mit silbernen Borten am Pantalon dem „deutschen“ Königssohn besser zu gefallen. Unter dem 31. September verzeichnet er aus Hallein die amüsante Begebenheit: „Bekanntschaft mit Josepha, der einzigen Tochter des Lebzelters M. Die Mutter trug sie mir zur Heirat an und zeigte mir alle ihre großen Besitzungen, die schöne Wachsbleiche und Gärten. Auch wenn ich mit *einem* Fuß zurückkäme, würde sie mich nehmen“. Die Frau hoffte in Schuegraf für ihr Unternehmen einen Mann zu gewinnen, der vor allem die Korrespondenz erledigen konnte. Noch beim Einmarsch in Passau erneuerte die Frau ihren Antrag. „Doch versäumte ich dies Glück aus Leichtsinn“.

Beim Rückmarsch lernte Schuegraf im Salzburger Hause des kgl. Medizinaldirektors v. Berisang die Tochter des Hauses, die Gattin des auch als Historiker damals bekannten Legationsrates von Koch-Sternfeld, kennen. Mit dieser „herrlichen und schönen“ Frau tanzte Schuegraf auf dem Rathaus vor den Augen des bayerischen Kronprinzenpaares. Böse Zungen aber brachten ihn um die Heirat mit der Münzwardeinstochter Nannette von A., die in der Salzburger Tafern zum Mirabell an Kindesstatt angenommen war. Am Morgen des 13. Dezember marschierte Schuegrafs Bataillon nach Tirol ab, wo es gefährlich kriselte. Seine Truppe bestand aus lauter zuverlässigen Altbayern. Auf dem Marsch sah Schuegraf noch überall an abgebrannten Häusern die Spuren des Krieges von 1809, besonders von Pass Lofer bis Schwatz. Sehr bewegt schildert der Historiker die Christnacht zu Wörgl 1813, in der alle bayerischen Soldaten mit dem Weihnachtskletzenbrot vergiftet und, soweit dies seine Wirkung verfehlt hätte, mit Kolben erschlagen werden sollten. Mit Stutzen unter den Loden waren die Gebirgler zur Mette gekommen. Ich kann es mir nicht versagen, zu berichten, was anschließend Schuegraf über die Weiber von Wörgl zu sagen weiß: „Sie sind durchaus hochstämmig und größer als die Männer. Die Waden der Mädchen werden durch die wollenen Strümpfe dermaßen vergrößert, daß man bei ihrem Anblicke nicht anders glaubt, als kämen ein Paar Rührkübel daher. Die Wörgler sind als böse Menschen renomiert“. „Am Christtag ist es hier Sitte, daß sie Klötzenbrod backen. Der „Bub“ gibt dem „Dirndl“ zwei weiße und das „Dirndl“ dem „Buben“ einen schwarzen Laib Brotes. Den Bayern ist damals ihr hartes Vorgehen von 1809 gegen das rebellierende Schwatz noch sehr verargt worden. Schuegrafs Tagebuch enthält die Notiz: „Eine ehemals schöne und reiche Stadt. Kaum ein Drittel ist davon aufgebaut, sie wurde 1809 von General Wrede zusammengeschossen und geplündert“. Sehr interessant ist auch die andere Notiz unseres Schuegraf: „Übrigens muß ich erwähnen, daß seit dem Einmarsch der Bayern ins Tirol alle jungen Mädchen wie verschwunden waren. Die Geistlichkeit warnte die Eltern, daß sie ihre Töchter vor uns verstekken sollten, den wir seien lauter Heiden. Die meisten Mädchen mußten bei Tag auf den Heuböden bleiben und kamen nur bei Nacht, während welcher wir im Freien kampieren mußten, in eine warme Stube. Der Dechant von Kolsass (einem großen Dorf an der Innsbrucker Chausee) hielt für die Mädchen eigens in der Frühe um 5 Uhr die Messe, die sie in Mannskleidern besuchen mußten. Dies ärgerte uns; wir suchten die Mädchen auf den Alpen; allein ebenso vergebens, denn sobald die Burschen es merkten, rotteten sie sich zusammen und wir mußten nolens volens mit leerer Nase abziehen". Der Bericht Schuegrafs vor allem über seine Besatzungszeit in Tirol ist eine bedeutsame Geschichtsquelle über die bayerische Herrschaft in Nordtirol und ihr Ende. Er zeigt einen Mann mit wachem Herzen für das Leben wie für das, was wir allgemein als die Geschichte und die geschichtliche Physiognomie einer Landschaft und ihrer Menschen bezeichnen, für Volkskunde und Volkspsychologie. Wenn dieser Bericht sein Erstlingswerk war, dann kann man mit Grund davon sagen, ex unque leonem, oder hier war schon ein weit aufgeschlossener und gebildeter historischer Geist am Werk.

Von den Leuten von Dux im oberen Zillertal weiß er zu erzählen, daß sie einen eigenartigen Sprachakzent haben, daß sie im Winter an Flüssigkeit nur Schnee und Urin hätten; beides füllten sie miteinander zum Reinigen der Wäsche. „Wenn sie dann auf die Schranne nach Innsbruck fahrend in den eingeheizten Gastzimmern einkehrten, entwickelte die äußere und ihre eigene Körperwärme einen solchen mephistischen Gestank, daß man das Zimmer verlassen mußte". Eine andere Bemerkung mag hier noch für viele stehen: „Der Fasching wird hierorts (Tirol) nicht gehalten, sondern anstatt dessen Gebetsstunden. Hierbei zu erscheinen bat uns der gutmütige alte Herr Dechant (von Fügen), dem bewußt war, daß uns die Zillertaler fälschlich für Lutheraner hielten, und um ihnen diesen Wahn zu nehmen, gab er uns Rosenkränze, mit welchen wir an den beiden Stühlen des Hochaltares beteten und dann opferten ...

Im Bataillon hatten wir (in Wirklichkeit) etwa nur 2 Offiziere und einige Soldaten, die lutherisch waren".

Für die Stimmung der Tiroler gegen die bayerischen Zwingherrn von 1809 ff. aber war ein Erlebnis Schuegrafs mit dem Orgel- und Instrumentenbauer Mauracher von Kapfing charakteristisch. Vom Dekan zur Besichtigung eines von ihm für das Etschland gefertigten Kalvarienberges eingeladen, fanden sie den linken Schächer versteckt. Da sie darauf bestanden ihn zu sehen, wurde ihnen der Grund des Verstecktseins bald klar. Das Schamtuch des Schächers war weiß-blau bemalt, um den Ingrimm gegen die Bayern, die Boarfaken gescholten wurden, Luft zu machen.

Bei den Einladungen auf den Schlössern des Adels erwies sich Schuegraf als gewandter Klavierspieler, Geiger, Violoncello- und Baßgeigenspieler, sowie als Dirigent, der zum Tanz aufspielte. Unter dem Jauchzen der Tiroler und Vivatrufen auf den österreichischen Kaiser verließen die „Bayern-Franzosen" seit einer Ordre vom 1. Juli 1814 das Land Tirol. Schuegraf zog mit seiner Truppe nach Passau zurück, das immer noch dem Schwarzen Adler huldigte: er blieb dort in Garnison, wurde durch Patent vom 23. Juni 1815 zum Oberlieutenant befördert und im drohenden Krieg gegen Österreich wegen des Innviertels rückte er zum Kommandanten der Feste Niederhaus auf. Nach sechsmonatiger Praxis bei dem Rentbeamten von Hornsteiner zu Mitterfels gedachte Schuegraf sich endgültig um eine

Civildienststelle zu bemühen. Das scheiterte am Willen seines Vorgesetzten von Büllinger. Doch hatte unser Historiker unter den Nachwehen des harten Feldzuges so schwer zu leiden, daß er sich wiederholt in seine Vaterstadt Cham in Erholungsurlaub zurückziehen mußte oder auf kleinen Reisen durch den Bayerischen Wald Gesundung suchte. Bei der Verkleinerung der Bayerischen Armee wurde er am 27. Januar 1823 mit 24 Gulden pensioniert.

Damals stand es für den Mann, dessen Kriegstagebuch bereits eine große Begabung für Historie enthüllte, fest, sich der Geschichtsforschung um jeden Preis zu widmen. Darin bestärkte ihn vor allem sein Passauer Freund Joh. Nep. *Obermayer,* der in Neukirchen hl. Blut geboren war und 1856 zu Passau starb; bis kurz vor seinem Tode stand er in regem Briefwechsel mit Schuegraf. Der Regimentsauditor befaßte sich vorab mit Sprachwissenschaft, wie seine Veröffentlichungen zeigen, und war mit Andreas *Schmeller* befreundet, zu dessen Bayerischen Wörterbuch er gar manchen Beitrag geliefert hat, wie Schmeller in der Vorrede S. XVII erwähnt. Schuegraf gewann durch Obermayer Zugang zu dem großen bayerischen Sprachforscher und Lexikographen aus dem nordoberpfälzischen Stiftsland. 1816 fordert der Freund Schuegraf auf, für Schmeller alte Volkslieder aus der Passauer Gegend zu sammeln und sich besonders um das Lied vom jungen Stadtherrn und dem Bauernmadl umzutun. Schuegraf hatte damals schon den Plan gefaßt, die Altertümer seiner Heimatstadt *Cham* zu sammeln und eine ausführliche Geschichte von *Cham* und Umgebung zu erarbeiten. Wir wissen davon aus einem Antwortschreiben des bedeutenden bayerischen Historikers und Akademiegelehrten Lorenz Westenrieder vom 25. September 1817, den Schuegraf um Unterstützung angegangen hatte. Im Frühjahr 1819 war sein eigentliches Erstlingswerk „Alruna, Markgräfin von Cham“ anonym erschienen. Er übersetzte darin die Vita sanctae Alrunae eines Niederaltaicher Mönchs, die bei Petz Thesaurus ediert war, und gab eine historische Einleitung bei. Alruna soll die Schwester des St. Emmeramer Geschichtschreibers Arnold gewesen sein, dessen Historie uns so interessante Dinge wie etwa ein Minnetrinken des Kaisers Otto I. zu Ehren von St. Emmeram in seinem Kloster überliefert hat. Bei seinen Alrunastudien unterstützte Schuegraf ideell und materiell der schon genannte Chamer Handelsmann Anton *Mayrlipp,* der bei seinem Tode eine große Anzahl von Urkundenabschriften und anderer Akten zur Geschichte Chams dem Freunde Schuegraf hinterließ. Dem rheinpfälzischen Oberst seines Regiments dauerte der Krankheitsurlaub Schuegrafs schon allzu lange. Der in Wort und Haltung echte Waldler konnte es sich nicht versagen, seinem Unmut gegen die „Unerufer“, d. h. Leute „von une ruf“ = der Rheinpfalz herauf Luft zu machen, die seit Kurfürst Karl Theodor die eingesessenen Altbayern von allen Regierungs- und Kommandeurstellen verdrängten und die „dummen Bayern“ beherrschen wollten. Gar bald nahmen die Stellen der „Unerufer“ die Nordlichter = Norddeutschen ein, die seit Montgelas und Max I., besonders Max II., in großer Zahl die hohen Posten besetzten. Diese Klage teilt Schuegraf mit seinem bedeutenden Landsmann, dem in Höfen (bei Cham) gebürtigen, geistvollen Legationsrat von Pfeilschifter, der feststellte, *daß die Bayern in Bayern nichts gelten,* woran bis heute etwas Wahres ist.

Es ist auch dem Norddeutschen Friedrich Nicolai (Reise durch Deutschland Bd. VI) aufgefallen, daß die bayerische Regierung die großen Kräfte des bayerischen Volkes zu wenig leite und ausnütze.

Schon bevor er in den Ruhestand versetzt wurde, hatte Schuegraf mit den führenden Geschichtsforschern seiner Zeit Beziehungen angeknüpft. Neben Westenrieder und Schmeller korrespondierte er mit Feßmaier und Lipowsky, mit dem berühmten bayerischen Numismatiker von Streber, mit Zschocke, dem angesehenen Verfasser einer bayerischen Geschichte, mit dem Herausgeber der „Geöffneten Archive", dem kgl. Staatsarchivar von Fink, dem er bereits 1828 das Manuskript einer „Chronik der Stadt Chamb" zur Annahme für den Druck vorgelegt hatte, freilich ohne Erfolg. Unser Geschichtsforscher nahm viele Unternehmen in Angriff und mußte sie wieder beiseite legen, da er keine Verleger fand, oder für seine geistigen Kinder keine Aufnahme in Zeitschriften und Reihen. Und so war er denn auch nie mit dem für moderne Autoren so überrasch schnell fließenden Honorargeld gesegnet und hat Zeit seines Lebens mit einer kümmerlichen Oberlieutnantspension sein und seiner Familie Leben gefristet. Umso leuchtender strahlt sein mutiger Wille, allen Schwierigkeiten zum Trotz der Geschichtsforschung treu zu bleiben. Lange vor seinem Landsmann von Pfeilschifter (Bayer. Plutarch I. Aschaffenburg 1861) hatte unser Schuegraf schon den Plan gefaßt, einen sogen. bayerischen Plutarch zu schreiben; in einem ersten Probeheftchen schilderte er 1821 Leben und Taten dreier bayerischer Soldatennaturen, der beiden Waldler Marschall Nikolaus Luckner aus Cham und des spanischen Obersten Jos. Kaspar Thürrigl aus Gossersdorf und des späteren preuß. Generalmajors Joh. Mich. Gschray aus dem schwäbischen Monheim, der wie Schuegraf in Mitterfels als Gerichtsschreiber seine Laufbahn begonnen hatte. Wie jeder alte Landes- und Lokalhistoriker einen Teil seiner Erkenntnis nicht nur den schriftlichen Quellen, sondern auch der persönlichen Vertrautheit mit der Landschaft und ihren Menschen verdankt, so hat Schuegraf schon früh begonnen auf Wanderungen sich solche Einsicht zu erwerben. Ein schönes Beispiel ist die Skizze im Straubinger Wochenblatt von 1820 und 1821 „Reise von Straubing nach Englmar im Herbst 1819". Seine Nachrichten über die römischen „Altertümer in der Kreishauptstadt Passau" im Kreis-Intelligenzblatt für den Unterdonaukreis 1822—1823 werden vielleicht die Frühhistoriker wieder zur Hand nehmen müssen, wenn sie den Gang der Ausgrabungen verfolgen wollen. Torso blieb der 1822 erschienene Brief über die Statistik, Topographie und Historie des Bayer. Landgerichts Cham. Vorläufer wurden zwei Auszüge aus seiner ungedruckten Chronik von Chamb.

33 Jahre alt schied Schuegraf am 27. Januar 1823 aus dem aktiven Militärdienst endgültig aus, mit Verbitterung, da man ihn noch nicht allzulange vorher gehindert hatte, sich um eine Civildienststellung zu bemühen. In einem langen Pensionistenleben, das sich zuerst in Eschlkam, Cham und im oberpf. Bärnau, am längsten aber seit 1827 in Regensburg abspielte, hatte er nun Zeit und Muße, sich ganz der Geschichtsforschung zu widmen, deren Gegenstand ihm ein „glühender Patriotismus und seine Begeisterung für heimatliche Erde" (Walderdorff) wies. Patriotismus umgriff sein bayerisches Vaterland, Heimatliebe aber den engeren Raum seiner

Vaterstadt Cham, der Oberpfalz und Regensburgs, und der anrainenden niederbayerischen Lande. Während seines Aufenthaltes in Cham setzte er seine Chamer Studien in den Archiven der Stadt und der umliegenden Hofmarksherrensitze fort. In Kolmberg lebte damals Baron von Völderndorf, Regierungspräsident von Bayreuth, dem auch Arnschwang gehörte, mit dem Schuegraf in Beziehung trat. Die Klöster Ober- und Niederaltaich traten immer wieder in den Kreis seiner Forschungen. In einem Aufsatz in Köberls Magazin (Landshut) beschrieb er Einzug und Firmung des damaligen Weihbischofs Dr. Johann Michael Sailer in Cham am 18. Juli 1823 nach sechzehnjähriger Unterbrechung. Der spätere Bischof Sailer aber gehörte zu den größten Geistern der Landshuter Universität und der Umgebung des romantisch-konservativen Kronprinzen und seit 1825 Königs Ludwig I. Aus einer „Geschichte des spanischen Erbfolgekrieges im bayerischen Walde 1702—1715“ aber wurde damals darum nichts, weil der schon genannte Ministerialrat v. Fink den aus den Kriegserlebnissen von 1813/14 kommenden antiösterreichischen Affekt Schuegrafs für gefährlich hielt und befürchtete, daß Hormaier, der den Tiroler Aufstand gegen Bayern seit 1808/9 insgeheim geleitet hatte, der später sogar Leiter des bayerischen Reichsarchivs wurde, eine Rezensionskampagne gegen ihn entfachen würde.

In seiner kurzen *Chamer Zeit* von 1823 ab beschäftigte sich Schuegraf mit der Geschichte der Markgrafschaft Cham, der Chronik der Stadt Cham, mit einer Topographie des oberen Waldes, mit den Schicksalen Chams und des oberen Waldes im dreißigjährigen Krieg, im spanischen Erbfolgekrieg von 1701—1715, im österreichischen Erbfolgekrieg 1742—1745 sowie einer Chronik des uralten Stiftes Chammünster. Charakteristisch für alle seine Arbeiten ist das *Suchen nach unbekannten Quellen,* die es ja damals noch in so reicher Fülle gab; hier war ihm viel Finder- und Retterglück beschieden. So hatte er damals schon Kenntnis von unbekannten Urkunden zur Geschichte der Verpfändung der bayerischen Grafschaft Cham an die Pfalz (1352—1361), von wichtigen Urkunden zur Geschichte der Stadt; für seine Geschichte Chams im österr. Erbfolgekrieg verwendete er Akten der Stadt, den Bericht eines Franziskaners, eines Prälaten von Niederaltaich, Briefe des Pandurenführers Trenk. Er besaß selber eine Sammlung von 60 Freibriefen der Stadt Cham, wertvolle Akten über den berühmten Löwlerbund 1499 ff., über den Landshuter Erbfolgekrieg von 1505, über die Reformation und die Handwerksgeschichte von Cham. Die Bayerische Akademie der Wissenschaften forderte ihn 1824 auf, eine quellenmäßige Abhandlung über die Stadt oder die alte Markgrafschaft Cham vorzulegen.

Während seines Aufenthaltes in dem oberpf. *Bärnau,* über den uns die autobiographische Skizze „Tiraß mein Theuerstes und Liebstes“ [5] berichtet, legte der Historiker Sammlungen über Bärnau, Waldsassen, Tirschenreuth, Waldthurn, Schellenberg, Falkenberg, Tännesberg, die alte Propstei Hohenstein und gar manche andere Orte des Umlandes an. Bei seinen wiederholten kurzen Besuchen in Nieder-

---

[5] Eine kurze Zusammenfassung dieser spannenden Schrift ist zu lesen bei Walderdorff, Hugo Graf von: Joseph Rudolph Schuegraf, in VO 27, 1871, S. 271—280.

altaich im Hause des Exkonventualen und Pfarrers Feichtsmaier kamen dem unermüdlichen Spürsinn Schuegrafs gar manche Quellen aus der alten Klosterbibliothek zu Gesicht; er kopierte die Tagebücher des Abtes Joscio Amberger (1684—1716), eines baufreudigen Prälaten, und des Abtes Marian Pusch (1741—1746). Gerade in Niederaltaich war das Säkularisationsschicksal besonders grausam mit den Quellen, mit den Rechnungen, Zehntbüchern und dem Archiv umgegangen. Die Kommissäre hatten das meiste für die Makulatur bestimmt; einzelne Personen konnten noch Stücke zurückkaufen, bevor sie in die Käseläden wanderten. So war es mit den beiden Tagebüchern ergangen. Marians Tagebuch hätte Schuegraf in Bärnau vorteilhaft an einen Emissär der Berliner Akademie verkaufen können, der nach Bayern entsandt worden war, um Handschriften und Inkunabeln aufzukaufen, die man hier für Makulatur bestimmt hatte. Man darf hier nicht verschweigen, daß die Archive der Gesandtschaften beim Permanenten Reichstage in Regensburg fast zur Gänze in die Papiermühle gewandert sind und daß noch in den fünfziger Jahren des 19. Jahrhundert das Rentamt Regensburg den größten Teil des domkapitelschen Archivs in Regensburg in die Papiermühlen verschleudert hat, ohne daß die Archivverwaltung davon auch nur etwas ahnte. Gar manches Stück hat aus dieser Zerstörung unser Schuegraf mit den letzten Pfennigen gerettet und, nachdem er die Archivalien ausgewertet, an den Historischen Verein für Oberpfalz und Regensburg verkauft. Er gehört somit zu den großen Bewahrern alten Archivgutes und alter Geschichtsquellen; je umfassender die moderne Geschichtsforschung arbeitet, umso mehr bedauert sie den Verlust dieser besonders für Wirtschafts-, Gesellschafts-, Verfassungs- und Kulturgeschichte wichtigen Quellen, umso höher steigt in ihren Augen aber auch die Bedeutung eines Historikers wie Schuegraf, der sich der Quellen in so entscheidender Situation annahm. Aus Patriotismus hat er die gewonnenen Akten nicht an Fremde verkauft trotz lockender Angebote. Es ist ein rühmendes Zeugnis seines Spürsinns, daß er in der Bibliothek des Landshuter Professors und Stadtpfarrers Schneider die ganze Bücherei des letzten Oberaltaicher Abtes Bodo Aschenbrenner entdeckte, und dabei den 2. Teil des lateinischen Manuskriptes des Oberaltaicher Abtes Vitus Höser über „Die Schweden im Bayerischen Wald", dessen ersten Teil v. Mussinan übersetzt und ediert hatte; für die Manuskripte der beiden Niederaltaicher Prälaten Hamberger und Pusch verlieh ihm das Innenministerium eine akademische Goldmedaille.

In *Regensburg* verlebte Schuegraf die Hälfte seines Lebens, 34 Jahre, seit dem 19. April 1827. Krankheit und Notdurft kennzeichnen den Weg, den er in der zweiten Lebenshälfte durchmaß. Umso höher ist es zu bewerten, daß er mit den letzten Groschen unzählige Urkunden und Schriften aus der Makulatur rettete; dabei blieb es nicht aus, daß ihn die Not zwang, liebgewonnene Werke und Manuskripte um ein Spottgeld zu verkaufen, besonders seitdem durch zwei spätere Heiraten, denen zwei Kinder entsprossen, auch noch die Nahrungssorgen wuchsen. Neben schmerzlicher Krankheit, Entbehrung, Kummer begleitete ihn fortan auch das Ausbleiben eines wirklichen durchschlagenden Erfolges seiner Arbeit, den eine umfassende Anerkennung von oben wohl nach sich gezogen hätte. Bezeichnend ist sein Wort aus dem Jahre 1827:

„Ich habe leider zu spät einsehen gelernt, daß eine anfangs kleine Vorliebe für historische Untersuchungen zu einer solchen Leidenschaft anwachsen kann, daß sie den davon Befallenen ebenso zu grunde richten kann, wie andere Leidenschaften. Mehr als 2000 Gulden habe ich im Laufe der Jahre bereits der Erforschung des Altertums aufgeopfert, um jetzt nichts davon zu haben als den Anblick von Bergen von Schriften".

Als Mitglied und Sekretär hat sich Schuegraf die größten Verdienste um den Historischen Verein für Oberpfalz und Regensburg erworben; nicht nur dadurch, daß er dessen Verhandlungen mit einer stattlichen Zahl bedeutsamer und interessanter Abhandlungen und Beiträge füllte, sondern vor allem wegen seiner unablässigen Obsorge um das Archiv des Vereins, dessen eigentlicher Schöpfer er ist. Der größte und wertvollste Bestand an Urkunden und Akten kam aus seinem Besitz oder wurde seiner Vermittlung verdankt. Hier wurde er zum großen *Retter und Bewahrer der Quellen* zur Geschichte unserer Heimat, unseres Landes, Reiches und unserer Kultur. Zu danken haben ihm auch der Historische Verein für Niederbayern und die ganze Bayerische Geschichtsforschung; denn er hat nicht nur Archivalien entdeckt und erhalten, er hat anderen Geschichtsforschern aus dem reichen Schatz seiner Sammlungen gespendet und die Forschungen anderer angeregt und zum Erfolg geführt. Allzu gerne vergißt man oft diejenigen, die die Quellen bereitstellen, aus denen brilliante, viel gelesene Geschichtswerke mit neuen Einsichten schöpfen. Zur Gruppe der gerne Vergessenen gehört auch Schuegraf; doch das mindert sein Verdienst und seine Bedeutung in keiner Weise. Es gehört offenbar zur Methode Schuegrafs, sich überall wo er zu arbeiten anhebt, zuerst in die historische Landschaft einzuarbeiten. Das war auch in Regensburg der Fall, wo als erste Veröffentlichung 1830 seine „Umgebungen der kgl. bayer. Kreishauptstadt Regensburg" erscheinen. Hier zeichnete er Bilder von Prüfening, Graß, Karthaus-Prüll und Kumpfmühl, Pürkelgut, Dechbetten, Lorenzen, Regendorf, Maria-Ort, Adlersberg, Pentling, Weichs und Tegernheim. Christian Häutle, der wittelsbachische Genealoge, hat das Werk sehr belobt. Schuegraf wollte historisches Wissen in weite Kreise streuen, er war ein echter Repräsentant lebendigen Geschichtswissens. König Ludwig I., der große geschichtsbewußte Romantiker auf dem bayerischen Königsthron, der die Schäden des nackten Rationalismus der Montgelas-Aera wieder zu beheben trachtete, hatte angeregt, daß in jedem bayerischen Kreis ein historischer Verein ins Leben gerufen werde.

Im Jahre 1830 wurden solche Vereine begründet, auch der Historische Verein für Oberpfalz und Regensburg (20. November), dessen „Verhandlungen" bis 1862 nun der Ort der Veröffentlichung bedeutsamer Studien und damit Spiegel seiner nimmermüden historischen Feder wurden. Im gleichen Jahre 1830 wurde ihm aber auch der Auftrag zuteil, die Archive des Landes nach Materialien für Kriegsgeschichte zu durchforschen, eine glänzende Chance die vorhandenen Quellenbestände zu durchmustern und zu sichten. In einem ersten Bericht konnte er bereits feststellen, daß beim *Regierungsarchiv im Rathaus zu Regensburg* an z. T. schon vermoderten Akten folgende Bestände lagerten: Kriegsakten von 1550 an mit mehreren Foliobänden, von 1619—1648 (30jähriger Krieg) in vielen Bänden, mehrere dicke Foliobände für die Zeit von 1689—1696, dann reiche Bände für den Spanischen Erbfolgekrieg und auch für die jüngsten Kriege in ganzen Bergen. An der Bewilligung einer Zulage scheiterte das ganze Unternehmen; das aber bedeutet einen unersetzlichen Verlust für die Geschichte. Einziges Ergebnis dieser Suche war die Studie von 1831 „Belagerung, Eroberung und Zerstörung der Veste Donaustauf durch die Schweden im Jahre 1634". Doch ist dem eigentlich auch noch die Beschreibung des Schlachtfeldes zwischen Schönberg und Bernhardswald zuzurechnen, wo am 12. 11. 1504 König Maximilian I. die Böhmen und Pfälzer besiegte und die Geschichte der Oberpfalz für die nächsten drei Jahrhunderte mitbestimmte. Nachdem ein letzter Versuch um eine Anstellung im kgl. Reichsarchiv zu München trotz der Gewogenheit des Vorstandes Baron von Freyberg gescheitert war, stürzte er sich in eine reiche schriftstellerische Tätigkeit, deren Wert nach heutigem kritischen Urteil sehr verschieden und vielfach ohne Erheblichkeit ist. Doch das tut ihm und seinem Ansehen keinen Abbruch, denn entscheidend ist ja die Stelle, die er als begeisterter Forscher in der Struktur der historischen Bemühungen seiner Zeit einnimmt. Aber die Gegenstände und Themen seiner Untersuchungen interessieren noch, da sie nicht nur das weitgespannte Feld seiner geschichtlichen Bemühungen anzeigen, sondern auch Zeugnis der alten Einheit historischer Forschung überhaupt sind, die heute der notwendigen Spezialisierung zum Opfer gefallen ist.

Da stehen Stauf und Walhalla, die Salvatorwallfahrt von Donaustauf, die falsche Genealogie des größten süddeutschen Volkspredigers des 13. Jahrhunderts in Regensburg, des Franziskaners Berthold, das Haus zum Riesen Goliath in Regensburg, die Geschichte der dortigen Buchdruckerkunst, das Castrum Reimari oder Brennberg, die Regensburger Hauskapellen, neben Ortsnamendeutungen, oder Wappenuntersuchungen oder Editionen von Gewerbe-, Zunft-, Bruderschaftsordnungen. Die Predigten Bertholds, die Dr. Karl Roth hier herausgab, waren nebst anderen Fragmenten und Urkunden von Schuegraf in einem Archiv aufgefunden als Einbände zu alten Rechnungen. Roth hat später von ihm entdeckte Fragmente des jüngeren Titurel, des Wilhelm von Oranje, vom Leben des hl. Martin und anderes mehr erhalten. In seiner Schrift über das Castrum Reimari (= Brennberg) teilt er uns den Inhalt einer Handschrift des 15. Jahrhunderts aus dem Kloster Frauenzell mit, die durch Zufall der Zerstörung entging, da bei der Aufhebung dieses Klosters 1803 nicht nur die Schriften und Dokumente zenterweise an die Krämer verkauft wurden, sondern die Angehörigen eines Aufhebungsbeamten zum Spaß die Passanten mit Büchern der Bibliothek bombardierten. In seinem Bemühen um den Historischen Verein der Oberpfalz hatte Schuegraf einen treuen Helfer in dem 1843 verstorbenen Vereinsbibliothekar P. Maurus *Gandersdorfer*, einem Mettener Exbenediktiner. Regensburg war im ersten Viertel des 19. Jahrhunderts reich an Historikern; man denke nur an den Stadthistoriker *Gemeiner* und den Klosterhistoriker Roman *Zirngibl*, an Thomas *Ried* und die Domherrn des alten Hochstiftes Graf *Reisach* und Graf *Seiboldsdorf*, an den Regierungsdirektor von *Rudhardt*, an den Prüfeninger Exkonventualen *Walberer*, der über die Geschichte seines Klosters gearbeitet hat, oder an P. *Keindl*. Sie alle waren beim Hinscheiden Gandersdorfers schon tot, so daß Schuegraf nun zum Träger der großen Regensburger Geschichtstradition wurde und darin mehr und mehr emporwuchs. Leider ließ der Historische Verein die bedeutenden Handschriften des Grafen Seiboldsdorf, die in Gandersdorfers Bücherei gekommen waren, sich in alle Winde zerstreuen. Aus dem Besitz des Domkapitulars von Seiboldsdorf hatte Schuegraf ein Diplomatar des Reichsstiftes Niedermünster, einen Hundius redivivus mit Genealogien von 109 bayerischen Adelsgeschlechtern, Auszüge über alle und eine Zusammenstellung aller Tauf-, Ehe- und Todfalleinträge adeliger Personen in den Matrikeln der Diözese Regensburg nach Dekanaten geordnet erworben. Seitdem die oberpfälzische Adelsstemmatographie des Dompropstes von Bärnclau verloren ist, die sich im Nachlaß Rieds befand, sind die drei letztgenannten Manuskripte eine unschätzbare Quelle für die Familiengeschichte des oberpfälzischen Adels. Schuegraf besaß auch ein Diplomatar des Stiftes St. Johann in Regensburg, eine Landtafel des Rentamtes Landshut von 1529, eine solche von 1568, ein Fragment des *speculum humanae salvationis* mit Miniaturen des 14. Jahrhunderts, nicht zu reden von Bruchstücken mhd. und frühnhd. Gedichte aus dem 13.—15. Jahrhundert. 1845 kaufte der Historische Verein dem Forscher und Sammler 79 Hauptnummern um 350 Gulden ab. (Verzeichnis s. VO 9, 1845, S. 376—391).

Seiner Verpflichtung gegenüber der Regensburger großen Geschichte entledigte sich Schuegraf mit seinem bedeutendsten Werke, der Geschichte des Domes zu Regensburg, die im 11. und 12. Bd. (1847 u. 1848) der VO, mit Nachträgen im 16. (1855) u. 18. (1858) Bd. erschien. Es wurde damals hoch gefeiert und geschätzt wegen seiner gediegenen Gründlichkeit und brachte ihm die Anerkennung König Max II., des Regensburger Bischofs Valentin von Riedel, des Münchener Erzbischofs und späteren Kardinalbischofs Graf von Reisach und des Abtes Gregor Scherr von Metten, der 1856 Metropolitan von München-Freising wurde. Die Regensburger Dombaurechnung von 1459 und die Steinmetzordnung von 1514, die Schuegraf 1855 nachträglich edierte, stammen aus dem unerhörten Makulaturverkauf der Jahre 1850 und 1851, von dem ich schon oben sprach. Unser Historiker hat sie daraus gerettet. Die Dombaurechnung war für die historische und kunsthistorische Welt von damals eine Sensation. Der Verein anerkannte das Erscheinen des großen Werkes durch die Wahl zum Sekretär 1848. Historiker von damals griffen auch in den politischen Tageskampf ein. Der konservative Geist Schuegrafs nahm zu den Ereignissen von 1848 und 1849 Stellung in den Flugschriften „welcher Mittel bedient sich die Demokratie um Fürsten zu stürzen und Völker zu blenden“ und im „Charaktergemälde von Revolutionsmännern alter und neuer Zeit“.

Neben seiner Tätigkeit als Retter von Geschichtsquellen beim übelberüchtigten Makulaturverkauf von 1850 und 1851, die dem Historischen Verein wie der Wiener Akademie der Wissenschaften und der Wiener Hofbibliothek zugute kam, hat Schuegraf von 1851—1857 auch die *Reste des alten Reichsstädtischen und das fürstprimatische Archiv (1803—1811) geordnet*. Dabei rettete er zwei Briefe Luthers und drei Melanchtons. Schließlich sichtete er auch das im Rathaus verwahrte *Archiv der Regensburger Baumannschaft*, sowie 1860 auch das *bischöfliche Archiv*. In den Topographischen Beschreibungen der Osten- und Westvorstadt in

Regensburg hat er diesem ältesten Kulturzentrum Süddeutschlands nicht nur Beiträge zu einer Häusergeschichte geschenkt, sondern auch sein letztes Vermächtnis übergeben. Seiner Vaterstadt Cham galten früher schon die „Skizzen einer Handelsgeschichte der Stadt Cham“ (1849) und die Schicksale Chams und des oberen Waldes im dreißigjährigen Krieg 1633—1651. Kelheims Geschichte fand in den letzten Lebensjahren seine besondere Pflege; er sammelte dafür Urkunden und Regesten in dortigen Archiven, exzerpierte das städt. Urkundenbuch, das städt. Weisbuch von 1326—1799, das Zins- und Gültbuch der Zwölfboten von Gronsdorf von 1467, das Salbuch des kurf. Kastenamtes Kelheim von 1580.

Um Schuegrafs Leistung ganz zu würdigen, muß man neben seinen Büchern, Aufsätzen und Zeitungsartikeln auch seine zahlreichen *hinterlassenen Manuskripte und seinen Briefwechsel* heranziehen. Aus der Zahl seiner Manuskripte, die unzählig sind und die meisten Schlösser, Märkte, Städte der Oberpfalz betreffen, ist hier besonders die Geschichte seiner Vaterstadt *Cham* und ihrer Umgebung zu nennen; er hatte aus mehreren tausend meist ungedruckten Urkunden einen Codex diplomaticus Cambensis erarbeitet. Am Umfang scheiterte der Druck des Manuskriptes. So verkaufte er Anfang 1861 an den Stadtpfarrer von Cham Geistl. Rat Ziegler die Schriften über Cham, aber ohne die meisten Materialien über die Reformationsgeschichte, die er noch selber herauszugeben beabsichtigte. Der damalige Hilfspriester in Cham J. Lukas erarbeitete aus diesem Material seine „Geschichte der Stadt und Pfarrei Cham“, die eigentlich den Namen Schuefgrafs tragen müßte. Sie feiert 1962 ihren 100. Geburtstag. Stadtpfarrer Ziegler hat 1870 das Schuegraf'sche Manuskriptenmaterial im Historischen Verein von Regensburg wieder hinterlegt. Erwähnung verdient noch der „Katalog aller polemischen Bücher“, der auf seiner reichen Sammlung theologischer Flugschriften und Bücher aus der Reformationszeit beruht. Er verkaufte diesen „Katalog“ an den Regensburger Domprediger und späteren Münchner Stadtpfarrer Westermaier, der ihn wieder an ein Antiquariat veräußerte, so daß die wertvolle Sammlung in alle Winde verstreut wurde, wie so vieles, was Schuegraf gesammelt hatte, aber nicht halten konnte.

Von Bedeutung waren seine Sammlungen zur Geschichte von Abensberg und der Abensberger, auf deren historischen Wert 1858 der greise Historiker von Koch-Sternfeld aufmerksam machte, dann seine Beiträge zu den von Lori und Flurl gesammelten Urkunden zur Geschichte des Bergbaues der Oberpfalz und im Bayerischen Wald. Es rundet das Bild seiner gewaltigen literarischen Leistung, wenn man seine Verdienste um das von König Max II. angeregte vielbändige Werk „Bavaria“ gebührend hervorhebt.

Am 28. Oktober 1861 abends 19.15 Uhr ist im Hause auf dem Hunnenplatz unfern der Donau Schuegraf eines sanften Todes gestorben, nachdem er vorher mit zitternder Hand die eingangs erwähnten „Skizzen seines Lebens zum Gebrauch des Geistlichen, der ihn ins Grab segnet“ niedergeschrieben hatte. Er wurde am 30. Oktober im katholischen Friedhof der unteren Stadt in Regensburg beigesetzt. Er hinterließ ein Söhnchen, das im Benediktinergymnasium zu Metten studierte.

Die Stadt Cham und der Historische Verein für Oberpfalz und Regensburg hatten allen Grund in einer gemeinsamen Feier des 100. Todestages ihres großen

Historikers zu gedenken; denn Schuegraf ist nicht nur ein Repräsentant der großen historisch-romantischen Bewegung, die sich auf Anregung König Ludwigs I. in den Historischen Kreisvereinen sichtbaren und fruchtbaren Ausdruck schuf, er war auch der geschichtsbegeisterte Sohn Chams und der oberpfälzischen Lande, die wie keiner vor und nach ihm bis heute das geschichtliche Erdreich dieses so schicksalreichen Landes und Gaues, mit dem Ernst des wissenschaftlichen Forschers durchpflügt hat. Niemand kann die Geschichte Chams, Regensburgs, Abensbergs, Kelheims und anderer Städte, Märkte, Schlösser in der ganzen Oberpfalz schreiben, ohne auf Schuegraf und seine Forschung zu stoßen, auch wenn heute vieles davon veraltet und überholt ist [6].

Es ist eine hohe Ehre für den Inhaber des angesehenen Lehrstuhles für Bayerische Landesgeschichte an der Münchener Landesuniversität, Schuegrafs unvergängliche Bedeutung für die allgemeine Landes- und Reichsgeschichte als Retter und Bewahrer unersetzlicher vorgeschichtlicher Quellen besonders feiern zu dürfen, dessen Hauptnutznießer mit allem Recht der Historische Verein von Oberpfalz und Regensburg ist, dem dafür aber auch die Pflicht auferlegt ist, das Erbe dieses bedeutsamen Chamer und Oberpfälzer Historikers zu wahren und weiter zu geben.

In einer Zeit, in der nach politischem Bewußtwerden das ganze Volk, die Gesellschaft zum Träger ihrer Geschichte geworden ist, gilt es, allen Menschen ein Bewußtsein davon zu vermitteln, daß auch ihre Ahnen, selbst wenn sie nur geschichtslose Leibeigene waren, am Werden unseres Staates, unserer Gesellschaft und Kultur als Schaffende und Leidende beteiligt waren. Eine demokratische Gesellschaft bedarf des Geschichtsbewußtseins aller ihrer Glieder, da sie alle das Geschick in Gegenwart und Zukunft mitprägen und mittragen. Darin liegt die neue moderne Aufgabe der Historischen Vereine und auch der Volksbildungsbewegung, eine Aufgabe, die man nicht der daran sehr interessierten Geschichtsforschung des Ostens überlassen darf, die bereits dazu übergegangen ist, die Geschichte der Bauern- und Arbeiterbewegung in Deutschland zu schreiben. Unser Geschichts- und Kulturbewußtsein ist nicht mehr selbstverständlich und ungebrochen. Darum gilt es heute, dieses Bewußtsein geplant bewußt zu halten und zu pflegen, damit wir weiter Bayern, Deutsche, Abendländer bleiben.

Es besteht Anlaß, in Cham, am eisernen Vorhang, das zu sagen.

Geschichte und Tradition sind das Einmaleins aller Kultur. Jeder Mann muß sie in sich tragen, damit unsere historisch gewachsene Kultur auch im tiefsten Umbruche der Gesellschaft, den wir jetzt durchmessen, lebendig bleibe.

Schuegraf ist ein Symbol dieses schöpferischen Bewußtseins.

Man sollte in *Cham* sein Andenken dadurch ehren, daß man einer der Schulen auf dem mons doctus Cambensis den Namen *„Schuegraf“* als ehrendes Epitheton vom Kultusministerium beilegen läßt.

---

[6] Eine Aufzählung seiner Abhandlungen und Aufsätze veröffentlicht sein Biograph Hugo Graf von W a l d e r d o r f f in VO 27, 1871 S. 385—405, seiner Manuskripte S. 405—417. Davon besitzt der Historische Verein für Oberpfalz und Regensburg 100 Manuskripte, Graf von Walderdorff zu Hauzenstein 68, der Historische Verein für Niederbayern 7, der Verein der Geschichtsfreunde zu Abensberg 5.

KARL ALEXANDER VON MÜLLER*

In den frühen Morgenstunden des 13. Dezember 1964 verschied in Rottach-Egern „im Herzen seiner geliebten bayerischen Heimat" Prof. Karl Alexander von Müller, emeritierter Inhaber des Lehrstuhls für Bayerische und für Deutsche Geschichte an der Universität München, ehedem Präsident der Bayerischen Akademie der Wissenschaften, Mitglied der Bayerischen Akademie der schönen Künste, korrespondierendes Mitglied der Deutschen Akademie der Wissenschaften zu Berlin und der Österreichischen Akademie der Wissenschaften zu Wien, Träger des Bayerischen Verdienstordens, Ehrenbürger der Gemeinde Rottach-Egern, last not least letztes Gründungsmitglied der Kommission für bayerische Landesgeschichte bei der Bayerischen Akademie der Wissenschaften. Im alten Egerner Friedhof, einem berühmten „Mausoleum" des Geistes und der Kunst in Bayern, wurde seine sterbliche Hülle zu Grabe gelegt. Noch klingen in den Herzen der Trauergäste die jubelnden Akkorde des barocken Requiem, die ergreifenden Weisen bayerischer Volksliedkunst zur Zither und die bewegenden Worte des Egerner Pfarrers nach.

Einer, der seine bayerische Heimat mit jeder Faser seines Herzens liebte, der um Bayerns Geschichte, Geist und Kultur wie wenige wußte, der die Gabe hatte, in gehobener, künstlerischer Sprache und Form auszudrücken, was bayerische Art und Leistung ist, der deswegen auch für das Bayerische in der großen Welt geworben und ihm überall Freunde gewonnen hatte, war dahingegangen. Der feinsinnigste und künstlerisch wie wissenschaftlich gleicherweise begabteste Interpret bayerischer Geschichte auf dem Münchener Lehrstuhl, der um eine klare und kritische Distanz zur Vergangenheit leidvoll gerungen hatte und noch im hohen Alter fern den öffentlichen Stätten das Leben und Wirken des Geistes und der Wissenschaft mitvollzog und verspürte, trat mit K. A. von Müller von der Bühne ab. Dieser Sohn einer nobilitierten bayerischen Beamtenfamilie war und bleibt Prototyp des von vielen Strömen und Strömungen verschiedenster Provenienz geprägten bayerischen Geistes und Wesens, in denen Muse und Intellekt, aktive Haltung zur Welt und passives Geschehenlassen und Erleiden für den Nichtbayern oft so unverständlich harmonisch nebeneinader liegen. Seine und seiner Familie lebendige, personale Verbundenheit mit der bayerischen Geschichte des 19./20. Jahrhunderts und mit dem Hause Wittelsbach wurde den Schülern damals am einprägsamsten bewußt, als er in seine Seminarübungen über „Tod und Entmündigung König Ludwigs II." 1929 die Briefe des unglücklichen Königs an seinen Vater, den Kabinettssekretär, dann Regierungspräsidenten und Kultusminister, mitbrachte, vorlas und interpretierte.

---

* Der Nachruf auf K. A. v. Müller wurde deshalb in diese Gesammelten Studien aufgenommen, weil sich der berühmte bayerische Historiker nicht nur einmal rühmte, daß seine Familie aus dem oberpfälzischen Neunburg vorm Walde stamme.

K. A. v. Müller wurde am 20. Dezember 1882 in München geboren und besuchte das Kgl. Wilhelmsgymnasium dortselbst, dem auch das bayerische Kadettenkorps angeschlossen war. Der hochbegabte Absolvent wurde in die königliche Maximilianeumsstiftung aufgenommen und widmete sich zuerst dem Studium der Rechtswissenschaften und dann der Geschichte an der Münchener Universität und am Oriel College in Oxford. Letzteres bezog er als einer der fünf ersten deutschen Cecil-Rhodes-Stipendiaten. Im Jahre 1905 bestand er das 1. juristische Examen mit Auszeichnung und am 23. Juli 1908 wurde er zum Dr. phil. mit dem Prädikat „summa cum laude" promoviert. Seine Lehrer in Geschichte waren Sigmund von Riezler und Karl Theodor von Heigel, doch haben nach seinem eigenen Bekenntnis auch Ludwig Traube, Karl Krumbacher und Paul Vinogradoff auf seine wissenschaftliche Entwicklung nachhaltigen Einfluß ausgeübt. Presseberichten zufolge hatte der junge Gelehrte den starken Eindruck einer vornehmen, wirklich adeligen Persönlichkeit in England hinterlassen. Mit ihm war auch sein Bruder Albert, Altphilologe, später Redakteur an den „Münchener Neuesten Nachrichten", Cecil-Rhodes-Stipendiat in Oxford gewesen. Bereits die „minutiöse Sorgfalt und geschmackvolle Darstellung" (H. Oncken) seiner Doktordissertation über „Bayern im Jahre 1866" ließen das vielversprechende Talent K. A. v. Müllers aufscheinen. Er wurde bald darauf (1910) zum Mitarbeiter der (gesamtdeutschen) Historischen Kommission, 1916 zu deren außerordentlichem, 1923 zum ordentlichen Mitglied ernannt. In der Schule S. von Riezlers war es üblich, daß die Doktoranden einen Probevortrag aus ihrer Dissertation hielten. Der Eindruck, den dabei der Tote hinterließ, war so stark, daß der Geheimrat leuchtenden Auges bekannte, daß in der Darstellung des Schülers seine eigene Jugend wieder hebendig geworden sei (Solleder).

Unter dem Dekanat des Romanisten wurde K. A. von Müller im Juni 1917 mit einer Arbeit über „Joseph Görres in Straßburg" habilitiert und als Privatdozent für allgemeine und deutsche neuere sowie für bayerische Geschichte an den Münchener Universität zugelassen. Unmittelbar darauf erfolgte am 1. Dezember seine Ernennung zum Honorarprofessor und zum Syndikus der Akademie der Wissenschaften und der Verwaltung der wissenschaftlichen Sammlungen des Staates. In Abwendung eines Rufes auf die ordentliche Professur für Geschichte an der Technischen Hochschule in Karlsruhe, die später Franz Schnabel innehatte, wurden ihm am 15. August 1919 Titel und Rang eines Regierungsrates verliehen. Der tiefgreifende politische und gesellschaftliche Umbruch nach dem ersten Weltkrieg und der Revolution hatte K. A. von Müller genau so wie viele andere Historiker, etwa Michael Doeberl oder Friedrich Meinecke und Fritz Hartung, mit tiefer Sorge und zu historisch-politischer Initiative angeregt. K. A. v. Müllers Beziehungen zu Hofmiller, zu Paul Cossmann, zu den Süddeutschen Monatsheften sind Zeugnis dafür. Im Jahre 1922 erfolgte seine Ernennung zum Oberregierungsrat.

Als dem Verblichenen am 1. Juli 1928, nach dem Tode Michael Doeberls, die ordentliche Professur für bayerische Landesgeschichte an der Universität München übertragen wurde, da war er bereits seit dem 28. Februar des gleichen Jahres ordentliches Mitglied der Bayerischen Akademie der Wissenschaften, seit der Gründung 1927 ordentliches Mitglied der Kommission für bayerische Landesgeschichte, die damals der Akademie nur angegliedert wurde. Seit 1929 (Juni 1) fungierte er bis 1945 als ihr Schriftführer. Am 24. September 1928 wurde er zum ständigen geschäftsführenden Sekretär der Historischen Kommission bestellt und blieb es bis zum Jahre 1945 in Nachfolge vieler Historiker, von Sybel und Giesebrecht angefangen. Im nämlichen Jahre wurde er auch zum Fachreferenten der Notgemeinschaft der Deutschen Wissenschaft bestellt. Das Jahr 1929 brachte die Ernennung zum ordentlichen Mitglied der Historischen Reichskommission in Berlin, 1931 wurde er zum ordentlichen Mitglied der Gesellschaft für fränkische Geschichte gewählt und vor allem zum Leiter des Instituts zur Erforschung des deutschen Volkstums im Süden und Südosten bestellt. Entscheidend war, daß K. A. von Müller bei seiner Berufung auf den durch Riezler und Doeberl angesehenen Lehrstuhl in München und bei seiner Wahl zum Akademiemitglied bereits ein reifes, vollausgeprägtes Historikerprofil besaß, das kein geringerer als Hermann Oncken treffend charakterisiert hat.

Müller war „vor allem anderen ein literarisches Formtalent, das in seltener Weise lebendigste Anschauung, künstlerisch durchgebildete Formgebung und warmherziges Temperament miteinander vereinigt: eine Begabung, die von Haus aus schon auf die Kunstform des historischen Essays und daneben auf den rhetorischen Schwung vaterländischer Publizistik hinwies“. Das hatte die 1926 erschienene Sammlung „Deutsche Geschichte und Deutscher Charakter“ deutlich gezeigt, in der feine historische Essays und publizistische Aufsätze vereinigt waren, Dokument einer „künstlerisch wie auch wissenschaftlich höchst empfindlichen Persönlichkeit“. Das in den „Meistern der Politik“ 1923 erschienene Lebensbild des älteren Pitt hatte aber auch zu erkennen gegeben, daß K. A. von Müller eindrucksvoll große Zusammenhänge bewältigte und über den Essay hinaus eine lebensvolle und farbengesättigte Darstellung englischer Politik im 18. Jahrhundert zu geben vermochte. Das „ansprechende und ergreifende“ Charakterbild von Karl Ludwig Sand (1925) enthüllte eine weitere Seite dieser historischen Begabung und Kunst, Müllers feine psychologische Einfühlungsgabe im engsten Rahmen. Ein Jahr darnach (1926) erschien in ausgereifter Gestalt die ehemalige Habilitationsschrift „Görres in Straßburg 1819/20“, eine Nebenfrucht noch unvollendeter Studien über den jungen Görres. Der große historische Porträtist bot hier in gedrängtem Raum ein historisches Genrestück von fesselnder, bis ins Kleinste ausmalender Erzählkunst, deren Mosaiksteinchen aus mühsamsten Aktenstudien und schwierigen Forschungen zusammengetragen waren. Die englische Geschichte des 18. und 19. Jahrhunderts, die deutsche Geschichte des 19. und 20. Jahrhunderts, die bayerische Geschichte des 19. Jahrhunderts vor allem waren und blieben im ganzen die Gegenstände der kunstbegabten Historie des Toten.

Für uns ist es interessant zu lesen, daß ihn schon vor dem Kriegsende von 1918 der Plan beschäftigte, die „Geschichte Baierns“ seines Lehrers Riezler von 1724 ab fortzusetzen; weite akademische Kreise, die sein reiches Talent schon vor der Berufung vollgewürdigt haben, erwarteten von ihm die Meisterung dieser Aufgabe. Während Doeberls 3. Band der „Entwicklungsgeschichte Bayerns“ wohl deshalb in der posthumen Ausgabe von Max Spindler mit der Reichsgründung von 1870/1 endete, weil er wie sein Vorgänger Riezler im Bismarckschen Reich die Erfüllung auch der bayerischen Geschichte sah, dürfte dies den am menschlichen Profil, am kulturell-gesellschaftlichen Milieu und an der politisch-historischen Dynamik interessierten Müller, dessen Horizont trotz national-konservativer Grundhaltung europäisch weit gespannt war, nicht gehindert haben, seine Pläne zu realisieren. Im Grunde konnte ein wesenhaft historischer Essayist an einem Handbuch kein Genüge finden und er mußte schließlich auch sehen, daß noch viele Einzeluntersuchungen zu tätigen waren, bevor ein Handbuch der Bayerischen Geschichte vom 18.—20. Jahrhundert geschrieben werden konnte. Das erste größere Werk nach der Berufung war deshalb die Herausgabe der Denkwürdigkeiten der Reichskanzlerzeit des Fürsten Chlodwig zu Hohenlohe-Schillingfürst im Jahre 1931, womit er die Fäden seiner Erstlingsarbeit weiterspann. Auf der Höhe seiner Leistungsfähigkeit und seiner akademischen Wirksamkeit charakterisierte der Freund Erich Marcks in der ersten Festschrift, die dem Fünfziger im Schicksalsjahre 1933 dargeboten wurde (Staat und Volkstum. Neue Studien zur bairischen und deutschen Geschichte und Volkskunde), einleitend die Historikerpersönlichkeit des Kollegen. „Wir begrüßen in K. A. v. M. den Vereiniger des Allgemeinen und des Besonderen: so in seinem historischen, künsterisch-wissenschaftlichen Anschauen und Denken, so in seiner historisch-politischen Weltansicht; in beidem wurzelt er ganz im greifbar Besonderen und wächst er doch über das Besondere frei empor. Er schlägt seine Kreise — ich denke an seine englischen Studien — über die Nation hinaus zum Universalen hin; er lebt vor allem im gesamtdeutschen Kreis und steigt in diesem vom Sonderstamme und Sonderstaate auf zur Nation. Er atmet in beiden; er will keinen Gegensatz anerkennen zwischen Nation und Reich hier und ihrem unentbehrlichen und unablösbaren Sonderglied dort, das in sich selber und in jenen lebt, dem Land, aus dem er selber mit all seinen Wesenszügen herstammt; beiden will er dienen, beide sind sie in ihm. Von seiner forschenden, gestaltenden, lehrenden Berufsarbeit für die bairische Geschichte kündet diese Sammlung (= Festschrift); er selber ist, nach allen Richtungen seines Wesens und seines irdischen Glaubens, das, wozu er sich 1930 beinahe feierlich bekannt hat, die Verkörperung des Willens, ganz Bayer und ganz Deutscher zu sein."

Als dem Toten 1935 die Berufung auf den Lehrstuhl für neuere Geschichte an der führenden deutschen Universität Berlin angeboten wurde, da lehnte er ab und blieb in München. Im gleichen Jahr erfolgte seine Berufung in den Sachverständigen-Beirat und seine Ernennung zum Ehrenmitglied des Reichsinstituts für Geschichte des neuen Deutschland. Am Ende seiner aktiven akademischen Laufbahn bekleidete K. A. von Müller in Nachfolge Leopold Wengers, des „Romanisten", (1932/5), das Amt des Präsidenten der Bayerischen Akademie der Wissenschaften von 1936—1944 in schwerer Zeit und zum Teil unter großen inneren und äußeren Schwierigkeiten. Als Hypothek lastete von Anfang an auf seiner Amtsperiode die Tatsache, daß die Akademie den klassischen Philologen Eduard Schwartz, ein namhaftes und mutiges Mitglied, zum Präsidenten einstimmig nominiert hatte, Staat und Partei aber davon keine Notiz nahmen und K. A. von Müller ernannten, ohne daß dieser sich darum beworben hatte. In gerechter Würdigung aller Vorwürfe, die vor allem gegen die Nachgiebigkeit des Toten erhoben wurden, kann man nicht sagen, daß er je „Nationalsozialist“ war, auch wenn er seinem Vaterland und seiner Art zutiefst verbunden und verpflichtet war. Dieser nationale Konservative erwartete zwar vom Dritten Reich einen Aufstieg Deutschlands aus den Nöten der Nachkriegsjahre, ja er hoffte „die ursprünglichen und positiven Ansätze des neuen Staates mit den großen Überlieferungen der deutschen Geschichte in Staat, Religion und Kultur vereinigen zu können“, wie er selber bekannt hat. Aber er hat ebenso freimütig ausgesprochen, daß dieses ein „furchtbarer und verhängnisvoller Irrtum“ war, für den er innerlich schon vor 1945 gebüßt habe. Er glaubte aber für sich verlangen zu müssen, daß man dies als Irrtum des Bewußtseins gelten lasse und nicht als bewußtes schuldhaftes Handeln wider besseres Wissen ansehe. Müller nahm auch für sich in Anspruch zu allen, im besonderen nationalsozialistischen Anschauungen im Gegensatz gestanden zu sein und auch darnach gehandelt zu haben. Zum Beweise dessen konnte er auf seine Freundschaft mit dem Münchener Universitätsprofessor Kurt Huber verweisen, der seine Auflehnung gegen den NS-Staat mit dem Tode büßte.

Daß K. A. von Müller auch in dieser schweren Zeit derselbe geblieben war, bezeugt der Brief, den Friedrich Meinecke 1942 zum Geburtstag des Sechzigjährigen schrieb, dem damals eine zweite Festschrift dargeboten wurde (Stufen und Wandlungen der deutschen Einheit, 1943). Der Verfasser von „Weltbürgertum und Nationalstaat“ und des Buches über „Die Entstehung des Historismus“ umschrieb das Wesen des Toten und seinen Gleichklang mit ihm, wie folgt: „Seit dreißig Jahren stehen Sie und ich in einem menschlichen und geistigen Kontakt, der nie gestört worden ist. Ich habe auch meine Ablösung durch Sie in der Historischen Zeitschrift immer historisch verstanden als die Wirkung von Mächten, die über unsere Köpfe ihren Weg gingen — die Differenz unseres politischen Denkens kennen wir —, wer weiß, ob sie sich nicht wesentlich zu verringern anschickt. Aber was die Gemeinsamkeit unseres historischen Denkens und Empfindens betrifft, so kommt mir der Gedanke, daß wir mit mehreren andern Ihrer und meiner Generation zusammen eine Gruppe Gleichstrebender bilden, die ihre angeborenen Anlagen in dieser und gerade in dieser Zeit — ich rechne sie als das letzte halbe Jahrhundert — auszubilden sich gedrängt fühlten. Über ihren Erfolg und Wert spreche ich nicht, den mag die kommende Zeit beurteilen, sondern nur über die Intention. Diese aber war, Geist und Seele der geschichtlichen Erscheinungen immer zugleich zu verstehen, Geist und Seele, statt sie zu trennen, wie es ein verkrampfter Zeitphilosoph tut, immer in eins zu setzen, nun auch selber das, was man davon in sich hat, überall voll einzusetzen, und nicht nur in der Wissenschaft, sondern auch im Leben. Jeder mit individueller, sei es mehr aesthetischer, sei es mehr ethischer, sei es mehr nationalpolitischer oder mehr religiöser usw. Nuance. Unser gemeinsamer Freund Marcks ging darin einst voran. Es war etwas spezifisch Neues, was in seinem Coligny usw. hervortrat. Ihr eigenes Lebenswerk, auf das heute die dankbarsten Blicke fallen, hat dabei noch etwas von der besonderen naturwüchsigen Schönheit des bayerischen Barock ...“. War im ersten Jahrzehnt akademischen und wissenschaftlichen Wirkens dem Gelehrten auf hoher Warte die künstlerische Begabung und die besondere Eignung Müllers zum historischen Essay aufgefallen, empfand im zweiten Jahrzehnt der große Freund den harmonischen Ausgleich zwischen dem Besondern und dem Allgemeinen als Wesenskomponente des Denkens, Forschens und Fühlens unseres Toten, so fühlte sich im dritten Jahrzehnt der Künder von Idee und Geist in der Geschichte K. A. v. Müller gleichgestimmt in der Forschen und Leben beherrschenden Gleichsetzung von Geist und Seele, deren individuell-naturwüchsig-barock-bayerische Note bei letzterem mitbestimmend war.

Man kann die Leistung des großen Historikers nicht ganz würdigen, wenn man nur sein eigenes Werk und sein individuelles Schaffen betrachtet. Der Tote wirkt nicht nur in seinen eigenen Büchern nach, sondern in den Dissertationen, die er angeregt hat, auch mit seinen eigenen Ideen wie als akademischer, prägender Lehrer, dem eine Gemeinde ungezählter Schüler und Hörer zugehörte, die ihm Rat und Hilfe, Anstoß und Form verdanken. Unter seiner Leitung sind weit über 200 Promotionsthemen behandelt worden, die zusammen selber die universale geistige Spannweite des Lehrers widerspiegeln, der das Kleine und das Große liebend und verstehend zu sehen, einzuordnen, auszugleichen und zu deuten wußte. Allein 30 Arbeiten behandeln die bayerische Geschichte des 19. Jahrhunderts; darunter befinden sich Erstlingsarbeiten von hervorragender Qualität. Die von ihm betreuten Arbeiten haben die Landesgeschichte auf vielen Gebieten erhellt und gefördert. Der Kranz der Dissertationen ist so vielfältig wie das historische Leben der Menschen in all seinen Schichten, die der Genius Müllers zum großen Gesamtgemälde menschlich und kunstvoll zusammenfügte. Das meinte auch F. Meinecke. K. A. v. Müller lag es völlig fern eine „Schule“ zu bilden; sein Geist war viel zu frei und sein Schaffen zu überlegen und künstlerisch. Keiner seiner Schüler, die heute auf Lehrstühlen sitzen, kann sagen, daß ihm der Meister dazu verholfen habe. Sie alle hatten die Freiheit der geistigen Entscheidung und die Qual der Wahl zugleich.

An der Seite der verehrten Gemahlin und umgeben von Kindern, Verwandten und Bekannten verbrachte K. A. v. Müller seit 1945 in freigewählter Entscheidung den Lebensabend in der vornehmen Stille des Tegernseer Tales, fernab offiziellen Bürden und Lasten. Er kam immer seltener in die wachsende Unruhe seiner geliebten Vaterstadt, die ihm in der modernen Gestalt fremd sein mochte. Sie war die Stätte vieler Enttäuschungen und bitterer Erfahrungen, die aber der greise Grandseigneur verwand, ertrug und zum Besten zu wenden suchte. Körperliche Leiden und Beschwerden hemmten zwar äußerlich seinen ungebrochenen, ja neu belebten Schaffensdrang, aber sein Geist war rege, wach und schöpferisch wie eh und je. Der große deutsche historische Essayist gab in den Bänden „Unterm weißblauen Himmel“ (1952) und „Am Rand der Geschichte. Münchener Begegnungen und Gestalten“ (1957), seinem Geschenk zum 800jährigen Geburtstag der Vaterstadt, nochmals zwei reife Proben seiner hohen Kunst. In zahlreichen Rundfunkvorträgen zeichnete der Meister einer gepflegten, gemütvollen Sprache Gestalten und Ereigniszusammenhänge der bayerischen Geschichte, sein Beitrag zur Erhaltung historischen Bewußtseins nach politischen Katastrophen. Die Heimat und ihre Tradition, das Menschsein und das Persönliche, das Individuelle und die Kunst, das Kleine im Großen waren die allgemeinen Gegenstände seiner wissenschaftlichen Muse. Inmitten der Landschaft und der Menschen, die ihn umgaben, und nach vielen Bitterkeiten weise und geläutert brach der bayerische Kern seines Wesens nochmals kräftig und formvollendet hervor.

Aus der Selbstbesinnung und dem wissenden Überdenken des zurückgelegten Weges und der ihn beherrschenden Ideen und Mächte erwuchs die reife Leistung seiner Erinnerungen, die in zwei Bänden bislang vorliegen: „Aus den Gärten der Vergangenheit" = Jugenderinnerungen 1882—1914 und „Mars und Venus" = Erinnerungen 1914—1919, beide Bände nicht nur Bekenntnis und Selbstprüfung, sondern farbensattes Gemälde der modernen Gesellschaft in Bayern, besonders in München, bis zum revolutionärem Umbruch, Quellenwerk ersten Ranges und literarisch-künstlerisches Denkmal zugleich. Der empfindsame, künstlerisch sehende und prägende, aus reicher Tradition schöpfende Genius des Historikers kehrte aus seiner engeren und weiteren Heimat, aus der großen Welt und der verwirrenden Fülle des historischen Mosaik wieder zu sich selber zurück. Er tat es als echter Historiker und echter Künstler, indem er sich der Gesellschaft und den Menschen seiner Zeit stellte und konfrontierte und so diese wie sich selber kritisch und distanziert- aber nicht ohne Teilnahme und Wärme zeichnete. Rang und Gesamtwert dieses großen Vermächtnisses scheint mir nach dem Erscheinen des 1. Bandes am treffendsten Carl J. Burckhardt, der international bekannte Schweizer Diplomat, der unterdessen selbst als Memoirenschreiber berühmt geworden ist, in einem Brief vom 21. Dezember 1951 aus Versailles umschrieben zu haben: „Es liegt ein Glanz über diesen Seiten, eine belebende Strahlung geht aus von ihnen, neben dem großen historischen Ernst, der Einsicht in Ursprünge und verschlungenes Wirken des Verhängnisses, klingt so schön und rein gewesene Freude und vergangener Schmerz eines freien Individuums aus dieser mit so viel Kraft und Liebe wieder aufgerufenen Jugendzeit. Noch ist hier der seit dem Altertum durch alle Krisen hindurch gerettete Bezirk des Privaten völlig intakt. Von diesem Ergehen aus wird eine ganze Epoche wieder menschlich zugänglich; der törichte, im Grunde so leere Anwurf der Bürgerlichkeit verstummt; und diese reichen Jahre um die Jahrhundertwende erscheinen für einmal wieder als das, was sie wirklich waren, eine große Fermate voller ungenutzter Möglichkeit, vor dem Eintreten einer Katastrophe, welche ein Zeitalter einleitet, das den Weisesten von damals in Luftspiegelungen bereits sichtbar war, was die wehmütige und reiche Fülle jener Jahre, in denen wir noch aufwachsen durften, so ergreifend erscheinen ließ, dieses Gefühl: ‚für lange zum letzten Mal', welches die höher Gearteten der damaligen Jugend bewegte und allem Erleben ein gedankenreiches Gewicht verlieh, welches die Heutigen jener Zeitwende nicht zubilligen, indem sie mit Unrecht in ihr nur nach Ursachen des Verfalls und nach Verantwortungen suchen." Carl Burckhardt war tief erschüttert von der Lektüre des Abschnittes über die Oxforder Studienzeit, wegen der frühen Einsichten des jungen Historikers in die Hintergründe des Geschehens. Wenn das Werk der Spiegel des Seins ist, dann erachte ich die folgenden Zeilen des Schweizer

Historikers als eine überzeugende menschliche Charakteristik des Verfassers der „Gärten der Vergangenheit“: „Wie schön, wie ungebrochen, unverzerrt ist noch die Liebe, dieser grenzenlose Zustand der wahren Jugend, in diesem Buch, wie werden verbrauchte Begriffe wie Romantik hinfällig vor diesem zeitlosen Seelenlicht, das aus Ihren Berichten über Begegnungen, Bindungen und Lösungen leuchtet. Sehr viel Kraft ist in diesen Aufzeichnungen, aber eine gebändigte Kraft, deren Fehlen der Westen den Deutschen sehr gerne vorwirft, eine ausgewogene, beherrschte, zur Zartheit erhobene, sich selbst bemessende Kraft.“

K. A. v. Müller erschien zum letzten Mal in der Öffentlichkeit, Münchens vor allem, bei der Feier seines 80. Geburtstages im Dezember 1962. Die Kommission für bayerische Landesgeschichte bei der Bayerischen Akademie der Wissenschaften hatte ihrem letzten Gründungsmitglied die dritte Festschrift dargeboten (Land und Volk, Herrschaft und Staat in der Geschichte und Geschichtsforschung Bayerns [1964]). Umgeben von seinen Schülern und Freunden leitete der Jubilar im Amerikahaus zu München am 21. Dezember 1962 ein Podiumsgespräch, in dem er mit seinen Schülern Theodor Schieder, Fritz Wagner, Wolfgang Zorn und Karl Bosl über den „Umbruch des Geschichtsbildes seit 1914“ diskutierte Und nochmals zeigte sich der Achtzigjährige nicht nur als Meister des Wortes, der Interpretation und des Wissens, sondern als Gelehrter von hohem Rang, der trotz der Jahre und des Fernseins die Entwicklung und die Trends von hoher Warte überschaute und beurteilte, als sei er nie aus der Aktivität getreten. Er sah den gewaltigen Umbruch, den Geschichte als Wissenschaft und als Bewußtsein erlebt hatte, seitdem er in die Reihen der Historiker eingetreten war, er suchte ihm zu steuern.

Im alten Egerner Friedhof schläft einer der begabtesten bayerischen Historiker, der über allen Wandel, alle Enttäuschungen und auch manche Schwächen hinweg — und das ist eben menschlich — ein ganzer Bayer, ein ganzer Deutscher, ein guter Europäer sein wollte und war. Sein lebendiges historisches Gespür und seine weiche, empfindsame Künstlerseele ließen den Leser seiner Bücher und seinen Hörer vergessen, daß hinter dem leicht und kunstvoll gesprochenen Wort minutiöse Forschung und hartes Ringen mit Problemen sich verstecken und ducken konnten. Nicht erst aus leidvoller Erfahrung, auch im Zenit seines Lebens war er ein grundgütiger Mensch, der immer zu helfen bereit war. Eine große Gemeinde von Schülern, Freunden und Verehrern hat um den Toten getrauert. In seinem Werk wird K. A. v. Müller weiterleben. Alles Erbe aber bleibt lebendig, wenn es weiterführt und anregt zu neuer schöpferischer Tat, die die Generationen darnach setzen.

ERNST KLEBEL: EIN BAYERISCHER GESCHICHTSFORSCHER

Am 21. Januar 1961 starb nach kurzer Krankheit der ordentliche Professor für Geschichte an der Philosophisch-Theologischen Hochschule Regensburg, Dr. Ernst Klebel. Er wurde am 27. Januar im ältesten deutschen Friedhof, im Friedhof zu St. Peter in Salzburg, zur letzten Ruhe bestattet, im Grabe seines Onkels, des früheren Grazer Mediaevisten Wilhelm Erben. Die Kommission für bayerische Landesgeschichte hat durch ihre Vorsitzenden bei der Leichenfeier dem Toten den letzten Gruß entboten und ihm für die reichen Anregungen gedankt, die gerade die bayerische Landesgeschichte von ihm empfangen hat.

Vor mehr als dreißig Jahren hat Ernst Klebel, ein gebürtiger Kärntner, (geb. am 24. Februar 1896 in Klagenfurt), in seiner Wiener Institutsarbeit zum ersten Male Probleme bayerischer Verfassungsgeschichte untersucht, und seitdem hat ihn gerade dieses große und umfassende Thema nie wieder losgelassen. Er steht als großer ideenreicher Anreger am Anfang der durch Otto Riedner in den zwanziger Jahren wiederbelebten und durch Max Spindler nach 1945 auf breiter Basis neuorganisierten Atlasforschung in Bayern, die ihm mächtige und weiterführende Impulse verdankt. Die Kommission für bayerische Landesgeschichte hat auch aus diesem Grund i. J. 1957 mit Freude die Gelegenheit wahrgenommen, die bedeutendsten und bleibenden Arbeiten Ernst Klebels zur bayerischen Geschichte in einem Festband zu seinem 60. Geburtstag unter dem Titel „Probleme der bayerischen Verfassungsgeschichte" der Öffentlichkeit vorzulegen. Es war uns Bayern nicht nur eine Freude, sondern auch eine Verpflichtung, daß Ernst Klebel nach einem Leben der Unrast und des stetigen Aufbruchs eine Arbeits- und Heimstatt an der gelehrten Hohen Schule, in der *sedes ac metropolis ducatus Bavariae,* im altehrwürdigen Regensburg, 1953 fand und daß er als ordentliches Mitglied 1959 in die Kommission für bayerische Landesgeschichte bei der Akademie der Wissenschaften aufgenommen wurde.

Drei Wesenszüge charakterisierten den Historiker und gelehrten Forscher Klebel. An dem Institut für österreichische Geschichtsforschung, entwickelte er zusammen mit anderen, heute führenden, österreichischen Landeshistorikern, wie Karl Lechner, Herbert Klein und unter der Anregung Theodor Mayers die für sein Problem fortschrittlichste Methode und wuchs dort auch in eine neue dynamische Geschichtsauffassung hinein, die es ihm gestattete, dem bayerischen Stoff neue Ergebnisse und Einsichten abzubringen. Ernst Klebel hat mit seinen Studien und durch seine Wirksamkeit in Bayern zunächst revolutionierend gewirkt. Dazu besaß er ein, selbst für einen Historiker ungewöhnliches Gedächtnis und eine seltene Kraft der geistigen Konzentration, die es ihm möglich machten, mehrere historische Landschaften und Probleme zugleich zu überschauen und zusammenzusehen und auf diese Weise vergleichend aus den Phänomenen, oft verblüffende neue Erkenntnisse zu erarbeiten. Diese Kraft vergleichender historischer Betrachtung zeichnete ihn vor vielen seiner Kollegen aus. Und schließlich sprühte er von neuen Einfällen und Ideen, eine Gabe, die den großen Historiker, ja den Gelehrten überhaupt ausmacht, denn ohne Phantasie kann auch der beste Methodiker und der rationalste Kritiker nicht zu neuen Ufern gelangen.

Ernst Klebel ist in der gesamten deutschen Geschichtsforschung berühmt geworden durch die Entdeckung der Salzburger Reichsannalen, die gerade für die bayerische Geschichte neue Erkenntnisse brachte. Er war immer anregend, ob er sich mit dem Verhältnis der Langobarden, Bajuwaren und Slaven, oder mit den Anfängen des Christentums in Bayern vor Bonifatius, ob mit den Grafen von Sulzbach als Vögten des Bistums Bamberg in Bayern, oder der Tätigkeit des Hochstifts Eichstätt und des Klosters Herrieden befaßte. Grundlegend für die bayerische Atlasforschung wurden seine diplomatischen Beiträge zur bayerischen Gerichtsverfassung, selbst wenn jüngere bayerische Historiker bereits über ihn hinausgekommen sind. Ernst Klebel interessierte sich sowohl für kirchliche Verfassungsfragen, wie etwa ihre Bedeutung für die deutsche Siedlung in Südmähren, als auch für die Bedeutung des Zehnten im bayerischen und österreichischen Rechtsgebiet oder für den Zusammenhang zwischen kirchlichen und weltlichen Grenzen, er schrieb eine grundlegende Studie über das Hohenstaufenerbe im Oberinntal und am Lech und hat damit auch die Forschung des mittelalterlichen bayerischen Schwaben befruchtet. Daß seine Forschung aber nicht bloß in Siedlungs-, Verfassungs- und Sozialgeschichte sowie in Ausdeutung der Quellen sich erschöpfte, sondern auch weite andere Bereiche umschloß, zeigen seine Studien über Bayern und das Nibelungenlied und über das Attila-Epos aus Passau. Dabei beschränkt sich dieser Überblick über sein gelehrtes Schaffen nur auf Bayern und seine Geschichte. Die Würdigung seines gesamten Schaffens muß anderen Stellen überlassen bleiben. So ist seine langjährige Arbeit am Schwabenspiegel durch seinen Tod leider unterbrochen worden. Die bayerische Geschichtsforschung steht in tiefer Bewegung und Trauer am Grabe eines so bedeutenden wissenschaftlichen Anregers und eines großen bayerischen Historikers, der aus der Weite des altbayerischen Stammes- und Kulturgebietes in die staatliche Geschlossenheit des modernen bayerischen Staates kam und ihm durch seine Forschung diente.

Seinen Kollegen und Freunden hat er die schöpferische Unruhe und Leidenschaft gelehrter Forschung, die ihn wie keinen anderen trieb, als Erbteil und Vermächtnis hinterlassen.

HEINRICH HELD
JOURNALIST — PARTEIPOLITIKER — STAATSMANN*

Richtig verstandene Demokratie ist Bewegung, stete kritische Besinnung auf den zurückgelegten Weg und auf neue Maßnahmen, ist offene Bereitschaft zur notwendigen Reform auf Grund eines gesunden Vergleichs von Verfassungsnorm und Verfassungwirklichkeit. Demokratie ist deshalb die unbequemste, aber auch die reifste Staatsform, die Menschen voraussetzt, die im besten Sinne aufgeklärt und reif zur Selbstkontrolle sind. Eine parlamentarische Demokratie im Vollsinn der Volkssouveränität kennen wir in ganz Mitteleuropa erst seit der Revolution und den Umbrüchen von 1918, und die ersten Versuche, auch demokratische Lebens- und Denkformen zu entwickeln, sind nach den Anfängen in der Weimarer Republik durch den Hitlerstaat jäh unterbrochen und geknickt worden. Man sagt den Deutschen nach, daß sie Demokratie nie recht gelernt hätten und daß Demokratie bei ihnen keine Traditionen hätte. Das behaupten bis heute auch die Historiker, die nicht wahrhaben wollen, daß die Grundelemente demokratischer Staats- und Lebensformen auch bei uns die durch kein Ereignis wie die französische Revolution unterbrochenen, eigengeprägten Traditionen besitzen. Es geht in Bayern sogar eine vielfache personale Kontinuität vom aufgelösten Ständeausschuß zur neuen „Ständevertretung“, die der Monarch in der Verfassung von 1818 gewährte; aus letzterer entwickelte sich das moderne bayerische Parlament. Es ist deshalb eine Aufgabe, sowohl die mittelbaren wie die unmittelbaren Bezüge unserer Gegenwart zur nächsten demokratischen wie auch repräsentativen Vergangenheit bloßzulegen, das Werden, die Evolution einer demokratischen Gesellschaft aufzuzeigen und sich dabei der Männer und Gruppen zu erinnern, die zum Aufbau der Demokratie in Bayern und Deutschland beigetragen haben. Der Herr Oberbürgermeister der Stadt Regensburg bringt mit der Feierstunde zum Gedächtnis des hundersten Geburtstages von Dr. Heinrich Held zum Ausdruck, daß er das Wirken dieses Journalisten, Parteimannes, Politikers und Staatsmannes auf kommunaler und gesamtstaatlicher Ebene nicht nur darum würdigt, weil er Regensburger Ehrenbürger war, sondern als bayerischer parlamentarischer Ministerpräsident während fast neun Jahren und als Parteipolitiker und Parlamentarier sich um den Aufbau einer demokratischen Staats- und Gesellschaftsordnung in unserem Lande verdient gemacht hat.

I.

In den drei entscheidenden Phasen seines Lebens spiegelt das Wirken Heinrich Helds nicht nur die wichtigsten Grundtendenzen und Grundformen bayerischer

* Gedenkrede im Reichssaal des Rathauses bei der Gedenkfeier der Stadt Regensburg zu Ehren des 100. Geburtstages ihres Ehrenbürgers Dr. Held.

Politik und Gesellschaftsentwicklung wider, sondern zeigt auch repräsentativ den Gang bayerischer Geschichte im ersten Drittel unseres 20. Jahrhunderts. Die Leistung dieses Politikers würdigt man dann am gerechtesten, wenn man ihre wechselseitige Verflechtung in die Entwicklung dieser Epoche bloßlegt und seinen personalen Ort in der kollektiven Umwelt analysiert. Diese Aufgabe ist deshalb nicht ganz leicht, weil meine Schüler erst seit einiger Zeit dabei sind, die gesellschaftliche, wirtschaftliche, politische und geistige Entwicklung Bayerns seit 1890 quellen- und aktenmäßig zu analysieren. Unsere erste Frage lautet darum, in welche gesellschaftliche und politische Situation [1] der Journalist und Politiker Held eintrat und welche Stellung der Zentrumsmann in ihr bezog.

Zu Beginn der neunziger Jahre des 19. Jahrhunderts traten in Bayern erstmals in aller Deutlichkeit jene Phänomene auf, die für den modernen Parlamentarismus und für die moderne Gesellschaft und Wirtschaft [2] bedeutsam wurden. Das Tempo der Entwicklung beschleunigte sich dabei so schnell, daß die großen Gesetzeswerke, wie z. B. das Wahlgesetz von 1906, bei ihrer Verkündigung bereits schon wieder überholt waren und deshalb ihre gesellschaftspolitische Funktion schon darum nicht erfüllten, weil sie nicht das Ergebnis eines Interessenausgleichs in gesellschaftlich integrierter Willensbildung, sondern immer noch ein halbes Oktroy waren. Der Eintritt der Massen in das öffentliche Leben veränderte die soziologische Struktur des Untertanenverbandes; zunehmende Verstädterung, Verkehrssteigerung, das Telefon als Vorläufer der Massenmedien und anderes mehr kennzeichneten den Aufbruch zur Moderne. Die Aufhebung der Sozialistengesetze förderte die Gewerkschaftsbewegung und die Entfaltung der sozialdemokratischen Parteiorganisation. Zollsenkung und Handelsverträge verursachten Existenzangst in der bäuerlichen Mittelschicht und verstärkten die Proletarisierung in den agrarischen Unterschichten, die schon seit Beginn des Jahrhunderts im bayerischen Dorf [3] eingesetzt hatte. Die Folge davon war die endgültige Abspaltung des radikal-bäuerlichen Flügels vom Zentrum und die Gründung des Bauernbundes in Gegnerschaft zu Adel, hohem Klerus und Großbauerntum. In dessen Sog geriet das Zentrum auf dem Lande [4]. Die Landtagswahlen von 1893 bestätigten diese Tendenzen. Zentrum und Liberale verloren Mandate an Bauernbund und Sozialdemokratie; der Adel brachte keine Kandidaten mehr durch, auch der Präsident der Kammer der Abgeordneten Freiherr von Ow verlor seinen Parlamentssitz. Das Zentrum fühlte sich durch den Bauernbund in seinen ländlichen Positionen tödlich verletzt und be-

---

[1] Die Probleme und Aufgaben suchte zu umreißen: Bosl, K.: Gesellschaft und Politik in Bayern vor dem Ende der Monarchie. Beiträge zu einer sozialen und politischen Strukturanalyse, ZBLG 28 (1965) 1—31.

[2] Schnorbus, A.: Arbeit und Sozialordnung in Bayern vor dem Ersten Weltkrieg. = Miscell. Bav. Monac. 19 (1972).

[3] Phayer, F.: Die Religion und das gewöhnliche Volk in Bayern von 1750 bis 1850. = Miscell. Bav. Monac. 21 (1970).

[4] Möckl, K.: Gesellschaft und Politik während der Ära des Prinzregenten Luitpold. Ein Beitrag zur Vorgeschichte der Revolution in Bayern, in: Bayern im Umbruch, hrsg. von K. Bosl, 1969. S. 5—36.

fürchtete ein Abwandern der Arbeiter zur Sozialdemokratie. In dieser Situation konnte sich der linke gemäßigte Flügel im Zentrum unter der Führung von Dr. Heim [5], Schirmer, Dr. Daller und Dr. Orterer durchsetzen und fast 15 Jahre lang die Entwicklung der bayerischen Zentrumspartei maßgeblich beeinflussen. Die Geschichte des bayerischen Zentrums in den Jahrzenten seit 1890/3 ist bestimmt von dem tiefen Gegensatz zwischen hochklerikal-adeligem und bäuerlich-sozial-niederklerikalem Flügel. Letzterer hat die Partei für die Erfordernisse der modernen Massengesellschaft bereit gemacht und sie zur „Volkspartei" umgewandelt; ersterer hat durch seine reaktionäre Haltung die Wege für die Revolution von 1918 ebnen helfen, nachdem es ihm gelungen war, seit 1910/12 die Partei wieder zu beherrschen.

Der katholische Arbeiterführer Carl Schirmer arbeitete seit 1892 in München mit Heim zusammen, bis letzterer in die Oberpfalz versetzt wurde und dort durch seine ausgleichende und helfende Tätigkeit im Fuchsmühler Bauernaufstand sein eigentliches Wirkungsfeld fand, auf dem er sich den Ehrennamen „Bauerndoktor" verdiente. Als „Mann mit dem Loch im Ärmel" erteilte er auch den fanatischen Gegnern der Arbeiterbewegung wirkungsvolle Abfuhren. Ziel und Methode Heims war es, den Wähler aufzuklären, bedrohte Volksschichten besserzustellen, mit allen Kräften gleicher Gesinnung zusammenzuarbeiten d. h. mit dem niederen Klerus, der katholischen Arbeiterbewegung [6], dem Bauernbund und den Sozialdemokraten. Heims Bemühen um den Aufbau eines bäuerlichen Genossenschaftswesens hat entscheidend zur Festigung seiner Partei beigetragen und die künftigen Wahlsiege des Zentrums vorbereitet. Das Wahlbündnis mit den Sozialdemokraten machte letztere im Bewußtsein der Wähler „salonfähig" und förderte den gesellschaftlichen Integrations- und Egalisierungsprozeß. Freilich darf man nicht vergessen, daß der pragmatische Führungsstil Georg von Vollmars [7], den er in seinen berühmten Eldoradoreden von 1891 propagierte, der entscheidende Anstoß dazu war. Die Wahlsiege von 1899 und 1905, dazu das Bündnis mit den Sozialdemokraten, haben die Basis für die relativ fortschrittliche Wahlgesetzgebung vom 9. April 1906 geschaffen. Heims demokratische Tendenzen fanden weder Gefallen noch Verständnis in den führenden Schichten des Zentrums, seine Anhänger wurden als Radikale abgestempelt. Der rechte Flügel des Zentrums, der nach den Wahlen von 1899 wieder erstarkte, setzte zum Gegenstoß an gegen den „starken Mann" der Partei, der Heim lange war. An der Spitze dieser Gegenaktion standen der Passauer Dompropst Dr. Pichler als Führer des hohen Klerus und der Münchener Philosophieprofessor Georg Freiherr von Hertling [8], sowie Graf Preysing, letztere als Häupter des adeligen Flügels. Diese wollten das Zentrum hof- und regierungsfähig machen; dabei standen ihnen Heim und seine Mannen, die bäuerlichen Abgeordneten

---

[5] Renner, H.: Georg Heim (1960).

[6] Gasteiger, M.: Die christliche Arbeiterbewegung in Süddeutschland (1908).

[7] Jansen, R.: Georg von Vollmar (1958). Demnächst Albrecht, W.: Georg von Vollmar. Eine politische Biographie.

[8] Hertling, G. v.: Politische Parteibildung und soziale Schichtung, in: Hochland III (1905) 47—57.

und der niedere Klerus im Wege [9]. Die Auseinandersetzungen dauerten bis 1907, sie waren oft sehr hart und zermürbten systematisch Heims Position. Er mußte schließlich kapitulieren, da kein ebenbürtiger Führer zur Verfügung stand, um sein Erbe anzutreten. Der einzige Nachfolger wäre Heinrich Held gewesen, der aber damals sich erst eine Stellung aufbauen mußte; zudem wollte sich dieser kluge Taktiker nicht klar auf Heim festlegen, obwohl er dessen Vorstellungen zweifellos am nächsten stand.

Die beiden Flügel der Partei hatten verschiedene Vorstellungen vom Wesen des Zentrums. Heim hatte das Problem der Massen erkannt und die Frage der Parlamentarisierung erahnt. Nach seinen Auffassungen sollte die politische Willensbildung vom einzelnen Glied des Volkes ausgehen; er sah die politische Macht dort begründet, wo die größere Zahl Gleichgesinnter entscheidet. Für seinen Gegner Hertling war die soziale Schichtung der natürliche und ursprüngliche Faktor politischer Parteienbildung; um der höheren religiösen Ziele willen aber müsse diese Schichtung überwunden und die Einseitigkeit einer Einzelschicht ferngehalten werden. Max Emmanuel von Preysing, Sohn des oben genannten Konrad von Preysing, bezeichnete 1904 Heim als den „hervorstechendsten Vertreter der Demagogie im Zentrum". Aus den Landtagswahlen von 1907 gingen nur mehr wenige Anhänger Heims als Sieger hervor. Heim wurde aus allen wichtigen politischen Positionen ausgeschaltet. Der konservativ-reaktionäre Flügel der Partei, der auf der ganzen Linie gesiegt hatte, drängte auf Konsolidierung des herrschenden poltischen und gesellschaftlichen Gefüges. So war es keine Überraschung, daß 1912 der Führer dieser Gruppe, Georg von Hertling, mit der Leitung der Regierung betraut wurde. Seine konsequente konservative Politik hat die Kluft zwischen gesellschaftlicher Wirklichkeit und politischer Machtverteilung gewaltig vertieft [10]. Der entscheidende Kern der Verfassung, die Prärogative des Monarchen, wurde seit König Ludwig II. stetig ausgehöhlt; eine nichtverantwortliche Ministeroligarchie und unter dem Prinzregenten die Nebenregierung seiner Geheimkanzlei beherrschten das Feld. Dahinter stand eine dünne gesellschaftliche Oberschicht von hohen Beamten, Großkapitalisten und Großgrundbesitzern aus Adel, Großbürgertum und hohem Klerus, die ihre Interessen stärkstens ausglichen, einander anpaßten und stabilisierten, so daß ihre Exponenten in Regierung, Reichsrat, Parteien und Interessenverbänden weitgehend die politische Gewalt in Händen hatten. Parallel dazu vollzog sich in den Mittel- und Unterschichten ein Egalisierungs- und Demokratisierungsprozeß, dem eine großzügige Gesetzgebung soweit entgegenkam, daß das Verlangen nach Ausübung der Macht im Staate in diesen Schichten vor dem ersten Weltkrieg noch nicht virulent wurde. Die Einbettung Bayerns in das Reich und

---

[9] Über die Gesellschaftspolitik der Prinzregentenära orientiert Möckl, K.: Die Prinzregentenzeit. Gesellschaft und Politik während der Ära des Prinzregenten Luitpold (1972).

[10] Albrecht, W.: Landtag und Regierung in Bayern am Vorabend der Revolution von 1918. Studien zur gesellschaftlichen und staatlichen Entwicklung Deutschlands von 1912 bis 1918 = Beiträge zu einer historischen Strukturanalyse Bayerns im Industriezeitalter. Bd. 2 1968.

die Möglichkeit zu sozialem und politischem Aufstieg haben in diesem gesellschaftlichen Gefüge stabilisierend gewirkt. Der Nimbus der Stabilität, mit dem sich diese elitäre Führungsschicht umgab, machte sie aber blind gegen die Tatsache, daß durch die lange Friedensperiode die gesellschaftliche, wirtschaftliche und kulturelle Entwicklung sowohl Verfassungsstruktur wie politisches Machtgefüge überholt hatten; in der Krise des Weltkrieges wurde diese offenbar, dadurch wurden auch die Träger der Macht, angefangen vom Monarchen, in Zweifel gezogen und suspekt, die Revolution von 1918 wurde möglich [11].

Das war in kurzen Strichen gezeichnet die historisch-politisch-gesellschaftliche Situation, in die Heinrich Held eintrat, die ihn auch als Parteimann und Politiker entscheidend geprägt hat. Man muß sie kennen, um ein realistisches und gerechtes Urteil über den Journalisten und Parteipolitiker Held begründen zu können [12]. Eigentlich steht damit zugleich das bayerische Zentrum vor dem Forum der Geschichte, um es ungeschminkt zu sagen.

II.

Heinrich Held wurde am 6. Juni 1868 als Sohn des „Musikus" Johann Held im hessischen Erbach geboren. Seine Vorfahren waren Maurer. Der Vater hatte ihn zum Musikanten bestimmt. Doch ging er mit 17 Jahren nach Straßburg und trat nach zweijährigem Privatstudium bei seinem Bruder in das dortige katholische Gymnasium ein, das er im Alter von 23 Jahren mit ausgezeichnetem Erfolg absolvierte. Von 1892—1895 studierte er an der Straßburger Universität Rechtswissenschaft, Geschichte und Nationalökonomie, verbrachte das Wintersemester 1895/6 in Marburg an der Lahn und ging mit 28 Jahren zur Presse. Nach zweijähriger Tätigkeit am Heidelberger Zentrumsblatt „Pfälzer Bote" holte ihn 1899 der Verleger Josef Habbel nach Regensburg. Heinrich Held kam mit festen Eindrücken und Erfahrungen in die Stadt an der Donau. Im Elternhaus herrschte strenge katholische Religiosität. Das Erlebnis des 1872 beginnenden preußischen Kulturkampfes war so stark in ihm, daß er 1921 als Präsident des Frankfurter Katholikentages bekannte: „Ich habe hier auch den Kulturkampf miterlebt, der richtunggebend geworden ist für mein geistiges und religiöses Leben". Die Erfahrung der harten Auseinandersetzungen zwischen den nationalen, liberal-protestantischen und katholischen Richtungen innerhalb der Straßburger Studentenschaft weckten in dem reifen jungen Mann eine starke antiliberale Haltung und einen aggressiv-reizbaren politischen Katholizismus, der die staatsbürgerliche Gleichstellung der Katholiken und die religiös-pastorale Freiheit der katholischen Kirche von jeder staatskirchlichen Bevormundung anstrebte. Im milderen politischen Klima Bayerns, in dem der Kulturkampf durch Minister Lutz in staatskirchenrecht-

[11] Umbruch in Bayern. Die Revolution von 1918. Voraussetzungen, Verlauf, Folgen. Hrsg. v. K. Bosl (1969). — Ay, K. L.: Die Entstehung einer Revolution. Die Volksstimmung in Bayern während des Ersten Weltkrieges (1968).

[12] Kessler, R.: Heinrich Held. Eine politische Biographie bis zum Antritt der Ministerpräsidentschaft 1924. Diss. München 1969. Für alle Einzelheiten verweise ich auf diese Arbeit, die den Privatnachlaß Helds verwerten durfte.

lichen Bahnen durchgefochten wurde [13], trat darum der aggressive Kämpfer gegen Liberalismus und Staatskirchentum schärfer auf, als notwendig und angebracht war, und schuf sich dadurch oft unnötige Schwierigkeiten und Gegner. In seiner hessischen Heimat und während der Straßburger Studienjahre gewann er auch die politische Grundstimmung, die er in Bayern als historische Wahlverwandtschaft empfand. Diese war geprägt durch eine starke Abneigung gegen die Hegemonialmacht Preußen [14] und eine föderalistische Überzeugung [15]. Um den Vorwurf des „landesfremden Hessen" zu entkräften, hat Held oft auf das gemeinsame Schicksal Hessens und Bayerns hingewiesen. Held kam als überzeugter Zentrumsmann nach Regensburg; kirchentreue Haltung und früherwachtes politisches Interesse hatten ihn schon lange in die Reihen dieser Partei geführt, der er als Journalist diente. Das hessische Zentrum war besser organisiert als das bayerische und unter dem Einfluß Kettelers und führender Mainzer Politiker viel stärker sozialpolitisch orientiert; außerdem wirkten in ihm starke demokratische Tendenzen nach. Diese Grundzüge repräsentierte am stärksten Helds nächster Landsmann Dr. Ernst Maria Lieber, nach Windthorsts Tod Führer des Reichstagszentrums bis 1902, in den 80er Jahren Führer des linken Flügels der Partei und Hauptvertreter der demokratischen Richtung in ihm. Lieber war Helds politisches Vorbild, ein Volksmann, Wahrer und Verteidiger der Volksrechte gegen Regierung und Feudalismus, ein bedeutender Organisator und Agitator, Kenner der Arbeiterfrage und Sozialreformer hohen Grades, als Abgeordneter ein sozialer Mahner der Regierung, ein gewiegter Politiker, feiner Diplomat und kluger Taktiker. Der Uneingeweihte kann schwer erkennen, wie stark der Eindruck dieses führenden Zentrumsmannes auf Held war und wieviel er von ihm lernte und übernahm. Vom Druck des Kulturkampfes befreit, war das Zentrum in den 80er Jahren in die Gefahr geraten, in wirtschafts- und gesellschaftspolitische Interessengruppen zu zerfallen. Hier galt es, die Interessen gerecht auszugleichen und so eine Einheit aller Gruppen zu garantieren. Auf diesem Wege wurde das Zentrum eine Volkspartei und mit diesen Grundsätzen und Erfahrungen stieg Held selber zur Führungsstellung im bayerischen Zentrum auf. Als Held 1899 seine Tätigkeit in Regensburg begann, charakterisierten ihn eine starke katholisch-kämpferische Haltung, ein antiliberaler und antipreußischer Affekt, eine lebendige demokratische Überzeugung und ein sozialreformerischer Wille. Die entscheidende Frage wurde die, wie weit er sich in der Folge dem bayerischen Zentrum anpaßte und wie stark er selber war, dieses nach seinen Grunderlebnissen und Überzeugungen umzuformen und zu verändern. Das ist die zweite Grundfrage.

---

[13] Grasser, W.: Johann Freiherr von Lutz (eine politische Biographie) 1826—1890 = Misc. Bav. Mon. I. (1967).

[14] Barton-Stedman, I. v.: Die preußische Gesandtschaft in München als Instrument der Reichspolitik in Bayern von den Anfängen der Reichsgründung bis zu Bismarcks Entlassung. Misc. Bav. Mon. II (1967).

[15] Reiser, K.: Bayerische Gesandte bei deutschen und ausländischen Regierungen 1871—1918. Ein Beitrag zur Geschichte der Teilsouveränität im Bismarckreich, Misc. Bav. Mon. IX (1968).

III.

In Regensburg trat Heinrich Held 1899 in den Bannkreis einer zweiten prägenden Persönlichkeit, eines Westfalen aus Soest, seines späteren Schwiegervaters Josef Habbel, der nach dreijährigem Aufenthalt in Mainz 1866 zur Firma Pustet in dieser Stadt gekommen war. Friedrich Pustet aus Hals bei Passau, Josef Habbel, der Westfale und Heinrich Held aus Erbach im Taunus bildeten das Dreigestirn katholischer Verleger in der alten Reichs- und jetzigen Regierungsstadt. Habbel, ebenfalls von dem Prediger sozialer Gerechtigkeit in Mainz, Bischof Ketteler, geprägt, hatte seit 1870 als Inhaber der von Pustet gegründeten „Amberger Volkszeitung" den politischen Katholizismus in der mittleren Oberpfalz organisiert; 1883 übernahm er wiederum von Pustet das „Regensburger Morgenblatt" und den „Regensburger Anzeiger" und überwand Anfang der 90er Jahre mit dem „Anzeiger" jede Konkurrenz in der Stadt. Der Eintritt Helds in die Redaktion 1899 bedeutete einen neuen Abschnitt in der Geschichte des Blattes; denn seine gewandte Feder, seine umfassenden Kenntnisse und sein öffentliches Wirken steigerten Ansehen und Bedeutung der Zeitung und hoben sie aus dem Niveau reiner Provinzblätter heraus [16]. Am 21. Mai 1901 heiratete er die Tochter Marie seines Chefs, dessen Freundschaft und Vertrauen er bald gewonnen hatte. Habbel hatte sorgfältig und mit Bedacht seinen Chefredakteur aus vielen Bewerbern 1899 ausgewählt. Das „Morgenblatt" ging 1910 im „Anzeiger" auf, der 1913 eine Auflage von 36 000, während des Krieges von 45 000 Exemplaren hatte. Nach Vollendung des 60. Lebensjahres hatte der Seniorchef das Zeitungsunternehmen seinen beiden Söhnen Josef (jun.) und Martin und seinem Schwiegersohn Heinrich Held übergeben. In Habbels Denken und Haltung beeindruckten Held drei Grundtatsachen: der großdeutsche Gedanke als Lebensform, ein starkes demokratisches Empfinden, sein sozialreformerischer Sinn gepaart mit werktätigem Christentum. Habbel war ein überragender Organisator und ein Mann mit natürlichem politischem Instinkt.

Kommunalpolitik war das erste große Thema in Helds politischen Anfängen, Regensburg das Exerzierfeld. Im Kampfe mit dem Rathausliberalismus obsiegte er im Bunde mit Schwiegervater Habbel, Kommerzienrat Pustet, dem Fabrikanten Mayer und dem Justizrat Schlegl. Ihnen verhalfen die Zentrumswähler zum Einzug in das Rathaus. Held erkannte die große Bedeutung Regensburgs als einer Schlüsselstellung für die Ostorientierung der bayerischen Wirtschaft, er erfaßte die günstige Lage der Stadt für eine großzügige West-Ostwasserstraße und Verkehrsverbindung, von der eine weitere Belebung der Wirtschaft und eine Steigerung des Wohlstandes in Stadt und Land abhing. Er nahm sich deshalb auch des Planes der Errichtung staatlicher Hafenanlagen an und wurde einer der Mitbegründer des Bayerischen Lloyd. In kurzer Zeit wurde Held zu einem versierten Gemeindepolitiker. Die Regensburger Phase seines Wirkens umfaßte im wesentlichen die Jahre 1899—(1907) 1912. Sie war geprägt von den früheren Erlebnissen und Ein-

---

16 Held, J.: Ein Leben für Bayern (1959). — Ders.: Zeitungsgeschichte, Zeitgeschichte. Beiträge zur Regensburger Pressegeschichte III (1959).

drücken und erscheint als die überzeugteste Epoche seiner Tätigkeit in Bayern. Er kam dadurch ganz von selbst in die Nähe Georg Heims und bewegte sich in demokratischen und sozialreformerischen Gedankengängen. Helds Kampf gegen den Rathausliberalismus führt uns in Gesellschaftsstruktur und Geist dieser Stadt um die Jahrhundertwende hinein; denn konfessionelle, antiprotestantische, soziale und antikapitalistische Gedanken beherrschen seine Agitation und Propaganda gegen die Stadtherrschaft einer liberalen protestantischen Minderheit aus dem Besitzbürgertum. Die bayerische Gemeindeverordnung von 1869 machte das Bürgerrecht völlig vom Kapital abhängig. Held erkannte, daß er und seine Partei auf kommunaler Ebene nur siegen konnten, wenn die Gemeindeordnung und das Wahlrecht geändert würden. Er schlug vor, Bürgerrecht und Gemeindewahlrecht von einander zu trennen und die Proporzwahl einzuführen. Nach seiner Wahl in die Kammer der Abgeordneten versagten sich ihm aber die Zentrumsfraktion sowie die zwei Kammern des Parlaments nach der Neuwahl von 1907 in der Frage der Trennung, aber die Proporzwahl setzte er 1908 in beiden Kammern durch. Die eigene Partei befürchtete freilich, daß dadurch auch die Sozialdemokraten in die Rathäuser kämen, wie vor allem Lerno hervorhob. In einer scharfen Auseinandersetzung erwies sich Held als überzeugter Demokrat, der die Zeichen der Zeit zu deuten und zu verstehen wußte. Damals sprach er die Sätze: „Es ist beschämend zu sehen, daß auch Leute unserer Partei eine Heidenangst haben vor der Sozialdemokratie, daß sie darüber in der Politik Gerechtigkeit und Klugheit fast vollständig vergessen. Die Sozialdemokratie aber von Gesetzes wegen niederzuhalten, ihr nicht mit anderen Parteien gleiche Betätigungsbedingungen zu gewähren, heißt die sozialdemokratische Gefahr nicht zu mindern, sondern sie ganz bedeutend zu steigern. Gleiches Recht für alle ohne Unterschied der Partei." Das bayerische Zentrum drohte in den Bismarckschen Fehler zu verfallen und der vom preußischen Kulturkampf berührte Held warnte davor. Durch die Einführung des Proporzwahlsystems konnten sechs Zentrumsleute, darunter Habbel und Held, in das Regensburger Gemeindekollegium einziehen, Heim wurde als einziger Zentrumsmann in den Magistrat gewählt. Gleichzeitig wurde in ganz Bayern die Vorherrschaft der Liberalen in den Rathäusern gebrochen. Bei den Regensburger Gemeindewahlen 1914 überrundete das Zentrum die Liberalen, 1919 errang die BVP erstmals die absolute Mehrheit. Ein interessanter Weg der Kommunalpolitik bis heute mit vielen aktuellen Parallelen, Bezügen, Zusammenhängen, Wandlungen!

Held war in seiner ersten bayerischen Phase ein Vorkämpfer für die soziale Frage und das Arbeiterproblem, auch wenn die führenden akademischen und klerikalen Kreise des bayerischen Zentrums den „braven katholischen Arbeiter" zwar belobten, aber dessen politische Emanzipation als Störung der gottgewollten Ordnung empfanden. Der Taktiker und Politiker Held wandelte sich wie viele andere in der zweiten und dritten Phase seiner öffentlichen Tätigkeit in Bayern von 1912 bzw. von 1924 ab gerade in seinen demokratischen und sozialreformerischen Grundkonzeptionen oder ließ sie wenigstens zurücktreten; aber es kennzeichnet ihn besonders, daß er gegen den Strom und die herrschende Spitze seiner Partei schwamm, daß er die Notwendigkeit einer zielbewußten sozialen Reformarbeit frühzeitig erkannte, daß er beim Aufbau eines christlichen Gewerkschaftswesens in Regensburg und in der Oberpfalz führend war. Die „Augsburger Postzeitung", ein Zentrumsblatt also, griff ihn wegen seiner sozialpolitischen Aktion bereits 1899 an. Der Eisenbahnerverband ernannte ihn wegen seiner großen Verdienste um die Hebung der Lage des unteren Eisenbahnpersonals zu seinem Ehrenmitglied. Held bejahte schon damals das Koalitions- und Streikrecht der Arbeiter. Er blieb auch nach seinem Eintritt in die Zentrumsfraktion der Kammer der Abgeordneten sozialpolitisch aktiv. Wenn er besonders 1912—1914 zum scharfen Gegner der Sozialdemokratie wurde, dann bestimmten ihn dazu verfassungs- und kulturpolitische Beweggründe. Ein Grundzug seines Wesens und Tuns aber blieb die Sozialpolitik aus christlichem Gerechtigkeitsgefühl.

Die Frontstellung gegen Bauernbund und Sozialdemokratie seit den neunziger Jahren zwang das Zentrum, sich von der locker organisierten Honoratiorenpartei zu einer straff organisierten Mitgliederpartei zu wandeln. Für diesen Umbildungsprozeß schuf Held in Regensburg und in der Oberpfalz nicht nur ein beispielgebendes Modell, sondern zeigte sich als Typ des modernen Parteipolitikers mit managerartigem Organisationstalent und kämpferischer Initiative im Gegensatz zu den alten Honoratiorenpolitikern. Mit seiner Forderung einer Neuorganisation der Partei stieß er bei deren konservativem Flügel immer auf Ablehnung, da dieser den „Berufspolitiker" ablehnte und seine Hoffnung auf politische Improvisation, Instinkt und die traumwandlerische Gefolgschaft der Wähler setzte. Diese archaische Form des Konservatismus ist eine besondere Note bestimmter bayerischer Kreise geblieben und hat seine letzte Blüte in der Ablehnung einer Planung und Planwirtschaft getrieben, die von führenden Politikern heute noch vertreten wird und zwar als unbayerisch. Helds organisatorische Tätigkeit stieß 1907 auf den Widerstand der Bauernvereine in Burglengenfeld, denen dieser aus „Preußen" zugewanderte „Parteiintellektuelle" suspekt war. Der katholische Klerus und die direkte Intervention Heims ebneten ihm erst den Weg zur offiziellen Parteikandidatur und damit in die Kammer der Abgeordneten.

IV.

Die zweite Phase in Helds politischer Wirksamkeit in Bayern setzte mit Helds ungewollter Kapitulation vor dem reaktionären Konservativismus der hochklerikal-aristokratischen Führungsgruppe seiner Partei 1912 ein. Er, der sich als Kommunal- und Sozialpolitiker, als moderner Parteiorganisator und fortschrittlicher Zentrumsmann in Bayern schon großes Ansehen und Einflußnahme erworben hatte, galt als der beste „Heimianer" und stand in den scharfen Auseinandersetzungen zwischen dem konservativ-hochklerikal-aristokratischen Flügel um Dompropst Pichler von Passau und dem demokratischen um Heim, Schirmer usw. zwischen 1907 und 1910 auf Heims Seite, sowohl seiner Herkunft wie seiner politischen Überzeugungen nach. Wie Heim wollte er das Zentrum als Volkspartei verstanden wissen, die nicht regierungshörig war. Held kritisierte die hohe prozentuale Beteiligung des Adels am Offizierskorps, ebenso die antisoziale Einstellung der ersten Kammer der Reichsräte [17], deren Reform Heim mit den Liberalen und Sozialdemokraten forderte [18]. Als Heim sich 1912 nicht mehr zum Landtag aufstellen ließ, also resignierte, war Held isoliert. Heim zog sich auf seine neue Hausmacht, die christlichen Bauernvereine zurück, wo Sebastian Schlittenbauer bis 1917 sein schwacher Statthalter war. Die Gründung der Bayerischen Volkspartei 1918/19 war Heims späte Rache an seinen alten Gegnern, die aber schon durch die Revolution von 1918 in ihrer Politik, die sie besonders seit 1912 betrieben hatten, diskreditiert waren. Held überstand die Gefahr der politischen Isolierung dank seiner taktischen Anpassungsfähigkeit und seiner sachlichen politischen Arbeit. Er gab seine starke Opposition gegen die hochkonservative Parteispitze auf und versuchte eine Stellung zwischen den rivalisierenden Gruppen zu beziehen. Auf diesem Wege schwang er sich 1914 zum Fraktionsvorsitzenden seiner Partei empor; seine sachliche Leistung hatte auch die alten Gegner überzeugt. Das Zentrum besaß nicht viele führende Köpfe, die vorab in der Debatte ihren Mann stellen konnten. Neben Pichler war Held seit 1910 der Hauptredner der Fraktion in den großen Budgetdebatten. Beamten-, Steuer- und Kulturfragen wurden seine Hauptarbeitsgebiete im Parlament bis 1914.

In der Kultur- und Kirchenpolitik war sich das Zentrum immer einig, in wirtschafts- und sozialpolitischen Fragen aber gingen die Meinungen oft weit auseinander. Held sah die Notwendigkeit von Strukturveränderungen in der Fraktionsarbeit und legte 1911 einen Arbeits- und Organisationsplan vor, der angenommen wurde. In den Jahren 1912—1914 schieden alte Männer wie Daller, Malsen, Schädler aus, auch Heim und 1916 Orterer; dadurch verloren die Flügelkämpfe an Heftigkeit. Held war 1914 Kompromißkandidat für den Posten des Fraktionsvorsitzenden gewesen, nachdem er seit 1912 auch gegen die Regierung konzilianter geworden war. Er rang um einen gerechten Ausgleich zwischen den Interessen. In diesem Bemühen hielt sich Held bei seinem großen taktischen Geschick unbestritten an der Spitze der Partei und ihrer Tochter, der BVP, bis 1933. Die Stellung des Fraktionsvorsitzenden im alten bayerischen Zentrum war noch nicht so einflußreich wie später. Noch gab es in Bayern nur ein Beamtenministerium, das der Monarch berief und zwar nicht aus den Parteien der Volksvertretung. In den Auseinandersetzungen um den „Eisenbahnerrevers" bezog Held erstmals eine scharfe parlamentarische Stellung gegen die SPD, er hatte dabei die taktische Absicht, die Liberalen [19] für einen Bürgerblock gegen die SPD zu gewinnen; das mißlang, statt dessen näherten sich Liberale und Sozialdemokraten sehr stark und arbeiteten im „Rotblock" zusammen. Aber der eigentliche Machtkampf wurde zwischen Zentrum und Regierung ausgetragen. Mit Hertling kam 1912 zwar kein Partei-

---

17 Über die liberalen Strömungen in der Reichsratskammer in den ersten Jahren ihres Bestehens siehe jetzt Ostadal, H.: Die Kammer der Reichsräte im Vormärz, Misc. Bav. Mon. XII (1968).

18 Zum ganzen s. Albrecht, W.: Landtag und Regierung, a. a. O.

19 Für die Entwicklung des Liberalismus in Bayern siehe jetzt: Reimann, J.: Ernst Müller Meiningen senior und der Linksliberalismus in seiner Zeit. Zur Biographie eines bayerischen und deutschen Politikers (1866—1944). Misc. Bav. Mon. 1968.

minister ans Ruder, der Baron fühlte sich auch nicht als Beauftragter des Zentrums, sondern als Vertrauensmann der Regierung. Darum zeigten sich der demokratische Flügel der Partei und mit ihm Held der Regierung gegenüber grundsätzlich reserviert, da sie „Volkspartei" bleiben und keine „Regierungspartei" werden wollten.

Im Kampf gegen den Liberalismus war das Zentrum als Volkspartei groß geworden, es war an die Opposition gewöhnt. Seit der Wahl und dem Regierungsantritt Hertlings 1912 verschärften sich die innerpolitischen Fronten im Lande. Held zog dabei die praktische und taktische Konsequenz, daß das Zentrum der einzige Hort zur Rettung des Staates, der Monarchie, der Gesellschaftsordnung und der christlichen Überzeugung sei und sein könne. Entgegen früheren Auffassungen nahm er von nun an eine fast dogmatische Haltung gegen Liberalismus und Sozialdemokratie ein. In Held vollzog sich zweifellos auch ein Gesinnungswandel, den ich nicht nur für Taktik halte. Die Fronten veränderten sich. Wer nach den Gründen für die bayerische Revolution von 1918 fragt, muß bei 1912 beginnen. Held schwenkte auf die Bahnen konservativer Staatspolitik ein, auch auf die Leitidee des Zentrums von der Harmonie zwischen Krone und Volk nach Maßgabe der konstitutionellen Verfassung. Von heute aus gesehen kann man diese verfassungs- und sozialpolitische Verhärtung der Zentrumspolitik 1913/14 nicht positiv bewerten; sie hat die bayerische Revolution von 1918 zweifellos mit vorbereiten helfen. Am Vorabend des ersten Weltkrieges gehörte Held zu jenem Dutzend prominenter Abgeordneter, die einen großen parlamentarischen, aber keinen entscheidenden politischen Einfluß in diesem konstitutionellen System besaßen. Held war damals darin Demokrat, daß er die klar abgegrenzten Verfassungsrechte verteidigte, aber nicht im Sinne einer progressiven Ausgestaltung der Rechte des Volkes; er befürchtete, daß eine stärkere Parlamentarisierung nur eine weitere Aufwärtsbewegung von Liberalismus und Sozialismus in Bayern bringen würden. Es rächte sich 1918/19, daß das Zentrum aus den genannten Gründen kein eigenes weiterführendes staatspolitisches Programm besaß. Nach der Revolution mußte man erst hilflos nach einem Konzept suchen, weil man Kräfte und Gang der Zeit übersehen und die Folgen einer Politisierung der Massen unterschätzt hatte.

Wie viele andere Konservative und Liberale zählte Held die nationale Begeisterung bei Kriegsausbruch 1914 zu den „größten, stolzesten und erhebendsten Erlebnissen des deutschen Volkes"; er erhoffte sich davon endlich Gleichberechtigung der Katholiken in Staat, Gesellschaft, Recht, ein alle Deutschen packendes Gemeinschaftsgefühl. Hier liegen die Wurzeln der Nationalisierung des bayerischen Zentrums. Held hielt den Krieg für aufgezwungen und sittlich gerechtfertigt; da er davon völlig überrascht war, wurde seine Kriegsbereitschaft um so verbissener. Held und das Zentrum übersahen aber, daß der parteipolitische Burgfriede keine Selbstverständlichkeit war, jedoch ein Auftakt zu einer Politik der Verständigung in der Krisenzeit des ersten Weltkrieges werden konnte. Helds Ablehnung wurde in der Diskussion über die Kriegsziele noch schärfer. Wie viele seiner Zeitgenossen lastete er der Sozialdemokratie die Schuld an der Revolution an. Daraus erwuchs in ihm eine dogmatische Feindschaft, die er bis zum Lebensende nicht mehr abzubauen vermochte. Als der parteipolitische Burgfriede endgültig 1916 zerbrach und München zum „Mittelpunkt einer alldeutschen und annexionistischen Kanzlersturzbewegung“ wurde, der vom Zentrum vor allem Schlittenbauer und Einhauser angehörten, hielt sich Held zwar fern, blieb aber „Annexionist“ im Geiste des konservativen Anti-Erzbergerflügels des Reichszentrums. Held nahm jetzt machtpolitische und nationalistische Argumente in sein Reden und Denken auf, die er früher als unsittlich und unchristlich abgelehnt hatte. Seine Kriegspolitik, so wie er sie verstand, kreiste um drei Fragen: 1) Er kämpfte für die Angliederung zum mindesten des Elsaß an Bayern und zwar im Interesse der süddeutschen Staaten; denn er glaubte, daß eine Machterweiterung Bayerns das Gleichgewicht gegen Preußen wahren und den übrigen Bundesstaaten eine Anlehnung an Bayern möglich machen würde, um ihre politische Selbständigkeit und ihre Hoheitsrechte zu schützen. 2) Held widersetzte sich der zentralistischen Berliner Kriegspolitik und sah die Gefahr einer Aushöhlung bayerischer Souveränität, er kämpfte gegen eine wirtschaftliche Auspowerung des Landes [20]. Helds föderalistisches Reichs- und Bayernkonzept setzte hier vor allem ein. 3) Held wandte sich gegen staatliche und militärische Pressezensur, weil sie preußischer Bevormundung Tür und Tor öffnete. Ein großer Teil des bayerischen Zentrums war seit Ende 1915 unter dem Einfluß Heims [21] und Schlittenbauers auf den Kurs eines deutschen Siegfriedens eingeschwenkt und unterstützte die Kriegsziele der Obersten Heeresleitung. Eine ähnliche Entwicklung machten auch die anderen Parteien und Gruppen mit; man denke an Ludwig Thoma, Müller-Meiningen senior. Hertling und Pichler hatten dies nicht verhindern können, Held suchte zu mäßigen. Die Friedensresolution Erzbergers im Juli 1917 unterwarf das Zentrum einer äußersten Zerreißprobe. Held wurde zum schärfsten Gegner Erzbergers; er lehnte jede Parlamentarisierung der bayerischen Verfassung, damit auch jede Zusammenarbeit mit Liberalen und Sozialdemokraten [22] als tödliche Gefahr für die Monarchie ab und zwar bis in den Oktober 1918 hinein. Als dann der rasch einsetzende Verfall doch eine Verfassungsreform erzwang, sollte Held als parlamentarischer Minister ohne Portefeuille stellvertretender Ministerpräsident werden.

V.

Die Revolution zerstörte Helds staatskonservatives Idealbild, der wendige Taktiker sah aber die Notwendigkeit, den Anschluß an die Entwicklung nicht zu verlieren [23]. Die Neugründung der BVP, hauptsächlich ein Werk Heims und Schlittenbauers, war ohne sein Zutun erfolgt, sein Einfluß wurde dadurch geschwächt. Held

---

[20] Über diese Tatsachen und ihre psychologische Wirkung auf Bayern s. Ay, K.: Entstehung einer Revolution, passim.

[21] Münch, F.: Die agitatorische Tätigkeit des Bauernführers Heim, in: Umbruch in Bayern (1969) 301 ff.

[22] Kritzer, P.: Die SPD in der bayerischen Revolution von 1918, in: Umbruch in Bayern, 427 ff.; Derselbe: Die bayerische Sozialdemokratie und die bayerische Politik in den Jahren 1918—1923 = Misc. Bav. Mon. 20 (1969).

[23] Vgl. dazu Kalmer, G.: Beamtenschaft und Revolution, in: Umbruch in Bayern, 201 ff.

zog sich bei Ausbruch der Räterevolution [24] für drei Monate in seine hessische Heimat zurück. Als er aber zu den Verfassungsberatungen in Bamberg wieder erschien, da wählte ihn die hilflose und verängstigte BVP wieder zum Fraktionsvorsitzenden. Held hatte nichts mit dem Separatismus der Kreise um Heim und Osel zu tun, die eine neue Donaumonarchie anstrebten; der alte Zentrumspolitiker war zu sehr dem Bismarckschen Reichsföderalismus verhaftet und befürchtete, daß ein vom Reich losgetrenntes Bayern wirtschaftlich nicht lebensfähig sei; das veranlaßte ihn aber auch, die alten Reservate Bayerns wieder zu fordern und eine volle Unabhängigkeit in den inneren Angelegenheiten anzustreben. Die Grundzüge seiner rückwärts gewandten Restaurationspolitik, die er als Ministerpräsident mit aller Kraft seit 1924/25 betrieb, wurden jetzt sichtbar. Das wurde die Grundformel für seinen Kampf um die Reform der Weimarer Verfassung bis 1933. Als Gegenspieler des demokratischen Staatsrechtslehrers Piloty sowie des Ministerialreferenten Dr. Graßmann, der den Regierungsentwurf erarbeitet hatte, spielte Held als parlamentarischer Berater bei der Kodifizierung der neuen bayerischen Verfassung 1919 eine gewichtige Rolle. Sein Ziel war es, dem Rest bayerischer Souveränität eine würdige Repräsentation in einem bayerischen Staatspräsidenten zu geben; aber er scheiterte zweimal daran.

Im Gefühl der Schwäche seiner Partei tolerierte Held zunächst die sozialdemokratische Regierung Hoffmann. Unter dem Eindruck des Kapputsches wirkte seine Partei aber 1920 am Sturze derselben mit und entschied vor allem unter dem Einfluß Heims die Berufung v. Kahrs, der eine rein bürgerliche Regierung bildete. Von da ab bestimmten die BVP und vor allem Held die Politik dieser vom Parlament abhängigen Koalitionsregierung. „Held führte die bayerische Regierung, Kahr leitete sie". Für seine Politik der „Ordnungszelle Bayern" [25] konnte sich Kahr auf die BVP verlassen; denn sie erwartete von ihm, daß er die Vaterländischen Verbände [26] zu einer konstruktiven Mitarbeit bewegen werde. Held war maßgeblich am Sturze Kahrs beteiligt, als dieser nach der Ermordung Erzbergers in der Frage der Einwohnerwehren und der Reichsausnahmeverordnung das Land durch seine starre Haltung fast in einen offenen Konflikt mit dem Reich geführt hätte. Aus Sorge um den Zusammenhalt des Reiches entschied sich Held für den Kompromiß mit dem Reich; für die Rechtsradikalen wurde er dadurch zum Hauptschuldigen für Bayerns Nachgeben; das führte zu einer üblen Flugblatthetze gegen ihn. Von diesem Zeitpunkt an datiert sein Kampf gegen die Rechtsaktivisten in den Vaterländischen Verbänden und gegen die nationalsozialistische Bewegung. Er sah zwar im Rechtskurs der Politik einen Ausdruck der Sehnsucht nach Ruhe, Ordnung, Sicherheit, verdammte aber Anwendung von Gewalt und von illegalen Mitteln in

---

[24] Hillmayr, H.: München und die Revolution von 1918/19, in: Umbruch in Bayern, 453 ff.

[25] Speckner, H.: Die Ordnungszelle Bayern. Studien zur Politik des bayerischen Bürgertums, insbesondere der Bayer. Volkspartei von der Revolution bis zum Ende des Kabinetts Dr. v. Kahr, Diss. Erlangen 1955.

[26] Darüber zuletzt Gordon, H. J.: Politischer Terror und Versailler Abrüstungsklausel in der Weimarer Republik, in: Wehrwiss. Rundschau (1966) 36—54.

der Politik. Als im August 1922 Gefahr drohte, daß die Nationalisten die Regierung Lerchenfeld stürzen würden, ließen Held und Heim den Satz plakatieren: „Der Kampf um Bayerns Rechte, um Bayerns Staatlichkeit muß auf dem Wege des Gesetzes und Rechtes ausgefochten werden." Durch den Hitlerputsch sah er Bayerns ehrliches Bemühen um legale Wiedererlangung seiner alten Rechte aufs schwerste kompromittiert. Die ersten Jahre seiner Ministerpräsidentschaft waren deshalb auch der Beseitigung der Schäden des Hitlerputsches gewidmet.

Helds parlamentarische Leistung bis 1924 lag 1) in seiner initiativen Politik zur Vorbereitung einer föderalistischen Reichsreform und 2) in seinem Bemühen um den Abschluß eines Konkordates. Er hatte maßgeblich am Bamberger Programm seiner Partei vom 18. September 1920 mitgearbeitet. Im Konkordat sah er eine Möglichkeit, einen letzten Rest bayerischer Eigenstaatlichkeit nach außen zu zeigen. Er brachte im ersten Jahr seiner Ministerpräsidentschaft das Konkordat im bayerischen Parlament durch, in dem er unbestritten die Politik der BVP-Fraktion beherrschte. Er bestimmte auch maßgeblich die Politik der Regierung, die kein führender Parteimann, sondern ein Beamter nach dem Willen der BVP leitete. Diese Partei hatte Lerchenfeld in seinem Kampf gegen den Rechtsradikalismus zu wenig unterstützt, unter Knilling aber diesen bändigen und zur Mitarbeit bewegen wollen, was fehlschlug. Dann griff sie auf Kahr zurück, den sie mit den Sondervollmachten eines Generalstaatskommissars ausstattete, um den Rechtsaktivismus unter Kontrolle zu bringen; aber Kahr wurde dessen Opfer. Als darum beim vierten Male in vier Jahren sich kein Beamter mehr bereit erklärte, die Regierungsbildung zu übernehmen, da sah sich Held nach langem Zögern und auf Drängen der BVP vor die Aufgabe gestellt, dieses Amt zu übernehmen. Es war eine demokratische Konsequenz, daß die stärkste parlamentarische Kraft sich jetzt auch der Regierungsverantwortung stellte. Damit begann die dritte Phase in Helds bayerischer Politik; aus dem Parlamentarier und Parteimann wurde jetzt der Staatsmann, der fast zehn Jahre lang Bayerns staatliches Geschick leitete. Das zeigte sich auch darin, daß ihn seine Partei zum ersten Wahlgang für die Nachfolge des Reichspräsidenten Ebert nominierte. Heim, Schäffer und Loibl beteiligten sich maßgeblich daran, Hindenburg als Kandidaten für den zweiten Wahlgang zu gewinnen und sie taten dies gegen den Willen weiter Kreise des BVP-Wählervolkes [27].

VI.

In Helds dritter politischer Phase wurden die Erkenntnisse, Erlebnisse und Erfahrungen seiner parlamentarischen Tätigkeit seit 1912 wirksam und sichtbar; seine fast dogmatische Haltung gegen Liberalismus und Sozialdemokratie, seine Ablehnung der preußischen Hegemonie, seine konservativ-demokratische Grundhaltung, seine kirchlich-katholische Überzeugung, sein Gefühl für Recht und Gerechtigkeit, seine taktische Gewandtheit und sein politisches Organisationstalent. Held war ein bayerischer Staatsmann mit föderalistischem Konzept, aber ohne den leisesten

[27] Hauss, H. J.: Die erste Volkswahl des deutschen Reichspräsidenten (1965).

Gedanken einer Felonie gegen das Reich geworden [28], ein Politiker mit Grundsätzen, der aber die Chancen zu nutzen suchte. Er sah als Grundprinzip föderalistischer Staatsgestaltung an den von unten herauf gegliederten, auf Zellen im eigenen Leben ruhenden Staatsbau, die dezentrale, eigenstaatliche Verankerung staatswesentlicher Aufgaben in den Gliedern; der unitaristische Staat aber, so sah er, baute auf einer einzigen staatlichen Lebenszelle auf, die das formale und inhaltliche Eigenleben der Glieder bestimmte. „Der Föderalismus ausgehend von den Grundsätzen des Rechts, will den Zusammenschluß Gleichberechtigter zu gemeinsamer Wohlfahrt. Es ist das System des organischen Aufbaus der staatlichen Ordnung in freier Selbstverantwortung, ausgehend vom Individuum über die Familie — und endlich den Zusammenschluß der Länder im Reich [29]". Helds Koalitionsregierung hatte keinen sozialdemokratischen Minister, aber er paktierte mit den deutschnationalen Rechtskonservativen, denen sich die BVP seit 1925 sehr stark annäherte. Seine Regierungszeit ist in erster Linie gekennzeichnet durch den Kampf um Reichsreform, um die Revision der Weimarer Verfassung, um die Wiederherstellung der bayerischen Reservatrechte und um eine weitgehende Eigenständigkeit im Innern, im Grunde um die Restauration der Bismarckschen Reichsverfassung, um die Rückverwandlung des Reiches in einen Bund souveräner Einzelstaaten [30]. In Parlaments- und Wahlreden, in Flugschriften, wiederholten Vorstellungen beim Reich und im Reichsrat und in amtlichen Memoranden (vor allem 1924 und 1926), besonders im Verfassungsausschuß kämpften Held und seine Mannen gegen die „Aushöhlung" der Länder. Hauptthemen und Hauptgefahrenzonen zugleich waren dabei der Finanzausgleich zwischen Reich und Ländern und das schon in der Mitte des 19. Jahrhunderts geforderte Aufgehen Preußens im Reich. Dazu hatten die Denkschrift des preußischen Finanzministers Höpker-Aschoff „Deutscher Einheitsstaat" und die Programmschrift des ehemaligen Reichskanzlers Luther „Reich und Länder" wieder erregenden Anlaß gegeben. Wenn Preußen in selbständige Verwaltungsgebiete aufgegliedert wurde, dann bestand Gefahr, daß auch die übrigen teilsouveränen Länder auf das Niveau von gleichen Reichsländern langsam herabsanken; das hätte aber das Ende von Bayerns Eigenstaatlichkeit unweigerlich heraufbeschworen. Dadurch sah sich Held zu einer rückwärts gewandten Restaurarationspolitik genötigt, ja als Papen dann durch einen Hazardstreich das Problem Preußen-Reich lösen wollte, war Held im Interesse der bayerischen Eigenstaatlichkeit gezwungen, sogar den Staatsgerichtshof mitanzurufen, um Preußens Integrität zu verteidigen, ein Paradoxon besonderer Art. Papens Staatsstreich von 1932 bedeutete aber das Ende der Republik in Deutschland. Als maßgebliche Kreise der

---

[28] Über die Ausgangssituation einer solchen Politik unmittelbar nach der Revolution s. Benz, W.: Die Politik der süddeutschen Staaten in den Anfängen nach der Weimarer Republik 1918—1920. Diss. München 1968.

[29] Reichstagsverhandlungen v. 11. 7. 1929, S. 2278. Dazu vgl. Mommsen, W.: Unitarismus und Föderalismus in Deutschland, Zs. f. Pol. 14, 412 ff.

[30] Habel, B.: Verfassungsrecht und Verfassungswirklichkeit. Eine Untersuchung zum Problem Reich — Länder, gezeigt am Beispiel Bayerns unter dem Kabinett Held (1924—1933) 1968.

BVP, allen voran Schäffer und auch Held, aber auch der Sozialdemokratie, in einem Generalkommissariat des Kronprinzen Rupprecht den letzten Schutz gegen die Hitlerkandidaten erblickten, da nahm Held die Verhandlungen mit dem Sohne Ludwigs III., des letzten bayerischen Monarchen, auf, führte sie aber nicht weiter, als dieser keine Zusicherungen für ein Weiterwirken der Minderheitenregierung Helds gab, sondern erkennen ließ, daß er möglichst viele Gruppen heranzuziehen gedachte. Man kann diese Haltung Helds verstehen; denn gerade unter seiner Regierung hatte der Nationalsozialismus in Bayern nicht die großen Fortschritte wie in anderen deutschen Ländern machen können. Die BVP hatte sich in hartem Ringen mit dem Rechts- und Linksextremismus zu behaupten gewußt.

Der bayerische Ministerpräsident Held sah als Hauptziele seiner Politik 1) die Bewahrung von Bayerns Eigenstaatlichkeit durch eine maßvolle restaurative Reichsreform und 2) den Finanzausgleich zwischen Bund und Ländern an. Als er gezwungen wurde, von der politischen Bühne abzutreten, da war das darum gleichbedeutend mit dem Ende der bayerischen Selbständigkeit, die erst 1946 wieder Urständ feiern konnte. Ein historisch-kritisches Urteil über den bayerisch-süddeutschen Föderalismus im allgemeinen und den Heinrich Helds im besonderen muß davon ausgehen, daß die süddeutschen Föderalisten einen Bund nach Art der alten halbsouveränen Monarchie von 1871 dem Staat der völlig mediatisierten Länder von 1919 vorzogen. Das aber mußte zwangsläufig den Blick auf die Demokratie, auf den Staat der vollen Volkssouveränität versperren. Der Bundesstaatsgedanke basiert auf der Vorstellung, daß die Bundesländer aus dem eigenen Besitzstand freiwillig Hoheitsrechte abtreten, die unitarische Denkweise aber geht davon aus, daß das Reichsvolk, repräsentiert in der Nationalversammlung, den Ländern Aufgabengebiete und Rechte zu leihen gegeben habe. In Bayern wurde der innere Zusammenhang zwischen Föderalismus und demokratischem Prinzip erst unter dem Reichskabinett Brüning klar erkannt, wenn auch nicht im notwendigen Ausmaß. Immerhin war, wie Schwend formuliert hat, Bayern unter Heinrich Held als Bundesgenosse zur Rettung der Demokratie an die Seite Brünings getreten. Die freischwebende, unentschiedene, emotionale Abhängigkeit des deutschen Föderalismus von seiner dynastischen Vergangenheit war ein schweres Hindernis; die Vorbelastung durch die bundesstaatliche Libertät verleitete zu überstarkem reaktionärrestaurativem Denken. Ebenso wie die deutschen Landkarten von 1866/70 und 1919 glichen sich auch vielfach noch die politischen Ordnungsvorstellungen. Man kann deshalb an der Tatsache nicht vorbeigehen, daß der süddeutsche Föderalismus wegen seiner skeptischen und teilweise sogar ablehnenden Haltung gegenüber demokratisch-republikanischer Staatsgestaltung wenig oder gar nichts zur Rettung der Weimarer Republik beitrug [31]. Das aber brachte zu Unrecht, aber wohl verständlich den Föderalismus in den Verdacht der Reichsfeindlichkeit und nährte die Anschauung, daß das Staatsgefühl der Bundesstaaten aus der politischen Ohnmacht des Reiches seit dem Spätmittelalter und nicht aus eigener Kraft und autogener Herrschaft entstanden sei.

---

[31] Barbarino, O.: Staatsform und politische Willensbildung (1949).

Die historische Gestalt des bayerischen Journalisten, Parlamentariers und Staatsmannes Heinrich Held, sein Werdegang, seine Leistung, seine Überzeugung gemahnen an seinem 100. Geburtstag an die Hauptentwicklungsstadien des modernen Bayern von 1890 (1900) bis 1933, die er mitgeformt hat an seiner jeweiligen Stelle. Mit seiner Person ist ein bedeutendes Stück demokratischer Tradition in unserem Lande verbunden; er hat Bayern aufrichtig gedient. Helds Name steht nicht nur für zehn Jahre bayerischer Staatspolitik in der Weimarer Republik, sondern ist eng mit dem Werdegang einer demokratischen Verfassung verbunden, die in einer Stunde der Bewährung steht. Helds Tätigkeit, die in Regensburg und in der Oberpfalz zeitweilig wirksam war, ist wie die Heims, Habbels, Pustets ein Stück bayerischer und auch oberpfälzischer Geschichte seit dem Ende des 19. und in der ersten Hälfte des 20. Jahrhunderts.

MINISTERPRÄSIDENT ALFONS GOPPEL

Das Auseinandertreten von Staat und Gesellschaft ist das größte Verfassungsproblem des 19. Jhd. in Deutschland, auch in Bayern, gewesen. Mehr als irgendwo anders in Europa haben Politik und Nationalstaat in Deutschland die Integration versäumt oder verhindert. An Tagen wie dem 70. Geburtstag des bayerischen Ministerpräsidenten Goppel (am 1. Oktober 1975) kann man spüren, daß im demokratischen Bayern Gesellschaft und Staat größere Chancen haben, zu konvergieren und einen gleichen Weg zu gehen. Ein zweites hat dieser Festtag bewußt gemacht. Im Zeitalter globaler Weltmächte und einer sogenannten „Einen Welt" kann kein europäischer Staat seine Souveränität voll ausüben. Es klafft nicht nur eine große Lücke zwischen bundesdeutscher Verfassungswirklichkeit und Verfassungsnorm dieses wirtschaftlichen Riesen, der politisch ein Zwerg im Konzept der Mächte bleiben soll, sondern diese Divergenz beherrscht auch die innere Dynamik des westdeutschen föderativen Bundesstaates, dessen Bundesländer zwar nur Reste einer staatlichen Souveränität auf dem Papier bewahrt haben, deren wirkliches politisches Gewicht sich aber nicht nur im Bundesrat auswirkt, sondern die innere Lebensform der Bundesrepublik wesentlich mitbestimmt. Das Gewicht der „Freistaaten" verdichtet sich in den Länderregierungen, deren Spitze ihre Potenz und Eigenart nicht nur politisch repräsentiert und ausstrahlt. Die Ministerpräsidenten sind ebenso namhaft wie Bundeskanzler und Bundespräsident. Daß das politische und kulturelle Leben der Bundesrepublik Deutschland in den Ländern entscheidend verankert ist, daß trotz fehlender Souveränitätsrechte auf dem Papier die Gesamtdynamik in den Ländern sich entfaltet oder schöpferisch weiterwirkt, das hat der Geburtstag des bayerischen Ministerpräsidenten ebenfalls bewußt gemacht und in persönlich-gesellschaftlichem Rahmen kundgetan. Die Länder sind höchstwirksame Baukörper politischer und mentaler Integration, sie verkörpern die schöpferische Seite der Verfassungsstruktur des Bundes wie nie zuvor.

Alfons Goppel ist seiner Herkunft, seiner Laufbahn und Wirksamkeit, auch seinen Spitzenstellungen nach ein *bayerischer Republikaner und Demokrat,* wie er selbst bekannte, und dies in modellhafter Form. Die Familie des Jubilars war jahrhundertelang im schwäbischen Ries auf bäuerlichem Anwesen gesessen, aber seinem Selbstverständnis, nicht nur seinem parlamentarischen Landtagswahlkreis nach, hat er sich immer als Oberpfälzer gefühlt; denn er ist in Reinhausen, vor den Toren Regensburgs, am 1. Oktober 1905 geboren und hatte dort prägende Bildungselemente in sich aufgenommen. Entscheidend scheint mir zu sein, und das mit Rücksicht auf bayerische Dimensionen, daß Goppels Vater ursprünglich Handwerker und dann christlicher Gewerkschaftssekretär war, eine für die deutsche Arbeiterbewegung typische Situation, die um so charakteristischer ist, wenn man weiß, daß die soziale Frage in Bayern nach 1890 am stärksten vom linken Flügel des Bayerischen Zentrums unter der Ägide Georg Heims und seiner frühen Helfer, des Journalisten Heinrich Held und der vom rechten aristokratisch-hochklerikalen Flügel diffamierten „Roten Kapläne“, vorangetrieben wurde. Die Herkunft aus kleinbürgerlichem Milieu mit bewußtem und betontem sozialem Akzent und aus einer kinderreichen Familie mit ausgesprochen christlicher Orientierung, deren Mittelpunkt die oberpfälzische Mutter war, haben den jungen Goppel ebenso für das Leben vorgeformt, wie ihm seine Münchner Studentenzeit Parkett und Möglichkeiten bot, sich im kleinen und großen Kreis der gleichgesinnten Freunde zum Redner zu entwickeln und für ein öffentliches Auftreten die Komplexe der Herkunft ohne Loyalitätsbruch zu überwinden. So war er denn auch vorbereitet, seinen ernsten Lebensweg freiberuflich als Rechtsanwalt zu beginnen. Als bayerischer Richter folgte er den immanenten Gesetzen alter staatlicher Beamtenpersonalpolitik, die die Behörden landsmannschaftlich mischte und mit Vorliebe Altbayern nach der Pfalz versetzte. Goppel begann in der bayerischen Hopfenmetropole Mainburg in der Hallertau, ging dann in die reichisch-bayerische Pfalz nach Kaiserslautern und wurde vom Zweiten Weltkrieg im unterfränkischen-maingauischen Aschaffenburg überrascht. Seinen Abschied vom akademischen Leben in der Landeshauptstadt München besiegelte der im besten Sinn flexibel-bewegliche Oberpfälzer durch die Ehe mit einer Oberpfälzerin vom Niederrhein. Altbayerisch, staatsbayerisch, deutsch war der Lebensweg des Jubilars bis zum Ende des Zweiten Weltkriegs geprägt.

Nach der bedingungslosen Kapitulation von 1945, die zusammen mit der Potsdamer Konferenz und ihren Folgewirkungen den deutschen Nationalstaat zerbrach, vollzog Alfons Goppel, gleichgültig ob voll bewußt oder gedrängt, die entscheidende Wende vom Staatsdiener zum freieren Kommunalpolitiker und damit auch zum Repräsentationssystem und zum demokratischen Parteienstaat, d. h. er traf persönliche politische Entscheidungen, die von Herkunft und Lebensweg vorgeprägt waren und zu Kooperation und Kompromiß führten. Der Rechtsrat, der Stadtrat und rechtskundige Bürgermeister der bayerischen Grenzstadt Aschaffenburg, die der Luther-Ausschuß aus Bayerns Krone brechen wollte, hatte es anfänglich schwer, sich auf kommunalpolitischem und parteipolitischem Felde durchzusetzen. Doch das stählte seine Kraft und seinen Willen und gab ihm die letzte Form des demokratischen Politikers, der sich für das Programm der CSU auch deswegen entschied, weil er sich schon in seiner Studentenzeit aktiv für Heims Bayerische Volkspartei eingesetzt hatte. In Goppels politischem Lebensweg formte sich der Dreiklang historischer Kontinuität des bayerischen Konservatismus, der vom bayerischen Zentrum der Vorkriegszeit über die Bayerische Volkspartei der Weimarer Republik zum christlich-sozialen Programm der Nachkriegszeit reichte. Politische Kontinuität und Loyalität prägen die Laufbahn des bayerischen Ministerpräsidenten von den Anfängen bis heute. Seine parlamentarische Laufbahn begann er 1954 als Mitglied der CSU-Fraktion des Bayerischen Landtags.

Seit 1957 Staatssekretär der Justiz, seit 1958 bis 1960 Staatsminister des Innern im Kabinett Hanns Seidel, des Unterfranken, dem alle Kenner nachsagen, daß er die stärksten schöpferischen Akzente in der modernen bayerischen Politik gesetzt habe, und im letzten Kabinett Hans Ehard, der sich 1962 aus der Politik zurückzog, stieg Alfons Goppel zur Spitze auf, als die Figur des notwendigen Ausgleichs zwischen den extremen und widerstreitenden Flügeln und Kräften seiner Partei, als Repräsentant des demokratischen Kompromisses zwischen den Parteien, aber ohne charakterliche und ideologische Schwäche, jedoch auch ohne die Neigung zur Konfrontation um jeden Preis. Ende 1962 zog Goppel als Ministerpräsident in die Staatskanzlei in der Münchener Prinzregentenstraße ein. Dort lenkt er bis heute die Geschicke des bayerischen Freistaates und des Bayernbundes mit Leichtigkeit und Gespür für die Grenzen, mit scheinbarer Nonchalance und Diskretion, mit Menschenkenntnis und kritischem Blick für das Wesentliche, als unentwegter Föderalist und demokratischer Republikaner.

Der selbstbewußte Kommunalpolitiker und Parlamentarier, Kenner der staatsbayerischen Szenerie aus langer Erfahrung und Tätigkeit sowie der verschlungenen Parteidynamik in Hauptstadt, Stadt und Land, gab sich für sein Spitzenamt die Devise: „Im Mittelpunkt aller staatlichen Tätigkeit steht der Mensch." Er schlug damit einen tragenden Grundakkord an, den gerade die Feiern zu seinem 70. Geburtstag als öffentliches Echo bezeugten und zurückbrachten. Als bayerischer Föderalist und Spitzenpolitiker wußte er wie sein hoher Gönner Hanns Seidel, daß Bayerns Gewicht und Staatlichkeit nur durch eine aktive und erfolgreiche Wirtschafts- und Finanzpolitik erhalten und gefördert werden konnten, daß Bayern vor allem von Bayern aus als Rechts-, Kultur- und Sozialstaat weiterzuentwickeln sei, wenn man die im Grundgesetz festgelegten und in der gesellschaftlich-politischen Realität immer angelegten Möglichkeiten ausnutzen wollte. Dazu hatte Goppel auch die besondere Möglichkeit als Präsident des Länderorgans des Bundes, des Bundesrates, von November zu November 1972/73.

Trotz aller Einsichten in die Notwendigkeiten bayerischer Agrarpolitik, in die Dringlichkeit einer freiheitlichen Wirtschaftsordnung und umfassenden Wirtschaftspolitik auf allen Gebieten war Goppel dirigistischer Planwirtschaft grundsätzlich abhold. Wenn Bayern ein autonomer politisch-gesellschaftlich-staatlicher Organismus sein und bleiben sollte, stellten sich für die Spitze des bayerischen Staates die gleichen Aufgaben in der Weimarer Republik wie im Bonner Bundesstaat. Man kann sie mit den historischen Begriffen Finanzausgleich und Verfassungsbalance zwischen Bund und Ländern beschreiben; aller bayerischen Politik sind damit als Aufgaben gestellt: der Ausbau des Föderalismus zur leistungsfähigen Organisationsform des Staates und als dynamische Freiheitssicherung des Bürgers gegen kollektiven Dirigismus und Zentralismus. Besonders Goppel hat in seiner Spitzenstellung glaubhaft gemacht, daß Föderalismus ein hohes schöpferisches und positives Ziel und ein notwendiger Weg deutscher Verfassungspolitik gerade nach den Erfahrungen des Nationalstaates und seiner schmerzlichen Auflösung 1945 ist; seine Länderloyalität gegenüber dem Bund überzeugte, daß Föderalismus die beste Form oder beste Alternative der Bundesverfassung fernab jedem Separatismus sei, sie wies auch immer auf die Möglichkeiten einer europäischen Verfassungsstruktur in der Zukunft hin.

Goppels Haltung und Politik wiesen ihn als deutschen, bayerischen und europäischen Politiker von großem Format und weitem Horizont aus, als kompromißlosen Verfechter und mutigen Repräsentanten menschlicher, bürgerlicher, staats- und verfassungspolitischer Grundrechte und Grundformen. Der „Landesvater“ hat erkannt, daß herkömmlicher Traditionalismus und altmodische Geschichtsideologie am Ende des 20. Jahrhunderts keine tragfähige Grundlage bayerischen Staatsbewußtseins und bayerischer Politik mehr sein können. Der Sohn eines christlichen Gewerkschaftssekretärs weiß um die Dynamik der industriellen Arbeitswelt und Arbeitergesellschaft, er sucht sie als etwas Gewordenes verständlich zu machen und in ein historisch-konservatives Gesellschafts- und Staatsverständnis einzubringen und zu integrieren. Gerade darum ist Goppel auch Kulturpolitiker von höchstem Rang. Um die Vielfalt der Aufgaben zu meistern, die trotz aller Eigenverantwortlichkeit der Minister auf den Präsidenten des Ministerrates zukommen, hat er seine Staatskanzlei zu einem wirksamen und umfassenden Lenkungs- und Organisationsinstrument ausgebaut; das setzt ihn instand, sich allen aufkommenden Fragen selbst zu stellen und sie in Kooperation erfolgreich zu lösen.

Der Präsident des Bayerischen Roten Kreuzes, der Ehrendoktor der Universität Würzburg, der Ehrenbürger der Städte München und Regensburg und Träger vieler höchster nationaler und internationaler Auszeichnungen und Ehren hat sich übrigens bei vielen höchsten internationalen Staatsbesuchen als nobler bayerischer Hausherr und bei aller Diskretion als erfolgreicher Gastgeber gezeigt und sich auch auf diese Weise um die Stellung und Politik von Bund und Land große Verdienste erworben.

Der verfassungstreue Demokrat, der konservative Spitzenpolitiker aus breitester Verantwortung und christlicher Überzeugung, der bayerische, deutsche und europäische Föderalist Alfons Goppel hat nicht nur sein Land, dessen Kräfte und Traditionen erfolgreich repräsentiert, sondern im Gedränge der Kräfte und Überzeugungen sich immer als Mann des Ausgleichs und des gesellschaftlichen Friedens in langjähriger und höchst verdienstvoller Amtstätigkeit bewährt. Es gibt eine Ära Goppel in der bayerischen Geschichte der Gegenwart.

In einem Oberpfalzbuch wie diesem hat eine Festtagsstudie über den oberpfälzischen Landtagsabgeordneten Goppel aus Reinhausen auch darum ihren Platz, weil sie ein Stück oberpfälzischer, bayerischer und deutscher Geschichte in der zweiten Hälfte des 20. Jahrhunderts zeichnet.

DER KLEINE MANN — DIE KLEINEN LEUTE*

Den kleinen Mann gibt es in der heutigen Gesellschaft weder als charakteristischen Typ noch als bewußte Lebensform mehr. Er ist noch nicht ausgestorben, aber er fällt nicht mehr auf und tritt nicht mehr in den Vordergrund. Es gibt ihn neben anderen Gründen auch deswegen nicht mehr, weil es auch keine großen Herren, großen Leute, keine Elite- und Führungsschichten mehr gibt, die den Ton angeben und als Spitzenreiter anerkannt und geachtet werden. Jeder ist in der Gesellschaft so viel wert und geachtet, als er für das Ganze zu leisten vermag. Vor allem ist den Menschen das Bewußtsein verloren gegangen, ein kleiner Mann zu sein. In der Öffentlichkeit kommt diese Tatsache optisch dadurch zum Ausdruck, daß alle sich gleich kleiden können, daß es für die Großen, die Oberen unmöglich wurde, sich durch die gepflegte, kostbare und auffällige Kleidung vom sogenannten „Volke" abzuheben, da die Modehäuser in eigenem Interesse sofort die Modelle und Kreationen gleichsam auf dem Fließband vervielfältigen und für alle zugänglich machen.

Die kleinbürgerlich-nivellierte Massengesellschaft mit ihrem angenäherten Lebensstandard und ihren ziemlich gleichen Konsumbedürfnissen und Zivilisationserrungenschaften (Haus mit Bad, Fernsehen, Auto, Urlaubsreise, Freizeitgestaltung, Aufklärung durch Massenmedien aller Art, Genußmittel aller Art) lehnt natürlicherweise elitäres Bewußtsein ab und ist mißtrauisch gegen etablierte Führungsschichten; sie wacht eifersüchtig über die „Gleichheit" in ihrem Demokratieverständnis aller Schattierungen und praktiziert „Brüderlichkeit" weniger als menschlich-ethische Haltung denn als kämpferische Solidarität zur Wahrung und Verbesserung des Standards. Freiheit wird in zunehmendem Maße als Freizügigkeit und Libertinage verstanden. Der Sinn für Freiheit = Unabhängigkeit, Selbständigkeit des Urteils und des Handelns, verpflichtetes und opferbereites Eintreten für echte Werte, Überzeugungen, Gemeinnutz auch gegen den Strom und Systemzwang wurden immer schwächer. Assimilation, Adaption, Einordnen stehen höher im Kurs als Selbstbewußtsein, Individualität, Eigenrecht und Eigentu(ü)m(-lichkeit).

Die kleinbürgerlich-nivellierte Massengesellschaft kennt in ihrem solidarischen Klassenbewußtsein und egalitären Demokratieverständnis nicht nur keine Elite und Führungsschicht, sie kennt auch den Proletarier nicht; sie ist eine Gesellschaft der Arbeiter, Angestellten, Manager, die im Grunde sehr angenäherte und abstrakte, ideologische und technisierte Leitbilder, Lebensvorstellungen, standardi-

* Diese gesellschaftsgeschichtliche Studie mit idealtypischem Aspekt wurde darum in diesem Band aufgenommen, weil die menschlichen Modelle — meine eigenen Eltern — für Mittel- und Unterschichten der Oberpfalz im 19./20. Jahrhundert beispielhaft sind. Die Studie erschien erstmals in der Dona Ethnica = Festschrift für den bedeutenden vergleichenden Volkskundewissenschaftler Prof. Leopold Kretzenbacher, München.

sierte, außengelenkte und systematische Meinungen und stereotype Urteile sowie Erwartungen hat. Traditionen, Konventionen, Loyalitäten, Autoritäten sind meistens fallen gelassen oder durch jeweilige rationale Nützlichkeitserwägungen oder technische Verhaltensweisen, vielfach unter Systemzwang, ersetzt. Natürlich ist der geschilderte Prozeß nicht überall gleichweit fortgeschritten, es gibt noch stärkere Phasenverschiebungen und Unterschiede, aber Trend und Ansatzpunkt ist überall der gleiche. Mit Bauernhaus und Bauernhof, Bürgerhaus, Altstadt, Dorf mit Tracht, Kleidung, Festbrauch und Kirchlichkeit, mit dem Wandel der wirtschaftlichen und gesellschaftlichen Voraussetzungen, mit alten Moralauffassungen, mit Heimatbewußtsein, Patriotismus, Stammes- und Nationalbewußtsein verändern sich mehr oder minder total Lebensformen, Lebenswerte, Leitbilder, Loyalitäten.

In dieser Gesellschaft von heute und morgen finden wir den kleinen Mann als spezifischen Typus nicht mehr. Er gehört einer Zeit des Übergangs an, er war keine proletarische Existenz, war Träger und Bewahrer von Volkstum, Loyalität, Brauchtum, wenn auch nicht ausschließlich. Er ist zweifellos ein besonders interessantes Objekt einer verstehenden Volkskunde unter historisch-gesellschaftlich-anthropologischem Aspekt. Was liegt näher, als daß ein Gesellschaftshistoriker seinem verehrten Freunde und Kollegen, einem bedeutenden vergleichenden Volkskundler, zum 60. Geburtstag Erfahrungen und Erlebnisse mit einem gesellschaftlichen Typ aufzeichnet, der auch die Volkskunde interessieren könnte. Dies liegt um so näher, als Volkskunde, die nicht nur Werke und Sachen sammelt und analysiert, sondern auch Haltung und Attitüden von Menschen erfragt und gesellschaftlich-menschlich deutet, der Gesellschaftsgeschichte sehr nahe steht und ihr wertvolle Hilfen der Erkenntnis bietet, so etwa bei der Untersuchung der Privatsphäre der Unterschichten im 19. Jahrhundert, für die die dem Historiker geläufigen Quellen kaum etwas Näheres aussagen (Wohnung, Gebrauchs-, Schmuckgegenstände, Kleider).

Der „Kleine Mann“, die englische Entsprechung dazu ist wohl „The man in the street“, ist der auf die modern-staatlich-bürgerlich-monarchisch-konstitutionelle Ebene projizierte Nachfahre des „Armen Mannes“ der feudalen Epoche bis in das 18. Jahrhundert herein. Dieser bezeichnet in Deutschland die Menschen des ganzen bäuerlichen Bereiches, die in einer sehr entleerten Form noch leibeigen waren (Bauernbefreiung zu Anfang des 19. Jahrhunderts) und der Grundhörigkeit unterlagen, die in Bayern erst 1848 endgültig aufgehoben wurde. Der Begriff „Arm“ meinte nicht den Mittellosen, wirtschaftlich Schwachen und Enterbten, sondern schon seit archaischer Zeit den Schutzbedürftigen, an Macht und Herrschaft Unbeteiligten, höchstens zur ständischen Mitsprache in Süddeutschland Berechtigten, der in der Dorfgemeinde als Mitglied der Rechtlergenossenschaft ein Wort mitsprach und den Ton angab [1]. Der Zerfall der relativ einheitlichen Mentalstruktur

---

[1] Bosl, K.: Potens und Pauper. Begriffsgeschichtliche Studien zur gesellschaftlichen Differenzierung im frühen Mittelalter und zum Pauperismus des Hochmittelalters. In: Bosl, K.: Frühformen der Gesellschaft im mittelalterlichen Europa. 1964. — Ders.: Eine Geschichte der deutschen Landgemeinde. In: Zs. f. Agrargeschichte und Agrarsoziologie 9 (1961), S. 129—142.

der bäuerlichen Dorfgemeinde, in der auch Handwerker und Nichtagrarier im 18. Jahrhundert lebten [2], hat proletarische Schichten auf dem Lande entstehen lassen, die eine neue Mentalität und Haltung zeigten, was man am Wandel ihrer Stellung zur Religion besonders anschaulich zeigen kann [3]. In Bayern, aber nicht nur hier, ist seit dem Vormärz bzw. den vierziger Jahren des 19. Jahrhunderts dieses ländliche Proletariat in die Stadt abgewandert und wurde ein Kern des städtischen und industriellen Proletariats, das sich vielfach daraus ergänzte.

Der „Kleine Mann" fühlte sich weder als Proletarier, noch war er Proletarier; er stammte zum guten Teil aus dem Bauerntum, vom Söldner bis zum Großbauern und zwar aus der Zahl der nachgeborenen Söhne und Töchter, soweit sie nicht als Knechte und Mägde auf dem väterlichen Hofe ein sehr gedrücktes Dasein führten oder in andere bäuerliche Anwesen eingeheiratet hatten. Die „Kleinen Leute" kamen auch aus dem selbständigen Handwerker- und Gesellentum, das freilich zu einem beträchtlichen Teil in die industrielle Arbeitswelt und in die Arbeiterklasse integriert wurde. Die „Theorie" läßt ihn zum Proletarier und „Entfremdeten" werden; doch scheint mir dieser Prozeß erst an wirklichen Lebensschicksalen aufgezeichnet und gezeigt werden zu müssen. Der kleine Händler (Kramer, Fragner), der gehobene Hausdiener und die wachsende Zahl von Angestellten in der sich ausweitenden Wirtschaft, last not least die vielen kleinen Beamten und auch die Volksschullehrer, auch wenn sie ausbrechen und sich den Intellektuellen zuzählen wollten, bildeten die große Überzahl der Kleinen Leute, denen sich vielfach auch die alte Arbeiterelite zuzählte. Der „Kleine Mann" fühlt sich mit Bauernbefreiung, Grundrentenablösung, Aufhebung des Zunft-, Gewerbe-, Heirats-, Orts- und Heimatszwanges nicht nur als persönlich freier und selbständiger „Staatsuntertan", sondern seit Verfassung, Repräsentation, immer freierer Entfaltung der Wahlen und des konstitutionellen Rechts- und Verfassungsstaates mit Menschen- und Bürgerrechten auch langsam als „Staatsbürger".

Der „Kleine Mann", der zum Kleinbürger heranwächst, hat kein Klassenbewußtsein, sondern noch ein Standesbewußtsein, er hat seine eigene Mentalität und Haltung, aber kaum schon eine Ideologie, er ist Patriot, noch nicht nationalbewußt; denn dazu bräuchte er eine Ideologie; er läßt sich deshalb lieber gängeln, führen, indoktrinieren. Der „Kleine Mann" braucht ein Gegenüber, den „Großen (Mann)", mit dem zusammen er die bürgerliche Gesellschaft bildet, die sich wirtschaftlich und geistig betätigt, aber von einer postfeudalen, geburts- oder briefadeligen Führungsschicht, die die Spitze der staatlichen Bürokratie und Verwaltung stellt, politisch und auch ideell bis zur Revolution von 1918 fast ausschließlich gelenkt und geformt wird. Der Kleine Mann ist noch nicht ideologiebelastet, er hat deshalb auch noch keinen Ideologieverdacht gegen den „Herrschaftsegoismus" der Oberschichten; trotz

---

[2] Hanke, G.: Zur Sozialstruktur der ländlichen Siedlungen Altbayerns im 17. und 18. Jahrhundert. In: Gesellschaft und Herrschaft. Festschrift für Karl Bosl. 1969, S. 219—271.

[3] Phayer, M.: Religion und das Gewöhnliche Volk in Bayern in der Zeit von 1750—1850. 1970. (= Miscellanea Bavarica Monacensia. 21.); Ders.: Sexual liberation and religion in nineteenth century Europe (1977).

manchem Mißtrauen revoltiert er nicht oder nährt er keine aggressive und ablehnende Haltung gegen die „Großen“. Er hat ja etwa in Bayern erlebt, daß die feudale Herrenschicht, die Hoheitsrechte ausübte, mitregierte und vor allem ständisch repräsentiert war, durch Säkularisation und Mediatisierung aus Herrschaftsträgern zu „Staatsuntertanen“ wurden, wenn auch der obersten Schicht. Die neuen Großsouveräne gingen mit ihren alten herrschaftsausübenden Standesgenossen nicht gerade glimpflich um, wenn es darum ging, ihre eigene Souveränität durchzusetzen. Am entschiedensten trat der König von Württemberg gegen die alten feudalen „Standesherren“ auf und sperrte sie auch ein, um ihren Willen und Widerstand zu brechen. Die Kleinen Leute erlebten den politischen und wirtschaftlichen Abstieg ihrer alten Herren in Stadt (Reichsstädte, Patriziat) und Land. Sie blieben loyal gegen sie, auch wenn sie zunehmend freier und selbstbewußter auftraten und sie schenkten auch dem neuen Großsouverän ihre patriotische Treue und ihren loyalen Dienst.

Der „Kleine Mann“ war eingebettet in die bürgerliche Gesellschaft mit adeligmonarchischer Führungsspitze und allgemeinen Menschen- und Bürgerrechten für jedermann; diese Gesellschaft aber war noch eine geschlossene Gesellschaft mit eigener Mentalität und Haltung, mit Bürgermoral und Standesethos; Stadt und Land waren in ihr auch geistig vielfach verbunden und durch eine enge Kommunikation verflochten [4]. Berufs- und Privatleben waren in der kleinbürgerlichen Welt noch unscharf, wenn überhaupt getrennt, wie auf dem Dorfe, wo „das ganze Haus“ im Sinne Otto Brunners [5] noch weit in das Industriezeitalter hinein wirksam und bestimmend war. Selbst im Bereich und Denken des solidaritätsbewußten „Arbeiters“, der an keine Korporation mehr gebunden war und deshalb ohne Loyalitäts- und Autoritätsbindungen selbstbewußt gegen die durch Recht, Besitz und Bildung differenzierte bürgerliche Gesellschaft kämpferisch antreten konnte, lebten Einstellungen dieser Gesellschaft und der kleinbürgerlichen Welt fort [6]. Die Welt des Kleinen Mannes war in der ersten Hälfte des 19. Jahrhunderts noch stärkstens von Traditionen und aus ihnen fließenden Rechtsnormen geprägt; als diese durch die Entfaltung der Industrie und der industriellen Arbeitswelt sich wandelten und an Geltung verloren, wurden Besitz oder feste Einkünfte das unterscheidende Merkmal gegen Proletariat und Arbeitertum. Im 19. Jahrhundert stehen sich noch zwei realtypische Modelle gegenüber, die von der aufgeklärten Bürokratie modifizierte Ständegesellschaft mit dem Kleinen Mann und die moderne Klassengesellschaft [7].

Die Mentalität des „Kleinen Mannes“, seine eigenständig-kollektive, geistig-

---

[4] Engelsing, R.: Zur politischen Bildung der deutschen Unterschichten 1789—1863. In: Histor. Zs. 206 (1968), S. 337—369. — Ders.: Dienstbotenlektüre im 18. und 19. Jahrhundert in Deutschland. In: International Review of Social History 13 (1968), S. 384—429.

[5] Brunner, O.: Das „ganze Haus“ und die alteuropäische „Ökonomik“. In: Neue Wege der Verfassungs- und Sozialgeschichte. ²1968, S. 103—127.

[6] Schieder, W.: Anfänge der deutschen Arbeiterbewegung. 1963. — Balser, E.: Sozialdemokratie 1848/9—1963. 2 Bde. 1962.

[7] Bosl, K.: Pluralismus und pluralistische Gesellschaft, Bauprinzip, Verfallserscheinung, Mode (1967).

seelische Einstellung zur Umwelt, sein wertgenormtes Bild der ihn umgebenden Wirklichkeit, war im allgemeinen unbewußt, vielfach unreflektiert und zwar solange als die gewohnheitsmäßige Orientierung in seiner engbegrenzten Welt nicht erschüttert, gefährdet, umgelenkt, durch dynamische Realitäten auch zusehends außengelenkt wurde und solange andere Autoritäten wie König, Bürokratie, Staat, Kirche, Militär, Verein, Familie sich noch durchzusetzen vermochten. Sie hatte in der bürgerlichen Gesellschaft eine starke integrierende und stabilisierende Kraft; war sie doch das Ergebnis einer jahrhundertelangen, ungebrochenen, zur Tradition und Moral verfestigten Gewöhnung durch Herrschaft, Polizei, Kirchenpredigt und schließlich gläubiger, ehrfurchtsvoller und gehorsamer Hingabe und Scheu. Sie war vermittelt, anerzogen, täglich eingeübt und von oben nicht nur gegeben, sondern auch überwacht, sie war in gewissem Sinne pflichtmäßig, da eine Abweichung bestraft und eingedämmt wurde [8]. Innere Widersprüche und unreflektierte Orientierung an Werten, die sich eigentlich widerstreiten, haben in diesem breiten Bett der Mentalität wohl Platz; denn es gilt noch der harmonisierende Grundsatz „Leben und leben lassen", und Privat- wie Intimsphäre gerade des Kleinen Mannes waren noch außerhalb des Interesses, vielleicht als solche noch nicht einmal ins Bewußtsein gehoben.

Daß heute das Schlaf- und Badezimmer auf die Straße verlegt und der „Sexualbetrieb" eine öffentliche Angelegenheit geworden ist, scheint mir nicht primär eine Folge der immer totaleren Aufklärung der Massen durch die Wissenschaft wie durch die Massenmedien aller Art zu sein, sondern psychologisch wie bei der Mode und vielen anderen „Attitüden" die Folge des Nachahmungstriebes, des Kopierens, der Lebensart und Mentalität der „Großen", der Oberschicht, die nach der totalen Abwertung ihres Prestiges und nach der Totaldemokratisierung ihrer Leitbilder und Lebensformen, nun gerade in den Extravaganzen, Exzessen oder auch in der selbstverständlich-freien Art der Lebensführung Vorbild und gesellschaftlicher Typus geworden sind, um bewußt die Gleichheit aller zu demonstrieren und um ja Besonderheiten von Lebensformen gewisser Gruppen nicht als deren Privileg, Sonderrecht und Sonderart aufkommen zu lassen. Um die geistig-seelisch-ethischen Gehalte dieser Mentalität kümmert sich die Öffentlichkeit und öffentliche Meinung nicht, da sie diese schon lange als unverbindlichen Ballast abgeworfen hat. Im öffentlichen Exhibitionismus, im Show-Business, im Kino, in Pornographie und Sexualaufklärung, in Serienscheidungen von hohen Funktionären, die kaum zur Macht gekommen sind, werden Freizügigkeit, Libertinage, gesellschaftliches laissez faire, Zügellosigkeit als neue Attitüde der „klassenlosen" Gesellschaft ohne Geist und Ethos eingeübt und gewöhnt, jedoch auf Grund einer mehr oder minder handfesten Ideologie. Natürlich gibt es noch echte Eigenart und Individualität, auch schöpferische Leistung und ethische Größe, aber nur hinter dem Paravant der öffentlichen Meinung und der Auslebe-Ideologie, die dem Menschen einen Traum von Freiheit, Kraft und Herrenbewußtsein als Ersatz für den Verlust an

---

[8] Blessing, W. K.: Zur Analyse politischer Mentalität und Ideologie der Unterschichten im 19. Jahrhundert. In: Zs. f. bayer. Landesgeschichte 34 (1971), S. 768—816.

innerer und personaler Freiheit und Entscheidung, für die verlorene Selbständigkeit des Urteilens und Handelns in der technisch-industriellen Arbeitswelt anbieten will oder muß. Ich halte das für Erscheinungen des Übergangs in eine neue Gesellschafts- und Bewußtseinsstufe.

Es war von der Mentalität des Kleinbürgers die Rede, die lange nach dem Aufkommen der Ideologien des 19. Jahrhunderts bestand und sich bis in das 20. Jahrhundert hielt. Die Ideologie entsprach dem historischen Überschichtungsprozeß zwischen säkularisierter traditioneller Theologie und Metaphysik auf der einen, Rationalismus und politisch-gesellschaftlichem Voluntarismus auf der anderen Seite; die Ideologie war eine historische Erscheinung in ganz Europa, die seit dem 18. Jahrhundert in spezifischem Sinne aufkam [9]. Sie ist formelhaft und systematisch-doktrinär, erfaßt alle Bereiche des Seins und sichert ihre Kernfragen metaphysisch gegen die Wissenschaftskritik ab. In ihrer entwickelten Form wirkt Ideologie wie jede Hochreligion, sie saugt jede Mentalität auf; das bedeutet, daß der Ideologisierungsprozeß in unserer Gesellschaft, der seit dem 18. Jahrhundert andauert und noch nicht abgeschlossen ist, die Mentalität aus Hochreligion und Konfession loslöst, diese durch die Aufklärung ideologisiert und aufhebt. Elitäres Glaubenssystem und unreflektierte Einstellung der übrigen uneingeweihten Gesellschaft heben sich in der ideologisierten Gesellschaft auf, die keine „Laien" kennt, sondern alle in dem Glauben wiegt, sie wären ohne Unterschied im Vollbesitz der Wahrheit, wenigstens grundsätzlich. Trotzdem sind auch in unserer halbideologisierten Gesellschaft Mentalitätsrelikte und Ideologien manchmal noch recht kräftig gemischt, zumal noch viele Menschen ihre Privatsphäre gegen Ideologie immunisieren. Der beste Nährboden für den Vormarsch der Ideologien in alle Lebensbereiche hinein sind Krisenzeiten.

Der „Kleine Mann" ist ein Patriot, was seiner Mentalität entspricht und zugehört. Der Patriotismus als Form politischer Solidarität, zeitlich wirksam zwischen Absolutismus und bürgerlicher Revolution von 1848, band gerade die „Kleinen Leute" an den durch die Herrschaft umgrenzten Raum, in dem die Wiege stand und das wesentliche Leben sich abspielte, und schlang ein sentimentales Band um Herrscher, Hof und Untertan. Diese Mentalität war nicht nur unreflektiert, sondern sprach sich nicht einmal aus, da sie keinen Gegner hatte, allgemeingültig, selbstverständlich war. Als die Haltung bestritten und umstritten wurde, setzte die Ideologie ein und verwandelte die Mentalität in die Ideologie des monarchischen Konservativismus [10]. Patriotismus wurde mit historischen und theologischen Argu-

---

[9] Brunner, O.: Das Zeitalter der Ideologien: Anfang und Ende. In: Neue Wege. [2]1968, S. 45—63. — Zeltner, E.: Ideologie und Wahrheit. Zur Kritik der politischen Vernunft. 1966. — Mannheim, K.: Ideologie und Utopie. [3]1952. — Geiger, Th.: Ideologie und Wahrheit. Eine soziologische Kritik des Denkens. 1953. — Lenk, K.: Ideologie, Ideologiekritik und Wissenssoziolgie. [3]1967. — Hölzle, E.: Idee und Ideologie. Eine Zeitkritik aus universalhistorischer Sicht. 1969.

[10] Bosl, K.: Nationalismus und Vaterland. In: Jahresber. d. Maximiliansgymnasiums München 1965, S. 49—60. — Seibt, F.: Nationalismus und Vaterlandsliebe. In: Ebda, S. 61—79. — Schieder, Th.: Partikularismus und Nationalbewußtsein im Denken des deutschen Vormärz. In: Conze, W. (Hg.): Staat und Gesellschaft im deutschen

menten von oben eingeübt. In der besonderen deutschen Situation traten Nationalbewußtsein und Nationalismus als revolutionäre Forderung und als Ideologie auf den Plan und ordneten die Realitäten im System der „Sprachnation“ [11]. Im Entfaltungsprozeß des Nationalismus wurde Gott durch die Nation ersetzt. In dieser dynamischen Aktivität drängte die nationale Ideologie langsam aber sicher die patriotische Mentalität der Kleinen Leute zurück, die an sich passiv, bewahrend gewesen war; im gleichen Prozeß verwandelte sich auch der christliche Hausvater zum Staatsbürger. Die allgemeine Säkularisierung und Politisierung der geistig-seelischen Einstellung seit der Mitte des 18. Jahrhunderts entwickelte eine dynamisch-geladene Handlungsbereitschaft, eine Attitüde, die allgemein psychisch (Disposition), wirtschaftlich-gesellschaftlich (Situation, Voraussetzung) und geistig determiniert war, sich aber von der Mentalität immer weiter entfernte.

Die außerfamiliären Lebensbereiche, an denen der Kleine Mann Anteil hatte, waren Schule, Armee, Kirche, gesellige und politische Vereine im allgemeinen; Lehrer, Priester, Offizier waren Vermittler der Mentalität und Ideologie. Beruf und Privatleben waren nicht oder nicht grundlegend voneinander geschieden. Aus dem Hause, der hausväterlichen „societas domestica“ hat sich seit dem Anfang des 19. Jahrhunderts die Vermittlung der für den Kleinen Mann schichtspezifischen Normen und Werte in die staatlichen Institutionen der Volks- und Sonntagsschule und des Militärdienstes verlagert. Das Schulmonopol des modernen Staates brachte die bedeutendste Erweiterung des Einflusses der Herrschaft auf Geist und Charakter der Beherrschten. Nach dem Willen der Bürokratie hatte die Schule vor allem die Aufgabe politischer und gesellschaftlicher Integration. Neben den Kirchenfesten und bescheidenen Sonntagsvergnügungen gewannen politische Fest- und Gedenktage im Laufe des 19. Jahrhunderts auch für die Kleine Welt eine immer größere Bedeutung. Der Kleine Mann jagte nicht nach stetig steigendem Einkommen und Lebensstandard, sondern mühte sich um rechtlich fixierte Existenzsicherung vor allem im Bereich der Wirtschaft. Das entsprach dem Minimum öffentlicher Vorsorge, der Krisenanfälligkeit der ganzen Gesellschaft und dem hohen Daseinsrisiko. Seit der Jahrhundertmitte erfaßte eine wachsende Emanzipation vorab die Volksschullehrer. Beim Militär wurde der Kleine Mann in einer dreijährigen Dienstzeit nach 1870 weitergebildet und geformt, ja der „Gediente“ gewann nach dem Deutsch-französischen Krieg ein erhöhtes Sozialprestige. Die Armee war ein Hauptinstrument der Integration in Staatsbayern für den Großteil der Bevölkerung, der meist nur die engere Heimat und seine lokalen Gruppen kannte.

Einen starken Eindruck auf die Mentalität des Kleinen Mannes machten die Staatsfeiern mit Festgottesdiensten und Paraden; denn in ihnen repräsentierten sich

---

Vormärz 1815—1848. 1962, S. 9—38. — Mannheim, K.: Das konservative Denken. In: Wolff, K. H. (Hg.): K. Mannheim, Wissenssoziologie. Auswahl aus dem Werk. 1964, S. 408—508.

[11] Bosl, K.: Deutsche romantisch-liberale Geschichtsauffassung und „Slavische Legende“. In: Bohemia 5 (1964), S. 12—52; auch Bosl: Böhmen und seine Nachbarn. Gesellschaft, Politik und Kultur in Mitteleuropa (1976) 212—250. — Francis, E. K.: Ethnos und Demos. Soziologische Beiträge zur Volkstheorie. 1965.

Monarchie und Staat gerade den Kleinen Leuten; in Denkmälern Bildern und Bilderzyklen wurde ihnen optisch und langdauernd die Dynastie und das offizielle Geschichtsbild vor Augen geführt. Dazu kam, daß nach dem Leitbild der Verbindung von Thron und Altar die Kirche und ihre Seelsorge trotz aller Konflikte in engstem Zusammenwirken mit dem monarchischen Staat und der herrschenden postfeudalen Oberschicht erschien. Sie führten das „Volk", die Kleinen Leute, zur willigen Anerkennung seiner untergeordneten gesellschaftlichen und politischen Stellung. Doch schwand die Selbstsicherheit des Klerus in dem Maße, in dem Neutralität und Religionsfreiheit im Vormarsch waren. Sein religiöser Utilitarismus war je länger desto weniger imstande, die mühsam ausbalancierte Harmonie von Gesellschaft und Staat aufrechtzuerhalten. Die Arbeitswelt des kleinen Mannes, den man auch an seiner Festkultur und an einer Vielzahl öffentlicher und privater Feste studieren muß, war noch lange mit seiner Privatsphäre eng verbunden oder identisch. Hier lebte noch lange die Berufsehre des alten Handwerks fort, für das sorgfältige Arbeit nach gutem Herkommen, ehrbarer Lebenswandel, peinliche Einhaltung traditioneller Arbeitsvorschriften und Verhaltensweisen im geselligen Verkehr und in der Öffentlichkeit Grundwerte waren. In der aufkommenden industriellen Arbeitswelt wurde die Arbeit nicht mehr als zünftige Kunst gewertet, die stolz machte, sondern als lastender Zwang empfunden, der freilich auch zu Disziplin, rationellem Denken, sachlicher Nüchternheit den qualifizierten Industriearbeiter erzog. In seinem Bildungsstreben zeigte er ein grenzenloses, ja gläubiges Vertrauen in die Naturwissenschaften. Für den Handwerker war noch bis weit in die zweite Hälfte des 19. Jahrhunderts hinein die Wanderschaft eine entscheidende Lebenserfahrung und ein aufrüttelndes, erweckendes Bildungserlebnis, in dem der vorher unbekannte mentale Generationenkonflikt in zunehmendem Maße eine Rolle spielte. Die vielfachen Versuche, eine proletarische Subkultur zu schaffen, sind bereits in den Anfängen gescheitert. Es war ein Zeichen für die Kraft der Mentalität des Kleinen Mannes, daß viele ihrer Elemente in der organisierten Arbeiterschaft Eingang fanden, als die Sozialdemokratie zur Massenbewegung und zur Volkspartei wurde.

Bevor versucht werden soll, an einem schichtspezifischen Lebenslauf ein Modell der Mentalität und Attitüde des „Kleinen Mannes" zu zeichnen, sei noch kurz die Frage der Identität von „Volk" und „Kleinem Mann" gestreift. Sie gehört in den weiten Umkreis der Begrifflichkeit und Problematik von Gesellschaft, Nation, Volk, Niedervolk, Menge. Wenn von „Niedervolk", wie in der russischen Literatur das Wort prostoljudin meint [12], die Rede ist, dann muß das Wort „Volk" entweder Nieder- und Obervolk als Gesamtheit meinen, oder Volk wird identisch mit der Oberschicht = dem (mitherrschenden) Adel in Konfrontation mit dem Herrscher gesetzt oder sowohl als Gesellschaft wie auch als Nation verstanden. Es ist von höchstem Interesse, daß das Niedervolk, der gewöhnliche, gemeine Mann, vor allem der Muschik, durch die Literatur seit dem 18. Jahrhundert entdeckt wurde,

[12] Gesemann, W.: Die Entdeckung der unteren Volksschichten durch die russische Literatur. Zur Dialektik eines russischen Motivs von Kantemir bis Belinskij. 1972.

ja daß im 19. Jahrhundert das „Volk“ endgültig zum Projektionsfeld der russischen Intelligencija im Ringen um ihre eigene Identität wurde, wie Gesemann gezeigt hat. Es gibt in der deutschen Literatur kein Werk wie Gogols „Die toten Seelen“. Als E. M. Arndt 1806 den deutschen Fürsten zurief „Ihr seid alles durch das Volk und ohne das Volk nichts“ [13], da meinte er nicht das freie, gleiche, brüderliche Volk der Französischen Revolution, sondern den deutschen Adel, den er gegen Napoleon ermannen wollte. Das geht daraus hervor, daß er gleichzeitig es als einen besonderen Vorzug der russischen Gesellschaft bezeichnete, daß das Gute und Brave, das aus ihm hervorgehen kann, nur durch die Weisheit und den Hochsinn seines Adels werden kann; den russischen Muschik aber schmähte er „als ein rohes und verwahrlostes Sklavenvolk“, das, weil seine Gebärde entstellt und das herrliche Ebenbild Gottes geschändet ist, nichts Eigenes aus sich erschaffen kann.

Hier sehen wir die widersprüchliche Verwendung des Wortes Volk. Ein sehr interessantes Urteil über die Rolle des „Niedervolkes“ im westlichen Kulturkreis fällte Ivan Vasilevič Kireevskij (1806—1856), ein Vorkämpfer der ersten Gruppe der russischen Slavophilen, der in Deutschland studierte und mit Hegel und Schelling in München persönlich bekannt wurde, auf Grund eines Vergleiches der Autokratie mit der emporsteigenden westlichen Demokratie[14]. Der absolute Alleinherrscher, der durch die Aristokratie hochkam, dann stark geworden aber die Schwächeren unterwarf und bedingungslos regierte, setzte sich durch, weil er sich gegen die Klasse der Adeligen mit der Klasse der „Gemeinen“ (podlyi) verband, „wie man in Europa das Volk nennt“. „Jene Klasse der Gemeinen trat, nach der allgemeinen Formel der gesellschaftlichen Entwicklung Europas, in die Rechte der Adeligen (= Klasse), und dieselbe Kraft, welche den einen zur Selbstherrschaft gebracht hatte, übertrug durch ihre natürliche Entwicklung die Macht auf die materielle Mehrheit, die selbst schon irgend einen formalen Aufbau für sich ersinnt.“ Der russische Intellektuelle meinte mit seinem „podlyj“ = Klasse der Gemeinen, das Gemeine oder Gewöhnliche Volk, also vor allem das Bürgertum, die mittel- und kleinbürgerlichen Schichten und auch das selbständige befreite Bauerntum; sie alle faßte er mit dem Begriff „materielle Mehrheit“ zusammen, die selbstbewußt geworden ist, ein Selbstverständnis gewonnen hat und eigene gesellschaftlich-politische Konzeptionen (= Ideologien) ersann (Liberalismus, Bürgertum).

Die Bewußtwerdung des Volkes, d. h. die gesellschaftliche Identifikation und Emanzipation, vollzog sich im idealistisch-romantischen Denken (auch) der Russen dadurch, daß aus den „Wurzeln“ der „niedrigeren“ Schichten der Gesellschaft, aus ihrem unbewußten Leben und ihren Trieben sich das volle Bewußtsein der Dichter und Denker erhebt (Kireevskij), womit Belinskij (1811—1848) die Slavophilen meinte, die er ein besonderes Geschlecht metaphysischer Philosophen nannte [15].

---

13 Arndt, E. M.: Geist der Zeit. Teil I. 1806.

14 Kireevskij, J. V.: V otvet A. S. Chomjakovu. 1839; bei Gesemann, W. (wie Anm. 12).

15 Belinskij, Visarion Grigor'evič: Rezension von Buch IV des „Ländlichen Lesebuchs“ (1843—1848). Belinskij war Kritiker und Interpret der russischen Literatur. Zwischen dem Rationalismus des 18. und dem Positivismus des 19. Jahrhun-

Wie in Deutschland vorher schon Herder und die Romantik, gründete die slavophile Lehre auf den Ideen von Volk und Volkstum. Für sie war die zahlreichste und „niederste Klasse" im Staate, gewöhnlich „*Volk*" im Gegensatz zur „Gesellschaft" genannt, womit man die mittleren und höheren „Stände" verstand, die eigentliche Bewahrerin von Wesenheit und „Geist" des Volkes, eine „konservative", bewahrende Kraft, wie auch Belinskij meint: Reformen sind nur dann wirksam, wenn sie in das Volk eindringen; denn das „Volk" ist instinktiv der Überlieferung, Sitte und Gewohnheit ergeben und leistet jeder Vorwärtsbewegung Widerstand, weicht nur langsam und störrisch den von oben eingeführten Neuerungen. Dadurch bewahrt es die Gesellschaft vor willkürlichen Abweichungen und Entfremdungen vom eigentlichen Volksleben und -geist, also vor Schaden, verleiht aber zugleich der unumgänglichen historischen Entwicklung Dauer.

Diese Erkenntnis drückt der moderne Gesellschaftshistoriker so aus: „Der historische Wandel an der Basis vollzieht sich langsam — weit langsamer, als es der vermutet, der nur auf die Gipfel des politischen Geschehens blickt." [16] Aus diesem Grunde ist der Versuch einer proletarischen Subkultur, d. h. eine totale Emanzipation des Proletariats und der sozialistischen Arbeiterschaft aus der bestehenden Gesellschaft und Kultur gescheitert. Man könnte sagen, sie ist gescheitert am prostoljudin = am Niedervolk; seine geistig-seelische Haltung, Attitüde war individuell wie kollektiv durch die Einbettung in Gesellschaft, Politik und Kultur noch so beständig, daß Anspruch und Programm der Führenden es nicht erreichte, unverstanden blieb. Die entscheidende Schicht blieb ihrer Mentalität und Haltung nach kleinbürgerlich, blieb prostoljudin = Volk, Niedervolk im Sinne der russischen und auch der deutschen Romantik und Aufklärung. Volk, „das ist ein Meer, majestätisch in der Stille wie im Sturm, aber niemals von sich selbst abhängig, niemals über sich selbst gebietend. Der Wind ist sein Gebieter ... Aufklärung und Bildung können das Volk niemals seiner Kraft berauben und seine Fehler verbessern oder zumindest mildern". Ob russische Slavophile und deutsche Romantiker so auch heute noch urteilen und sagen würden, oder ob Lenin, Stalin und die sozialdemokratisch-kommunistischen Funktionäre diese Feststellungen heute noch bestätigen können, wollen oder müssen? Der „Kleine Mann", der Kleinbürger, ist ein breit gelagerter Typus in der Gesellschaft des 19. Jahrhunderts auf dem Wege vom ganzen Haus über Bürgertum, modernen souveränen Staat, Restauration zur industriellen Arbeitswelt, demokratischen Industriegesellschaft mit Volkssouveränität, Parlament, Parteien und wachsender realer Gleichheit, mit Abbau der alten Eliteschichten und Bildung einer nivellierten kleinbürgerlichen Massengesellschaft. Ihn kennzeichnen Mentalität, Loyalität, Autorität, verbindliche Normen und Integration in die postfeudal geführte bürgerliche Gesellschaft. Er ist weder Proletarier, noch Außenseiter, noch Klassenkämpfer. Er öffnet sich langsam den Ideologien, ist aber gegen sie mißtrauisch, schließt sich am ehesten der nationalen Ideo-

derts trug er in einer idealistisch-romantischen Zwischenära das traditionalistisch beladene und ungebrochen wirksame Erbe der Aufklärung weiter.

[16] Blessing, W. K. (wie Anm. 8), S. 816. — Zum Gesamtproblem: Braudel, F.: La longue durée. In: Annales 15 (1958), S. 725—753, bes. S. 735 ff.

logie auf. Der Kleine Mann ist bewußt oder unbewußt in Geist, Haltung, Mentalität und Attitüde gelenkt, geformt, gewöhnt. Seinen großen Schock erlebt er nach den rasch verflogenen Illusionen des Kriegsanfangs in der deutschen Revolution von 1918. Bis 1914 hat er Vertrauen zu den führenden Mächten, wenn ihn auch Scheu, manchmal stiller Neid und Argwohn plagen, besonders wenn er sich die Dinge seiner Umgebung nicht reimen kann.

Mein Versuch einer Deutung oder Analyse des gesellschaftlichen Realtypus, „Kleiner Mann", der auch den Volkskundler interessieren und zu Gegenfragen anregen könnte, soll abschließend noch durch die Skizze eines realen, geschichtlichen Lebenslaufes erhärtet werden. Der „Kleine Mann", den ich hier als Modell vorstelle, war das zweitälteste von achtzehn oder neunzehn Kindern eines Kleinstgütlers, der sich nebenbei durch den kleinen Familienbetrieb einer Ziegelei und als Musikant bei den Dorffestlichkeiten und in den Gasthäusern am Wochenende ein sehr kärgliches Brot verdiente. Im Gedächtnis unseres Modells, das in Liebe und Ehrfurcht seinen Eltern zeitlebens zugetan war, nie ein böses Wort ihnen gab oder über sie sprach, das seinen zahlreichen Geschwistern als lebender Senior mit gleichen Gefühlen zugetan war, war es haften geblieben, daß sein Vater die Geburt seines ältesten Sohnes nicht abwarten konnte, sondern zwei Stunden vorher seinen langen Fußmarsch aus dem Vorderen Wald unweit Regensburg und Straubing nach Passau antreten mußte, um von dort mit dem Jägerbataillon in den Deutsch-französischen Krieg von 1870 zu ziehen, aus dem er viele Lieder mitbrachte, die er den niederbayerischen Bauern, auch der reichen Gäubauernelite, im Röhrlbräu zu Straubing vorsang, wenn letztere im vornehmen Nebenzimmer am Samstagnachmittag ihre Sektgelage heiter und derb umrahmen ließ und in typischer Großmannssucht und Herrenallüre mit blauen Hundertmarkscheinen übermütig ihre Virginias anzündete. Unser Modell trug mit Stolz einen goldenen Siegelring, den der Vater als Andenken aus den zum Guerillakrieg sich ausweitenden Kämpfen um Orleans mitgebracht hatte, wo sich ihm ein aus Straubing gebürtiger Juwelier geoffenbart und zum Geschenk für Verschwiegenheit den Ring gegeben hatte. Die Tatsache deutscher Einwanderung, Ansässigkeit in Frankreich, die deutschen und vor allem bayerischen Fremdarbeiter, die im 19. Jahrhundert dorthin zogen, ist weder bekannt noch untersucht.

Für unseren „Kleinen Mann", für den der geigenspielende Dorfschullehrer und der Dorfpfarrer die großen Autoritäten der Jugend waren, schlug am Ende der Volksschule, die er mit einem Einserzeugnis verließ, schon der Abschied von einer trotz aller Dürftigkeit, Armut und Arbeit immer romantisch verklärten Kindheit, die er in einer Einöde an Weiher, Bach und Wald verlebt hatte. Geblieben war die Erinnerung an die zwei rotbäckigen Äpfel und den Lebzelten, die am Weihnachtsmorgen die Kinder am Fenster als Christgabe vorfanden. Der Vater schickte seinen Ältesten und dann alle weiteren sechs Söhne zu einem bekannten städtischen „Musikdirektor" in die Lehre; der zwar zugleich Türmer, der von einem Dachgeschoß auf der Höhe des Turmes der Stadtpfarrkirche des Ortes aus die Feuerhut der ganzen Gegend wahrzunehmen hatte. Wenn der Knabe nicht auf der Violine oder dem Althorn und der C-Trompete übte oder bei Geschäften des Meisters schon mitspielte, hütete und schaukelte er oft die jüngste Tochter, die er später aus Treue und Anhänglichkeit an seine Meisterin, die er hochachtete, auch heiratete. Zu den Sonn- und Feiertagen aber mußte unser „Modell“ in zwei langen Nachtmärschen von 5—6 Stunden mitten durch Wälder und dünn besiedelte Gegenden nachhause allein marschieren, um in den Gasthäusern der heimatlichen Dörfer mit dem Vater zu spielen und Geld für den Unterhalt der Familie und für die Lehrkosten beim Meister in der Stadt zu verdienen. Dabei verlernte er das Gruseln und jede Müdigkeit. Diese Lehrjahre nannte er immer eine harte Lebensschule. Da war die Einberufung zur dreijährigen Militärdienstzeit in die alte Reichs- und Bischofsstadt Regensburg eine Erlösung.

Soldat zu sein, sich ehrlich durchzuhungern und in Ehren zu bestehen, war für einen erwachsenen Jungen vom Lande trotzdem nicht leicht; aber es wurde nach Elternhaus, Schule, Lehrzeit und häuslicher Arbeit deshalb das große Welt- und Bildungserlebnis, weil er als gelernter Musiker kapitulieren und in das Musikkorps des bayerischen 11. Regiments von der Tann nach bestandener Prüfung eintreten und bis zum Sergeanten in einer vollausgezählten fünfzehnjährigen Dienstzeit avancieren konnte. Das brachte nicht nur die erste Selbstbestätigung von Leistung und Können, sondern ein gehobenes Soldatendasein mit halbkünstlerischem Selbstverständnis. Hier lernte er die Menschen und die Verhältnisse kritisch mustern, sich anzupassen und auch zu distanzieren. Die Truppenoffiziere der Rekruten- und Dienstzeit blieben im Gedächtnis haften und hatten eine stark prägende Kraft für Urteil, Geist und Haltung. Ein überlegener monarchischer Patriotismus war das Ergebnis dieser „Schule der Nation“. Eigenartig war die kühle Reserve gegen den Nationalstaat und das Nationalbewußtsein, die scheue Achtung vor Bismarck, den unser Mann oft von Angesicht zu Angesicht zu sehen bekam, wenn er in Bad Kissingen vor dem Gefürchteten den Großen Zapfenstreich spielte.

Für das eigene Selbstgefühl und Selbstverständnis war die Mitwirkung bei Tafel- und Festmusik am Hofe des Fürsten Thurn und Taxis zu Regensburg, des damals reichsten (süd-)deutschen Großgrundbesitzers mit über 100 000 Hektar eigenem Boden, sowie die Teilnahme am Orchester des Stadttheaters Regensburg bei Opernaufführungen von großer Bedeutung. Unvergessen war ein großes Galadiner am fürstlichen Hofe, bei dem der Regensburger Dompropst Kagerer neben der Kaiserin von Österreich plaziert war, die in tiefstem Dekolleté neben ihm saß. Immer wieder beschäftigte den in christlichen Moralauffassungen Erzogenen die Frage: „Was wird sich der Geistliche Herr gedacht haben, wenn er ein bißchen daneben geschaut hat.“ Ebensooft kehrte später die Erinnerung wieder, daß großbürgerliche Kommerzienräte aus Regensburg in den Zwischenakten bei Opernaufführungen auf die Bühne kamen, um ihren singenden „Geliebten“ mit einem Blumenstrauß Verehrung und Küßchen zu bieten. Gewissen und Gerechtigkeitsgefühl aber rührten sich das ganze Leben, wenn unser „Kleiner Mann“ erzählte, daß sein überstrenger Oberst und Regimentskommandeur von Arneth bei einem Herbstmanöver südöstlich Regensburg am Platze seinen Abschied nehmen mußte, weil er im Kriegsspiel die gegnerische Armee des Prinzregenten oder eines Königlichen Prinzen eingekreist und zur Kapitulation gezwungen hatte. Diese letzte

Konsequenz verbot der Respekt vor dem Monarchen und dem Königshaus. Der Oberst ritt allein unter den Klängen seiner Regimentskapelle in der Garnisonsstadt ein und verabschiedete sich von den Musikern auf dem Kasernenhof mit dem Satz: „Wer etwas kann, wird pensioniert." Die Teilnahme an seinem unverdienten Schicksal war um so größer, als der Oberst als kleiner Leutnant derselben Kompagnie, bei der der Vater unseres Mannes war, von Passau aus in den Siebziger Krieg gezogen war.

Als unser Modell 1905 nach fünfzehnjähriger Dienstzeit aus dem Militärdienst als Musiker ausschied und eine der untersten Beamtenstellen (Diener) am Bezirksamt des Ortes seiner Lehrzeit annehmen mußte, da es noch keinen Aufstieg für sogenannte Militäranwärter gab, da brach zunächst eine Welt zusammen, in der relative Ungebundenheit, Anteil an der großen und kleinen Gesellschaft, am Kulturleben und den Festesfreuden der hohen und höchsten Gesellschaft in gegebenem Rahmen von Dienst, Pflicht und Ehre gegeben waren und die ländlichen Minderwertigkeitskomplexe und Lücken an „gesellschaftlicher" Bildung überwunden wurden. Aber die Ehe mit der Tochter des alten Musikmeisters, die aus ihrer selbständigen Lehre und Stellung als Damenschneiderin aus der geliebten Großstadt München auf den drängenden Rat der Mutter zurückgekehrt war und gehorsam ihr Jawort gegeben hatte, und der Ehrgeiz, an der neuen Arbeitsstelle, dem Amt des gestrengen Herrn Landrichters bis 1863 und darnach des nicht minder mächtigen Bezirksamtmanns, seine Pflicht gewissenhaft zu tun, überbrückten den „Abstieg", der aber Lebenssicherung für die Familie, die bald auf fünf Köpfe (eine Tochter und zwei Söhne) stieg, brachte, wenn auch auf der letzten und untersten Stelle der Staatsdiener, für die es damals noch *keine* pragmatische Verbeamtung gab (ohne Pension). Der ehrlich hingenommene und gewissenhaft geleistete Trott des alltäglichen, jahrzehntelangen Dienstes hat die Träume und Hoffnungen, das Bildungsstreben und auch den Ehrgeiz merklich abgekühlt und abgestumpft. Für Ehren und gesellschaftliche wie dienstliche Anerkennung war der „Kleine Mann" sehr empfänglich, aber ein Gewinnstreben, das Jagen nach dem Gelde, lag ihm völlig ferne, und auf Profitmachen verstand er sich schon gar nicht, obwohl er sich neben dem Amtsdienst als ausgezeichneter Musiker noch sehr viel Geld hätte verdienen können. Das verbot aber teils die Dienstehre, teils eine gewisse Saturierung, teils ein kleiner Zug zum Bohemien, den das militärische Musikerleben ein wenig hatte wachsen lassen. All das aber wurde je länger, desto mehr nicht ein Gegenstand der Klage, aber des Unbefriedigtseins der höchst aktiven, geschäftlich interessierten und arbeitsamen jungen Frau, die eines Tages sich entschloß, eine Damenschneiderei zu eröffnen und damit eine gewisse Leere ihres Lebens in der Kleinstadt auszufüllen und sich aktiv neben dem Mann zu behaupten. Während der Ehemann es dann im Grunde als Kleinstbeamter nicht viel weiter brachte, gewann die Ehefrau die feinen Leute der Stadt zur Kundschaft und führte den ersten „Damensalon", wenn man in dieser Situation vor und nach dem ersten Weltkrieg überhaupt davon sprechen darf. Sie hätte durch Übernahme der Reinigung im Bezirksamt sich nebenbei Geld verdienen können, aber das verbot ihr das erlernte Handwerk, das Bewußtsein, von dem angesehenen städtischen Musikdirektor abzustammen, und der Ehrgeiz mehr zu sein und mehr leisten zu können. Da die fromme Frau keinen Weg zum Aufstieg sah und sich in ihrem Vorwärtsstreben auch vom Manne nicht verstanden fühlte, konzentrierte sie all' ihre Kraft und Arbeit darauf, soviel Geld zu erübrigen, daß sie ihre Söhne studieren und damit gesellschaftlich aufsteigen lassen konnte. Der grundgütige und weiche Mann, der seine Kinder niemals strafte, ließ seiner Frau freien Lauf. Im Grunde paßten sie sehr gut zusammen, obwohl die Mutter sie zusammengeführt hatte. Die Frömmigkeit der selbständigen und selbstbewußten Frau, die der Mann mit zarter Hand führte oder auch gewähren ließ, war im Grunde nicht kirchlich, bei aller Achtung, die sie dem Geistlichen entgegenbrachte. Sie hatte ihren Privatglauben und ihre Privatheiligen, die sie hartnäckig gegen den Pfarrer verteidigte, so bestimmt, wie sie auch den Parteigewaltigen des Dritten Reiches offen ins Gesicht auf Drohung hin sagte, daß sie nie Heil Hitler, sondern nur Grüß Gott sagen werde.

Eine echte Erschütterung brachten Kriegsende und Revolution, vielleicht deshalb, weil der Kleine Mann als Lebensmittelkartenverteiler des ganzen Bezirksamts an wichtiger Stelle Not und Hunger sah und erlebte und über die Stimmung aus der Lektüre der amtlichen Berichte Bescheid wußte. Tiefen Eindruck machte gerade auf den kleinen Beamten die Schwäche der staatlichen Autorität, die er an der Haltung seines gestrengen Bezirksamtmanns, eines Junggesellen, erlebte, als die Arbeiter- und Soldatenräte auftraten und das Regiment an sich reißen wollten. Der Sturz der Monarchie wirkte nicht so tief wie die Entmachtung ihres höchsten Vertreters im lokalen und regionalen Bereich. Die hohe Beamtenschicht auf Bezirks-, Kreis- und Zentralebene hatte im Gegensatz zum Kleinen Mann ihre nationalliberale Ideologie, die um so fester verankert war, als sie dem Akademischen Gesangverein in München oder Würzburg während der Studentenzeit angehört hatten, der darum alle Beamtenstellen der inneren Verwaltung im ganzen Lande mit seinen Angehörigen besetzte und für die richtige Gesinnung in der inneren Staatsverwaltung sorgte. Nach einer Unsicherheit der Haltung und Einstellung zur neuen Politik obsiegte bei unserem Kleinen Mann nicht die Ideologie, sondern es festigte sich im Rückblick auf den eigenen Lebensweg und die eigene Erfahrung mit der Vergangenheit in den bayerischen Sturmjahren bis 1923 die alte Mentalität wieder, die vor jedem Extremismus bewahrte und zu starrer Ablehnung des Dritten Reiches und seiner Leute auf unterer und oberer Ebene wurde. Um so eindringlicher war die Besinnung auf Tradition und Vergangenheit, die der Kleine Mann auch seinen Kindern auf Spaziergängen zu Burgen und Ruinen und auf Wanderungen im Bayerischen Wald zu vermitteln suchte, um so intensiver die Konzentration auf den häuslichen Kreis der Familie und auf den Dienst, aus dem er zu Beginn des Dritten Reiches ausschied.

Hier unterbreche ich die Modellfallstudie, die, wie ich meine, die theoretischen Ergebnisse und Erfahrungserlebnisse trotz individueller Züge voll bestätigt hat [17].

---

[17] Der Verf. schreibt an einer schichtspezifischen Prosopographie oder besser Biographie eines historischen „Kleinen Mannes", die in einer sachgetreuen historischen Detail- und Umweltschilderung und auf Grund methodisch-theoretischer Überlegung die Geschicht-

Es sollte ja auch nur ein Realtypus, keine Idealtypus sein. Dieser schichtspezifische Lebenslauf, der Voraussetzungen und Entfaltung der Mentalität und Attitüde eines Kleinen Mannes zeigte, wie sie oft vorkamen, muß durch andere Modelle und partielle Typen noch erweitert und ergänzt werden, damit ein komplexer Idealtypus gezeichnet werden kann. Die an russischer Literatur, angeregt durch die ausgezeichnete Arbeit von Gesemann, kurz skizzierte Vieldeutigkeit und Vielschichtigkeit von einschlägigen Begriffen wie Volk, Niedervolk, Unterschicht, Oberschicht, Gemeiner, Gemeine oder Gewöhnliche Leute, Kleiner Mann, Kleine Leute zeigt die Überlappung und das Ineinandergreifen aller der genannten Begriffsinhalte; diese sind nicht primär wegen der exakten Sauberkeit, die hier real gar nicht anwendbar ist, sondern wegen der dadurch möglich werdenden Einsichten in Konstanz und Dynamik des Gesellschafts- und Kulturprozesses im 19. Jahrhundert näher zu untersuchen und zu klären. Es hat sich feststellen lassen, daß trotz Ansätzen und Konzepten die Bildung einer proletarischen Subkultur nicht zustande kam, sondern Arbeiterschaft und Proletariat wesentliche Elemente von Formen, Attitüden und Haltungen des Kleinen Mannes, der kleinbürgerlichen Schichten übernahmen. So entstand die breite kleinbürgerliche Massengesellschaft von Leuten, deren Voraussetzungen zu analysieren sind.

---

lichkeit und Geschichtswürdigkeit des gesellschaftlichen Typus zeigen und ohne konkrete Absicht davon überzeugen will.

ORTSREGISTER

PERSONENREGISTER

25*

SACHREGISTER

VERÖFFENTLICHUNGSNACHWEIS

1. Originalbeitrag.
2. Bayerland 55 (1953), S. 284—288.
3. Die Oberpfalz 64 (1976), S. 161—171.
4. Blätter für deutsche Landesgeschichte 97 (1961), S. 394—409.
5. Zeitschrift für bayerische Landesgeschichte 14 (1944), S. 177—247.
6. Verhandlungen des Historischen Vereins von Oberpfalz und Regensburg 89 (1939), S. 6—56.
7. Jahresbericht des Historischen Vereins für Mittelfranken 69, (1941), S. 65—87.
8. Oberpfälzer Heimat 11 (1967) S. 47—57.
9. Forschungs- und Sitzungsberichte der Akademie für Raumforschung und Landesplanung XV. Historische Raumforschung 3, Bremen 1961, S. 7—23.
10. Fachvortrag zur Eröffnung der Ausstellung „Die Oberpfalz wird bayerisch“ gehalten in Amberg am 24. 2. 1978 (Originalbeitrag).
11. Zeitschrift für bayerische Landesgeschichte 26 (1963) S. 3—28.
12. 125 Jahre Regierungsbezirk Oberpfalz, Regensburg 1963, S. 2—22.
13. Festschrift Hermann Aubin zum 80. Geburtstag II, Wiesbaden 1965, S. 452—478.
14. Festvortrag anläßlich der 51. Fortbildungstagung für Ärzte, Regensburg 1973.
15. Süddeutsche Zeitung Nr. 93 (1973), S. 129—130.
16. Verhandlungen des Historischen Vereins für Oberpfalz und Regensburg 102 (1962), S. 5—20.
17. Zeitschrift für bayerische Landesgeschichte 28 (1965), S. 920—928.
18. Unser Bayern 10 (1961) S. 16.
19. Zeitschrift für bayerische Landesgeschichte 31 (1968), S. 747—767.
20. Politische Studien Hg. v. d. Hanns-Seidel-Stiftung e. V. 26 (1975), S. 640—644.
21. Dona Ethnologica. Beiträge zur vergleichenden Volkskunde. Leopold Kretzenbacher zum 60. Geburtstag, München 1973, S. 97—111.

ABBILDUNGSNACHWEIS

Abbildung 1, 7, 8 in: Schuster, Adolf: Oberpfälzer Wald und Steinwald, Knauf-Verlag Weiden 1977.

Abbildung 4, 6, 10 in: Ertl, Anton Wilh.: Kur-Bayerischer Atlas. Bearb. v. H. Bleibrunner, Passau 1969.

Abbildung 2, 9, 12, 16: Bayer. Hauptstaatsarchiv München.

Abbildung 13, 15: Bayer. Staatsbibliothek München.

Abbildung 3 in: „Monasteriologia" von Karl Stengel 1619. Wiedergegeben im 1. Band der Thurn und Taxis-Studien, Hg. v. Max Piendl.

Abbildung 11 in: Die Oberpfalz, 1961.

Abbildung 14: Bayer. Nationalmuseum, Vorlage von Bayer. Landesamt für Denkmalpflege, München.

Abbildung 17 in: Mehler, J. B.: General Tilly, München 1905.

Abbildung 18 in: Pfister, Kurt: Kurfürst Maximilian von Bayern und sein Jahrhundert, München 1949.

Abbildung 19 in: Ottheinrich. Gedenkschrift zur 400jährigen Wiederkehr seiner Kurfürstenzeit (Hg. von Georg Poensgen), Heidelberg 1956.

Abbildung 20 in: Verhandlungen des Historischen Vereins von Oberpfalz und Regensburg, Bd. 80 (1930).

Abbildung 21 in: Geist und Gestalt, Bayerische Akademie der Wissenschaften, München 1959.

Abbildung 22: Staatliche Graphische Sammlung, München.

Abbildung 23 in: 100 Jahre Manz: Die Verlagsanstalt G. J. Manz zur Feier ihres 100jährigen Jubiläums, 1930.

Abbildung 24: Pressestelle Bayerische Staatskanzlei, München.

Kartenbeilagen Pl 1963, Pl 1126, Pl 3638 (Umschlaggrundlage): Bayer. Hauptstaatsarchiv München.